Histoire des idées politiques

Jean Touchard

avec la collaboration de
Louis Bodin, Pierre Jeannin
Georges Lavau, Jean Sirinelli

Histoire des idées politiques

2/ Du XVIIIe siècle à nos jours

QUADRIGE / PUF

Les chapitres IX, X, XII, XV et les deux dernières sections du chapitre XVII sont l'œuvre de Jean Touchard ; Georges Lavau est l'auteur de la plus grande partie du chapitre XI, ainsi que des chapitres XIII, XIV, XVI et des deux premières sections du chapitre XVII.

TRADUCTIONS

— En espagnol : *Historia de las ideas politicas*, Madrid, Editoria Tecnos, 1961, 3e éd., 1969 (traduction de J. Pradera).

— En italien : *Storia del pensiero politico*, Milan, Edizioni di Comunita, 1963 (Biblioteca di studi politici).

— En portugais : *História das ideias políticas*, Publicações Europa-América, 1970.

ISBN 978-2-13-055053-2
ISSN 1630-5264

Dépôt légal – 1re édition : 1958
2e édition « Quadrige » : 2005, mai
3e tirage : 2012, mai

Thémis
6, avenue Reille, 75014 Paris

Chapitre IX

LE SIÈCLE DES LUMIÈRES

Une philosophie bourgeoise

Un fait domine l'histoire des idées politiques au XVIIIe siècle : la croissance de la bourgeoisie en Europe occidentale.

Il faut évoquer ici non seulement le progrès technique mais aussi le climat général de l'économie, dans lequel apparaissent les premiers signes de la « révolution industrielle » : longue période d'expansion commencée vers 1730, d'abord dans le domaine agricole (progrès agronomique et production accrue qui permettent de nourrir une population plus nombreuse), conjoncture favorable au profit dans tous les secteurs, qui stimule les échanges et les activités manufacturières, croissance des villes et des ports, puissance des armateurs et des négociants dont Voltaire présente le panégyrique dans ses *Lettres anglaises* : « Le commerce, qui a enrichi les citoyens en Angleterre, a contribué à les rendre libres, et cette liberté a étendu le commerce à son tour ; de là s'est formée la grandeur de l'Etat. » Ce texte de Voltaire définit l'idéal d'une classe. Il pose en termes précis les quatre équations qui constituent pour la bourgeoisie européenne le cycle du progrès : commerce facteur de richesse ; richesse facteur de liberté ; la liberté favorise le commerce ; le commerce favorise la grandeur de l'Etat.

Jaurès dans son *Histoire socialiste* énumère longuement et presque lyriquement toutes ces familles bourgeoises qui accèdent à la puissance économique et ne tarderont pas à revendiquer le pouvoir politique. Comme dira Barnave : « Une nouvelle distribution de la richesse entraîne une nouvelle distribution du pouvoir. »

Cette bourgeoisie du XVIIIe siècle n'est nullement homogène ; déjà puissante en Europe occidentale, elle est encore à l'état embryonnaire dans de nombreux pays. En Europe occidentale même, elle est composée d'éléments extrêmement divers : fonctionnaires et « officiers » installés dans des charges vénales, spéculateurs (type « Turcaret »), financiers philosophes (type Helvétius), négociants et armateurs, fabricants et techniciens, intellectuels enfin (le substantif n'apparaîtra qu'avec l'affaire Dreyfus, mais c'est au XVIIIe siècle qu'écrire devient un métier).

Tous ces bourgeois ont dans la société des situations très différentes, mais ils se rallient à certaines idées communes. La bourgeoisie n'est pas une classe homogène, mais on voit apparaître les grands traits d'une philosophie bourgeoise. Et cette philosophie bourgeoise ne se présente pas comme une philosophie pour les seuls bourgeois mais comme une philosophie pour tous les hommes. Phénomène capital et très différent de celui qui se produira un siècle plus tard : quand le prolétariat acquerra la conscience de former une classe indépendante, il adoptera une doctrine prolétarienne, une doctrine de classe. La bourgeoisie au contraire, tout en conservant un vif sentiment des hiérarchies, élabore une doctrine universaliste au moment même où elle prend conscience de son originalité sociale.

Ainsi commence le temps des majuscules : Liberté, Progrès, Homme. Le XVIIIe siècle découvre l'existence de l'homme. Bossuet, dans son *Histoire universelle*, ne parlait pas de l'univers mais de quelques nations disparues, Pascal ne parlait que des hommes : « Quand je m'y suis mis quelquefois à considérer les diverses agitations des hommes..., j'ai découvert que tout le malheur des hommes vient d'une seule chose, qui est de ne savoir pas demeurer en repos dans une chambre. » Lorsque Voltaire cherche à réfuter ce passage fameux dans ses *Réflexions sur les pensées de Pascal*, il passe du pluriel au singulier : « L'homme est né pour l'action comme le feu tend en haut et la pierre en bas. N'être point occupé et n'exister pas est la même chose pour l'homme. » Changement fondamental, dont Condorcet souligne ainsi la portée : « Comme philosophe, c'est Voltaire le premier qui a présenté le modèle d'un simple citoyen embrassant dans ses vœux et dans ses travaux tous les intérêts de l'homme dans tous les pays et dans tous les siècles, s'élevant contre toutes les erreurs, contre toutes les oppressions, défendant, répandant toutes les vérités humaines. »

La bourgeoisie européenne confond ainsi sa cause avec celle de l'humanité : « Les membres du Tiers-Etat à la Constituante, écrit Sartre dans sa *Présentation des Temps Modernes*, étaient bourgeois en ceci qu'ils se considéraient simplement comme des hommes. »

A) *Doctrines et réalités*

Si le développement des idées politiques au XVIIIe siècle est étroitement lié à l'évolution économique et sociale dans son ensemble, il dépend aussi des événements qui se produisent en Europe et hors d'Europe.

1° Les difficultés de la monarchie française. — La pénible fin du règne de Louis XIV avait contribué à la diffusion des idées nouvelles. De même la tâche des philosophes sera facilitée par l'impopularité de Louis XV, par l'incapacité de Louis XVI à résoudre la crise financière.

Cependant les débuts de la Révolution française attesteront la profondeur des convictions royalistes dans les masses populaires. L'opposition au pouvoir y prend la forme d'une opposition au fisc et au régime seigneurial ou d'une opposition à la cour, nullement d'une opposition à la monarchie.

2° La prépondérance française. — La prédominance européenne est toujours assurée et l'Europe poursuit la conquête du monde. L'Europe elle-même est dans une large mesure une « Europe française » ; le rayonnement de la langue et des idées françaises se manifeste dans les capitales les plus éloignées.

Il existe une sorte de décalage entre l'influence intellectuelle et la puissance militaire et économique. Les armées françaises subissent de graves revers (guerre de Sept ans, perte du Canada, etc.), notre économie est loin de connaître le développement de l'économie anglaise, et pourtant la prépondérance intellectuelle de la France, notamment dans le domaine des idées politiques, n'est que rarement contestée.

Les idées politiques prennent une nouvelle dimension ; les philosophes raisonnent à l'échelle de l'Europe. Politiquement l'Europe est plus divisée que jamais, mais il existe une « conscience européenne » et, au-dessus des frontières, l'ébauche d'une « république des lettres ».

3° Le despotisme éclairé. — Le XVIIIe siècle est le temps des « despotes éclairés » : Frédéric II en Prusse, Catherine II en Russie, Joseph II en Autriche, Gustave III en Suède, Stanislas-Auguste en Pologne, etc.

Entre les princes et les philosophes s'organise ce menuet dont parle Paul Hazard, cet échange de révérences auxquelles participent Voltaire, Diderot, d'Alembert, etc. Voltaire séjourne à Berlin, Diderot à Saint-Pétersbourg, et d'Alembert écrit à Frédéric II : « Les philosophes et les gens de lettres de toutes les nations vous regardent depuis longtemps, Sire, comme leur chef et leur modèle. »

L'histoire des idées politiques doit réserver à Frédéric II une large place ; non point sans doute à cause de l'originalité de la pensée du « philosophe de Sans Souci », mais à cause de l'admiration qu'il a suscitée. De même qu'Henri IV avait été, au siècle précédent, le modèle des rois, Frédéric II fut longtemps considéré comme le monarque parfait : « La philosophie croyait se servir des rois et c'étaient les rois qui se servaient d'elle » (Hazard) (1).

4° Les révolutions. — Le XVIIIe siècle se termine avec l'indépendance des Etats-Unis et avec la Révolution française. Il n'est pas aisé de mesurer à cet égard l'influence des doctrines sur les événements. Mais l'influence des événements sur les doctrines — et plus encore sur les idées — est manifestement considérable.

Aussi consacrerons-nous, après un long chapitre sur la philosophie des lumières, un chapitre spécial à la Révolution américaine et à la Révolution française.

B) *L'organisation de la propagande*

Avant de passer rapidement en revue les grands thèmes du XVIIIe siècle, il importe de souligner un fait dont la nouveauté a été parfois exagérée mais dont l'importance est incontestable : la diffusion des idées politiques s'organise peu à peu avec une précision et une efficacité croissantes ; les centres de réflexion, les organes de diffusion et de propagande se multiplient. Il faut ici évoquer le rôle des gazettes, celui des encyclopédies, celui des cafés, celui des salons, celui des sociétés secrètes et notamment de la franc-maçonnerie. Importée de Grande-Bretagne, celle-ci prend en France une rapide extension : d'après des documents maçonniques le nombre des loges aurait été en France de 198 en 1776, de 629 en 1789, au total une trentaine de milliers de « frères » : Montesquieu, Diderot, d'Alembert, Helvétius, Voltaire, Frédéric II, Wieland, Lessing, Herder, Mozart, Washington, Franklin, peut-être Kant lui-même sont maçons.

Le culte de l'humanité est le premier principe de la franc-maçonnerie. « Nous voulons, écrit Ramsay dans son *Discours* de 1738, réunir tous les Hommes d'un esprit éclairé, de mœurs douces et d'une humeur agréable, non seulement par l'amour des Beaux-Arts mais encore plus par les grands principes de vertu, de science et de religion, où l'intérêt de la Confraternité devient celui du Genre humain tout entier, où toutes les nations peuvent puiser des connaissances solides et où les sujets de tous les royaumes peuvent apprendre à se chérir mutuellement sans renoncer à leur patrie. »

Fort répandue vers 1940, la thèse du « complot maçonnique » dirigé contre la monarchie a été complètement battue en brèche par les travaux récents qui soulignent : 1) Le rôle social des loges qui, dans les villes provinciales, tiennent un peu le rôle de « cercles » culturels et mondains ; 2) L'indifférence politique ou le loyalisme monarchique de la plupart des maçons : « On chercherait en vain dans les loges de la période prérévolution-

(1) Sur la théorie du despotisme éclairé, voir plus loin, pp. 417-420.

naire la moindre trace d'une conjuration antimonarchique », écrit en 1958 Théodore Ruyssen ; 3) Et surtout les liens entre la franc-maçonnerie et l'illuminisme, l'occultisme, le mysticisme.

C) *Un nouveau vocabulaire*

Le XVIIIe siècle est une époque de révolution dans le vocabulaire politique.

Le mot « social » ne prend son sens moderne qu'avec le *Contrat social*, l'*Encyclopédie* (1751-1772) considère le mot comme nouveau et lui donne un sens différent du sens actuel ; « capitaliste » appartient au vocabulaire de Turgot ; l'expression de « classe moyenne » sera utilisée à la Constituante pendant la discussion sur le cens ; quant au mot de « peuple », qui a généralement un sens péjoratif au début du siècle (« J'appelle peuple tout ce qui pense bassement et communément », dit Mme de Lambert), il prend un sens nouveau à partir de 1750, et pour les rédacteurs de l'*Encyclopédie* le peuple est « la partie la plus nombreuse et la plus nécessaire de la nation ». De même les mots de nation et de national prennent peu à peu leur sens moderne.

Cette transformation du vocabulaire est le signe d'une profonde évolution des idées. Quelques mots dominent le siècle : nature, bonheur, vertu, raison, progrès. Ils ne sont pas nouveaux ; les différents auteurs sont loin de leur donner tous le même sens. Il existe cependant un « esprit du siècle », un large accord sur quelques notions fondamentales.

§ 1. La science et la nature

Après les grandes découvertes du XVIIe siècle, le XVIIIe est surtout une époque d'applications pratiques. Monarques et philosophes manifestent pour les sciences un remarquable engouement : Voltaire étudie les mathématiques, vulgarise Newton ; Diderot fait de l'anatomie, de la physiologie, de la chimie ; Jean-Jacques Rousseau lui-même s'occupe de botanique. Le savant doit être universel ; il n'y a pas de cloisons entre les sciences.

L'histoire naturelle et les sciences biologiques passent au premier plan, et Buffon (1707-1788) est un des savants sinon les plus originaux du moins les plus représentatifs de son époque : J.-J. Rousseau se met à genoux pour embrasser le seuil de sa porte ; Montbard est un lieu de pèlerinage.

— La science de Buffon est *positive* et laïque ; elle rejette les causes finales.

— Elle est *évolutive* ; Buffon croit à l'évolution des espèces, ses *Epoques de la nature* annoncent *L'esquisse d'un tableau historique des progrès de l'esprit humain* de Condorcet.

— Enfin la science de Buffon est *unitaire*. Dans son *Histoire naturelle*, dont les 32 volumes paraissent de 1749 à 1789, il affirme l'unité de l'espèce humaine.

§ 2. Le bonheur

Ni Hobbes, ni Pascal, ni Bossuet ni même Locke ne parlent beaucoup de bonheur. Au contraire le thème du bonheur tient une large place chez la plupart des philosophes du XVIIIe siècle : bonheur de l'équilibre chez Montesquieu, de l'action utile chez Voltaire, du rêve chez Rousseau, etc. « Le bonheur est une idée neuve en Europe », s'écriera Saint-Just.

L'épanouissement de ce thème est évidemment lié au relâchement des disciplines catholiques. Il prend diverses formes :

— bonheur dans la nature ; bonheur du plein air (la marche et la montagne selon J.-J. Rousseau, les îles selon Bernardin de Saint-Pierre, les bergeries selon Marie-Antoinette...) ; bonheur du voyage (Montesquieu) et du voyageur dépaysé qui regarde le monde d'un œil neuf : heureux Siamois, heureux Persans.

— bonheur dans le naturel ; thème du bon sauvage, également apparent chez Montesquieu *(Lettres persanes)* et chez Rousseau *(Discours sur l'inégalité)*.

— bonheur dans l'utopie, appel à la fable : fable des abeilles de Mandeville, épisode des Troglodytes dans les *Lettres persanes*, *Robinson* de Daniel de Foë, *Gulliver* de Swift, *Micromégas*, *Candide*, etc.

— bonheur dans la vertu, la mesure et la raison : le bonheur se conquiert, se mérite ; il existe un droit au bonheur et un devoir d'être heureux ; le bonheur particulier coïncide avec le bonheur général. Le bonheur a ses lois, son juste milieu. La politique ne peut négliger le bonheur.

§ 3. La vertu

Une sorte de querelle des anciens et des modernes a pour objet la définition de la vertu : les uns rêvent d'une vertu à l'antique, sur le modèle de Sparte ou de Rome. Les autres préconisent une vertu aimable, sociable : l'homme le plus vertueux est celui qui est le plus utile à ses concitoyens. Ainsi apparaissent deux types d'hommes vertueux, Caton et Franklin. Si Voltaire opte résolument pour le second type, pour le « grand homme » contre le « héros », l'œuvre de Montesquieu trahit une certaine hésitation.

Quant à Rousseau, il présente encore un autre type de vertu, celle de l'homme sensible à la façon des héros de la *Nouvelle Héloïse*, de Saint-Preux toujours ému et toujours raisonnant, sinon raisonnable. La sensibilité est le raffinement de la raison.

La vertu se laïcise, le déisme se développe, la morale se détache du sentiment religieux. D'où l'importance des discussions sur les Chinois, qui jouissent au XVIIIe siècle d'un singulier prestige.

§ 4. La raison

Lumières, Aufklärung, Enlightenment : la métaphore se retrouve dans toutes les langues ; les thèmes de la science, de la nature, du bonheur, de la vertu et de la vérité se confondent avec celui de la raison.

Deux textes caractéristiques, parmi beaucoup d'autres :

— Cette définition de la raison dans le *Catéchisme universel* de Saint-Lambert : — « Qu'est-ce que la raison ? — La connaissance des vérités utiles à notre bonheur. »

— Cette définition de la loi dans l'*Encyclopédie* : « La loi, en général, est la raison humaine, en tant qu'elle gouverne tous les peuples de la terre ; et les lois politiques et civiles de chaque nation ne doivent être que les divers cas particuliers où s'applique cette raison humaine. »

Ainsi apparaît l'idée d'une raison universelle, qui permet d'accéder en même temps à la vérité et au bonheur, d'un progrès inéluctable et indivisible : le progrès matériel allant de pair avec le progrès intellectuel qui va de pair avec le progrès moral. C'est à cette conception matérialiste et bourgeoise que s'oppose Rousseau au nom même de la raison.

§ 5. L'UTILITÉ

Le XVIIIe siècle invente l'optimisme (le mot apparaît semble-t-il entre 1735 et 1740) et se place sous le signe de l'utilité. Bentham définira ainsi l'utilité vers la fin du siècle : « La propriété ou la tendance d'une chose à préserver de quelque mal ou à procurer quelque bien. Mal, c'est peine, douleur ou cause de douleur. Bien, c'est plaisir ou cause de plaisir. Ce qui est conforme à l'utilité ou à l'intérêt de l'individu, c'est ce qui tend à augmenter la somme totale de son bien-être. »

Cet utilitarisme, qui confond morale et intérêt, qui subordonne la politique à l'économie, n'est pas propre à l'utilitarisme anglais. C'est d'une conception utilitaire de la politique que procèdent, avec bien des nuances diverses, Voltaire, les encyclopédistes, les physiocrates, les fondateurs de l'économie libérale, les tenants du despotisme éclairé, les promoteurs de la révolution américaine.

Entre les œuvres de Voltaire, de Diderot, des encyclopédistes, d'Adam Smith, de Franklin et les idées politiques de la bourgeoisie, telles qu'elles s'expriment dans les mémoires ou les correspondances du temps, la concordance est frappante. Peu significatives sur le plan des doctrines politiques, les œuvres de Voltaire et de Franklin sont fondamentales si on y cherche l'expression d'une société.

Gardons-nous de nous représenter un XVIIIe siècle dominé par deux œuvres opposées : *L'esprit des lois* ou le libéralisme sans démocratie, le *Contrat social* ou la démocratie sans libéralisme. D'une part — nous le verrons — ces deux livres, une fois replacés dans leur contexte, cessent de s'opposer l'un à l'autre aussi absolument qu'on le dit souvent. D'autre part et surtout, ni Montesquieu, châtelain de La Brède, ni Rousseau ancien domestique, n'appartiennent à cette bourgeoisie nouvelle dont l'idéal politique s'exprime largement dans la philosophie des lumières. Les deux plus célèbres livres de doctrine politique du XVIIIe siècle sont, sinon deux livres à contre-courant, du moins deux livres en marge de l'idéologie dominante.

Ces remarques préliminaires nous dictent notre plan :

— Première Partie : le libéralisme aristocratique, Montesquieu.

— Deuxième Partie, la plus longue : le triomphe de l'utilitarisme.

— Troisième Partie : révoltes et utopies (Rousseau, les constructions socialistes, les rêves de paix perpétuelle et de progrès irréversible).

SECTION I. — Le libéralisme aristocratique

L'Éloge de la Constitution anglaise.

Après la « glorieuse Révolution », l'Angleterre connaît au XVIIIe siècle ce que Laski appelle une « ère de stagnation ». L'aristocratie reste puissante et ses adversaires lui reprochent de confondre le bien de l'Etat et le bien de la classe gouvernante. Sous le règne de George Ier et George II jusqu'au départ de Walpole en 1742, le mouvement des affaires aide à masquer l'immobilisme politique. L'Angleterre digère sa révolution. commente Locke, rares sont les œuvres originales de théorie politique,

Mais la Constitution anglaise exerce sur le continent européen une puissante séduction. Montesquieu et Voltaire séjournent en Angleterre et se font les propagandistes d'institutions qu'ils connaissent mal. Voltaire, dans ses *Lettres anglaises*, insiste surtout sur la liberté de conscience et d'opinion qui règne, selon lui, en Angleterre. Quant à Montesquieu, son éloge de la Constitution anglaise dans l'*Esprit des lois* devient rapidement classique.

Montesquieu ne séjourne pas longtemps en Angleterre. Bolingbroke ne semble pas avoir exercé sur lui l'influence qui lui est parfois prêtée, et d'ailleurs Bolingbroke n'était pas un grand esprit (« a solemn trifler » dit de lui Laski). Robert Shackleton, qui a étudié de près le catalogue de La Brède, a pu noter que la bibliothèque de Montesquieu contenait très peu d'ouvrages anglais (cf. R. Shackleton, Montesquieu. Two unpublished documents, *French Studies*, 1950).

L'éloge des institutions anglaises par Montesquieu repose sur une équivoque. Il appartient à la noblesse et soutient la cause des parlementaires. Sans doute son libéralisme est-il sincère et profond, mais ce libéralisme est tourné vers le passé ; c'est un libéralisme aristocratique et français, fort éloigné du libéralisme anglais, lui-même fort éloigné des réalités britanniques.

Montesquieu

Montesquieu (1689-1755), vulgarisateur de la Constitution anglaise, théoricien de la séparation des pouvoirs, adepte du parfait libéralisme, un Montesquieu proche de Locke...

Montesquieu, châtelain de La Brède, président à mortier du parlement de Bordeaux, auteur des *Lettres persanes*, un Montesquieu proche de Saint-Simon...

L'œuvre de Montesquieu est complexe, et il faut se garder de la réduire à ces deux images sommaires.

1) L'homme. — L'homme n'apparaît guère dans l'*Esprit des lois* (1748) ni dans les *Considérations sur les causes de la grandeur des Romains et de leur décadence* (1734). Mais les *Lettres persanes* (1721) sont écrites par un homme qui s'amuse, et le recueil autobiographique intitulé *Mes pensées* est un document un peu apprêté sans doute, mais d'une incomparable richesse.

Montesquieu tient à y apparaître comme un homme heureux (« Mon âme se prend à tout »), disponible (« Tout m'intéresse, tout m'étonne »), bienveillant (« Je ne sais pas haïr »), modeste (« Hommes modestes, venez que je vous embrasse »), parfaitement équilibré (« N'ayant jamais eu de chagrin qu'une heure de lecture ne m'ait ôté... »).

Cette sagesse est presque trop parfaite, mais heureusement Montesquieu cesse parfois de se surveiller. Il s'écrie : « J'aime les paysans ; ils ne sont pas assez savants pour raisonner de travers. » Il ne croit guère au progrès (« Proposer la perfection à un siècle qui est toujours pire... »), et c'est sans joie qu'il écrit pour lui-même : « C'est l'esprit de commerce qui domine aujourd'hui. Cet esprit de commerce fait qu'on calcule tout. »

On retrouve dans l'*Esprit des lois* des jugements analogues, notamment dans le livre XX : *Des lois dans le rapport qu'elles ont avec le commerce considéré dans sa nature et ses distinctions*. Montesquieu affirme bien que l'Angleterre est « le peuple du monde qui a le mieux su se prévaloir à la fois de ces trois grandes choses : la religion, le commerce et la liberté ». Mais ses jugements sur les commerçants sont des plus réservés ; il ne veut pas que les nobles fassent du commerce et il n'hésite pas à écrire : « Il est contre l'esprit du commerce que la noblesse le fasse dans la monarchie... Il est contre l'esprit de la monarchie que la noblesse y fasse le commerce. L'usage qui a permis en Angleterre le commerce à la noblesse est une des choses qui ont le plus contribué à y affaiblir le gouvernement monarchique. »

Sur cette question fondamentale, Montesquieu s'oppose donc à Voltaire (voir plus haut, p. 383). Il se range dans le camp de la tradition. Les transformations qui se produisent dans le monde n'inspirent que des réactions réticentes à ce noble provincial naturellement ironique et modéré.

2) La politique des « Lettres persanes ». — Les *Lettres persanes* sont le divertissement d'un homme heureux. Les deux Persans, Usbek le Raisonneur et Rica le Gascon, mettent à nu la société de la Régence ; ils lèvent tous les masques ; ils ne sont point dupes.

Les hommes sont-ils heureux par les plaisirs des sens ou par la pratique de la vertu ? Usbek répond par la fable des Troglodytes (petit peuple d'une irréelle Arabie).

Premier acte : monarchie. Les Troglodytes ont un roi « d'origine étrangère » ; ils le tuent.

Deuxième acte : anarchie. Règne de l'égoïsme et de l'intérêt particulier. Série de catastrophes.

Troisième acte : démocratie patriarcale. Deux amis arrivent à persuader les Troglodytes que« l'intérêt des particuliers se trouve toujours dans l'intérêt commun ». Entraide, vertu, bonheur idyllique et familial. Les Troglodytes repoussent une invasion ; ils sont invincibles et heureux.

Dernier acte : le nombre des Troglodytes augmente et la vertu commence à leur peser. Les Troglodytes veulent se donner un roi et choisissent un vénérable vieillard. Celui-ci commence par verser « des torrents de larmes » et finit par accepter. Retour au premier acte...

Conclusion sceptique : les mœurs sont plus efficaces que les lois (« les mœurs font toujours de meilleurs citoyens que les lois »), mais les hommes se lassent d'être vertueux, les meilleurs régimes n'ont qu'un temps...

Il n'est pas interdit de penser que Montesquieu a mis dans cette fable désinvolte l'essentiel de sa philosophie politique. Toujours est-il que cette philosophie des *Lettres persanes* semble au premier abord bien différente de celle qui est majestueusement exprimée dans l'*Esprit des lois.*

3) MÉTHODE DE MONTESQUIEU. — Comment expliquer dans un pays déterminé la présence d'une législation déterminée ? Tel est l'objet de l'*Esprit des lois*. Montesquieu est à la recherche d'un ordre intelligible ; il s'efforce de distinguer et d'expliquer.

Les principaux traits de sa méthode sont les suivants :

a) *Sens de la diversité.* — La première démarche de l'intelligence pour Montesquieu consiste à percevoir les distinctions (cf. les idées claires et distinctes de Descartes). Comme plus tard Benjamin Constant et Tocqueville, comme tous les grands théoriciens du libéralisme, Montesquieu est passionnément attaché à la diversité du monde, et il ne redoute rien tant que l'uniformité. Contrairement à Bossuet qui multiplie les comparaisons, Montesquieu distingue les gouvernements selon les temps, selon les pays. « Le bon sens, dit-il, consiste beaucoup à connaître les nuances des choses. »

b) *Relativisme.* — La loi est pour Montesquieu un système de rapports : « L'esprit des lois consiste dans les divers rapports que les lois peuvent avoir avec diverses choses. » Rapports avec la constitution de chaque gouvernement, les mœurs, le climat, la religion, le commerce, etc.

Montesquieu s'attache donc à déterminer toutes les influences qui s'exercent sur les lois ; sa méthode procède d'une analyse sociologique.

c) *Déterminisme.* — Montesquieu croit que les choses ont une nature : « Les lois, dans la signification la plus étendue, sont les rapports nécessaires qui dérivent de la nature des choses. » Rapports nécessaires mais non pas rapports suffisants : les lois ont leurs lois, mais ces lois sont complexes, et ni le climat ni les mœurs ni la Constitution ne suffisent à expliquer la situation d'un pays. L'histoire est intelligible, mais les hommes peuvent la faire.

d) *Rationalisme.*— Si Montesquieu récuse tout fatalisme (et naturellement tout providentialisme), sa méthode ne verse pas dans l'empirisme. Il se fait de la loi une haute idée ; elle est — ou devrait être — l'incarnation de la raison : « C'est une pensée admirable de Platon que les lois sont faites pour annoncer les ordres de la raison à ceux qui ne peuvent les recevoir immédiatement d'elle. »

e) *Scepticisme.* — Mais la loi est faite par des législateurs, et ceux-ci sont bien souvent inférieurs à leur mission. Grandeur de la loi et infirmité des législateurs : « La plupart des législateurs ont été des hommes bornés que le hasard a mis à la tête des autres, qui n'ont presque consulté que leurs préjugés et leurs fantaisies. Il semble qu'ils aient méconnu la grandeur et la dignité même de leur ouvrage. »

Ainsi la méthode de Montesquieu, rigoureuse et nuancée, fait place à la faiblesse humaine. On ne saurait trop admirer l'ampleur d'un dessein qui fait de Montesquieu un des fondateurs de la sociologie, mais la méthode vaut mieux que les applications. Il semble notamment que l'on rende un mauvais service à Montesquieu en insistant sur sa *théorie des climats* : d'une part cette théorie existait bien avant Montesquieu, d'autre part et surtout les longues considérations qu'elle lui a inspirées (du type : « On a plus de vigueur dans les climats froids » ou « Les Indiens sont naturellement sans courage ») ne nous frappent aujourd'hui ni par leur originalité ni par leur pertinence.

4) LA THÉORIE DES GOUVERNEMENTS. — La théorie des gouvernements, par laquelle s'ouvre l'*Esprit des lois*, est sans doute avec la séparation des pouvoirs la plus connue des théories de Montesquieu. Il est cependant douteux que Montesquieu y ait mis l'essentiel de sa pensée politique.

Montesquieu distingue la *nature* de chaque gouvernement, ce qui le fait être, et son principe, ce qui le fait agir. Il passe en revue trois types de gouvernement :

a) *Le gouvernement républicain.* — Nature : « Le gouvernement républicain est celui où le peuple en corps, ou seulement une partie du peuple, a la souveraine puissance. » Il y a donc deux formes bien distinctes de république, la république démocratique et la république aristocratique.

α) *La république démocratique.* Nature : c'est le peuple en corps c'est-à-dire l'ensemble des citoyens réunis qui exercent la souveraine puissance.

Principe : la vertu, au sens civique et non au sens moral, c'est-à-dire la faculté pour chaque citoyen de faire passer l'intérêt général avant l'intérêt particulier.

La république démocratique selon Montesquieu (qui ne distingue pas nettement le mot « république » du mot « démocratie ») est une république à l'antique, austère, frugale, vertueuse, limitée à de petites cités dont les citoyens peuvent se réunir sur une place publique.

β) *La république aristocratique* (type Venise). Nature : la puissance souveraine appartient à « un certain nombre de personnes ».

Principe : la modération dans l'usage de l'inégalité. L'aristocratie gouvernante doit être assez nombreuse, elle doit en quelque sorte faire oublier aux gouvernés son existence : « Plus une aristocratie approchera de la démocratie, plus elle sera parfaite ; elle le deviendra moins, à mesure qu'elle approchera de la monarchie. »

b) *Le gouvernement monarchique.* — Il est de sa nature qu'un seul gouverne. Mais la monarchie ne se confond pas avec le despotisme. Le monarque gouverne selon les lois fondamentales qui s'exercent grâce à des pouvoirs intermédiaires. « Les pouvoirs intermédiaires, subordonnés et dépendants, constituent la nature du gouvernement monarchique. » Ces pouvoirs ou corps intermédiaires sont « les canaux moyens par lesquels coule la puissance ».

Principe : l'honneur, c'est-à-dire l'esprit de corps, « le préjugé de chaque personne et de chaque condition ». « La nature de l'honneur est de demander des préférences et des distinctions. » Montesquieu ne parle ni de la vertu des princes (à la façon de Bossuet ou de Fénelon) ni de la vertu des citoyens, mais de l'honneur de quelques-uns. Le principe du gouvernement monarchique ne se trouve donc pas entre les mains du monarque. Conception aristocratique et quasi féodale de la monarchie. Montesquieu parlant de la monarchie dans les premiers livres de l'*Esprit des lois* paraît songer davantage à la monarchie française du Moyen Age qu'à une monarchie constitutionnelle à l'anglaise.

c) *Le gouvernement despotique.* — C'est le seul type de gouvernement que Montesquieu condamne formellement. Sa nature, c'est qu'un seul gouverne selon son caprice, sans lois et sans règles. Son principe est la crainte ; le despote traite ses sujets comme des bêtes.

On ne trouve chez Montesquieu nulle distinction entre différentes formes de despotisme, nulle référence au « despotisme éclairé ». Mais derrière le despotisme, c'est la monarchie absolue que vise Montesquieu.

Cette typologie des gouvernements est doublement abstraite :

— Abstraite des gouvernements existants à l'époque où Montesquieu écrivait l'*Esprit des lois* ; la monarchie anglaise n'entre dans aucune catégorie ; aucune distinction n'est faite entre les diverses monarchies.

— Abstraite d'autre part des préférences intimes de Montesquieu. Il condamne formellement le despotisme, mais le gouvernement selon son cœur n'est conforme, semble-t-il, ni au type monarchique ni au type aristocratique ni au type démocratique tels qu'il les a dessinés. Une fois de plus, Montesquieu avance masqué, et c'est seulement lorsqu'on a lu non seulement l'ensemble de l'*Esprit des lois*, mais l'ensemble de son œuvre que l'on voit apparaître, comme une image composite, cette monarchie aristocratique, vertueuse et modérée, dont rêvait Montesquieu sans se faire beaucoup d'illusions sur ses chances de réalisation.

5) Le gouvernement modéré. — Montesquieu semble moins préoccupé par la forme des gouvernements que par les institutions, moins préoccupé par les institutions que par les mœurs. Nous retrouverons la même tendance chez Tocqueville, Prévost-Paradol, Renan.

La théorie politique de Montesquieu est une théorie des contrepoids (« Il faut que le pouvoir arrête le pouvoir ») : la séparation des pouvoirs, les corps intermédiaires, la décentralisation et la morale sont pour lui autant de contrepoids, autant de forces qui empêchent le pouvoir de verser dans le despotisme.

a) *La séparation des pouvoirs.* — La séparation des pouvoirs est devenue grâce à Montesquieu une sorte de dogme : l'article 16 de la Déclaration des Droits de l'Homme proclamera : « Toute société dans laquelle la garantie des droits n'est pas assurée, ni la séparation des pouvoirs déterminée, n'a point de constitution. »

Mais en fait la doctrine de la séparation des pouvoirs n'a

pas chez Montesquieu la portée que lui ont prêtée ses successeurs. Il se contente d'affirmer que le pouvoir exécutif, le pouvoir législatif et le pouvoir judiciaire ne doivent pas se trouver entre les mêmes mains, mais il ne songe point à préconiser entre les trois pouvoirs une rigoureuse séparation, qui d'ailleurs n'existait pas dans le régime anglais.

C'est une harmonie entre les pouvoirs que préconise Montesquieu, une attribution conjointe et indivise du pouvoir souverain à trois organes, la co-souveraineté de trois forces politiques — et aussi de trois forces sociales : roi, peuple et aristocratie. Comme l'a fortement noté Ch. Eisenmann, il existe une correspondance entre les idées constitutionnelles et les idées sociales de Montesquieu : « Son appareil gouvernemental apparaît comme la projection sur le plan constitutionnel de son image de la société : trois forces sociales, donc trois forces politiques les incarnant — la correspondance est parfaite. » En réalité, il n'y a pas chez Montesquieu une théorie (juridique) de la séparation des pouvoirs, mais une conception (politico-sociale) de l'équilibre des puissances — équilibre qui tend à consacrer une puissance parmi les autres : celle de l'aristocratie (cf. les analyses de Louis Althusser dans *Montesquieu, la politique et l'histoire*, P.U.F., 1959, 120 p.).

b) *Les corps intermédiaires.* — Montesquieu croit à l'utilité sociale et morale des corps intermédiaires, notamment les parlements et la noblesse.

Président à mortier du Parlement de Bordeaux, Montesquieu soutient avec vigueur les privilèges des parlementaires qu'il semble d'ailleurs confondre avec les privilèges de la noblesse. Montesquieu n'hésite pas à défendre la vénalité des charges : sans doute s'agit-il d'un abus, mais c'est un abus utile.

Montesquieu est un gentilhomme fier de sa noblesse (« 350 ans de noblesse prouvée ») et la noblesse lui paraît le meilleur soutien de la monarchie, le meilleur garant de la liberté : « Point de monarque, point de noblesse ; point de noblesse, point de monarque, mais on a un despote. » Il est étrange que Montesquieu — mais sans doute a-t-il tout fait pour entretenir cette ambiguïté — ait été considéré comme un admirateur du système anglais, alors que sa pensée est profondément enracinée dans les plus anciennes traditions françaises. Le chapitre le plus souvent cité de l'*Esprit des lois* est sans doute le chapitre VI du livre XI qui est consacré à la Constitution d'Angleterre. Mais il faut d'abord remarquer que ce chapitre ne vise nullement à présenter une description fidèle du système britannique ; c'est une Angleterre idéalisée, stylisée que présente Montesquieu, une Angleterre à la française, fort éloignée de la réalité historique. D'autre part, ce chapitre sur l'Angleterre n'occupe que dix pages dans un livre qui en compte plus de 700. Pourquoi ne pas attacher autant ou même plus d'importance aux longues considérations sur le droit féodal par lesquelles s'achève l'*Esprit des lois*, à ces pages minutieuses sur les origines de la noblesse française qui font songer à Saint-Simon et à sa passion de l'étiquette ?

c) *La décentralisation.* — Contre le despotisme, la décentralisation est un contrepoids efficace. Le seigneur de La Brède a sur ce point les idées qu'aura le châtelain de Tocqueville. La pensée de Montesquieu s'oppose, sinon tellement à celle de Rousseau (beaucoup moins centralisateur qu'on ne l'a dit), qu'à celle de ses disciples montagnards et à celle des grands commis de la monarchie.

d) *Les mœurs.* — « Il ne faut jamais faire par les lois ce qu'on peut faire par les mœurs. » La véritable réforme n'est pas politique, mais intellectuelle et morale. Il ne faut pas faire trop de lois, et la modération est la principale des vertus : « L'esprit de modération doit être celui du législateur ; le bien politique comme le bien moral se trouve toujours entre deux limites. » La morale de Montesquieu est une morale du juste milieu. Si sa condition sociale et ses options politiques le situent dans le camp de l'aristocratie, sa morale est bourgeoise ou du moins peut être aisément adoptée et sera effectivement adoptée par la bourgeoisie.

Quant à la religion, elle est à la fois pour Montesquieu un beau décor (comme dans les *Lettres persanes*) et un frein social. Anticlérical, peu religieux, Montesquieu se défend d'être athée. Il croit à l'utilité de la religion en tant que « motif réprimant » : « Il est très utile que l'on croie que Dieu est... Quand il serait inutile que les sujets eussent une religion, il ne le serait pas que les princes en eussent. » La religion de Napoléon est proche de celle de Montesquieu.

6) Les idées sociales de Montesquieu. — *a)* Les idées sociales de Montesquieu n'ont rien de révolutionnaire. La liberté pour lui consiste essentiellement dans la sécurité : « Le seul avantage qu'un peuple libre ait sur un autre, c'est la sécurité où chacun est que le caprice d'un seul ne lui ôtera point ses biens ou sa vie. » L'égalité absolue est un rêve : « Autant que le ciel est éloigné de la terre, autant le véritable esprit d'égalité l'est-il de l'esprit d'égalité extrême. » Le peuple ne doit pas être confondu avec la populace, et il est prudent de refuser le droit de vote à ceux qui sont dans un trop profond « état de bassesse » ; « dans le gouvernement même populaire, la puissance ne doit point tomber entre les mains du bas peuple ». Voltaire et les constituants de 1789 ne diront pas autre chose.

b) Mais Montesquieu est un « conservateur éclairé » (J.-J. Chevallier). Son idéal n'est pas le « laissez-faire » des économistes libéraux et de tous ceux qui invoqueront son œuvre pour la défense de l'ordre bourgeois. Il pense que l'Etat « doit à tous les citoyens une subsistance assurée, la nourriture, un vêtement convenable et un genre de vie qui ne soit point contraire à la santé » (voir sur ce point le chapitre sur les hôpitaux dans l'*Esprit des lois*, livre XXIII, chap. XXIX). Montesquieu estime donc que l'Etat doit pourvoir lui-même à l'entretien des malades, des vieillards et des orphelins, qu'il doit ouvrir des greniers publics, lutter contre la misère. Maxime Leroy voit dans ces préoccupations de Montesquieu les prémices d'un « socialisme d'Etat », de type patriarcal.

Montesquieu n'est donc pas seulement un des ancêtres de l'orléanisme libéral. Son œuvre exerce une profonde influence sur Saint-Just, elle enthousiasme Marat : dans son projet de Constitution, « l'ami du peuple » affirme que Montesquieu est le plus grand homme du siècle.

* * *

Telle est l'ambiguïté de Montesquieu. Ses convictions politiques sont celles des aristocrates libéraux et de tous ceux qui voient dans la tradition la sauvegarde de la liberté. Mais Montesquieu venait trop tard ou trop tôt dans un siècle de bourgeoisie et son œuvre a été adoptée — et adaptée — par une bourgeoisie qui l'a tirée dans le sens des valeurs bourgeoises, de la sécurité, de la paix, du régime censitaire et de l'ordre moral. C'est ainsi que le seigneur de La Brède passe pour le fondateur d'un système qui lui aurait presque certainement fait horreur.

Montesquieu, dit-on souvent, exprime l'opinion des milieux parlementaires de même que Voltaire exprime l'opinion de la bourgeoisie capitaliste. Cette affirmation n'est pas fausse, mais il serait plus exact de dire que les milieux parlementaires ont fait leur livre de chevet et leur arme de combat d'une œuvre qui penchait initialement du côté de la noblesse plutôt que du côté des Parlements. Sans doute Montesquieu est-il resté fidèle à ses origines parlementaires, mais ce serait méconnaître sa liberté d'esprit que de voir en lui l'aveugle défenseur des Parlements. Défenseur certes, mais lucide, dédaigneux, dangereux pour les privilèges qu'il défend...

Toujours est-il que les Parlements, confondant quelque peu leurs libertés, c'est-à-dire leurs prérogatives, avec la liberté, utilisent abondamment Montesquieu, non sans déformer le sens de son œuvre, dans leur lutte contre le pouvoir royal. Lutte stérile, combat d'arrière-garde qui fait obstacle à toute tentative de modernisation politique et sociale de la monarchie. Ce sont les milieux parlementaires qui ont expurgé, embourgeoisé Montesquieu.

Histoire et progrès selon Vico

Le Napolitain Vico (1668-1744) est un auteur aussi difficile à classer qu'à lire. Son œuvre la plus importante est intitulée *Principes d'une science nouvelle relative à la nature commune des nations*. Elle a été publiée pour la première fois en 1725 et a paru sous sa forme définitive en 1744.

Vico est parfois rapproché de Montesquieu. L'un et l'autre ont eu l'ambition de présenter une théorie générale des sociétés et des gouvernements. Mais les analogies entre les deux œuvres sont superficielles, et Vico ne semble pas avoir exercé d'influence profonde sur Montesquieu. Son œuvre est restée longtemps ignorée ; par un apparent paradoxe, c'est Michelet qui révèle au public français l'importance de ce philosophe profondément chrétien.

Il est d'usage de dire que la *Science nouvelle* et les autres livres de Vico sont étrangers à l'époque qui les a vus naître, et il est assurément fort difficile de rattacher l'œuvre de Vico aux grands courants de la philosophie des lumières. Il condamne non seulement l'individualisme mais aussi l'utilitarisme qui triomphe au XVIIIe siècle : « L'utilité, dit-il, n'est pas le principe explicatif de la moralité, parce qu'elle provient de la partie corporelle de l'homme, tandis que la moralité est éternelle. »

En fait l'œuvre de Vico est bien caractéristique d'une époque de transition et d'une société parcourue par des forces contradictoires :

1° A beaucoup d'égards, Vico est un homme du passé. Chrétien, il est convaincu que la Providence mène le monde ; « Sa philosophie de l'histoire est une théologie de l'histoire » (P. Janet). Mais son christianisme est teinté de platonisme. Vico cherche l'ordre éternel des choses, « l'Histoire idéale des Lois éternelles dont dépendent les Destins de toutes les nations, leur naissance, leur progrès, leur décadence et leur fin ». Tandis que Montesquieu multiplie les distinctions, Vico est à la découverte de l'unité. L'une de ses œuvres importantes est le *De uno* (1720).

2° C'est précisément cet appétit d'unité qui séduira Herder Michelet ou Auguste Comte. Vico trouve son public au XIXe siècle, son œuvre est en avance sur son temps.

a) Contre les idées claires et distinctes, Vico fait appel aux forces obscures, aux sentiments profonds, aux mythes et aux légendes. Il réhabilite l'imagination, la poésie : anticartésianisme, *préromantisme.*

b) Vico a le sens de l'*histoire.* Il n'y cherche pas des exemples de morale comme Fénelon, ou la justification d'une politique comme Bossuet. L'histoire lui apparaît comme une évolution continue. Il pense que chaque peuple passe par trois âges, l'âge des dieux, l'âge des héros et l'âge des hommes ; à ces trois âges correspondent trois formes de gouvernement : la théocratie, l'aristocratie et le gouvernement humain. Cette loi des trois âges annonce la loi des trois états d'Auguste Comte.

c) Le *progrès* est la loi de l'histoire ; l'évolution de l'humanité, pour Vico, n'a pas la forme d'une ligne droite, mais d'une série de cercles, en spirale ; l'histoire n'est donc jamais achevée : ainsi après être arrivées à la démocratie, « toutes les nations vont se reposer dans la monarchie », d'où elles passent à l'aristocratie puis de nouveau à la démocratie. Telle est la loi des « ricorsi », c'est-à-dire des retours.

Cette conception idéaliste et cyclique du progrès est très différente du progrès tel que le conçoivent les encyclopédistes. Le dernier mot de la *Science nouvelle* est un appel à la piété : « Qui n'est point pieux ne peut être vraiment sage. »

Tels sont les principaux traits d'une œuvre qui, comme celle de Montesquieu, se situe en marge de l'utilitarisme régnant.

SECTION II. — L'utilitarisme politique

L'utilitarisme politique a pris des formes diverses selon les pays et selon les problèmes à résoudre : politique du « sens commun » chez Voltaire, subordination de la politique à l'économie chez les encyclopédistes et chez Diderot, mélange de libéralisme économique et d'autorité politique chez les physiocrates, radicalisme philosophique et malthusianisme libéral en Angleterre... Adam Smith analyse la « puissance des nations » et des « despotes éclairés » s'efforcent d'établir la puissance de l'État ; dans un certain contexte social, le despotisme éclairé est le couronnement de l'utilitarisme politique.

§ 1. VOLTAIRE OU LA POLITIQUE DU SENS COMMUN

Voltaire (1694-1778) n'est pas un théoricien, et il lui est souvent arrivé de se contredire. Mais sa gloire a été immense, sa vieillesse ressemble à une apothéose. La bourgeoisie française s'est reconnue dans le « roi Voltaire », et Voltaire a su faire ce qu'il fallait pour nourrir sa légende. Ses idées politiques sont d'autant plus intéressantes qu'elles sont moins originales.

Il les a exprimées dans diverses œuvres mais surtout dans les *Lettres philosophiques* ou *Lettres anglaises* (1734) qui ont contribué à populariser en France l'image de la libre Angleterre, dans le *Dictionnaire philosophique* (1764), dans ses romans, notamment *Candide* (1759) et *L'ingénu* (1767), dans sa correspondance, dans les *Commentaires sur l'Esprit des lois* (Voltaire contre Montesquieu), etc.

Il y a deux parties bien nettes dans la vie de Voltaire (comme dans celle de Hugo, dont les dernières années ressemblent à celles de Voltaire). Il a plus de 60 ans quand il devient l'apôtre de la tolérance (affaires Calas, Sirven, de La Barre) et aborde de front la politique. S'il était mort à 60 ans, sans doute n'aurait-il laissé le souvenir que d'un second Fontenelle, plus spirituel et plus habile que le premier.

Religion.

Les idées religieuses de Voltaire sont plus connues que ses idées politiques. Encore faut-il se garder de les ramener à une formule simpliste comme « Ecrasons l'infâme». La thèse de René Pomeau, *Voltaire et la religion*, a bien montré qu'il y avait chez Voltaire un fond authentiquement religieux, une inquiétude métaphysique. Voltaire n'était pas voltairien à la façon de M. Homais.

C'est au nom du « sens commun » que Voltaire entreprend de combattre : « Il faut verser son sang pour servir ses amis et pour se venger de ses ennemis, sans quoi l'on n'est pas digne d'être homme. Je mourrai en bravant tous ces ennemis du sens commun. » Cette expression de « sens commun » sera remplacée au XIXe siècle par celle de « bon sens » dont il sera fait un grand usage sous la monarchie de Juillet (cf. le journal *Le bon sens*).

La religion pour Voltaire est synonyme de superstition et de fanatisme ; le fanatisme religieux lui est physiquement intolérable, l'anniversaire de la Saint-Barthélemy lui donne de la fièvre et il doit s'aliter. Son anticléricalisme est passionné, tumultueux. Mais il reconnaît l'utilité sociale de la religion (« Si vous avez une bourgade à gouverner il faut qu'elle ait une religion », écrit-il dans le *Dictionnaire philosophique*). Lui-même tient à distinguer les prêtres et la religion : « Il faut avoir une religion et ne pas croire aux prêtres. » Son déisme n'est ni une supercherie ni une concession. Sa « religion naturelle » est une religion raisonnable. « Le Dieu de Voltaire est celui de Newton, manifesté par l'harmonie des sphères, Dieu sensible à l'esprit non au cœur » (R. Pomeau).

Autorité.

« Liberty and property, c'est le cri anglais..., c'est le cri de la nature ». Mais comment assurer la liberté, comment garantir la propriété (deux notions qui pour Voltaire sont étroitement liées) ?

Dans les *Lettres philosophiques*, Voltaire fait un vif éloge de la Constitution anglaise, mais sa confiance semble aller de plus en plus à un régime fort : il compte sur l'autorité pour fonder la liberté.

Lorsque Voltaire parle de libertés, il songe généralement aux libertés civiles plus qu'aux libertés politiques. Il n'a aucune confiance dans les corps intermédiaires et juge fort sévèrement les prétentions des parlementaires ainsi que la vénalité des charges. Il souhaite une magistrature soumise au gouvernement et la réforme de Maupeou lui inspire un vif enthousiasme.

Il sacrifie au culte du « bon roi Henri » en écrivant la *Henriade* et dresse un tableau grandiose du *Siècle de Louis XIV*. « Ah Louis XIV, Louis XIV que n'étais-tu philosophe ?... »

Richesse et propriété.

Voltaire ne croit pas à l'égalité : « L'égalité est à la fois la chose la plus naturelle, et en même temps la plus chimérique. » Sa philosophie sociale est celle d'un propriétaire bourgeois.

Fort riche lui-même, Voltaire fait l'éloge du luxe et de la richesse dans *Le mondain*. Il parle sur le ton le plus dédaigneux du *Discours sur l'inégalité* de Rousseau et notamment du fameux passage sur la propriété : « Le premier qui ayant enclos un terrain... » « Il faut, déclare le personnage appelé C dans l'A B C, que ce soit quelque voleur de grand chemin bel esprit qui ait écrit cette impertinence. » Et A rétorque : « Je soupçonne seulement que c'est un gueux fort paresseux... L'auteur de ce passage me paraît un animal bien insociable. »

Voltaire estime que la hiérarchie des classes sociales est bienfaisante ; il faut se garder de développer l'enseignement des classes populaires : « Il me paraît essentiel qu'il y ait des gueux ignorants... Ce n'est pas le manœuvre qu'il faut instruire, c'est le bon bourgeois, c'est l'habitant des villes... Quand la populace se mêle de raisonner, tout est perdu » (à Damilaville, 1er avril 1766).

Réformes.

La politique de Voltaire est une politique concrète. Il ne s'élève pas à de vastes synthèses, mais il propose pour la vie de chaque jour les réformes qui lui paraissent nécessaires et réalisables. La politique pour Voltaire est quotidienne ; il prend le gouvernement tel qu'il est et combat pour des réformes administratives et civiles : interdiction des arrestations arbitraires, suppression de la torture et de la peine de mort, abolition de la procédure secrète, proportion des peines aux délits, unité de la législation, suppression des douanes intérieures, meilleure perception des impôts, suppression de quelques droits seigneuriaux, garantie de la liberté de pensée et d'expression, etc.

Telle est la politique de Voltaire. Aucun de ses contemporains, ni Montesquieu, ni Diderot, ni Rousseau, n'a présenté un tel catalogue de réformes ; aucun n'a tant bataillé pour les faire prévaloir. Lorsqu'il est longuement acclamé en mars 1778, quelques semaines avant sa mort, les ovations ne s'adressent pas seulement à l'écrivain, mais au défenseur de Calas. Voltaire inaugure avec éclat un nouveau type de philosophe, ce qu'on appellera plus tard le « philosophe engagé ».

§ 2. L'UTILITARISME FRANÇAIS
DIDEROT ET L' « ENCYCLOPÉDIE »

L'*Encyclopédie* est le meilleur document d'ensemble sur les idées de la bourgeoisie française au XVIIIe siècle, ses hardiesses et ses limites. Diderot a su associer à son entreprise des savants comme d'Alembert et Buffon (le plus grand philosophe de son temps selon Diderot), des financiers éclairés comme Helvétius, des spécialistes de l'athéisme comme le baron d'Holbach, les principaux représentants de l'école physiocratique (c'est Quesnay qui rédige les articles « fermiers » et « grains », Turgot l'article « foires »), Voltaire et Rousseau eux-mêmes pour une brève collaboration.

Œuvre collective, l'*Encyclopédie* est nécessairement une œuvre composite, et il faut se garder de confondre les idées politiques de l'*Encyclopédie* avec celles de Diderot, qui de 1745 (octroi du privilège) à 1772 (fin des planches), fut l'infatigable protagoniste de cette grande entreprise. Mais cependant nous ne pouvons, dans le cadre de ce manuel, qu'étudier conjointement Diderot et l'*Encyclopédie*, en tâchant de marquer ce qui est propre à Diderot dans une œuvre qui n'aurait pas été achevée sans lui.

A) *Matérialisme et moralisme chez Diderot*

Il n'est pas sûr que Diderot (1713-1784) soit, comme l'affirme Yvon Belaval, le personnage le plus représentatif de son siècle, mais il en est sans doute le plus débordant de vie. Il a touché à tout, aux arts comme aux sciences ; il a fréquenté tous les milieux, en France et hors de France ; il a laissé des œuvres de toutes sortes. Nul terme ne lui convient mieux que celui d'encyclopédiste.

La nature de Diderot est une nature de dialogue (*Le neveu de Rameau*, *Jacques le fataliste*, etc.). Dialogue entre la raison (« ce paysan matois qu'il est toujours demeuré », dit Paul Vernière) et l'enthousiasme : « Il n'y a que les passions et les grandes passions qui puissent élever l'âme aux grandes choses. » Il embrasse, pérore, gesticule, mais il sait ce qu'il fait. « Le sort, dit Grimm, lui avait accordé le plus grand des biens, une sérénité d'âme inaltérable, avec une grande passion pour les ouvrages de génie et pour le vent du nord... »

Dialogue entre le matérialisme et le moralisme. Diderot verse des larmes devant les tableaux de Greuze, mais il est d'un matérialisme résolu. Certains (et notamment Jean Thomas) estiment que la pensée de Diderot a évolué, que son matérialisme s'est relâché en humanisme. Mais pour Vernière l'unité profonde de sa pensée est son antichristianisme : « Aux trois ordres cloisonnés de Pascal, Diderot semble opposer trois paliers : recherche du bonheur, devoir social, sacrifice à l'humanité. »

Ainsi l'humanisme de Diderot résulte de son matérialisme même. Il est fondamentalement hostile à l'innéisme, au fixisme, au finalisme. Il croit à l'évolution, au progrès, à la possibilité et au devoir de transformer les êtres et de contribuer à leur bonheur. L'univers est une seule et unique machine où tout est lié et où tous les êtres s'élèvent au-dessus ou s'abaissent au-dessous les uns des autres par degrés imperceptibles, en sorte qu'il n'y ait aucun vide dans la chaîne (article « Animal » dans l'*Encyclopédie*).

B) *Subordination de la politique à l'économie dans l'*Encyclopédie

L'*Encyclopédie* est un hymne au progrès technique. Dans le *Discours préliminaire* de 1751, d'Alembert s'étonne du « mépris » qu'on a pour les arts mécaniques et pour leurs inventeurs mêmes ; il remarque avec surprise que « les noms de ces bienfaiteurs du genre humain sont presque tous inconnus, tandis que l'histoire de ses destructeurs, c'est-à-dire de ses conquérants, n'est ignorée de personne. Cependant c'est peut-être chez les artisans qu'il faut aller chercher les preuves les plus admirables de la sagacité de l'esprit, de sa patience et de ses ressources ».

Les métiers, les techniques trouvent place dans l'*Encyclopédie* qui est ainsi placée sous le signe de l'utilité. Le philosophe est « un honnête homme qui veut plaire et se rendre utile ».

Toute la doctrine de l'utilitarisme est en germe dans l'*Encyclopédie*, qui subordonne délibérément la politique à l'économie. La liberté selon l'*Encyclopédie*, c'est essentiellement la liberté économique, la liberté politique étant donnée par surcroît : « Ce que l'Etat doit à chacun de ses membres, c'est la destruction des obstacles qui les gêneraient dans leur industrie ou qui les troubleraient dans la jouissance des produits qui en sont la récompense. »

L'article « Homme » (rédigé par Diderot) est fort important. Après une définition générale, il se compose de deux parties : la première intitulée *Homme (morale)* souligne la supériorité de l'homme et la puissance de la raison. Mais c'est la seconde partie intitulée *Homme (politique)* qui doit plus particulièrement retenir notre attention. Dans ce passage dont le titre porte le mot de politique, il n'est question que d'agriculture, de démographie, de bien-être et de richesse.

— « Il n'y a de véritables richesses que l'homme et la terre. L'homme ne vaut rien sans la terre et la terre ne vaut rien sans l'homme » (rappel des thèmes physiocratiques).

— « L'homme vaut par le nombre ; plus une société est nombreuse plus elle est puissante... » (thème de la puissance comme chez Voltaire ; soucis « populationnistes »).

— « Mais ce n'est pas assez que d'avoir des hommes, il faut les avoir industrieux et robustes. On aura des hommes robustes, s'ils ont de bonnes mœurs et si l'aisance est facile à acquérir et à conserver. » « On aura des hommes industrieux s'ils sont libres. » (Lien entre la santé, les bonnes mœurs et l'aisance, entre le travail et la liberté.)

Ainsi la fin de l'organisation politique apparaît comme le meilleur emploi des hommes pour leur assurer une douce existence et pour garantir la richesse de la nation : « On ne se presse d'entrer dans une condition que par l'espoir d'une vie douce. C'est la jouissance d'une vie douce qui y retient et qui y appelle. Un emploi des hommes n'est bon que quand le profit va au delà des frais du salaire. La richesse d'une nation est le produit de la somme de ses travaux au-delà des frais du salaire. »

C) *Stabilité et sécurité*

Les problèmes politiques dans l'*Encyclopédie* sont ainsi posés en termes économiques, et les conceptions politiques de Diderot semblent fort incertaines. Elles oscillent entre la monarchie à l'anglaise et le despotisme éclairé, non sans contradictions.

Les auteurs de tendance marxiste cherchent à laver Diderot du reproche d'avoir incliné vers le despotisme éclairé, et il est vrai que Diderot a écrit : « Le gouvernement arbitraire d'un prince juste et éclairé est toujours mauvais » (*Réfutation d'Helvétius*) et plusieurs textes de même tendance. Mais on ne peut oublier les dithyrambes de Diderot lorsque Catherine II achète sa bibliothèque, ni la lettre enthousiaste à la princesse Dashkoff où Diderot attribue à Catherine II « l'âme de Brutus avec les charmes de Cléopâtre ».

Il semble bien que ce problème de la forme du gouvernement ait été pour Diderot tout à fait secondaire. La seule chose qui lui importe, c'est que le gouvernement soit stable et qu'il encourage l'activité économique et artistique : « Il en est d'un gouvernement en général ainsi que de la vie animale. Le meilleur gouvernement n'est pas celui qui est immortel, mais celui qui dure le plus longtemps et le plus tranquillement » (article « Citoyen »).

La pensée politique de l'*Encyclopédie* n'est donc ni révolutionnaire ni démocratique. L'article « Propriété » (rédigé par Diderot) ne contient aucune réserve sur le droit de propriété. L'article « Liberté » (rédigé par Jaucourt) n'est pas plus hardi, et on y retrouve la même référence à la sécurité que chez Montesquieu : « La liberté politique du citoyen est cette tranquillité d'esprit qui procède de l'opinion que chacun a de sa sûreté. » Les textes sur l'égalité sont aussi prudents : « Les progrès des lumières sont limités ; elles ne gagnent guère les faubourgs ; le peuple y est trop bête. La quantité de la canaille est à peu près toujours la même. La multitude est ignorante et hébétée. » L'article « Etat » est également caractéristique : il définit un Etat en soi, indépendant de l'histoire et de l'évolution sociale : « L'on peut définir l'Etat une société civile par laquelle une multitude d'hommes sont unis ensemble sous la dépendance d'un souverain pour jouir, par sa protection et ses soins, de la sûreté et du bonheur qui manquent dans l'état de nature. »

Il serait aisé de multiplier les citations, mais il faudrait citer aussi les textes qui condamnent le despotisme, l'intolérance, qui font l'éloge du travail, qui réclament des réformes. *L'Encyclopédie* marque une rupture avec le passé, dans le climat du capitalisme en formation. Son principal intérêt politique est de montrer les limites qu'entend ne point franchir la bourgeoisie libérale.

D) *Helvétius et d'Holbach, ou l'athéisme conservateur*

Les principales œuvres d'Helvétius (1715-1771) sont *De l'esprit* (1758) et *De l'homme* (1772). Quant au baron d'Holbach (1723-1789), il est l'auteur du *Christianisme dévoilé*, du *Système de la nature*, de la *Politique naturelle ou Discours sur les vrais principes du gouvernement*, de *L'éthocratie ou le gouvernement fondé sur la morale*, etc.

Ces œuvres compactes doivent retenir notre attention pour diverses raisons :

1) Elles ont eu au XVIIIe siècle un succès de scandale, notamment *De l'esprit* et *Le système de la nature*. Diderot a critiqué Helvétius, Voltaire a critiqué d'Holbach.

2) Helvétius et d'Holbach sont l'un et l'autre des hommes riches ; Helvétius est fermier général.

3) Leurs œuvres, et notamment celle d'Holbach, présentent une version radicale de l'athéisme.

4) Ces œuvres si hardies dans le domaine religieux sont des plus conservatrices en matière politique.

5) Helvétius et d'Holbach présentent un utilitarisme français qui annonce celui de Bentham.

Bentham a reconnu l'influence qu'a exercée sur lui l'œuvre d'Helvétius. C'est chez Helvétius qu'il aurait découvert la formule sur le plus grand bonheur du plus grand nombre. L'œuvre d'Helvétius est une réflexion sur le fondement de la morale. Soucieux de fonder la morale sur une base rigoureusement scientifique, Helvétius estime que l'utilité est le seul critère satisfaisant. L'homme est un organisme purement physique et les actions humaines seront jugées bonnes ou mauvaises d'après leur effet sur le bonheur humain. De cette morale utilitaire découle naturellement une politique : le seul moyen de former des citoyens vertueux est d'unir les intérêts des particuliers avec l'intérêt général. Le gouvernement doit être représentati et il faut faire confiance à l'Etat pour créer le bonheur des hommes. Mais il ne faut pas confondre gouvernement représentatif et gouvernement démocratique : l'homme qui n'a pas de propriété « n'a pas de pays ». En définitive Helvétius propose un système capitaliste et décentralisé, de type fédératif : la France serait divisée en une trentaine de provinces, ayant chacune sa législation, sa police et ses magistrats. On ne saurait aboutir à une formule plus timide en partant de principes apparemment plus corrosifs.

La démarche du baron d'Holbach est similaire. Il affirme hautement son athéisme et se déchaîne contre les prêtres, les dieux et les rois : « C'est l'ignorance et la peur qui ont créé les dieux. » Mais il n'est nullement partisan d'une révolution et il attache peu d'importance à la forme du gouvernement. Il se préoccupe avant tout du bonheur et du bien-être qui lui paraissent indissolublement liés : « La société n'est utile que parce qu'elle fournit à ses membres les moyens de travailler librement à leur bonheur... La société, le gouvernement, la loi ne sont faits que pour nous tracer la route au bien-être, de façon à ne point mettre d'obstacles au bien-être des autres... » Naturellement d'Holbach établit une distinction entre les propriétaires et la « populace imbécile qui, privée de lumières et de bon sens, peut à chaque instant devenir l'instrument et le complice des démagogues turbulents qui voudraient troubler la société ». Il oppose à une fausse liberté fondée sur « une égalité prétendue entre les citoyens » une liberté « également avantageuse à tous les membres de la société ». « Ne réclamons jamais, s'écrie-t-il, contre cette inégalité qui fut toujours nécessaire et qui est la condition même de notre fidélité. » Le pesant baron a pu scandaliser quelques-uns de ses contemporains, mais ses idées n'étaient pas de nature à menacer l'ordre établi.

E) *Matérialisme et despotisme éclairé : La Mettrie*

Immoral pour Diderot, « frénétique » pour d'Holbach, La Mettrie (1709-1751) a poussé le matérialisme plus loin que quiconque au XVIIIe siècle. Mais ce matérialisme qui s'exprime notamment dans *L'homme machine* (1748) procède d'une vision statique et mécaniste ; l'idée du devenir social, l'influence de la société sur l'individu sont étrangères à La Mettrie, et ce hardi philosophe est un fort prudent politique. Il séjourne à la cour de Frédéric II et fait l'éloge du despotisme éclairé : « Tout ce que je désire, c'est que ceux qui tiennent le timon de l'Etat soient un peu philosophes ; tout ce que je pense, c'est qu'ils ne sauraient l'être trop. »

Il condamne le despotisme mais il ne marque pas de préférence pour telle ou telle forme de gouvernement, et il juge avec sévérité la Constitution anglaise. Il compte sur la sagesse d'un gouvernement fort et éclairé pour assurer l'accord de l'intérêt particulier avec l'intérêt général, la vertu et le bonheur.

§ 3. Libéralisme économique et autorité politique : les physiocrates

La doctrine des physiocrates est un mélange de libéralisme économique et de despotisme éclairé. De tous les doctrinaires du XVIIIe siècle les physiocrates sont les seuls qui se prononcent ouvertement pour le « despotisme légal ».

Les principaux théoriciens de l'école physiocratique sont Quesnay, dont le traité du *Droit naturel* paraît en 1765, le marquis de Mirabeau, l' « ami des hommes », auteur de la *Philosophie rurale* (1763), Mercier de La Rivière, auteur de *L'ordre naturel et essentiel des sociétés politiques*, Le Trosne, auteur de *L'intérêt social* (1777), Dupont de Nemours, l'abbé Baudeau, etc. Les idées de Turgot sont, à certains égards, très proches de celles des physiocrates. Il attache cependant beaucoup moins d'importance qu'eux à l'agriculture et sa pensée se rapproche de celle d'Adam Smith. Partisan de la liberté du commerce des grains, de la suppression de la corvée et des communautés de métier, il se heurtera à l'opposition des financiers, des parlementaires, du clergé et de la cour.

La pensée des physiocrates s'ordonne autour de quatre grands thèmes : la nature, la liberté, la terre, le « despotisme légal ».

La nature.

Les physiocrates croient à la toute-puissance de la nature, à l'existence de lois naturelles. Leur école est un des aboutissements de la doctrine du droit naturel. Cf. le *Droit naturel* de Quesnay, *L'ordre naturel et essentiel des sociétés politiques* de Mercier de La Rivière, etc.

Les physiocrates s'intéressent avant tout aux droits économiques, et au premier d'entre eux le droit de propriété. « L'ordre essentiel » des sociétés, selon Mercier de La Rivière, est fondé sur le droit de propriété : « C'est de la nature même que chaque homme tient la propriété exclusive de sa personne et celle des choses acquises par ses recherches et ses travaux. Je dis la propriété exclusive, parce que, si elle n'était pas exclusive, elle ne serait pas un droit de propriété » (Mercier de La Rivière). Peu d'auteurs ont poussé plus loin l'absolutisme de la propriété.

La terre.

La propriété foncière est la forme authentique de la propriété. Contrairement aux mercantilistes et aux encyclopédistes, les physiocrates estiment que l'agriculture est seule créatrice de richesses. Commerçants et financiers sont des étrangers dans la Cité, prêts à profiter des embarras de la patrie pour s'enrichir. L'Etat doit être gouverné par des propriétaires fonciers ; eux seuls ont une patrie ; patrie et patrimoine sont joints.

L'idéal économique des physiocrates est « un grand atelier de culture sur un riche héritage ». Ils rêvent d'une culture mécanisée à haut rendement, d'un « capitalisme agrarien » (C. Bouglé).

La liberté.

L'agriculture vit de liberté, il existe des lois naturelles aussi inviolables que le rythme des saisons. Le législateur n'a pas d'autre rôle que de reconnaître et de manifester les lois naturelles ; il joue le rôle d'un greffier de la nature.

Les physiocrates sont donc hostiles à toute réglementation. Ils applaudiront aux éphémères réformes de Turgot. Leur formule est « laissez faire, laissez passer ».

Le « despotisme légal ».

Le rôle qui incombe au monarque est simple ; il doit agir le moins possible. Cf. la fameuse boutade prêtée à Quesnay :

« Que feriez-vous si vous étiez roi ?
— Je ne ferais rien.
— Et qui gouvernerait ?
— Les lois. »

Les physiocrates sont partisans de la monarchie absolue : « Que l'autorité souveraine, déclare Quesnay, soit unique et supérieure à tous les individus de la société et à toutes les entreprises injustes des intérêts particuliers. »

La théorie politique des physiocrates est donc ce que Mercier de La Rivière appelle le « despotisme légal ». Cette théorie est aussi hostile aux corps intermédiaires qu'au principe de l'égalité politique.

***

Voltaire s'est moqué des physiocrates dans *L'homme aux quarante écus*, mais sa critique ne va pas à l'essentiel. Economiquement et politiquement la pensée des physiocrates est proche de celle des philosophes : même culte de la nature et de la propriété, même souci d'augmenter la production et la richesse, mêmes préoccupations démographiques, mêmes conceptions censitaires, même respect d'une autorité éclairée, même primat de l'économie sur la politique. Le seul point apparemment aberrant de la doctrine physiocratique est la prééminence accordée à l'agriculture ; encore faut-il se souvenir que la France de 1770 était encore dans la plus large mesure une nation agricole.

§ 4. L'utilitarisme anglais. De Locke a Bentham

Tandis que les physiocrates comptent sur l'autorité politique pour assurer le développement de l'économie française, l'économie anglaise a pris un essor beaucoup plus rapide.

Le libéralisme anglais est une doctrine cohérente, dont tous les aspects (économiques, politiques, démographiques, humanitaires) procèdent d'une même philosophie, l'utilitarisme. Philosophie de conquête pacifique, philosophie d'une nation pleinement consciente de sa suprématie économique, philosophie *ad hoc.*

C'est Bentham qui a le plus clairement formulé la doctrine de l'utilitarisme. Mais — nous l'avons vu — Hobbes et surtout Locke avaient déjà mis l'accent sur le principe d'utilité. Bentham n'a fait que systématiser l'idéologie d'une Angleterre plus soucieuse d'efficacité et de bien-être que de spéculation politique.

La *Fable des abeilles* (1723) de Mandeville est la charte symbolique de cet utilitarisme. Voici une ruche où les abeilles deviennent vertueuses, sobres, austères, charitables : c'est un désastre. Conclusion : les vices des individus sont un bienfait pour la société, l'égoïsme de chacun conditionne la prospérité de tous. L'influence de Mandeville paraît avoir été grande, notamment sur Voltaire, et on trouve chez lui cette idée que l'exercice réel du pouvoir est fondé sur la puissance économique.

A) *Politique de Hume : empirisme et conservatisme*

David Hume (1711-1776) établit un pont entre Locke d'une part, Adam Smith et Bentham d'autre part.

Sa philosophie procède de l'empirisme, et il soumet le principe de causalité à une critique serrée. Sa morale est inspirée par la notion d'utilité, mais il donne une grande importance à la sympathie. Sa politique est foncièrement conservatrice.

Aspect négatif de cette politique : Hume ne croit ni au droit divin ni à des lois naturelles, éternelles, indépendantes de l'état de la société. Les prétendues lois naturelles ne sont que des conventions utiles : stabilité des possessions, respect des engagements pris. Le véritable fondement du gouvernement est l'habitude.

Mais c'est un fondement solide. Les hommes respectent leurs engagements parce qu'ils en ont l'habitude et parce que tel est leur intérêt : autrement les relations sociales ne présenteraient aucune sécurité. Hume se soucie fort peu de l'origine des gouvernements ; l'utilité est à ses yeux la pierre de touche des institutions.

Ses conclusions politiques sont donc des plus prudentes : « Un gouvernement établi a un avantage infini, par cela même qu'il est établi. » Dans sa *République parfaite*, sorte d'utopie, il présente un projet de Constitution, avec un système censitaire et décentralisé, qui ressemble à celui des Provinces Unies : « Le seul moyen de rendre le peuple avisé, c'est de l'empêcher de se joindre pour former de grandes assemblées. » Hume n'a pas le sens de l'évolution historique, sa philosophie politique est purement statique.

Hume a été parfois comparé à Montaigne, mais c'est de Hobbes que procède le plus directement sa pensée politique. Il détruit le concept de contrat social, mais ne verse pas dans le scepticisme. Agnostique plutôt que sceptique, il se veut près des réalités, attentif aux intérêts, soucieux de sécurité et de stabilité. Il représente tout ce que déteste Rousseau, qui se brouillera spectaculairement avec lui. Il annonce Burke (par son respect de l'habitude, par le caractère antimétaphysique de sa pensée) aussi bien que Bentham (par son culte de l'utilité).

B) *Libéralisme économique*

En matière économique, Hume n'est pas mercantiliste. Bien avant Adam Smith, il est partisan du libre commerce, et il préconise un gouvernement modéré, qui doit favoriser l'essor de la classe commerciale et ne recourir à l'impôt qu'avec modération.

C'est l'idéal d'une classe et d'un peuple en pleine expansion qu'exprime Adam Smith (1723-1790) dans son œuvre célèbre, *L'essai sur la nature et les causes de la richesse des nations* (1776). Adam Smith y soutient la thèse de l'harmonie fondamentale entre l'intérêt particulier et l'intérêt général. Il croit au progrès économique constant et estime que la vraie richesse est le travail national. Il vante les bienfaits de la concurrence et de l'épargne ; il s'élève contre les réglementations. Son œuvre correspond à une époque de révolution commerciale, mais il conçoit mal l'âge de l'industrie.

Le libéralisme économique d'Adam Smith assigne à l'Etat des fonctions précises : faciliter la production, faire régner l'ordre, faire respecter la justice, protéger la propriété. Ainsi l'œuvre d'Adam Smith intéresse non seulement l'histoire économique mais l'histoire politique.

L'essai sur le principe de la population de Malthus (1766-1834) est de 1798, et le malthusianisme marque d'une profonde empreinte le libéralisme anglais. Sauvegarder le bonheur et le bien-être en limitant le nombre des bénéficiaires : cette idée est lancée et adoptée par des hommes qui se réclament du libéralisme le plus orthodoxe. L'utilitarisme de Bentham est malthusien, et John Stuart Mill souligne dans son *Autobiographie* l'influence du malthusianisme sur les jeunes libéraux nés aux alentours de 1800. En France aussi les thèses malthusiennes ont eu une large diffusion, et en 1858 J.-J. Rapet écrira dans un ouvrage primé par l'Académie des Sciences morales et politiques : « Les ouvriers se marient avec une légèreté inexcusable et sans se préoccuper de l'avenir de leurs enfants » *(Manuel de morale et d'économie politique à l'usage des classes ouvrières)*.

Malthus ne cesse de répéter que « Les pauvres n'ont aucun droit à être entretenus... Il n'est pas en la puissance des riches de fournir aux pauvres de l'occupation et du pain, et en conséquence les pauvres, par la nature même des choses, n'ont nul droit à leur en demander ». Aux pauvres donc, le jeune pasteur recommande le célibat jusqu'à ce qu'ils puissent élever une famille.

Cette conclusion divise irrémédiablement le monde en deux classes : les riches qui peuvent se marier jeunes et les pauvres qui ne peuvent se marier que vieux. Mais il ne faut pas confondre Malthus et malthusianisme, ni juger Malthus d'après le seul *Essai sur le principe de population*. S'il rend service à la classe dominante avec son *Essai*, qui eut un large retentissement, il l'inquiète avec ses *Principes d'économie politique* dans lesquels, rompant avec l'optimisme libéral, il souligne la possibilité et le danger des crises générales. La pensée de Malthus, comme l'a dit un de ses plus récents commentateurs, est ainsi proche de celle de Keynes (Paul Lambert, préface du livre de Joseph Stassart, *Malthus et la population*, Liège, 1957).

C) *Bentham*

L'utilitarisme fait figure, à la fin du XVIIIe siècle, de philosophie officielle : Burke, Malthus, Paine, Godwin, etc., se réclament tous du principe de l'utilité pour soutenir des thèses parfois opposées.

L'utilitarisme est la doctrine d'une époque, d'un pays, d'une classe. Il procède d'une sorte de « newtonianisme moral », du désir d'expliquer par un principe unique l'ensemble des phénomènes sociaux. Etranger à toute forme de romantisme, l'utilitarisme est une philosophie marchande, une mécanique, une comptabilité.

Morale et comptabilité, bonheur et utilité sont étroitement liés chez Bentham (1748-1832). A l'origine il est avant tout préoccupé de réformes sociales (réforme des prisons, de la procédure légale et de l'organisation judiciaire) et la politique n'est pour lui qu'un moyen d'assurer l'ordre et de faire aboutir les réformes sociales qui lui tiennent à cœur.

Bentham définit l'économie politique à la façon d'Adam Smith : « La connaissance des moyens propres à produire le maximum de bonheur, dans la mesure où cette fin plus générale a pour cause la production du maximum de richesse et du maximum de population. » Il publie une *Défense de l'usure* et se prononce pour la liberté économique : « L'Etat n'a pas pour fonction d'accroître la richesse ou de créer des capitaux, mais d'assurer la sécurité dans la possession de la richesse une fois acquise. L'Etat a une fonction judiciaire à remplir, mais sa fonction économique doit être réduite au minimum. »

La pensée politique de Bentham a évolué. Dans le *Fragment sur le gouvernement* (1776), il critique les *Commentaires* de Blackstone et la conception whig ; il expose que la base du gouvernement n'est pas le contrat mais le besoin humain ; l'intérêt des sujets est d'obéir au souverain aussi longtemps qu'il favorise leur bonheur. Dans son *Introduction aux principes de morale et de législation* (1789), où il expose des projets philanthropiques proches de ceux de Beccaria, il se montre avant tout soucieux de paix sociale et d'efficacité. Aussi opposé que Burke à la métaphysique, il juge absurde la déclaration des droits de 1789.

C'est en partie sous l'influence de James Mill (1773-1836) que Bentham évolue vers le radicalisme démocratique. Il est partisan d'un pouvoir fort, bien armé pour l'action (l'Angleterre est en guerre contre Napoléon), et il soutient la théorie de la « démocratie pure représentative » : suffrage universel, souveraineté du peuple, stricte subordination des gouvernants aux gouvernés, absence de contrepoids et de corps intermédiaires système fortement centralisé.

Initialement favorable à un système proche du despotisme éclairé, Bentham aboutit donc à l'autoritarisme démocratique. Mais la démocratie reste pour lui un ensemble d'individualités, elle est le produit d'un calcul : « La démocratie est nécessaire pour concilier les intérêts individuels du souverain et corporatifs de l'aristocratie (d'argent). »

§ 5. Le despotisme éclairé

L'expression de « despotisme éclairé » paraît avoir été inventée par les historiens allemands du XIXe siècle. Elle désigne un fait historique qui est propre à une certaine époque (la seconde moitié du XVIIIe siècle) et à certains pays (pour la plupart situés en Europe centrale et orientale).

Le despotisme éclairé est la rencontre d'une politique et d'une philosophie. Les philosophes flattent les monarques, qui flattent les philosophes. Joseph II déclare : « J'ai fait de la philosophie la législatrice de mon Empire. »

Aucune définition du despotisme éclairé n'est pleinement satisfaisante : « Le despotisme éclairé est la rationalisation de l'Etat » (H. Pirenne). « Tout pour le peuple, rien par le peuple » (Ch. Seignobos). « Les princes éclairés sont ceux qui ont eu l'esprit du siècle » (M. Lhéritier).

En fait, le despotisme éclairé a des aspects divers et il semble nécessaire de faire deux distinctions :

1. Entre la théorie et la pratique du despotisme éclairé ;
2. Entre différents styles de despotisme éclairé ; le style de Frédéric II n'est pas celui de Joseph II.

A) *Théorie et pratique du despotisme éclairé*

Certains philosophes inclinent vers le despotisme éclairé, mais aucun d'entre eux n'en présente une théorie complète. Voltaire et Diderot ont été en coquetterie avec les monarques, mais ils se sont gardés de préconiser imprudemment le despotisme. Voici par exemple ce qu'écrit Voltaire dans le *Dictionnaire philosophique* (article « Tyrannie ») :

« Sous quelle tyrannie aimeriez-vous mieux vivre ? Sous aucune ; mais s'il fallait choisir, je détesterais moins la tyrannie d'un seul que celle de plusieurs. Un despote a toujours quelques bons moments ; une assemblée de despotes n'en a jamais. »

Les physiocrates vont plus loin, et Mercier de La Rivière expose en 1767 sa conception du despotisme légal dans son *Ordre naturel et essentiel des sociétés politiques* que Diderot met au-dessus de l'*Esprit des lois*. Ancien intendant, comme Turgot et Sénac de Meilhan, Mercier de La Rivière était, comme Turgot, un adepte de l'« administration éclairée ». Mais ses conceptions, essentiellement économiques, dictées par le souci de ce qu'on appelle aujourd'hui la productivité, sont très différentes des conceptions essentiellement politiques de Frédéric II. En 1767, d'ailleurs, la guerre de Sept ans est achevée depuis 1763, Frédéric II est au comble de la gloire, et il a déjà exprimé dans plusieurs œuvres ses idées politiques. Ce n'est donc pas la politique des physiocrates qui inspire le despotisme éclairé, mais le despotisme éclairé qui propose un modèle aux physiocrates.

Cependant despotisme légal et despotisme éclairé procèdent de principes différents, les droits des individus dans le premier cas, le pouvoir de l'Etat dans le second. Les physiocrates n'ont aucune confiance dans l'Etat. Leur formule est « Le roi règne, et la loi gouverne ». Un Frédéric II affirmera peut-être que la loi règne, mais pour lui c'est au roi qu'il incombe de gouverner. « Le despotisme légal est le contraire du despotisme » (M. Lhéritier).

C'est donc chez les monarques eux-mêmes qu'il faut chercher, étroitement liée à l'action, procédant de l'action, une théorie du despotisme éclairé.

B) *Deux formes de despotisme éclairé*

1° L'ETAT SELON FRÉDÉRIC II. — Frédéric II (1712-1786) a exprimé ses idées politiques dans de nombreuses œuvres (sans parler d'une volumineuse correspondance) : *Antimachiavel* (1740), *Histoire de mon temps* (1746), *Testament politique* (1752), *Essai sur les formes de gouvernement et sur les devoirs des souverains* (1781), etc.

La politique de Frédéric II est avant tout une théorie de l'Etat. Contrairement à Louis XIV, Frédéric II distingue nettement le souverain de l'Etat ; le souverain est le premier serviteur de l'Etat. L'autorité royale n'est pas de droit divin.

« Elle est d'origine humaine et repose sur un contrat formel... Les hommes ont choisi celui d'entre eux qu'ils ont cru le plus juste pour les gouverner, le meilleur pour leur servir de père. » Ainsi le souverain peut tout, mais il ne veut que le bien de l'Etat. S'il est maître absolu, c'est pour mieux prendre soin des intérêts de tous.

Le souverain est donc le chef d'une famille, le père de son peuple. Frédéric II manifeste, au moins au début de sa carrière, un grand respect pour la morale (cf. son *Antimachiavel*) : « Le principal objet des princes est la justice... Instruire l'humanité est plus doux que de la détruire. » Frédéric II exalte les vertus pacifiques tout en pratiquant les vertus militaires ; il considère comme dangereuse l'irreligion du baron d'Holbach et s'attache à la réfuter ; enfin il préconise la tolérance en matière religieuse.

En matière économique, Frédéric II est mercantiliste ; il est avant tout soucieux d'obtenir un excédent dans la balance des comptes ; il se préoccupe d'améliorer la production sans porter atteinte aux situations acquises. Tout en étant progressif, ce régime est conservateur. Et sans être national — car Frédéric II se pique d'être Européen — ce régime est impérialiste (M. Lhéritier).

Sous la pression des nécessités militaires et financières, Frédéric II élabore peu à peu la doctrine de l'Etat prussien, en même temps qu'il construit cet Etat. Cette doctrine résulte assurément moins de l'influence des philosophes que des événements, des institutions, des traditions prussiennes, mais rien ne permet d'affirmer que la philosophie du « roi philosophe » était un simple « vernis ». Frédéric II a sans doute considéré que l'Etat prussien était la plus parfaite expression de la philosophie des lumières, et nombre de philosophes ont été de cet avis. Le problème important n'est pas l'influence (fort limitée) des philosophes sur les despotes éclairés, mais le prestige des despotes éclairés auprès des philosophes et, d'une façon plus générale. auprès de l'opinion.

2° Le joséphisme. — L'empereur Joseph II (1741-1790) n'a pas du tout la même conception de l'Etat que Frédéric II. Après l'exaltation de la raison d'Etat, une sorte de philanthropie démocratique : « L'Etat signifie le plus grand bien pour le plus grand nombre... Mon chagrin est de ne pas pouvoir rendre tout le monde heureux... Mes gardes sont mes sujets, ma sécurité est leur amour. »

Joseph II s'engagea dans une entreprise d'unification et s'efforça de réaliser un programme complet de réformes qui devaient faire de l'Eglise autrichienne une Eglise nationale : liberté de la presse, tolérance pour toutes les sectes, dissolution des ordres mendiants, interdiction du costume religieux, nomination des évêques par l'empereur, etc. Ces réformes se soldèrent par un échec. Le plus sincère, sans doute, des despotes éclairés ne parvint pas à faire passer dans les faits des mesures qui étaient l'expression des principes rationalistes du siècle.

Il est possible de dégager quelques traits communs au despotisme éclairé de Frédéric II et à celui de Joseph II : 1) L'absolutisme centralisateur ; 2) La hiérarchie des fonctionnaires ; 3) La « fureur de gouverner » (interventions de l'Etat en matière économique, pédagogique, religieuse) ; 4) Les conceptions humanitaires. Ce sont des causes économiques et politiques, plus qu'idéologiques, qui ont poussé à cette concentration et à cette « rationalisation » du pouvoir dont parle H. Pirenne. Il s'agit d'abord de construire un Etat fort, entreprise éminemment rationnelle...

La notion de despotisme éclairé a été soumise à une analyse critique par Fritz Hartung et Roland Mousnier au Congrès international des Sciences historiques de Rome en 1955. Selon Hartung, la notion de despotisme éclairé est une notion surfaite : Frédéric II a eu une politique intérieure conservatrice jusqu'à l'« immobilisme ». Il a laissé subsister une société composée d'ordres et de corps. Il s'en est tenu à un mercantilisme étroit. Le seul despote éclairé digne de ce nom est Joseph II dont les entreprises sont autant d'échecs... En somme, conclut Hartung, il n'y a pas de différence fondamentale entre l'absolutisme et le despotisme éclairé.

Section III. — Révoltes et utopies

L'utilitarisme est une philosophie réaliste, la doctrine de la bourgeoisie. Dispersé, misérable, divisé par les corporations, le prolétariat est hors d'état de lui opposer une doctrine cohérente. Peut-on d'ailleurs parler d'un prolétariat dans une Europe encore essentiellement rurale, et où l'artisanat présente les aspects les plus variés (avec son aristocratie, sa bourgeoisie, son prolétariat) ?

Les idées démocratiques et égalitaires ne sont donc soutenues que par des penseurs isolés qui se révoltent contre l'utilitarisme triomphant ou qui construisent des cités d'utopie.

— Rousseau est le plus grand de ces solitaires. Encore faut-il se garder de le présenter comme un révolutionnaire ou comme un réformateur (§ 1).

— Si la démocratie de Rousseau n'est pas égalitaire, les utopies égalitaires qui fleurissent au XVIIIe siècle ne sont pas toutes démocratiques. Elles sont inspirées par une sorte de communisme spartiate et moralisant, fort étranger au socialisme qui verra le jour avec la révolution industrielle (§ 2).

— Quant au pacifisme du XVIIIe siècle, il est lui aussi très différent du pacifisme populaire qui se répandra au XIXe siècle et surtout au début du XXe siècle. C'est l'époque du pacifisme utopique (§ 3).

§ 1. Jean-Jacques Rousseau

Le *Contrat social* (1762) est au centre de l'œuvre de Rousseau (1712-1778). Mais il serait erroné d'y voir une sorte de somme où Rousseau aurait concentré toutes ses idées politiques, et il importe de l'interpréter à la lumière des œuvres qui l'ont précédé et suivi :

1) Les œuvres à scandale : le *Discours sur les sciences et les arts* (1749), le *Discours sur l'inégalité parmi les hommes* (1755), la *Lettre à d'Alembert sur les spectacles* (1758). Rousseau contre le progrès, contre la propriété, contre le théâtre.

2) Les œuvres contemporaines du *Contrat social* et qui en apparaissent comme le prolongement, dans le domaine de l'éducation (*Emile*, 1762), de la religion (*Profession de foi du vicaire savoyard*, au livre IV d'*Emile*), de la vie quotidienne (*La Nouvelle Héloïse*, 1761).

3) Les applications pratiques — et très pragmatiques — de ses théories politiques :

— Les *Lettres à M. Buttafuoco sur la législation de la Corse* (1764-65) et le *Projet de Constitution pour la Corse* (1765).

— Les *Considérations sur le gouvernement de Pologne et sur sa réformation* (1772).

Rousseau est sans doute le premier écrivain politique qui soit tout entier présent dans son œuvre. Même dans les passages les plus abstraits, l'homme qu'était Rousseau ne se laisse jamais oublier, et peut-être est-ce en définitive dans les *Confessions*, dans les *Rêveries*, dans *Rousseau juge de Jean-Jacques* qu'il faut chercher la clé de sa politique. Il importe en tout cas, lorsqu'on étudie Rousseau, de suivre de près la chronologie.

1° *Un homme fidèle à son enfance* : voilà d'abord ce qu'est Jean-Jacques Rousseau. Enfance genevoise ; enfance sans famille ; enfance d'autodidacte passionné ; enfance de révolté. Jean-Jacques à l'affreux hospice des catéchumènes de Turin, Jean-Jacques laquais et voleur, découvrant le bonheur chez Mme de Warens : autant d'images qui définissent une vie. Après avoir été tenté de parvenir (cf. son ambassade à Venise, son orgueil d'auteur à la mode quand *Le devin de village* est joué devant la cour), Rousseau a choisi d'être du côté de ceux qui ne réussissent pas. Il méprise l'argent ; la réussite sociale et bourgeoise de Voltaire lui fait horreur.

Il se brouille avec Voltaire, avec Diderot, avec Grimm, avec Hume. Il est instable, excessif, non pas aigri. Alors que Voltaire et Diderot s'embourgeoisent, c'est peut-être lui qui a été le plus fidèle à l'esprit de l'*Encyclopédie*. Il ne renonce pas au bonheur ; ni au sien (cf. les admirables *Rêveries*), ni à celui des hommes. Tantôt il rédige dans les plus petits détails un plan de gouvernement et tantôt il s'enfonce dans « le pays des chimères, son vrai pays » (Guéhenno).

2° *Rationalisme ou utopie*. — Depuis qu'on écrit sur Rousseau, c'est un vieux débat. Mais ne faudrait-il pas dire rationalisme et utopie ? Car la pensée de Rousseau se ramène malaisément à l'unité. Elle comporte des contradictions, dont les unes tiennent à sa nature (« cette vivacité de sentir alliée à cette lenteur de pensée... ») et les autres à son époque : Rousseau a choisi la démocratie à une époque où la démocratie n'existait ni dans les faits ni dans les idées. Les conditions historiques de la démocratie n'étant pas réunies, Rousseau se trouvait contraint soit d'accepter l'idéologie du libéralisme bourgeois qui était alors l'idéologie dominante (liberté, inégalité, propriété), soit de construire une cité d'utopie. Utopie, mais utopie rationnelle.

La politique des Discours

Faut-il ne voir dans les deux discours qu'un brillant paradoxe (l'homme est naturellement bon, c'est la société qui le pervertit), qu'une thèse outrancière sur le droit de propriété (« Le premier qui, ayant enclos un jardin, s'avisa de dire ceci est à moi... ») ? — Ce serait en méconnaître singulièrement la portée.

1) Les *Discours* sont une autobiographie indirecte, un fragment des *Confessions.* On y trouve le conflit, fondamental chez Rousseau, de la pauvreté et de la société. Le thème qui domine les *Discours* c'est l'injustice de la société ; la bonté de la nature est un thème second.

2) Un thème second mais qui n'est pas particulier à Rousseau. Lorsqu'il parle de l'homme naturel, il ne songe nullement à la préhistoire. Il pense à lui-même et aux bons sauvages d'Amérique et d'ailleurs, décrits dans les récits de voyages qu'il lisait avec passion (« J'ai passé ma vie à lire des relations de voyages »).

3) Enfin l'analyse de Rousseau a une portée sociologique. Il montre l'emprise de la société sur les individus, le réseau de contraintes qu'elle établit, le poids dont elle pèse sur la vie de chacun. Il lie la naissance de la société à l'apparition de la propriété, l'autorité à la sauvegarde des intérêts. Le pouvoir ne lui apparaît ni comme une essence théologique, ni comme une construction juridique, ni comme une conquête militaire, mais comme une somme d'intérêts. Le *Discours sur l'inégalité* a ainsi des accents prémarxistes qui ont été soulignés par Engels dans son *Anti-Dühring.*

Rousseau n'a jamais songé à abolir la propriété ou à renoncer au progrès. « La société naturelle, écrira-t-il, est naturelle à l'espèce humaine... » Il n'est pas question de « retourner vivre dans la forêt avec les ours et de brûler les bibliothèques » ; il n'a fait qu'une hypothèse, un « songe ».

Mais ce songe ne s'achève pas dans la résignation. Si l'homme est malheureux, c'est pour des raisons sociales et politiques qui ne doivent rien à la nature des choses. Il est possible et nécessaire de jeter les bases d'une politique nouvelle ; ce sera l'objet du *Contrat social.*

Le *Discours sur l'inégalité* appellerait bien d'autres remarques, notamment sur la définition de l'état de nature par Rousseau. Robert Dérathé s'est attaché à montrer que Rousseau rejette non seulement la conception hobbienne de la nature sauvage, mais la conception inverse de la sociabilité naturelle, soutenue par les théoriciens de la loi naturelle. L'état de nature pour Rousseau n'est ni une guerre générale ni une vie sociable, mais un état de dispersion et d'isolement.

Dans cet état de nature, l'homme est bon sans doute. Mais c'est dans la société naissante que l'homme est le plus heureux, c'est-à-dire dans un état intermédiaire entre l'état de nature et la société établie. Etat apparemment précaire, mais dont Rousseau estime qu'il « est la véritable jeunesse du monde » et que « le genre humain était fait pour y rester toujours ».

C. E. Vaughan a affirmé que Rousseau rejetait totalement la loi naturelle. Dérathé estime que Rousseau se contente d'établir une distinction entre le droit naturel primitif, qui est instinct et bonté, et le droit naturel rétabli par la raison.

Mais ce que Rousseau a toujours formellement contesté, c'est que la loi naturelle puisse servir, comme chez Grotius et Pufendorf à fonder l'absolutisme. Il dénonce avec vigueur cette capitulation, cet abandon au despotisme. Le *Contrat social* apparaît ainsi à Dérathé comme une réfutation de Pufendorf. Thèse exacte, sans doute, si on se limite à l'étude des sources, mais on peut douter que les sources livresques aient autant d'importance, pour expliquer l'œuvre de Rousseau, que sa nature profonde et que la société dans laquelle il a vécu.

Le Contrat social

Le *Contrat social* est inspiré par la passion de l'unité. Unité du corps social, subordination des intérêts particuliers à la volonté générale, souveraineté absolue et indissoluble de la volonté générale, règne de la vertu dans une nation de citoyens.

Le contrat selon Rousseau n'est ni un contrat entre individus (comme chez Hobbes) ni un contrat entre les individus et le souverain. Cette dernière forme de contrat est particulièrement étrangère à la pensée de Rousseau ; il rejette toute forme de contrat de gouvernement, qu'il s'agisse par ce contrat de fonder l'absolutisme (comme chez Grotius ou Pufendorf) ou de fonder la liberté.

Par le pacte social selon Rousseau, chacun s'unit à tous. Le contrat est passé avec la communauté : « Chacun de nous met en commun sa personne et toute sa puissance sous la suprême direction de la volonté générale, et nous recevons en corps chaque membre comme partie indivisible du tout. Chaque associé s'unit à tous et ne s'unit à personne en particulier ; il n'obéit ainsi qu'à lui-même et reste aussi libre qu'auparavant. »

Le souverain n'est lié par rien, mais d'après la théorie de Rousseau il ne peut avoir d'intérêt contraire aux particuliers qui le composent.

Le souverain est donc cette volonté générale qui est la volonté de la communauté et non des membres qui constituent cette communauté. Il existe une différence non de degré mais de nature entre la volonté générale et la volonté des particuliers. Rousseau voit dans la volonté générale le meilleur refuge contre les entreprises des particuliers.

Le contrat social garantit à la fois l'égalité, puisque tous les associés ont des droits égaux au sein de la communauté, et la liberté qui, selon Rousseau, dépend étroitement de l'égalité. D'après Locke, l'individu est libre de faire n'importe quel contrat, mais Rousseau estime que la souveraineté du peuple est la plus sûre garantie des droits individuels. L'individu n'est libre que dans et par la Cité, la liberté c'est l'obéissance aux lois. Loin d'être menacée par le souverain, la liberté ne peut être accomplie que par le souverain. On pourrait dire, en paraphrasant la formule des existentialistes, que par le contrat l'individu se condamne à être libre.

C'est en obéissant aux lois que l'homme accomplit sa liberté : « Un peuple libre obéit, mais il ne sert pas ; il a des chefs, et non pas des maîtres ; il obéit aux lois, mais il n'obéit qu'aux lois ; et c'est par la force des lois qu'il n'obéit pas aux hommes. »

La liberté selon Rousseau est donc bien différente de la liberté selon Locke. Locke associe liberté et propriété, Rousseau liberté et égalité. Pour Locke la liberté est conscience d'une particularité, pour Rousseau elle est d'abord solidarité. Pour Locke la liberté est un bien qu'on protège, pour Rousseau une possibilité qu'on accomplit.

Le souverain

Le souverain est donc la volonté générale dont la loi est l'expression : « La volonté du souverain est le souverain lui-même. Le souverain veut l'intérêt général, et, par définition, ne peut vouloir que l'intérêt général. »

La souveraineté a quatre caractères :

— Elle est *inaliénable*. La souveraineté ne se délègue pas. Rousseau condamne le gouvernement représentatif et la monarchie à l'anglaise : « Les députés du peuple ne sont ni ne peuvent être ses représentants ; ils ne sont que ses commissaires. »

— Elle est *indivisible*. Rousseau est hostile à la séparation des pouvoirs, aux corps intermédiaires, aux factions dans l'Etat. Un corps représente nécessairement des intérêts particuliers ; il ne faut pas compter sur lui pour faire prévaloir l'intérêt général.

— Elle est *infaillible* (à condition que les intérêts particuliers se trouvent neutralisés). La volonté générale est « toujours droite et tend toujours à l'utilité publique ». « Le souverain par cela seul qu'il est, est toujours ce qu'il doit être. » Formule moins assurée qu'il ne semble, car le problème c'est que le souverain soit.

— Elle est *absolue* : « Le pacte social donne au corps politique un pouvoir absolu sur tous les siens. »

Mais cet absolutisme de la volonté générale ne risque pas pour Rousseau d'être arbitraire. Voir à cet égard le chapitre « Des bornes du pouvoir souverain » : si le pouvoir devient arbitraire, c'est que la volonté générale n'est plus souveraine.

Le gouvernement

Dans le système de Rousseau, le gouvernement ne joue qu'un rôle subordonné. Rousseau distingue le souverain, peuple en corps qui établit les lois, et le gouvernement, groupe d'hommes particuliers qui les exécutent.

La principale fonction du souverain est de faire les lois, qui ont une valeur religieuse et qui sont le reflet d'un ordre transcendant. Les lois doivent être peu nombreuses ; leur objet doit être général :« Toute fonction qui se rapporte à un objet individuel n'appartient point à la puissance législative. »

Quant au gouvernement, c'est un simple agent d'exécution : « Il exécute toujours la loi et il n'exécute jamais que la loi. » Le gouvernement n'est que le« ministre du souverain» ; les gouvernants sont les dépositaires du pouvoir, mais ils n'ont par eux-mêmes aucun pouvoir : ils n'ont absolument qu'une commission, un emploi dans lequel, simples officiers du souverain, ils exercent en son nom le pouvoir dont il les a faits dépositaires, et qu'il peut modifier, limiter et reprendre quand il lui plaît.

Rousseau passe en revue trois types de gouvernement :

— la monarchie, dont il fait une vive critique ;

— l'aristocratie, qui peut être héréditaire ou élective. L'aristocratie héréditaire est un système détestable, mais« c'est l'ordre le meilleur et le plus naturel que les plus sages gouvernent la multitude » ;

— enfin la démocratie, c'est-à-dire d'après la terminologie de Rousseau la confusion du pouvoir exécutif et du pouvoir législatif. Ce type de gouvernement est pratiquement irréalisable et il présenterait d'ailleurs des dangers, car il n'est pas bon que celui qui fait les lois les exécute, ni que le corps du peuple détourne son attention des vues générales pour la donner aux intérêts particuliers. Rousseau conclut donc sur ce point :« S'il y avait un peuple de dieux, il se gouvernerait démocratiquement. Un gouvernement si parfait ne convient pas à des hommes.»

Finalement Rousseau s'abstient de recommander telle ou telle forme de gouvernement : « Chacune d'elle est la meilleure en certains cas ou la pire en d'autres. » Après avoir suivi un chemin si différent de Montesquieu, Rousseau n'est pas loin de conclure comme lui :

1) Que la forme des gouvernements doit dépendre des situations locales, et qu'il est absurde de vouloir imposer partout une solution unique ; ce relativisme apparaît clairement dans les écrits sur la Pologne et sur la Corse.

2) Que le problème du gouvernement est secondaire et que le gouvernement a tendance à dégénérer, à trahir la souveraineté. Rousseau pense au fond comme Montesquieu que les institutions ne sont rien sans les mœurs et il estime qu'il faut d'abord s'attacher à former des citoyens. Le grand problème pour Rousseau consiste à assurer la solidarité du corps social. Par l'éducation, par la religion, par un idéal commun de civisme, de patriotisme, de frugalité et de vertu. *Emile*, *Le vicaire savoyard*, *La Nouvelle Héloïse* complètent le *Contrat social.*

La religion civile

Les idées de Rousseau sur la religion sont exprimées dans le chapitre intitulé *De la religion civile* que Rousseau décida d'ajouter au *Contrat social* ainsi que dans *La profession de foi du vicaire savoyard.*

Dans le *Vicaire savoyard*, Rousseau exalte la religion individuelle : « Mon fils, tenez votre âme en état de désirer toujours qu'il y ait un Dieu, et vous n'en douterez jamais. »

Dans le *Contrat social*, Rousseau exalte la religion du citoyen. La religion lui paraît en effet le moyen le plus efficace de réaliser cette unité sociale dont il a toujours eu la nostalgie. Rousseau pense en effet comme Hobbes qu'il faut associer étroitement pouvoir civil et pouvoir religieux et « tout ramener à l'unité politique sans laquelle jamais Etat ni gouvernement ne sera bien constitué ».

Rousseau distingue sa religion civile des religions antiques et du catholicisme romain. Elle ne comporte qu'un petit nombre de dogmes positifs : « L'existence de la Divinité puissante, intelligente, bienfaisante, prévoyante et pourvoyante, la vie à venir, le bonheur des justes, le châtiment des méchants, la sainteté du contrat social et des lois. » Un seul « dogme négatif » : l'intolérance. Mais si Rousseau bannit l'intolérance, il bannit également de l'Etat quiconque n'accepte pas les dogmes de la religion civile.

Robespierre se souviendra de Rousseau lorsqu'il cherchera à organiser le culte de l'Etre suprême.

L'éducation et la vertu

Emile apparaît d'abord comme un traité d'éducation naturelle dans la ligne de Montaigne. Emile sera élevé près de la nature, il aura un métier, etc.

On peut assurément se demander si cette éducation solitaire est apte à former des citoyens, si cette éducation de luxe peut être aisément généralisée ; on peut s'interroger sur la confiance témoignée par Rousseau aux éducateurs, car qui éduquera les éducateurs ? Bref on ne peut manquer de trouver passablement antisociale et même quelque peu réactionnaire cette éducation d'un futur citoyen. La contradiction est manifeste, mais on peut penser que Rousseau l'a sentie et voulue. Il est clair que si Rousseau avait eu à rédiger un plan d'éducation nationale, il n'aurait pas proposé la généralisation du système fort peu pratique qui est exposé dans *Emile*. Mais plutôt que de composer un manuel d'instruction civique, il a écrit une utopie pédagogique à seule fin de rappeler que les citoyens sont d'abord des hommes.

Des contradictions analogues apparaissent dans *La Nouvelle Héloïse* qui a eu au XVIIIe siècle plus de lecteurs que le *Contrat social*. C'est d'abord un hymne à la passion, à la libre expansion des sentiments. Mais finalement Julie renonce à l'homme qu'elle aime et le roman s'achève par le triomphe des conventions sociales.

Pragmatisme : Corse et Pologne

Le régime que Rousseau propose d'établir en Corse est une sorte de république agraire, de démocratie patriarcale ; l'île est pauvre, l'agriculture est la principale ressource, aussi Rousseau pense-t-il que les habitants sont restés frugaux et vertueux, et qu'ils accepteront un système égalitaire. Il ne s'agit point cependant d'une égalité absolue ou d'un système d'exploitation collective ; Rousseau se contente de souhaiter que les riches ne soient pas trop riches, que les pauvres ne soient pas trop pauvres : « Il faut que tout le monde vive et que personne ne s'enrichisse. » Il exprime le vœu que la propriété particulière soit « renfermée dans les plus étroites bornes ».

Ce texte montre bien tout ce qui sépare Rousseau du socialisme. Encore faut-il noter que le projet relatif à la Corse (1765) est beaucoup plus hardi que le plan concernant la Pologne (1772). Les *Considérations sur le gouvernement de Pologne* sont un texte très important, où apparaît, à propos d'un problème concret, le dernier état de la pensée de Rousseau :

1) Loin de vouloir appliquer une théorie abstraite, il veut tenir compte des particularités nationales et n'entreprendre des réformes qu'avec une extrême prudence.

2) Avant de réformer les institutions, il faut « établir la république dans le cœur des Polonais » ; avant d'affranchir les serfs il faut « les rendre dignes de la liberté ». Il s'agit d'abord de

former des citoyens : « Il n'y a jamais que les bons citoyens qui fassent la force et la prospérité de l'Etat. » La réforme morale précède la réforme politique.

3) Rousseau commence donc par dresser un plan d'éducation civique (importance des spectacles et des cérémonies, des uniformes et des décorations ; cf. les grandes fêtes de la Révolution française) et nationale : les Polonais ne doivent avoir pour instituteurs que des Polonais, tous mariés.

4) Rousseau encourage le patriotisme polonais. Hostile au cosmopolitisme (cf. sa critique de l'abbé de Saint-Pierre), il veut développer chez les Polonais le sentiment national ; c'est ainsi qu'il se prononce pour une armée nationale : « Tout citoyen doit être soldat par devoir, nul ne doit l'être par métier. »

5) Rousseau confirme dans le *Gouvernement de Pologne* sa prédilection pour les petits Etats et son goût pour le système fédératif. Son idéal est autarcique : « Une nation libre, paisible et sage, qui n'a ni peur ni besoin de personne, qui se suffit à elle-même et qui est heureuse. »

6) Economiquement, l'idéal de Rousseau est la médiocrité. Il distingue prospérité et richesse, et dresse contre l'argent un véritable réquisitoire : « L'argent est à la fois le ressort le plus faible et le plus vain que je connaisse pour faire marcher à son but la machine politique, le plus fort et le plus sûr pour l'en détourner. »

Il veut favoriser l'agriculture, faire disparaître le luxe comme l'indigence, établir un état social où les serfs puissent devenir libres, où les bourgeois puissent devenir nobles.

Idées sociales de Rousseau

Rousseau ne songe nullement à instaurer une société rigoureusement égalitaire, mais il veut corriger l'injustice, réduire la distance qui sépare les plus pauvres des plus riches : « Voulez-vous donner à l'Etat de la consistance ? écrit-il dans le *Contrat social.* Rapprochez les degrés extrêmes autant qu'il est possible ; ne souffrez ni des gens opulents ni des gueux. Les deux états, naturellement inséparables, sont également funestes au bien commun ; de l'un sortent les fauteurs de tyrannie et de l'autre des tyrans ; c'est toujours entre eux que se fait le trafic de la liberté publique : l'un l'achète et l'autre la vend. »

Ce texte définit une voie moyenne, mais Rousseau sait bien qu'il est difficile de s'y tenir. Il n'ignore pas que l'égalité est précaire et toujours menacée : c'est sur le législateur qu'il compte pour entreprendre contre « la force des choses » (cette force des choses dont parlera Saint-Just) une lutte comparable à la tâche de Sisyphe : « C'est précisément parce que la force des choses tend toujours à détruire l'égalité que la force de la législation doit toujours tendre à la maintenir. »

***

Les idées de Rousseau sont donc inspirées par un souci de « mobilité sociale » et par l'aversion que lui inspirent les situations extrêmes : opulence et indigence.

Il y a chez Rousseau deux conceptions de la liberté, de l'égalité, de la religion, du bonheur : bonheur du « promeneur solitaire » ; bonheur dans une foule unanime : « Est-il une jouissance plus douce que de voir un peuple entier se livrer à la joie un jour de fête ? »

La nature, la nation : du premier *Discours* au *Gouvernement de Pologne*, l'œuvre de Rousseau oscille d'un thème à l'autre. Aussi certains critiques présentent-ils Rousseau comme un pur individualiste, d'autres comme un lointain ancêtre du totalitarisme.

En réalité, Rousseau est un homme qui aspire à l'unité. Choisir l'Etat n'est pas choisir contre la nature. La volonté générale est la nature retrouvée. Ce n'est que par la réforme de la vie politique que l'homme sera réconcilié avec les autres et avec lui-même.

L'individu ne peut parvenir à la paix et au bonheur que dans la solitude ou dans l'Etat parfait. Or ni l'une ni l'autre solution ne sont possibles. « La théorie politique de Rousseau est donc et se veut irréalisable » (Eric Weil).

Rousseau s'oppose radicalement à la société telle qu'elle est, mais il ne veut ni revenir en arrière, ni procéder à un changement brutal, ni procéder à des aménagements de détail. Il n'est ni réactionnaire, ni révolutionnaire, ni réformiste, et il est infiniment probable qu'il aurait détesté le régime de la Convention dont on lui attribue si souvent la paternité.

« Rousseau, conclut Eric Weil, reste ainsi le sujet révolté... Et parce qu'il a toujours voulu être révolté, tous les révolutionnaires et tous les réformateurs ont pu être convaincus de marcher derrière son drapeau. »

§ 2. Les idées sociales

Bien qu'André Lichtenberger ait consacré un livre important au *Socialisme au XVIIIe siècle*, il ne semble guère justifié, si on a le souci d'employer les mots dans un sens rigoureux, de qualifier de socialistes les idées émises par Mably, Morelly ou Linguet. Ou du moins, si on utilise ce terme pour parler du XVIIIe siècle faut-il marquer avec force tout ce qui sépare cette espèce de fraternalisme prérévolutionnaire et préindustriel des doctrines socialistes qui apparaissent à partir de 1830 en même temps que le terme même de socialisme.

Plusieurs auteurs du XVIIIe siècle dressent des plans de cités fraternelles. Mais ces œuvres ne procèdent pas d'une analyse économique : les unes, celles de Morelly et de Mably sont inspirées par une sorte de communisme utopique et rétrograde, les autres, celles de l'abbé Meslier et de Linguet, par un populisme élémentaire. Ni les unes ni les autres n'éveillent d'échos dans les milieux populaires.

A) Morelly. — Morelly trace dans le *Code de la nature* (1755) le plan d'une utopie communiste, Babeuf en 1796 l'appellera le maître du communisme. Mais ce communisme ne repose ni sur une analyse économique, ni sur le sentiment de l'opposition entre les classes sociales. C'est un communisme littéraire (influence de Platon, More, Campanella), poétique (récits de voyages, le bon sauvage, etc.) et moral : Morelly reproche surtout à la propriété privée d'avoir corrompu l'homme et de l'avoir rendu malheureux. Pour être heureuse et vertueuse, la société humaine doit vivre selon le code de la nature.

Les trois « lois fondamentales et sacrées qui couperaient racine aux vices et à tous les maux d'une société » sont donc :

— l'abolition de la propriété privée : « Rien dans la société n'appartiendra singulièrement ni en propriété à personne que les choses dont il fera un usage actuel, soit pour ses besoins, ses plaisirs ou son travail journalier. »

— un système d'assistance nationale : « Tout citoyen sera homme public sustenté, entretenu et occupé aux dépens du public » (dans cet esprit Morelly est partisan d'une éducation collective et étatisée) ;
— enfin, un système de coopération, qui par certains traits annonce le fouriérisme :« Tout citoyen contribuera pour sa part à l'utilité publique selon ses forces, ses talents, et son âge ; c'est sur cela que seront réglés ses devoirs, conformément aux lois distributives. »

Le communisme de Morelly est donc à la fois centralisateur et moralisant. Sa république est sans passé et sans avenir. Ce communisme utopique et statique atteste les aspirations de quelques intellectuels mais c'est seulement avec la révolution industrielle qu'apparaîtra une véritable doctrine communiste.

B) Mably. — Chez Mably (1709-1785), comme chez Morelly, politique et morale sont étroitement liées, presque confondues, et la critique de la société est avant tout une critique morale.

Mably critique vivement l'inégalité des conditions et se prononce pour la communauté des biens, mais comme chez Morelly il ne s'agit pas tant de faire régner la justice que le bonheur (« Nous ne pouvons trouver le bonheur que dans la communauté des biens ») et la vertu : « Je crois que l'égalité, en entretenant la modestie de nos besoins, conserve dans mon âme une paix qui s'oppose à la naissance et aux progrès des passions. » Ce souci de frugalité se retrouvera chez Babeuf. Sparte est le modèle de Mably, et lorsqu'il a besoin d'un porte-parole pour présenter ses idées sur les rapports de la morale et de la politique, il recourt tout naturellement à Phocion (Les *Entretiens de Phocion* paraissent en 1763).

Les idées politiques de Mably, comme ses idées sociales, sont nourries de réminiscences antiques. Mably parle sans cesse de Lycurgue, et sa politique est dominée par le thème du bon législateur. Il critique le « despotisme légal » des physiocrates et s'attache à réfuter longuement *L'ordre naturel et essentiel des sociétés politiques* de Mercier de La Rivière. Il critique également la Constitution anglaise, qui a le tort à ses yeux de subordonner le pouvoir législatif au pouvoir exécutif. Mably est partisan au contraire de la prédominance du législatif.

Mais il n'est pas un démocrate. Il se défie de la multitude (« L'histoire de la Grèce m'a trop appris combien la démocratie est capricieuse, volage et tyrannique »), de l'éloquence, des acclamations, de la passion. « La puissance législative ne saurait trop réfléchir, et, si je puis ainsi parler, se replier sur elle-même. »

Toutes les sympathies de Mably vont aux pays où règne la simplicité. La Suisse lui plaît par ses lois somptuaires et l'égalité relative qui y règne entre les fortunes. Il a des jugements sévères sur le commerce et les commerçants. Son « socialisme », inspiré de l'antiquité, est économiquement rétrograde et politiquement conservateur.

C) Raynal. — L'abbé Raynal (1713-1796) fut considéré par ses contemporains comme l'égal de Diderot et de Rousseau. Son œuvre principale est l'*Histoire philosophique et politique des établissements et du commerce des Européens dans les deux Indes* (1770). On y retrouve, confusément exprimées et sans grand souci de cohérence interne, les principaux thèmes des physiocrates, de Montesquieu, de Rousseau, des encyclopédistes : exaltation de la simplicité patriarcale et critique sévère du système colonial, attaques contre l'église qui devrait être soumise à l'Etat, méfiance à l'égard de l'armée, critique du despotisme (mais éloge de Frédéric II), respect conjoint de la Constitution anglaise et des vertus républicaines, exaltation de la liberté et affirmation que l'intérêt de l'Etat est la loi suprême, souci de l'égalité et culte de la propriété... Raynal représente bien l'opinion moyenne de son temps. C'est à ce titre qu'il intéresse, par ses contradictions plus que par son originalité, l'histoire des idées politiques.

D) Un socialisme populiste. — Il existe cependant au XVIIIe siècle une autre forme de pensée socialiste : celle que représentent le curé Meslier et surtout Linguet (1736-1794), le principal adversaire des physiocrates. Le testament du curé Meslier fut utilisé par la propagande anticléricale, mais on trouve dans son œuvre un vif sentiment de la misère et de l'injustice. Quant à Linguet, il dépeint le manouvrier comme le paria de l'Europe ; son « socialisme » est purement négatif et ne débouche sur aucune conclusion pratique, mais son œuvre — au lieu d'être tournée vers l'utopie ou l'antiquité comme celles de Morelly ou de Mably — est inspirée par le spectacle des réalités quotidiennes et manifeste la conscience d'une lutte entre les classes. Linguet « est un des rares écrivains antérieurs à 1789 dont on puisse dire, avec quelque fondement, qu'il est plutôt un précurseur de Karl Marx qu'un ancêtre de Fourier ou de Cabet » (A. Lichtenberger).

§ 3. Le pacifisme au XVIIIe siècle

Jusqu'à la Révolution française, la guerre reste une opération limitée qui n'intéresse pas l'ensemble de la nation. Les guerres se décident dans le silence des Cours, et leur déroulement comporte des revirements inattendus (cf. le renversement des alliances).

Les armées sont composées dans une large mesure de mercenaires, d'aventuriers et de prolétaires. Les militaires sont peu considérés ; jusqu'à la Révolution, certains édifices portent la mention : « Ni chiens, ni laquais, ni soldats. » Le comte de Saint-Germain, connu pour la hardiesse de ses réformes militaires, ne se fait pas de l'armée une haute idée : « Il serait à souhaiter sans doute que l'on pût former les armées d'hommes sûrs, bien choisis et de la meilleure espèce ; mais pour former une armée il ne faut pas détruire une nation, et ce serait la détruire que d'en enlever ce qu'elle a de meilleur. Dans l'état actuel des choses, les armées ne peuvent être composées que de la bourbe des nations et de tout ce qui est inutile à la société. C'est ensuite à la discipline militaire à épurer cette masse corrompue, à la pétrir et à la rendre utile. »

Les guerres sont relativement peu meurtrières : l'Anglais Robins émet en 1742 dans ses *New principles of gunnery*, l'opinion que l'invention de la poudre à canon a rendu les guerres beaucoup moins sanglantes ; avec le progrès des techniques militaires, pense-t-il, la guerre deviendra de plus en plus limitée, de plus en plus rapide, de moins en moins meurtrière...

Les guerres ne sont pas considérées comme des catastrophes. Voltaire décrit avec émotion les batailles imaginaires de *Candide*, mais le sanglant combat de Philipsbourg ne lui inspire que ces vers aimables :

... C'est ici qu'on dort sans lit,
Et qu'on prend des repas par terre...

Un certain nombre de penseurs cependant cherchent les moyens de supprimer les guerres et d'instaurer une paix perpétuelle. La plupart d'entre eux placent leurs espoirs dans la sagesse des princes et dans le respect des contrats. Le pacifisme au XVIIIe siècle n'est donc pas un sentiment populaire ; on note toutefois, en l'espace d'un siècle, une nette évolution du concept de paix.

A) Le pacifisme religieux. — L'œuvre de Leibniz (1) est animée par un profond universalisme d'inspiration religieuse. Mais il s'agit chez lui d'universalisme plutôt que d'un pacifisme radical. Soucieux d'assurer la paix en Europe, il n'hésite pas à inciter Louis XIV à entreprendre en Orient et notamment en Egypte une politique de conquête qui se réaliserait avec difficulté par des moyens purement pacifiques. Le projet de paix perpétuelle de l'abbé de Saint-Pierre lui inspirera, vers la fin de sa vie, des jugements réservés.

Autre forme de pacifisme religieux, d'inspiration plus nettement pacifiste : celui de William Penn, dont l'*Essai sur la paix présente et future de l'Europe*, date de 1693.

Le fondateur de la Pennsylvanie appartient à la secte des Quakers ; partisan de la non-violence, il soutient que le chrétien ne doit pas — en principe — recourir à la force, il préconise la réduction des armements et présente un plan d'inspiration fédérative, proche des idées de Spinoza qui écrivait : « La paix n'est pas l'absence de guerre mais une vertu qui naît de la force de l'âme. »

B) L'équilibre européen. — Le pacifisme de l'abbé de Saint-Pierre (*Projet pour rendre la paix perpétuelle en Europe*, 1713) est d'une autre nature. Il se rattache au « grand dessein » d'Henri IV et procède non point de considérations religieuses (Saint-Pierre était hostile au célibat des prêtres et dénonçait volontiers le nombre excessif des moines) mais d'un souci d'équilibre européen ; il propose une sorte de « Sainte-Alliance » entre les monarques d'Europe sur la base du *statu quo* territorial. Saint-Pierre est un esprit fécond, non sans confusion ; partisan de la polysynodie, de l'élection des fonctionnaires, d'une Académie internationale de Science politique, convaincu que l'âge d'or est dans l'avenir, il est le type même du réformateur en qui s'unissent humanitarisme et utilitarisme : « Chez lui fleurit l'enthousiasme pour Sparte et Lycurgue, l'amour de Plutarque, le souci des choses morales, le respect pour une Chine imaginaire, le culte de la raison d'Etat » (A. Lichtenberger).

C) Pacifisme et démocratie chez Kant. — Kant (1724-1804) au contraire n'a que mépris pour « l'équilibre européen ». Son « Projet philosophique de paix perpétuelle » (1795) exprime clairement l'idée que la paix

(1) Voir plus haut pp. 368-370.

n'est pas l'affaire des princes mais celle des peuples. La guerre est une ingérence inadmissible dans un état indépendant (cf. les idées kantiennes sur l'autonomie de la volonté). Aussi Kant réprouve-t-il le service obligatoire et affirme-t-il qu'aucune guerre ne doit avoir lieu sans le consentement des participants, c'est-à-dire du peuple lui-même.

Contre les guerres, Kant voit trois remèdes :

— le commerce : l'esprit commercial s'empare tôt ou tard de chaque peuple et est incompatible avec la guerre. Kant présente ici la première version de ce qui sera une des idées-forces du libéralisme bourgeois au XIXe siècle : le développement du commerce fera disparaître les guerres, pacifisme stade suprême du capitalisme...

— la morale démocratique : la paix est une vertu morale, vertu des peuples et non des princes. Les régimes monarchiques sont dangereux pour la paix.

— la publicité : le secret des négociations facilite les guerres ; la politique au grand jour, qui sera de mise dans les régimes démocratiques, favorisera la paix (1).

D) Internationalisme et nationalisme. — Quelques projets de paix, aucune conception véritablement internationaliste avant l'œuvre de Kant : tel serait donc le bilan du XVIIIe siècle. A cela une raison simple : si le XVIIIe siècle n'a pas une notion claire d'une société internationale, c'est que le concept de nation reste lui-même fort vague.

Ni l'*Esprit des lois* ni l'*Essai sur les mœurs* (pourtant intitulé *Essai sur les mœurs et l'esprit des nations*) ne contiennent une définition précise de la nation. Il n'y a pas d'article « nation » dans le *Dictionnaire philosophique* de Voltaire, qui contient par contre un intéressant article « patrie » : « Qu'est-ce donc que la patrie ? Ne serait-ce pas par hasard un bon champ ?, etc. » Voltaire définit la patrie comme une propriété, en termes très concrets (la patrie est un champ, un village, une famille) ; il est question de patrie et non de patriotisme (« Plus la patrie devient grande, moins on l'aime »).

Le mot de nation a, au XVIIIe siècle, un sens différent de son sens actuel. On parle plutôt de nation bretonne que de nation française. Les idées des philosophes sur la nation sont un mélange — qui n'est contradictoire qu'en apparence — de particularisme et de cosmopolitisme, d'esprit de clocher et d'universalisme. « Celui qui voudrait que sa patrie ne fût jamais

(1) Sur la politique de Kant, voir plus loin pp. 488-492.

ni plus grande ni plus petite, ni plus pauvre, serait le citoyen du monde » écrit Voltaire, d'accord sur ce point avec Montesquieu.

Les despotes éclairés ont certainement contribué, malgré leurs protestations de cosmopolitisme, à développer ce qu'on appellera plus tard le nationalisme. Ainsi Frédéric II compose, en 1779, des *Lettres sur l'amour de la patrie, ou correspondance d'Anapistémon et de Philopatros*. Ce dernier, dont le nom indique les préférences, explique à son ami, le philosophe sceptique et cosmopolite, la puissance du sentiment national : « ... L'amour de la patrie n'est pas un être de raison, il existe réellement. »

Le *Sturm und Drang*, en Allemagne, est une révolution littéraire d'inspiration nationaliste. Herder affirme que la poésie doit être l'expression du génie national, il préconise le retour aux traditions allemandes ; Gœthe lui-même, au temps de « Gœtz von Berlichingen », subira temporairement l'empreinte de ce préromantisme nationaliste. L'œuvre de Hegel plonge ses racines dans ce préromantisme typiquement allemand, qui cherche à concilier un nationalisme confinant parfois à la xénophobie avec des aspirations humanistes et mystiques.

Mais c'est seulement avec la Révolution française que le mot de nation entre dans le vocabulaire politique avec son sens actuel : « Une loi commune et une représentation commune, voilà ce qui fait une nation » (Sieyès).

Conclusion. — **Une synthèse : l'œuvre de Condorcet**

Pour la clarté de l'exposition, nous avons distingué dans le XVIIIe siècle trois courants de pensée auxquels correspondent pour la France les noms de Montesquieu, de Voltaire et de Rousseau.

Mais, dans la réalité, les trois courants ne se distinguent pas aussi nettement, et il serait tout à fait abusif de voir en Montesquieu, en Voltaire et en Rousseau les porte-parole de trois catégories sociales homogènes et distinctes : milieux parlementaires (Montesquieu), bourgeoisie d'affaires (Voltaire), classe intermédiaire entre la bourgeoisie et le prolétariat (Rousseau). Alors que nous sommes aujourd'hui frappés par ce qui oppose Voltaire à Montesquieu, Rousseau à Voltaire, nombreux sont leurs lecteurs du XVIIIe siècle qui semblent avoir surtout perçu ce qui les rapprochait.

Les libéraux du XVIIIe siècle n'ont pas eu le sentiment qu'ils avaient à choisir entre trois philosophies ; ils n'ont même pas eu le sentiment qu'il leur appartenait d'en faire la synthèse : cette synthèse s'opérait en quelque chose d'elle-même, par élimination des contraires et accentuation des traits communs, selon une technique comparable à celle du « portrait-robot ». Condorcet, dont le cas est loin d'être exceptionnel, est ainsi une sorte de vivant résumé du XVIIIe siècle français.

* * *

Marie-Jean-Antoine-Nicolas Caritat (1743-1794) marquis de Condorcet, d'une vieille famille du Dauphiné, est, d'après son plus récent historien G.-G. Granger, « le représentant le plus attardé mais peut-être le plus parfait de l'encyclopédisme ».

1) Condorcet est un savant qui rêve d'embrasser la totalité du savoir humain. Il cherche à constituer une science de l'homme, fondée sur les mathématiques, d'où ses projets de « mathématique sociale ». Voltaire qualifiait Condorcet de « philosophe universel ».

2) En Condorcet se fondent l'utilitarisme des encyclopédistes et la passion de Rousseau. Il admire également Voltaire et Rousseau : « Tous deux ont posé les fondements de cet édifice de la liberté que nous achevons aujourd'hui ». Il est rationaliste avec passion. D'Alembert le qualifie de « volcan couvert de neige ». « Intellectuellement libéral, il était libéral avec intolérance. »

3) Condorcet n'a pas manqué de saluer avec enthousiasme la Révolution américaine. Cf. son étude *De l'influence de la Révolution d'Amérique.*

4) Le système politique de Condorcet est fondé sur l'affirmation des droits de l'homme, qu'il définit comme les Constituants de 1789. Les deux premiers droits de l'homme sont pour lui « la sûreté de sa personne » et « la sûreté de la jouissance libre de sa propriété ». Conception fort bourgeoise, qui conduit Condorcet à distinguer citoyens actifs et citoyens passifs.

5) A partir de 1792, Condorcet se rapproche des girondins. Il ne vote pas la mort du roi, il élabore en 1793 un projet de Constitution dans lequel il se préoccupe d'assurer « la souveraineté du peuple, l'égalité entre les hommes et l'unité de la République ».

6) Obligé de se cacher sous la Terreur, il compose son *Esquisse d'un tableau historique des progrès de l'esprit humain.* Dans ce livre très caractéristique, où se retrouvent tous les principaux thèmes de la « philosophie des lumières », Condorcet manifeste une confiance absolue dans la perfectibilité indéfinie du genre humain. Il distingue dans l'histoire de l'humanité

dix époques, la dernière étant celle de la Révolution française ; le Moyen Age lui paraît une époque de décadence et d'obscurantisme, mais depuis la renaissance scientifique il voit la manifestation d'un progrès continu non seulement des connaissances mais de l'esprit humain lui-même : « Un jour viendra où nos intérêts et nos passions n'auront pas plus d'influence sur les jugements qui dirigent la volonté que nous ne les voyons en avoir aujourd'hui sur nos opinions scientifiques. »

La conception optimiste et rationaliste que Condorcet a du progrès s'oppose à celle de Vico (1) ; elle annonce à certains égards celle de Hegel (2). Vico, Condorcet, Hegel ou les trois âges du progrès.

La Révolution française apparaît à Condorcet comme l'aboutissement mais non comme le terme du progrès humain : « Nos espérances sur l'état à venir de l'espèce humaine peuvent se réduire à ces trois points importants : la destruction de l'inégalité entre les nations, les progrès de l'égalité dans un même peuple, enfin le perfectionnement réel de l'homme. » Peu après avoir écrit ce texte singulièrement optimiste, Condorcet était arrêté et se suicidait en prison.

Une des plus parfaites incarnations de l' « esprit de 89 » est ainsi victime de la Révolution elle-même. Là encore le cas de Condorcet a valeur d'exemple, car nombreux sont les hommes qui accueilleront avec enthousiasme la Révolution de 1789 et qui se dresseront ensuite contre le gouvernement révolutionnaire ou en seront les victimes.

C'est ce passage de l'idéologie des lumières à l'idéologie révolutionnaire qu'il nous faut maintenant étudier.

BIBLIOGRAPHIE

HISTOIRE GÉNÉRALE

Roland Mousnier, Ernest Labrousse, Marc Bouloiseau, *Le XVIIIe siècle. Révolution technique et politique (1715-1815)*, P.U.F., 1953, 568 p. (« Histoire générale des civilisations »). Edmond Préclin et Victor-L. Tapié, Le xviiie siècle, P.U.F., 1952, viii-996 p., 2 vol. (collection « Clio »). Pierre Muret et Philippe Sagnac, *La prépondérance anglaise (1715-1763)*, P.U.F., 2e éd., 1942, 684 p. (collection « Peuples et civilisations »). Dans la même collection, Philippe Sagnac, *La fin de l'Ancien Régime et la Révolution américaine (1763-1789)*, P.U.F., 1941, 614 p.; du même auteur, *La formation de la société française moderne*, P.U.F., 1945-1946, 2 vol., viii-240, viii-356 p. (plusieurs chapitres sont consacrés à l'évolution de l'esprit public). Pierre Chaunu, *La civilisation de l'Europe des Lumières*, Arthaud, 1971, 665 p.

(1) Voir plus haut, pp. 400-402.
(2) Voir plus loin, pp. 494-507.

HISTOIRE DES IDÉES POLITIQUES

Ouvrages généraux

Paul HAZARD, *La crise de la conscience européenne (1680-1715)*, *op. cit.* (montre la naissance des grands thèmes qui dominent le XVIIIe siècle) ; DU MÊME AUTEUR, *La pensée européenne au XVIIIe siècle, de Montesquieu à Lessing*, Boivin, 1946, 3 vol., VI-378, 299, 156 p. (riche documentation ; présentation brillante mais un peu trop discontinue). Ernst CASSIRER, *Die Philosophie der Aufklärung*, Tübingen, J. C. B. Mohr, 1932, XVIII-491 p., trad. fr., Fayard, 1966, 352 p. (ouvrage fondamental qui traite non seulement de l'Allemagne mais du XVIIIe dans son ensemble ; voir notamment le chap. VI sur l'idée de l'Etat). Friedrich MEINECKE, *Die Entstehung des Historismus* : I. *Vorstufen und Aufklärungshistorie* ; II. *Die deutsche Bewegung*, Münich, R. Oldenbourg, 1936, 2 vol., 656 p. (le premier volume étudie l'évolution des idées au XVIIIe siècle, de Leibniz et Vico à Burke ; le second volume est consacré à l'Allemagne, de Lessing à Ranke ; longs développements sur Herder et sur Gœthe) ; DU MÊME AUTEUR, *Weltbürgertum und Nationalstaat, Studien zur Genesis des deutschen Nationalstaates*, 3e éd., Munich, R. Oldenbourg, 1915, VIII-528 p. Harold LASKI, *Le libéralisme européen du Moyen Age à nos jours*, trad. fr. Emile PAUL, 1950, 299 p. (l'essentiel du livre a trait au XVIe et au XVIIe siècles ; synthèse brillante, sans souci de rigueur). Frederick WATKINS, *The political tradition of the West. A study in the development of modern liberalism*, Cambridge, Harvard U.P., 1948, XIV-368 p. Carl Lotus BECKER, *The heavenly city of the eighteenth century philosophers*, New York, Yale U.P., 1932, 168 p. C. E. VAUGHAN, *Studies in the history...* (pour mémoire). F. J. C. HEARNSHAW (ed.), *The social and political ideas of some great French thinkers of the age of reason*, New York, Barnes and Nobl e, 1950, 252 p. ; F. J. C. HEARNSHAW (ed.), *The social and political ideas of some representative thinkers of the revolutionary era*, New York, Barnes and Noble, 1950, 252 p. (comprend notamment des études sur Burke, Paine, Godwin, Bentham, la tradition socialiste dans la révolution française, les penseurs allemands de l'ère révolutonnaire).

Parmi les ouvrages pub iés depuis la première édition de cet ouvrage, il faut surtout signaler l'impolrtante thèse de Robert MAUZI, *L'idée du bonheur au XVIIIe siècle*, A. Colin, 1960, 727 p., et celle de Jean EHRARD, *L'idée de nature en France dans la première moitié du XVIIIe siècle*, S.E.V.P.E.N., 1963 (édition abrégée, sous le titre : *L'idée de nature en France à l'aube des Lumières*, Flammarion, 1970, 444 p.). En anglais, John PLAMENATZ, *Man and society. A critical examination of some important social and political theories from Machiavelli to Marx*, Londres, Longmans, 1963, 2 vol. Georges GUSDORF, *Les principes de pensée au siècle des Lumières*, Payot, 1971, 550 p. (« Les sciences humaines et la pensée occidentale », t. IV).

France

Henri SÉE, *L'évolution de la pensée politique en France au XVIIIe siècle*, Marcel Giard, 1925, 399 p. (mêmes qualités de précision et même absence de préoccupations sociologiques que dans l'ouvrage du même auteur sur le XVIIe siècle) ; DU MÊME AUTEUR, *Les idées politiques en France au*

XVIIIe siècle, Hachette, 1920, 269 p. (extraits brièvement commentés). On consultera de préférence les morceaux choisis d'Albert BAYET et François ALBERT, *Les écrivains politiques du XVIIIe siècle*, A. Colin, 1926, LII-446 p. (introduction utile). FAGUET n'aimait guère le XVIIIe siècle et ses livres ont vieilli. Son *XVIIIe siècle*, Société française d'Imprimerie et de Librairie, 1890, XXXII-559 p., est extrêmement rapide. Plus utile est sa *Politique comparée de Montesquieu, Rousseau et Voltaire*, Société française d'Imprimerie et de Librairie, 1902, 299 p. ; mais ce livre partial doit être consulté avec précaution. Maxime LEROY, *Histoire des idées sociales en France*, t. I : *De Montesquieu à Robespierre*, Gallimard, 1946, 387 p. (des idées intéressantes, présentation un peu confuse). Les livres de Daniel Mornet ont été longtemps classiques ; ils sont aujourd'hui plus sévèrement jugés : Daniel MORNET, *Les origines intellectuelles de la Révolution française (1715-1787)*, A. Colin, 1933, 552 p. (enquête très minutieuse, un certain défaut de perspective) ; DU MÊME AUTEUR, *La pensée française au XVIIIe siècle*, 5e éd., A. Colin, 1938, 220 p. (rapide).

Trois bons livres en langue anglaise : Kingsley MARTIN, *French liberal thought in the eighteenth century. A study of political ideas from Bayle to Condorcet*, Londres. Turnstile Press, 1954, XVIII-316 p. (bonne synthèse, parfois un peu rapide). Elinor G. BARBER, *The bourgeoisie in 18th century France*, Princeton U.P., 1955, XII-165 p. (intéressante application des méthodes sociologiques modernes à l'étude de l'idéologie bourgeoise). Ira O. WADE, *The clandestine organization and diffusion of philosophic ideas in France from 1700 to 1750*, Princeton U.P., XII-329 p. (étudie très minutieusement les libelles diffusés au XVIIIe siècle ; remarquablement original et précis). Voir aussi : George R. HAVENS, *The age of ideas. From reaction to revolution in eighteenth century France*, New York, H. Holt, 1955, X-474 p., et Shetly T. MAC CLOY, *The humanitarian movement in eighteenth century France*, Kentucky U.P., 1957, X-275 p.

Angleterre

Un ouvrage fondamental : Leslie STEPHEN, *History of the English thought in the eighteenth century*, Londres, Smith, Elder and Co., 1902, 2 vol., XVIII-466, XII-469 p. Un livre beaucoup plus rapide : Harold LASKI, *Political thought in England from Locke to Bentham*, New York, H. Holt, 1920, 324 p. (avec un chapitre intitulé « L'ère de la stagnation » et un long chapitre sur Burke).

Allemagne

Aux ouvrages de Spenlé, Basch, Lévy-Bruhl, Minder, Vermeil, qui sont cités dans la bibliographie générale, on ajoutera : Henri BRUNSCHWIG, *La crise de l'Etat prussien à la fin du XVIIIe siècle et la genèse de la mentalité romantique*, P.U.F., 1947, 344 p. Voir aussi Frederick HERTZ, *The development of the German public mind*, t. II, *The age of enlightenment*, Londres, Allen and Unwin, 1962, 488 p.

Espagne

Le livre de base est celui du Recteur Jean SARRAILH, *L'Espagne éclairée dans la seconde moitié du XVIIIe siècle*, Klincksieck, 1954, VI-781 p. Montre que l'Espagne des Bourbons est restée dans l'ensemble à l'écart du courant libéral qui circulait dans le reste de l'Europe ; met en lumière le rôle de quelques individualités et notamment de Gaspard JOVELLANOS, disciple de Turgot en matière économique et qui émet des idées libérales dans son *Informe sobre el libro ejercicio de las artes (1785)*, où il affirme les « droits imprescriptibles de la liberté, dont le plus ferme, le plus inviolable, le plus sacré est celui qu'a l'homme de travailler pour vivre ». Richard HERR, *The Enlightenment and revolutionary spirit in eighteenth century Spain*, Chicago, 1954.

Italie

Gabriel MAUGAIN, *Etudes sur l'évolution intellectuelle de l'Italie de 1657 à 1750*, Hachette, 1910, XXI-407 p. Luigi SALVATORELLI, *Il pensiero politico italiano dal 1700 al 1872*, Turin, 5e éd., 1949.

Europe de l'Est

Albert LORTHOLARY, *Le mirage russe en France au XVIIIe siècle*, Boivin, 1951, 412 p. Jean FABRE, *Stanislas-Auguste Poniatowski et l'Europe des lumières*, Les Belles-Lettres, 1952, III-748 p.

Orient

Marie-Louise DUFRENOY, *L'Orient romanesque en France (1704-1789)*, Fides, 1958, 2 vol. Virgile PINOT, *La Chine et la formation de l'esprit philosophique en France (1640-1740)*, Geuthner, 1932, 480 p. Henri BERNARD-MAITRE S.J., *La sagesse chinoise et la philosophie chrétienne*, Les Belles-Lettres, 1949-50, 277 p.

IDÉES POLITIQUES ET IDÉES RELIGIEUSES

E. PRÉCLIN et E. JARRY, *Les luttes politiques et doctrinales aux XVIIe et XVIIIe siècles (op. cit.)*. Sur l'attitude des jésuites français : Alfred R. DESAUTELS, S. J., *Les Mémoires de Trévoux et le mouvement des idées au XVIIIe siècle (1701-1734)*, Rome, Institutum historicum, 1956, XXVII-256 p.

ÉVOLUTION SCIENTIFIQUE ET MOUVEMENT DES IDÉES

Le livre de base est celui de : Roland MOUSNIER, *Progrès technique et progrès scientifique au XVIIIe siècle*, Plon, 1958, 451 p. Daniel MORNET, *Les sciences de la nature en France au XVIIIe siècle : un chapitre de l'histoire des idées*, A. Colin, 1911, 291 p.

SUR LA FRANC-MAÇONNERIE

Gaston MARTIN, *Manuel d'histoire de la franc-maçonnerie*, 2e éd., P.U.F., 1932, XII-285 p. Bernard FAY, *La franc-maçonnerie et la révolution intellectuelle du XVIIIe siècle*, Cluny, 1935, 287 p. Roger PRIOURET, *La franc-maçonnerie sous les lys*, Grasset, 1953, XII-273 p. Serge HUTIN, *Les francs-maçons*, Editions du Seuil, 1960, 192 p. (coll. Le Temps qui court). Une bonne monographie : André BOUTON et Marius LEPAGE, *Histoire de la franc-maçonnerie dans la Mayenne (1756-1951)*, Le Mans, 1951, 303 p. André BOUTON, *Les francs-maçons manceaux et la Révolution française (1741-1815)*, Le Mans, 1958.

I. — Le libéralisme aristocratique

Montesquieu

La meilleure édition des *Œuvres complètes* est due à André Masson chez Nagel. Le t. I (1950) contient les grandes œuvres publiées par Montesquieu lui-même *(Lettres persanes, Considérations, Esprit des lois)* ; le t. II (1953) contient les documents restés longtemps inédits *(Voyages, Pensées, Spicilège)* ; le t. III (1955) des œuvres diverses ainsi que la *Correspondance*. Voir aussi l'édition de la Pléiade par les soins de Roger Caillois, 2 vol., 1949-1951, et celle qui a été établie par Daniel Oster pour la collection *L'Intégrale*, Ed. du Seuil, 1964.

Une excellente édition critique de l'*Esprit des lois* a été publiée par Jean Brèthe de La Gressaye, Les Belles-Lettres, 1950-61, 4 vol.

Un utile recueil de textes choisis, par les soins de J. Ehrard, *Politique de Montesquieu*, A. Colin, 1965 (coll. « U »).

Sur Montesquieu. — Joseph Dedieu, *Montesquieu, l'homme et l'œuvre*, Boivin, 1943, 204 p. (étude précise mais nécessairement succincte, compte tenu des dimensions de cette bonne collection). L.-H. Barckhausen, *Montesquieu, ses idées et ses œuvres d'après les papiers de La Brède*, Hachette, 1907, 344 p. (ce livre, qui faisait autorité il y a 50 ans est resté très utile, notamment la première partie intitulée : « Les idées de Montesquieu »). Pierre Barrière, *Un grand provincial : Charles-Louis de Secondat, baron de Montesquieu*, Bordeaux, Delmas, 1946, 551 p. (copieux et compact, pas de bibliographie ; la seconde partie examine les idées politiques, économiques, philosophiques, religieuses de Montesquieu). Sergio Cotta, *Montesquieu e la scienza della società*, Turin, 1953, 420 p. (insiste sur la sociologie de Montesquieu). L'étude de Bernard Groethuysen sur Montesquieu qui est publiée dans le même volume que sa *Philosophie de la Révolution française*, Gallimard, 1956, 307 p. Le *Montesquieu par lui-même*, de Jean Starobinski, 1953, n'est pas un des meilleurs livres de la collection « Ecrivains de toujours ». Deux études complémentaires : J. Dedieu, *Montesquieu et la tradition politique anglaise en France, les sources anglaises de l'Esprit des lois*, Gabalda, 1909, 396 p. (très utile étude d'influence ; mentionne notamment A. Sidney, Mandeville, etc.) ; E. Carcassonne, *Montesquieu et le problème de la Constitution française au XVIIIe siècle*, P.U.F., 1927, xvi-736 p. (utile, mais très pesant). Voir aussi P. M. Spurlin, *Montesquieu in America, 1760-1801*, Louisiana U.P., 1940. F. T. H. Fletcher, *Montesquieu and English politics (1750-1800)*, Londres, 1939, 286 p. Le bicentenaire de l'*Esprit des lois* a donné lieu à diverses manifestations et à deux publications : *Le deuxième centenaire de l'Esprit des lois de Montesquieu*, Bordeaux, 1949 (conférences organisées par la ville de Bordeaux) ; *La pensée politique et constitutionnelle de Montesquieu, Bicentenaire de l'Esprit des lois*, Sirey, 1952, 329 p. (recueil de conférences organisées par l'Institut de Droit comparé de l'Université de Paris). Ces conférences sont de qualité inégale ; une des plus intéressantes est celle de Ch. Eisenmann ; du même auteur, L'Esprit des lois et la séparation des pouvoirs, *Mélanges Carré de Malberg*, 1933, pp. 163-192. Il faut aussi mentionner les *Actes du Congrès Montesquieu* réuni à Bordeaux du 23 au 26 mai 1955, Bordeaux, 1956, 367 p. (nombreuses études apportant des éléments inédits sur des points précis). Voir aussi Louis ALTHUSSER, *Montesquieu, la politique et l'histoire*, P.U.F., 1959, 120 p. (interprétation marxiste), et l'important ouvrage de Robert SHACKLETON, *Montesquieu*, Oxford U.P ; 1961, XVI-432 p.

Vico

Voir les *Œuvres choisies* par J. CHAIX-RUY, P.U.F., 1946, 186 p. (surtout la troisième partie) ; J. CHAIX-RUY, *La formation de la pensée philosophique de J.-B. Vico*, P.U.F., 1943, 317 p. (minutieuse analyse des premières œuvres de Vico) ; DU MÊME AUTEUR, *Vie de J.-B. Vico*, suivie d'une traduction de l'*Autobiographie*, d'un choix de lettres, d'une poésie et de diverses notes, P.U.F., 1943, 159 p. ; une excellente présentation synthétique de Vico dans VAUGHAN, *Studies...*, pp. 207-253. Voir aussi : Benedetto CROCE, *La philosophie de J.-B. Vico*, trad. fr., Giard & Brière, 1913, IX-358 p. *La science nouvelle* a été traduite en français en 1953, par les Editions Nagel (collection Unesco d'œuvres représentatives).

II. — L'UTILITARISME POLITIQUE

1. *Voltaire*

Le meilleur spécialiste de Voltaire en France est sans doute René POMEAU, auteur d'une thèse sur *La religion de Voltaire*, Nizet, 1956, 516 p. (excellente bibliographie), et d'un *Voltaire par lui-même*, Editions du Seuil, 1955, 192 p., qui commence par un bref « Etat présent des études voltairiennes ». Ce texte résume une étude particulièrement utile publiée sous le même titre par René POMEAU dans *Travaux sur Voltaire et le XVIIIe siècle, sous la direction de Theodore Besterman*, t. I, Genève, 1955 (pp. 183-200). DU MÊME AUTEUR, un excellent recueil de textes choisis, *Politique de Voltaire*, A. Colin, 1963, 255 p. (coll. « U »). En dehors de ce livre, il n'existe aucune étude d'ensemble sur la politique de Voltaire ; FAGUET, *Politique comparée de Montesquieu, Rousseau et Voltaire (op. cit.)*, présente une caricature de Voltaire. Voir Henri SÉE, Les idées politiques de Voltaire, *Revue historique*, 1908 ; et surtout Constance ROWE, *Voltaire and the State*, New York, Columbia U.P., 1955, XI-254 p. (voit en Voltaire un libéral dans la ligne de Locke). Quelques indications dans le numéro consacré à Voltaire par la *Table Ronde*, février 1958 (notamment l'article de Jean FABRE sur les rapports Voltaire-Diderot). Ajouter Peter GAY, *Voltaire's politics : the poet as realist*, Princeton U.P., 1959, XII-418 p.

2. *Diderot et l'Encyclopédie*

Textes. — Les « Classiques du Peuple » ont publié de très utiles *Textes choisis* de l'*Encyclopédie* (introduction et commentaires d'Albert SOBOUL), Editions sociales, 1952, 191 p. Il existe dans la même collection des *Textes choisis* de DIDEROT en six tomes 1952-60. Les *Œuvres* de DIDEROT ont fait l'objet, en 1935, d'un volume dans la collection de la Pléiade (texte établi et annoté par André BILLY). Consulter plutôt les *Œuvres philosophiques* avec une introduction de Paul VERNIÈRE, publiées chez Garnier en 1956, les *Œuvres romanesques* publiées en 1951 par Henri BÉNAC et surtout les *Œuvres politiques*, publiées en 1963 par Paul VERNIÈRE chez le même éditeur. La

Correspondance de Diderot, recueillie et annotée par Georges ROTH, est en cours de publication aux Editions de Minuit, 1955-65, 12 vol. parus.

Etudes. — Sur l'Encyclopédie : René HUBERT, *Les sciences sociales dans l'Encyclopédie*, Alcan, 1923, 368 p. DU MÊME AUTEUR, *Rousseau et l'Encyclopédie, essai sur la formation des idées politiques de Rousseau (1742-1756)*, Gamber, 1928, 139 p. Raymond NAVES, *Voltaire et l'Encyclopédie*, Presses modernes, 1938, 216 p. J. LEGRAS, *Diderot et l'Encyclopédie*, Malfère, 1928, 172 p. *L'Encyclopédie et le progrès des sciences et des techniques*, P.U.F., 1952, VIII-236 p. (Centre international de Synthèse, Section d'Histoire des Sciences). Eberhard WEIS, *Geschichtsschreibung und Staatsauffassung in der französischen Enzyklopädie*, Wiesbaden, 1956. On sait que les auteurs marxistes se sont particulièrement intéressés aux écrivains matérialistes du XVIIIe siècle. Voir notamment F. ENGELS, *Anti-Dühring*, Editions sociales, 1950 ; K. MARX, Contribution à l'histoire du matérialisme français (extrait de *La Sainte Famille*), Editions sociales, 1951 ; Georges PLEKHANOV, *Essais sur l'histoire du matérialisme* (d'Holbach, Helvétius, Marx), Editions sociales, 1957, 192 p.

Sur Diderot : une excellente mise au point par Yvon BELAVAL dans *Critique*, sept.-oct. 1955 (pp. 793-799), avril 1956 (pp. 291-318), mai 1956 (pp. 400-421) et juin 1956 (pp. 534-553). Voir aussi, parmi de nombreux titres : Jean THOMAS, *L'humanisme de Diderot*, Les Belles-Lettres, 1938, 183 p. (en appendice : Etat présent des études sur Diderot). Henri LEFEBVRE, *Diderot*. « Hier et aujourd'hui », 1949, 311 p. (par un auteur marxiste dont on connaît la rupture avec le parti communiste). Lester G. CROCKER, *The embattled philosopher ; a biography of Denis Diderot*, Michigan State College Press, 1955 (ne dispense pas de consulter la biographie de Diderot par André Billy, insiste sur l'utilitarisme de l'*Encyclopédie* et sur son libéralisme petit-bourgeois ; style « vie romancée », mais information scrupuleuse). Charly GUYOT, *Diderot par lui-même*, Editions du Seuil, 1953, 192 p. Arthur M. WILSON, *Diderot. The testing years*, New York, Oxford U.P., 1957, 417 p. (excellente biographie de Diderot allant jusqu'à l'année 1759). Ne pas omettre de se reporter à l'ouvrage fondamental de Jacques PROUST, *Diderot et l'Encyclopédie*, A. Colin, 1962, 623 p.

Sur Helvétius, voir la thèse d'A. KEIM, *Helvétius, sa vie et son œuvre d'après ses ouvrages, des écrits divers et des documents inédits*, Alcan, 1907, VIII-720 p.

Des textes choisis du baron d'Holbach et de La Mettrie ont été publiés par les « Classiques du Peuple » : D'HOLBACH, *Textes choisis*, préface et commentaires de Paulette CHARBONNEL, Editions sociales, 1957, 200 p. ; LA METTRIE, *Textes choisis*, Préface et commentaires de Marcelle TISSERAND, 1954, 200 p. Le texte de *L'homme-machine* a été publié en 1948, Nord-Sud. Sur d'Holbach : Pierre NAVILLE, *Paul-Henry d'Holbach et la philosophie scientifique au XVIIIe siècle*, Gallimard, 1953, 473 p.

3. *Les physiocrates*

Georges WEULERSSE, *Le mouvement physiocratique en France de 1756 à 1770*, Alcan, 1910 (2 vol.) ; *La physiocratie sous les ministères de Turgot et de Necker (1774-1781)*, P.U.F., 1950, 375 p. ; *La physiocratie à la fin du règne de Louis XV (1770-1774)*, P.U.F., 1959, XII-239 p. (importante publication posthume). Georges WEULERSSE a présenté un résumé de ses travaux dans *Les physiocrates*, G. Doin, 1931, XII-332 p. Voir aussi : A. MATHIEZ, Les doctrines politiques des physiocrates, *Annales historiques de la Révolution française*, mai-juin 1936, p. 200 sqq. Dino FIOROT, *La filosofia politica dei fisiocrati*, Padoue. Cedam, 1954, 287 p. Jean-Marie COTTERET, *Essai critique sur les idées politiques de Mercier de la Rivière*, thèse Fac. Droit, Paris, 1960, 246 p., dactyl. L'univers intellectuel et politique des physiocrates est bien restitué par Pierre JOLLY, *Du Pont de Nemours, soldat de la liberté*, P.U.F., 1956, 303 p.

Turgot. — *Textes choisis* avec préface de Pierre VIGREUX, Dalloz, 1947, 431 p. (collection « Les grands économistes »). Henri SÉE *(op. cit.)*, consacre un chapitre à « La doctrine politique et sociale de Turgot », pp. 225-247. C.-J. GIGNOUX, *Turgot*, Fayard, 1945, 308 p.

Signalons enfin l'ouvrage monumental *François Quesnay et la physiocratie*, publié par l'Institut national d'Etudes démographiques à l'occasion du bicentenaire du *Tableau économique*, P.U.F., 1958, 2 vol. (le premier volume contient 11 études sur Quesnay et une bibliographie ; le second l'essentiel de l'œuvre).

4. *L'utilitarisme anglais*

Ouvrages généraux. — Leslie STEPHEN et Harold LASKI *(ouvr. cit.)*. Le principal ouvrage en langue française est celui d'Elie HALÉVY, *La formation du radicalisme philosophique*, Alcan, 1901-1904, 3 vol., XVI-447, IV-385, VI-512 p. (ouvrage fondamental qui s'arrête en 1832, avec la mort de Bentham). Les trois tomes du livre de Leslie STEPHEN, *The English Utilitarians*, sont respectivement consacrés à Bentham, à James Mill et à Stuart Mill, Duckworth, 1900, 3 vol. La synthèse présentée par John PLAMENATZ, *The English Utilitarians*, Oxford, Blackwell, 1949, 228 p., embrasse toute l'histoire de l'utilitarisme, des origines à Stuart Mill inclusivement. La seconde partie (pp. 161-228) contient le texte de Stuart Mill : « Utilitarianism ». J.-J. CHEVALLIER a écrit un bref et vigoureux article, Le pouvoir et l'idée d'utilité chez les utilitaires anglais, dans l'ouvrage collectif, *Le pouvoir*, publié par l'Institut international de Philosophie politique, P.U.F., 1956 (pp. 125-142). De Hume, on consultera avec profit les *Political Essays*, avec une introduction de Charles W. HENDEL dans la collection de la « Library of Liberal Arts », New York, 1953, LXIV-166 p. Voir aussi *Theory of politics*, ed. by Frederick WATKINS, Londres, Nelson, 1951, XXX-246 p. Sur Hume, la plus récente étude en langue française est celle de Georges VLACHOS, *Essai sur la politique de Hume*, Domat-Montchrestien, 1955, 250 p. Sur Mandeville, voir la thèse de François GRÉGOIRE, *Bernard de Mandeville et la Fable des Abeilles*, Nancy, Thomas, 1947, 235 p. Lucien MANDEVILLE a fait en 1957, dans le cadre du D.E.S. de droit public à la Faculté de Droit de Paris, un utile travail sur *Les idées politiques de Bernard de Mandeville*, dactylogr., 48 p. La plus récente édition scientifique de BENTHAM est celle de Wilfrid HARRISON, Oxford, 1948, LXVI-436 p. Précédée d'une substantielle introduction, elle contient le *Fragment sur le gouvernement* et l'*Introduction aux principes de morale et de législation.* Il existe des *Textes choisis* d'Adam Smith en français, préface par G.-H. Bousquet, Dalloz, 1950, 303 p. Sur Malthus, la plus récente étude en français est celle de Joseph Stassart, *Malthus et la population*, Liége, 1957, 343 p. (très approfondi, excellente bibliographie ; l'auteur marque les distances entre Malthus et le malthusianisme contemporain ; il s'attache à prouver que l'*Essai sur le principe de population* est « une œuvre de jeunesse inspirée par la révolte et la pitié »). Pour des indications complémentaires sur la bibliographie en langue anglaise, voir Sabine, *op. cit.*, p. 619.

5. *Le despotisme éclairé*

La pratique du *despotisme éclairé* a été plus étudiée que les conceptions politiques qui l'inspirent ou qui en résultent. Le Comité international des Sciences historiques avait entrepris, avant la guerre de 1939, une large enquête sur le despotisme éclairé, avec de nombreux rapports nationaux ; le rapport général de Michel Lhéritier, Le despotisme éclairé, de Frédéric II à la Révolution française, a été publié dans le *Bulletin du Comité international des Sciences historiques*, n° 35, juin 1937, pp. 181-225 (très nombreuses références bibliographiques). Voir aussi l'article de Charles Morazé, Essai sur les despotes éclairés, finance et despotisme, dans les *Annales*, juillet-sept. 1948, pp. 279-296 (interprétation économique et financière du despotisme éclairé : l'influence des philosophes est superficielle ; « aucune réforme de l'Europe n'est due à la pensée philosophique »). Paul Vaucher juge cette thèse beaucoup trop catégorique dans son cours sur *Le despotisme éclairé (1740-1789)* (Cours de Sorbonne, 1948-49, Centre de Documentation universitaire). Voir aussi Franco Valsecchi, Dispotismo illuminato, dans *Questioni di Storia del Risorgimento e dell'unità d'Italia, a cura di Ettore Rota*, Come, Marzorati, 1944, 379 p. Luis Sanchez Agesta, *El pensamiento politico del despotismo ilustrado*, Madrid, Instituto de estudios politicos, 1953, 319 p. Fritz Hartung et Roland Mousnier ont critiqué la notion même de despotisme éclairé dans leur rapport au Congrès international des Sciences historiques en 1955. Les *Œuvres de Frédéric II* ont paru dans une grande édition dirigée par Preuss (1846-58) ; ce sont surtout les tomes VIII et IX qui contiennent l'exposé des théories politiques. La correspondance de Frédéric II forme une longue série de volumes *(Politische Correspondenz Friedrichs des Grossen)*, le tome 46, publié en 1939, atteint l'année 1782. L.-Paul Dubois, *Frédéric le Grand d'après sa correspondance politique*, Perrin, 1903, 330 p. Sur Frédéric II, P. Gaxotte, *Frédéric II*, Fayard, 1938, 548 p. (sans doute le meilleur livre de Gaxotte). L'étude de base en allemand est celle de R. Koser, *Geschichte Friedrichs des Grossen*, Stuttgart (dernière édition, 4 vol., 1921). Joseph II n'a pas exposé ses conceptions politiques d'une façon systématique ; le livre de Saul K. Padover, *Joseph II* (trad. fr., Payot, 1935, 323 p.), contient de nombreux textes. Roger Bauer, Le joséphisme, *Critique*, juillet 1958, pp. 622-639 (état des plus récents travaux).

Sur le despotisme éclairé, voir aussi le compte rendu du colloque qui s'est tenu à Nancy en 1959 : Pierre Francastel, éd., *Utopie et institutions au XVIII*e *siècle*, La Haye, Mouton, 1963, 365 p.

III. — Révoltes et utopies

1. *Rousseau*

Une édition longtemps fondamentale : *The political writings of Jean-Jacques Rousseau*, ed. by C. E. Vaughan, Cambridge U.P., 1915, 2 vol., 516-577 p. (chaque texte politique de J.-J. Rousseau est précédé d'une introduction). Aujourd'hui il est préférable de consulter les *Œuvres complètes*, t. III, *Ecrits politiques*, Editions de la Pléiade, 1964. Les diverses éditions du *Contrat social* sont énumérées dans Robert Derathé, *Jean-Jacques Rousseau et la science politique de son temps* (pp. 441-442) ; il faut ajouter l'édition des « Classiques du Peuple » par J.-L. Lecercle (point de vue marxiste). L'introduction de Bertrand de Jouvenel à son édition du *Contrat social*, Genève, 1947, donne toutes les remarques de Voltaire sur le texte de Rousseau. L'édition Halbwachs (1943) est très savante. Le *Discours sur l'inégalité* a été, comme le *Contrat social*, publié par J.-L. Lecercle dans les « Classiques du Peuple ». Consulter de préférence la *Profession de foi du vicaire savoyard* dans l'édition critique de P.-M. Masson, Fribourg, 1914 ; les *Confessions* dans l'édition Van Bever, 1927 (3 vol.), la *Nouvelle Héloïse* dans l'édition Mornet, 1925 (4 vol.), le *Discours sur les sciences et les arts* dans l'édition critique de George R. Havens, New York, les *Rêveries* dans l'édition critique de Marcel Raymond, Genève, 1948.

Sur Rousseau, une excellente bibliographie dans R. Derathé, *Jean-Jacques Rousseau et la science politique de son temps*, P.U.F., 1950, xiv-464 p. (cherche à dégager les influences qui se sont exercées sur J.-J. R. ; montre que son œuvre s'explique par une réaction contre les théoriciens du droit naturel) ; voir aussi Jean Sénelier, *Bibliographie générale des œuvres de J.-J. Rousseau*, P.U.F., 1950, 285 p. (bibliographie très complète mais non critique). Principales études récentes à signaler : Pierre Burgelin, *La philosophie de l'existence de Jean-Jacques Rousseau*, P.U.F., 1952, 599 p. (très intéressant essai d'interprétation globale). Bernard Groethuysen, *Jean-Jacques Rousseau*, Gallimard, 1949, 340 p. (notes pour un travail inachevé ; des vues pénétrantes mais inévitablement discontinues). Ernst Cassirer, *The Question of Jean-Jacques Rousseau*, New York, Columbia U.P., 1954, viii-129 p. (cf. du même auteur, L'unité dans l'œuvre de J.-J. Rousseau, *Bulletin de la Société française de Philosophie*, avril-juin 1932). Jacques-François Thomas, *Le pélagianisme de J.-J. Rousseau*, Nizet, 1956, 156 p. (brève mais dense contribution à l'étude des idées religieuses de Rousseau). Jean Starobinski, *Jean-Jacques Rousseau, la transparence et l'obstacle*, Plon, 1958, 341 p.

Articles : J.-J. Chevallier, Jean-Jacques Rousseau ou l'absolutisme de la volonté générale, *Revue française de science politique*, janvier-mars 1953, pp. 5-31 ; Eric Weil, Jean-Jacques Rousseau et sa politique, *Critique*, janvier 1952, pp. 3-28 (article de toute première importance).

Deux débats sans cesse repris : 1) Rousseau est-il un sentimental ou un rationaliste ? La première thèse est celle de P.-M. Masson, *La religion de Rousseau*, Hachette, 1916, 3 vol. ; Henri Guillemin, *Cette affaire infernale (l'affaire J.-J. Rousseau-David Hume, 1766)*, Plon, 1942, 345 p. (dénonce avec véhémence la coterie des philosophes rationalistes qui auraient pris Rousseau pour cible) ; Jean GUÉHENNO, *Jean-Jacques*, Grasset, 1952, 3 vol. (Caliban s'identifie avec Jean-Jacques). La seconde thèse est notamment soutenue par CASSIRER, *op. cit.* La question peut être considérée comme tranchée par R. DERATHÉ dans *Le rationalisme de Rousseau*, P.U.F., 1948, 203 p., et par Eric WEIL, *art. cit.* : Rousseau est rationaliste mais son rationalisme n'est pas celui des rationalistes : la pureté du cœur est pour Rousseau la condition de la droite raison. 2) Rousseau est-il un individualiste ou un ancêtre du collectivisme totalitaire ? S'opposant à l'interprétation de C. E. VAUGHAN dans son introduction aux *Political writings*, Alfred COBBAN (*Rousseau and the modern state*, Londres, Allen and Unwin, 1934, 288 p.) s'efforce de montrer que Rousseau est avant tout un individualiste. Le « totalitarisme » de Rousseau est en revanche une évidence pour J. L. TALMON, *The Origins of totalitarian democracy*, Londres, Secker and Warburg, 1952, XI-366 p., trad. fr., Calmann-Lévy, 1966, 415 p. Une bonne mise au point dans John W. CHAPMAN, *Rousseau : totalitarian or liberal ?*, New York, Columbia U.P., 1956, XII-154 p. Sur l'influence de Rousseau en Angleterre la thèse de Jacques VOISINE, *Jean-Jacques Rousseau en Angleterre à l'époque romantique. Les écrits autobiographiques et la légende*, Didier, 1956, 484 p., prolonge les travaux d'Henri RODDIER, *J.-J. Rousseau en Angleterre au XVIIIe siècle*, Boivin, 1950, 435 p., et de Joseph TEXTE, *J.-J. Rousseau et les origines du cosmopolitisme littéraire*, Hachette, 1895, XXIV-466 p.

2. *Idées sociales*

Le livre classique est celui d'André LICHTENBERGER, *Le socialisme au XVIIIe siècle*, Alcan, 1895, VIII-473 p. (très complet, mais essentiellement analytique). Voir aussi Maxime LEROY, *Histoire des idées sociales en France (op. cit.)* ; Roger GARAUDY, *Les sources françaises du socialisme scientifique*, « Hier et aujourd'hui », 1948, 287 p. (exprime d'une façon plus affirmative que nuancée le point de vue communiste). René GONNARD, *La légende du bon sauvage. Contribution à l'histoire des origines du socialisme*, Librairie de Médicis, 1946, 128 p.

MORELLY, *Code de la nature*, introduction et notes de Gilbert CHINARD, Paris, R. Clavreuil, 1950, 335 p. Une autre édition par V.-P. VOLGUINE dans la collection « Classiques du Peuple », Editions sociales, 1953, 159 p. Sur Morelly voir dans les *Annales historiques de la Révolution française*, janvier-mars 1958, l'article de R. N. C. COE, La théorie morellienne et la pratique babouviste, pp. 38-50 (souligne l'influence de Morelly sur les babouvistes et notamment sur Buonarroti) et le colloque sur Morelly, pp. 50-64 (discussion des thèses de R. N. C. COE par Jean DAUTRY et Armando SAITTA).

Sur Mably, W. GUERRIER, *L'abbé de Mably moraliste et politique, étude sur la doctrine morale du jacobinisme puritain et sur le développement de l'esprit puritain au XVIIIe siècle*, F. Vieweg, 1886, 208 p.

Sur Raynal, Hans WOLPE, *Raynal et sa machine de guerre* ; « *L'histoire des deux Indes* » *et ses perfectionnements*, Librairie de Médicis, 1956, 255 p. (étudie minutieusement les variantes de l'*Histoire des deux Indes* qui a été 30 fois éditée entre 1770 et 1790).

3. *L'idée de paix*

Théodore Ruyssen, *Les sources doctrinales de l'internationalisme*, t. I : *Des origines à la paix de Westphalie*, P.U.F., 1954, 503 p. ; t. II : *De la paix de Westphalie à la Révolution française*, 1958, 646 p. (ouvrage bien documenté, de consultation aisée ; l'analyse est malheureusement trop morcelée). Christian Lange, *Histoire de l'internationalisme*, t. I : *Jusqu'à la paix de Westphalie*, Oslo, 1919, xvi-519 p. ; Ch. Lange et A. Schou, *Histoire de l'internationalisme*, t. II : *De la paix de Westphalie jusqu'au Congrès de Vienne*, Oslo, 1954, xii-482 p. (c'est ce second tome qui traite des questions évoquées dans le présent chapitre ; publication utile et bien documentée, mais qui se présente comme un catalogue d'auteurs et ne contient qu'un minimum de références à la situation socio-économique). Joseph Drouet, *L'abbé de Saint-Pierre, l'homme et l'œuvre*, Champion, 1912, 399 p. Albert Mathiez, Pacifisme et nationalisme au xviiie siècle, *Annales historiques de la Révolution française*, 1936, pp. 1-17. Une bonne édition de l'œuvre de Kant, *Vers la paix perpétuelle*, avec une introduction de Jean Darbellay, P.U.F., 1958, 188 p.

Un excellent recueil de textes judicieusement choisis : Marcel Merle, *Pacifisme et internationalisme. XVIIe-XXe siècles*, A. Colin, 1966, 360 p. (coll. « U », Idées politiques). Du même auteur dans la même collection, *L'anticolonialisme européen de Las Casas à Marx*, A. Colin, 1969, 397 p.

CONCLUSION

Sur l'idée de progrès. — J. B. Bury, *The idea of progress. An inquiry into its origin and growth*, Londres, Macmillan, 1920, 392 p. Ferdinand Brunetière, *La formation de l'idée de progrès au XVIIIe siècle*, Etudes critiques sur l'histoire de la littérature française, 5e série, 1893, pp. 183-250.

Condorcet. — *Esquisse d'un tableau historique des progrès de l'esprit humain*, Edition par O.-H. Prior, Boivin, 1933, xxii-243 p.

Sur Condorcet : Léon Cahen, *Condorcet et la Révolution française*, Alcan, 1904, xxxi-592 p. (excellente thèse d'histoire). G.-G. Granger, *La mathématique sociale du marquis de Condorcet*, P.U.F., 1956, viii-179 p. (thèse complémentaire de philosophie; insiste sur l'œuvre scientifique de Condorcet). J. S. Schapiro, *Condorcet and the rise of liberalism*, New York, Harcourt, 1934, 311 p. A la même époque, William Godwin soutient en Angleterre des thèses analogues à celles de Condorcet. Dans son *Enquiry concerning political justice* (1793), il manifeste un optimisme total : confiance absolue dans les progrès de la raison, de la science et de la technique ; confiance illimitée dans une organisation égalitaire qui doit abolir la guerre, la disette et le malheur. Voir à ce sujet George Woodcock, *William Godwin*, Londres, 1946, x-266 p.

CHAPITRE X

LA PENSÉE RÉVOLUTIONNAIRE

Aucun auteur du XVIIIe siècle ne présente une théorie de la révolution ; aucun, avant Babeuf, ne suggère les moyens de prendre le pouvoir. D'une façon générale, les populations — dans la mesure où elles peuvent exprimer leurs opinions politiques — paraissent attachées aux institutions existantes et elles ne semblent pas mettre en cause le principe même du système monarchique : c'est du moins ce que prouvent les Cahiers de doléances de 1789.

La révolution américaine est au XVIIIe siècle le premier exemple d'une révolution qui réussit. C'est ce qui lui confère une grande importance dans l'histoire des idées politiques Elle marque le passage de la spéculation à l'action. Elle offre une référence, elle présente un modèle (qui sera largement utilisé, notamment en Amérique latine).

SECTION I. — La Révolution américaine

La portée de la déclaration d'Indépendance (4 juillet 1776) et de la Constitution américaine (1787) sont sans commune mesure avec la population des Etats-Unis à la fin du XVIIIe siècle : trois millions d'habitants environ.

A) *Origines de la révolution américaine*

La révolution américaine — il est nécessaire de le rappeler brièvement — a des origines économiques, politiques, religieuses et intellectuelles.

a) Un violent conflit d'intérêts oppose les négociants et armateurs de la Nouvelle-Angleterre à ceux de la métropole qui tiennent à conserver, avec le soutien des autorités, le monopole du commerce avec les Antilles. Le conflit porte également sur la répartition des charges fiscales, le Parlement anglais cherchant à imposer plus lourdement les colons américains pendant et après la guerre de Sept ans.

b) Entre les gouverneurs et les assemblées des colonies, les motifs d'opposition sont de plus en plus fréquents, les colons supportent difficilement l'autorité des gouverneurs.

c) L'état d'esprit des colons reste fidèle à l'individualisme des puritains qui forment une grande partie des premiers immigrants : certaines colonies, notamment le Rhode Island sous l'influence de Roger Williams (1604-1683), établissent un régime de tolérance religieuse ; les sectes se multiplient. A cette tradition puritaine se joint la tradition de liberté personnelle de la « common law », ainsi que l'habitude du « self government » au niveau de la commune (avec la pratique des « town meetings », ébauche de démocratie directe) et au niveau de la colonie (rôle des assemblées élues, démocratie de propriétaires).

B) *Portée de la Révolution*

La révolution américaine se réalise sous la poussée des faits elle n'est point précédée comme la révolution française par une longue maturation idéologique, elle n'est ni le produit ni le creuset de doctrines originales. Jusqu'au début de la guerre, c'est le problème de l'impôt qui domine les débats : peut-on être taxé par un parlement où l'on n'est point représenté *(no taxation without representation)* ? Les colons invoquent simultanément les droits naturels, ceux des citoyens britanniques et ceux qui résultent de leurs propres privilèges, mais tous — qu'il s'agisse de James Otis, de Dickinson, de James Wilson — situent, avant 1775, leurs revendications à l'intérieur du système britannique. La Constitution anglaise est l'objet d'un respect quasi universel, et les théoriciens de l'insurrection n'apportent que de menues variantes aux thèmes fondamentaux de Locke.

Mais voilà que l'insurrection réussit et l'Amérique apparaît comme un modèle : il est conforme au droit naturel que les colonies deviennent indépendantes, conforme à la morale qu'elles deviennent économiquement et politiquement puissantes. A mesure qu'ils acquerront leur indépendance, les États d'Amérique latine adopteront des Constitutions étroitement inspirées de la Constitution américaine. En Europe même l'influence de la Révolution américaine est profonde et il se forme une image de l'Amérique plus mythique encore que l'image de l'Angleterre qui avait inspiré la Révolution américaine.

Nous ne sommes pas ici sur le terrain des doctrines mais sur celui des représentations collectives, et il est du plus haut intérêt de chercher à cerner l'image de l'Amérique qui prévaut en Europe à la fin du XVIIIe siècle et au début du XIXe. Il est nécessaire d'évoquer les Etats-Unis de Franklin et son nationalisme raisonnable, ceux de La Fayette, le « héros des Deux-Mondes », ceux de Chateaubriand et des bons iroquois, ceux de Tocqueville, ceux des nombreux voyageurs européens qui opposent le Sud où il fait bon vivre au Nord brutal et vulgaire...

C) *Franklin et l'utilitarisme américain*

Peu d'étrangers ont joui en France d'une gloire égale à celle de Franklin, et la séance du 27 avril 1778 à l'Académie des Sciences, où Voltaire et Franklin s'embrassent sous les applaudissements de la foule, est un événement d'une portée spectaculaire. Après la mort de Franklin, l'Assemblée nationale, sur la proposition de Mirabeau, prend le deuil pendant trois jours.

Que représente donc Franklin (1706-1790), le « Socrate de l'Amérique » ? Le fils du peuple (son père fabriquait des chandelles), l'autodidacte, le libre-penseur, l'homme qui réussit par ses seuls mérites, le savant (inventeur du paratonnerre), le journaliste, le philanthrope (sociétés de tempérance et écoles de natation), l'homme vertueux...

Il faut lire l'*Autobiographie* ou l'*Almanach du bonhomme Richard* pour trouver le ton exact de cette sagesse bourgeoise, de cette imperturbable bonne conscience, de ce nationalisme paisible, de ce mélange de moralisme et d'utilitarisme. Béranger sera qualifié de « Franklin français » par ses admirateurs incapables de trouver un plus haut éloge. En 1837, la « Société Montyon et Franklin » publiera un *Almanach des hommes utiles*, avec cette légende : « Montyon génie de la bienfaisance, Franklin bienfaisance du génie. »

L'utilitarisme n'est donc point propre à l'Angleterre de Bentham. C'est un phénomène général qui apparaît également aux Etats-Unis et en France, et dont la gloire de Franklin et celle de Voltaire (puis celle de Béranger) constituent les manifestations symboliques : « Aimer, aimer, dira Béranger, c'est être utile à soi ; se faire aimer, c'est être utile aux autres. » La formule pourrait être de Franklin.

Franklin est le prototype du bourgeois. La vertu majeure lui paraît être la vertu d'économie, et il ne cesse de conseiller l'application et la tempérance ; il n'y a pas d'autres voies qui conduisent à la richesse : « Ne gaspille ni temps ni argent ; fais de l'un et de l'autre le meilleur emploi possible. »

Franklin unit le souci de la morale au souci de l'épargne. Il raconte dans son *Autobiographie* comment il décida d'acquérir les treize vertus suivantes : tempérance, silence, ordre, décision, modération, zèle, loyauté, équité, possession de soi, propreté, équilibre moral, chasteté et enfin humilité (« Imite Jésus et Socrate... »). Au lieu de s'attaquer simultanément à toutes ces vertus, il choisit le procédé plus économique d'en entreprendre successivement la conquête : « Il m'a donc fallu treize semaines pour faire le tour de toutes les vertus, et une année pour refaire cet exercice quatre fois... »

D) *Paine et la philosophie des lumières*

Quelques mois avant la Déclaration d'Indépendance, Thomas Paine, (1737-1809) qui deviendra plus tard citoyen français et député à la Convention, publie un pamphlet au titre très caractéristique, *Le sens commun*, d'inspiration franchement républicaine, qui contient une vive critique de la Constitution anglaise. Il présente la royauté comme un « papisme politique » et insiste sur la distinction entre la société et le gouvernement : « La société est produite par nos besoins, le gouvernement par nos vices ; la première procure notre bonheur d'une manière positive, en unissant nos affections ; le second d'une manière négative en restreignant nos vices. L'un encourage l'union, l'autre crée des distinctions. L'un protège, l'autre punit. »

En 1791, Paine publie *Les droits de l'homme* dans lesquels il prend contre Burke la défense de la Révolution française. Emprisonné par la Convention, il écrit pendant sa captivité *L'âge de raison*.

Les principaux thèmes de la philosophie des lumières se retrouvent chez cet ami de Condorcet.

E) *La déclaration d'Indépendance et la Constitution américaine*

La déclaration d'Indépendance, rédigée par Jefferson, procède du désir de justifier devant le tribunal des nations les colonies insurgées ; elle présuppose l'éternelle validité de la loi naturelle. Elle affirme que les hommes possèdent certains droits inaliénables : la vie, la liberté, la recherche du bonheur. Le rôle du gouvernement consiste à préserver ces droits naturels ; s'il manque à cette mission, les gouvernés ont le droit de s'insurger. Tous ces principes se trouvaient déjà chez Locke, mais ils n'avaient jamais été affirmés avec autant d'éclat. Il ne s'agit plus, comme en 1688, de justifier un changement de dynastie mais la naissance d'un nouvel Etat.

La Constitution américaine est le produit de tendances diverses :

— admiration du système anglais, fidélité aux principes du gouvernement mixte et de la séparation des pouvoirs. John Adams réfute Turgot qui reprochait aux Américains leur « imitation déraisonnable » des institutions anglaises.
— défiance à l'égard de la masse dont les erreurs doivent être prévenues par un droit de suffrage sagement réglementé, et rectifiées par un Sénat vigilant. La Constitution fédérale est moins démocratique encore que celle des Etats.
— défiance initiale à l'égard du gouvernement fédéral mais conscience des nécessités politiques et surtout économiques qui conduisent à renforcer le pouvoir central. Cf. sur ce point les thèses de Charles-A. Beard, qui présente une interprétation économique de la Constitution américaine.

Les dix premiers amendements à la Constitution des Etats-Unis constituent une véritable déclaration des droits de l'homme dans la ligne de Locke. Cette déclaration diffère des déclarations européennes, en ce sens que ses prescriptions sont applicables par les tribunaux. Elle apporte donc une garantie effective et non une simple déclaration d'intentions.

La Constitution américaine est le fruit d'un compromis entre grands et petits Etats, entre tenants d'un pouvoir fort et partisans des libertés locales, entre ceux qui poussent à l'industrialisation et ceux qui s'appuient sur l'agriculture. Ainsi s'affrontent deux conceptions de la démocratie : la démocratie autoritaire des « fédéralistes » et la démocratie libérale de Jefferson. Ni l'une ni l'autre de ces conceptions ne sont d'origine populaire, mais leurs bases philosophiques et sociologiques sont différentes.

F) « *Le Fédéraliste* » *et la démocratie efficace*

Entre l'automne de 1787 et l'été de 1788, les journaux fédéralistes publient une série d'articles pour inciter la population de l'Etat de New York à ratifier la Constitution établie en 1787. La plupart de ces articles sont de Hamilton ; les autres sont de

Madison et de Jay ; ils sont publiés en un volume intitulé *Le Fédéraliste.*

La philosophie de Hamilton (1757-1804) est, comme celle de Hobbes, une philosophie du pouvoir. Il craint l'anarchie et la désunion plus que le despotisme, et il pense que l'énergie du pouvoir exécutif est le meilleur critère qui permet de reconnaître un bon gouvernement. Il s'oppose donc à ceux qui se défient du pouvoir fédéral et cherchent à préserver jalousement soit l'autonomie des Etats, soit la puissance des « factions ».

Le nationalisme de Hamilton a des bases économiques. Il compte sur l'autorité fédérale pour construire une puissante organisation économique, pour favoriser l'industrie, pour créer la prospérité et permettre l'autarcie : mercantilisme et protectionnisme. Soucieux de productivité et de croissance économique, Hamilton a peu de goût pour le gouvernement populaire. Il pense que ce qui est bon pour le groupe économique dominant est bon pour le peuple américain dans son ensemble.

Comme Hamilton, John Adams, le second président des Etats-Unis, tient à un gouvernement fort, étayé sur une aristocratie puissante. Adams est hostile au despotisme, mais sa pensée est foncièrement inégalitaire et pessimiste. Son libéralisme est aristocratique et conservateur. A cette conception de la démocratie s'oppose celle de Jefferson, qui succède à Adams en 1801 à la Présidence.

G) *Jefferson et la démocratie libérale*

Alors qu'Hamilton et Adams sont au fond partisans de la Constitution anglaise, Jefferson (1743-1826) souhaite une extension de la démocratie. Tandis qu'Hamilton appartient à l'école de Hobbes et affirme son admiration pour Jules César, Jefferson se réclame de Locke, croit à la bonté innée de l'homme et considère le gouvernement comme une menace permanente pour les gouvernés. Il pense que l'homme possède des droits inaliénables qui correspondent aux lois de la nature. Il se prononce contre le droit d'aînesse, contre l'esclavage, contre toute atteinte à la liberté religieuse.

Il se défie d'un pouvoir trop concentré (même s'il s'agit du législatif) et compte sur les pouvoirs locaux pour faire échec aux prétentions abusives du pouvoir central. Il veut étendre le droit de suffrage et développer l'instruction publique ; il faut faire comprendre aux hommes qu'il est conforme à leur intérêt d'obéir aux lois de la moralité et que l'ignorance empêche non seulement de se bien conduire mais d'être heureux : moralisme et utilitarisme.

Tandis qu'Hamilton songe avant tout à l'industrie et trouve dans le Nord ses plus fidèles partisans, Jefferson se préoccupe essentiellement d'agriculture (« Ceux qui travaillent la terre sont le peuple élu de Dieu ») et s'appuie davantage sur l'Ouest et le Sud.

Nationalisme, culte de l'élite, respect du pouvoir : tels sont les principaux traits de la démocratie selon les fédéralistes. Les principes de la démocratie jeffersonienne sont le gouvernement limité, les droits de l'homme, l'égalité naturelle. La démocratie jeffersonienne paraît triompher entre 1820 et 1840, et c'est elle que décrit Tocqueville lorsqu'il séjourne aux Etats-Unis. Mais les conceptions des fédéralistes ont marqué d'une trace profonde, sinon toujours visible, la pensée politique américaine ; elles réalisent une première synthèse entre capitalisme et démocratie, entre efficacité et liberté, entre planification et laissez-faire. Tout en se réclamant de la tradition jeffersonienne, le New Deal mettra au service de la démocratie élargie le pouvoir fédéral réclamé par Hamilton.

SECTION II. — La Révolution française

La Révolution qui commence en 1789 bouleverse les institutions françaises et contribue largement à transformer les institutions européennes. Mais peu d'œuvres de doctrine politique paraissent en France entre 1789 et 1815, et celles qui paraissent sont profondément marquées par l'événement. Il faut faire la Révolution, lutter contre elle, ou simplement vivre. Et la guerre est là qui laisse peu de loisir aux penseurs, et isole de la nation les idéologues de profession.

Une histoire des *doctrines* politiques sous la Révolution et l'Empire pourrait donc être assez rapidement conduite. Mais n'est-il pas anormal de réserver plus de place dans une histoire des *idées* politiques à la Restauration qu'à la Révolution, parce que plus d'œuvres doctrinales ont vu le jour entre 1815 et 1830 qu'entre 1789 et 1815 ? Ce n'est pas entre 1815 et 1830, mais entre 1789 et 1815 — et notamment entre la prise de la Bastille et le 9 thermidor — que se sont formés les symboles, les mots, les idées politiques dont nous vivons aujourd'hui : non seulement notre fête et notre hymne national datent de cette période, mais des concepts comme ceux de droite et de gauche, de patrie, de nation armée ; les blancs continuent à s'opposer aux bleus dans une partie de la France qui n'est pas près d'oublier la Chouannerie ; la Constitution civile du Clergé, la déchristianisation, le culte de la Raison ne pèsent-ils pas encore sur les sentiments de nombreux catholiques à l'égard de l'Etat, et les députés français n'ont-ils pas trouvé, sous la IVe République, le loisir de s'affronter avec passion à propos d'une cérémonie en l'honneur de Robespierre ?

Les études de vocabulaire politique sont à cet égard d'une importance toute particulière, et nous ne saurions trop conseiller la lecture du tome consacré au vocabulaire de la Révolution dans la monumentale *Histoire de la Langue française* de Ferdinand Brunot (t. IX). Il pourrait être intéressant d'étudier aussi les métaphores politiques et de dénombrer toutes celles qui datent de la Révolution ; une étude similaire pourrait être consacrée au rituel révolutionnaire.

Révolution française ou Révolution de l'Occident ?

Les travaux récents tendent à réagir contre une explication trop exclusivement française de la Révolution qui commence en 1789. Sans doute faut-il se garder de comparer des situations qui ne sont pas comparables, mais il est clair que la Révolution américaine et la Révolution française ont des causes communes, notamment la croissance de la bourgeoisie. De même, il faut rapprocher la Révolution française de tous les mouvements révolutionnaires qui se développent en Europe à la fin du XVIIIe siècle. La Révolution française n'est pas un fait purement français. Cf. sur ce point le premier chapitre de G. Lefebvre, *La Révolution française*, collection « Peuples et civilisations » (édition de 1951), et surtout J. Godechot, *La grande nation*, Paris, Aubier, 1957, 2 vol., excellent ouvrage consacré à l'expansion révolutionnaire de la France dans le monde entre 1789 et 1799 ; nombreuses références sur le mouvement des idées hors de France et sur les organes de la pénétration française.

L'influence des philosophes

Dans quelle mesure les doctrines du XVIIIe siècle ont-elles déterminé la Révolution française ? Ce vieux débat n'est pas près d'être tranché.

Daniel Mornet a consacré aux *Origines intellectuelles de la Révolution française* un livre abondamment documenté, mais qui ne peut être tenu pour définitif. La recherche, semble-t-il, doit être conduite sur plusieurs plans :

1) Il importe assurément de chercher à dénombrer les exemplaires de Voltaire ou de Rousseau, qui étaient en circulation avant 1789. Il est utile de rappeler que le prix de l'*Encyclopédie* était fort élevé et que la lecture était réservée aux classes riches.

2) Mais il faudrait chercher à savoir dans quels milieux — les classes populaires étant exclues, sauf exceptions — les œuvres des philosophes étaient le plus répandues : noblesse d'épée, noblesse de robe, bourgeoisie commerçante et financière ; l'étude systématique des correspondances et mémoires permettrait de dégager quelques conclusions et ce n'est sans doute pas la bourgeoisie nouvelle qui arriverait au premier rang parmi les consommateurs d'ouvrages « nouveaux ».

3) Encore faudrait-il s'efforcer — là est le problème fondamental — non seulement de dénombrer les lecteurs de Voltaire (ou les bibliothèques où se trouvent ses œuvres), mais de saisir le voltairianisme de ceux qui n'ont point lu Voltaire. Voltairianisme diffus, simpliste, déformé, mais autrement puissant que celui des lecteurs relativement rares qui avaient assimilé l'œuvre des philosophes. Pour appréhender ces représentations diffuses, un moyen possible : étudier de près la littérature révolutionnaire, notamment les journaux et almanachs, qui a proliféré entre 1789 et 1792 et qui n'a guère été analysée jusqu'à maintenant. Cf. le tableau de la presse présenté par J. Godechot, *Les institutions politiques*, Paris, 1951 (pp. 57 à 61).

4) Il serait ainsi possible de déterminer une sorte de hiérarchie des influences, qui nous échappe à peu près complètement à l'heure actuelle. J. Godechot (*op. cit.*, p. 14), estime que l'influence dominante à la fin du XVIIIe siècle est celle des physiocrates et que cette influence est plus grande encore que celle de Rousseau, ainsi placé au second rang avant Voltaire, les Encyclopédistes et Montesquieu. Il reste à prouver de telles affirmations. J. Godechot nous paraît enclin à minimiser l'influence de Montesquieu, qu'il juge rétrograde et réactionnaire, et à exagérer celle des physiocrates dont l'œuvre exprimerait les sentiments de la classe en expansion ; en fait, les idées de Montesquieu ont été partiellement adoptées par une bourgeoisie qu'il n'aimait pas et qui l'avait peu lu, tandis que les physiocrates, dont logiquement le succès aurait dû être grand, n'ont été que rarement adoptés par ceux qui apparaissent comme leurs alliés naturels.

§ 1. Les principes de quatre-vingt-neuf

Les « immortels principes » sont exprimés dans quelques textes célèbres : la brochure de Sieyès, *Qu'est-ce que le Tiers-Etat ?* (1789), la Déclaration des Droits de l'Homme et du Citoyen (août 1789), le préambule et le titre premier de la Constitution de 1791.

Si on rapproche ces textes des cahiers de doléances, il est

possible de dégager les traits principaux de l'idéologie dominante. En dehors des « privilégiés » — mais Sieyès n'a-t-il pas exposé qu'ils ne font pas partie de la nation ? — le *credo* révolutionnaire semble accepté par la nation entière, et certains privilégiés paraissent même s'y rallier : nuit du 4 août, fête de la Fédération, illusion d'unanimité qui ne tarderont pas à se dissiper mais laisseront une trace profonde.

a) Souveraineté de la nation — « La nation existe avant tout, elle est l'origine de tout ; sa volonté est toujours légale ; elle est la loi même. Avant elle et au-dessus d'elle il n'y a que le droit naturel. » Sieyès pose ainsi avec éclat le principe de la souveraineté nationale. Jadis identifié avec l'Etat, le roi fait partie de la nation, mais c'est la nation qui est souveraine et les Etats Généraux se proclament Assemblée nationale constituante.

Sieyès a de la nation une conception rationaliste, utilitaire, individualiste, foncièrement juridique.

Rationalisme. — La pensée de Sieyès est étrangère à l'histoire. Aucune allusion dans *Qu'est-ce que le Tiers-Etat ?* à l'évolution des institutions, au rôle historique de la noblesse ou de la monarchie. L'histoire commence en 1789 ; peu importent les causes de la situation actuelle ; elle est déraisonnable, donc inacceptable.

Utilitarisme. — « Que faut-il pour qu'une nation subsiste et prospère ? Des travaux particuliers et des fonctions publiques. » Le début de la brochure est destiné à montrer l'utilité du Tiers-Etat, l'inutilité des ordres privilégiés. L'argument d'utilité est pour Sieyès l'argument primordial. C'est le langage de Voltaire dans les *Lettres anglaises* ; c'est celui de Bentham ; ce sera plus tard celui de Saint-Simon dans sa *Parabole*.

Individualisme. — La volonté nationale est le « résultat des volontés individuelles, comme la nation est l'assemblage des individus. » La nation apparaît ainsi comme une collection d'individus, 25 ou 26 millions d'individus à l'exception de 200 000 nobles ou prêtres ; la force vient du nombre.

Juridisme. — « Qu'est-ce qu'une nation ? Un corps d'associés vivant sous une loi commune et représentés par la même législature. » Sieyès souligne deux fois dans cette phrase l'importance de la loi. Son point de vue est purement juridique ; ni analyse économique ni la moindre référence à des distinctions sociales : le Tiers-Etat est présenté comme un bloc indissocié de 25 millions d'individus identiques.

La seule distinction est celle qui oppose privilégiés et non-privilégiés. *Qu'est-ce que le Tiers-Etat ?* ne fait que compléter l'*Essai sur les privilèges* (1788) ; cette brève brochure de combat donne tout son sens à l'œuvre de Sieyès. Principes universels et souci des intérêts du moment : Sieyès qui ouvre avec éclat une époque de la Révolution contribuera plus discrètement à la clore en favorisant le Coup d'Etat de brumaire. Quant à Barnave, qui « incarne à la perfection l'Assemblée constituante » (J.-J. Chevallier), il meurt sur l'échafaud en 1793 ; sa destinée est comparable à celle de Condorcet.

Sieyès et Barnave ne résument pas 89, mais ils sont l'un et l'autre des « personnages représentatifs ». « L'esprit de Sieyès est l'esprit même de la Révolution française », écrit P. Bastid. Quant à Barnave, J.-J. Chevallier estime qu'il « représente mieux que personne, avec ce qu'elle avait de meilleur, avec ses étroitesses et ses erreurs aussi, cette bourgeoisie française cultivée, propriétaire et « à son aise », ce jeune Tiers-Etat qui voulut et poussa dans sa course la Révolution. »

b) Les droits de l'homme. — La Déclaration des Droits de l'Homme et du Citoyen reprend certains principes affirmés dans la Déclaration des Droits de Virginie (juin 1776), dans la Déclaration d'Indépendance ou dans les Constitutions des Etats américains. Mais la déclaration de 1789 a une portée beaucoup plus large ; quelques lignes seulement sont consacrées aux droits de l'homme dans la Déclaration d'Indépendance, et tout le texte se présente comme une justification inquiète et prudente d'une situation donnée (... « La prudence dira que l'on ne doit pas changer pour des motifs légers et des causes passagères des gouvernements établis depuis longtemps. Mais, etc. ») La Déclaration de 1789, au contraire, s'adresse solennellement à tous les hommes.

Eclatante manifestation d'universalisme, triomphe du droit naturel, la Déclaration des Droits de l'Homme et du Citoyen énumère les droits « naturels et imprescriptibles » de l'homme :

la liberté, la propriété, la sûreté et la résistance à l'oppression (la Déclaration de l'Indépendance américaine parlait de « la vie, la liberté et la recherche du bonheur »).

Le principe d'*égalité* est posé par l'article 1er : « Les hommes naissent et demeurent libres et égaux en droits » ; la Déclaration de Virginie affirmait seulement : « Tous les hommes naissent également libres et indépendants. » L'égalité judiciaire est reconnue par l'article 6, l'égalité fiscale par l'article 13.

L'article 4 donne de la *liberté* une définition essentiellement négative : « La liberté consiste à pouvoir faire tout ce qui ne nuit pas à autrui. » Elle est ainsi définie par ses limites, mais elle apparaît comme un pouvoir et non plus comme une chose à la façon de Locke.

Cependant la notion de liberté est étroitement liée à celle de *propriété*, à laquelle est consacré l'article 17 : « La propriété étant un droit inviolable et sacré, nul ne peut en être privé, si ce n'est lorsque la nécessité publique, légalement constituée, l'exige évidemment et sous la condition d'une juste et préalable indemnité. » Nous sommes aujourd'hui sensibles à la prudence de ce texte, aux adverbes et aux adjectifs qui garantissent les droits du propriétaire ; mais il n'y avait pas si longtemps en 1789 que les doctrinaires de l'absolutisme affirmaient que le monarque était propriétaire du royaume. Par rapport à de telles doctrines, la Déclaration de 1789 marque une rupture qui ne sera plus contestée.

La Déclaration des Droits affirme non seulement la *souveraineté de la nation* mais l'illégitimité d'une politique fondée sur les corps intermédiaires : « Le principe de toute souveraineté réside essentiellement dans la Nation. Nul corps, nul individu ne peut exercer d'autorité qui n'en émane expressément » (art. 3).

De la souveraineté de la nation découle la souveraineté de la loi. La loi : de l'article 5 à l'article 11, l'expression revient 11 fois, comme elle reviendra sans cesse dans les discours de Robespierre. Montesquieu parlait des lois, Robespierre de la loi.

Cette majesté de la loi se trouve renforcée par le caractère religieux d'une déclaration faite « en présence et sous les auspices de l'Etre suprême » ; les droits de l'homme sont non seulement naturels et inaliénables mais sacrés, et « nul homme ne peut être inquiété pour ses opinions, *même religieuses* » (art. 10).

Rationaliste et déiste, la Déclaration des Droits est la somme de la philosophie des lumières ; certains passages font songer à Montesquieu (comme la référence à la séparation des pouvoirs dans l'art. 16), d'autres à Rousseau (comme la référence à la volonté générale dans l'art. 6 : « La loi est l'expression de la volonté générale. »)

La Déclaration a été qualifiée d' « incomplète » et de « tendancieuse » (J. Godechot, *op. cit.*, p. 36), et il est clair qu'elle est l'œuvre d'une Assemblée bourgeoise en lutte contre les privilégiés et peu soucieuse d'accorder à toutes les classes de la société le bénéfice des principes d'égalité et de liberté qu'elle avait solennellement affirmés : l'égalité civile n'est pas reconnue aux mulâtres et aux esclaves, et la Constitution de 1791 distingue « citoyens actifs » et « citoyens passifs » ; la loi Le Chapelier en 1791 est une manifestation d'égoïsme bourgeois : « Il doit être permis à tous les citoyens de s'assembler, mais il ne doit pas être permis à tous les citoyens de certaines professions de s'assembler pour leurs prétendus intérêts communs. »

Les principes de 1789 sont donc et ne pouvaient être que d'inspiration bourgeoise, mais leur portée dépasse infiniment les intentions de ceux qui les ont affirmés. Ils sont datés et situés sans doute, mais depuis plus d'un siècle et demi dans le monde entier des hommes qui n'étaient assurément point tous des bourgeois ont vécu et sont morts pour les défendre.

§ 2. Les idées de quatre-vingt-treize

La distinction entre 89 et 93, entre la bonne et la mauvaise Révolution, a été pendant une partie du XIXe siècle un des lieux communs de l'historiographie bourgeoise. Certains historiens ont paru oublier que les hommes de 93 avaient d'abord été des hommes de 89. En fait, les idées politiques de 93 ne sont pas si différentes de celles de 89 ; ce sont les circonstances qui ont changé : il ne s'agit plus d'abattre l'Ancien Régime, mais de gouverner et de faire la guerre.

A) *Les idées politiques des Girondins*

Les Girondins ont une légende à laquelle Lamartine, par son *Histoire des Girondins* (1847), a largement contribué. Ce livre, dont le succès fut immense, a popularisé l'image du révolutionnaire idéaliste « mort pour l'avenir et ouvrier de l'humanité ».

Ni géographiquement, ni sociologiquement les chefs girondins ne sont très différents des chefs montagnards ; ils ne sont ni beaucoup plus bourgeois ni beaucoup plus provinciaux, mais ils exercent le pouvoir dans des conditions différentes, et à des moments différents des Montagnards. Leur politique est donc différente et on en a tiré, un peu rapidement peut-être, la conclusion que leurs principes politiques étaient fondamentalement différents.

Les Girondins ont rêvé d'un gouvernement mixte, ils ont souhaité la guerre qui a précipité leur perte, ils se sont opposés à la centralisation parisienne, ils ont cherché — sans succès — à s'appuyer sur la province contre Paris. Aux yeux de la postérité les Girondins apparaissent comme les ennemis de la violence et les adversaires de Paris, mais il est probable qu'une étude systématique permettrait de conclure :

1) Que les idées politiques des Girondins n'ont pas la cohérence qui leur est parfois prêtée ; il existe diverses variétés de Girondins et la pensée de Brissot, Buzot, Louvet, Barbaroux, Isnard, Gensonné, Guadet, etc., n'est pas coulée dans un même moule ;
2) Que les idées politiques des Girondins et celles des Montagnards présentent plus de similitudes qu'on ne pourrait le penser.

B) *Les Jacobins*

Il serait nécessaire de suivre de très près la chronologie pour dégager les idées politiques des Jacobins qui ne forment pas, même chez Robespierre et Saint-Just, un corps de doctrine intangible et immuable ; le jacobisme n'est pas le même avant et après la déclaration de guerre, avant et après la chute du roi, avant et après celle des Girondins, avant et après celle de Robespierre.

Bien que le Club des Jacobins existât alors depuis plus de deux ans, le jacobinisme, au sens moderne du terme, est né de la guerre ; c'est une doctrine de *la patrie en danger* (cf. Clemenceau rappelant la tradition jacobine), du salut public, de la nation en armes. Avec les Jacobins apparaît une nouvelle conception de la guerre, une nouvelle dimension du patriotisme. Depuis 1789, les partisans de la Révolution s'appelaient les « patriotes » (opposés aux « aristocrates ») ; le mot prend alors tout son sens. Le patriotisme jacobin est inflexible, mais non xénophobe ; il procède de l'idée d'une mission nationale (cf. la conception des « républiques sœurs »). C'est un patriotisme démocratique, qui suppose le droit des peuples à déterminer eux-mêmes leur avenir. C'est aussi un patriotisme unitaire : la République est une et indivisible et les factions sont condamnées comme des entreprises de trahison.

A ce thème de la patrie est étroitement lié celui de la *révolution*, ou plutôt de l'homme révolutionnaire. Les Jacobins ont le sentiment que la révolution est avant tout l'œuvre des hommes ; dans son discours du 26 germinal an II, après l'exécution des Hébertistes et des Dantonistes, Saint-Just décrit longuement toutes les vertus de l'homme révolutionnaire, à la fois inflexible, raisonnable et sensible : « Un homme révolutionnaire est un héros de bon sens et de probité. »

Robespierre, « l'incorruptible », a le culte de la *vertu* ; point de politique sans morale, point de distinction entre la morale publique et la morale privée, la morale publique est l'épanouissement des vertus privées. D'où un mélange d'idylle et de terreur : la terreur est l'émanation de la vertu.

Fidèle aux leçons de Rousseau, Robespierre ne croit pas aux bienfaits du régime représentatif : la souveraineté ne se délègue pas. Le gouvernement révolutionnaire n'a rien d'un gouvernement parlementaire, c'est le premier exemple d'un gouvernement par *comités*. Le radicalisme invoquera la tradition jacobine pour essayer de ressusciter le gouvernement des Comités (cf. le pamphlet de Daniel Halévy, *La République des Comités*).

La *religion* de Robespierre est celle de Rousseau, et il impose le culte de l'Etre suprême (à ne pas confondre avec le culte de la Raison et les manifestations antichrétiennes). Contrairement à leurs héritiers, les premiers Jacobins ne sont pas des laïques, et ils ne conçoivent pas une séparation rigoureuse entre l'Eglise et l'Etat ; ils comptent sur une religion civile pour appuyer l'œuvre du gouvernement révolutionnaire. Leur pensée est non seulement teintée d'idéalisme, mais de spiritualisme.

Essentiellement politique, religieuse et morale la pensée des Jacobins — ou du moins celle de Robespierre et de Saint-Just — est peu sensible à l'*économie*. La principale décision du gouvernement révolutionnaire dans le domaine économique et social, les décrets de ventôse (février 1794), n'a qu'une portée limitée : 1) Cette décision est prise sous la pression des circonstances, elle est inspirée par l'opportunisme (« La force des choses, dit Saint-Just, nous conduit peut-être à des résultats auxquels nous n'avons point pensé ») ; 2) Elle ne procède point d'une conception originale, propre à Saint-Just. Depuis plus d'un an, de nombreux orateurs demandaient l'attribution des biens des suspects aux patriotes indigents ; 3) Enfin et surtout il ne s'agit nullement d'une mesure d'inspiration collectiviste. Saint-Just ne songe pas à porter atteinte à la propriété. Il rêve, comme Robespierre, d'une démocratie de petits propriétaires ennemis du luxe, animés de vertus spartiates.

La pensée de Robespierre et de Saint-Just n'est conforme ni aux aspirations confusément socialistes des « sans-culotte » ni à celles de la bourgeoisie marchande. Quelques amis, qui ont conscience de leur solitude (cf. l'importance du thème de l'amitié dans les *Institutions révolutionnaires* de Saint-Just) cherchent à faire une révolution qui ne soit ni celle de la bourgeoisie capitaliste ni celle d'un prolétariat dont l'opinion n'est pas encore formée et qui se préoccupe plus de vivre que de faire une révolution. D'où chez les Jacobins une sorte d'angoisse pédagogique ; ils élaborent des plans d'instruction nationale (« Il faut s'attacher à former une conscience publique », dit Saint-Just) et savent qu'ils n'auront pas le temps de les mettre en pratique ; ils ont la certitude de détenir la vérité et se savent isolés dans la société française de 1793. Ainsi s'explique sans doute le caractère très délibérément utopique des *Fragments sur les institutions révolutionnaires* et le silence de Saint-Just le 9 thermidor.

Aucune étude d'ensemble n'a été consacrée à l'idéologie politique des Jacobins et à ses racines sociales. Les principaux problèmes à étudier nous paraissent être les suivants :

1) Comment l'idéologie des Jacobins s'est-elle formée, et comment a-t-elle évolué ? — Ne pas oublier que dans son *Esprit de la Révolution* (1791) Saint-Just apparaît comme un admirateur de Montesquieu et un défenseur de la Constitution de 1791.

2) N'a-t-on pas tort de sembler confondre la pensée politique des Jacobins avec celle de Robespierre et de Saint-Just ? Ne faut-il pas tenir un plus grand

compte des Jacobins provinciaux ainsi que des tendances favorables à la Commune de Paris ?

3) Ne faudrait-il pas souligner les influences antiques (notamment celle de Sparte), rurales (sensibles surtout chez Saint-Just) et artisanales (sensibles surtout chez Robespierre) sur la pensée des Jacobins ? Les Jacobins de 93 n'ont derrière eux ni la classe la plus nombreuse ni celle dont l'idéologie est la plus cohérente, la seule cohérente.

4) Quelle est l'influence de la « philosophie des lumières » sur l'idéologie jacobine ? Saint-Just est profondément un homme du XVIIIe siècle ; ne pas oublier que l'auteur des *Institutions républicaines* est aussi l'auteur d'un poème licencieux *Organt*.

5) Comment l'idéologie jacobine s'est-elle peu à peu enracinée dans la bourgeoisie jusqu'à ce qu'Edouard Herriot s'écrie : « Nous, les fils des Jacobins... » ? Du jacobinisme au radicalisme. Cf. le journal *Le Jacobin*, organe des jeunes radicaux mendésistes.

C) *Les idées politiques des « enragés »*

La vie chère suscite en 1793 de violents mouvements de protestation populaire. Le terme d'« enragés » est généralement donné aux responsables de ces mouvements, dont le plus connu est Jacques Roux, « le curé rouge ».

Plusieurs ouvrages ont souligné l'importance des « enragés » et ont présenté leur mouvement comme une opposition prolétarienne au gouvernement bourgeois de Robespierre ; telle est notamment la thèse présentée par Daniel Guérin dans *La lutte des classes sous la première République. Bourgeois et « bras-nus » (1793-97)*, Gallimard, 1946, 2 vol.

Les idées sociales des enragés sont simples et véhémentes : mort aux agioteurs, aux accapareurs, aux « monopoleurs ». « La liberté n'est qu'un vain fantôme quand une classe d'hommes peut affamer l'autre impunément. L'égalité n'est qu'un vain fantôme quand le riche, par le monopole, exerce le droit de vie et de mort sur son semblable... » — « Les lois ont été cruelles à l'égard du pauvre, parce qu'elles n'ont été faites que par les riches et pour les riches. » De tels textes posent le principe de la lutte des classes et de ce qu'on appellera plus tard la distinction entre « libertés formelles » et « libertés réelles ». On comprend que Marx, dans *La Sainte Famille*, cite Jacques Roux parmi les ancêtres du communisme.

Mais il faut ramener à de justes proportions le mouvement des « enragés » :

1) Il ne faut pas lui prêter une cohérence qu'il n'a jamais eue. Marat se dresse contre Roux, lequel est ignoré par Babeuf. Les principaux « enragés », Varlet, Roux, Chalier, Leclerc se connaissent peu ou se défient les uns des autres.

2) Ce mouvement de défense prolétarienne n'est pas un mouvement populaire ; Jacques Roux ne peut être élu à la Convention, il ne joue qu'un rôle limité à la Commune, sa popularité ne dépasse guère le cadre de sa section, les Gravilliers.

3) Jacques Roux est avant tout un agitateur, ses idées sociales restent sommaires et confuses : il dénonce les abus dans la répartition, mais ne se préoccupe ni de la production, ni des nécessités de la guerre. Il lance des

déclarations hostiles à la propriété privée, mais ne se borne-t-il pas à souhaiter un changement de propriétaires ?

4) Enfin, les « enragés » maintiennent leurs revendications sur le terrain social et on chercherait en vain chez eux l'ébauche d'une doctrine politique. Ils se contentent de voir partout des traîtres, de recommander la multiplication des contrôles et l'exécution des otages, de dénoncer la complicité des conventionnels avec les accapareurs ; leur antiparlementarisme est aussi violent qu'anarchique ; ils n'ont aucun sens des problèmes qui se posent à un gouvernement. Certaines de leurs attaques contre le gouvernement révolutionnaire rejoignent — Robespierre ne manquera pas de le souligner — celles qui sont portées par les émigrés.

D) *Les idées politiques des émigrés*

Les émigrés ont constitué hors de France des foyers hostiles à la Révolution française, mais ils ont été en même temps, comme le souligne J. Godechot dans *La grande nation*, des agents influents de l'expansion française à l'étranger.

Il faut d'ailleurs distinguer plusieurs émigrations : les émigrés de 1792 ou de 1797 (après le 18 fructidor) étaient pour la plupart beaucoup moins hostiles à la Révolution que les émigrés de 1789 ; plusieurs émigrés avaient même joué un rôle important dans les premiers temps de la Révolution. L'un des émigrés les plus réformateurs est Mounier qui avait été associé de très près à la rédaction de la Déclaration des Droits de l'Homme et du Citoyen, et dont le système politique est préorléaniste, en quelque sorte.

Il faut aussi distinguer ce que Chateaubriand appelle l'« émigration fate » (c'est-à-dire les dignitaires de l'émigration) et l'émigration qui se bat et qui connaîtra longtemps la misère et la faim. L'*Essai sur les révolutions* que Chateaubriand publie à Londres en 1797 ne procède nullement d'une hostilité systématique à l'égard de la Révolution française ; le titre complet en est *Essai historique, politique et moral sur les révolutions anciennes et modernes considérées dans leurs rapports avec la Révolution française.*

Les auteurs de langue française les plus hostiles à la Révolution, Mallet du Pan, Joseph de Maistre (le premier est suisse, le second savoyard) contribuent à répandre l'idée que la Révolution dépasse ses acteurs, qu'elle est voulue par Dieu, etc. ; leur hostilité à la Révolution en accroît encore la portée.

§ 3. Thermidoriens et révoltés

Le 9 thermidor clôt une époque, alors que le 18 brumaire marque une étape ; les hommes de Thermidor seront souvent ceux de Brumaire.

1° *Les thermidoriens*

Les idées politiques des thermidoriens sont à l'origine du libéralisme moderne. Doctrine de l'ordre et du ralliement, de la conciliation, d'une liberté confondue avec la possibilité de jouir, la doctrine des thermidoriens utilise les principes de 1789 pour garantir l'ordre bourgeois et contraindre au silence les non-possédants. Les « dynasties bourgeoises » commencent à se former. Benjamin Constant fait la connaissance de Mme de Staël et publie *De la force du gouvernement actuel de la France et de la nécessité de s'y rallier*. Il passera plus tard pour le coryphée du libéralisme. Quant à Mme de Staël, c'est à beaucoup d'égards « le bas-bleu de thermidor ».

2° *Le babouvisme*

La doctrine babouviste a pour origine une conspiration destinée à renverser le gouvernement du Directoire. Noyautée par la police, cette conspiration échoue et Babeuf, considéré comme son chef, est exécuté en mai 1797. La principale source d'information sur le babouvisme est le livre publié en 1828 par un ancien conjuré, Buonarroti. Quant au *Manifeste des égaux*, il paraît avoir été rédigé par Sylvain Maréchal.

Les historiens n'ont pas encore nettement déterminé l'influence respective de Babeuf, de Buonarroti et de Maréchal dans la formation de la doctrine qualifiée de babouviste. D'après l'historien italien Galante Garrone, c'est Buonarroti qui, sous l'influence d'un séjour fait en Corse, aurait inspiré à Babeuf l'essentiel de sa doctrine. Quoi qu'il en soit le babouvisme de Babeuf n'est pas identique à celui de Buonarroti : ce dernier est constamment resté fidèle à Robespierre, et son communisme spiritualiste prolonge directement le communisme utopique du XVIIIe siècle. Babeuf est plus ondoyant (il commence par se réjouir de la chute de Robespierre avant de se réclamer de lui), plus inquiétant (l'affaire de sa destitution en 1793 reste obscure); son communisme foncièrement prolétarien s'apparente à celui des enragés.

Le babouvisme est moins une doctrine qu'une technique d'agitation, un plan de soulèvement. C'est d'abord une réaction de la misère et de la faim. La Révolution française est « la guerre déclarée entre les patriciens et les plébéiens, entre les riches et les pauvres. » Babeuf pose ainsi le problème de la lutte des classes ; il affirme que les gouvernants font une politique de classe, et le *Manifeste des égaux* affirme que la révolution politique n'est rien sans la révolution sociale : « La révolution française n'est que l'avant-courrière d'une autre révolution bien plus grande, bien plus solennelle et qui sera la dernière. »

Le principe fondamental du babouvisme est celui qui donne son nom à la conspiration : l'égalité. Le *Manifeste des égaux*, comme celui des enragés, affirme la distinction entre l'égalité formelle (« L'égalité ne fut autre chose qu'une belle et stérile fiction de la loi ») et l'égalité réelle : « Nous voulons l'égalité réelle ou la mort. »

Cet égalitarisme conduit au communisme. Le *Manifeste* rejette comme insuffisante la loi agraire ou le partage des terres : « Nous tendons à quelque chose de plus sublime et de plus équitable, le bien commun ou la communauté des biens. Plus de propriété individuelle des terres, la terre n'est à personne..., les fruits sont à tout le monde. »

Le communisme des babouvistes est un communisme de la répartition. Ils veulent proscrire non seulement le luxe mais même toute apparence d'inégalité, sauf — écrit Sylvain Maréchal — celles de l'âge et du sexe. Ils ne se préoccupent guère de la production. Leur communisme est ascétique et soupçonneux. Les deux types de sociétés auxquels se réfère le plus volontiers Babeuf sont l'agriculture et l'armée ; son communisme est inapplicable aux sociétés complexes en voie d'industrialisation ; sa doctrine est tournée vers le passé, d'inspiration romaine : Babeuf s'appelle Gracchus, un de ses fils Caïus.

Les babouvistes se défient de l'intelligence et des intellectuels. Ils marquent leur préférence pour le travail manuel, pour les vertus militaires, et Sylvain Maréchal va jusqu'à s'écrier « Périssent s'il le faut tous les arts pourvu qu'il nous reste l'égalité réelle ! »

Le babouvisme est une doctrine autoritaire et centraliste. Lorsque la conspiration aura réussi, Babeuf entend maintenir pendant une longue période la dictature de ce qu'il appelle le « comité insurrecteur ». Il compte sur un gouvernement fort pour instaurer le communisme et ne semble pas avoir plus de goût pour la démocratie directe que pour la démocratie représentative.

Le babouvisme est pour Maxime Leroy un « mélange de

terrorisme et d'assistance sociale », et il est exact que le *Manifeste des égaux* compare la société future à un « hospice ». C'est cependant la première doctrine incontestablement communiste, qui repose sur une organisation politique et ne soit pas seulement le rêve d'un philosophe. Le babouvisme a donc une importance certaine dans l'histoire des doctrines politiques.

Dans l'histoire des doctrines plus que dans celle des idées. Car, malgré son ton plébéien, la doctrine de Babeuf n'a jamais touché les masses qu'elle prétendait soulever. Le babouvisme a étendu son action au delà des frontières françaises, mais cette action est restée limitée, sauf quelques exceptions, à des bourgeois idéalistes et à des professionnels de la conspiration. Babeuf a été arrêté, puis exécuté (un an après son arrestation), sans que le prolétariat fasse le moindre effort pour le sauver.

La Révolution française : histoire et légende

Le coup d'Etat de Brumaire met fin au régime du Directoire, mais non à la puissance des thermidoriens. La Révolution entre dans l'histoire.

Tout au long du XIXe siècle, les histoires de la Révolution française se multiplient. Les œuvres de Thiers, de Mignet, de Louis Blanc, de Buchez, de Lamartine, de Cabet, de Michelet, de Tocqueville, de Taine, de Jaurès propagent des images diverses et parfois opposées de la Révolution et entretiennent autour d'elle une atmosphère de légende.

Il serait intéressant d'écrire l'histoire de cette légende révolutionnaire — qui se confond pendant quelques années avec la légende napoléonienne avant de s'opposer à elle — d'en retracer l'évolution, d'indiquer les moyens de sa propagation et notamment le rôle des manuels scolaires. Des livres comme l'*Histoire des Girondins* de Lamartine ou l'*Histoire socialiste* de Jaurès intéressent au premier chef l'histoire des idées politiques, car ils ont fixé pour un large public une certaine image de la Révolution. Il faut regretter que les historiens ne se soient pas intéressés davantage à l'histoire de l'histoire.

* * *

Les idées politiques de Napoléon

L'Empire est une époque d'action, non de doctrine. Napoléon déteste les « idéologues » et attribue la responsabilité de tous les malheurs qu'a éprouvés la France à l'idéologie, « cette ténébreuse métaphysique qui, en recherchant avec subtilité les causes premières, veut sur ces bases fonder la législation des peuples, au lieu d'approprier les lois à la connaissance du cœur humain et aux leçons de l'histoire ».

Lui-même n'a rien d'un doctrinaire, et il lui arrive de tenir les propos apparemment les plus contradictoires mais toujours les plus opportuns selon les interlocuteurs, les lieux et les moments. Tantôt il dénonce les faux principes de 1789, tantôt il se présente comme l'héritier de la Révolution (« Nous avons fini le roman de la Révolution ; il faut en commencer l'histoire »). Au Conseil d'Etat, il affirme le 4 mai 1802 : « Dans tous les pays, la force cède aux qualités civiles... J'ai prédit à des militaires qui avaient quelques scrupules que jamais le gouvernement militaire ne prendrait en France, à moins que la nation ne fût abrutie par cinquante ans d'ignorance... » Mais il déclarera plus tard à Gourgaud : « En dernière analyse, pour gouverner il faut être militaire ; on ne gouverne qu'avec des éperons et des bottes... »

Les idées politiques de Napoléon sont éminemment pragmatiques et il en est de même de ses idées religieuses. La religion est pour lui le support de l'ordre social : « Je ne vois pas dans la religion le mystère de l'incarnation, mais le mystère de l'ordre social. » Il ajoute que la religion satisfait notre « amour du merveilleux » et nous garantit ainsi des charlatans et des sorciers : « Les prêtres valent mieux que les Cagliostro, les Kant et tous les rêveurs de l'Allemagne... »

Napoléon a donc le souci du merveilleux, l'amour du faste et de la mise en scène. Il pense que l'imagination gouverne le monde. « Le vice de nos institutions est de n'avoir rien qui parle à l'imagination. On ne peut gouverner l'homme que par elle ; sans l'imagination, c'est une brute. » A l'opportunisme se mêle la poésie, le sens de l'épopée. Et Napoléon, à Sainte-Hélène, forge déjà sa légende.

BIBLIOGRAPHIE

I. — La Révolution américaine

Voir la bibliographie générale concernant les Etats-Unis au début du présent ouvrage. Nombreuses indications bibliographiques sur la révolution américaine, dans Alan Pendleton Grimes, *American political thought*, New York, H. Holt and Co., 1955, 500 p. Voir notamment Charles A. Beard,

An economic interpretation of the Constitution of the United States, New York, Macmillan, 1913, 330 p. C. H. McIlwain, *The American Revolution : A constitutional interpretation*, New York, Macmillan, 1924, 198 p. Vernon L. Parrington, *Main currents of American thought*, New York, Harcourt, Brace and Co., 1930, 3 vol.

Deux articles : Louis Hartz, American political thought and the American Revolution, *American political science review*, juin 1952, pp. 321-342. Clinton Rossiter, The political theory of the American Revolution, *Review of politics*, janvier 1953, pp. 97-108.

Sur la déclaration d'Indépendance : Carl Becker, *The Declaration of Independence*, A study in the history of political ideas, New York, A. A. Knopf, 1942, 286 p.

Sur Franklin, différentes études ont été publiées en français : Carl Van Doren, *Benjamin Franklin*, Aubier, 1956, 504 p. (version abrégée de l'édition américaine) ; Gilbert Chinard, *L'apothéose de Benjamin Franklin*, collection de textes, accompagnée d'une introduction et des notes de Gilbert Chinard, Librairie orientale et américaine, 1955, 189 p. (très intéressant) ; Une nouvelle édition du *Fédéraliste*, en français, avec une préface d'André Tunc, Librairie générale de Droit et de Jurisprudence, 1957, LVI-782 p. Voir aussi l'édition anglaise avec la préface de Max Beloff, Oxford, B. Blackwell, 1948, LXXII-484 p.

Sur Jefferson et Hamilton : Claude G. Bowers, *Jefferson and Hamilton ; the struggle for democracy in America*, Boston, Houghton, Mifflin and Co., 1933. Saul K. Padover, The Singular Mr Hamilton, *Social Research*, été 1957, pp. 156-190. Saul K. Padover, ed., *The Complete Jefferson*, New York, Duell, Sloan and Pearce, 1943, 1 322 p. Charles A. Beard, *Economic origins of Jeffersonian democracy*, New York, Macmillan, 1915, 475 p. Sur Adams : *The political writings of John Adams*, New York, The Liberal Arts Press, 1954, XXXII-223 p.

Sur l'influence de la révolution américaine en Angleterre, voir le recueil de textes publié par Max Beloff, dans la collection « The British Political Tradition » : *The Debate on the American Revolution, 1761-1783*, Londres, Nicholas Kaye, 1949, 304 p.

Sur l'image des Etats-Unis en France au XVIIIe siècle : Durand Echeverria, *Mirage in the West. A history of the French image of American society to 1815*, Princeton, 1957, XVIII-300 p. Pour la période postérieure, voir la thèse de René Rémond, *Les Etats-Unis devant l'opinion française dans la première moitié du XIXe siècle*, A. Colin, 1962, 2 vol.

II. — La Révolution française

La plus récente mise au point est celle de Jacques Godechot, *Les révolutions (1770-1789)*, P.U.F., 2e éd., 1965, 411 p. (« Nouvelle Clio »). Du même auteur, *La pensée révolutionnaire en France et en Europe (1780-1799)*, A. Colin, 1964, 404 p. (recueil de textes choisis pour la collection « U »), ainsi que *Les institutions de la France sous la Révolution et l'Empire*, P.U.F., 1951, 696 p., et *La Grande Nation. L'expansion révolutionnaire de la France dans le monde (1789-1799)*, Aubier, 1956, 2 vol., 759 p.

Le livre de Bernard GROETHUYSEN, *Philosophie de la Révolution française. Précédé de Montesquieu*, Gallimard, 1956, 307 p., porte sur la philosophie du XVIIIe siècle dans son ensemble ; il ne correspond donc qu'imparfaitement à son titre. Quant au livre de Paul JANET, *Philosophie de la Révolution française*, Baillière, 1875, 175 p., il se contente de passer brièvement en revue divers jugements portés sur la Révolution française, notamment ceux de Thiers, Mignet, Michelet, Louis Blanc, Buchez, Tocqueville et Taine. André LICHTENBERGER, *Le socialisme et la Révolution française (1789-1796)*, F. Alcan, 1899, 316 p. Jean BELIN-MILLERON, *La logique d'une idée-force.* L'idée d'utilité sociale et la Révolution française, Hermann, 1939, 7 fasc. (utilise avec une remarquable confusion une documentation abondante).

Sur les rapports des idées politiques et des idées religieuses : André LATREILLE, *L'Eglise catholique et la Révolution française*, Hachette, 1946-50, 2 vol. ; Alphonse AULARD, *Le Christianisme et la Révolution française*, Rieder, 1925, 160 p. ; Jean LEFLON, *La crise révolutionnaire (1789-1846)*, Bloud & Gay, 1949, 524 p.

Sur l'influence des philosophes, le livre de base, avec ses limites, reste celui de Daniel MORNET, *Les origines intellectuelles de la Révolution française (1715-1787)*, A. Colin, 1933, 552 p.

Sur le thème du « complot » révolutionnaire : Augustin COCHIN, *Les sociétés de pensée et la démocratie*, Etudes d'histoire révolutionnaire, Plon, 1921, 300 p. (trois études dont la plus longue se réfère à une polémique avec Aulard) ; DU MÊME AUTEUR, *La Révolution et la libre-pensée*, Plon, 1955, LII-293 p. (trois études, dont le titre indique bien l'orientation : Vérité ou la pensée socialisée ; Liberté ou la volonté socialisée ; Justice ou les biens socialisés). Un essai rapide mais suggestif : Daniel HALÉVY, *Histoire d'une histoire, esquissée pour le troisième cinquantenaire de la Révolution française*, Grasset, 1939, 114 p. Voir aussi : Bernard FAY, *L'esprit révolutionnaire en France et aux Etats-Unis à la fin du XVIIIe siècle*, Champion, 1925, 378 p.

Les principes de 89

Il est commode d'étudier la Déclaration des Droits de l'Homme et du Citoyen et la Constitution de 1791 dans l'édition de M. BOUCHARY, Tiranty, 1947, 216 p. (nombreux textes annexes et bibliographie). On trouvera dans Georges LEFEBVRE, *La Révolution française*, p. 156, les principales références à la discussion Jellinek-Boutmy concernant l'influence des déclarations américaines sur la déclaration française. Voir sur ce point : Gilbert CHINARD, *La déclaration des droits de l'homme et du citoyen et ses antécédents américains*, Washington, Institut français, 1945, 38 p.

SIEYÈS, *Qu'est-ce que le Tiers Etat ?*, précédé de l'*Essai sur les privilèges*, édition critique par Edme Champion, 1888, XV-95 p. Sur Sieyès, le livre de base est celui de Paul BASTID, *Sieyès et sa pensée*, Hachette, 1939, 652 p. Sur Barnave, voir Jean-Jacques CHEVALLIER, *Barnave ou les deux faces de la Révolution (1761-1793)*, Payot, 1936, 361 p. Sur Mounier : Jean EGRET, *La Révolution des notables. Mounier et les monarchiens*, A. Colin, 1950, 244 p.

Les Girondins

Voir le t. VI des *Grands orateurs républicains*, édition Michel LHÉRITIER, Monaco, Hemera, 1950, 257 p. Voir aussi l'œuvre de CONDORCET (cf. plus haut p. 449) ; les *Mémoires de Mme Roland* (document très caractéristique de la sensibilité bourgeoise à l'époque révolutionnaire) ; Michel LHÉRITIER, *Les Girondins, Bordeaux et la Révolution française*, Renaissance du Livre, 1947, 365 p.

Les Jacobins

Gaston MARTIN, *Les Jacobins*, P.U.F., 1945, 118 p. Crane BRINTON, *Jacobins : an essay in the new history*, New York, Macmillan, 1931, x-319 p. On se reportera en outre avec profit à l'ouvrage fondamental d'Albert SOBOUL, *Les sans-culottes parisiens en l'an II. Mouvement populaire et gouvernement révolutionnaire*, Clavreuil, 1958, 1 170 p.

Le principal instrument de travail pour l'étude de Robespierre est la monumentale édition de ses *Discours*, préparée sous la direction de M. BOULOISEAU, G. LEFEBVRE et Albert SOBOUL (9 tomes parus). Parmi les récents morceaux choisis, on peut se référer à ceux d'Henri CALVET, Monaco, Hemera, 1950, 252 p. (Les grands orateurs républicains) et à ceux de Jean POPEREN, Editions sociales, 1956, 2 vol. (Interprétation marxiste, sans éléments nouveaux). Sur les idées politiques de Robespierre : A. COBBAN, The Political Ideas of Robespierre, *English historical Review*, 1946 ; voir aussi Albert MATHIEZ, *Etudes sur Robespierre*, Editions sociales, 1958, 282 p. (utile recueil d'articles), et Jean MASSIN, *Robespierre*, Club français du Livre, 1960, 322 p.

Il n'existe aucune édition complète des *Œuvres* de Saint-Just. Les meilleurs morceaux choisis nous paraissent être ceux d'Albert SOBOUL dans la collection des « Classiques du Peuple », Editions sociales, 1957, 223 p. A compléter par : Albert SOBOUL, Les Institutions républicaines de Saint-Just d'après les manuscrits de la Bibliothèque nationale, *Annales historiques de la Révolution française*, juillet-septembre 1948, pp. 193-262 ; DU MÊME AUTEUR dans la même revue : Un manuscrit inédit de Saint-Just : *De la nature, de l'Etat civil, de la Cité ou les règles de l'indépendance du Gouvernement* dans le numéro d'oct.-déc. 1951, pp. 321-359, et *Sur la mission de Saint-Just à l'armée du Rhin* dans les numéros de juillet-sept. (pp. 193-231) et oct.-déc. 1954 (pp. 298-337). Voir aussi : Pierre DEROCLES (pseudonyme d'Albert Soboul), *Saint-Just, ses idées politiques et sociales*, Editions sociales internationales, 1937, 173 p. (répertoire méthodique, négligeant la chronologie). Voir surtout les travaux de Miguel ABENSOUR, notamment son article, La philosophie politique de Saint-Just, *Annales historiques de la Révolution française*, 1966.

En ce qui concerne Marat, voir les *Textes choisis*, par Michel VOVELLE, Éditions sociales, 1963, 253 p., ainsi que Jean MASSIN, *Marat*, Club français du Livre, 1960, 306 p.

Les enragés

Outre Daniel GUÉRIN *(op. cit.* p. 466,*)* voir : Maurice DOMMANGET, *Jacques Roux, le curé rouge*, Spartacus, 1948, 94 p. (contient le texte de la pétition du 25 juin 1793, souvent qualifiée de « Manifeste des enragés »). Une biographie d'Hébert par Louis JACOB, Gallimard, 1960, 365 p. Le livre de base reste cependant : Albert MATHIEZ, *La vie chère et le mouvement social sous la Terreur*, Payot, 1927, 620 p.

Les idées politiques des émigrés

La principale étude est celle de Fernand BALDENSPERGER, *Le mouvement des idées dans l'émigration française (1789-1815)*, Plon-Nourrit & Cie, 1924, 2 vol., XVI-339, 335 p.

Sur Mallet du Pan : F. DESCOSTES, *La Révolution française vue de l'étranger (1788-1799) : Mallet du Pan à Berne et à Londres*, Tours, 1897, X-563 p.

Sur Chateaubriand et Joseph de Maistre, voir plus loin pp. 591 et 592.

Les idées politiques sous la réaction thermidorienne et le Directoire

Ouvrages généraux. — Georges LEFEBVRE, *Les thermidoriens*, A. Colin, 1937, 220 p. Albert MATHIEZ, *La réaction thermidorienne*, A. Colin, 1929, 327 p. Georges LEFEBVRE, *Le Directoire*, 2e éd., A. Colin, 1950, 199 p. Albert MATHIEZ, *Le Directoire*, A. Colin, 1934, VIII-392 p. (tend à minimiser l'importance du communisme dans le mouvement babouviste). Sur le babouvisme, voir l'édition de *La Conspiration pour l'égalité dite de Babeuf* de BUONARROTI, dans la collection des « Classiques du Peuple » (avec une très utile note bibliographique de Jean DAUTRY), Editions sociales, 1957, 2 vol., 239-248 p. Maurice DOMMANGET, *Pages choisies de Babeuf*, A. Colin, 1935, XI-330 p. (« Les Classiques de la Révolution »), à consulter plutôt que les morceaux choisis par C. et G. WILLARD, Editions sociales, 1951, 104 p. (Les « Classiques du Peuple »). Claude MAZAURIC, *Babeuf et la conspiration pour l'égalité*, Éditions sociales, 1962, 247 p. Georges LEFEBVRE, *Les origines du communisme de Babeuf*, dans les rapports du IXe Congrès international des Sciences historiques, Impr. nationale, 1950, t. I, pp. 561-571. J.-L. TALMON, *The Origins of Totalitarian Democracy*, Londres, Secker and Warburg, 1952, XI-366 p. (voit dans le babouvisme l'aboutissement des doctrines de la « démocratie totalitaire » en germe au XVIIIe siècle et notamment chez Rousseau). Critique de ce livre par Georges LEFEBVRE dans les *Annales historiques de la Révolution française*, 1954, pp. 182-184. Consulter surtout le numéro spécial des *Annales historiques de la Révolution française* (oct.-déc. 1960), sur Babeuf, ainsi que *Babeuf (1760-1797), Buonarroti (1761-1837). Pour le deuxième centenaire de leur naissance*, Nancy, 1961, 228 p. (Sociétés des Études robespierristes).

Sur Buonarroti : Alessandro GALANTE GARRONE, *Buonarroti e Babeuf*, Turin, F. de Silva, 1948, 284 p. Armando SAITTA, *Filippo Buonarroti*, Rome, 1950-1951, 2 vol., XII-295, II-316 p.

Sur Sylvain Maréchal : Maurice DOMMANGET, *Sylvain Maréchal, L'éga-*

litaire, « l'homme sans Dieu », Lefeuvre, 1950, 518 p. (beaucoup plus approfondi que le livre du même auteur sur Jacques Roux).

Sur l'influence de la révolution française en Angleterre, on consultera utilement le recueil de textes choisis et publiés par Alfred COBBAN dans la collection « The British Political Tradition », Londres, Nicholas Kaye, 1950, xx-496 p. Dans le même ordre d'idées : Jacques DROZ, *L'Allemagne et la Révolution française*, P.U.F., 1949, 501 p. (importante étude).

L'Empire

Les morceaux choisis d'Adrien DANSETTE, *Napoléon, vues politiques*, A. Fayard, 1939, xxv-363 p., sont d'une consultation aisée ; mais, construits selon un plan méthodique, ils tendent à présenter une image trop cohérente de la doctrine napoléonienne ; *Le Mémorial de Sainte-Hélène*, de LAS CASES, doit être consulté dans l'excellente édition de Marcel DUNAN, Flammarion, 1951, 2 vol., xx-911, 924 p.

Sur les idéologues, voir : M. FERRAZ, *Histoire de la philosophie pendant la Révolution (1789-1804)* (Garat, Destutt de Tracy, Cabanis, Rivarol, Condorcet, Volney, etc.), Perrin, 1889, xx-388 p. ; Jean GAULMIER, *L'idéologue Volney (1757-1820)*, Beyrouth, Impr. catholique, 1951, 628 p.

L'opposition à l'Empire n'a suscité que peu d'œuvres doctrinales ; il est intéressant de comparer le pamphlet de Benjamin CONSTANT, *De l'esprit de conquête et de l'usurpation* (1814) à celui de CHATEAUBRIAND, *De Buonaparte et des Bourbons*.

Chapitre XI

RÉFLEXIONS SUR LA RÉVOLUTION

La Révolution française était un événement d'une trop grande importance en lui-même, il avait été « préparé » par des vagues idéologiques trop puissantes, il s'accompagnait de trop d'harmoniques (dans l'histoire des faits sociaux, économiques et politiques), pour ne pas provoquer d'ondes dans l'histoire de la pensée politique.

Non seulement en France, mais aussi et surtout dans les pays touchés par les guerres de la Révolution, du Consulat et de l'Empire, juristes, publicistes et philosophes ne purent se détacher d'une « réflexion sur la révolution ». Réflexion passionnelle et passionnée dans certains cas, mais aussi, et surtout de la part des philosophes allemands, réflexion intégrée dans une vaste tentative de reconstruction logique, morale, métaphysique, ou dans une philosophie de l'Histoire et de l'Esprit.

Il est sans doute arbitraire, mais il est sûrement commode pour la clarté de l'exposé, d'étudier successivement :

— le rejet des principes de la Révolution qui se marque notamment dans les pensées de Burke, de Rivarol, de Joseph de Maistre (section I) ;

— la philosophie allemande, de l' « Aufklärung » à Hegel (section II) ;

— l'œuvre de Hegel ou la tentative d'une philosophie de l'Etat moderne : l'Etat est un des « moments » suprêmes d'une Histoire qui n'est elle-même qu'une histoire de l'Esprit (section III).

SECTION I. — Le rejet des principes de la Révolution

§ 1. LA RÉACTION PASSIONNÉE DE BURKE

C'est évidemment réduire la personnalité et l'œuvre d'Edmund Burke (1729-1797) que de ne les étudier qu'à travers sa réaction devant la Révolution française. Toutefois ses *Réflexions sur la Révolution en France* (1790) expriment assez parfaitement l'ensemble de sa pensée et surtout, ainsi que le fait observer Leo Strauss, « c'est une seule et même foi qui a inspiré ses campagnes en faveur des colons américains, en faveur des catholiques irlandais, contre Warren Hastings et contre la Révolution française... ; celle-ci... ne fit guère plus que confirmer sa conception du bien et du mal à la fois en morale et en politique ».

Grand parlementaire whig, tempérament impétueux et esprit peu systématique (au moins dans l'exposé de ses convictions), Burke n'a pas écrit de traité sur la théorie politique. Ses pensées sur la politique sont exprimées dans des lettres, des discours, des « pamphlets » de circonstances. Il procède par aphorismes, par effusions lyriques ou polémiques, par arguments *ad hominem*, visant le plus souvent un résultat pratique. De là d'apparentes contradictions, dues seulement aux différentes situations qui donnent le branle à son émotion. L'inspiration reste toujours la même. C'est d'abord, chez cet homme qui est premièrement un contradicteur, la haine des « philosophes parisiens », et de Rousseau particulièrement, de ces « audacieux expérimentateurs de la nouvelle morale ». Non qu'il n'admette, bien au contraire, la théorie du contrat social et la souveraineté du peuple ; mais nul n'a plus que lui insisté sur cette idée que raison et théorie ne sont pas des références valables pour la vie des sociétés, que l'histoire est moins faite de « spéculations » (ce que, de tout son instinct d'Irlandais, d'aristocrate et d'insulaire, Burke abhorre) que d'un long dépôt de traditions, de prudence, de morale incorporée dans des usages et dans des « civilisations ». Violent contempteur du « légalisme », qui pour lui s'identifie à une croyance rationaliste en des « droits métaphysiques » (1), Burke nie que les Constitutions puissent être « faites » (même idée chez Joseph de Maistre), elles ne peuvent que « croître » grâce à l'acquisition du « patrimoine raisonnable des siècles ». S'il est un admirateur passionné de la « Constitution » britannique, c'est moins parce qu'il y voit le droit naturel incarné (le droit naturel reste toujours la grande préoccupation de Burke) que parce qu'à ses yeux cette Constitution a le mérite de poser et de faire valoir *réellement* la liberté des Anglais, « comme un état particulier au peuple de ce royaume, sans référence aucune à tout autre droit plus général ou antérieur ». Il annonce dans une certaine mesure Hegel par l'intuition,

(1) « Métaphysique » a toujours chez Burke un sens péjoratif.

qui parcourt sa pensée, que le réel (c'est-à-dire le présent, l'actuel comme issu des siècles) est rationnel. Si enfin Burke, libéral contemporain d'Adam Smith, tient pour providentielle la misère des pauvres et s'indigne de l'« idée spéculative » qu'un décret humain puisse y porter remède. c'est qu'il croit profondément que l'homme ne peut jamais devenir le maître clairvoyant de son destin : la spéculation du plus sage législateur n'atteindra jamais à la sagesse pratique contenue dans« ce qui est arrivé sur un grand laps de temps et par une grande variété d'accidents ».

La pensée de Burke s'inscrit dans un contexte idéologique à la fois classique (la sagesse cicéronienne) et thomiste. Il s'y ajoute peut-être, chez cet aristocrate libéral et individualiste, une éthique et une esthétique qui postulent ordre et beauté dans l'irrégularité naturelle et le jaillissement de l'individuel (1). Burke a souvent reproché à l'universalisme de l' « esprit philosophique» de procéder à une« sécularisation de l'éternel». En admettant que le reproche ne puisse lui être retourné, on peut à coup sûr parler à son propos d'une naturalisation du spirituel.

Les « Réflexions sur la Révolution en France »

L'occasion de ce livre compact, aussi inspiré que désordonné et dépourvu de sérénité, fut un éloge de la Révolution française prononcé par Price le 4 novembre 1789 à la « Société de la Révolution ».

Avant tout, Burke s'indigne que Price ait proposé la Révolution française en modèle aux Britanniques : ceux-ci, grâce à la Révolution de 1688 et grâce aux traditions et Constitutions du royaume, ne sont-ils pas un peuple libre ? Il ne voit et prévoit dans la liberté proclamée en France qu'une source indéfinie de désordres. Or la liberté doit être « mâle, morale et bien réglée » :

> « Je suspendrai mes félicitations sur la nouvelle liberté de la France jusqu'à ce que j'aie été informé de la manière dont elle a été combinée avec le gouvernement, avec la force publique, avec la discipline et l'obéissance militaires, avec l'exactitude et la distribution des paiements effectifs, avec la morale et la religion, avec la sûreté des propriétés, avec la paix et le bon ordre, avec les mœurs publiques et privées. »

On saisit sur le vif le mouvement constant qui porte Burke à privilégier brusquement les valeurs pratiques, seules gar-

(1) Le seul ouvrage théorique de Burke est intitulé *A philosophical Inquiry into the Origin of our Ideas of the Sublime and Beautiful.* En accord avec le sensualisme anglais, l'ouvrage est aussi préromantique dans la mesure où il plaide pour une émancipation du sentiment et de l'instinct contre la raison.

diennes de l'ordre naturel, alors même qu'il vient d'admettre en théorie des valeurs universelles. La pensée utilitariste qui imprègne l'Angleterre du XVIIIe siècle le marque profondément et l'amène parfois à des arguments assez proches de ceux du machiavélisme.

Dans un tableau violemment contrasté, Burke oppose à la Révolution française, géométrie orgueilleuse édifiée sur une table rase, la Constitution anglaise dont la sagesse profonde ne réside pas en quelques règles ou principes mais dans une très vaste et subtile harmonie de coutumes, de préjugés, d'institutions concrètes déposées aux cours des siècles et qui, le plus souvent, sans s'exclure logiquement l'une l'autre, se sont superposées, harmonisées et « fondues », suscitant naturellement le dialogue en alternance des partis politiques, dont le rôle consiste à la fois à stimuler et à équilibrer cet organisme vivant qu'est la Constitution britannique.

Cette antithèse des deux Constitutions et des deux libertés est la toile de fond sur laquelle Burke projette, à propos des débuts de la Révolution française, les principaux thèmes d'une philosophie du conservatisme.

La haine de l'abstraction.

« [Les philosophes parisiens] sont pires qu'indifférents aux *sentiments* et aux *habitudes* qui soutiennent le monde moral..., ils considèrent les hommes dans leurs expériences comme ils le feraient ni plus ni moins de souris dans une pompe à air ou dans un récipient de gaz méphitique...

... Les décisions nationales ou les problèmes politiques ne sont pas centrés en premier lieu sur la vérité ou l'erreur. Ils ont trait au bien et au mal, ... à la paix ou à la commodité mutuelle, ... (au) maniement judicieux du tempérament du peuple...

... La coutume ancienne est le grand soutien de tous les gouvernements du monde. »

La nouveauté de la Révolution française, que Burke distingue radicalement des autres révolutions (anglaise par exemple) et qu'il rattache plutôt aux bouleversements d'origine religieuse, est d'être une « révolution de doctrine et de dogme théorique », « la première révolution philosophique », faite par des hommes qui négligent le pouvoir du hasard et oublient que « peut-être la seule chose dont nous ayons la responsabilité avec quelque certitude est de prendre en charge notre temps ». La Déclaration des Droits de l'Homme et du Citoyen excite particulièrement les sarcasmes (véhéments) de Burke. A l'encontre, il invoque le particulier, l'unique, le « merveilleux » des différences naturelles de lieu, de temps, d'usages, d'expériences, de personnes.

Éloge du naturel.

La nature selon Burke n'est pas un « universel » rationnel, mais ce que la Providence nous livre dans sa liberté mystérieuse à laquelle nous participons « naturellement ».

De ce point de départ, Burke va jusqu'à l'éloge des habitudes (cf. Hume) et des préjugés eux-mêmes :

« Plus ils ont régné, plus leur influence a été générale, plus nous les aimons. »

Ce libéral n'admet point l'égalité, évidemment contre nature, et repousse avec dédain les prétentions que pourraient avoir perruquiers et chandeliers à gouverner l'Etat.

Éloge des contraintes.

Burke croit que la société civile repose sur un contrat qui a mis fin à l'état de nature, qui était celui de « notre nature nue et tremblante » ; mais c'est là pour lui l'état de nature antérieur à la Providence (et, par conséquent, une pure imagination), de telle sorte que c'est la société civile « conventionnée » *(covenanted)* qui est le véritable état de nature (providentielle). Sans doute la société civile a pour fin de protéger les droits des hommes, mais ces droits sont exclusivement le droit d'atteindre le bonheur par la victoire de la vertu sur les passions. Aussi bien faut-il compter au premier chef au nombre de ces droits le droit d'être gouverné, le droit aux lois, aux contraintes. Le droit de chaque homme à sa conservation et au bonheur n'implique nullement le droit individuel à la discussion des affaires publiques, à la participation au gouvernement, mais seulement le droit au bon gouvernement ; il postule donc bien plutôt le gouvernement par une « aristocratie naturelle », fortement pénétrée par la pratique d'une discipline personnelle et de vertus sévères et restrictives. De là exaltation (pêle-mêle) des contraintes du mariage, de la frugalité, de la religion.

Des institutions incarnées dans des personnes.

Ce thème, promis à une grande fortune dans toute la pensée traditionaliste, prend sa source chez Burke dans son horreur du légalisme. La Révolution française prétend faire de la famille royale le simple titulaire physique d'une fonction publique. « Le Roi devient un homme, la Reine une femme », s'exclame Burke. Son indignation ne connaît plus de bornes quand il songe aux attaques contre la jeune reine Marie-Antoinette. Cette rationalisation de la fonction royale qui fait abstraction de la *personne* charnelle du souverain lui paraît à la fois une désacralisation sacrilège et aussi un dérèglement hors des sentiments naturels. L'amour est une loi de nature ; or, s'il est naturel d'aimer des personnes, il n'est pas naturel d'attendre des hommes qu'ils portent de l'amour à des institutions et à des fonctions.

Les libertés et non la liberté.

De même que Burke a surtout défendu dans la cause des colons d'Amérique les libertés de communautés anglaises contre la tentative centralisatrice et assimilationniste de George III, de même il s'insurge contre les projets de l'Assemblée nationale française de porter remède à l'apparente fantaisie de l'organisation administrative et financière de la monarchie. Elle était en effet le fruit de l'histoire et de l'expérience et le réseau d'alvéoles où de multiples libertés concrètes s'équilibraient. Les libertés ne peuvent être que le produit d'un héritage, la liberté proclamée comme absolue ne procure au contraire que le dénuement. Le thème sera repris à satiété en France par l'école de l' « Action française » et par la propagande du gouvernement de Vichy.

La Révolution dans l'histoire providentielle.

Esquissant un thème qui sera fortement développé par Maistre, Burke n'est pas loin de voir dans la Révolution française le châtiment par Dieu du péché des hommes. Dans ses dernières lettres, il admet que la victoire de cette Révolution ait pu être décrétée par la Providence et que l'Etat qui en était issu pût exister « comme une nuisance sur la terre pour plusieurs centaines d'années ». Pessimiste, il va même jusqu'à penser que, contre un courant si puissant, les hommes ne seront ni assez vertueux ni assez résolus pour opposer un barrage. L'histoire providentielle de Burke n'est pas guidée par une raison, elle est tout entière fortuite. Le hasard paraît un des attributs de Dieu.

§ 2. La contre-Révolution et les écrivains de langue française

De Burke aux écrivains de langue française, les chefs d'accusation contre la Révolution sont presque les mêmes et bien des thèmes sont identiques. Néanmoins le contexte idéologique est différent. Vitupérant 1789, Burke exalte d'abord l'Angleterre et son « composé » incomparable de libertés et de traditions ; avec son tempérament propre et avec l'émotion que lui transmettent les événements, il transpose Locke et est (même inconsciemment) imprégné par l'utilitarisme. Rivarol ou Joseph de Maistre n'ont même pas un regard pour les institutions britanniques. Rivarol se situe dans la ligne de Voltaire. Quant à Joseph de Maistre, sa pensée est proprement théocratique, puisant d'ailleurs sans doute davantage aux sources de l'illuminisme théosophique qu'aux doctrines théocratiques médiévales.

A) *Rivarol*

Rivarol n'est pas un théoricien, mais son souvenir est encore vivant aujourd'hui (cf. le journal qui porte son nom), et l'étude de son œuvre découvre les racines que plonge la pensée contre-révolutionnaire dans la philosophie du XVIIIe siècle ; la contre-révolution n'est pas une simple réaction contre le siècle des philosophes, elle leur doit beaucoup, tout en retournant parfois contre eux certains thèmes qu'elle leur a empruntés.

Avant 1789, Rivarol (1753-1801) est connu comme un brillant causeur, spécialiste des calembours et quolibets ; parasite sarcastique d'une société qui va s'écrouler, il est un des derniers arrivistes de l'Ancien Régime. Il a, dit V.-H. Debidour dans sa préface aux morceaux choisis publiés par Grasset en 1956, son côté Jean-Jacques, son côté Chénier et surtout son côté Voltaire : « Pleinement de son temps, il n'est que de son temps. »

Mais la Révolution éclate et il se dresse contre elle. Cet incroyant devient le défenseur de l'Eglise et de la monarchie, ce qui ne l'empêche pas de juger sévèrement Louis XVI. Il critique la Déclaration des Droits, « préface criminelle à un livre impossible » et estime qu'il faudrait lui substituer une déclaration des faits et une déclaration des devoirs. Il dénonce les illusions de la souveraineté populaire et de l'égalité. Il marque sa préférence pour l'agriculture et utilise largement le thème de l'arbre (1) (« Ah ! ne soyez pas plus savants que la nature ! Si vous voulez qu'un grand peuple jouisse de l'ombrage et se nourrisse des fruits de l'arbre que vous plantez, ne laissez pas ses racines

(1) Si largement employé par la littérature traditionaliste. Cf. plus loin, p. 538.

à découvert »). Une de ses œuvres porte un titre à la Renan : *De l'homme intellectuel et moral* (1797). Il parle comme plus tard Maurras de politique naturelle : « Il ne faut pas vouloir être plus savant que la nature. »

Mais il reste un homme du XVIIIe siècle, et il évoque le bonheur comme Rousseau et comme Saint-Just : « Une nation n'a point de droits contraires à son bonheur... Les vrais représentants d'une nation ne sont pas ceux qui font sa volonté du moment, mais ceux qui interprètent et suivent sa volonté éternelle : cette volonté qui ne diffère jamais de sa gloire et de son bonheur. »

Dans des contextes historiques différents, Rivarol aura toujours en France ses héritiers : littérateurs brillants et choyés, cerveaux clairs et légers, plumes impertinentes. La politique les attirerait peu si l'agacement provoqué par les « idéologues » au langage lourd, l'horreur physique du peuple en colère, ne leur faisaient prendre brusquement conscience qu'ils sont solidaires d'une société dont l'ordre et les traditions leur garantit tranquillité et succès. Paradoxalement, ces impertinents négateurs se muent en chevau-légers du traditionalisme, vire-voltant autour du lourd escadron des académiciens dont, l'âge venant, ils combleront sans doute les vides.

B) *Illuminisme et théocratie*

Le traditionalisme de Rivarol est de style voltairien ; celui de Joseph de Maistre plonge ses racines dans l'illuminisme qui s'épanouit assez largement à la fin du XVIIIe siècle.

Nous ne pouvons ici qu'évoquer l'œuvre de Fabre d'Olivet (1768-1825) et de Claude de Saint-Martin (1743-1803), le « philosophe inconnu », l'auteur de *L'homme de désir* (1790), dont les *Considérations politiques, philosophiques et religieuses sur la Révolution française* (1795) précèdent d'un an les *Considérations sur la France* de Joseph de Maistre et soulignent, comme elles, le caractère providentiel de la révolution.

Maistre a un talent vigoureux et concis dont Saint-Martin est totalement dépourvu, mais celui-ci a exercé sur ses fidèles une profonde influence. Il est à cet égard intéressant de noter :

1) Ces sources mystiques du traditionalisme français : dans les *Considérations sur la France*, Joseph de Maistre déclare qu'il attend une nouvelle Révélation, une expression religieuse nouvelle formulant pleinement le sens des Ecritures. Rien n'est plus éloigné du rationalisme dont se piquera Maurras.

2) Les points de jonction entre le traditionalisme mystique de Maistre et le « nouveau christianisme » des saint-simoniens. Traditionalisme et saint-simonisme présentent plus d'un trait commun : l'évêque saint-simonien pour la province de Bretagne, Louis Rousseau, est nourri de Saint-Martin et de Joseph de Maistre ; il revient en 1834 à la foi catholique, passe par le fouriérisme et devient un ardent propagandiste du catholicisme social... Un tel cas n'est pas exceptionnel. Il conduit à un salubre scepticisme à l'égard des plans qui introduisent des distinctions tranchées entre les divers mouvements de pensée d'une même époque...

C) *La systématisation des thèmes contre-révolutionnaires*

C'est avec le Savoyard Joseph de Maistre d'abord, puis avec le vicomte de Bonald (Chateaubriand et Lamennais apportant une note différente), que le traditionalisme, toujours présenté désormais comme la contre-Révolution, va passer des réactions fulgurantes de Burke et des épigrammes de Rivarol à l'édification d'un corps de doctrines cohérent.

La continuité dans la thématique entre les *Réflexions* (1790) de Burke et les *Considérations sur la France* (1796) de Joseph de Maistre est indiscutable et évidente : mêmes préventions contre le rationalisme appliqué aux sociétés humaines, mêmes transports lorsqu'on évoque l'héritage des traditions séculaires, même croyance en la Providence, régulatrice mystérieuse et souveraine du destin des peuples, même philosophie de l'histoire qui moralise les cataclysmes politiques et y voit le signe du châtiment divin du péché.

De même, la dette du franc-maçon mystique Joseph de Maistre envers l'illuminisme de Saint-Martin est évidente. Sa conception toute mystique du « bourreau », par exemple, « horreur et lien de l'association du monde, ... agent incompréhensible du monde», ou sa conception de la guerre (1), ne se peuvent comprendre qu'à la lumière de l'illuminisme.

L'étude de Maistre (et aussi de Bonald, moins inspiré et plus systématique) aurait donc bien sa place ici. Nous la rejetterons cependant au chapitre XII avec l'étude du traditionalisme français au XIXe siècle, pour des raisons purement chronologiques : sans doute la pensée de Joseph de Maistre est-elle déjà presque entièrement formée vers 1795, il n'en est pas moins vrai que c'est sous la Restauration que lui-même et Bonald ont eu le plus d'influence. Maistre meurt en 1821, Bonald en 1840, alors que Burke, Rivarol et Saint-Martin disparaissent respectivement en 1797, 1801. 1803. Il aura donc suffi de souligner ici la continuité du courant contre-révolutionnaire (2).

SECTION II. — **Philosophie et politique en Allemagne**

Vers 1789, Kant interrompait sa solitaire promenade quotidienne pour attendre l'arrivée du courrier de France. En 1793, Fichte écrit deux opuscules pour défendre les actes de la

(1) « Au-dessus de ces nombreuses races d'animaux, est placé l'homme dont la main destructrice n'épargne rien de ce qui vit... Mais cette loi s'arrêtera-t-elle à l'homme ?... quel être exterminera celui qui les exterminera tous ? Lui. C'est l'homme qui est chargé d'égorger l'homme... C'est la guerre qui accomplira le décret. N'entendez-vous pas la terre qui crie et demande du sang ?... La terre n'a pas crié en vain : la guerre s'allume. L'homme, saisi tout à coup d'une fureur divine, étrangère à la haine et à la colère, s'avance sur le champ de bataille, sans savoir ce qu'il veut, ni même ce qu'il fait... Rien ne résiste à la force qui traîne l'homme au combat ; innocent meurtrier, instrument passif d'une main redoutable, il se plonge tête baissée dans l'abîme qu'il a creusé lui-même... L'ange exterminateur tourne comme le soleil autour de ce malheureux globe et ne laisse respirer une nation que pour en frapper d'autres... » (*Les soirées de Saint-Pétersbourg*, 7e entretien).

(2) Il ne faut pas omettre le Suisse Charles-Louis DE HALLER (1768-1854), admirateur et émule de Bonald, auteur de la *Restauration de la science politique* (1816-34, 6 vol.).

Convention. Hegel évoquant beaucoup plus tard les débuts de la Révolution française écrira :

« ... Voici que l'homme en était venu à reconnaître que c'est la pensée qui doit gouverner la réalité spirituelle. Ce fut donc une splendide aurore. Tous les êtres pensants ont communié dans la célébration de cette époque... Il régna, dans ce temps, une émotion sublime et un frisson d'enthousiasme avait traversé le monde, comme si la réconciliation véritable du divin et du terrestre s'était enfin accomplie. »

Et cependant dès 1795, bien avant pour certains, presque tous les penseurs allemands s'étaient détournés avec plus ou moins de tristesse ou d'horreur sinon des principes, du moins de l'œuvre de la Révolution. Gentz, qui en 1790 s'était écrié « Je regarderais l'échec de cette révolution comme le plus grand malheur qui ait jamais frappé le genre humain », publie dès 1793 une traduction, agrémentée de commentaires enthousiastes, des *Réflexions* d'Edmund Burke.

En dépit de cette désaffection rapide, presque tous les écrivains allemands ont gardé une très vive conscience de l'importance décisive et universelle de la Révolution (qu'on se souvienne des réflexions que la bataille de Valmy inspire à Gœthe...). Il ne semble pas excessif de dire que, pour certains d'entre eux au moins, l'importance du « signe » historique que fut la Révolution contribua puissamment à intégrer dans leur philosophie la dimension des faits politiques et sociaux.

La cause de ces variations à l'égard de la Révolution et aussi de la fascination exercée par elle sur la pensée allemande réside peut-être dans le contexte idéologique où baignait l'Allemagne de la fin du XVIIIe et du début du XIXe siècle, contexte où se mêlaient, jusqu'à se fondre parfois, les influences de la philosophie des lumières, de l'historisme et du préromantisme.

§ 1. Le contexte idéologique

L'Allemagne du XVIIIe siècle a connu comme toute l'Europe son âge de la philosophie des « lumières » : l'*Aufklärung*. Dérivée des conceptions de Leibniz, elle fut vulgarisée notamment par un disciple de ce dernier, Wolff.

A bien des égards, l'*Aufklärung* présenta les mêmes caractéristiques que la « philosophie des lumières » dans le reste de l'Europe, en France notamment : même méthode analytique et critique (qui sera le point de départ de Kant),

même tendance au dogmatisme purement logique, même horreur de l'« ignorance ». Kant a bien défini l'ambition de l'*Aufklärung* : « ... C'est l'émancipation de l'homme sortant de la minorité intellectuelle où il a vécu jusqu'alors du fait de sa propre volonté... *Sapere aude*, ose faire usage de ton jugement ! Voilà la formule de l'*Aufklärung*. »

Cependant l'*Aufklärung*, qui ne pénétra qu'une mince élite (et nullement *toute* l'élite intellectuelle allemande) et qui coexista avec un vigoureux mouvement piétiste, présenta toujours certains traits qui la caractérisent assez fortement.

Tout d'abord, elle n'est pas ou est peu un mouvement d'idées politiques. Elle fut essentiellement préoccupée de problèmes religieux et moraux. Son but est avant tout une pédagogie de la raison critique dans les catégories éthiques.

Sur le plan politique, divers facteurs prédisposaient peu les penseurs allemands à faire porter leur critique sur les institutions : influence luthérienne, morcellement politique des pays allemands, tendances idéalistes de l'élite intellectuelle, bourgeoisie assez souvent fonctionnarisée, etc. Au demeurant, le despotisme éclairé utilisait et captait parfaitement au profit des monarques la revendication assez anodine de l'*Aufklärung* en faveur d'un gouvernement éclairé par la raison dans la recherche du bonheur harmonieux des peuples.

Mais surtout l'*Aufklärung* n'eut jamais en Allemagne (sauf peut-être chez Wolff) le caractère froidement rationaliste (ou superficiellement déiste) qu'eut souvent en France la philosophie des lumières. Ses fortes préoccupations morales la maintiennent dans une inquiétude qui atteint chez Lessing, par exemple (1), à l'attente d'une religion enfin *totalement* vraie. Cela explique dans une certaine mesure pourquoi Kant, qui, selon le mot de J.-E. Spenlé, marque à la fois « l'aboutissement et la liquidation de l'Aufklärung », sentira la nécessité de fonder sa philosophie non sur des données de l'expérience mais sur des catégories données (par l'entendement) d'une raison pure. Cela explique aussi comment en 1770 à Strasbourg Gœthe et Herder passent si aisément du climat de l'*Aufklärung* dans celui du germanisme qui caractérise le *Sturm und Drang*. La philosophie des lumières en Allemagne n'a pas développé, au moins sur le terrain des idéologies politiques, la même force corrosive qu'en France.

Dès 1770 d'ailleurs, elle se heurtait à une réaction à la fois anti-intellectualiste et anti-cosmopolite, celle du *Sturm und Drang (Tempête et assaut)*. Le point de départ en fut sans doute purement esthétique (Lessing, dans sa *Dramaturgie de Hambourg*, critiquait l'esthétique prétendument universelle des Français et louait Shakespeare), avec le mot d'ordre de retour à la nature brute et vierge. Cependant, le mouvement n'est pas sans implications politiques, en ce sens d'abord qu'il est nettement nationaliste, ensuite parce qu'il a indiscutablement « coloré » la pensée d'auteurs comme Herder, Fichte et sans doute aussi Hegel.

(1) « Si Dieu me proposait de choisir entre la vérité possédée ou la recherche inlassable, je lui répondrais : garde pour toi la vérité, je choisis, moi, l'inquiétude de la recherche. »

Quant au *romantisme* allemand, il est difficile de préciser sa place dans le contexte des idées politiques. Seul Hölderlin semble avoir réellement été préoccupé par les événements politiques. Notons cependant que l'école romantique de l'« Athenaeum » croira parfois devoir se réclamer de Fichte. Mais surtout deux thèmes du romantisme allemand ont pu exercer une influence diffuse au moins sur le style de la philosophie politique après Fichte. En premier lieu, le thème (déjà présent chez Lessing) de l'« infini dynamique», éternel inachevé : il peut introduire aussi bien à l'idée du retour cyclique qu'aux mouvements dialectiques de l'histoire. C'est ensuite le thème « organiciste » d'une communauté de vie et d'expérience, reposant sur des éléments irrationnels (traditions, mythes, races), qui englobe et dépasse l'individu.

Plus que le romantisme, l'*historisme*, auquel sont liés les noms d'Adam Müller et de Savigny, a une portée politique directe. C'est en 1808-1809 que, dans une série de conférences prononcées à Dresde, Adam Müller, lecteur de Burke et de Maistre, répudiant en bloc l'héritage individualiste du droit romain et de la philosophie du XVIIIe siècle, exalte avec insistance le développement historique qui, selon lui, à travers les familles, donne naissance à l'Etat, organisme doué de vie, d'unité et de continuité. Pour Müller, l'Etat prime tout car lui seul possède une « âme commune ». Néanmoins, le despotisme n'est pas justifié (il serait lui-même encore une manifestation d'individualisme : celui du monarque) ; à l'omnipotence de l'Etat Müller oppose le sentiment religieux. En 1814, l'historien et juriste Savigny, répliquant à certains juristes allemands qui réclamaient pour l'Allemagne un système de droit codifié inspiré du code civil français, énonce sa théorie du droit, « produit historique et communautaire de l'âme du peuple» *(Volksgeist)*. Le *Volksgeist*, toujours en développement, a pour forme visible l'Etat qui, procédant historiquement de la famille, puis de la tribu, en est aujourd'hui à la communauté élargie. Toute l'organisation judiciaire héritée des siècles est légitime, c'est la forme légitime de l'Etat.

§ 2. La politique dans la philosophie de Kant

La seule œuvre directement politique de Kant (1724-1804) est son *Projet de paix perpétuelle* (1795). D'autres ouvrages, souvent simples opuscules, abordent le problème politique à partir d'une réflexion sur la morale et le droit, ou à partir de la philosophie de l'histoire. Et cependant ces œuvres, ou ces fragments d'œuvres, sont loin d'exprimer l'ensemble de la pensée politique contenue dans la philosophie kantienne : la *Critique de la raison pure* et la *Critique de la raison pratique* sont tout aussi nécessaires à la compréhension de la philosophie politique de Kant que les écrits et les allusions directement consacrés à la politique. C'est dans l'ensemble de l'idéalisme transcendantal et moral de Kant que sa réflexion sur la politique et sur l'histoire prend son sens et sa place. Pour Kant, il n'y a pas de savoir absolu du réel en soi. Le savoir n'est que le domaine de la connaissance, l'action est le domaine de la morale. Il fait appel pour constituer les postulats de sa morale et de sa métaphysique, à la « forme pure » du devoir, de l'impératif moral catégorique.

Sources et emprunts.

Outre les écrivains politiques de l'Antiquité, Kant est pénétré de Montesquieu, de Rousseau surtout, et des *Aufklärer*.

A Montesquieu il emprunte l'idée de la séparation et de l'équilibre des trois pouvoirs. De J.-J. Rousseau il transforme la théorie du contrat social succédant à l'état de nature : il ne s'agit plus du tout d'une sorte d'hypothèse historique, mais d'une « idée de la raison » constituant le fondement légitime de l'autorité publique. L'idée d'égalité fondamentale des hommes et la théorie de la volonté générale ne sont plus comme chez Rousseau les éléments d'une doctrine démocratique : Kant est républicain et non démocrate ; il ne s'agit plus chez lui que de postulats découlant de l'impératif moral et interdisant que le souverain (*i. e.* la « respublica » et non le peuple au sens de Rousseau) puisse édicter une décision qui ne pourrait être prise par chaque sujet moral. A l'*Aufklärung* enfin Kant emprunte le postulat d'un progrès homogène de l'humanité vers la liberté et la moralité, et, par conséquent, vers la paix perpétuelle. En revanche, il se sépare indiscutablement de l'intellectualisme desséché de l'*Aufklärung*, en admettant de façon résolue le primat de la pratique sur la théorie, en insistant sur le facteur décisif que constitue le travail pratique de l'homme dans cette progression de l'humanité vers son humanisation.

Les conséquences politiques de la philosophie générale.

L'universalité de la morale entraîne l'égalité de tous les individus en tant que sujets moraux. L'autonomie de chacun de ceux-ci implique leur dignité. Dignes, parce que personnes raisonnables, ces sujets méritent la liberté politique. Le monde moral (et, partant, le monde des réalités politiques et sociales) étant dominé par le règne des fins, il en résulte que ce monde ne peut être régi que par un état de droit où la politique doit être dans une subordination absolue à l'égard de la morale dont le caractère est absolu et rigide. Il ne s'agit pas ici, répétons-le, d'une théorie appliquée à la seule recherche de la vérité en soi, mais bien d'un effort pratique de la part de la philosophie.

Comme Rousseau, Kant ne reconnaît qu'un mérite à sa philosophie, celui d'aider les hommes à établir leurs droits :

> « Il y eut un temps où je considérais que la recherche de la vérité seule constituait l'honneur de l'humanité et je méprisais l'homme ordinaire qui ne sait rien. Rousseau me mit dans le droit chemin... ; j'appris à connaître la nature humaine et je me considérerais bien plus inutile que l'homme travailleur ordinaire si je ne considérais que ma philosophie peut aider les hommes à établir leurs droits » (*Fragm.*, éd. Hartenstein, vol. VIII, p. 624).

La politique fondée sur le droit.

Kant définit le droit :

> « L'ensemble des conditions par lesquelles le libre-arbitre de l'un peut s'accorder avec celui de l'autre suivant une loi générale de liberté. »

Définition qui, d'une part, découle de l'idée kantienne de l'autonomie de la volonté et du règne des fins, et d'autre part transcrit la formule même de la Déclaration des Droits de 1789.

Les droits de l'homme sont : 1) La *liberté* comme homme ; 2) L'*égalité* comme sujet devant une même Loi morale ; 3) Le droit à être *citoyen*, c'est-à-dire le droit de tous ceux qui ne sont pas dans un statut de dépendance (qui exclut domestiques et ouvriers) à se trouver dans un état d'égale fraternité devant une loi commune.

La défense et le respect de ces droits inaliénables sont le fondement de tout ordre politique légitime. C'est cette défense qui est la fin de toute politique, et non le bonheur et la satisfaction des citoyens (Kant répudie ici le despotisme éclairé et tout l'utilitarisme de l'*Aufklärung*). La seule forme politique (« forma regiminis » et non « forma imperii ») qui réponde à cette fin, c'est la forme républicaine (opposée à la forme despotique) qui implique comme seuls mécanismes concrets le système représentatif et la séparation des pouvoirs. Kant admet la monarchie constitutionnelle et le suffrage censitaire. En pratique politique, il est souvent prudent.

Politique et philosophie de l'histoire.

Kant est le premier grand philosophe chez qui la philosophie politique ne se borne pas, comme chez beaucoup de ceux qui l'ont précédé, à être éclairée ou illustrée par des « considérations historiques », mais est intégrée à une philosophie de l'histoire.

Kant croit à un « projet » de l'espèce humaine, ou du moins (car ce terme « projet » impliquerait que c'est la volonté humaine, intelligente et consciente, qui forme elle-même le projet), il croit que la Nature prépare son universalisation en conduisant l'humanité vers ses fins. La Nature donne spontanément ses fins à la politique en conduisant l'espèce humaine vers son extension sur toute la terre et vers la culture, conditions de l'instauration d'un gouvernement légitime, républicain et universel qui fera régner une paix perpétuelle. Le régime républicain, naturellement destiné à s'universaliser et à éliminer guerres et antagonismes, est ainsi une « préparation » du royaume de Dieu.

Toutefois le régime républicain concret (c'est-à-dire historique) n'institue qu'imparfaitement, en simple pratique, le règne de la liberté. Nature et politique ne mènent qu'à la *légalité* et non à la *moralité*. Mais l'état de droit est déjà, dans le plan général d'une philosophie de l'histoire, la préfiguration et l'espérance d'une absolue domination pratique de la Loi morale.

Politique et morale. Fin et moyens.

La raison pratique n'est nullement pour Kant une raison *opportuniste*. Les commandements de la raison pratique (*i. e.* de la raison appliquée au monde de l'action) s'imposent comme des *absolus* à l'égard desquels aucune transgression n'est admissible. Le commandement moral contenu dans les fins ne peut en aucun cas être subordonné aux moyens, quand même ceux-ci permettraient d'abréger le chemin qui mène aux fins. L'idéal de Kant est le « politicien moraliste » et non le machiavélien. La morale est toujours le juge sans appel de la politique. La maxime du « politicien moraliste » est selon Kant : « Fiat Justitia, pereat mundus. »

Kant, à certains égards, jette un pont entre le Rousseau du *Discours sur l'origine de l'inégalité* et Hegel. Il accomplit et systématise dans une philosophie générale l'idée en germe chez les « philosophes », proclamée par la Révolution, d'une subordination de la politique au droit et à la morale. Mais il annonce Hegel par l'inclusion de la théorie des formes politiques dans une philosophie de l'histoire. Son idéalisme moral marquera la philosophie politique allemande autant, sinon davantage, que l'idéalisme historique de Hegel. Pourtant les lacunes de cette philosophie, au plan de la réflexion sur la politique, sont grandes. Sans doute maintes perspectives sont tracées (Kant condamne la colonisation, fait l'éloge du fédéralisme, oppose une réponse hautaine au vieux dilemme des fins et des moyens, etc.), mais toute sa pensée baigne dans un formalisme indéfini. Ce qui est proposé, ce sont toujours des « formes pures de la raison ». Hegel aura beau jeu à lui objecter le désaccord pratique de la vie, la « douleur » des consciences déchirées entre l'Etre et le Devoir, la nécessité d'expliquer pleinement le tragique de l'Histoire, de rendre à la conscience une sérénité vraie en lui faisant accepter l'aliénation de l'individu dans l'Etat comme la rationalité même de la violence dans l'histoire (cette violence n'étant elle-même que la loi par laquelle l'Esprit s' « accomplit »).

§ 3. Fichte

L'œuvre la plus connue de Fichte (1762-1814) est ses *Discours à la nation allemande* prononcés à Berlin pendant l'hiver 1807-1808 pour appeler la Prusse vaincue à la lutte contre les armées de Napoléon. Fichte est donc fréquemment représenté comme le premier doctrinaire du nationalisme allemand, comme un ancêtre du pangermanisme.

La réalité est plus complexe :

1) Tout d'abord, Fichte est un philosophe et sa politique procède directement de sa philosophie. C'est la lecture de Spinoza qui décide de sa vocation philosophique, et il s'enthousiasme pour Kant : deux auteurs apparemment peu nationalistes. La philosophie politique de Fichte affirme que la liberté est l'essence interne de l'homme et que les individus, par leur collaboration vivante, créent une âme collective : la philosophie véritable, écrit-il dans ses *Discours*, considère « la pensée libre comme la source de toute vérité indépendante ».

2) Cette philosophie de la liberté conduit naturellement Fichte à prendre devant ses compatriotes la défense de la

Révolution française. Il publie à Iéna en 1793 une *Contribution à la rectification des jugements du public sur la Révolution française*, où il se montre aussi enthousiaste que Burke avait été dénigrant ; il y manifeste une égale méfiance envers la monarchie absolue et la monarchie universelle : « Toute monarchie absolue vise nécessairement à la monarchie universelle. » Quelques années plus tard, accusé de saper auprès des étudiants les fondements de la religion et de l'ordre public, il est obligé de quitter Iéna. Il publie en 1800 à Tübingen son *Etat commercial fermé (Der geschlossene Handelsstaat)* où il s'oppose également à la liberté anarchique du libéralisme économique et à la réglementation anarchique du mercantilisme ; œuvre singulière où apparaît à la fois un nationalisme économique qui annonce List et un anti-individualisme qui annonce le socialisme d'Etat : c'est à l'Etat qu'il appartient de réaliser la liberté et l'égalité, de faire régner la raison.

Dans ses principes, la philosophie de Fichte est une philosophie de l'universel. Mais c'est sur la nation allemande et sur elle seule qu'il compte pour assurer le triomphe de l'universel. D'où ce texte fondamental des *Discours* : « La philosophie véritable, la philosophie autonome et accomplie, celle qui, par delà les phénomènes, a pénétré leur essence, ne sort pas de telle ou telle vie particulière : elle sort, au contraire, de la vie une, pure, divine, de la vie absolue, qui reste vie éternellement et subsiste dans une éternelle unité... Cette philosophie est donc proprement allemande, c'est-à-dire primitive, et inversement, si quelqu'un devenait véritablement allemand, il ne pourrait philosopher autrement. »

1° *Nationalisme métaphysique.* — « [Les Français] ne possèdent pas de moi qu'ils se soient formé par eux-mêmes ; ils n'ont qu'un moi historique, né du consentement universel ; l'Allemand, au contraire, possède un moi métaphysique. » Importance de cette opposition entre le moi historique du Français et le moi métaphysique de l'Allemand.

2° *Nationalisme religieux et mystique.* — La supériorité de l'Allemagne est un article de foi, le christianisme authentique n'a pu grandir que chez les Allemands (Luther est pour Fichte l'Allemand par excellence). Il veut réaliser « l'épanouissement toujours plus pur, plus parfait, plus harmonieux, en un progrès incessant, du principe éternel et divin dans le monde ».

3° *Nationalisme romantique.* — Fichte exalte l'enthousiasme et la vie : « Voyez encore un trait fondamental de l'esprit allemand. Dès qu'il cherche, il trouve plus qu'il ne cherche ; car il plonge au torrent de la vie vivante, qui coule de son propre élan et l'entraîne avec lui. » L'histoire est passage de l'instinct à la raison, de l'inconscience à la liberté.

4° *Nationalisme pédagogique.* — « Nous avons tout perdu, dit Fichte, mais il nous reste l'éducation. » C'est en des termes presque analogues que s'exprimera Renan après la guerre de 1870 dans *La réforme intellectuelle et morale* ; mais tandis que Renan lance un appel aux élites, Fichte s'adresse à l'ensemble de la nation allemande, il compte sur l'élan de tout un peuple, sur la nation armée. Il retourne contre l'Empire les leçons de la Révolution française.

Fichte affirme bien qu'il ne distingue pas le salut de l'Allemagne de celui de l'Europe et de celui de l'humanité, mais son nationalisme est typiquement germanique et xénophobe, autarcique à l'image de son « Etat commercial fermé ». Fanatiquement antilatin, il est profondément convaincu que la race allemande possède une supériorité fondamentale ; il estime qu'il ne faut pas accorder le droit de cité aux Juifs, il pense que la mission des Allemands est de former un Etat unifié, un Empire unique qui sera « le véritable Empire du droit, tel que le monde n'en a jamais vu ». Le racisme au service du Droit.

Sans doute Fichte est-il resté « un Jacobin mystique » (Victor Basch). Mais « il est une des origines du pangermanisme comme il est une des sources du libéralisme allemand » (Charles Andler).

SECTION III. — Hegel ou la tentative d'une philosophie de l'État

Toute classification est évidemment arbitraire et notre parti d'étudier l'hégélianisme en conclusion des mouvements de pensée déclenchés par la philosophie du XVIIIe siècle et par la Révolution française n'échappe certainement pas à ce reproche.

Néanmoins, du point de vue de la philosophie politique, il nous a paru que Hegel (1770-1831), dans sa réflexion sur l'histoire universelle, sur le droit et sur l'Etat, prend bien comme « point de lecture » la crise marquée par la Révolution française. C'est de cet observatoire qu'il « remonte » l'histoire et qu'il projette en avant sa réflexion sur l'Etat moderne.

La théorie de l'Etat, la théorie du droit et la philosophie de l'Histoire ne sont dans la philosophie de Hegel que des morceaux d'un ensemble systématique. A la différence de Montesquieu par exemple qui ne traite que des institutions concrètes et réelles, Hegel affirme à plusieurs reprises, à propos de sa théorie de l'Etat par exemple, qu'il importe peu de considérer *des* Etats *particuliers* ou *des* institutions *particulières*, mais qu'il faut d'abord considérer *ce qu'est l'Etat* : on ne peut juger les Etats avant de savoir ce qu'est l'Etat, c'est-à-dire *l'idée d'Etat*.

§ 1. Le système philosophique de Hegel

Au cours de ses années d'études à Tübingen (1788-1793), puis au cours de ses années de préceptorat à Berne (1793-1796) et à Francfort (1797-1800), Hegel subit les influences philosophiques les plus diverses : philosophie critique de l'*Aufklärung*, kantisme, naturalisme spinoziste de son ami Schelling, romantisme (par son autre ami de jeunesse, Hölderlin).

Les principales œuvres de Hegel sont *La phénoménologie de l'esprit* (1807), la *Logique* (1812-1816), l'*Encyclopédie des sciences philosophiques* (édition définitive, 1830). Ce dernier ouvrage est complété par la *Philosophie du droit*, publiée en 1821, qui est en réalité un développement d'une des parties de l'*Encyclopédie*. C'est l'ouvrage où sont le plus directement exposées les idées politiques de Hegel. Ses élèves recueillant manuscrits et notes de cours, publièrent après la mort du maître plusieurs de ses cours sous le titre de *Leçons* (notamment les *Leçons sur la philosophie de l'histoire*).

Dans *La phénoménologie*, Hegel se propose non plus de réfléchir au *Sollen*, c'est-à-dire à ce qui doit être, mais de comprendre ce qui est comme cela est puisque tout est nécessaire.

A) *L'idéalisme absolu de l'hégélianisme*

L'idéalisme hégélien est radical. Pour lui, l'idée est non pas une création subjective du sujet, mais la réalité objective elle-même, ou, si l'on veut, le premier et seul sujet ; tout en procède, aussi bien le monde sensible que les productions de l'esprit (et par conséquent ma réflexion elle-même).

Le développement progressif de l'Idée initiale vers l'Esprit universel, c'est l'Histoire elle-même, qui n'est que l'histoire de la plénitude croissante de l'Esprit dans le monde et l'histoire de l'émergence du monde à la conscience.

L'Esprit sans cesse se nie, se brise, s'objective dans un monde « extérieur », mais toujours pour se rendre plus conscient à soi-même, pour se « reprendre » et, finalement, pour croître.

B) *Les lois dialectiques de la croissance de l'Esprit*

L'Esprit se développe non pas selon le hasard ou selon le pur arbitraire, mais selon des lois conformes à sa nature, des lois logiques (on a dit du système hégélien qu'il était un panlogisme). Mais cette logique est celle de la dialectique et non celle de l'identité (ou de la non-conciliation des contraires).

La dialectique est la loi de développement par conservation et dépassement d'antinomies qui se « résolvent » dans un troisième terme qui les surmonte. Ce rythme à trois temps, thèse-antithèse-synthèse, est pour Hegel le seul mode de développement et de l'Etre et de la Pensée.

Si ce rythme retentit dans toute la Nature et dans toute l'Histoire, c'est en raison de la finalité qui pousse l'Idée à se faire Esprit universel.

C) *Individu et peuple*

Pour Hegel, l'individu, c'est-à-dire le sujet pensant, est irrémédiablement enfermé entre sa subjectivité particulière, finie, et son désir d'accéder à l'universel. La seule solution à cette vision individualiste est celle de Kant : l'individu aspire à un devoir-être qui cependant lui reste inaccessible. Aussi la seule solution vraie est-elle d'admettre que l'individu n'accède à l'Esprit universel qu'à travers la médiation d'un tout organique, qui est un peuple. « C'est dans un peuple et seulement en lui que la moralité est réalisée, qu'elle n'est plus seulement un devoir-être, un idéal inaccessible. »

Hegel appelle *Moralität* l'idéal moral auquel aspire l'individu et *Sittlichkeit* la réalité vivante des mœurs et des institutions d'un peuple à un moment donné. La religion, par exemple, est une des manifestations les plus hautes de l'esprit d'un peuple *(Volksgeist)*, c'est un phénomène supra-individuel.

Le peuple est la seule incarnation *concrète* de l'éthique. Vouloir chercher ailleurs que dans l'esprit d'un peuple le fondement de l'éthique, c'est se perdre dans de pures abstractions. Pourquoi ? Parce qu'un peuple est une organisation spirituelle.

Mais chaque peuple est unique, il est exclusif d'autres individualités semblables à lui. C'est pourquoi à un moment ou à un autre les guerres entre peuples sont nécessaires. Elles sont une condition de la « santé éthique des peuples ». Les guerres secouent la dilution de l'homme dans le monde des intérêts et des conflits de classes, elles rendent au peuple son unité.

Cependant, bien que nécessaires, les guerres, même victorieuses, acheminent les peuples vers leur déclin. Par les guerres en effet se constituent les Empires, trop vastes pour conserver leur unité, trop menacés de dispersion interne pour ne pas compenser ce risque par la pure domination de la contrainte. Ce fut le sort de Rome. Alors le citoyen ne trouve plus dans l'Etat la médiation vers l'universel, il se retire en son for intérieur, il s'en détache.

§ 2. L'histoire universelle selon Hegel

A) *La raison est la substance de l'histoire*

Toute la lecture que donne Hegel de l'histoire universelle consiste à montrer la Raison progressivement à l'œuvre dans les événements (dont aucun n'est fortuit, pas plus qu'il n'est « perdu » : tout est « récupéré » et intégré dans « une vie de la pensée »). Si la « Logique » de Hegel est « historique » en ce qu'elle est consacrée à saisir la vie de la pensée, inversement *son Histoire est une histoire de la Raison.* Cette attitude en face de l'histoire explique aussi la façon, qui parfois scandalise, avec laquelle Hegel a accueilli certains événements de son temps. L'histoire universelle étant, comme Hegel se plaît souvent à l'affirmer, « le tribunal suprême », le philosophe se borne à chercher la « raison » des événements : « Tout le réel est rationnel. »

B) *Toute l'histoire trace le progrès de la liberté dans les consciences*

L'Histoire est l'histoire de l'Esprit, ou plutôt elle est une « représentation » de l'Esprit qui montre aux hommes comment celui-ci s'efforce de s'élever à la connaissance de ce qu'il est en soi. La Raison, qui est à l'œuvre dans l'histoire, arrive à ses fins par une « ruse » : elle utilise les « passions » des hommes ; ceux-ci suivent leur intérêt et le réalisent, « mais en même temps se trouve réalisée une fin plus lointaine, qui y est immanente, mais dont ils n'avaient pas conscience et qui n'était pas dans leur intention » (Introduction à la *Philosophie de l'histoire*). Cette fin lointaine, c'est la réalisation et la prise de conscience de la nature la plus propre de l'Esprit : la liberté.

C'est pourquoi, dans l'économie générale de l'histoire universelle, Hegel s'intéresse peu aux Empires orientaux de l'Antiquité et aux tribus d'Amérique et d'Afrique. C'est seulement chez les Grecs que la conscience de la liberté s'est épanouie, et c'est pourquoi ils ont été libres. Aussi Hegel place-t-il au centre même de son histoire de la liberté le monde de la pensée grecque. Mais l'esprit grec lui-même n'avait encore atteint qu'à l'adolescence du concept de la liberté de l'Esprit. C'est le christianisme, surtout lorsqu'il est arrivé au contact des peuples germaniques, qui, en brisant la « belle totalité » de la Cité antique où les catégories du « privé » et du « public » s'identifiaient dans la conscience du citoyen, a permis un nouveau progrès de la conscience de la liberté.

C) *L'Esprit qui est à l'œuvre dans l'Histoire est non pas un Esprit individuel, mais l'esprit d'un peuple*

Dans l'histoire universelle, nous n'avons pas affaire avec le singulier : l'Esprit dans l'Histoire se manifeste à travers des « touts concrets », c'est-à-dire des peuples. L'Esprit auquel nous avons affaire ici, c'est « l'esprit national », c'est-à-dire le « développement d'un principe d'abord enveloppé sous la forme d'un obscur désir, et qui se manifeste au dehors, qui tend à devenir objectif. Il se déploie dans la religion, la science, les arts, les destins et les événements » (voir sur ce point J. Hyppolite, *Etudes sur Marx et Hegel*, p. 27).

Un « esprit national » particulier est un être vivant qui naît, mûrit et meurt. A un moment de l'histoire, l'Esprit absolu s'incarne dans un peuple et spiritualise ce dernier. Il lui insuffle alors la culture. Cette culture nationale s'impose comme réalité objective aux individus de cette nation.

Toutefois Hegel n'adopte pas jusqu'au bout les thèses de l'école historique allemande. Il dépasse ce stade de la « contemplation » de l'Esprit dans un « esprit national ». A ce stade, dit Hegel, « l'esprit national » représente bien « le concept le plus haut que l'Esprit a pris de lui-même », mais ce palier est destiné à être dépassé. L'Esprit en effet « a ce qu'il veut. Son activité n'est plus stimulée, « son âme spirituelle n'est plus active » : ce n'est plus la jeunesse d'un peuple, « après l'accomplissement, advient l'habitude de la vie... C'est le moment de la nullité politique et de l'ennui ».

Qu'adviendra-t-il alors ? L'esprit national meurt, mais ce qu'il représentait, son principe, s'est actualisé : il ne peut périr entièrement, il se fraiera un chemin jusqu'à un principe plus haut qui s'incarnera dans un autre esprit national. « Un peuple est dominant dans l'histoire du monde pour telle époque donnée — et chaque peuple ne peut faire époque qu'une fois... » *(Philosophie du droit).*

Si Hegel a bien affirmé, notamment dans sa leçon inaugurale à l'Université de Berlin, la coïncidence historique entre l'Etat prussien et l'Etat idéal et rationnel auquel aboutit sa philosophie du droit et de l'histoire, jamais (du moins à notre connaissance) il n'a affirmé que le peuple qui faisait époque en son temps était le peuple germanique. Il ne résulte pas moins de tous ses écrits postérieurs à la période d'Iena que le peuple allemand connaît bien cette phase de la « fraîche jeunesse » d'un peuple que l'Esprit absolu se choisit à un moment de l'histoire pour se donner, à travers lui, le plus haut concept de soi-même. On voit aussi quelle utilisation les apologistes de la grandeur allemande pendant la période bismarckienne pourront faire de textes comme celui que nous venons de citer : c'est la meilleure justification de la liberté du bien et du mal au profit du *Herrenvolk.*

Dans l'histoire de ces impérialismes successifs (Spenlé), un peuple chargé d'une mission historique accomplit le destin et réalise l'aventure de l'Esprit (qui ne peut se retrouver qu'à travers la violence). Aussi les autres peuples sont-ils vis-à-vis de lui sans droits *(rechtlos)*, les peuples n'étant pas des individus (qui seuls peuvent avoir des droits). Mais la violence même que déploie ce peuple amènera son épanouissement qui engendrera l'arrêt de son progrès, d'où naîtra son déclin. Ainsi, ce peuple sera bien « jugé », mais au seul tribunal de l'histoire universelle, à son heure et quand son destin sera accompli (*die Weltgeschichte ist das Weltgericht* ; seule l'Histoire universelle est le tribunal suprême). De là, la justification de la guerre entre les peuples.

§ 3. La philosophie de l'État

La tradition a popularisé, en France surtout, l'idée d'un Hegel justificateur et théoricien de l'absolutisme prussien, d'un Hegel apologiste des droits absolus de l'Etat en face de l'individu. C'est à peine si on ne le tient pas pour responsable de l'autoritarisme de l'Empire allemand de la période bismarckienne.

Il s'agit là d'une simplification contre laquelle Marx avait déjà protesté. De nos jours, Jean Hyppolite d'abord, puis surtout Eric Weil, ce dernier de façon beaucoup plus passionnée, ont rétabli la véritable pensée de Hegel. S'il apparaît en effet que ce dernier, surtout dans les années 1818-1830, a cru trouver dans l'Etat prussien de son temps une incarnation historique de sa théorie de l'Etat moderne, il ne semble pas qu'on puisse lui faire grief d'avoir soutenu que *cet* Etat concret était la meilleure organisation politique possible.

A) *L'intention de Hegel dans sa théorie de l'État*

Hegel prend, au fond, le contre-pied des « philosophes » du XVIIIe siècle et des « faiseurs de Constitutions » de la Révolution française, qui ont tant cherché la « pierre philosophale de la politique », qui se sont obstinés à dire quel était le meilleur Etat. Pour lui, tout ce qui existe étant une création historique de l'Esprit, il y a déjà et toujours de la raison dans ce qui *est*, de même qu'il y a déjà de la liberté.

A croire les théoriciens du « bon Etat », il semblerait « qu'il n'y aurait pas encore eu par le monde d'Etat ou de Constitution d'Etat, qu'on doive commencer par le commencement maintenant » (Préface de la *Phil. du droit*). Pour Hegel, c'est là une idée fausse. On ne peut chercher ce que pourrait être l'Etat que parce qu'il y a déjà l'Etat. Une recherche réellement scientifique du « bon » Etat ne peut donc être que la théorie de la rationalité de l'Etat *qui est* : il s'agit de comprendre ce qu'est l'Etat et ce qu'il *sera*.

Dès la préface de sa *Philosophie du droit*, Hegel a mis ses lecteurs en garde. La philosophie arrive toujours trop tard pour livrer des recettes sur la manière dont le monde doit être, elle comprend ce qui est au moment « où une forme de la vie a vieilli ». « Quand la philosophie peint gris sur gris, une forme de la vie a vieilli et elle ne se laisse pas rajeunir avec du gris sur gris ; elle se laisse seulement *connaître. L'oiseau de Minerve ne prend son vol qu'à la tombée de la Nuit.* »

Certes, tel Etat concret et particulier peut être mauvais, mais la tâche de la pensée est de chercher à comprendre le positif qui existe *hic et nunc* dans l'Etat actuellement et concrètement mauvais.

B) *La « liberté concrète »*

Le tort de Kant et des philosophes libéraux, aux yeux de Hegel, est de n'avoir envisagé la volonté libre du sujet pensant qu'*in abstracto*. Pour Hegel, cette volonté libre en soi, c'est l'arbitraire. La volonté libre ne peut se satisfaire qu'en comprenant qu'elle n'est pas une pure négativité, qu'elle cherche et a toujours cherché la liberté dans une organisation raisonnable et universelle de la liberté. La politique est donc la science de la réalisation historique de la liberté dans ses incarnations successives et progressives à travers des médiations concrètes (famille, corporations, Etat). L'homme qui veut agir dans la réalité du monde ne peut se fonder exclusivement sur la conviction spontanée de sa conscience morale individuelle : d'une part, il lui faut bien se soumettre aux lois du monde objectif qui est hors de lui ; d'autre part, en tant qu'être raisonnable il est appelé à dépasser sa particularité pour accéder à la considération de l'universel.

Pour résumer : la « liberté concrète » postule la conciliation de deux tendances (ou, si l'on veut, de deux besoins) des personnes individuelles :

— la personne individuelle, immergée dans ses intérêts particuliers (qui ne sont pas exclusivement matériels), trouve ou désire trouver son développement total dans les sphères « privées » constituées par la famille et par la société civile ;

— mais cette même personne individuelle reconnaît, grâce à sa raison, qu'elle doit dépasser sa particularité et ne peut l'accomplir finalement que dans l'intérêt universel.

De la tension entre ces deux exigences, découle :

— que l'universel ne saurait avoir de valeur et ne saurait être accompli sans que l'individuel reçoive aussi satisfaction ;

— que l'universel ne saurait être atteint par simple juxtaposition et coexistence de volontés subjectives et d'intérêts particuliers.

Or quel est l'instrument de cette conciliation ? Selon Hegel, c'est l'État. Il l'a plusieurs fois répété : « L'Etat est la sphère de la conciliation de l'universel et du particulier », « l'Etat est la réalité *(Wirklichkeit)* de la liberté concrète ».

C) « *L'Etat est la ruse* »

Selon Hegel, l'antinomie entre la liberté intérieure du sujet et l'ordre objectif de la communauté organisée n'existait pas dans « la belle vie publique » de l'Antiquité grecque : l'individu n'avait pas encore gagné sa liberté intérieure et ne se pensait pas soi-même comme absolu ; la conciliation du « privé » et du « public » était immédiate, l'individu n'avait qu'une volonté générale.

Le monde moderne ne sera plus jamais tel. Par suite du christianisme, la religion n'est plus la religion d'un peuple particulier, mais la religion de l'esprit universel ; la richesse des cités a donné corps à une société civile qui détache fortement l'individu de la communauté. Dorénavant, il y a opposition entre l'individu et la collectivité organisée qui apparaît à l'individu comme puissance extérieure et force contraignante.

Mais cette opposition n'est qu'un moment qui doit être surmonté. Comment ? Par un artifice, ou par ce que Hegel nomme une « ruse ». Cette ruse, c'est l'Etat moderne qui ruse en effet dans la mesure où il se sert de la part de liberté « privée » laissée aux hommes pour les amener à reconnaître le caractère supérieur de son pouvoir et le caractère raisonnable de sa loi. L'Etat est donc cette médiation qui fait la « culture » du « vulgus » (simple agrégat de personnes privées) pour l'amener à se penser comme « populus », c'est-à-dire comme une véritable communauté libre d'hommes qui ont compris que l'Etat, en se tenant au-dessus des intérêts privés, incarne cet universel auquel ils se sont eux-mêmes élevés.

La conclusion de Hegel est donc qu'il y a liberté dans l'Etat si les deux conditions ci-dessous se trouvent réalisées :

a) Si le citoyen raisonnable peut y trouver la satisfaction des désirs et des intérêts raisonnables qu'en tant qu'être pensant il peut justifier devant lui-même ;

b) Si les lois de l'Etat peuvent être reconnues justes par tous ceux qui ont renoncé à vivre selon leur instinct naturel immédiat (ou selon leur arbitraire), par tous ceux qui ont compris que l'homme naturel n'est pas réellement libre, mais que seul l'être raisonnable et universel peut l'être.

D) *Ce qu'est l'État « de la pensée » à l'époque actuelle*

Si Hegel, dans le tableau qu'il trace des mécanismes et du fonctionnement de l'Etat moderne, a bien en vue, à l'arrière-plan de sa pensée, l'Etat de la Prusse de son temps, il ne se borne nullement à le décrire tel qu'il était réellement.

Au demeurant, tel n'est pas son but. Il cherche seulement à montrer en quoi l'Etat qu'il décrit est une *organisation rationnelle de la liberté* (mais une organisation qui est historique et non pas éternelle).

La « Constitution » de cet Etat est aménagée de telle sorte qu'on y trouve trois pouvoirs : les Etats *(Stände)*, qui détiennent le pouvoir législatif, les fonctionnaires qui exercent le pouvoir administratif, le Prince qui a le pouvoir de mettre fin aux délibérations en décidant.

1° Le monarque héréditaire incarne la continuité de l'Etat mais il représente, comme les deux autres pouvoirs, l'universel, c'est-à-dire ce que l'ensemble des citoyens comprennent comme leur intérêt commun. Il exerce une fonction qui correspond à un moment de la vie de l'Etat, le moment où, après les délibérations des Etats et les décisions ou projets des fonctionnaires, il faut trancher par oui ou par non.

2° Le peuple est représenté dans les Etats (qui tiennent lieu de Parlement), non en vertu d'une représentation d'individus, mais en vertu d'une représentation des intérêts. Il n'y a pas d'élection directe.

Il n'est pas demandé à cette représentation du peuple de prendre les initiatives, mais seulement de jeter un pont entre l'Etat, puissance qui reste toujours partiellement extérieure aux individus, et la société civile. Elle permet à la fois de montrer aux individus de la société civile que leurs intérêts ne sont pas négligés par l'Administration et par le Prince, et de garantir que les fonctionnaires n'exercent pas leur pouvoir de façon aveugle.

3° Mais dans l'Etat c'est le fonctionnaire qui exerce l'autorité principale et celle qui exprime le mieux la mission de l'Etat. Serviteur et maître de l'Etat, c'est en lui que se réalise l'universel ; d'abord, parce qu'il est impartial et désintéressé, ensuite parce que sa fonction consiste précisément à exercer le pouvoir chaque jour en préparant continûment les actes de portée universelle et en appliquant constamment aux cas particuliers les règles générales. Les citoyens comprennent que la compétence et l'impartialité des fonctionnaires réalisent l'unité de la société dans la communauté organisée.

Est-ce à dire que l'Etat est ainsi parvenu à se dissoudre dans la société ou, inversement, que la société se soit totalement identifiée à l'Etat ? Non, il y a seulement entre eux une médiation.

En dépit des efforts déployés par Eric Weil pour démontrer que « la théorie hégélienne de l'Etat est correcte parce qu'elle analyse correctement l'Etat réel de son époque, et de la nôtre » (*op. cit.*, p. 71), les féroces critiques adressées par Karl Marx à cette théorie sont assez justifiées. En réalité, à aucun moment Hegel ne démontre vraiment que l'Etat, dans la Constitution qu'il esquisse, concilie réellement ce que, d'après ses propres thèses, il devait concilier. Le problème de la conciliation entre la liberté individuelle et l'unité de la volonté générale n'est nullement résolu par la monarchie constitutionnelle, les deux chambres corporatives et la bureaucratie. Hegel a tout au plus montré qu'il n'y a d'organisation raisonnable que si cette conciliation est réalisée ; mais quand il passe à la description de ce qui est, il ne fait que juxtaposer à un problème logique la description d'un état historique sans démontrer nullement que là est la solution. Enfin, il esquive la difficulté en prétendant que, dans tout système politique qui est, se trouve de la raison et de la liberté concrète.

E) *Les insuffisances de l'État*

Cet Etat « de la pensée » n'est pas le dernier mot de l'Esprit, il n'est pas non plus la « réconciliation définitive » de l'homme avec lui-même. De nouveaux avatars se préparent. La vie reste tragique.

En trois circonstances au moins, l'Etat révèle ses insuffisances. Ces trois « moments » sont :

— les rapports des Etats dans la vie internationale ;

— les crises intérieures qui justifient la tyrannie des « grands hommes » et des « héros »;

— la constitution, au sein de la société civile, d'une classe exploitée qui, ayant conscience de n'avoir part ni à la société ni à l'Etat, travaille à la destruction de ce dernier.

1° Les Etats dans la vie internationale. — Sur le plan interne, ce qui caractérise l'Etat, c'est que les rapports entre les personnes individuelles sont désormais médiatisés par les lois de l'Etat. Sur le plan des rapports entre Etats, au contraire, il n'existe aucune médiation ni aucune autorité supérieure qui transcende leurs volontés subjectives.

Est-ce dire que la violence et l'état de nature soient la seule règle des rapports entre Etats ? Non, certes. Les Etats se reconnaissent mutuellement comme indépendants, ce qui implique pour eux certains devoirs moraux. Les traités doivent être observés, les ambassadeurs doivent être respectés, etc.

Mais, selon Hegel, il ne s'agit que d'un *Sollen*. En d'autres termes, les Etats se trouvent dans la même situation que les individus avant la constitution de l'Etat : la volonté libre est bien capable de connaître son devoir moral, mais aucune règle ou autorité supérieure ne l'obligeant concrètement à se conformer à cet impératif moral, il peut s'y conformer ou le transgresser. Le devoir reste le devoir et l'action reste l'action.

Comme l'écrit Eric Weil : « Hegel ne dit pas que cet état de choses soit parfait, il n'en prend pas la défense ; *il constate et comprend* » (*op. cit.*, p. 77). Faut-il en rendre hommage à Hegel ? A vrai dire, « constater et comprendre » est bien ici à la portée de tous. La critique (souvent d'une lourde ironie) de Kant par Hegel n'est nullement pertinente. Il est vrai qu'un « Projet de Paix perpétuelle » reste un projet, mais cela signifie-t-il que son auteur n'a ni « constaté » ni « compris » ce qui est ?

Dans la philosophie de l'Histoire de Hegel, les guerres sont destinées à empêcher que les peuples deviennent esclaves de la vie. L'Esprit apporte la guerre aux peuples pour leur faire sentir que leur véritable maître est la mort : les peuples qui ont peur de la mort et qui préfèrent s'attacher à leur « être-là » deviennent esclaves et perdent leur indépendance. « Ainsi l'agitation des vents préserve les eaux des lacs de croupir. »

Si on veut se borner à « comprendre » la pensée de Hegel, cette nécessité spirituelle des guerres pour « remédier » à la tendance des Etats de s'enfermer dans leur individualité se déduit fort bien des postulats de la « philosophie de l'Esprit ». Pour Hegel en effet, l'Esprit n'agit pas dans le monde de façon idéaliste ni morale, mais avec violence (cf. E. Weil, *op. cit.*, p. 79).

2° Le role des « grands hommes » et des « héros ». — Avant que ne se fonde l'Etat, ou quand survient une crise profonde qui brise l'Etat, il n'y a rien que l'état de nature, c'est-à-dire anarchie et arbitraire de vouloirs individuels. Alors il n'y a rien : ni vertu individuelle, ni système moral collectif *(Sittlichkeit)*, c'est le monde de la négativité absolue, l'universel n'est nulle part. Or il faut (pour l'Esprit) que l'Etat se fonde ou se restaure.

C'est alors que l'Esprit agit par ruse et se sert des grands hommes et des héros. Il utilise leurs passions et leur soif de domination : ils ne sont que les outils inconscients de l'Esprit. Dans ces moments, il n'y a aucun droit qui vaille contre les droits du héros car celui-ci, en paraissant exercer sa pure volonté individuelle, exerce en réalité le droit absolu de l'Idée de se réaliser dans des institutions communes concrètes. C'est pourquoi les peuples suivent le grand homme et se rangent sous son étendard.

Plus tard, une fois l'Etat fondé ou restauré (mais renouvelé), la tyrannie du grand homme devient inutile. Dans l'Etat, une seule vertu est nécessaire : celle du citoyen et de l'honnête homme. Alors la tyrannie est abattue et le « héros » chassé : l'état de nature a fait place à un état de raison, la volonté générale règne grâce à la médiation de l'Etat.

3° La société civile recrée un état d'insatisfaction qui nie l'Etat. — Alexandre Kojève a bien montré que toute la théorie de l'Etat de Hegel repose sur les deux notions de satisfaction et de reconnaissance. L'Etat est quand, au sein de la collectivité, chaque citoyen trouve satisfaction des intérêts qu'il reconnaît comme raisonnables ; et chacun reconnaît l'Etat en reconnaissant sa volonté personnelle raisonnable dans la volonté générale exprimée par les organes de l'Etat. Ce qui postule que, dans la réalité, l'écart ne soit pas trop flagrant entre cet universel pensé et l'état de la société.

Dès 1805, Hegel a lu *La richesse des nations* d'Adam Smith (qui vient d'être traduite en allemand) ; plus tard il lira Ricardo et J.-B. Say. La préoccupation de ce monde économique se marquera de plus en plus dans ses dernières œuvres et il comprend parfaitement, souvent de façon prophétique, les transformations qu'apporte la société libérale bourgeoise.

Hegel adopte partiellement l'essentiel du *credo* libéral. Cependant, il ne s'en tient pas là. Par le travail, l'homme échappe bien à la nature puisqu'il agit sur elle. Mais Hegel note combien la division du travail produit un travail parcellaire et mécanisé : le travail de l'homme devient abstrait, les opérations deviennent formelles et l'homme subit ainsi l'esclavage d'un travail qui se dé-spiritualise. Les variations du marché, les disparitions d'entreprises laissent le travailleur de plus en plus exposé aux risques de la vie économique : une classe est donc livrée à une pauvreté croissante dont elle ne peut sortir.

Ainsi la société civile est retournée à un état pseudo-naturel violent et divisé. La « populace » est en état de révolte, elle se sépare : elle refuse de reconnaître une société qui ne lui donne plus la satisfaction. Les deux bases qui permettent de « penser » l'Etat manquent.

C'est l'Etat qui devrait réconcilier la société (Hegel retrouve ici le *Sollen*). Mais encore faudrait-il que la populace se reconnaisse en lui. Or, elle ne s'y reconnaît pas et nie son universalité : c'est en effet dans la mesure où l'Etat a reconnu une certaine autonomie à la sphère des intérêts privés que la société civile, développant logiquement ses mécanismes naturels, a abouti à la situation présente. L'Etat n'est donc plus, pour la populace, le « tout » du peuple. Il y a dorénavant un parti dans l'Etat. Or, comme la théorie de l'Etat selon Hegel ne supporte pas la notion de « parti » (elle est antinomique de l'universel), ce parti n'est pas seulement dans l'Etat, il est contre l'Etat. Si ce parti se constitue et se développe, d'autres partis se dresseront contre lui, et nécessairement contre l'Etat.

Alors ? Alors Hegel ne conclut pas. « Une forme de l'Esprit a vieilli... » L'Histoire continue... Cet Etat concret a vécu, il disparaîtra, par violence, par guerre, par l'action d'un grand homme (Hegel ne songe pas que le héros puisse être un être collectif : le prolétariat, par exemple). Mais il a été la vérité de son époque et il contenait une positivité qui ne pourra qu'être reprise et dépassée dans la nouvelle forme que l'Esprit se donnera.

***

Malgré les honneurs dont il a été entouré dans ses dernières années, malgré le succès immense dont a joui sa philosophie dans le public intellectuel allemand à partir de 1820 environ, Hegel n'a guère eu de disciples parfaitement fidèles. Il y avait dans son « système » des équivoques et surtout une ambivalence qui ont amené sa postérité intellectuelle à se diviser en plusieurs courants. Sur le plan religieux, on a utilisé l'hégélianisme pour justifier soit un rationalisme déiste ou humaniste, soit une théologie chrétienne. Sur le plan politique, on verra plus loin (ci-dessous, chap. XIII) comment ont dérivé de Hegel à la fois un courant conservateur et un courant de « gauche ». C'est de ce dernier que naîtra le marxisme.

BIBLIOGRAPHIE

Sur l'ensemble des questions abordées dans ce chapitre : Jacques GODECHOT, *La grande nation* (*op. cit.*, dans le chapitre précédent). DU MÊME AUTEUR, *La contre-révolution.* Doctrine et action (1789-1804), P.U.F., 1961, 427 p. (importante étude).

I

1. La plupart des œuvres de BURKE ont été traduites à l'époque de leur publication et n'ont pas été rééditées en français depuis cette date, sauf les *Réflexions sur la Révolution française.* La traduction la plus commode des *Réflexions* est celle de Jacques D'ANGLEJAN, Nouvelle Librairie Nationale, 1912, XXVIII-418 p. En anglais, il faut signaler l'édition des *Réflexions* par Thomas H. D. MAHONEY, New York, The Liberal Arts Press, 1955, XLIV-307 p. (avec une bibliographie très précise). Pour avoir une vue plus complète de la pensée de BURKE, trop souvent jugé d'après ses seules *Réflexions sur la Révolution française*, consulter l'excellente édition des *Textes choisis* par Ross J. F. HOFFMAN et Paul LEVACK, *Burke's Politics, Selected writings on Reform, Revolution and War*, New York, A. A. Knopf, 1949, XXXVII-536 p. La meilleure biographie de Burke est celle de Sir Philip MAGNUS, *Edmund Burke, a life*, Londres, Murray, 1939, XIII-367 p.

Etudes sur la pensée de Burke : Alfred COBBAN, *Edmund Burke and the revolt against the eighteenth Century*, New York, Macmillan, 1929, 280 p. John MAC CUNN, *The political philosophy of Burke*, Londres, E. Arnold, 1913, 278 p. Annie M. OSBORN, *Rousseau and Burke : a study of the idea of liberty in eighteenth century political thought*, Londres, Oxford U.P., 1940, XI-272 p. (Burke a dénoncé Rousseau comme un faux prophète, mais les principes directeurs de sa politique ne sont pas très différents de ceux de Rousseau). Stephan SKALWEIT, *Edmund Burke und Frankreich*, Cologne, Westdeutscher Verlag, 1956, 75 p. Charles PARKIN, *The moral basis of Burke's political thought*, Cambridge U.P., 1957, VIII-145 p. Francis P. CANAVAN, *The political reason of Edmund Burke*, Duke U.P., 1960, XVI-222 p. Carl. B. BONE, *Burke and the nature of politics*, Kentucky Press, 1957-1964, 2 vol.

2. Des morceaux choisis de RIVAROL ont été publiés par V.-H. DEBIDOUR, Grasset, 1956, 244 p. Voir aussi RIVAROL, *Journal politique national et autres textes*, présentation par Willy de SPENS, Union générale d'Éditions, 1964, 309 p. André TANNER a publié en 1946, dans la collection « Le cri de la France », d'utiles morceaux choisis sur *Les gnostiques de la Révolution* (un tome sur *Saint-Martin*, un tome sur *Fabre d'Olivet*). Louis-Claude DE SAINT-MARTIN, *Mon portrait historique et philosophique* (1789-1803), publié par Robert AMADOU, Julliard, 1961, 472 p. Léon CELLIER a consacré sa thèse à Fabre d'Olivet. Sur le mysticisme et l'illuminisme chez Joseph de Maistre, voir le livre d'Emile DERMENGHEM, *Joseph de Maistre, mystique. Ses rapports avec le martinisme, l'illuminisme et la franc-maçonnerie. L'influence des doctrines mystiques et occultes sur sa pensée religieuse*, La Colombe, 1946, 301 p. Voir aussi Auguste VIATTE, *Les sources occultes du romantisme (1770-1820)*, Champion, 1928, 2 vol.

II

Ouvrages généraux déjà cités dans la bibliographie générale relative au XVIIIe siècle : Lévy-Bruhl, Spenlé, Basch, Brunschwig, Minder, Cassirer, Meinecke, etc. Emile BRÉHIER, *Histoire de la philosophie allemande*, 3e éd. mise à jour par P. RICŒUR, Paris, Vrin, 1954, 262 p. (insiste sur Kant et l'idéalisme postkantien).

KANT

Textes de Kant à caractère politique

1. Œuvre directement politique : *Projet de paix perpétuelle* (1795).

2. Œuvres traitant de la politique à partir de la morale et du droit :

a) *Sur le lieu commun : cela peut être juste en théorie mais ne vaut rien en pratique* (1793), surtout la IIe partie : « Du rapport de la théorie à la pratique dans le droit public : contre Hobbes », et IIIe partie : « Du rapport de la théorie à la pratique dans le droit des gens : contre Mendelsohn », trad. fr. par GIBELIN en appendice à son étude de la *Critique de la raison pratique* (Vrin).

b) *Métaphysique des Mœurs*, Ire partie : « Doctrine du droit » (1797).

3. Œuvres traitant de la politique à partir de la philosophie de l'histoire.

Tous les opuscules réunis par Stéphane PIOBETTA sous le titre : *Kant : la philosophie de l'histoire*, Aubier, 1947, 239 p., surtout : *Idée d'une histoire universelle au point de vue cosmopolitique* (1784), *Réponse à la question : Qu'est-ce que « les lumières » ?* (1784), *Conjecture sur les débuts de l'histoire de l'humanité* (1786), *Le conflit des Facultés* (1798), 2e section.

4. Œuvres où l'on trouve des allusions intéressantes concernant la politique et la philosophie de l'histoire. *Critique du jugement* (méthodologie) ; *La religion dans les limites de la simple raison.*

Études sur Kant

Une bonne introduction générale : Georges PASCAL, *La pensée de Kant*, Bordas, 2e éd., 1957, 200 p. Sur la politique de Kant, deux ouvrages importants : *La philosophie politique de Kant*, par E. WEIL, Th. RUYSSEN, M. VILLEY, etc., P.U.F., 1962, 188 p. (Institut international de Philosophie politique), et Georges VLACHOS, *La pensée politique de Kant*, P.U.F., 1962, XX-591 p. Article de Pierre HASSNER, La guerre et la paix chez Kant, *Revue française de science politique*, septembre 1961.

En anglais : chapitre de VAUGHAN, dans *Studies in the history... (op. cit.)* ; Ernst CASSIRER, *Rousseau, Kant, Gœthe*, Princeton U.P., 1945, IX-98 p. ; C. J. FRIEDRICH, Introduction à *The philosophy of Kant* (Modern Library).

En allemand : Kurt BORRIES, *Kant als Politiker*, Leipzig, F. Meiner, 1928, VII-248 p. ; Paul NATORP, *Kant über Krieg und Frieden*, Erlangen Weltkreis-Verlag, 56 p. ; Otto-Heinrich VON DER GABLENTZ, *Kants politische Philosophie und die Weltpolitik unserer Tage*, Berlin, Colloquium Verlag, 1956, 24 p.

Pierre HASSNER, ancien élève de l'Ecole Normale Supérieure, agrégé de l'Université, nous a aidés à rédiger le passage sur Kant et à préparer cette bibliographie. Nous tenons à l'en remercier très vivement.

FICHTE

En français : *Discours à la nation allemande* (trad. MOLITOR), A. Costes, 1923, XXXVI-249 p. ; *L'Etat commercial fermé. Esquisse philosophique. Supplément à la théorie du droit et essai d'une politique à donner ultérieurement* (trad. GIBELIN), Librairie générale de Droit et de Jurisprudence, 1940, 216 p.

Principales études en français sur Fichte. — Volumineux ouvrage de Xavier LÉON, *Fichte et son temps*, A. Colin, 1922-27, 3 vol., 649, 533, 329 p. (extrêmement minutieux ; sur la politique, voir surtout le t. III). Georges VLACHOS, *Fédéralisme et raison d'Etat dans la pensée internationale de Fichte*, Pedone, 1948, VIII-208 p. (solide, un peu compact). Maurice BOUCHER, *Le sentiment national en Allemagne*, La Colombe, 1947, 260 p. (fait à Fichte une large place ; un chapitre sur « L'opinion publique et la Révolution française »).

III

HEGEL

Ouvrages de Hegel récemment traduits en français : *La phénoménologie de l'esprit* (trad. Jean HYPPOLITE), Aubier, 1939-46, 2 vol. ; *Principes de la philosophie du droit* (trad. André KAAN, préface de J. HYPPOLITE), N.R.F., 1499 ; *Leçons sur la philosophie de l'histoire* (trad. GIBELIN), nouv. éd. revue, Vrin, 1945 ; *Leçons sur l'histoire de la philosophie. Introduction* (trad. GIBELIN), N.R.F., 1954 ; *Leçons sur la philosophie de la religion* (trad. GIBELIN), Vrin, 1959. Un excellent choix de textes par Henri LEFEBVRE et Norbert GUTERMAN, *Hegel. Morceaux choisis*, avec une bonne introduction des auteurs (N.R.F., 1re éd., 1936 ; 2e éd., 1939, 352 p.). Voir aussi le recueil de textes choisis par Kostas PAPAIOANNOU, Seghers, 1966, 207 p. Une édition de textes choisis en anglais, *Hegel's political writings*, Oxford, Clarendon Press, 1964, VIII-336 p.

Principaux ouvrages en français sur Hegel : Angèle MARIETTI, *La pensée de Hegel*, Bordas, 1957, 203 p. (utile introduction). Jean HYPPOLITE, *Introduction à la philosophie de l'histoire de Hegel*, Rivière, 1948, 98 p. ; DU MÊME AUTEUR, *Etudes sur Marx et Hegel*, Rivière, 1955, 207 p. Alexandre KOJÈVE, *Introduction à la lecture de Hegel*, Gallimard, 1947, 599 p. (ouvrage profond, mais de lecture souvent difficile). Edmond VERMEIL, La pensée politique de Hegel (in *Etudes sur Hegel*, Paris, 1931). Eric WEIL, *Hegel et l'Etat*, Vrin, 1950, 118 p. (plaidoyer éloquent en faveur de Hegel, c'est aussi l'ouvrage le plus pénétrant sur l'ensemble des questions abordées dans ce chapitre). Jacques d'HONDT, *Hegel philosophe de l'histoire vivante*, P.U.F., 1966, 487 p.

Sur les ouvrages en langues anglaise et allemande consacrés à Hegel, voir la bibliographie de C. J. FRIEDRICH, dans *The Philosophy of law in historical perspective (op. cit.)*. Signalons notamment Herbert MARCUSE, *Reason and Revolution. Hegel and the rise of social theory*, Routledge and Kegan Paul, 1941, XII-440 p.

Chapitre XII

LE MOUVEMENT DES IDÉES POLITIQUES JUSQU'EN 1848

Libéralisme, nationalisme, socialisme, tels sont les maîtres-mots du XIXe siècle.

Le libéralisme est l'idéologie de la classe bourgeoise qui profite de la Révolution française. Mais en Allemagne, en Italie, dans l'Europe centrale et orientale, l'aristocratie gouverne, l'unité nationale n'est pas faite ; les libéraux sont dans l'opposition et le mouvement libéral, pendant la première moitié du siècle, se confond avec le mouvement national. Ainsi coexistent longtemps deux formes bien distinctes de libéralisme : le libéralisme confortable, dont la plus parfaite expression est la doctrine de Manchester, et le libéralisme militant qui inspire, en Allemagne ou en Italie, les éternels vaincus de tous les mouvements révolutionnaires.

L'unité allemande, l'unité italienne ne sont pas faites par les libéraux, mais dans une certaine mesure contre eux. Le nationalisme change de nature ; de libéral il devient conservateur, parfois même ouvertement réactionnaire. De nouveaux Etats apparaissent sur la carte d'Europe, en Amérique latine. Les plus puissants d'entre eux s'affrontent pour la domination mondiale, le nationalisme devient impérialisme. L'Europe — c'est-à-dire avant tout l'Angleterre et la France — étend son influence sur l'ensemble du monde, les Empires coloniaux se forment ou se reforment, l'Extrême-Orient s'ouvre au commerce européen et aux idées occidentales.

La révolution industrielle bouleverse le visage du monde.

Elle creuse un fossé entre les nations qui s'engagent fiévreusement dans la voie du progrès et celles qui, comme l'Espagne, se réfugient dans le souvenir. Elle concentre en un même lieu sur une même tâche les prolétaires autrefois dispersés, elle leur fait découvrir leur solidarité et leur puissance. Le socialisme cesse d'être un rêve humanitaire ou un divertissement littéraire pour devenir une doctrine scientifique et l'espoir d'une classe.

Vers le milieu du siècle, les révolutions de 1848 marquent en Europe une profonde coupure. La coupure est moins nette en Angleterre, mais l'adoption du libre-échange et l'échec du chartisme manifestent le début d'une ère nouvelle. De 1861 à 1865, les Etats-Unis sont déchirés par la guerre de Sécession.

Ni le traditionalisme (qui passe de la contre-révolution au positivisme), ni le nationalisme (qui de libéral devient conservateur), ni le socialisme (qui, comme diront les marxistes, passe du stade utopique au stade scientifique) ne présentent les mêmes caractères dans la première et dans la seconde mroitié du siècle Seul de tous les grands mouvements d'idées le libéalisme évolue. peu, mais c'est le monde qui évolue autour de lui, tandis qu'il reste anachroniquement fidèle à des formes orléanistes ou manchestériennes.

Plutôt que d'étudier d'un seul tenant le libéralisme, puis le traditionalisme, puis le socialisme de 1815 à 1914, il nous a donc semblé légitime de faire une pause en 1848, et de distinguer deux époques : celle du romantisme et celle du positivisme.

Cette distinction appelle évidemment beaucoup de nuances. On peut considérer que les révolutions de 1848 constituent l'aboutissement et marquent l'échec du romantisme politique, mais il est clair que le romantisme n'a pas brusquement disparu de l'univers politique à la fin de l'année 1848 : on peut trouver des traces de romantisme dans la Commune, dans le syndicalisme révolutionnaire, dans le nationalisme de Barrès, dans l'impérialisme de Kipling, dans l'irrationalisme de Nietzsche... Il est non moins clair que le positivisme se manifeste bien avant 1848, ne serait-ce que dans le saint-simonisme, sans lequel le comtisme est incompréhensible. Mais précisément, le positivisme saint-simonien nous paraît marqué par le romantisme, il diffère profondément des doctrines scientistes qui s'épanouiront vers 1880.

Il existe aussi, c'est évident, des doctrines (comme celle de Tocqueville, un des plus vigoureux penseurs du siècle), auxquelles les mots de romantisme et de positivisme conviennent également mal. Une époque ne peut être résumée par un mot.

Mais chaque époque a son atmosphère dominante, son climat particulier. Entre des œuvres d'une même époque, mais d'inspiration différente, les correspondances au XIXe siècle nous semblent plus étroites et plus significatives qu'entre des œuvres qui se réclament d'une même doctrine mais qui n'appartiennent pas à la même génération. C'est pour tenir compte de ces différences de génération que nous avons opté, non sans hésitation, pour un plan qui marque les coupures chronologiques, au risque de morceler l'analyse des doctrines.

LE ROMANTISME POLITIQUE

L'expression de « romantisme politique » est ambiguë.

Selon les pays, les écrivains généralement qualifiés de romantiques ont adopté les positions politiques les plus diverses. En Italie les romantiques sont le plus souvent des libéraux, tandis qu'en Allemagne jusqu'au milieu du siècle, romantisme est généralement synonyme de conservatisme politique. Quant aux romantiques anglais, ils prennent des voies apparemment opposées : Byron meurt à Missolonghi en 1824, et Coleridge s'attache à la défense des traditions.

En France, il importe de distinguer les périodes : 1° Le premier romantisme est sentimentalement et politiquement tourné vers l'ancienne France : Chateaubriand, Lamartine, Vigny sont royalistes, le jeune Victor Hugo chante le sacre de Charles X ; aussi les révolutionnaires de 1830 ont-ils le sentiment de vaincre les romantiques en même temps que les Bourbons ; pendant les « Trois glorieuses », on peut entendre ce cri : « Enfoncés les romantiques !... » ; 2° Mais la situation change sous la monarchie de Juillet ; les uns après les autres, Chateaubriand, Lamennais, Lamartine, Michelet passent à l'opposition ; Hugo n'y passera qu'en 1849, étant resté un des derniers fidèles à l'orléanisme. Après avoir été un des plus éloquents adversaires du « juste milieu », Lamartine accède au pouvoir en février 1848 ; à une révolution antiromantique succède une révolution romantique ; 3° Après la brusque retombée de la vague révolutionnaire, commence la troisième époque du romantisme, celle que domine Victor Hugo. Chateaubriand, Lamennais, Lamartine disparaissent, mais Victor Hugo ne meurt qu'en 1885, mage du progrès, de la démocratie, du peuple et de la fraternité : romantisme « après la bataille » et « après l'exil », romantisme rétrospectif qui apporte à l'idéologie républicaine le prestige du génie et quelques prétextes à l'immobilisme.

Mais il ne faut pas confondre le romantisme avec les écrivains romantiques. Il existe dans la société française de l'époque une sorte d'aptitude au romantisme qui explique le succès populaire d'une œuvre comme les *Paroles d'un croyant* de Lamennais (1834). C'est ce romantisme populaire qui s'exprime dans les romans d'Alexandre Dumas et surtout dans les feuilletons d'Eugène Sue : *Les mystères de Paris*, *Le Juif errant*, *Histoire d'une famille à travers les âges*... Romantisme élémentaire, opposant le juste à l'injuste, reposant sur quelques types et quelques thèmes fixés une fois pour toutes : le héros, le traître, le misérable, le gavroche, la bonne prostituée, le bon prêtre, le mauvais prêtre, le peuple, l'instruction, la révolution, la supériorité de la France... L'élection d'Eugène Sue à l'Assemblée législative en 1850 apparaît ainsi comme un événement symbolique (bien qu'Eugène Sue n'ait eu lui-même qu'un minimum de convictions politiques).

Le romantisme français est sociologiquement disparate ; les écrivains romantiques sont d'origine très diverse : grande ou petite noblesse, bourgeoisie, déclassés, artisanat proche du prolétariat (Michelet). Quant à la diffusion du romantisme, elle est elle-même très diverse : romantisme de salons, romantisme de cafés, romantisme populaire ; la seule classe qui reste longtemps imperméable au romantisme est la bourgeoisie : les romantiques de 1830 prennent le bourgeois pour cible, et le bourgeois frémit devant les audaces romantiques ; le *Journal* de l'académicien Viennet montre bien l'horreur qu'inspirent les romantiques aux bourgeois libéraux. Peu à peu cependant le romantisme s'embourgeoise, et le libéralisme se couvre d'un idéalisme que la bourgeoisie confond avec le romantisme. Mais cette transformation est lente. D'une façon générale, le romantisme fuit le centre. Il existe un traditionalisme, un socialisme, un nationalisme romantiques. Mais le libéralisme français apparaît longtemps — et peut-être encore aujourd'hui — comme imperméable au romantisme.

A) *Quelques traits du romantisme politique*

1° Le sens du spectacle (le drame, l'héroïsme, le sacrifice, la grandeur, le sang versé...). — Le romantisme politique est nourri par les souvenirs de la Révolution et de l'Empire. Les censeurs les plus sévères de la Révolution (Maistre) ou de l'Empire (Chateaubriand) sont plus sensibles que quiconque à leur grandeur.

2° Une conception sentimentale et éloquente de la politique. — Autrefois art du possible, la politique devient appel à l'idéal. Autrefois la politique était fondée sur le secret, elle tendait à la maxime, à la litote ; désormais il ne s'agit plus seulement de gouverner (ou d'obéir), mais de convaincre, d'entraîner ; la politique fait appel à la puissance du verbe, elle devient un genre littéraire.

3° La pitié. — Pitié pour les humbles, attention portée aux problèmes sociaux (dont se désintéressent la plupart des libéraux), idée que la « question sociale » est plus importante et plus urgente que les questions purement politiques ; le romantisme social (très évident chez Chateaubriand, Lamennais, Michelet) n'exclut pas des options politiques apparemment opposées ; c'est ce romantisme social qui fait l'unité profonde de l'œuvre de Lamennais, de *L'essai sur l'indifférence* au *Livre du peuple*.

Pitié pour les peuples opprimés : d'abord la Grèce, puis la Pologne. Le mouvement philhellène suscite l'enthousiasme du romantisme international ; quant à la défense de la Pologne, elle donne naissance à une littérature aussi éloquente que peu efficace.

4° En définitive, le romantisme est une *vision globale de l'univers* : la politique classique consistait à sérier les problèmes pour tenter de les résoudre. Les romantiques cherchent peut-être moins à les résoudre qu'à les poser dans toute leur ampleur, à les étendre aux dimensions de l'univers et à celles de l'histoire.

B) *L'histoire*

Le XIXe siècle, surtout dans sa première moitié, a connu une prolifération sans précédent d'œuvres historiques de toute nature : celles de Walter Scott, Chateaubriand, Lamartine, Augustin Thierry, Guizot, Thiers, Mignet, Michelet, Quinet, des historiens allemands, de Carlyle, etc.

Ce fait n'est pas sans rapport avec le romantisme ; ainsi Augustin Thierry déclare dans sa préface des *Récits des temps mérovingiens* (1840) que sa vocation d'historien lui a été inspirée par la lecture des *Martyrs* de Chateaubriand. On connaît d'autre part le goût des romantiques pour les pièces et les romans historiques. Mais le romantisme n'est évidemment pas la seule cause d'un retour à l'histoire qui se manifeste non seulement chez des auteurs proches du romantisme mais chez des historiens qui, tels Guizot ou Thiers, en sont fort éloignés.

Il serait plus exact de dire que le romantisme et le développement des études historiques ont une cause commune : le sentiment — partagé par tous les hommes nés à la fin du XVIIIe et au début du XIXe siècle — de vivre une époque de transition entre un passé révolu et un avenir incertain. Toute une génération a eu le sentiment, après la Révolution et l'Empire, qu'une époque venait de se clore et qu'une autre époque commençait, fondamentalement différente de la précédente. Sentiment d'exaltation chez les uns, nostalgie chez les autres : dans un cas comme dans l'autre, l'histoire fournit un recours.

L'histoire récente offre de grandioses tableaux, des émotions puissantes : d'où l'*Histoire de la Révolution française* (1823-1827) de Thiers, celles de Mignet, de Michelet et surtout l'*Histoire des Girondins* (1847) de Lamartine, dont le retentissement fut immense à la veille de la Révolution de 1848. D'où aussi l'*Histoire du Consulat et de l'Empire* (1845-1862) de Thiers.

Mais l'histoire offre aussi des armes pour les luttes politiques, elle est pourvoyeuse d'arguments. « En 1817, écrit Augustin Thierry dans la préface de *Dix ans d'études historiques*, préoccupé du vif désir de contribuer pour ma part au triomphe des idées constitutionnelles, je me mis à chercher dans les livres d'histoire des preuves et des arguments à l'appui de mes croyances politiques » (cf. sa théorie qui explique l'histoire des peuples par la lutte entre la race conquérante et la race conquise). Guizot, pour sa part, cherche à prouver dans son *Histoire de la civilisation* que l'évolution historique s'accomplit dans le sens de l'ordre et de la liberté : « [La France] n'a jamais renoncé longtemps ni à l'ordre ni à la liberté, ces deux conditions de l'honneur comme du bien-être durable des nations » (préface de 1855). Les partis pris de Michelet ne vont pas dans le même sens que ceux de Guizot mais ils ne sont pas moins évidents. Quant à l'œuvre des historiens allemands, elle associe de la façon la plus étroite science et politique. C'est ainsi que la *Historische Zeitschrift*, fondée en 1857 à Munich, s'affirme destinée « à propager dans la nation les bonnes méthodes historiques et à inculquer aux Allemands des principes politiques sains ».

SECTION I. — Le libéralisme

L'histoire des idées politiques au XIXe siècle est dominée par l'essor du libéralisme dans l'ensemble de l'univers. Le libéralisme triomphe en Europe occidentale ; il se répand en Allemagne et en Italie où le mouvement libéral est étroitement lié au mouvement national ; il gagne l'Europe orientale (lutte des « slavophiles » et des « occidentaux ») ; il pénètre sous sa forme européenne dans les pays d'Extrême-Orient qui s'ouvrent au commerce occidental ; les républiques latino-américaines se donnent des Constitutions libérales, inspirées de la Constitution des Etats-Unis.

Quant aux Etats-Unis, ils apparaissent comme la terre d'élection du libéralisme et de la démocratie, efficacement conciliés ; si on ne considère que les doctrines, on peut être tenté de négliger l'apport des Etats-Unis ; mais c'est l'image des Etats-Unis qui importe et non les œuvres de doctrine — relativement peu nombreuses et peu originales — qui y éclosent. Sans doute l'image des Etats-Unis qu'adoptent les libéraux européens est-elle souvent fort loin de correspondre à la réalité, et Tocqueville lui-même interprète les Etats-Unis à la lumière de ses propres convictions plus qu'il ne décrit la réalité américaine. La référence aux Etats-Unis prend donc la forme d'un mythe ou d'une série de mythes, dont il est singulièrement instructif de suivre l'histoire depuis le début du XIXe siècle.

Le XIXe siècle est avant tout le siècle du libéralisme. Mais de quel libéralisme ? Quelques distinctions sont ici nécessaires.

1° LIBÉRALISME ET PROGRÈS TECHNIQUE. — Le libéralisme est initialement une philosophie du progrès indivisible et irréversible, progrès technique, progrès du bien-être, progrès intellectuel et progrès moral allant de pair. Mais le thème du progrès se vide peu à peu de sa substance, et vers la fin du XIXe siècle, nombreux sont les libéraux — notamment en France — qui rêvent d'un état stationnaire, d'un univers arrêté ; cet état d'esprit est particulièrement évident chez les « progressistes » des années 1890. Il faut ainsi distinguer un libéralisme dynamique, qui accepte la machine, qui favorise l'industrie, et un libéralisme économiquement conservateur et protectionniste. C'est la première forme de libéralisme qui prévaut dans l'ensemble en Angleterre, et la seconde en France, où le libéralisme — généralement plus hardi qu'en Angleterre en matière politique — se montre économiquement fort timoré et où l'essor de l'industrie et des transports est dû à des hommes, notamment les saint-simoniens, dont les conceptions politiques sont tout à fait étrangères au libéralisme traditionnel.

2° LIBÉRALISME ET BOURGEOISIE. — Le libéralisme est à l'origine la philosophie de la bourgeoisie, mais au XIXe siècle les frontières du libéralisme ne coïncident plus du tout — si du moins elles avaient jamais exactement coïncidé — avec les frontières de la bourgeoisie. La situation à cet égard diffère selon les époques et selon les pays. En France le libéralisme reste dans l'ensemble étroitement lié à la défense des intérêts (« Sous la garde de nos idées, venez placer vos intérêts », dit ironiquement le libéral Charles de Rémusat). Mais tandis que le libéralisme français n'évolue guère et qu'il semble marqué par un orléanisme congénital, l'Angleterre connaît plusieurs tentatives pour élargir et réviser le libéralisme, notamment à l'époque de Stuart Mill puis dans les dernières années du XIXe siècle. Le socialisme français au XIXe siècle est une réaction contre le libéralisme bourgeois, alors que le socialisme anglais est largement imprégné de libéralisme : le fait est particulièrement net chez les fabiens. Le libéralisme anglais est plus anglais que bourgeois, et l'impérialisme est son aboutissement normal ; le libéralisme français est plus bourgeois que français ; attaché à conserver, il hésite à conquérir et l'Empire colonial français sera l'œuvre de quelques individus.

3° Libéralisme et liberté. — Au XVIIIe siècle, on parlait indifféremment de liberté et des libertés, le libéralisme apparaissait comme la garantie des libertés, la doctrine de la liberté. La confusion des trois termes (libéralisme, libertés et liberté) est manifeste sous la monarchie de Juillet, mais dans la mesure même où le libéralisme apparaît comme la philosophie de la classe bourgeoise, il n'assure que la liberté de la bourgeoisie et c'est contre le libéralisme que les non-bourgeois, tel Proudhon, cherchent à fonder la liberté.

Il existe donc au moins deux sortes de libéraux : ceux qui pensent, comme le dira plus tard Emile Mireaux dans sa *Philosophie du libéralisme* (1950), que le « libéralisme est un parce que la liberté humaine est une » et ceux qui ne croient pas à l'unité de la liberté humaine et pensent que la liberté des uns peut aliéner la liberté des autres.

4° Libéralisme et libéralismes. — Pendant longtemps le libéralisme apparaît comme un bloc : libéralisme politique, libéralisme économique, libéralisme intellectuel, libéralisme religieux ne constituent pour Benjamin Constant que les aspects d'une seule et même doctrine : « J'ai défendu quarante ans le même principe, liberté en tout, en religion, en littérature, en philosophie, en industrie, en politique, et par liberté j'entends le triomphe de l'individualité tant sur l'autorité qui voudrait gouverner par le despotisme que sur les masses qui réclament le droit d'asservir la minorité. »

Cette conception est celle du XVIIIe siècle pour lequel l'unité du libéralisme est un dogme incontesté. Mais un fait capital se produit au XIXe siècle : l'éclatement du libéralisme en plusieurs idéologies distinctes, sinon toujours distinguées :

— le libéralisme économique repose sur deux principes : richesse et propriété ; il s'oppose au dirigisme tout en s'accommodant des faveurs de l'Etat, il est le fondement doctrinal du capitalisme ;
— le libéralisme politique s'oppose au despotisme ; il est le fondement doctrinal du gouvernement représentatif et de la démocratie parlementaire ;
— le libéralisme intellectuel est caractérisé par l'esprit de tolérance et de conciliation ; cet esprit libéral n'est pas le propre des libéraux, dont certains se montrent même remarquablement intolérants.

Ainsi l'unité du libéralisme apparaît-elle comme un mythe au même titre que l'unité du progrès. Le libéralisme présente des aspects très divers selon les époques, selon les pays, selon les tendances à une même époque et dans un même pays.

§ 1. Le libéralisme français

L'histoire du libéralisme français au XIXe siècle est jalonnée de crises et de révolutions : les libéraux sont dans l'opposition sous le règne de Louis XVIII et de Charles X ; ils accèdent au pouvoir sous la monarchie de Juillet ; ils en sont chassés en 1848 ; après le Second Empire, période d'opposition nuancée, l'avènement de la IIIe République marque l'apparent triomphe et l'essoufflement vite évident d'un libéralisme qui sera longtemps et est peut-être toujours en quête d'une idéologie ne sacrifiant pas la liberté à l'exercice du gouvernement.

Tout au long de son histoire depuis le début du XIXe siècle, le libéralisme français est étroitement tributaire de l'événement.

1° *Le libéralisme d'opposition*

a) LA MARQUE IMPÉRIALE. — C'est sous l'Empire — on pourrait même ajouter avec un minimum d'exagération : sous le Consulat — que le libéralisme français acquiert les principaux caractères dont il ne se défera jamais totalement ; le libéralisme français reste marqué d'une empreinte napoléonienne.

1° *Les « dynasties bourgeoises ».* — C'est sous l'Empire que s'installent près du pouvoir ces dynasties libérales qui manifestent un sens du ralliement dont elles donneront ultérieurement d'autres preuves, ainsi qu'une remarquable aptitude à profiter du pouvoir sans en assumer les charges. Nous ne pouvons ici que renvoyer au livre d'Emmanuel Beau de Loménie, *Les responsabilités des dynasties bourgeoises*, qui tourne parfois au pamphlet mais qui montre clairement tout ce que doivent à l'Empire les grandes familles libérales qui occuperont le pouvoir sous la monarchie de Juillet et garderont longtemps une place prépondérante dans la banque, dans l'industrie, dans les Académies, etc.

2° *L'esprit de Coppet.* — La frontière entre le pouvoir et l'opposition n'est donc pas toujours aisée à établir. Les principaux opposants à l'Empire, Mme de Staël et Benjamin Constant, commencent par se rallier au Consulat ; Benjamin Constant se ralliera une seconde fois pendant les Cent Jours et contribuera à la rédaction de l'*Acte additionnel* : après avoir lancé en mars 1815 un article d'une extrême violence contre Napoléon débarquant de l'île d'Elbe (« Je n'irai pas, misérable transfuge, me traîner d'un pouvoir à l'autre, couvrir l'infamie par le sophisme », etc.), il écrit le 13 mai 1815 dans son journal intime : « Soirée chez l'empereur, causé longtemps avec lui, il entend très bien la liberté. »

Mais le cercle de Coppet n'a pas du libéralisme la même conception que les « dynasties bourgeoises » ; c'est un libéralisme d'émigrés, un libéralisme cosmopolite, moins soucieux de faire fortune que d'étudier les littératures et les civilisations. Si le cercle de Coppet s'oppose à Napoléon, ce n'est pas tellement parce qu'il voit en lui un despote qu'un despote mal éclairé, le représentant d'un impérialisme français. La philosophie de

Coppet est celle du XVIIIe siècle ; elle poursuit le rêve d'une société européenne et d'une république des lettres, que la Révolution française et l'Empire ont rejetées dans le passé.

b) LES LUTTES DE LA RESTAURATION. — Le libéralisme de la Restauration naît de la rencontre de quelques idéologues cosmopolites avec une société de bourgeois parvenus ou désireux de parvenir ; les uns fournissent la doctrine et l'indispensable justification morale, les autres le public prêt à faire triompher la doctrine. Ephémère conjonction, solitude de Benjamin Constant écrivant pour un public dont tout le séparait.

Le libéralisme de la Restauration présente divers caractères :

α) Son extrême *violence* et son goût pour les sociétés secrètes (Charbonnerie). Bien que le régime de la Restauration n'ait pas gravement porté atteinte aux situations acquises, il a été en butte à des attaques particulièrement véhémentes, dans lesquelles se sont illustrés Béranger (1780-1857) et Paul-Louis Courier (1772-1825) — dont la popularité dépasse de très loin celle de Benjamin Constant. Ces attaques visent :

— le roi (par exemple la chanson de Béranger sur le *Sacre de Charles le Simple*) ;
— la Cour et la noblesse (« La cour est un lieu fort bas, dit Courier, fort au-dessous du niveau de la nation ») ;
— le Pape (cf. *Le Pape musulman* de Béranger : le Pape a été pris par les corsaires, il devient musulman, il a un harem, etc.) ;
— et surtout les prêtres et les jésuites, les « hommes noirs » de Béranger. L'anticléricalisme est un des traits caractéristiques de l'opposition libérale, qui voit partout la la main des jésuites et l'influence de la Congrégation.

Le libéralisme de la Restauration est essentiellement critique, négatif ; chez Courier il prend la forme d'une entreprise de dénigrement presque universel.

β) *La légende napoléonienne.* — En quête d'un idéal et d'une poésie, le libéralisme se place sous le signe de l'Empire, et ainsi apparaît la légende napoléonienne qui se manifeste non seulement en France, mais en Italie, en Allemagne, dans l'Empire austro-hongrois, en Pologne, etc. Par l'image, la chanson, le récit populaire (cf. le récit dans la grange, dans *Le médecin de campagne* de Balzac), cette légende napoléonienne pénètre profondément dans les masses populaires où ne parvient guère la littérature imprimée (à l'exception des almanachs).

Béranger joue à cet égard un rôle particulièrement intéressant. Après s'être prudemment soustrait à la conscription sous l'Empire, il manifeste pour Napoléon un enthousiasme aussi vif que rétrospectif, et il contribue largement à répandre l'image d'un Napoléon soldat de la liberté et de l'égalité, d'un Napoléon à l'usage du peuple (cf. *Les souvenirs du peuple* où la grand-mère montre comme une relique le verre où a bu l'Empereur).

Ni Courier ni Constant ne sacrifient à la légende, mais elle apparaît sous des formes diverses chez Las Cases (dont le *Mémorial* tend à présenter un Napoléon libéral), chez Chateaubriand (Napoléon est un « poète en action », sa vie « est la dernière des grandes existences individuelles »), chez Stendhal (qui s'intéresse moins à Napoléon qu'à Bonaparte), chez Balzac (qui voit en Napoléon un puissant organisateur et un homme de volonté), chez Hugo (surtout sensible aux gloires impériales), etc.

γ) *Un idéal de confusion.* — L'idéal des principaux écrivains libéraux est éminemment bourgeois, mais ils tiennent à placer cet idéal bourgeois sous caution populaire. Courier, propriétaire grincheux et helléniste distingué, se présente à ses lecteurs comme un « simple vigneron » ou un « canonnier à cheval ». Béranger n'hésite pas à dire : « Le peuple c'est ma muse », et son ami Joseph Bernard, futur préfet de Louis-Philippe, écrit en 1829 : *Le bon sens d'un homme de rien, ou traité de politique à l'usage des simples*, dans lequel il formule un idéal qui est celui de Joseph Prudhomme.

L'idéologie libérale est essentiellement confuse : confusion entre la bourgeoisie et le peuple, entre la Révolution et l'Empire, entre les libertés et la liberté, entre la politique et les bons sentiments. Ainsi se réalise entre la bourgeoisie et le prolétariat un accord précaire qui ne tarde pas à se rompre après la Révolution de 1830.

δ) *Libéralisme des doctrinaires et libéralisme des indépendants.* — Avant même que les contradictions du libéralisme ne soient mises en évidence par son succès, il est bien loin d'apparaître comme un bloc.

Les « doctrinaires », dont le plus célèbre est Royer-Collard (1763-1845), présentent une théorie du « juste milieu » entre les tenants de l'Ancien Régime et les partisans de la démocratie. La Charte est pour eux le dernier mot de la sagesse, le « point fixe » qui termine l'époque révolutionnaire. Le Parlement ne représente pas la nation mais les « intérêts » des citoyens, le vote doit donc être réservé aux propriétaires et aux « capacités », qui sont assez éclairés pour émettre un avis de poids.

Courier, Constant, Stendhal, hommes du XVIIIe siècle, se situent en marge de ce libéralisme dogmatique, et déjà louis-philippard. Stendhal écrit dans ses *Souvenirs d'égotisme* : « Libéral moi-même, je trouvais les libéraux outrageusement niais ... » Ainsi coexistent et souvent s'opposent le libéralisme orthodoxe et le libéralisme des indépendants. Cette opposition est de tous les temps.

Benjamin Constant. — Benjamin Constant (1767-1830) est le principal théoricien du libéralisme sous la Restauration. Ses textes politiques les plus importants sont réunis dans le *Cours de politique constitutionnelle* (1re édition en 1816 ; édition augmentée en 1872 avec l'importante introduction de Laboulaye) et les *Mélanges de littérature et de politique* (1829). Mais il est impossible de comprendre la politique de Benjamin Constant si on ne connaît pas *Le Cahier rouge*, *Adolphe*, *Cécile* et surtout *Les journaux intimes* (à lire dans l'édition de Roulin et Roth, Gallimard, 1952).

Constant définit la liberté comme « la jouissance paisible de l'indépendance privée » et présente une théorie très classique du gouvernement représentatif à l'anglaise : responsabilité ministérielle, pouvoir législatif exercé par deux chambres, défense des libertés locales et de la liberté religieuse : l'Etat réduit au rôle d'un caissier subventionne les cultes mais ne les contrôle pas. Quant au roi, son autorité doit être « neutre » ; « il plane irresponsable au-dessus des agitations humaines » ; il règne et ne gouverne pas.

La politique de Constant est censitaire et bourgeoise : « La propriété seule fournit le loisir indispensable à l'acquisition des lumières et la rectitude du jugement ; elle seule donc rend les hommes capables de l'exercice des droits politiques. » Constant pense qu'il appartient au commerce et à l'industrie de « fonder la liberté par leur action lente, graduelle, que rien ne peut arrêter » (*Des élections prochaines*, 1817).

Le libéralisme de Constant est d'une abstraction qu'atteste le titre de ses ouvrages : *Principes de politique applicables à tous les gouvernements représentatifs, De la doctrine politique qui peut réunir les partis en France...* Constant est sans cesse à la recherche d'un dénominateur commun, d'une formule suffisamment abstraite pour être acceptée de tous : « Il faut que ce qui est passionné, personnel et transitoire se rattache et se soumette à ce qui est abstrait, impassible et immuable » *(Réactions politiques)*.

Rien pourtant de plus passionné et de plus personnel que les œuvres intimes de Constant. Autant les œuvres politiques sont prolixes, autant les œuvres intimes sont aiguës et ramassées ; autant les œuvres politiques sont optimistes et bourgeoises, autant les œuvres intimes sont sceptiques et anticonformistes. Nature de dialogue, Constant ne tolère pas l'uniformité : « La diversité c'est la vie ; l'uniformité c'est la mort », lit-on dans le *Cours de politique constitutionnelle*. Il est de ces natures doubles qui ne se donnent jamais complètement. Son libéralisme est la transcription abstraite de son drame intime, un système de l'impuissance intellectuelle, une théorie de l'irrésolution. C'est à la fois une doctrine bourgeoise et l'expression d'un tempérament divisé.

2° *Le libéralisme au pouvoir*

Benjamin Constant meurt quelques semaines après « les trois glorieuses ». Le règne du « roi-bourgeois » marque le triomphe du libéralisme ; Dupont de l'Eure, Laffitte, Guizot, Thiers seront ministres ; la « classe moyenne » devient non seulement la directrice unique de la société, mais elle en est, pour reprendre l'expression de Tocqueville dans ses *Souvenirs*, « la fermière » : « Elle se logea dans toutes les places, augmenta prodigieusement le nombre de celles-ci et s'habitua à vivre presque autant du Trésor public que de sa propre industrie... Maîtresse de tout comme ne l'avait jamais été et ne le sera peut-être jamais aucune aristocratie, la classe moyenne, devenue le gouvernement, prit un air d'industrie privée. »

Ce sévère jugement du libéral Tocqueville sur les libéraux au pouvoir prouve que le libéralisme est loin de présenter un front uni. Effectivement jamais les contradictions internes du libéralisme ne seront plus évidentes qu'à l'époque de son apparent apogée.

a) Contradictions libérales. — Ces contradictions se manifestent dans presque tous les domaines :

1° *Politique intérieure.* — Les libéraux qui, sous la Restauration, revendiquaient « la liberté en tout » se contentent d'abaisser légèrement le cens électoral quand ils arrivent au pouvoir : 80 000 électeurs environ sous la Restauration, 200 000 sous la monarchie de Juillet ; après 1840, Guizot s'oppose résolument à tout projet de réforme.

De même les libéraux au pouvoir jugulent en avril 1834 la liberté de la presse qu'ils revendiquaient sous la Restauration comme une liberté essentielle.

2° *Politique extérieure.* — Les libéraux sont généralement hostiles aux aventures guerrières ; mais ces tendances pacifistes ne sont nullement exclusives du culte de Napoléon (sous le signe duquel la monarchie de Juillet se place officiellement avec le retour des cendres) et d'un chauvinisme qui se manifeste violemment pendant la crise de 1840.

3° *Politique religieuse.* — Les bourgeois libéraux continuent à se montrer enclins à l'anticléricalisme. Mais ils considèrent l'Eglise catholique comme une puissance d'ordre et leur anticléricalisme n'exclut pas un déisme plus ou moins marqué. Auteur du *Pape musulman*, Béranger est aussi l'auteur du *Dieu des bonnes gens*, où Dieu apparaît comme un petit bourgeois accommodant et indulgent aux paillardises :

Il est un Dieu ; devant lui je m'incline
Pauvre et content sans lui demander rien...

4° *Politique commerciale.* — Les libéraux se déclarent partisans du « laissez faire, laissez passer ». Ils invoquent volontiers les lois naturelles et les « harmonies économiques » chères à Bastiat (1801-1850). Mais ils préconisent une politique rigoureusement protectionniste lorsqu'il s'agit de défendre l'économie française contre la concurrence étrangère et de maintenir des prix élevés. Le livre d'Henry-Thierry Deschamps, *La Belgique devant la France de Juillet, l'opinion et l'attitude françaises de 1839 à 1848* (Paris, Les Belles-Lettres, 1956), montre bien le jeu de ce qu'on appellerait aujourd'hui les « groupes de pression » protectionnistes, et notamment du député Mimerel défenseur des intérêts sidérurgiques.

5° *Politique économique.* — Tout en affirmant le principe de libre concurrence, les libéraux cherchent à obtenir de l'Etat le maximum d'avantages. La loi de 1842 sur les chemins de fer (contre laquelle Lamartine est un des seuls à s'élever) est très caractéristique à cet égard, et Beau de Loménie conclut sur ce point son analyse en affirmant que « l'économie libérale fut en fait une économie accaparée ».

6° *Politique sociale.* — Les libéraux considèrent qu'en règle générale il n'appartient ni à l'Etat ni aux patrons d'améliorer le sort de l'ouvrier : l'ouvrier est le principal responsable de sa misère et c'est à la bienfaisance privée qu'il appartient d'y pourvoir ; la morale est donc le suprême remède politique et social. L'Académie des Sciences morales et politiques fournit sur ce thème une ample moisson de textes instructifs.

C'est l'honneur de quelques catholiques, notamment le groupe de l' « Université catholique », politiquement réactionnaires pour la plupart, d'avoir — avant la critique marxiste — dénoncé les tares du système industriel, tandis que l'idéologie libérale reste généralement fidèle à une logique d'autodestruction.

b) L'ORLÉANISME. — Mais peut-on parler d'une « idéologie libérale » alors que la bourgeoisie est aussi diverse que sous la monarchie de Juillet ? Peut-on même parler d'une bourgeoisie alors qu'il existe une bourgeoisie parisienne, une bourgeoisie provinciale et une bourgeoisie rurale, une grande, une moyenne et une petite bourgeoisie, une bourgeoisie de la banque, une bourgeoisie de l'industrie, une bourgeoisie du commerce, une bourgeoisie universitaire, une bourgeoisie de l'administration, une vieille bourgeoisie parlementaire, une bourgeoisie de rentiers, etc. ?

Mais si la condition bourgeoise, telle qu'elle apparaît par exemple dans l'œuvre de Balzac, est fort diverse, l'idéologie bourgeoisie est dans l'ensemble d'une grande unité : Gaudissart n'est pas loin de penser comme Nucingen, et Laffitte se reconnaît en Béranger, au même titre que Michelet.

Ajoutons que les frontières de l'idéologie bourgeoise sont beaucoup plus étendues que celles de la bourgeoisie. Le journal *L'atelier*, écrit par des ouvriers pour des ouvriers, n'est pas tellement différent du *Constitutionnel*. Les « poètes-ouvriers » qui abondent à cette époque, les Savinien Lapointe, les Reboul, les Magu, etc., pensent et écrivent comme Béranger et comme George Sand. Agricol Perdiguier, Martin Nadaud, deux autodidactes de l'origine la plus populaire — et la plus diverse, l'un étant un artisan méridional, l'autre un maçon de la Creuse — adoptent fidèlement les grands articles du credo libéral. Les *Souvenirs d'un compagnon du Tour de France* de Perdiguier, et les *Mémoires de Léonard, ancien garçon maçon*, écrits par Nadaud, ne sont au fond pas tellement différents des *Souvenirs* de Laffitte « roi des banquiers et banquier des rois ».

Il existe donc bien une idéologie orléaniste, qui n'a pas donné naissance à de grandes œuvres de doctrine, mais qui a longtemps marqué et marque peut-être encore la vie politique française. Cet orléanisme, dont la fidélité à l'égard de la famille d'Orléans n'est qu'un aspect tout à fait secondaire, peut être étudié, avec des nuances diverses, chez Guizot (1787-1874) et chez sa femme Elisa, chez Mme Dosne, la belle-mère de Thiers, chez le Dr Véron, animateur du *Constitutionnel* et auteur des *Mémoires d'un bourgeois de Paris*, chez l'académicien Viennet dont les *Mémoires* sont un beau monument de prétention satisfaite, chez Laffitte relatant dans ses passionnants *Mémoires* les étapes d'une ascension qu'il considère comme hautement morale, chez Duvergier de Hauranne qui développe en 1838, dans ses *Principes du gouvernement représentatif*, la théorie selon laquelle « le roi règne et ne gouverne pas ».

L'époque est celle de Béranger, dont la gloire presque universelle — Chateaubriand, Stendhal, Lamennais, Lamartine, Michelet le considèrent non seulement comme un grand poète, mais comme un grand homme, et il est sans doute l'écrivain français qui a la plus grande influence dans les milieux populaires et à l'étranger — pose à l'historien quelques problèmes intéressants...

c) LE LIBÉRALISME DE TOCQUEVILLE. — L'œuvre de Tocqueville (1805-1859), le plus grand écrivain libéral de l'époque, se situe en marge de cet orléanisme hypertrophié. Elle n'est pas représentative d'un large courant de pensée. Elle résulte de la réflexion, le plus souvent solitaire, d'un esprit non exempt de préjugés mais attaché à juger et à se juger avec une rigoureuse indépendance.

Le « Montesquieu du XIXe siècle » (J.-J. Chevallier) est châtelain de Tocqueville, dans le Cotentin, comme Montesquieu était châtelain de La Brède. Il est l'héritier d'une tradition aristocratique et terrienne à laquelle il restera toujours fidèle. Voir à cet égard dans ses *Souvenirs*, la savoureuse et fort peu démocratique description des élections de 1848 au bourg de Saint-Pierre, près de Tocqueville : « Tous les votes furent donnés en même temps, et j'ai lieu de penser qu'ils le furent presque tous au même candidat » (qui n'est autre que Tocqueville...).

Cette tradition aristocratique se concilie chez Tocqueville avec la tradition parlementaire. Par sa mère il est le petit-fils de Malesherbes. Son attitude, respectueuse mais libre, à l'égard de la religion est celle d' « un homme du XVIIIe siècle profondément attaché au rationalisme expérimental » (Georges Lefebvre, préface de *L'Ancien Régime et la Révolution*).

Tocqueville est un provincial, un girondin que Paris dépayse et parfois effraie. On lira à cet égard les pages où Tocqueville exprime son profond soulagement en retrouvant sa paisible Normandie après les « saturnales » parisiennes de février 1848 : « La propriété, chez tous ceux qui en jouissaient, était devenue une sorte de fraternité. »

Tocqueville n'est ni un révolutionnaire ni un réactionnaire. Bien que sa famille soit légitimiste (son père est préfet de la Restauration), il accepte de servir la monarchie de Juillet, et bien qu'il juge fort sévèrement les révolutionnaires de 1848, il sera ministre de la Seconde République. Mais ces ralliements restent totalement désintéressés. Si Tocqueville accepte l'événement, non sans critiquer les hommes, c'est parce qu'il croit à la continuité de l'Etat ; c'est pour servir, non pour se servir.

Il faut distinguer chez Tocqueville l'instinct et la réflexion, le cœur et la raison. Il est aristocrate d'instinct, mais la réflexion l'amène à accepter comme irréversible l'évolution vers la démocratie, à s'accommoder d'un régime qu'il n'aime pas : « J'ai pour les institutions démocratiques, écrit-il dans une note intime, un goût de tête, mais je suis aristocrate par instinct, c'est-à-dire que je méprise et crains la foule. J'aime avec passion la liberté, la légalité, le respect des droits, mais non la démocratie. Voilà le fond de l'homme. »

A) *Œuvres de Tocqueville.* — Les principales œuvres de Tocqueville sont :

1° La *Démocratie en Amérique*, œuvre d'un homme de 30 ans après un séjour de moins d'un an effectué aux Etats-Unis avec Beaumont. La première partie (1835), la mieux accueillie des contemporains, étudie l'influence de la démocratie sur les institutions ; la seconde partie (1840), plus abstraite, est consacrée à l'influence des institutions sur les mœurs.

2° *L'Ancien Régime et la Révolution* (1856) est une œuvre inachevée. Le premier volume, le seul qui ait paru du vivant de Tocqueville, s'arrête au début de la Révolution ; l'auteur montre que la centralisation administrative est l'œuvre de l'Ancien Régime et non de la Révolution ou de l'Empire ; la Révolution est le fruit d'une longue évolution ; elle « est sortie d'elle-même de ce qui précède». Tocqueville avait rassemblé pour les volumes suivants, qui devaient être consacrés à la Révolution et à l'Empire, de nombreuses notes dont l'essentiel a été publié par André Jardin.

L'importance de *L'Ancien Régime et la Révolution* est au moins égale à celle de *La Démocratie en Amérique* (dont s'occupent plus volontiers les historiens des idées politiques). Taine suit de près Tocqueville, dans ses *Origines de la France contemporaine.*

3° Les *Souvenirs*, admirablement lucides et parfois ironiques, sont consacrés pour la plus grande part à la période de 1848-1849 et notamment au bref passage de Tocqueville aux Affaires étrangères ; les premières pages présentent de la Monarchie de Juillet un tableau cruel.

4° La *Correspondance* de Tocqueville est en cours de publication dans une nouvelle édition qui apporte de nombreux textes inédits.

5° Il faut enfin signaler les *Voyages* qui contiennent eux aussi de nombreux textes inédits.

B) *La pensée de Tocqueville et le spectacle de l'Amérique.* — L'Amérique que visite Tocqueville est cette Amérique jacksonienne — Jackson (1767-1845) fut président des Etats-Unis en 1829 et en 1837 — qui revient aux sources de la démocratie jeffersonienne : défiance à l'égard des privilèges et des monopoles, retour aux principes de la déclaration d'Indépendance, accent mis sur l'égalité des droits. Alors que Hamilton croit au conflit fondamental des intérêts, Jackson pense qu'ils peuvent être harmonieusement conjugués et il estime qu'il faut confiner les gouvernements dans leur fonction propre, qui consiste à protéger les personnes et les biens.

Ainsi est-on amené à se poser la question : dans quelle mesure les idées de Tocqueville sur la démocratie ont-elles été influencées par son séjour en Amérique ?

Il est désormais possible de répondre avec une certaine précision à cette question. J.-P. Mayer a en effet publié dans la collection des « Œuvres complètes », l'édition intégrale du *Journal de Voyage* tenu par Tocqueville. Ce *Journal*, qui complète admirablement le livre de Pierson, *Tocqueville and Beaumont in America*, permet de suivre de près la genèse de la *Démocratie en Amérique.*

Sur ce problème, voir la communication de René Rémond, reproduite dans le *Livre du Centenaire d'Alexis de Tocqueville*, Editions du C.N.R.S., 1961.

C) *La liberté selon Tocqueville.* — La méthode suivie par Tocqueville est la même dans *La Démocratie en Amérique*, qui étudie une société vivante, et dans *L'Ancien Régime*, qui évoque l'histoire de la société française. Toute son œuvre est une méditation sur la liberté ; plutôt qu'une œuvre de sociologue ou d'historien, c'est une œuvre de moraliste dans la grande tradition des moralistes français.

Tocqueville ne se soucie ni de décrire, ni de raconter, ni de tout dire. En étudiant la société américaine comme la France de l'Ancien Régime, il cherche une réponse à cette unique question : comment concilier la liberté avec le nivellement égalitaire, comment sauver la liberté ?

L'œuvre de Tocqueville est aux antipodes du positivisme ; elle n'est nullement objective, elle est animée d'une vibration intime, parcourue de quelques intuitions fulgurantes : on cite souvent la page qualifiée de prophétique, sur l'avenir de l'Amérique et de la Russie appelées à se partager le monde, mais il faut aussi rappeler le chapitre de la *Démocratie en Amérique* sur la nouvelle aristocratie industrielle *(Comment l'aristocratie pourrait sortir de l'industrie)* ou de simples phrases comme celle-ci : « On est avant tout de sa classe avant d'être de son opinion » (*Ancien Régime*, t. II, liv. II, chap. Ier), ou encore : « On peut m'opposer sans doute des individus ; je parle des classes ; elles seules doivent occuper l'histoire » (*Ancien Régime*, t. I, p. 179).

La *Démocratie en Amérique* procède d'une réflexion sur l'égalité. Les hommes ont pour l'égalité une « passion ardente, insatiable, éternelle, invincible ». La société évolue nécessairement vers l'égalité, c'est-à-dire vers la démocratie, c'est-à-dire vers le nivellement. Cette évolution remplit Tocqueville d'une « terreur religieuse », mais il lui paraît illusoire de s'y opposer. Il faut apprendre à connaître la démocratie pour l'empêcher de verser soit dans l'anarchie soit dans le despotisme.

L'Ancien Régime et la Révolution est une méditation sur la centralisation et sur la décadence de l'aristocratie. La centralisation monarchique conduit au même résultat que le nivellement démocratique : l'isolement d'individus uniformes, incapables de s'opposer à un despotisme qui précisément triomphe depuis le 2 décembre. *L'Ancien Régime et la Révolution* est un livre de vaincu, mais d'un vaincu qui ne renonce pas à l'espoir.

C'est en définitive le thème de la liberté qui domine toute l'œuvre de Tocqueville et en fait l'unité. « Une liberté modérée, régulière, contenue par les croyances, les mœurs et les lois » (*Souvenirs*, p. 74). Cette liberté est, dit-il, la passion de sa vie. Comment l'assurer ?

Contrairement à Montesquieu, Tocqueville ne croit pas aux corps intermédiaires sous leur forme traditionnelle. Quant à l'organisation des pouvoirs, il en parle relativement peu ; il est partisan d'un système bicaméral, hostile au système présidentiel, mais il n'a qu'une confiance limitée dans les institutions politiques pour garantir la liberté.

Contre l'individualisme, « rouille des sociétés », Tocqueville préconise trois remèdes :

1° La décentralisation administrative, les libertés locales et provinciales. « L'esprit communal est un grand élément d'ordre et de tranquillité publique. »

2° L'établissement d'associations de toute nature, politiques, industrielles, commerciales, scientifiques ou littéraires, qui aident à former un substitut d'aristocratie : « On ne peut pas fonder de nouveau dans le monde une aristocratie, mais rien n'empêche d'y constituer, par des associations de simples citoyens, des êtres très opulents, très influents, très forts, en un mot des personnes aristocratiques. »

3° Enfin et surtout les qualités morales, le sens des responsabilités, la passion du bien public ; comme Montesquieu, Tocqueville croit au primat de la morale sur la politique.

Ces remèdes aux maux de la démocratie sont fort traditionnels, et même traditionalistes ; Taine ne dira pas autre chose, mais Taine n'aurait assurément pas écrit la page de l'*Ancien Régime* sur l'idéalisme révolutionnaire : « C'est 89, temps d'inexpérience sans doute, mais de générosité, d'enthousiasme, de virilité et de grandeur, etc. » (t. I, p. 247).

Tocqueville sait rendre hommage à l'adversaire ; il pousse au plus haut degré l'art de comprendre ce qui lui répugne. C'est en ce sens qu'il est vraiment un libéral.

§ 2. LE LIBÉRALISME ANGLAIS

La situation politique de l'Angleterre n'a pas sensiblement évolué depuis la révolution de 1688. La prépondérance est passée du roi à une aristocratie qui possède le sol, l'argent, tous les privilèges, tous les pouvoirs de l'Etat. Quant au « self government », vanté en France comme la garantie des libertés anglaises, il n'est pas autre chose que l'administration du pays par l'aristocratie locale.

Mais l'Angleterre poursuit et accélère la transformation de son économie. Non sans crises, non sans luttes, elle opte pour l'industrialisation. La réforme électorale de 1832, qui fait passer le nombre des électeurs de 425 000 à 650 000, n'est pas une mesure démocratique mais une réforme destinée à assurer une plus large représentation aux industriels et aux exportateurs. L'évolution du libéralisme anglais suit de près l'évolution économique d'un pays qui choisit l'expansion et qui se sent assez fort pour adopter le libre-échange.

Alors que le libéralisme de Courier, de Constant, de Tocqueville est tourné vers les problèmes politiques, le libéralisme anglais de la même époque fait une part beaucoup plus large aux préoccupations économiques. Autre différence fondamentale : la France vient de faire une révolution et la dernière révolution anglaise remonte à 1688 : le libéralisme français vit du souvenir de 1789, chez certains même ce souvenir tient lieu de doctrine ; le libéralisme anglais de la première moitié du XIXe siècle ne doit presque rien à la Révolution française, il n'échappe que lentement et partiellement à l'utilitarisme benthamien, il reste marqué par l'influence d'Adam Smith (1).

1° *L'utilitarisme benthamien : James Mill*

Bentham (qui meurt en 1832) reste le principal représentant du radicalisme utilitaire. Ricardo publie en 1817 ses *Principes de l'économie politique et de l'impôt*.

James Mill (1773-1836) poursuit l'œuvre de son ami Bentham et publie en 1820 un *Essai sur le gouvernement*, où il relie la doctrine du gouvernement représentatif au principe du plus grand bonheur du plus grand nombre ; il estime que la fonction du gouvernement est essentiellement négative : il s'agit d'assurer la police nécessaire pour que chaque individu puisse poursuivre sans contrainte son intérêt personnel. James Mill, qui passa la plus grande partie de sa vie dans un bureau de la Compagnie des Indes, est le type parfait du doctrinaire. L'Angleterre et la France connaissent ainsi

(1) Voir plus haut, pp. 414-415 et 416-417.

l'une et l'autre au début du XIXe siècle des mouvements à tendance idéocratique : cf. les idéologues dont Napoléon dénonce la malfaisance, les « doctrinaires » de la Restauration, et aussi les saint-simoniens.

2° *De l'utilitarisme au libéralisme humanitaire : Stuart Mill*

Elevé dans les principes de l'utilitarisme le plus rigide, Stuart Mill (1806-1873) reçut de son père une éducation inhumainement encyclopédique, dont il se dégagea peu à peu pour entreprendre une révision idéaliste du libéralisme.

Il s'agit d'abord d'un conflit de génération, d'une révolte contre le dogmatisme. Mon père, écrit Stuart Mill, a été « le dernier penseur du XVIIIe ». Stuart Mill lui-même est une nature inquiète, sensible, marquée par un romantisme dont était totalement exempte la génération antérieure ; il lit Wordsworth, Coleridge, il subit l'influence de Carlyle.

Il subit aussi des influences continentales, celle de Kant, celle de Comte, il s'intéresse au saint-simonisme, il correspond avec Tocqueville. Là encore, l'opposition est totale avec la génération antérieure. Tandis que l'utilitarisme de Bentham et de James Mill est essentiellement insulaire et britannique, le libéralisme de Stuart Mill aspire à l'universalité.

L'œuvre de Stuart Mill est contemporaine d'une crise du libéralisme et elle constitue la meilleure expression de cette crise. En 1841, la Commission royale d'Enquête sur l'Industrie minière a déposé un rapport accablant (à rapprocher du rapport Villermé en France) ; le principe cher à James Mill de la perfectibilité indéfinie ne tient pas devant les faits ; l'industrialisme est en accusation ; il ne semble plus possible de réduire la vie sociale à quelques principes de mécanique. Deux faits s'imposent : l'évolution des sociétés et leur diversité.

Stuart Mill s'attache donc à formuler un libéralisme replacé dans l'histoire et dans la société. Alors que James Mill s'intéressait avant tout au problème du gouvernement et qu'il lui donnait une solution mécanique (réforme de la représentation et extension du droit de suffrage), Stuart Mill estime que le gouvernement ne peut être libéral s'il n'existe pas une société libérale.

Pour Bentham, le gouvernement libéral était bon, non parce qu'il était libéral, mais parce qu'il était efficace ; pour Stuart Mill, au contraire, la liberté est un bien en elle-même, indépendamment du principe du plus grand bonheur, et il ne s'agit pas seulement d'un bien individuel mais social. Stuart Mill critique le capitalisme ; il pense que la fonction de l'Etat libéral n'est pas purement négative et qu'il doit chercher à réaliser les conditions de la liberté ; son libéralisme est donc en opposition avec la philosophie du laissez-faire.

Les idées politiques de Stuart Mill, dont l'*Autobiographie* est un document souvent savoureux, sont surtout exprimées dans *La liberté* (1859) et dans les *Considérations sur le gouvernement représentatif* (1860-61).

La Liberté commence par un hymne à l'individu, par une dénonciation plus vigoureuse qu'originale des systèmes qui instaurent le despotisme de la société ou la tyrannie de la majorité. Stuart Mill passe peu à peu du culte de l'individu au culte des individualités et à la culture des élites. Il exprime clairement dans le chapitre III sa nostalgie d'une Angleterre où pourraient éclore des hommes d'une autre trempe que les médiocres partout régnants : « La valeur d'un Etat, à la longue, c'est la valeur des individus qui le composent. » Stuart Mill est ici proche de Carlyle et de son culte du héros, qui s'épanouira dans l'Angleterre victorienne.

Dans *La Liberté* Stuart Mill préconise « la plus grande dissémination du pouvoir compatible avec l'action utile du pouvoir ». Il précise ses idées dans les *Considérations sur le gouvernement représentatif* où il distingue deux fonctions : une fonction de contrôle qui appartient au Parlement et la fonction législative. Stuart Mill estime que le Parlement est impropre à cette dernière fonction et qu'il faut l'attribuer à une Commission législative. Il apparaît obsédé dans son *Autobiographie* par le souci de proposer des économies et de réduire le coût des élections.

La philosophie politique de Stuart Mill est ainsi un mélange d'idéalisme et d'avarice, de kantisme et d'utilitarisme, de générosité et d'étroitesse de vues. Elle exprime bien les hésitations d'une société en pleine période de transition.

3° *La doctrine de Manchester : Cobden*

Stuart Mill est, comme Tocqueville, un isolé. Son œuvre ne nous renseigne guère sur les opinions du « libéral moyen ».

Richard Cobden (1804-1865) en revanche est un parfait représentant de cette bourgeoisie industrielle qui réussit à obtenir l'abolition des droits sur le blé (1846) et celle de l'acte de navigation (1849). Ancien gardeur de troupeaux, devenu riche fabricant de cotonnades à Manchester, Cobden est un homme d'action. Son *Anti Corn Law League* est un puissant groupe de pression qu'il manie avec art jusqu'à la victoire. Son idée maîtresse est le libre commerce : acheter le moins cher possible, vendre le plus cher possible. Il présente comme un remède pour tous les Anglais une mesure évidemment conforme aux intérêts de la classe qu'il représente. Il parle sans cesse des « middle and industrious classes » et affirme que le gouvernement a peu d'importance dans un pays industriel. Il admire les Etats-Unis et préconise la propreté, l'efficacité, une stricte économie. Il veut cultiver chez le travailleur anglais l'amour de l'indépendance, le respect de soi-même, l'ambition de parvenir, le désir d'accumuler. Comme le note Crane Brinton, la pensée de ce pourfendeur d'utopies verse dans l'utopie dès qu'il s'agit de questions sociales.

En matière de relations internationales, Cobden est partisan de la paix et de la non-intervention. Il est hostile à la guerre de Crimée, aux aventures d'outre-mer. C'est un « little Englander ».

Avec le triomphe du Libre-Echange et l'échec du chartisme s'achève une époque du libéralisme anglais. L'ère victorienne commence.

§ 3. Du nationalisme révolutionnaire au nationalisme libéral

Le XIXe siècle marque non pas sans doute, à proprement parler, « l'éveil des nationalités » mais l'extension des nationalismes. La plupart des mouvements révolutionnaires qui se manifestent entre 1815 et 1848 en Italie, en Allemagne, en Pologne, dans l'Empire austro-hongrois ont une double inspiration, libérale et nationale. *Le National* est en France le journal des libéraux.

A) *Nationalisme économique et nationalisme romantique : Mazzini*

Le nationalisme économique de l'Allemand List, qui publie en 1841 son *Système national d'économie politique*, est fort peu libéral. Il annonce l'unité allemande et la « Machtpolitik ». Mais les œuvres de ce genre sont rares avant 1848. Chez Mickiewicz (1798-1855), chez Gioberti (1801-1852), chez Mazzini (1805-1872), chez le Hongrois Petoefi (1823-1849), qui était nourri de Béranger, le nationalisme est littéraire et romantique : nationalisme d'écrivains et de poètes dans des pays qui, faute d'industrie et de classe moyenne comparables à celles de France, d'Angleterre ou des Etats-Unis, ne connaissent pas le nationalisme mercantile.

Mazzini est un des meilleurs représentants de ce nationalisme libéral et romantique. C'est un patriote italien, un éternel proscrit, un conspirateur obstiné ; il reste fidèle à ses convictions républicaines et ne cesse de dénoncer le machiavélisme de Cavour, même après la réalisation de l'unité italienne.

Ce patriote italien est un Européen convaincu (cf. par exemple sa *Sainte-Alliance des peuples* publiée en 1849). C'est sur les peuples, et non sur les rois, qu'il compte pour instaurer le règne de la justice et de la paix.

La pensée de Mazzini est profondément idéaliste et religieuse. Elle s'oppose en tous points à celle de Bentham dont l'utilitarisme lui répugne. Mazzini croit au progrès, à l'humanité, à la fusion des classes sociales, à la fraternité humaine, à l'éminente dignité du Peuple. Il ne croit ni à la lutte des classes, ni aux antagonismes entre nations, ni à l'influence de l'économie sur la politique. Son œuvre est en contradiction absolue avec celle de Marx. « Religion et politique sont inséparables, écrit Mazzini.

Sans religion, la science politique ne peut créer que despotisme ou anarchie. »

Mazzini appartient à l'âge du romantisme. La Révolution de 1848 constitue son suprême espoir et sa suprême défaite. Après l'échec de la Révolution, Mazzini se survit. Le temps est révolu des rêves généreux de fraternité universelle. Les nations se constituent et s'affrontent. Une nouvelle ère commence dans l'histoire du nationalisme, l'ère de la force.

B) *Le nationalisme français : Michelet*

Durant la première moitié du XIXe siècle, le nationalisme français est étroitement lié aux souvenirs de la Révolution française et de l'épopée impériale. Contrairement à l'Allemagne ou à l'Italie, la France a déjà réalisé son unité nationale. Le nationalisme a donc un double caractère, rétrospectif et prophétique, qui apparaît bien dans l'œuvre de Michelet (1798-1874).

Lorsque Michelet parle de nation, c'est à la France qu'il songe, la France sa patrie. Son œuvre est un hymne à la France. Il croit à sa mission, il la considère comme une personne : « ... La nation ce n'est plus une collection d'êtres divers, c'est un être organisé ; bien plus, une personne morale ; un mystère admirable éclate : la grande âme de la France. » La nation est donc inviolable : « Tuer un homme, c'est un crime, mais qu'est-ce que tuer une nation ? Comment qualifier ce forfait ? »

Michelet, comme beaucoup de ses contemporains, compte sur le sentiment national pour fonder la paix et la concorde universelles. Contrairement à Voltaire, qui opposait la patrie à l'univers, Michelet pense que « la patrie est l'initiation nécessaire à l'universelle patrie ». Il considère que la patrie est fondée sur l'amitié : « La patrie, la grande amitié... » Voici ce qu'il écrit en 1846 dans *Le peuple* (IIIe Partie, chap. Ier) : « La patrie, la grande amitié où sont tous nos attachements nous est d'abord révélée par eux ; puis à son tour elle les généralise, les étend, les ennoblit. L'ami devient tout un peuple. Nos amitiés individuelles sont comme des premiers degrés de cette grande initiation, des stations par où l'âme passe, et peu à peu monte, pour se connaître et s'aimer dans cette âme meilleure, plus désintéressée, plus haute, qu'on appelle la Patrie. » Cette définition de la patrie est à opposer à la définition célèbre de Renan dans « Qu'est-ce qu'une nation ? » (1).

Michelet associe étroitement nation et liberté, nation et révolution ; la France est pour lui la nation révolutionnaire par essence : « Par devant l'Europe, la France, sachez-le, n'aura jamais qu'un seul nom inexpiable, qui est son vrai nom éternel, la Révolution. »

Comme l'a fortement montré Roland Barthes, les idées politiques de Michelet sont conformes au credo classique du petit-bourgeois libéral vers 1840 : « Conviction pudique que les classes sociales vont se fédérer, mais non disparaître. Souhait pieux d'une association cordiale entre le capital et le travail. Lamentations contre le machinisme. Anticléricalisme (celui de Voltaire). Déisme (celui de Rousseau). Le peuple est infaillible. Béranger est le plus grand poète du siècle. L'Allemagne (moins la Prusse) est un grand pays, généreux et bon enfant. L'Angleterre est perfide. La France a deux ennemis : le prêtre et l'or anglais... »

Mais Michelet est un poète, et un homme qui a eu dans son enfance une expérience directe du froid et de la faim. Aussi cette œuvre, dont le fond est bourgeois, a-t-elle — comme celle de Lamennais, elle aussi beaucoup plus modérée dans le fond que dans la forme — un ton révolutionnaire. Le nationalisme romantique, à la Michelet, est un des éléments de « l'esprit quarante-huitard ».

SECTION II. — Traditionalisme et traditions

§ 1. INTRODUCTION GÉNÉRALE : LE TRADITIONALISME DE LA RÉVOLUTION FRANÇAISE A NOS JOURS

A) *Les thèmes du traditionalisme*

Après cette rapide présentation de la « tradition libérale », nous nous proposons d'évoquer sommairement une autre tradition de pensée, qui présente en France une assez remar-

(1) Voir plus loin, p. 691.

quable homogénéité et qui est caractérisée par l'évocation complaisante de thèmes très différents des thèmes libéraux, ou ayant un contenu différent lorsque les mots sont les mêmes :

1° Thèmes physiologiques (affection de Balzac et de ses contemporains pour le terme de *physiologie*, « physiologie du mariage », « physiologie du goût », etc.), recours à la *nature* (« politique naturelle » de Maurras) et à *l'expérience* ; le terme de nature a chez les traditionalistes une tout autre signification que chez les libéraux : la nature des libéraux est liée à la notion d'ordre naturel ; l'ordre naturel est un ordre économique, il résulte du jeu harmonieux de quelques mécanismes d'adaptation ; il se passe de l'histoire ; il se réfère à un monde où dominent l'industrie et le commerce (avec quelques notables exceptions, comme celle des physiocrates) ; il recourt volontiers aux métaphores organiques (image du corps).

Au contraire, chez les tenants de la tradition, la nature est liée à *l'histoire* ; la politique naturelle est fondée non pas sur la nature de l'homme mais sur le développement de l'histoire, sur les leçons de l'expérience : puissance des faits, défiance à l'égard des abstractions, positivisme et relativisme.

2° D'où les thèmes de la *terre* (dans tous les sens du mot : terre natale et agriculture), du *milieu*, de la *continuité*, de l'*héritage*, le *recours aux ancêtres* (« la terre et les morts » de Barrès), l'abondance des métaphores végétales.

La métaphore de l'*arbre* est essentiellement traditionaliste. Elle apparaît chez Chateaubriand (les arbres de Combourg), chez Taine (« le platane de M. Taine », dans *Les déracinés* de Barrès ; M. Taine va se recueillir chaque jour devant un platane du boulevard des Invalides et il s'écrie : « Cet arbre est l'image expressive d'une belle existence... Je ne me lasse pas de l'admirer de le comprendre »), chez Barrès (cf. l'expression même de « déraciné »), chez Maurras (« querelle du peuplier » racontée par Gide, dans *Prétextes* : Maurras dénonce les méfaits du déracinement et Gide vante les bienfaits du repiquage), chez Malraux (*Les noyers de l'Altenburg*, p. 151), chez Saint-Exupéry, etc. : l'arbre est l'image de la spontanéité, de la continuité, de l'assimilation, de la discipline ; métaphores annexes des racines, du tronc, de la souche, de la sève, des bourgeons, du feuillage, de la plante...

3° Thèmes de *l'association* qui s'opposent à l'individualisme libéral, et qui prennent des formes diverses :

— association naturelle : la famille (souvent liée au thème de la paternité, qui est fondamental chez Balzac, chez Joseph de Maistre, chez Montherlant) ;

— association locale : décentralisation, *régionalisme*, goût du folklore ;

— association professionnelle : importance du *corporatisme* dans l'école de *L'Action française*, origines de cette tradition.

4° Thèmes moraux : les tenants de la tradition invoquent volontiers la *morale*, comme les libéraux (Renan, *La réforme intellectuelle et morale*), mais il n'est pas impossible de distinguer deux types différents d'idéal moral (qui apparaissent parfois — et c'est le cas de Renan — chez un même écrivain). Les libéraux parlent plus volontiers de vertu, ils croient à l'éducation morale tandis que les traditionalistes parlent plus volontiers de *qualités* et se défient quelque peu de la pédagogie. Cf. ce texte de Montherlant : « La qualité, notion assez indéfinissable. Pourtant elle est au premier plan de mes préoccupations et de mes « exigences ». La qualité indépendante de l'intelligence, de la moralité et du caractère. Pouvant y suppléer alors que l'inverse n'est pas vrai. Transfigurant un être et... le plaçant au rang des seigneurs. »

Quelques composantes de cet idéal moral : *l'honneur* (particulièrement important chez Chateaubriand), *l'énergie* (thème fondamental chez Balzac et chez Barrès : *Roman de l'énergie nationale*), la *responsabilité* (Saint-Exupéry), le *travail* bien fait (adoption abusive de Péguy par la « révolution nationale »), le *patriotisme*, etc.

Cette morale peut être liée à une foi religieuse (et dans ce cas les thèmes fondamentaux sont, comme chez Péguy, l'incarnation et la communion des saints) mais ce n'est pas toujours le cas (exemple de Taine, agnosticisme de Maurras). En revanche les qualités exaltées sont presque toujours d'*essence virile* : (cf.

« l'ordre viril » cher à Montherlant et le rôle joué par les femmes dans la tradition libérale : Mme Roland, Mme de Staël...). De même les tenants du traditionalisme se plaisent à évoquer, selon les périodes, l'Allemagne (Taine et Renan) et l'Espagne (Barrès et Montherlant) tandis que les libéraux et néo-libéraux, de Tocqueville à Tardieu, prennent le plus souvent leurs exemples dans le monde anglo-saxon.

L'exaltation de l'héroïsme va de pair avec le culte du héros, de « l'homme providentiel », l'appel aux *élites* qui est également apparent chez les théocrates du début du XIXe siècle, chez les saint-simoniens, chez les positivistes, chez les nationalistes de la fin du XIXe siècle : le saint et le héros selon Péguy, la référence à Jeanne d'Arc (qui sera prolongée après la guerre 1914-1918 par la référence à Clemenceau).

5° Et enfin le thème de l'*ordre*, thème ambigu comme le traditionalisme lui-même et qui est utilisé successivement ou simultanément dans des sens distincts : sens médiéval (« Ordre de chevalerie »), sens d'Ancien Régime (« les trois ordres du Royaume »), sens domestique (« une personne d'ordre »), sens politique (« l'ordre règne à Varsovie »), sens positiviste (« Ordre et progrès »), sans parler de l'ordre public, de l'ordre moral, de l'ordre nouveau, du parti de l'ordre, de l' « ordre éternel des champs », de l' « ordre viril », etc.

B) *Distinction dans l'espace et dans le temps*

Après avoir ainsi dénombré les grands thèmes du traditionalisme, il faut immédiatement ajouter que la réalité est singulièrement plus complexe que nos analyses.

1° Nos analyses ont été, depuis le début de ce chapitre, presque entièrement limitées à la France, et il est bien évident que le traditionalisme dans la mesure même où il est fondé sur la référence à l'histoire, n'a pas la même forme dans des pays dont l'histoire est loin d'être identique.

De longues études comparatives seraient ici nécessaires. En l'absence de telles études, il semble possible de retenir comme hypothèse que le libéralisme revêt selon les pays des aspects plus nettement contrastés que le traditionalisme : Burke est moins loin de Joseph de Maistre que Bentham ne l'est de Benjamin

Constant, ou même Stuart Mill de Tocqueville. Cette impression est confirmée par la lecture d'un livre comme celui de Russell Kirk, *The Conservative mind*. Mais bien des précisions et des nuances s'imposent avant qu'on puisse admettre l'existence d'un « esprit conservateur ».

2° Ces précisions doivent porter sur l'histoire plus encore que sur la géographie. Le traditionalisme n'est pas une doctrine figée, immuable ; il importe de bien distinguer les époques :

a) L'époque de la « restauration » avec Maistre, Bonald, et aussi Lamennais dont l'œuvre constitue un rameau de l'école théocratique. Il faut souligner l'ambivalence de cette école théocratique, qui est foncièrement réactionnaire chez Joseph de Maistre et qui conduit Lamennais sur la voie du catholicisme social.

b) L'époque positiviste avec Auguste Comte, dont l'importance politique nous paraît souvent méconnue. Le comtisme est une philosophie ambiguë ; il existe un positivisme conservateur qui, par Taine et aussi Renan (dont le cas est complexe), aboutit à Maurras ; mais il existe aussi un positivisme démocratique, celui de Littré, qui récuse l'évolution d'Auguste Comte vers le mysticisme, et qui nourrit la pensée des grands universitaires laïques de la IIIe République en ses débuts.

c) La grande époque du nationalisme français, du boulangisme à 1914 (Barrès, Maurras).

d) Enfin l'époque contemporaine où le traditionalisme cherche difficilement une voie entre le conservatisme et le fascisme.

C) *Sociologie du traditionalisme*

Il faudrait de longs travaux pour présenter une sociologie du traditionalisme. Contentons-nous ici d'indiquer qu'elle semble fort éclectique. Le traditionalisme ne se confond pas avec une classe sociale ; il recrute des adeptes non seulement dans l'aristocratie, dans le clergé, dans les milieux ruraux, mais aussi dans la bourgeoisie, dans l'artisanat et même dans certains milieux proches du prolétariat. D'autre part, les positions ne sont pas cristallisées, les convictions politiques évoluent comme les catégories sociales elles-mêmes : un cas bien caractéristique est celui de l'armée qui passe sous la Restauration pour un repaire de libéraux et passera plus tard pour une forteresse du conservatisme. L'économie du traditionalisme devrait être étudiée en même temps que sa sociologie : d'une façon générale le traditionalisme français est pauvre, d'où son anticapitalisme.

*
* *

L'histoire du traditionalisme ne se confond pas avec l'histoire de la droite : tous les hommes de droite sont loin de se réclamer du traditionalisme, la droite est de plus en plus envahie par l'orléanisme. Tous les tenants de la tradition ne se situent pas à droite, et la référence à la tradition justifie des attitudes politiquement opposées : cas de Lamennais en 1830, de Péguy au moment de l'affaire Dreyfus, de Bernanos pendant la guerre d'Espagne.

§ 2. Les doctrinaires de la contre-révolution : Maistre et Bonald

Les deux principaux doctrinaires de la contre-révolution sur le continent sont Joseph de Maistre (1753-1821), noble savoyard, et le vicomte de Bonald (1754-1840), gentilhomme du Rouergue. Maistre a le goût du mystère et le sens de la formule ; Bonald est un raisonneur parfois pesant. Par contre Bonald a un sens des problèmes sociaux plus aigu que Maistre ; sa *Législation primitive* dénonce le machinisme et l'école « matérielle et matérialiste » d'Adam Smith : « ... Plus il y a dans un Etat de machines pour soulager l'industrie de l'homme, plus il y a d'hommes qui ne sont que des machines. »

Bien que la pensée de Bonald soit bien distincte de celle de Maistre, elles présentent des similitudes frappantes :

A) *L'expérience contre la raison*

Comme Burke (1), Maistre et Bonald tournent en dérision les prétentions rationalistes du XVIIIe siècle : « Ce fut un singulier ridicule du dernier siècle que celui de juger de tout d'après des règles abstraites, sans égard à l'expérience » (Maistre, *Du pape*). L'homme abstrait n'existe pas ; il est dérisoire et dangereux de vouloir légiférer pour l'homme, d'établir des Constitutions écrites, des déclarations des droits : « La Constitution de 1795, tout comme ses aînées, est faite pour l'homme. Or il

(1) Voir plus haut, pp. 478-482.

n'y a point d'homme dans le monde. J'ai vu dans ma vie des Français, des Italiens, des Russes, etc. ; mais quant à l'homme je déclare ne l'avoir rencontré de ma vie ; s'il existe, c'est bien à mon insu » (Maistre, *Considérations sur la France*).

Aux rêves universalistes, aux prétentions rationalistes, il faut opposer les leçons de l'expérience et la sagesse providentielle.

Maistre et Bonald donnent au mot de nature le même sens que Burke : la politique naturelle est pour eux fondée sur l'histoire : « Je reconnais en politique une autorité incontestable qui est celle de l'histoire et dans les matières religieuses une autorité infaillible qui est celle de l'Eglise » (Bonald, *Théorie du pouvoir politique et religieux*, t. II). Les traditionalistes, comme les libéraux de la même époque, recourent donc à l'histoire comme principe d'explication et de justification politique, et c'est ainsi que Del Vecchio parle de « l'historicisme politique » de l'école traditionaliste.

Mais l'histoire est subordonnée aux desseins de la Providence. Pour Joseph de Maistre comme pour Bossuet l'histoire est le produit d'un ordre providentiel. Ce « providentialisme » de Joseph de Maistre le conduit à présenter la Révolution française comme une expiation voulue par Dieu, Napoléon comme l'instrument de la Providence, la France comme investie d'une mission religieuse, la guerre comme une œuvre divine. Cette conception grandiose de l'histoire détourne Maistre des jugements sommaires qui remplissent l'œuvre de Burke ; loin de rapetisser ses adversaires, Maistre en fait les agents de la volonté divine.

B) *La société contre l'individu*

Pour Bonald comme pour Maistre et plus encore que pour Maistre, ce ne sont pas les individus qui constituent la société, mais la société qui constitue les individus ; les individus n'existent que dans et pour la société, ils n'ont pas de droits mais des devoirs envers la société.

Cette religion de la société s'achève en religion de l'Etat, « la sociologie devient sociolâtrie » (Jean Lacroix, *Vocation personnelle et tradition nationale*). Ainsi l'Etat se trouve divinisé, le gouvernement établi sur des bases théocratiques, l'obéissance toujours justifiée : « La nature du catholicisme le rend l'ami, le conservateur, le défenseur le plus ardent de tous les gouvernements » (Maistre, *Réflexions sur le protestantisme*).

De ces prémisses théocratiques dérivent l'antiprotestantisme de Maistre, l'antisémitisme de Bonald, la justification de l'Inquisition par Maistre, la légitimation de l'esclavage par Bonald.

C) *L'ordre contre le progrès*

La sociologie de Joseph de Maistre est une sociologie de l'ordre, et son œuvre exprime la nostalgie de l'unité. Unité de la foi (« Ut sint unum »), unité du pouvoir, cohésion du corps social.

Maistre et Bonald insistent sur le rôle de la famille et des corporations, sur les bienfaits de l'agriculture, qui « doit être le fondement de la prospérité publique dans une société constituée » (Bonald, *Théorie du pouvoir politique et religieux*, t. II).

L'ordre traditionaliste est essentiellement hiérarchique. Le gouvernement le plus naturel à l'homme est la monarchie ; la souveraineté est une, inviolable et absolue. « Quand on dit que l'homme est né pour la liberté, on dit une phrase qui n'a point de sens... De tous les monarques, le plus dur, le plus despotique, le plus intolérable, c'est le monarque peuple » (Maistre, *Etude sur la souveraineté*).

Maistre subordonne étroitement le pouvoir temporel au pouvoir spirituel et il attribue au Pape une sorte de magistrature universelle. Il condamne les thèses gallicanes, et son livre *Du pape* (1819), constitue la plus parfaite expression de l'ultramontanisme politique.

Expérience, société, ordre, unité, Providence : tous ces thèmes constituent le fonds commun du traditionalisme universel ; l'œuvre de Joseph de Maistre et de Bonald ne comporte que peu de références précises aux traditions françaises ; elle est moins traditionaliste que contre-révolutionnaire.

§ 3. La poésie de la tradition : Chateaubriand

Le traditionalisme a ses doctrinaires, comme le libéralisme : Bonald est bien contemporain de Royer-Collard. Mais Chateaubriand (1768-1848) a contribué plus que quiconque à donner au traditionalisme français un style.

Chateaubriand n'est assurément pas un théoricien ; ce monarchiste a contribué à faire tomber la monarchie des Bourbons en se ralliant avant 1830 à l'opposition libérale ; ses inconséquences, ses caprices, son goût des ruines ont été soulignés par Maurras qui ne l'appréciait guère : « Loin de rien conserver, dit-il, Chateaubriand fit au besoin des dégâts afin de se donner de plus sûrs motifs de regrets. »

Cette interprétation est très répandue : Chateaubriand esclave de ses rancunes et de ses ambitions, dilettante toujours prêt à choisir le plus beau geste, poète égaré dans la politique. Mais précisément Chateaubriand a apporté au traditionalisme ce qui manquait également au libéralisme et à l'œuvre de Maistre et de Bonald : une poésie.

1° Poésie du refus. — Alors que la carrière de la plupart des libéraux est jalonnée de ralliements, celle de Chateaubriand est une suite de ruptures : il s'oppose à la Révolution, à l'Empire, à la Restauration, à la monarchie de Juillet. Son discours à la Chambre des Pairs, le 30 juillet 1830, où il refuse le régime qu'il avait contribué à établir sera longtemps le modèle de ceux qui ne répugnent pas aux démissions spectaculaires, et qui placent au premier plan des vertus politiques celle de la fidélité et ce que Montherlant appelle la vertu du mépris.

2° Poésie de l'honneur. — « Cet honneur devenu l'idole de ma vie, et auquel j'ai tant de fois sacrifié repos, plaisir et fortune », cet honneur qu'invoque le comte de Chambord quand il se déclarera fidèle au drapeau blanc en 1873 (cf. *La fin des notables* de Daniel Halévy qui voit dans la lettre à Chesnelong un écho de Chateaubriand), cet honneur dont parlent aussi bien Péguy que Barrès : « Dans cette âme dégoûtée jusqu'au nihilisme, écrit Barrès à propos de Chateaubriand, l'honneur se dresse solitaire comme un château dans la lande bretonne. »

3° Poésie de la solitude et du néant. — « Peut-on croire aux rois de l'avenir ? Faut-il croire au peuple du présent ? L'homme sage et inconsolé de ce siècle sans convictions ne rencontre un misérable repos que dans l'athéisme politique. » Mais si Chateaubriand est indifférent à la forme du gouvernement, il ne l'est point à son esprit et à son âme. Croit-il en Dieu ? « Il n'est ici-bas chrétien plus croyant et homme plus incrédule que moi. » Sa religion n'est ni foi, ni espérance, ni surtout charité ; c'est une armature sociale, une construction de la volonté, une fidélité à l'enfance. Il aime la liberté, mais il pense qu'elle est incompatible avec le nivellement égalitaire et avec le règne de l'argent, elle lui paraît inséparable des institutions de l'Ancien Régime, mais il sait que l'histoire ne revient pas en arrière. Est-il excessif de parler de « chevalerie du néant » à propos de Chateaubriand ?

Il propose un modèle à tous ceux — même s'ils le considèrent comme un « mauvais maître » — qui refuseront la monarchie de Juillet, le Second Empire, le Ralliement, les inventaires, la décision de Rome condamnant l'Action française, à ceux aussi qui refuseront d'un même élan la défaite de juin 1940 et Vichy. Familles de hobereaux, de religieux, d'officiers qui refusent de se rallier à l'orléanisme triomphant même si la foi légitimiste a depuis longtemps disparu, même et surtout si elles sont de plus en plus rares.

Mais la sociologie du traditionalisme ne se confond pas avec celle d'un légitimisme qui s'exténue. Deux nouvelles formes de traditionalisme, procédant de conceptions apparemment antagonistes, apparaissent à quelques années de distance : le catholicisme social et le positivisme (1).

§ 4. De la théocratie a la démocratie

A) *Les débuts du catholicisme social*

L'expression de « catholicisme social » date des années 1890 ; mais, comme l'a montré J.-B. Duroselle dans sa thèse, le catholicisme social a des origines lointaines, dès le début du XIXe siècle. Tout au long du siècle, l'Eglise catholique est parcourue de courants qu'il importe de distinguer :

1° Lamennais peut être considéré comme l'ancêtre du *catholicisme social.* Or il fait longtemps figure de théocrate intransigeant et il exprime dans ses premières œuvres les mêmes idées que Joseph de Maistre et que Bonald. Même lorsqu'il place après 1830 son œuvre sous le signe de *Dieu et liberté*, Lamennais est tout le contraire d'un libéral.

Ainsi apparaît un premier courant de pensée, le « légitimisme social », dont relèvent, tout au long du XIXe siècle, des hommes comme Alban de Villeneuve-Bargemont, Armand de Melun, La Tour du Pin, Albert de Mun (1841-1914), tous profondément émus par la misère des classes laborieuses, tous dénonçant les vices du libéralisme triomphant.

2° Ce catholicisme social est très différent du *socialisme chrétien* d'un Buchez (1796-1865), fondateur avec Bazard de la Charbonnerie de France, ancien saint-simonien converti au catholicisme, théoricien de l'association ouvrière (2). Ni l'inspiration ni la sociologie de ce socialisme chrétien ne se confondent avec celles du catholicisme social.

3° Mais surtout, il importe de distinguer catholicisme social et *catholicisme libéral.* Le catholicisme libéral est un éclectisme, une synthèse du catholicisme et du libéralisme, une adaptation du catholicisme à l'ordre libéral. Adaptation économique d'abord : les catholiques libéraux rompent avec la réticence

(1) Sur le positivisme, voir plus loin, pp. 665-669.
(2) Sur Buchez, voir plus loin, pp. 573-574.

initiale de l'Eglise à l'égard du machinisme, avec sa préférence pour le travail des champs ; ils ne répugnent pas à s'enrichir dans l'industrie, dans le commerce, dans la banque. Mais il s'agit aussi d'une adaptation politique : les catholiques libéraux s'estiment déliés de toute fidélité superstitieuse à l'égard de la monarchie ; ils accepteront la démocratie, le parlementarisme, la république. Ils se rallient, mais ne manifestent pas toujours une conscience plus aiguë des problèmes sociaux que les libéraux non catholiques. S'il existe des catholiques sociaux antilibéraux comme Villeneuve-Bargemont (et peut-être aussi comme Lamennais), il existe des catholiques libéraux étrangers au catholicisme social comme Dupanloup (et peut-être aussi comme Montalembert) ; Lamennais, fondateur du catholicisme social, vote en 1850 contre la loi Falloux qui instaure la liberté de l'enseignement.

Mais s'il semble nécessaire de distinguer nettement, en ce qui concerne la France, catholicisme libéral et catholicisme social, la distinction est beaucoup moins nette en Belgique et surtout en Allemagne, où Ketteler et Doellinger représentent à la fois un certain libéralisme catholique sur le plan politico-religieux et un certain catholicisme social. D'autre part, le protestantisme libéral a donné naissance à un important mouvement de « christianisme social ».

En Belgique, la politique dite de l'« unionisme » (rapprochement entre catholiques et libéraux) aboutit à la Constitution de 1831 qui établit une certaine séparation de l'Eglise et l'Etat et affirme les principes des grandes libertés modernes. Les récents travaux des historiens belges ont montré que Lamennais n'est à l'origine ni des idées ni des méthodes des unionistes belges, avant tout soucieux de réalisations pratiques et fort peu hardis dans leurs conceptions sociales. Ce point semble acquis, mais il semble un peu forcé d'en tirer, comme J.-B. Duroselle, la conclusion que c'est au contraire « l'unionisme belge qui a impressionné Lamennais ». Aucune preuve satisfaisante de cette influence n'est administrée par Duroselle, qui nous semble porter sur le rôle de Lamennais un jugement un peu étroit.

B) *Chronologie longue et chronologie courte*

On peut ici évoquer le dialogue entre Joseph Hours et Etienne Borne à propos de la « chronologie longue » et de la « chronologie courte ».

Dans le Cahier n° 31 de la Fondation nationale des Sciences politiques, qui porte le titre *Libéralisme, traditionalisme, décentralisation* (Paris, A. Colin, 1952), figure une étude de Joseph Hours : « Les origines d'une tradition politique : la formation en France de la doctrine de la démocratie chrétienne et des pouvoirs intermédiaires » (pp. 79 à 123). Cette étude développe et systématise un article publié dans la *Vie intellectuelle*, en mai 1948 : « Les chrétiens dans la politique, l'expérience du M.R.P. » (pp. 62 à 77).

Dans ces deux études, Hours s'attache à définir les origines lointaines de la démocratie chrétienne et à démontrer que ses fondateurs ne furent ni des libéraux ni des démocrates. Pour lui, la démocratie chrétienne est en France le plus traditionnel des courants politiques et religieux, ses origines se situent au déclin du Moyen Age, sa doctrine a été passionnément et systématiquement antiétatique et antigallicane. Hours établit ainsi une filiation : Bourguignons, Ligue, Parti dévot, Ultramontains de la Restauration, Légitimistes sociaux de la IIIe République, Parti démocrate populaire, M.R.P. Il se montre particulièrement sévère pour Lamennais : « On voit mal comment un esprit aussi irrationnel et excessif pourrait être vraiment libéral... »

A cette thèse vigoureusement gallicane et « anti-européenne », Etienne Borne répond dans *Terre humaine* de juillet-août 1952 (pp. 76 à 101) : « La démocratie chrétienne contre l'Etat ? », et le dialogue se poursuit dans le numéro d'octobre (pp. 76 à 85) avec une lettre de Joseph Hours et une nouvelle réponse d'Etienne Borne. Voir sur cette polémique l'article de Jacques Fauvet dans *Le Monde* du 16 septembre 1952 : « M. Robert Schuman a-t-il brûlé Jeanne d'Arc ? », et celui de Pierre de Sarcus dans *La revue politique et parlementaire* de novembre 1953 (pp. 248-257) : « Le M.R.P. a-t-il des ancêtres ? »

Etienne Borne n'admet évidemment pas que Joseph Hours retrouve l'esprit de la Ligue dans la politique du M.R.P. et dans les projets européens de M. Schuman. Récusant la « chronologie longue » de Joseph Hours, il propose une « chronologie courte » d'après laquelle Lamennais est l'ancêtre de la démocratie chrétienne, dont Marc Sangnier est « le deuxième fondateur » : « C'est véritablement Lamennais qui inventa la démocratie chrétienne... »

C) *Lamennais*

Ce n'est pas un corps de doctrine qu'il faut chercher dans l'œuvre de Lamennais (1782-1854). Au premier abord, il paraît être l'auteur de deux œuvres profondément opposées : dans l'*Essai sur l'indifférence en matière de religion* (1817-1824) il s'exprime en théocrate intransigeant ; avec la publication de l'*Avenir* (1830-31 ; devise « Dieu et liberté »), avec les *Paroles d'un croyant* (1834) ou le *Livre du peuple* (1837), il passe de la théocratie à la démocratie.

Dans la première partie de sa vie il dénonce avec le plus violent fanatisme les vices du siècle et notamment les turpitudes de l'Université impériale. Puis il se déclare ferme partisan du socialisme, tout en restant fidèlement attaché au droit de propriété ; son socialisme est vaporeux et sentimental ; il ne propose pratiquement aucune réforme qui soit applicable et montre à l'égard de l'Etat la plus grande méfiance ; il condamne le communisme sans chercher à le comprendre, et il manifeste à l'égard de ses contemporains les sentiments qui seront plus tard ceux de Péguy ou de Bernanos.

Mais cet irréductible solitaire a exercé sur son époque une influence beaucoup plus profonde que ne permettrait de le supposer l'analyse critique de son œuvre ; aujourd'hui encore la destinée de Lamennais suscite d'ardentes polémiques.

Un cadre romantique (La Chênaie). Un tempérament romantique, violent, instable, passionné, sensible à la poésie (« Je n'aime point les villes. J'étais né pour tracer mon sillon en plein air sous un ciel libre et borné seulement par quelques arbres à l'horizon »). Une grande destinée romantique : Lamennais « prêtre malgré lui », ultramontain condamné par Rome, passionnément religieux et mourant hors de l'Eglise : « Je veux être enterré au milieu des pauvres et comme les pauvres. On ne mettra rien sur ma fosse, pas même une simple pierre... »

Pendant la première partie de sa vie, Lamennais prône l'unité des Eglises ainsi que l'unité de la foi. La vraie religion, pour lui, est « celle qui repose sur la plus grande autorité visible » ; l'adhésion unanime est le seul critère de la foi *(Essai sur l'indifférence)*. Puis Lamennais passe de l'unité à l'union et il rêve d'une vaste réconciliation, toutes classes confondues. Ainsi le peuple pour Lamennais n'est pas le prolétariat mais le genre humain (moins une minorité de privilégiés ou de coupables) : « La cause du peuple l'emportera. Ce que le peuple veut, Dieu lui-même le veut... La cause du peuple est la cause sainte, la cause de Dieu. » La démocratie apparaît comme la réalisation de la théocratie. Rien de plus étranger au marxisme ou au libéralisme.

Il ne faut pas exagérer l'influence de Lamennais au sein de l'Eglise de France : le haut-clergé dans sa totalité, le bas-clergé dans son immense majorité sont restés imperméables aux idées de *L'Avenir*. C'est hors de l'Eglise, d'une façon diffuse, que l'œuvre de Lamennais a eu la plus forte influence. Un livre comme les *Paroles d'un croyant* paraît avoir eu une large diffusion, même dans les milieux populaires ; Lamennais qui était tout le contraire d'un orateur et d'un tribun a été élu en 1848 à l'Assemblée nationale où il ne joua d'ailleurs qu'un faible rôle.

Quelle que soit l'influence de Lamennais, le catholicisme social ne se confond pas avec lui. Il est indispensable de mentionner des hommes comme Montalembert (dont la correspondance avec Lamennais lors de la rupture avec Rome est un document émouvant), Lacordaire (qui décida brusquement de quitter La Chênaie), Gerbet, Charles de Coux, Villeneuve-Bargemont (auteur d'un grand *Traité d'économie politique chrétienne*), Ozanam, etc. ; des institutions comme la Société de Saint-Vincent-de-Paul et la Société de Saint-François-Xavier ; des publications comme *L'Université catholique* ; les liens entre fouriérisme et catholicisme social ; les tentatives d'association agricole d'inspiration chrétienne (« Croisade du XIXe siècle » de Louis Rousseau, « Commune chrétienne » d'Hippolyte de La Morvonnais, etc.).

Projets utopiques ou réalisations modestes : les catholiques français manifestent à cette époque un souci des problèmes sociaux qui contraste avec l'indifférence au moins apparente des libéraux qui se sont installés au pouvoir. Sans doute ces catholiques sociaux sont-ils relativement peu nombreux, mais ils contribuent à accréditer autour d'eux l'idée que l'Eglise n'est pas une puissance de conservation ; certains même en viennent à considérer le catholicisme comme une force de révolution, à associer l'Eglise aux souvenirs de 1789. Le catholicisme social est une des composantes de l'esprit de 1848.

SECTION III. — Le socialisme avant Marx

Le terme de socialisme apparaît à peu près simultanément en France et en Angleterre entre 1830 et 1840, mais le mot, à cette époque, n'a qu'un sens assez vague : pour Pierre Leroux le socialisme s'oppose à l'individualisme (article de la *Revue encyclopédique* en novembre 1833), pour Robert Owen le socialisme est principalement un système d'associations coopératives. En 1836-38 Louis Reybaud, futur auteur de *Jérôme Paturot* publie dans la *Revue des Deux Mondes* une série d'études intitulée *Socialistes modernes (les saint-simoniens, Fourier, Owen).* En 1841 Owen fait paraître son pamphlet *What is Socialism?*

La première moitié du XIXe siècle voit éclore dans les pays les plus industrialisés d'Europe de nombreuses doctrines de réforme sociale qui diffèrent profondément des utopies humanitaires ou des effusions sentimentales du XVIIIe siècle (1) ainsi que de la conspiration des Égaux (2). Les auteurs du XIXe siècle se trouvent en face d'un immense problème qui ne s'était posé ni à Mably, ni à Morelly, ni à Babeuf, ni aux lointains précurseurs du socialisme : les conséquences sociales de la révolution industrielle.

Cette révolution — on le sait — commence en Angleterre au XVIIIe siècle, alors que la transformation de l'économie française est beaucoup plus lente. A l'époque où écrivent Saint-Simon, Fourier, Buchez, Louis Blanc, Blanqui, où Proudhon compose l'essentiel de son œuvre, la France n'a pas encore connu la grande fièvre d'industrialisation qui se manifestera sous le Second Empire. Le socialisme anglais, et notamment celui d'Owen, atteste au contraire une connaissance intime des réalités industrielles que sont loin de posséder les théoriciens français.

C'est le spectacle de l'Angleterre, et notamment de la crise anglaise après 1815, qui inspire les premières dénonciations solennelles du machinisme. C'est après un séjour en Angleterre que le Genevois Sismondi écrit ses *Nouveaux principes d'économie politique ou la richesse dans ses rapports avec la population* (1819). Sismondi n'est nullement un révolutionnaire ; c'est un libéral qui appartient au cercle de Coppet ; il est très hostile au suffrage universel et ses préférences vont à une société de petits propriétaires paysans cultivant la terre selon des méthodes intensives avec le concours d'un gouvernement soucieux d'ordre, de bien-être et d'efficacité. Mais Sismondi affirme avec force que l'opti-

(1) Voir plus haut, pp. 431-433.
(2) Voir plus haut, pp. 468-470.

misme de Ricardo et de J.-B. Say est totalement démenti par les faits :

1° La libre concurrence produit, non pas comme l'affirment les économistes libéraux, l'harmonie des intérêts et l'égalité des conditions mais la concentration des fortunes.

2° Cette concentration entraîne la surproduction et les crises.

3° Le développement de la grande industrie, loin d'améliorer le sort de la classe ouvrière, ne fait donc que l'aggraver.

Sismondi expose les maux mais ne suggère aucun remède. Son œuvre est donc, comme le dit Elie Halévy, « pessimiste et réactionnaire ».

Les idées exposées dans les *Nouveaux principes d'économie politique* ne sont pas particulières à Sismondi. Le procès de l'économie libérale est souvent fait par des auteurs qui se réclament de la tradition monarchiste et catholique. Lorsqu'on étudie d'un peu près le mouvement des idées dans la première moitié du XIXe siècle, on s'aperçoit que les différentes écoles sont beaucoup moins nettement distinctes qu'on ne pourrait être d'abord tenté de le penser. Sans doute les doctrines sont-elles bien différentes les unes des autres, mais les hommes qui se réclament de ces doctrines en font souvent une sorte d'amalgame, où les divergences disparaissent au profit de quelques croyances fondamentales. Nombreux sont les hommes qui ont été successivement, presque simultanément, saint-simoniens, fouriéristes, catholiques sociaux, lecteurs de Saint-Martin, de Joseph de Maistre et de Saint-Simon, de Lamennais et de Fourier. En France, le socialisme prémarxiste a des liens certains avec l'illuminisme, avec le traditionalisme, avec le romantisme, avec le christianisme ; en Angleterre avec l'utilitarisme.

§ 1. L'Évolution des idées sociales en Angleterre

La rapide croissance du machinisme, le factory system », une législation sévère imposent au prolétariat anglais de dures conditions d'existence (1). La réforme électorale de 1832 est

(1) Cf. le témoignage de Sismondi en 1819, et plus tard celui d'Engels, *La condition des classes ouvrières en Angleterre*, en 1844.

une victoire pour la bourgeoisie radicale, non pour le prolétariat auquel la loi de 1834 sur les indigents apparaît comme une mesure de classe inspirée par le désir de fournir aux fabricants une main-d'œuvre à bon marché.

Les premières doctrines couramment qualifiées de socialistes voient le jour dans une Angleterre périodiquement secouée par des crises profondes (en 1815 et en 1845 notamment) : vers 1830-1840 les termes d'owenisme et de socialisme sont considérés comme synonymes. Mais il importe de souligner deux points :

1° Ces premières formes de socialisme n'ont jamais été vraiment populaires ;

2° Un mouvement authentiquement populaire comme le chartisme n'a jamais été vraiment socialiste.

A) *Owen*

Robert Owen (1771-1858) est un grand patron : à 19 ans, il dirige une filature de coton avec 500 ouvriers. Il a conscience de ne devoir qu'à lui-même sa fortune, et son autobiographie est une vie édifiante, dans le style de Franklin ou de Laffitte. Sobre, économe, méthodique, d'un inlassable optimisme, cet autodidacte est un homme d'action qui croit à la toute-puissante raison. Son idéal : « La formation intégrale, au physique et au moral, d'hommes et de femmes qui toujours penseront et agiront rationnellement. »

Ce patron philanthrope, qui ne recule pas devant les gestes prudhommesques (cf. sa déclaration d'indépendance religieuse en août 1817), considère l'homme comme un produit manufacturé ; il pense que le caractère est le produit du milieu social et des circonstances extérieures ; il croit à l'éminente vertu de l'éducation. Owen est, chronologiquement, un des premiers pédagogues d'un siècle extrêmement pédagogique.

Il souhaite une profonde réforme de la société, mais les recettes qu'il préconise pour réaliser cette réforme sont nombreuses, et on peut distinguer cinq formes successives d' « owenisme ». Sans doute cette succession n'est-elle pas rigoureuse, mais la pensée d'Owen évolue de la philanthropie patronale au messianisme social :

1° La philanthropie patronale, telle qu'Owen au début de sa carrière la pratique à New Lanark : amélioration du logement et de l'hygiène, construction d'écoles, augmentation des salaires, réduction de la durée du travail, etc. Par des méthodes quelquefois singulières (installation près de chaque ouvrier d'un indicateur permettant de voir immédiatement, grâce à des couleurs différentes, si l'ouvrier est très bon, bon, médiocre ou mauvais), Owen paraît avoir obtenu des résultats qui ont émerveillé ses contemporains, mais son action à New Lanark est celle d'un « patron éclairé », nullement d'un socialiste.

2° Le recours a l'Etat est longtemps une constante de la pensée d'Owen. Il cherche vainement à faire adopter une loi modifiant radicalement les conditions de travail des enfants ; la loi qui intervient finalement en 1819 est très différente de ce qu'Owen avait souhaité. Plus tard, il compte sur l'Etat pour encourager ses expériences de communisme agraire ou de banque d'échange.

3° Le communisme agraire. — Comme Fourier, Owen a une nette préférence pour l'agriculture ; il rêve de dissoudre l'industrie dans l'agriculture et veut créer des villages modèles dont la propriété privée serait totalement exclue. Les communautés d'Owen présentent ainsi deux différences avec les phalanstères de Fourier : *a)* Elles sont principalement agricoles, alors que les phalanstères sont polyvalents ; *b)* La propriété privée doit y disparaître, alors que Fourier prévoit une répartition proportionnelle à l'apport de chacun (5/12 pour le travail, 4/12 pour le capital, 3/12 pour le talent).

Les tentatives de réalisation se sont soldées par des échecs complets (notamment New Harmony, fondée par Owen aux Etats-Unis).

4° Le socialisme mutualiste et coopératif. — Owen pense que le travail est la mesure de la valeur, et veut fonder une banque où s'échangent des bons de travail. C'est l' « Equitable Banque d'Echange » qui s'installe en 1832 et disparaît en 1834. Sur ce point les idées d'Owen se rapprochent de celles qu'exprimera Proudhon en 1848-49 (projet de constitution d'une banque d'échange et acte de fondation de la Banque du Peuple) et en 1855 (projet de société de l'Exposition perpétuelle). Chez Proudhon comme chez Owen, il s'agit d'un socialisme limité à l'échange, sans organisation socialiste de la production.

Ce sont des disciples d'Owen qui ont contribué à développer le mouvement coopératif. Owen encourageait avec condescendance ce mouvement qui lui paraissait animé de bonnes intentions mais qui lui semblait laisser trop de place à l'esprit mercantile.

5° Dans ses dernières œuvres, Owen se fait l'apôtre d'un *messianisme social* qui s'exprime bien dans *Le nouveau monde moral* (voir notamment le *Catéchisme du nouveau monde moral* à la fin du livre de Dolléans sur Owen, pp. 337-351). Il annonce le règne de Dieu sur terre, l'avènement d'une ère de vertu et de bonheur ; il répète sans cesse que « les temps sont proches ». L'owenisme part donc du paternalisme et aboutit à une sorte de millénarisme laïque.

La notoriété d'Owen à son époque fut très grande, incomparablement plus grande que celle de Saint-Simon : c'est que sa doctrine était aisément assimilable par la bourgeoisie, qu'elle restait au fond une doctrine bourgeoise. Il était relativement aisé de mettre de côté son communisme agraire pour ne retenir qu'un mélange d'utilitarisme et d'idéalisme, de paternalisme et de coopération, qui permettait à des hommes très divers de se proclamer également ses disciples. En 1841, à la question : « Qu'est-ce que le socialisme ? » Owen répond : « Le système rationnel de société fondé sur la nature. » Qui ne souscrirait à une définition aussi vague ?

Owen a critiqué Bentham, mais il est plus proche de lui — et des « philosophes » du XVIIIe siècle — que des ouvriers de New Lanark. Sa doctrine n'a jamais été populaire, mais elle a contribué à accréditer deux notions :

1° L'idée — proprement utopique et qui se retrouvera chez nombre de théoriciens français, notamment chez Fourier — que la société peut être réformée à partir d'une communauté exemplaire.

2° L'idée que la réforme sociale est indépendante de l'action politique et de la prise du pouvoir.

B) *Le chartisme*

Owen et ses disciples méprisent l'action politique ; ils pensent que le suffrage universel et les droits politiques ne sont pas des conditions préalables à la fondation de villages communistes. Owen affirme en 1837 : « L'égalité est plus aisée que toute autre réforme. »

La Charte du Peuple au contraire (8 mai 1838), qui a donné son nom au mouvement chartiste, ne formule que des revendications politiques : annualité du Parlement, suffrage universel, égalité des districts électoraux, abolition du cens d'éligibilité, vote au scrutin secret, indemnité parlementaire.

Le chartisme est à l'origine un mouvement populaire. La « Working Men's Association », fondée en 1836, ne comprend que des ouvriers. Les premiers chefs du chartisme sont Lovett, l'ouvrier autodidacte, ancien disciple d'Owen, Bromterre O'Brien, le bourgeois jacobin, grand admirateur de Robespierre et de Babeuf, et Benbow, le cabaretier démagogue qui lance la formule de la grève générale.

Le premier chartisme comprend un certain nombre d'owenistes dissidents, auxquels répugne le dogmatisme d'Owen et qui ne comptent plus sur lui pour réaliser une réforme sociale. Ils pensent que la conquête des droits politiques est le seul moyen d'assurer une nouvelle répartition des richesses, et que la démocratie est le plus court chemin pour aller au socialisme.

Le chartisme se transforme en un mouvement révolutionnaire lorsqu'il s'étend dans les comtés industriels du Nord-Ouest. Feargus O'Connor élimine les premiers chefs du chartisme ; son éloquence enflamme les masses populaires.

A partir de 1843, le chartisme est en déclin. Il se décomposera définitivement après la manifestation d'avril 1848 et la pseudo-pétition revêtue de près de 6 millions de signatures.

Le chartisme est le seul exemple avant 1848 d'un mouvement ouvrier animé par une idéologie de classe : les chartistes refusent dans leur ensemble de collaborer avec les radicaux, ils s'opposent longtemps à la campagne pour le libre-échange qu'ils dénoncent comme une manœuvre de la bourgeoisie manufacturière. Mais cette idéologie ouvrière n'est nullement une idéologie socialiste. Il s'agit d'une révolte élémentaire contre le machinisme et contre la misère ; aux ouvriers qui l'applaudissent O'Connor — moins socialiste que quiconque — ne propose que l'image idéale du paysan propriétaire (cf. la fondation d'O'Connorville en 1847). Nostalgie du passé, thèmes empruntés à la philosophie du XVIIIe siècle, credo des révolutionnaires français, affirmation d'une sorte de socialisme éternel : voilà de quoi est fait le chartisme. Au moment même où le prolétariat anglais affirme son existence comme classe, il se montre impropre à élaborer une idéologie de classe.

§ 2. Les socialismes français

C'est à l'œuvre de Saint-Simon, de Fourier et de Proudhon que s'attachent aujourd'hui plus particulièrement les historiens des doctrines socialistes. Sans doute ces trois œuvres sont-elles les plus originales de toutes celles qui, durant la première moitié du XIXe siècle, proposent une nouvelle organisation de la société. Mais des œuvres moins originales ont sans doute eu, sur le moment même, plus de rayonnement. Tel est le cas de Louis Blanc et de sa fameuse formule sur « l'organisation du travail » qui était devenue un dogme pour tout un public sans doute fort ignorant du détail de ses œuvres. Tel est aussi le cas de Pierre Leroux, dans l'œuvre duquel se retrouvent la plupart des thèmes disséminés chez ses contemporains : poussant jusqu'à la confusion la plus totale la vocation de la synthèse, Pierre Leroux présente une sorte de « portrait-robot » d'un socialisme attendri qui se confond avec la religion de l'humanité ; c'est le Béranger du socialisme.

Des motifs d'ordre pédagogique nous obligent à distinguer deux groupes de doctrines :

1° Les doctrines qui placent au premier plan la réforme de l'économie, et qui ne comptent pas sur la démocratie politique pour réaliser la réforme économique et sociale : saint-simonisme, fouriérisme, proudhonisme.

2° Les doctrines qui ne séparent pas la réforme sociale de la démocratie politique et des souvenirs de la Révolution française : Cabet, Buchez, Pierre Leroux, Louis Blanc, Blanqui.

Mais une telle anayse nous oblige à établir entre les différentes doctrines des distinctions qui n'ont pas toujours été nettement aperçues par les contemporains. Si les œuvres des doctrinaires ne pénètrent guère dans les masses, quelques thèmes élémentaires mais puissamment ressentis s'imposent à ce qu'il est légitime d'appeler la conscience populaire. Aussi nous demanderons-nous en conclusion comment il serait possible de dégager les grands traits de l'idéologie populaire dans la période qui précède la révolution de 1848.

1° *La réforme de la société*

A) Le saint-simonisme. — Les saint-simoniens de stricte obédience ont été peu nombreux, mais le saint-simonisme a exercé une certaine influence dans les milieux dirigeants français. Emise dans une France encore essentiellement agricole, la doctrine saint-simonienne annonce et appelle une révolution industrielle que les saint-simoniens contribueront pour leur part à réaliser sous le Second Empire.

Saint-Simon croit à la science, à son progrès continu, à l'existence d'une science sociale dont il lui appartient de dégager les principes fondamentaux : « Que les abstractions, s'écrie-t-il, cèdent enfin le pas aux idées positives... » Et il conclut : « La science des sociétés a désormais un principe. Elle devient enfin une science positive. » Saint-Simon a eu Auguste Comte pour secrétaire, et le comtisme procède directement du positivisme saint-simonien.

Positivisme passionné, imprégné de romantisme. Saint-Simon éprouve pour la science une passion exaltée, religieuse : « L'entreprise que je fais, confie-t-il, est au-dessus de mes forces, je le sais et je veux l'ignorer, je n'ai pour moi que de l'exaltation, mais j'en ai beaucoup. »

a) *Saint-Simon et les saint-simoniens.* — 1° Le saint-simonisme est d'abord la doctrine d'un homme, Claude-Henri de Rouvroy, comte de Saint-Simon (1760-1825). Aristocrate éclairé, il participe à la guerre d'Indépendance qu'il présentera plus tard comme le point de départ de ses réflexions politiques : « J'entrevis dès ce moment, écrit-il en 1817 dans le recueil intitulé : *L'industrie*, que la Révolution d'Amérique signalait le commencement d'une nouvelle ère politique, que cette Révolution devait nécessairement déterminer un progrès important dans la civilisation générale et que sous peu, elle causerait de grands changements dans l'ordre social qui existait alors en Europe. » Il gagne une fortune en spéculant sur les biens nationaux et se ruine aussi vite qu'il s'est enrichi. Prophète incompris, il cherche à être le conseiller politique de la jeune bourgeoisie capitaliste. Peu de temps avant sa mort, il publie un *Nouveau christianisme* (1825).

2° L'école saint-simonienne se constitue après la mort de Saint-Simon, et c'est en 1828 que commence l'exposition de la doctrine. Le saint-simonisme attire quelques anciens conspirateurs (comme Bazard et Buchez) et beaucoup de polytechniciens et d'ingénieurs (Enfantin, Michel Chevalier, Talabot, Jean Reynaud, Edouard Charton, etc.) dont un bon nombre d'israélites (Olinde Rodrigues, les Pereire, etc.). La séduction exercée par le saint-simonisme sur l'Ecole Polytechnique doit être particulièrement soulignée.

L'histoire du saint-simonisme comporte des dévouements généreux, des intuitions prophétiques, des épisodes burlesques (comme la retraite à Ménilmontant), des procès retentissants et d'innombrables schismes jusqu'à la dispersion finale.

Il serait indispensable, dans un exposé plus détaillé, de distinguer nettement ce qui appartient à Saint-Simon et ce qui appartient à ses successeurs ; il faudrait aussi noter les divergences entre ces successeurs eux-mêmes (cf. l'opposition de Bazard à l'hypermysticisme d'Enfantin). Dans l'ensemble, tout en soulignant jusqu'à la caricature les traits religieux de la doctrine (uniforme, rituel, chants, hiérarchie ecclésiastique, etc.), les saint-simoniens paraissent avoir insisté sur les aspects pratiques, sur tout ce qui pouvait séduire une génération éprise d'idéal sans doute, mais aussi d'efficacité. Par contre, ils n'ont pas beaucoup développé les idées — qui pouvaient leur paraître difficilement réalisables — que Saint-Simon avait exposées sur *La réorganisation de la société européenne* (1814) et l'utilité que présenterait l'institution d'un Parlement européen.

Le saint-simonisme des saint-simoniens est donc plus pédagogique, plus pratique que le saint-simonisme de Saint-Simon. Mais il est en général beaucoup plus fidèle à la pensée de Saint-Simon que le fouriérisme de l'école fouriériste ne l'est à la pensée de Fourier.

b) *Une doctrine de la production.* — Le saint-simonisme est avant tout une doctrine de la production : « La politique est la science qui a pour objet l'ordre des choses le plus favorable à tous les genres de production. » Alors qu'Adam Smith et les théoriciens de l'économie libérale s'intéressaient surtout aux consommateurs, Saint-Simon souligne l'éminente utilité des producteurs. Tel est le sens de la fameuse « parabole » (1819) : « Nous supposons que la France perde subitement ses cinquante premiers physiciens, ses cinquante premiers chimistes, etc. » La France, selon Saint-Simon, pourrait perdre sans dommage la famille royale, les ministres, les hauts fonctionnaires, « tous les employés dans les ministères », le haut-clergé, les juges et les 10 000 propriétaires les plus riches parmi ceux qui ne cultivent pas eux-mêmes leurs terres — soit au total les 30 000 individus réputés les plus importants de l'Etat — ; par contre ce serait une catastrophe nationale si la France venait à perdre ses « 3 000 premiers savants, artistes et artisans ». Parmi ces 3 000 hommes à sauver figurent 600 cultivateurs exploitants, 200 négociants, 200 savants, 250 écrivains ou artistes, 250 à 300 représentants des professions libérales, le reste étant constitué par les industries et les corps de métier ; il faut garder 50 banquiers mais aussi 50 maîtres de forges, 50 couteliers, etc.

Saint-Simon établit ainsi une distinction fondamentale entre les producteurs et les oisifs (qu'il qualifie de « frelons »). Aux producteurs il réserve le terme d' « industriels », dont il fait, à partir de 1817, un large usage : *Système industriel* (1821-22), *Catéchisme des industriels* (1823-24) ; Rouget de Lisle compose en 1821 un *Chant des industriels* : « Honneur à nous, enfants de l'industrie » ; Saint-Simon affirme : « La classe industrielle est la classe fondamentale, la classe nourricière de la société. »

Il ne faut pas se méprendre sur cette expression de « classe industrielle ». Pour Saint-Simon, un cultivateur exploitant, un charron, un menuisier sont des industriels. Les industriels sont les producteurs, de quelque production qu'il s'agisse ; il enrôle dans une même « classe » le banquier, le propriétaire terrien et le serrurier.

c) *Technocratie.* — La tâche la plus urgente consiste à organiser l'économie : « La philosophie du dernier siècle a été révolutionnaire, celle du XIXe siècle doit être organisatrice. » Les saint-simoniens croient à la vertu de l'organisation (cf. la publication intitulée *L'organisateur*, 1819-1820).

L'organisation de l'économie importe davantage que les institutions politiques : « Nous attachons trop d'importance à la forme des gouvernements. » Le saint-simonisme affirme ainsi le primat de l'économique sur le politique : « La Déclaration des Droits de l'Homme, qu'on a regardée comme la solution du problème de la liberté sociale, n'en était véritablement que l'énoncé. » Saint-Simon ne suggère pas seulement la distinction, qui deviendra classique, entre libertés formelles et libertés réelles, il met en question les principes mêmes du libéralisme politique et de la démocratie.

Saint-Simon n'est pas un démocrate ; il considère que l'inégalité est naturelle et bienfaisante ; il croit à la vertu des élites. Dans la hiérarchie saint-simonienne, chacun est classé selon sa capacité, rétribué selon ses œuvres. Il se défie des politiciens comme des militaires. Ce qu'il demande au gouvernement, c'est d'organiser l'économie et notamment le crédit ; au sommet de la hiérarchie saint-simonienne se situent les banquiers. Le gouvernement selon Saint-Simon est à proprement parler une technocratie.

Ainsi Saint-Simon est l'ancêtre de tous ceux qui vantent les mérites des « gouvernements de techniciens » et qui reprochent périodiquement à la France sa « phobie de l'économique ».

d) *Critique de l'ordre établi.* — Cet économisme semble situer le saint-simonisme fort loin de ce que nous appelons aujourd'hui une doctrine socialiste.

Cependant, si les solutions suggérées par les saint-simoniens peuvent difficilement être qualifiées de socialistes, la critique de l'économie libérale par Saint-Simon annonce la critique marxiste. Engels, dans son *Anti-Dühring* parle de la « largeur de vues géniale » de Saint-Simon.

« Améliorer le plus promptement possible l'existence morale et physique de la classe la plus pauvre » : l'inspiration de Saint-Simon ne diffère pas de celle de Marx ; son but est la réforme sociale.

Sa méthode souligne l'importance de l'infrastructure économique et fonde sur le travail la distinction des classes. « Il n'y a point de changements dans l'ordre social sans un changement dans la propriété », écrivait Saint-Simon dès 1814. Bien des textes de Saint-Simon annoncent ainsi les thèmes fondamentaux de Marx.

Enfin si Saint-Simon lui-même respecte la propriété (tout en demandant sa réorganisation sous contrôle de l'Etat) et s'il garde à cet égard la mentalité d'un ancien acheteur de biens nationaux, certains de ses disciples vont plus loin que lui, considèrent la propriété comme une fonction sociale, se prononcent contre l'héritage : « Le seul droit conféré par le titre de propriétaire, peut-on lire dans l'exposition de la *Doctrine*, est la direction, l'emploi, l'exploitation de la propriété. »

e) *Rêves et réalisations.* — Pour apprécier correctement le saint-simonisme, il importe de confronter rêves et réalisations.

Les rêves sont grandioses. Les saint-simoniens veulent réaliser une réforme globale de la société. Ils ne se satisfont pas de réalisations partielles, d'entreprises nationales. Ils croient à l'unité du genre humain et veulent instaurer la concorde et l'harmonie universelles. Ils comptent sur le développement de l'industrie et des transports pour fonder une paix définitive. Ils sont convaincus que l'âge d'or de l'humanité n'est pas dans le passé mais dans l'avenir. La « religion saint-simonienne » — car c'est ainsi que l'école s'intitule après 1830 — est avant tout religion du progrès ; ce n'est pas une méditation individuelle (le saint-simonisme est fondamentalement antiprotestant), mais une effusion sociale et la règle d'une communauté.

Les saint-simoniens ont fort concrètement réalisé leur idéal. Ingénieurs, financiers, administrateurs, ils ont contribué à créer les premiers chemins de fer français, et le père Enfantin s'est associé de près à cette entreprise. Fournel et Enfantin jettent les premiers plans du canal de Suez qui sera réalisé par un ancien saint-simonien Ferdinand de Lesseps ; les frères Péreire organisent le crédit mobilier ; Edouard Charton lance une revue populaire à grand tirage *Le magasin pittoresque* ; Charles Duveyrier fonde la première agence de publicité pour les journaux ; Michel Chevalier est un des conseillers économiques de Napoléon III et le Second Empire — régime autoritaire encourageant l'économie et la banque — apparaît à certains égards comme la réalisation tardive des rêves saint-simoniens.

Réalisation ou trahison ? Les saint-simoniens ont-ils été infidèles aux rêves de leur jeunesse, ou n'avaient-ils pas d'autres moyens de les réaliser ? Rien de moins utopique, en tout cas, rien de moins socialiste que cette participation des saint-simoniens à l'essor du capitalisme français.

B) Fourier. — Pleine de développements étranges (comment faire aimer les mathématiques à une jeune fille qui aime l'ail ?) et de prophéties extravagantes (l'eau de mer deviendra potable et les baleines seront remplacées par des antibaleines qui aideront à tirer les bateaux), l'œuvre de Charles Fourier (1772-1837) a exercé une influence non négligeable, mais sans doute moins forte que celle de Saint-Simon.

Elle a cependant le triple intérêt :

1° De chercher à présenter une interprétation globale de l'univers et de manifester cette passion de l'unité qui caractérise le début du XIXe siècle ;

2° De présenter une critique très aiguë du système capitaliste ;

3° De suggérer un plan d'association volontaire, où apparaissent grossies et systématisées des aspirations confusément mais largement répandues dans la petite bourgeoisie et l'artisanat menacés par la révolution commerciale, ainsi que dans un prolétariat qui n'a pas encore conscience de former une classe. L'œuvre de Fourier contribue ainsi à éclairer la mentalité d'une société.

a) *Le phalanstère selon Fourier.* — « Type de vieux garçon grognon et entêté » (M. Leroy), « amateur de tables d'hôtes » (R. Maublanc), Fourier est un personnage balzacien. Fils d'un marchand de drap, il a mené la vie médiocre d'un commis voyageur et d'un employé subalterne, attendant jusqu'à sa mort le mécène qui devait l'aider à réformer l'univers.

Fourier avait en effet le sentiment d'avoir fait une découverte capitale en affirmant que le principe d'attraction régissait non seulement le monde physique mais aussi le monde social. La science des sociétés se ramène selon lui à une mathématique des passions. Il classe donc minutieusement, non sans quelque propension à l'érotisme, les passions humaines ; comme les saint-simoniens qui préconisaient la « réhabilitation de la chair », il veut exalter romantiquement les passions pour instaurer l'harmonie universelle. De la société qui l'entoure, Fourier fait inépuisablement la critique ; il est, dit Engels dans *Anti-Dühring*, « un des plus grands satiriques de tous les temps ».

« Tout est vicieux dans le système industriel affirme-t-il ; il n'est qu'un monde à l'envers. » Contrairement aux saint-simoniens Fourier n'a aucun goût pour l'industrie : « Les manufactures progressent en raison de l'appauvrissement de l'ouvrier. »

L'homme ne doit consacrer à l'industrie que le quart de son temps au maximum ; il faut donc disséminer les fabriques dans les campagnes pour que les ouvriers puissent consacrer une part de leur temps aux travaux des champs.

Fourier, qui a vécu à Lyon et qui y a vu de près la misère ouvrière, a une nette préférence pour l'agriculture et notamment pour l'horticulture. Fleurs, fruits et repas tiennent une grande place dans l'univers fouriériste.

En tout cas, Fourier poursuit d'une haine tenace le commerce et les commerçants. Ceux-ci sont des parasites, dont tout l'art consiste à vendre six francs ce qui en coûte trois et à en acheter trois ce qui en coûte six. Le commerce crée une « féodalité mercantile » et favorise le règne des banquiers (que Fourier juge avec beaucoup moins de sympathie que Saint-Simon). Le libéralisme économique engendre une anarchie et une misère dont l'Angleterre offre le triste spectacle : Fourier parle sans aménité des « marchands de Londres » et de la cupidité anglaise.

Ainsi tandis que les saint-simoniens appellent une profonde transformation de l'économie, Fourier paraît s'en défier ; tandis que les saint-simoniens insistent sur la nécessité d'augmenter la production, Fourier souligne la vanité de toutes les théories qui n'aboutissent pas à augmenter le bien-être des consommateurs.

Pour réformer la société, Fourier compte sur les phalanstères, c'est-à-dire sur des sortes de sociétés closes, formées par 1 600 personnes environ qui doivent assumer toutes les fonctions sociales en se succédant les unes aux autres pour éviter une spécialisation excessive. Fourier décrit complaisamment le cadre du phalanstère, les couloirs vitrés et chauffés, les salles à manger où 40 plats différents attendent les consommateurs. Et comme le travail doit rester attrayant, les phalanstériens courent sans cesse de la culture des roses à la tonte des moutons...

Le phalanstère n'est nullement un système communiste. Fourier déteste le désordre, respecte l'héritage, considère richesse et pauvreté comme naturelles ; il cherche à appâter les capitalistes en leur faisant espérer des dividendes mirobolants s'ils investissent leurs fonds dans les phalanstères.

Fourier ne compte pas sur l'Etat pour créer des phalanstères ; ceux-ci se constitueront librement, par « accord affectueux ». La réorganisation de la société viendra d'en-bas, et non d'en-haut comme le pensaient les saint-simoniens. Comme Proudhon, Fourier a horreur d'un régime autoritaire et centralisateur. L'Etat est pour lui une fédération d'associations libres.

Fourier se défie des révolutions, et il juge fort sévèrement celle de 1789. Il est antidémocrate et antiégalitaire. Il place tous ses espoirs dans des associations de moins de 2 000 membres, et pense que pour réformer la société dans son ensemble il importe d'abord de créer quelques sociétés parfaites.

b) *Réalisations fouriéristes.* — De nombreuses tentatives de type phalanstérien ont été faites non seulement en France mais aux Etats-Unis, en Angleterre, en Russie, etc. Cf. sur ce point la très utile étude d'Henri Desroche : Fouriérisme écrit et fouriérisme pratique. Note sur les études fouriéristes contemporaines, dans le livre d'Emile Poulat, *Les Cahiers manuscrits de Fourier*, Paris, Editions de Minuit, 1957, 223 p. Beaucoup de ces tentatives (notamment celle de Condé-sur-Vesgre) échouèrent ; lorsqu'elles réussirent, c'est plutôt sous la forme d'associations coopératives que de véritables phalanstères. Voir à cet égard les travaux de J. Gaumont sur A. de Bonnard et son étude : De l'utopie phalanstérienne à l'associationnisme français de 1848, dans les *Etudes sur la tradition française de l'association ouvrière*, Editions de Minuit, 1956, 148 p.

c) *Le fouriérisme après Fourier.* — Après la mort de Fourier en 1837, Victor Considerant, ancien polytechnicien, devient le chef de l'école fouriériste et le principal propagateur de la doctrine, notamment dans le journal *La démocratie pacifique*, qui paraît à partir de 1843. Dans le très important ouvrage qu'il a consacré à Fourier, Emile Poulat évoque le conflit qui opposa les tenants du fouriérisme orthodoxe, représenté par Victor Considerant, aux fouriéristes dissidents, plus soucieux de réalisations coopératives que de théories sociales. « Gens raisonnables et de bonne compagnie », les fouriéristes orthodoxes considèrent comme leur devoir de jeter le manteau de Noé sur les extravagances et les outrances de Fourier ; ils s'abstiennent pendant plusieurs années de publier ses œuvres, et lorsqu'ils s'y décident ils procèdent aux choix et coupures les plus contestables. C'est ainsi que les œuvres de Fourier ont été publiées « de façon incohérente, incomplète et expurgée ». Aussi Emile Poulat a-t-il fait œuvre particulièrement utile en publiant l'inventaire des manuscrits de Fourier qui sont conservés aux Archives nationales.

Le mouvement coopératif n'est évidemment pas sans rapport avec la pensée de Fourier, mais il serait tout à fait abusif de présenter Fourier comme le prophète et le fondateur de la coopération. Il est permis de penser que Fourier aurait porté sur les coopératives de consommation un jugement sans enthousiasme ; peut-être même, tout en déplorant leur absence d'ambition largement réformatrice, y aurait-il vu la manifestation de cet esprit mercantile qu'il avait en horreur. Il nous apparaît qu'Henri Desroche et Emile Poulat, emportés par leur sympathie pour Fourier, grossissent un peu son influence.

C) PROUDHON. — Il n'est pas possible de séparer le proudhonisme de la vie de Proudhon ; le proudhonisme c'est d'abord la présence d'un homme.

Pierre-Joseph Proudhon (1809-1865) est le fils d'un tonnelier et d'une cuisinière. Il a gardé les bêtes dans les champs près de Besançon (cf. le fameux passage de *La justice dans la Révolution et dans l'Eglise*, cinquième étude, chapitre IV : « Quel plaisir autrefois de me rouler dans les hautes herbes que j'aurais voulu brouter, comme mes vaches... »). Il s'est juré de rester fidèle à la classe ouvrière et de « travailler sans relâche... à l'amélioration intellectuelle et morale de ceux qu'il se plaît à nommer ses frères et compagnons » (lettre à l'Académie de Besançon en 1838).

Une existence « à la Péguy », dont les principaux événements sont :

— la rupture avec Karl Marx en 1846. Au *Système des contradictions économiques ou philosophie de la misère*, publié par Proudhon, Marx répond par la *Misère de la philosophie* ;

— l'élection de Proudhon en 1848, à l'Assemblée nationale, où il ne parvient pas à se faire écouter (cf. le témoignage de Victor Hugo dans *Choses vues*, et celui de Tocqueville dans ses *Souvenirs*) ;

— sa condamnation à trois ans de prison en mars 1849 après de violents articles contre le Prince-Président ;

— sa *Révolution sociale démontrée par le coup d'Etat du 2 décembre 1851* (1852) qui apparut à nombre de ses anciens amis comme un scandaleux ralliement à Napoléon III ; les œuvres ultérieures de Proudhon montrent qu'il prit vite ses distances par rapport au Second Empire, mais l'accusation est toujours adressée à Proudhon d'avoir pactisé avec le « régime fort ».

Proudhon a beaucoup écrit. Ses principales œuvres intéressant la politique sont les trois mémoires sur la propriété (1840-42), *De la création de l'ordre dans l'humanité* (1843), *Système des contradictions économiques ou philosophie de la misère* (1846), *Solution du problème social* (1848), *Les confessions d'un révolutionnaire* (1849), *Idée générale de la Révolution au XIXe siècle* (1851), *La Révolution sociale démontrée par le Coup d'Etat* (1852), *De la justice dans la Révolution et dans l'Eglise* (1858-60), *La guerre et la paix* (1861), *Du principe fédératif* (1863), *De la capacité politique des classes ouvrières* (1865).

Les principales œuvres de Proudhon sont postérieures à la révolution de 1848. Il ne nous semble cependant pas illégitime de parler de Proudhon dans ce chapitre qui porte sur la période antérieure à 1848. La pensée de Proudhon s'est en effet formée dans une France encore largement artisanale et paysanne, avant le grand essor industriel du Second Empire. Cette pensée précapitaliste appartient à un autre âge que l'anticapitalisme de Marx. Nous retrouverons cependant Proudhon lorsque nous parlerons de Marx dans un prochain chapitre (1).

a) *Contradictions et actualité de Proudhon.* — Proudhon est l'auteur de quelques formules qui firent scandale (« La propriété c'est le vol », « Dieu c'est le mal ») et de nombreux textes apparemment contradictoires : rien de plus aisé que d'opposer à un texte de Proudhon un autre texte de lui. Il se fait connaître par une diatribe contre la propriété, et il exalte la propriété paysanne : c'est — assurent les proudhoniens — qu'il ne critique pas la propriété en tant que telle mais le mauvais usage qui en est fait, la propriété sans utilité sociale... Il déclare la guerre à la religion au nom de la science et au nom de la morale, et il en fait un magnifique éloge dans *La création de l'ordre* (« Comme elle sut ennoblir le travail, rendre la douleur légère, humilier l'orgueil du riche et relever la dignité du pauvre ! », éd. Cuvillier, pp. 73-74) : les proudhoniens expliquent, il est vrai, qu'il s'agit d'un éloge funèbre... Il adresse à la guerre un salut que n'aurait pas renié Joseph de Maistre (« Salut à la guerre ! C'est par elle que l'homme, à peine sorti de la boue qui lui sert de matrice, se pose dans sa majesté et sa vaillance », *La guerre et la paix*, p. 29), et il expose un peu plus loin qu'elle contient un élément bestial et qu'elle inspire donc une horreur légitime : les proudhoniens expliquent ici que la guerre exaltée par Proudhon est « la guerre idéale, la guerre soumise à des lois, la guerre loyale entre combattants sûrs de leur droit » (2), mais que la guerre ne présente pas souvent ces caractères...

Alors que Saint-Simon, Fourier, Louis Blanc, Pierre Leroux sont objets d'histoire, Proudhon a aujourd'hui encore ses

(1) Cf. plus loin, pp. 611-664.

(2) Georges GUY-GRAND, *Pour connaître la pensée de Proudhon*, Bordas, 1947, p. 172.

fidèles, ses partisans enthousiastes. L'école de l'*Action française* a longtemps exalté Proudhon comme un « maître de la contre-révolution », comme un adversaire de la démocratie : aux proudhoniens de droite s'opposaient ardemment les proudhoniens de gauche. Il est devenu d'usage à l'époque actuelle de voir en Proudhon le maître de ce qu'aurait pu et dû être le socialisme français s'il n'avait été dévoyé par le marxisme ; le renouveau du fédéralisme a contribué à alimenter cette légende proudhonienne, à laquelle les marxistes continuent à opposer l'image d'un Proudhon résolument réactionnaire (1). Il n'est donc pas toujours aisé de distinguer le proudhonisme des légendes qui s'opposent.

b) *Proudhon et la démocratie.* — Saint-Simon et Fourier considéraient que la solution du problème social n'était pas une affaire politique. Proudhon est du même avis. Il estime qu'il existe une science de la société, et que la connaissance de base est l'économie politique : « La politique aujourd'hui est de l'économie politique », affirme-t-il dans *La guerre et la paix* en 1861. En 1848, il déclarait que la banque du peuple était la « solution du problème social ».

Proudhon n'a donc pas plus de confiance que Saint-Simon et Fourier dans la démocratie parlementaire. « Démocratie, écrit-il en décembre 1851, est un mot fictif qui signifie amour du peuple, amour des enfants, mais non pas gouvernement du peuple. » Et il affirme dans *La révolution sociale démontrée par le coup d'Etat* que « démocratie c'est démopédie », c'est-à-dire éducation du peuple.

En 1848, Proudhon considère que le peuple français n'est pas prêt pour la révolution ; quatre ans plus tard, s'il accepte le coup d'Etat, c'est sans doute parce qu'il considère que la seule révolution importante est d'ordre économique et social : le coup d'Etat est un événement purement politique, qui ne touche pas à l'essentiel : il n'est pas impossible de faire confiance au nouveau régime et de compter sur lui pour réaliser cette révolution de l'économie qui est la seule vraie révolution.

Proudhon critique donc âprement le suffrage universel :

(1) Les « Classiques du Peuple » ont accueilli Saint-Simon et Fourier, non Proudhon.

« Religion pour religion, l'urne populaire est encore au-dessous de la sainte ampoule mérovingienne. Tout ce qu'elle a produit a été de changer la science en dégoût et le scepticisme en haine. » Les formules de ce genre, qui abondent dans *La justice dans la Révolution et dans l'Eglise* seront recueillies avec enthousiasme par les doctrinaires de l'*Action française.*

La défiance proudhonienne à l'égard de la démocratie se retrouve en outre dans la tradition des syndicalistes français qui se sont longtemps attachés à distinguer l'action syndicale, seule véritablement révolutionnaire, et l'action politique qui risque de verser dans l'opportunisme.

c) *Proudhon contre l'Etat.* — Proudhon se défie de l'Etat plus encore que de la démocratie ; il éprouve la plus grande aversion pour la centralisation et la bureaucratie. Il critique le *Contrat social* de Rousseau, qui risque d'aboutir au despotisme de la volonté générale : « Son programme parle exclusivement de droits politiques ; il ne reconnaît pas de droits économiques » *(De la justice...).* Proudhon rêve d'une société anarchique — au sens étymologique du terme — où le pouvoir politique serait remplacé par de libres ententes entre les travailleurs. A Rousseau il préfère Voltaire.

Proudhon s'oppose à toute autorité, celle de l'Eglise, comme celle de l'Etat. Contrairement au saint-simonisme, la doctrine de Proudhon est foncièrement antireligieuse, et s'il rompt avec Marx en 1846, c'est parce qu'il voit dans le marxisme une religion intolérante. « ... Ne nous faisons pas les chefs d'une nouvelle intolérance, ne nous posons pas en apôtres d'une nouvelle religion, cette religion fût-elle la religion de la logique, la religion de la raison » (lettre du 17 mai 1846).

Dans son livre sur *Proudhon et le christianisme*, le R. P. de Lubac a fortement souligné ce qu'il appelle son « antithéisme social » ainsi que son « immanentisme moral » et il conclut ainsi son analyse : « Dirigée d'abord et plus explicitement contre le ciel des religions, sa critique atteint par surcroît tout messianisme terrestre. »

d) *Egalité et solidarité.* — La doctrine de Proudhon est à la fois une doctrine de la liberté et de l'égalité. Là encore, le proudhonisme se distingue du saint-simonisme et du fouriérisme, qui ne sont ni l'un ni l'autre des doctrines égalitaires. Proudhon par contre est passionnément attaché à l'égalité : « L'égalité des conditions, voilà le principe des sociétés, la solidarité universelle voilà la sanction de cette loi », déclarait-il dès son premier mémoire sur la propriété.

Il ne veut ni sacrifier la liberté à l'égalité, ni sacrifier l'égalité à la liberté. Redonnant tout son sens à la devise révolutionnaire, il pense que l'équilibre entre liberté et égalité ne peut être réalisé que par une solidarité fraternelle. Il oppose ainsi dans ses *Confessions d'un révolutionnaire* la liberté simple qui est celle du Barbare, ou du civilisé s'il ne reconnaît d'autre loi que celle du chacun pour soi, et la liberté composée qui se confond avec la solidarité : « Au point de vue social, liberté et solidarité sont termes identiques : la liberté de chacun rencontrant dans la liberté d'autrui non plus une limite... mais un auxiliaire : l'homme le plus libre est celui qui a le plus de relations avec ses semblables. »

e) *Fédéralisme et mutuellisme.* — La doctrine de Proudhon est donc une doctrine de la solidarité :

α) Dans le domaine politique : *fédéralisme.* Pour Proudhon, l'Etat est une fédération de groupes : l'Etat résulte de la réunion de plusieurs groupes différents de nature et d'objet, « formés chacun pour l'exercice d'une fonction spéciale et la création d'un objet particulier, puis ralliés sous une loi commune et dans un intérêt identique » (*De la justice*, quatrième étude).

Proudhon est également partisan de la fédération dans le domaine international. Il a consacré à l'action antinationaliste et anti-unitaire plusieurs brochures ainsi qu'un traité : *Du principe fédératif* (1863). Il a souhaité pour l'Italie un régime fédératif, et il n'a pas hésité à prophétiser : « L'ère des gouvernements de concentration et des grandes agglomérations de peuples est terminée. » « Le XXe siècle ouvrira l'ère des fédérations, ou l'humanité recommencera un purgatoire de mille ans. »

β) Dans le domaine social : *mutuellisme.* L'association mutualiste, selon Proudhon, offre la possibilité de résoudre le problème social sans violence et sans lutte des classes. Le mutuellisme est un échange en vertu duquel les membres associés se garantissent réciproquement « service pour service, crédit pour crédit, gage pour gage, sûreté pour sûreté, valeur pour valeur, information pour information, bonne foi pour bonne foi, vérité pour vérité, liberté pour liberté, propriété pour propriété ». La principale institution mutualiste imaginée par Proudhon, la « Banque du Peuple », n'a guère dépassé le stade du projet, mais Proudhon n'en affirmait pas moins que « la mutualité est une formule, jusqu'à présent négligée, de la justice ».

f) *L'humanisme proudhonien.* — La justice est pour Proudhon la suprême vertu. Le problème essentiel à ses yeux est un problème moral. Aucun système d'échange, si bien conçu soit-il, ne peut fonctionner si les partenaires ne respectent non seulement l'honnêteté mais la justice, qui est un sentiment proprement révolutionnaire : « Les révolutions sont les manifestations successives de la justice dans l'humanité » (toast du 17 octobre 1848).

Proudhon associe donc étroitement justice et révolution. Mais qu'est-ce que la justice ? « C'est le respect, spontanément éprouvé et réciproquement garanti, de la dignité humaine, en quelque personne et dans quelque circonstance qu'elle se trouve compromise, et à quelque risque que nous expose sa défense » (*De la justice*, deuxième étude, chap. VII).

En définitive, la politique de Proudhon repose sur une certaine conception de l'homme, et son humanisme est, comme le dit Jean Lacroix, un « humanisme de la tension ». Alors que les marxistes ont le souci de la synthèse, Proudhon pense que « la synthèse est gouvernementale » et qu'il convient moins de résoudre les contradictions que de les assumer. C'est sur ce point que l'opposition entre Proudhon et Marx est irréductible.

La pensée de Proudhon est l'expression d'un tempérament passionnément hostile à toute forme d'embrigadement. Mais cet individualisme n'est pas propre à Proudhon. Il est l'expression d'une société qui n'a pas encore découvert les disciplines nécessaires de l'action collective en milieu industriel. Sans doute le proudhonisme est-il plutôt un socialisme pour les artisans que, comme on l'a dit, « un socialisme pour les paysans ». En harmonie avec un certain état de la société française, il risquait d'apparaître anachroniquement comme un moralisme sans efficacité le jour où la révolution industrielle aurait modifié les bases de cette société. C'est donc moins la propagande marxiste que les conditions nouvelles nées de la révolution industrielle qui ont précipité le déclin de l'influence proudhonienne à la fin du Second Empire.

g) *Essai de synthèse Saint-Simon-Fourier-Proudhon.* — Proudhon s'est opposé avec une extrême violence aux saint-simoniens et notamment à Enfantin. Il a jugé les fouriéristes sans indulgence. Cependant, comme l'a bien montré G. Gurvitch, Proudhon serait impossible sans Saint-Simon, et on peut discerner plusieurs points de jonction entre son œuvre et celle de Fourier :

1. L'Etat est appelé à se dissoudre dans la société ;
2. La propriété constitue la base de toute structure sociale, mais elle se trouve en perpétuelle évolution ;
3. La société est « en acte », c'est-à-dire action, effort, création ;
4. La classe ouvrière ou prolétarienne (le mot est chez Saint-Simon) s'oppose à la classe des propriétaires oisifs ;
5. La morale nouvelle repose sur le travail ;
6. L'humanisme prométhéen peut seul conduire à comprendre la société et son sort (mais chez Saint-Simon cet humanisme est « panthéiste », chez Proudhon « antithéiste »).

2° *Socialisme et démocratie*

« Louis Blanc, écrit Proudhon dans ses *Confessions d'un révolutionnaire*, représente le socialisme gouvernemental, la révolution par le pouvoir, comme je représente le socialisme démocratique, la révolution par le peuple. Un abîme existe entre nous. » Ailleurs Proudhon qualifie Louis Blanc d' « ombre rabougrie de Robespierre ».

Sans doute Cabet, Buchez, Pierre Leroux sont-ils à certains égards très différents de Louis Blanc. Tous ont en commun cependant une confiance dans la démocratie et dans la révolution politique que sont bien loin de manifester Saint-Simon, Fourier ou Proudhon.

Blanqui apparaît au premier abord comme un personnage hors série, comme un activiste d'une tout autre race que ses contemporains, fabricants d'utopie. Mais en réalité ses idées ne sont pas tellement différentes de celles de ses contemporains, elles procèdent du même idéalisme, du même réformisme.

a) Cabet et le communisme utopique. — Etienne Cabet (1788-1856) est le fils d'un tonnelier, mais lui-même n'est ni un prolétaire ni un agitateur ; il fait des études de droit, exerce le métier d'avocat et occupe même pendant peu de temps, après la Révolution de 1830, le poste de procureur général en Corse ; il est élu en 1832 député de la Côte-d'Or ; il publie, en 1842, une utopie communiste, le *Voyage en Icarie*.

Cabet est un « démocrate devenu communiste ». Ancien dirigeant de la Charbonnerie, ancien secrétaire du très bourgeois Dupont de l'Eure, Cabet est un fidèle admirateur de la Révolution française. Il publie en 1839 une *Histoire populaire de la Révolution française de 1789 à 1830*, dans laquelle il définit ainsi la démocratie : « Par démocratie... en un mot j'entends le système social et politique le plus favorable à la dignité et au perfectionnement de l'homme, à l'ordre public, au respect des lois et au bonheur de tous les citoyens, en lui donnant pour fondement l'éducation et le travail. » Partisan du suffrage universel et de l'éducation populaire, il pense que l'égalité et la fraternité conduisent tout naturellement à la communauté des biens : « [Le communisme], écrit-il, est la réalisation la plus complète et la seule parfaite de la Démocratie... La Démocratie conduit à la Communauté et... sans la Communauté la Démocratie parfaite est impossible. »

Le communisme de Cabet ne résulte nullement d'une analyse approfondie des réalités contemporaines. C'est un mélange composite où se retrouvent Platon, Thomas More, les utopies communistes du XVIIIe siècle, l'owenisme et un christianisme fraternel qui s'apparente à celui de Saint-Simon : le communisme icarien est le « vrai christianisme », « les Communistes actuels sont les disciples, les Imitateurs et les Continuateurs de Jésus-Christ ». Cabet pense que la communauté est plus aisément praticable chez une grande nation industrielle et commerçante que chez un petit peuple peu développé » son communisme diffère donc du communisme spartiate de Babeuf.

Comme Owen et comme Fourier, Cabet compte sur l'exemple communicatif d'une expérience réussie pour réaliser cette fraternelle réconciliation dont il rêve. Mais les tentatives icariennes au Texas et en Illinois échouent complètement. Les idées de Cabet ne semblent pas avoir eu de véritable audience dans les milieux populaires. Son journal *Le Populaire* tire à 3 600 exemplaires en 1846, et Cabet, obtenant moins de 70 000 voix, ne peut se faire élire à l'Assemblée nationale en 1848.

b) Buchez et le socialisme chrétien. — Le médecin Buchez (1796-1865) est avec Bazard un des fondateurs de la Charbonnerie française en 1821 ; séduit par le saint-simonisme il s'en détache dès 1829, mais les Buchéziens se prétendront longtemps les héritiers du saint-simonisme authentique. Il se convertit au catholicisme, publie en 1833 une *Introduction à la science de l'histoire*, puis une *Histoire parlementaire de la Révolution française* (1834-38).

Buchez s'attache à démontrer non seulement que les principes de la Révolution française ne sont pas en opposition avec les principes chrétiens mais qu'ils en découlent directement. La Révolution française est la conséquence la plus avancée de la civilisation ; la civilisation moderne est sortie tout entière de l'Evangile : telles sont les deux grandes thèses que développe

Buchez. Il critique vivement la Constituante et ne cache pas sa préférence pour la Convention.

Théoricien de l'association ouvrière et de la coopérative de production, Buchez veut éliminer le salariat et organiser le travail. Il semble que Louis Blanc se soit très largement inspiré de ses idées : c'est du moins ce que suggère Armand Cuvillier dans son livre sur *Buchez et les origines du socialisme chrétien*.

Les idées de Buchez ont eu une certaine diffusion dans les milieux ouvriers. Cette diffusion est attestée par le journal *L'Atelier*, « organe des intérêts moraux et matériels des ouvriers », qui parut de 1840 à 1850 et qui fut toujours exclusivement rédigé par des ouvriers, notamment par Anthime Corbon. *L'Atelier*, qui avait pour devise la parole de saint Paul : « Celui qui ne travaille pas ne doit pas manger», avait des attaches buchéziennes. Buchez lui-même fut en 1848 le premier président de l'Assemblée nationale. Désignation symbolique qui montre bien l'écho suscité dans l'opinion par l'essai de synthèse buchézienne entre le christianisme, le socialisme et l'idéal révolutionnaire.

c) PIERRE LEROUX ET LA RELIGION DE L'HUMANITÉ. — Plus encore que Buchez, Pierre Leroux (1797-1871) est l'homme des vastes synthèses. Comme Buchez, il passe par le saint-simonisme (qu'il quitte en 1831), comme lui il invoque avec émotion les souvenirs de la Convention et laisse même entendre qu'il est né en 1793 : « Je suis né vers le temps où la Convention luttait contre le négociantisme », écrit-il en 1846 dans *Malthus et les économistes*. Lui aussi parle du « vrai christianisme » et de « ces deux grandes choses : l'Evangile et la Révolution ».

Pierre Leroux a été très admiré de son vivant. Lamartine affirmait qu'on lirait un jour les œuvres de Pierre Leroux comme on lit le *Contrat social*. George Sand se déclarait un pâle reflet de Pierre Leroux. Renan, dans ses *Souvenirs d'enfance et de jeunesse*, souligne la séduction qu'exerçait Pierre Leroux sur les élèves du séminaire de Saint-Sulpice. Ses principales œuvres, *De l'humanité*, *De l'égalité*, *Du christianisme et de son origine démocratique*, *Malthus et les économistes*, *La grève de Samarez*, etc., constituent donc d'importants documents pour la connaissance de l'époque.

Selon Pierre Leroux, qui a lancé le mot, le socialisme a pour mission d'« accorder par une synthèse véritable la liberté, la fraternité et l'égalité». Il rattache donc, lui aussi, le socialisme à la Révolution française. Dès 1832, il préconise « la doctrine de la Révolution française, la doctrine de l'égalité organisée ». En 1833, dans le numéro d'octobre-décembre de la *Revue encyclopédique*, il écrit : « La lutte actuelle des prolétaires contre la bourgeoisie est la lutte de ceux qui ne possèdent pas les instruments de travail contre ceux qui les possèdent. »

La pensée de Pierre Leroux est avant tout religieuse : « Je suis un croyant», se plaît-il à répéter, et dans *Le carrosse de M. Aguado* (1848) il n'hésite pas à écrire : « Jésus est le plus grand des économistes, et il n'y a pas de science économique véritable en dehors de sa doctrine. »

Trois mots reviennent sans cesse dans l'œuvre de Pierre Leroux : unité

(« Nous cherchons l'unité et nous démontrons la possibilité de l'établir ») — égalité (« Ce mot résume tous les progrès antérieurs accomplis jusqu'ici par l'humanité ») — et surtout humanité (« Nous ne sommes les fils ni de Jésus ni de Moïse, nous sommes les fils de l'Humanité »).

La démocratie est pour Pierre Leroux une religion. Il pense que le système représentatif doit être non une représentation de ce qui est, mais une « représentation de l'Idéal ». Cela le conduit à élaborer en 1848 un projet de Constitution tout à fait étrange, où les institutions parlementaires reflètent le mystère de la Trinité. Les passages étranges ne font d'ailleurs pas défaut chez Pierre Leroux, ne serait-ce que sa théorie sur le principe de continuité et l'utilisation de l'engrais humain...

d) Louis Blanc et l'organisation du travail. — Rédacteur en chef du *Bon sens*, fondateur de la *Revue du progrès*, rédacteur à *La réforme*, président en 1848 de la Commission du gouvernement pour les travailleurs ou Commission du Luxembourg, exilé à Londres après les journées de juin, auteur en exil d'une *Histoire de la Révolution française*, Louis Blanc (1811-1882) est le type même du démocrate réformiste. Ses idées sociales, qui suscitèrent un grand effroi dans la bourgeoisie, ne sont cependant ni très originales ni très révolutionnaires.

La popularité de Louis Blanc dans les milieux ouvriers est liée à une formule : l'organisation du travail. Reprenant un thème largement vulgarisé par les saint-simoniens, Louis Blanc avait présenté dans un article de la *Revue du progrès*, repris ensuite en brochure sous le titre *L'organisation du travail* (1840), un plan de réforme tendant à abolir la concurrence et à assurer « l'amélioration morale et intellectuelle du sort de tous par le libre concours de tous et leur fraternelle association ».

Louis Blanc préconise la création d'« ateliers sociaux » permettant « l'achat des instruments de travail [par] tous les ouvriers qui offriraient des garanties de moralité ». Restriction significative : Louis Blanc estime souhaitable que les instruments de travail appartiennent aux travailleurs, mais il précise aussitôt que cette possibilité doit être réservée, au moins pour une phase transitoire, aux travailleurs suffisamment éduqués.

C'est sur l'Etat que Louis Blanc compte pour créer les ateliers sociaux ; ses conceptions autoritaires et centralisatrices sont en complète opposition à cet égard avec l'anarchisme de Proudhon. Les ateliers sociaux seraient créés grâce à des fonds d'Etat, mais Louis Blanc compte aussi sur la générosité des capitalistes, ainsi appelés à favoriser la destruction du régime dont ils sont les maîtres. Loin de préconiser la lutte des classes, Louis Blanc entend montrer aux classes dirigeantes leur véritable intérêt. Il pense que les ateliers sociaux présenteraient une telle possibilité de progrès technique et de tels avantages à tous égards (rémunération des travailleurs, qualité de la production, avantages pour les bailleurs de fonds) qu'ils concurrenceraient victorieusement les entreprises existantes. Ainsi, après une période de transition où subsisterait en quelque sorte un double secteur, libre et nationalisé, le système des ateliers sociaux se propagerait peu à peu et finirait par s'étendre à l'ensemble de l'économie.

Les réformes préconisées par Louis Blanc, qui considère comme un fait acquis la toute-puissance de l'Etat bourgeois, sont sans doute moins novatrices que la plupart des plans élaborés à la même époque. Il est intéressant de noter qu'elles furent les mieux accueillies dans les milieux populaires. Le 28 février 1848, les délégations ouvrières qui se présentent à l'Hôtel de Ville portent des bannières sur lesquelles sont inscrits ces mots : « Organisation du travail. Abolition de l'exploitation de l'homme par l'homme. »

On connaît les difficultés rencontrées par Louis Blanc à la Commission du Luxembourg. On sait aussi comment les « ateliers nationaux », simples ateliers de charité sans véritable rapport avec les ateliers sociaux de Louis Blanc, furent à l'origine des journées de juin 1848.

e) LA RÉVOLUTION SELON BLANQUI. — Louis-Auguste Blanqui (1805-1881), « l'enfermé », est d'après son biographe Geffroy « la manifestation politique de la Révolution française au XIXe siècle ».

Blanqui fait figure de révolutionnaire intégral : « Le devoir d'un révolutionnaire, disait-il, c'est la lutte toujours, la lutte quand même, la lutte jusqu'à extinction. » Pleine de tentatives révolutionnaires et de longs séjours en prison, sous tous les régimes, la vie de Blanqui apparaît ainsi comme celle d'un homme d'action, peu soucieux de doctrine.

L'excellent livre d'Alan B. Spitzer, *The revolutionary theories of Louis-Auguste Blanqui*, a montré que ce jugement sommaire doit être rectifié. Loin d'être un révolutionnaire professionnel, Blanqui est un intellectuel qui s'intéresse à de nombreux problèmes et dont les manuscrits inédits attestent les vastes lectures. Ce théoricien de l'insurrection permanente est un « insurgé hésitant » (A. B. Spitzer). Les leaders blanquistes appartiennent presque tous à la bourgeoisie, ils jugent sévèrement l'anarchisme et comptent sur une élite éclairée pour faire la révolution.

Blanqui est avant tout un homme du XVIIIe siècle. Il considère l'homme comme un animal social et perfectible. Il croit au Progrès, dont il a une conception idéaliste et pédagogique. Il estime que le XIXe siècle ne se justifiera que par la science et il affirme que « la moralité est le fondement de la société ».

Blanqui attache beaucoup d'importance au problème de l'éducation. Vigoureusement anticlérical, il dénonce l'influence néfaste de l'Eglise catholique et, comme nombre de ses contemporains (cf. les cours de Michelet et de Quinet), il voit partout la main des Jésuites. « Liberté, laïcité, instruction » : telle est sa formule.

Blanqui cependant est très patriote, enclin au chauvinisme et à la xénophobie. Comme Toussenel, auteur du célèbre pamphlet sur *Les Juifs rois de l'époque* (1844), il considère que les Juifs incarnent l'usure et la rapacité. Un antisémitisme de gauche a longtemps subsisté en France, de même qu'un nationalisme jacobin qui se manifeste avec éclat au moment de la Commune. C'est seulement dans les dernières années du XIXe siècle que nationalisme et antisémitisme deviennent les attributs traditionnels de la droite française (mais non point d'elle seule).

Blanqui est partisan non seulement d'une révolution politique, mais d'une révolution sociale : la république doit réaliser « l'émancipation des travailleurs, la fin du régime d'exploitation... l'avènement d'un nouvel ordre destiné à libérer les travailleurs de la tyrannie du capital ». Mais le « socialisme » de Blanqui reste extrêmement vague : affirmations égalitaires et références à la justice, du genre « Qui fait la soupe doit la manger » (article écrit pour *Le libérateur* en 1834), confiance dans un « peuple » fort imprécis, références à la lutte entre exploiteurs et exploités sans aucune analyse économique des différentes classes sociales. Les demandes blanquistes au gouvernement provisoire en 1848 sont démocratiques, non socialistes.

Blanqui n'aime pas Robespierre, il lui reproche trois trahisons : l'exécution d'Hébert, celle de Danton et le culte de l'Etre Suprême. Il affiche la plus grande aversion pour le socialisme utopique, et notamment pour Cabet, ainsi que pour le réformisme et l'économisme de Proudhon. C'est à Babeuf et aux hébertistes que semble se rattacher le plus directement son idée de la révolution : en 1864, Tridon, disciple fort antisémite de Blanqui, publie un livre sur les hébertistes.

La pensée de Blanqui se réfère donc au passé. Il est, écrit Engels en 1874, « un révolutionnaire de la génération passée ». Il s'est arrêté, selon V.-P. Volguine, dans son développement idéologique au niveau qu'il avait atteint en 1848.

Cependant la tradition blanquiste est longtemps restée vivante non seulement parmi les socialistes français (cf. l'article de Benoît Malon dans la *Revue socialiste* en juillet 1885 : « Blanqui socialiste ») mais chez tous ceux qui se plaisent à exalter l'énergie et la volonté : Clemenceau écrit en 1896 un éloge de Blanqui.

3° *Les sentiments populaires*

Après cet inventaire de doctrines, il est indispensable de se demander dans quelle mesure elles ont pénétré dans les milieux populaires.

Pour répondre à une telle question, il faudrait avoir mené une enquête aussi minutieuse que celle de Georges Duveau sur la période du Second Empire. Du moins est-il possible d'indiquer quelques sources pour une recherche de ce genre :

1° La littérature ouvrière qui a proliféré sous la monarchie de Juillet avec la double bénédiction de George Sand et de Béranger, cf. Michel Ragon, *Histoire de la littérature ouvrière*, Editions ouvrières, 1953, 223 p.

2° Des journaux ouvriers comme *L'atelier*, organe spécial de la classe laborieuse, rédigé par des ouvriers exclusivement. qui parut de 1840 à 1850 (1). Voir sur ce point l'excellent livre d'Armand Cuvillier, *Un journal d'ouvriers : L'atelier*, Editions ouvrières, nouv. éd., 1954, 221 p. A compléter par deux études du même auteur, Les journaux ouvriers en France avant 1840 et Les doctrines économiques et sociales en 1840, dans *Hommes et idéologies de 1840*, Rivière, 1956, 254 p. Cette seconde étude est particulièrement intéressante ; elle montre que les rédacteurs de *L'atelier* jugeaient sévèrement les saint-simoniens, les fouriéristes, Louis Blanc, etc. ; c'est de Proudhon que leurs conceptions étaient les plus proches, sauf en matière religieuse. Il faut toutefois se garder de tirer des conclusions trop générales de cette étude sur *L'atelier* : d'une part *L'atelier* n'a touché qu'un public des plus réduits (1 000 abonnés au maximum) ; d'autre part, et surtout, tous les ouvriers de l'époque n'ont pas les convictions religieuses des ouvriers buchéziens qui rédigent *L'atelier*.

3° Les mémoires d'hommes issus du prolétariat comme le menuisier méridional Agricol Perdiguier (1805-1875), dit « Avignonnais la Vertu » et le maçon originaire de la Creuse, Martin Nadaud (1815-1898), tous deux députés de la Seconde République et tous deux exilés après le Coup d'Etat. Agricol Perdiguier, *Mémoires d'un compagnon*, nouv. éd., avec une préface de Jean Follain, Denoël, 1943, 335 p. ; abbé J. Briquet, *Agricol Perdiguier, compagnon du Tour de France et représentant du peuple*, M. Rivière, 1955, XIV-469 p. ; Martin Nadaud, *Mémoires de Léonard, ancien garçon maçon*, Egloff, 1948, 285 p.

4° Les almanachs, dont la vogue à cette époque est très significative

(1) Voir plus haut, p. 574.

et qui expriment non point tellement la réalité des sentiments populaires (la plupart des almanachs sont des entreprises bourgeoises, à l'image du *Magasin pittoresque*, et même d'excellentes affaires) que la façon dont la bourgeoisie se représente le peuple.

5° Les chansons populaires, qui sont particulièrement importantes en raison du nombre élevé d'illettrés et dont l'étude a été négligée jusqu'à une date récente. Les deux petits livres de Pierre Brochon dans la collection : « Les Classiques du Peuple », *Béranger et son temps* et surtout *Le pamphlet du pauvre, du socialisme utopique à la Révolution de 1848*, Editions sociales, 1957, 208 p., constituent une excellente introduction.

De ces documents se dégagent quelques traits dominants : l'habitude de poser les problèmes politiques en termes de morale, l'idéalisme, un patriotisme parfois chauvin, une absence générale de conscience de classe qui n'exclut pas certaines tendances à ce qu'on appellera plus tard l'ouvriérisme. Vinçard compose en 1835 une chanson intitulée *Le prolétaire* ; le prolétaire y est appelé « ce brave enfant de la misère ». Louis Festeau compose lui aussi une chanson intitulée *Un prolétaire* : le refrain en est singulièrement « petit bourgeois » : « J'veux du bonheur à bon marché... » « J'veux d'la Morale à bon marché », « J'veux du Progrès à bon marché... » Sans doute Festeau n'est-il pas un vrai ouvrier, bien qu'Olinde Rodrigues lui réserve une large place en 1841 dans ses *Poésies sociales des ouvriers*. Mais Charles Gille (1820-1856) qui, lui, est un vrai prolétaire ne tient pas des propos très différents. Chantant *Les vieux ouvriers*, il déclare :

L'humble ouvrier qui s'use à son ouvrage
Vaut le soldat qui tombe au champ d'honneur

Sa chanson intitulée *Le salaire* commence par :

Marchons enfants, Dieu protège les braves

et se termine par :

Nous obtiendrons un droit, le droit de vivre
Ou nous mourrons les armes à la main.

Dans toutes ces chansons populaires il est sans cesse question de Dieu, de « notre belle patrie », de « fraternité universelle ». Peu avant que Marx ne compose le *Manifeste du parti commu-*

niste, Pierre Dupont conquiert une gloire éphémère avec son *Chant des ouvriers* (1846) dont voici le refrain :

Aimons-nous, et quand nous pouvons
Nous unir pour boire à la ronde
Que le canon se taise ou gronde
Buvons (ter)
A l'indépendance du monde.

Ce chant des ouvriers est un bon document sur cet « esprit de 1848 », plus souvent évoqué que défini, dont il nous faut maintenant parler.

***

L'esprit de 1848

On parle communément de l' « esprit de 1848 » alors qu'on chercherait en vain la trace d'un « esprit de 1830 » ou d'un « esprit de 1870 ». Esprit commun — non sans variantes, assurément — à tous les mouvement révolutionnaires qui se manifestent presque simultanément en Europe ; esprit commun aux diverses catégories sociales engagées dans ces mouvements.

Ne parlons point d'unanimité ; les divergences subsistent, et elles sont fondamentales, entre le prolétariat et les bourgeois libéraux. Mais pour une brève période les divergences sont reléguées au second plan, la fraternité est à l'ordre du jour. Illusion lyrique qui devait être suivie de sanglants lendemains.

L'esprit de 1848 est formé de divers éléments :

1° *Le romantisme.* — Les révolutions de 1848 marquent le point culminant du romantisme politique, une conjonction jusqu'alors sans précédent entre la littérature romantique et le romantisme populaire (1). La plupart des grands écrivains participent aux luttes politiques (cf. le nombre d'écrivains élus à l'Assemblée lors des premières élections au suffrage universel : Lamartine, Lamennais, Béranger, Hugo, etc.), Lamartine, triomphalement élu à la Constituante (il est élu à Paris le premier ainsi que dans neuf départements) échoue dans sa tenta-

(1) Voir plus haut pp. 513-516.

tive de gouvernement romantique. Mais la politique de 1848 dans son ensemble, telle qu'elle s'exprime dans les feuilles populaires ou dans le langage des clubs, est éminemment littéraire.

2° *Les souvenirs de la Révolution française*, le culte des « grands ancêtres », l'adoption du cérémonial et du vocabulaire révolutionnaire : Montagne, Clubs, arbres de la liberté, journaux intitulés le *Père Duchêne* ou l'*Ami du Peuple.* Tocqueville dit dans ses *Souvenirs* que les révolutionnaires de 1848 semblaient plus préoccupés d'évoquer la révolution que de la faire. Cf. les nombreuses histoires de la Révolution publiées peu avant 1848.

3° *La mystique du progrès et le culte de la science*, l'idée que les problèmes posés à la société moderne seront résolus par des techniciens et des savants. A cet égard, l'*Avenir de la science* de Renan (écrit dans l'hiver 1848-49) représente bien l'esprit de 1848.

Il faut souligner le caractère pédagogique de cette révolution (influence des *écoles* saint-simonienne, phalanstérienne, buchézienne, etc. ; rôle prépondérant de l'éducation civique et populaire pour les membres du gouvernement provisoire, œuvre d'Hippolyte Carnot au ministère de l'Instruction publique).

4° *Un culte du peuple*, qui va parfois jusqu'à un populisme naïf (« chapeau bas devant la casquette, à genoux devant l'ouvrier »...) et qui confond plus ou moins consciemment deux définitions du mot « peuple » : le peuple-humanité (à l'exception de quelques traîtres) et le peuple-prolétariat. Cette confusion est très apparente dans *Le livre du peuple* de Lamennais (1837) et *Le peuple* de Michelet (1846) : « Otez un petit nombre de privilégiés ensevelis dans la pure jouissance, écrit Lamennais, le peuple c'est le genre humain. » Et Michelet affirme : « Le peuple est la voix de Dieu. » Ainsi apparaissent, souvent chez les mêmes auteurs, une mentalité de classe et un rêve de fraternité, toutes classes confondues. La lutte des classes n'a pas été découverte par Marx. Dans son *Introduction à la science de l'histoire* (1833), Buchez déclarait que la société est divisée en deux classes, dont l'une « est en possession de tous les instruments du travail, terre, usines, maisons, capitaux » et dont l'autre, ne possédant rien, « travaille pour la première » ; des idées analogues sont présentées par les ouvriers qui rédigent *L'atelier*.

Mais rares sont ceux qui tirent les conséquences de ces affirmations ; la réconciliation universelle reste le rêve de la majorité. Le mot de « fraternité » connaît une vogue sans précédent. « L'amour est plus fort que la guerre », écrit Pierre Dupont dans *Le chant des ouvriers*, et Louis Festeau, « le chansonnier du peuple », compose un poème intitulé *Fraternité* dans lequel se trouvent ces vers :

Tous abrités sous le même oriflamme
En abjurant de haineuses fureurs
N'ayons qu'un chant, qu'un but, qu'un Dieu, qu'une âme
Fraternité, joins nos bras et nos cœurs.

5° *Une conception idéaliste, souvent même spiritualiste, de la politique.* — L'Eglise catholique de France s'est ralliée à la révolution ; Mgr Affre recommande au clergé une adhésion sans réserves ; les prêtres bénissent les arbres de la liberté ; on rappelle « que la cause du prêtre est la cause du peuple et que Jésus-Christ a le premier donné au monde la formule républicaine : Liberté, Egalité, Fraternité » (Daniel Stern). *L'Ere nouvelle* de l'abbé Maret s'efforce de concilier les principes de 1789 et la foi catholique, et déclare : « Nous regardons l'amélioration progressive du sort moral et matériel de la classe ouvrière comme la fin même de la société. » En juin 1848, le tirage de *L'Ere nouvelle* dépasse 20 000 exemplaires.

Dans les masses populaires se manifeste une religiosité confuse. On exalte le « prolétaire de Nazareth ». Une profession de foi matérialiste dans un club populaire est interrompue par les cris de « Athée, aristocrate, canaille !... » Le peintre de *L'éducation sentimentale*, cherchant à fixer sur la toile l'esprit de 1848, représente un Christ très barbu conduisant une locomotive à travers une forêt vierge...

Que la Révolution de 1848 ait eu non seulement des causes politiques mais des causes économiques, que certains ralliements à la cause révolutionnaire aient été intéressés, que la bourgeoisie libérale dans son ensemble ait eu la volonté de rétablir au plus vite l'ordre bourgeois un instant ébranlé, que les journées de juin aient été souhaitées par quelques-uns : il n'est point nécessaire d'être marxiste pour en convenir (cf. l'analyse de Marx, dans *Les luttes de classe en France*). Mais rien n'autorise à taxer systématiquement d'hypocrisie tous les bourgeois ou tous les catholiques qui se sont ralliés dès le début à la révolution de 1848 : les affirmations d'Henri Guillemin concernant Lamartine sont à cet égard plus éloquentes que nuancées. D'autre part rien ne permet de passer sous silence ce fait fondamental : le prolétariat de 1848 n'a pas une idéologie prolétarienne, et les thèses marxistes n'y ont pratiquement pas pénétré. C'est donc tout naturellement à la genèse et à l'exposé de la doctrine marxiste que seront consacrés nos deux prochains chapitres.

BIBLIOGRAPHIE

OUVRAGES GÉNÉRAUX : dans l' « Histoire générale des civilisations », Robert SCHNERB, *Le XIXe siècle. L'apogée de l'expansion européenne (1815-1914)*, P.U.F., 5e éd., 1968, 628 p. Dans la collection « Peuples et civilisations », 4 vol. traitent du XIXe siècle : Félix PONTEIL, *L'éveil des nationalités et le mouvement libéral (1815-1848)*, P.U.F., 2e éd., 1968, 592 p. Charles POUTHAS, *Démocraties et capitalisme (1848-1860)*, P.U.F., 3e éd., 1961, 639 p. Henri HAUSER, Jean MAURAIN, Pierre BENAERTS, Fernand LHUILLIER, *Du libéralisme à l'impérialisme (1860-1878)*, P.U.F., 1968, 677 p. Maurice BAUMONT, *L'essor industriel et l'impérialisme colonial*, P.U.F., 3e éd., 1965, 610 p. Dans la collection « Clio », 2 vol. : Jacques DROZ, Lucien GENET, Jean VIDALENC, *Restaurations et Révolutions (1815-1871)*, P.U.F., 2e éd., 1964, XVI-659 p. Pierre RENOUVIN, Edmond PRÉCLIN, Georges HARDY, *La paix armée et la grande guerre (1871-1919)*, P.U.F., 1960, XXVIII-707 p.

Voir aussi : Jean-Jacques CHEVALLIER, *Histoire des institutions et des régimes politiques de la France moderne*, 3e éd., Dalloz, 1967, 742 p. (excellente synthèse, lie étroitement histoire des institutions et histoire des idées). René RÉMOND, *La vie politique en France depuis 1789*, t. I, *1789-1848*, A. Colin, 1965, 424 p. ; t. II, *1848-1879*, A. Colin, 1969, 379 p. (ouvrage très riche et très suggestif en ce qui concerne l'histoire de l'opinion). Charles MORAZÉ, *Les bourgeois conquérants*, A. Colin, 491 p. (insiste davantage sur l'évolution des techniques que sur l'évolution des idées).

HISTOIRE DES IDÉES POLITIQUES

La plus importante étude d'ensemble récemment publiée est celle de John BOWLE, *Politics and Opinion in the Nineteenth Century, an historical introduction*, Londres, Jonathan Cape, 1954, 512 p. (malgré le titre s'intéresse relativement peu à l'opinion). Deux tomes de la collection dirigée par F. J. C. HEARNSHAW ont trait au XIXe siècle : *The Social and Political Ideas of some representative thinkers of the Age of Reaction and Reconstruction*, Londres, 1930 ; New York, Barnes and Noble, 1949, 229 p. (auteurs étudiés : Chateaubriand, Hegel, Coleridge, Owen, Stuart Mill, Auguste Comte, John Austin, Thomas Hodgskin). *The Social and Political Ideas of some representative thinkers of the Victorian Age*, Londres, 1930 ; New York, Barnes and Noble, 1950, 271 p. (notamment sur Carlyle, Spencer, Maine, Tocqueville, Marx, Bagehot, Taine).

Voir aussi : J. T. MERZ, *A history of European thought in the nineteenth century*, nouv. éd., Chicago U.P., 1924, 4 vol. Bertrand RUSSELL, *Histoire des idées au XIXe siècle, liberté et organisation*, trad. fr., Gallimard, 1938, 397 p. (construit selon un plan singulier, ce livre très anecdotique ne peut être considéré comme une étude complète et scientifique). Félix PONTEIL, *La pensée politique depuis Montesquieu*, Sirey, 1960, XVI-355 p. Signalons enfin l'important ouvrage de Raymond ARON, *Les étapes de la pensée sociologique. Montesquieu, Comte, Marx, Tocqueville, Durkheim, Pareto, Weber*, Gallimard, 1967, 364 p.

FRANCE

Recueils de textes choisis : Albert BAYET et François ALBERT, *Les écrivains politiques du XIXe siècle*, A. Colin, 1935, 500 p. (textes choisis d'auteurs français appartenant pour la plupart à la première moitié du siècle ; recueil conçu dans le même esprit que le recueil précité sur le XVIIIe siècle). Rudolf VON ALBERTINI, *Freiheit und Demokratie in Frankreich*, Fribourg et Münich, Karl Alber, 1957, 370 p. (textes choisis d'auteurs français de la Restauration à la Résistance ; substantielle introduction de 80 pages, bonne bibliographie).

Peu d'ouvrages généraux en langue française : Emile FAGUET, *Politiques et moralistes au XIXe siècle*, Lecène & Oudin, 1891-1900, 3 vol., 1re série : Joseph de Maistre, Bonald, Mme de Staël, B. Constant, Royer-Collard, Guizot ; 2e série : Saint-Simon, Fourier, Lamennais, Ballanche, Edgar Quinet, Victor Cousin, Auguste Comte ; 3e série : Stendhal, Tocqueville, Proudhon, Sainte-Beuve, Taine, Renan. Henry MICHEL, *L'idée de l'Etat. Essai critique sur l'histoire des théories sociales et politiques en France depuis la Révolution*, Hachette, 1896, X-660 p. (vigoureusement composé ; appartient à un genre qui a vieilli). Dominique BAGGE, *Les idées politiques sous la Restauration*, P.U.F., 1952, XVI-463 p. (très partial et beaucoup plus ambitieux que solide ; insiste surtout sur les écrivains contre-révolutionnaires auxquels va la préférence de l'auteur). Maxime LEROY, *Histoire des idées sociales en France*, t. II : *De Babeuf à Tocqueville*, Gallimard, 1950, 447 p. ; t. III : *D'Auguste Comte à Proudhon*, 1954, 395 p. (ces deux tomes sont pleins d'indications utiles, mais ils sont beaucoup plus confus, surtout le dernier, que le tome sur le XVIIIe siècle). Georges WEILL, *Histoire de l'idée laïque en France au XIXe siècle*, F. Alcan, 1925, 374 p. René RÉMOND, *La droite en France de la Première Restauration à la Cinquième République*, nouv. éd., Aubier, 1963, 415 p. (extrêmement suggestif ; l'auteur distingue trois courants

— légitimisme, orléanisme, bonapartisme — dont il suit l'évolution jusqu'à l'époque contemporaine). Raoul GIRARDET, *La société militaire dans la France contemporaine*, Plon, 1953, 333 p. (intéressante étude d'histoire sociale et d'histoire des idées ; éclaire la genèse de l'antimilitarisme).

En anglais : J. P. MAYER, *Political thought in France from Sieyès to Sorel*, Londres, Faber and Faber, 1942, 148 p. (rapide panorama). Et surtout : Roger H. SOLTAU, *French political thought in the nineteenth century*, Londres, 1931, XXXI-500 p. (important).

En allemand, outre l'excellente introduction de Rudolf VON ALBERTINI *(op. cit.)*, Carl EPTING, *Das französische Sendungsbewusstsein im 19 und 20 Jahrhundert*, Heidelberg, K. Vowinckel, 1952, 239 p. O. H. VON DER GABLENTZ, *Die politischen Theorien seit der französischen Revolution*, Köln und Opladen, Westdeutscher Verlag, 1957.

Sur les rapports entre l'histoire économique et l'histoire des idées : Charles MORAZÉ, *La France bourgeoise*, 3e éd., A. Colin, 1952, XVI-220 p. (un chapitre sur l'idéologie orléaniste). Emmanuel BEAU DE LOMÉNIE, *Responsabilités des dynasties bourgeoises*, Denoël, 1943-1954, 3 vol. (souligne les liens entre la pensée libérale et le capitalisme ; toujours intéressant, parfois trop systématique ; le premier volume, de Bonaparte à Mac-Mahon, est le plus intéressant pour notre sujet). Jean LHOMME, *La grande bourgeoisie au Pouvoir*, P.U.F., 1960, VIII-379 p.

Sur les rapports entre l'histoire religieuse et l'histoire des idées politiques : Adrien DANSETTE, *Histoire religieuse de la France contemporaine*, Flammarion, 2 vol., 1948-1952, 529, 693 p. Voir aussi les tomes XX et XXI de l'*Histoire de l'Eglise, depuis les origines jusqu'à nos jours*, fondée par A. FLICHE et V. MARTIN. Louis FOUCHER, *La philosophie catholique en France au XIXe siècle, avant la renaissance thomiste et dans son rapport avec elle*, Vrin, 1955, 288 p. (excellente synthèse qui montre bien le passage d'une conception anti-rationaliste à la philosophie thomiste).

Sur les rapports entre littérature et politique : Albert THIBAUDET, *Histoire de la littérature française de 1789 à nos jours*, Stock, 2e éd., 1936, 587 p.

Il est important d'étudier l'image de l'Angleterre, de l'Allemagne, des Etats-Unis, etc., en France. Sur l'Angleterre, voir la thèse de Pierre REBOUL, *Le mythe anglais en France sous la Restauration*, Lille, 1962, 479 p. et sur les Etats-Unis, la thèse de René RÉMOND *(op. cit.)*. Sur l'Allemagne, le plus récent travail est celui d'André MONCHOUX, *L'Allemagne devant les lettres françaises de 1814 à 1835*, A. Colin, 1953, 527 p. Voir aussi J.-M. CARRÉ, *Les écrivains français et le mirage allemand (1800-1940)*, Boivin, 1947, 225 p., ainsi que les travaux fort partiaux de Louis REYNAUD, notamment *Français et Allemands, histoire de leurs relations intellectuelles et sentimentales*, Fayard, 1930, 386 p.

GRANDE-BRETAGNE

Sur l'histoire des idées politiques en Angleterre au XIXe siècle, il n'existe pas d'ouvrage comparable à celui de Leslie STEPHEN sur le XVIIIe siècle. Crane BRINTON, *English Political Thought in the Nineteenth Century*, Cambridge, Mass., Harvard U.P., 1949, 312 p. (série d'études intelligentes et personnelles, mais l'ensemble de ces 19 portraits — de Bentham à Kidd en passant par Newman, Bagehot, Acton — ne constitue pas une histoire suivie des idées politiques en Angleterre). Même remarque pour les deux ouvrages publiés par F. J. C. HEARNSHAW, avec cette circonstance aggravante qu'il s'agit d'ouvrages collectifs ; on y trouvera cependant des indications utiles pour compléter le livre de Crane BRINTON. Dans la petite collection « The Home University Library » ont paru deux livres sur la pensée politique anglaise au XIXe siècle : William L. DAVIDSON, *Political Thought in England, The utilitarians, from Bentham to J. S. Mill*, Londres, 1915, VI-256 p. (4 chapitres sur Bentham, 2 sur James Mill, 3 sur Stuart Mill, remarques rapides sur Grote, Austin et Bain). Ernest BARKER, *Political Thought in England from Spencer to the present day*, Londres, 1915, 256 p. (ouvrage beaucoup plus dense que le précédent ; s'intéresse principalement aux œuvres et n'éclaire guère l'histoire de l'opinion ; presque rien sur l'impérialisme ; étude très substantielle mais qui procède d'une conception étroite de la philosophie politique). Voir aussi R. H. MURRAY, *Studies in the English social and political thinkers of the nineteenth century*, Cambridge, 1929, 2 vol. D. C. SOMERVELL, *English thought in the nineteenth century*, Londres, Methuen, 1957, XII-241 p. William GRAHAM, *English political philosophy from Hobbes to Maine*, Londres, E. Arnold, 1899, XXX-415 p. (étudie Hobbes, Locke, Burke, Bentham, Stuart Mill et Maine).

ALLEMAGNE ET AUTRICHE

Reinhold ARIS, *History of European thought in Germany from 1789 to 1815*, Londres, Macmillan, 1936, 414 p. Otto BUTZ, *Modern German political theory*, New York, Doubleday, 1955, 72 p. (rapide mais utile). Jacques DROZ, *Le libéralisme rhénan (1815-1848)*, Sorlot, 1940, XVIII-468 p. DU MÊME AUTEUR, *Les révolutions allemandes de 1848*, P.U.F., 1957, 656 p. Georg FRANZ, *Liberalismus. Die deutschliberale Bewegung in der habsburgischen Monarchie*, Munich, Callwey, 1955, 531 p.

ESPAGNE

Pierre JOBIT, *Les éducateurs de l'Espagne contemporaine*, t. Ier : *Les Krausistes*, de Boccard, 1936, XXIII-301 p.

ITALIE

Très nombreux ouvrages, portant notamment sur le Risorgimento. Consulter à cet égard la bibliographie établie par Rodolfo DE MATTEI (*op. cit.*, p. 4). Voir aussi le livre de Luigi SALVATORELLI (*op. cit.*, p. 441), qui contient notamment un chapitre sur les idées politiques de Cavour.

ÉTATS-UNIS

Voir les titres indiqués dans la bibliographie générale, t. I, p. 5.

LE ROMANTISME POLITIQUE

1. *Études générales*

Voir avant tout Pierre MOREAU, *Le romantisme*, del Duca, 1957, 470 p. (s'intéresse relativement peu aux problèmes politiques, mais fait avec précision et autorité le point des recherches récentes). David Owen Evans, *Social romanticism in France (1830-1848), with a selective critical bibliography*, Oxford, Clarendon Press, 1952, 149 p. (bonne bibliographie mentionnant 215 titres sur le socialisme français, de Saint-Simon à Proudhon). H. J. Hunt, *Le socialisme et le romantisme en France, étude de la presse socialiste de 1830 à 1848*, Oxford, Clarendon Press, 1935, x-400 p. (très consciencieux dépouillement ; conception imprécise et trop extensive du socialisme). André Joussain, *Romantisme et politique*, Bossard, 1924, 292 p. Carl Schmitt, *Romantisme politique*, trad. fr., Valois, 1928, 167 p. (passablement décevant). Jacques Poisson, *Le romantisme et la souveraineté, enquête bibliographique sur la philosophie du pouvoir pendant la Restauration et la monarchie de Juillet (1815-1848)*, Vrin, 1932, 188 p. Roger Picard, *Le romantisme social*, New York, Brentano's, 1944, 439 p. Sur le romantisme anglais : Crane Brinton, *The political ideas of the English romanticists*, Oxford U.P., 1926, 242 p. Sur le romantisme allemand : Jacques Droz, *Le romantisme politique en Allemagne*, A. Colin, 1963, 211 p. (coll. « U »), H. S. Reiss (ed.), *The political thought of the German romantics, 1793-1815*, Oxford, Blackwell, 1955, viii-211 p. Numéro spécial des *Cahiers du Sud* sur le romantisme allemand, mai-juin 1937, 444 p.

Sur l'histoire : G. P. Gooch, *History and historians in the nineteenth century*, Londres, Longmans Green and Co., 1913, 608 p. (ouvrage monumental qui traite des historiens allemands, français, britanniques, etc.). Pierre Moreau, *L'histoire en France au XIXe siècle. Etat présent des travaux et esquisse d'un plan d'études*, Les Belles-Lettres, 1935, 173 p. Stanley Mellon, *The political uses of history. A study of historians in the French Restoration*, Stanford U.P., 1958, 226 p. (intéressante étude d'un professeur américain qui travaille sur Guizot). Friedrich Engel-Janosi, *Four studies in French romantic historical writing*, Baltimore, The Johns Hopkins Press, 1955, 158 p. (sur Chateaubriand, Barante, A. Thierry et Tocqueville).

2. *Études particulières*

Henri Guillemin, *Lamartine et la question sociale*, Plon, 1946, 220 p. (intéressant mais partial, ne dispense pas de se reporter au livre d'Ethel Harris) ; du même auteur, *Lamartine en 1848*, P.U.F., 1948, dans la collection du « Centenaire ». Pierre Flottes, *La pensée politique et sociale d'Alfred de Vigny*, 1927. Henri Guillemin, *M. de Vigny homme d'ordre*, Gallimard, 1955, 205 p. (l'auteur poursuit Vigny d'une haine tenace, il voit en lui un dénonciateur). Pierre de Lacretelle, *La vie politique de Victor Hugo*, Hachette, 1928, 254 p. Bernard Guyon, *La pensée politique et sociale de Balzac*, A. Colin, 1947, 829 p. (très fouillé ; s'arrête malheureusement en 1834). Jean Pommier, *Les écrivains devant la Révolution de 1848*, P.U.F., 1948, 80 p. (collection du « Centenaire »).

I. — Le libéralisme

Un important ouvrage d'ensemble : Guido de Ruggiero, *Storia del liberalismo europeo*, Bari, Laterza, 5e éd., 1949, 499 p. (longue introduction sur le xviiie siècle ; première partie consacrée à la description du libéralisme anglais, français, allemand et italien au XIXe siècle ; la seconde partie est un essai de définition synthétique).

1) *Le libéralisme français*

Sur l'esprit de Coppet, voir les œuvres de Mme de STAËL, notamment *De l'Allemagne* (1813) et *Dix années d'exil* (à consulter dans l'édition critique de Paul Gautier, 1904), SISMONDI, BONSTETTEN, etc. Sur la politique de Mme de Staël : Basil MUNTEANO, *Les idées politiques de Mme de Staël et la Constitution de l'an III*, Les Belles-Lettres, 1932, 79 p., et Paul GAUTIER, *Mme de Staël et Napoléon*, Plon-Nourrit, 1903, 422 p.

Sur le parti libéral et le parti républicain : THUREAU-DANGIN, *Le parti libéral sous la Restauration (1888)*, Plon 2e éd., XVI-520 p. Georges WEILL, *Histoire du parti républicain en France de 1814 à 1870*, Alcan, 1900, 552 p. Voir aussi Guy Howard DODGE, *French liberalism (1795-1830) with special reference to the political theory of Benjamin Constant*, Brown University, 1953.

Benjamin Constant. — Principal texte de doctrine politique : le *Cours de politique constitutionnelle ou collection des ouvrages publiés sur le gouvernement représentatif*, avec une introduction et des notes par E. DE LABOULAYE, 2e éd., Guillaumin, 1872, 2 vol., XLIV-564 p., 572 p. La connaissance de B. Constant a été dans une large mesure renouvelée par la publication de ses *Journaux intimes* par les soins d'Alfred ROULIN et Charles ROTH, Gallimard, 1952, 575 p., ainsi que par la publication de *Cécile*, Gallimard, 1951, 159 p. Sur la pensée politique de B. Constant, l'ouvrage fondamental est celui de Paul BASTID, *Benjamin Constant et sa doctrine*, A. Colin, 1966, 2 vol. Voir aussi Gustave RUDLER, *La jeunesse de Benjamin Constant*, A. Colin, 1909, IX-542 p. (très importante étude, mais qui s'arrête en 1794). Charles DU BOS, *Grandeur et misère de Benjamin Constant*, Correa, 1946, 305 p. (fin et ingénieux, mais ne s'intéresse pas particulièrement aux problèmes politiques). Ce sont sans doute les articles de Paul BÉNICHOU qui, quoique apparemment étrangers à toute analyse politique, aident le mieux à comprendre la personnalité complexe de Benjamin Constant : La genèse d'Adolphe, *Revue d'histoire littéraire de la France*, juillet-septembre 1951, pp. 332-356. DU MÊME AUTEUR un article, dans *Critique*, décembre 1952, pp. 1026-1046. Le livre d'Henri GUILLEMIN, *Benjamin Constant muscadin*, Gallimard, 1958, 301 p., est vivement hostile à Constant.

Sur *Maine de Biran* (1766-1824), philosophe spiritualiste et praticien du ralliement : Jean LASSAIGNE, *Maine de Biran homme politique*, La Colombe, 1958, 215 p. Gerhard FUNKE, *Maine de Biran, Philosophie und politisches Denken zwischen Ancien Régime und Burger-Kōnigtum in Frankreich*, Bonn, Bouvier, 1947, VII-432 p.

P.-L. Courier. — Consulter ses œuvres (sans oublier ses admirables *Lettres de France et d'Italie*) dans l'édition de la Pléiade, Gallimard, 1951, XIX-1052 p. R. GASCHET, *Paul-Louis Courier et la Restauration*, Garnier, 1913, 279 p.

Béranger. — L'immense gloire dont a joui, pendant un demi-siècle, l'auteur du *Roi d'Yvetot* et du *Vieux drapeau* pose un problème historique qui n'est pas sans importance. Cf. Jean TOUCHARD, *La gloire de Béranger*, A. Colin, 1968, 2 vol.

La politique de *Stendhal* a été interprétée dans des sens très divers : Maurice BARDÈCHE, *Stendhal romancier*, Table Ronde, 1950, 475 p. (un Stendhal vu d'après le souvenir de Brasillach). Louis ARAGON, *La lumière de Stendhal*, Denoël, 1954, 272 p. (un Stendhal précommuniste). Claude ROY, *Stendhal par lui-même*, Editions du Seuil, 1951, 190 p. (un Stendhal aimablement progressiste).

Sur *Royer-Collard*, le plus récent livre est celui de Roger LANGERON, *Un conseiller secret de Louis XVIII : Royer-Collard*, Hachette, 1956, 255 p. Voir aussi : Gabriel RÉMOND, *Royer-Collard : son essai d'un système politique*, Sirey, 1933, 167 p.

Sur *Guizot* : Charles POUTHAS, *Guizot pendant la Restauration*, Plon, 1923, IV-497 p. (très important pour la compréhension de l'époque). Douglas JOHNSON, *Guizot*, Londres, Routledge and Kegan Paul, 1963, X-469 p.

Sur *J.-B. Say* (1767-1832), doctrinaire du libéralisme économique et type d'idéologue dans le style du XVIIIe siècle : Ernest TEILHAC, *L'œuvre économique de J.-B. Say*, Alcan, 1928, 390 p.

Sur la légende napoléonienne, Philippe GONNARD, *Les origines de la légende napoléonienne*, Calmann-Lévy, 1906, 388 p. (intéressant mais très partiel, n'étudie que les écrits de Sainte-Hélène) ; A. TUDESQ, La légende napoléonienne en France en 1848, *Revue historique*, juillet-septembre 1957, pp. 64-85 (beaucoup de références utiles). Des indications sur les fondements sociologiques de la légende dans Jean VIDALENC, *Les demi-solde. Etude d'une catégorie sociale*, M. Rivière, 1955, 231 p. ; J. LUCAS-DUBRETON, *Le culte de Napoléon*, Albin Michel, 1960, 471 p.

Tocqueville. — Consulter ses œuvres dans l'édition en cours de publication chez Gallimard sous la direction de J. P. MAYER. Voir notamment *L'Ancien Régime et la Révolution*, introduction par Georges LEFEBVRE, Gallimard, 1952-1953, 2 vol. ; *De la Démocratie en Amérique*, introduction par Harold LASKI, 1951, 2 vol. ; *Voyages en Sicile et aux Etats-Unis*, 1957, 390 p. ; *Voyages en Angleterre, Irlande, Suisse et Algérie*, 1958, 246 p. ; *Ecrits et discours politiques* (sur le problème colonial et notamment sur l'Algérie), Gallimard, 1962, 559 p. ; *Correspondance anglaise* (avec Henry REEVE et John Stuart MILL), 1954, 356 p. ; *Correspondance avec Gobineau*, 1959, 397 p. *Correspondance avec Gustave de Beaumont*, 1967, 3 vol. Ne pas oublier les admirables *Souvenirs*, Gallimard, 1942, 277 p.

Sur Tocqueville, Antoine REDIER, *Comme disait M. de Tocqueville*, Perrin, 1925, 301 p. (savoureux et utile) ; J. P. MAYER, *Alexis de Tocqueville*, trad. fr., Gallimard, 1949, 191 p. (rapide présentation synthétique). En anglais, outre l'ouvrage monumental de G. W. PIERSON, *Tocqueville and Beaumont in America*, New York, Oxford U.P., 1938, XVI-852 p., voir Edward T. GARGAN, *Alexis de Tocqueville : the critical years 1848-1851*, Washington, the Catholic University of America Press, 1955, XII-324 p., et Richard HERR, *Tocqueville and the old regime*, Princeton U.P., 1962, 142 p.

Les conférences prononcées en 1959, à l'occasion du centenaire de la mort de Tocqueville, ont été recueillies dans un ouvrage collectif, *Alexis de Tocqueville*, Le livre du Centenaire, Editions du C.N.R.S., 1961, 193 p.

2) *Le libéralisme anglais*

Un excellent recueil de textes : *The Liberal Tradition, from Fox to Keynes*, ed. Alan BULLOCK and Maurice SHOCK, Londres, A. and C. Black, 1956, LV-288 p. (The British Political Tradition). Dans la même collection : *The English Radical Tradition 1763-1914*, ed. S. Mac Coby, Londres, Nicholas Kaye, 1952, 236 p. (recueil de textes sur le radicalisme et le chartisme ; l'étude de la tradition radicale est prolongée jusqu'à Joseph Chamberlain et Lloyd George).

Sur l'utilitarisme, voir la bibliographie du chap. IX et notamment les ouvrages d'Elie HALÉVY et Leslie STEPHEN ainsi que John PLAMENATZ, *Mills Utilitarianism*, Oxford, Blackwell, 1949, 228 p. *L'Essai sur le gouvernement* de James Mill a été édité en 1955, à New York, par « The Liberal Arts Press », avec une introduction de Currin V. SHIELDS. Le livre classique de Stuart MILL, *La liberté*, a été traduit en français par DUPONT-WHITE, Guillaumin, 1864, XX-304 p., mais cette édition n'a aucun caractère scientifique. Stuart MILL, *Textes choisis* et préface par François TRÉVOUX, Paris, Dalloz, 1953, 372 p. (collection des « Grands économistes »). L'auteur de la préface parle davantage des rapports de Stuart Mill avec Harriet Taylor que de ses idées politiques. Iris Wessel MUELLER, *John Stuart Mill and French thought*, Urbana, University of Illinois Press, 1956, XII-275 p. J. H. BURNS, J. S. Mill and Democracy, 1829-61, *Political Studies*, juin 1957, pp. 158-174 ; oct. 1957, pp. 281-294 (étudie chronologiquement les conceptions de Stuart Mill sur la démocratie).

3) *Le nationalisme*

1. *Etudes générales :*

Nombreux travaux en langue anglaise : une introduction commode dans Hans KOHN, *Nationalism, its meaning and history*, New York, Van Nostrand, 1955, 191 p. (24 textes précédés d'une introduction de 90 pages). DU MÊME AUTEUR, *The idea of nationalism : a study of its origins and background*, New York, Macmillan, 1946, XIII-735 p. ; *The American nationalism*, New York, Macmillan, 1957, XII-272 p. Carlton J. H. HAYES, *The historical evolution of modern nationalism*, New York, Macmillan, 1948, VIII-327 p. DU MÊME AUTEUR, *Essays on nationalism*, New York, Macmillan, 1926, 279 p., et *Nationalism, a religion*, New York, Macmillan, 1960, XII-187 p. Karl W. DEUTSCH, *Nationalism and social communication : an inquiry into the foundations of nationality*, New York, Wiley, 1953, X-292 p. Louis L. SNYDER, *The meaning of nationalism*, New Brunswick, Rutgers U.P., 1954, XVI-208 p. *Nationalism and internationalism*, Essays inscribed to Carlton J. H. HAYES, New York, Columbia U.P., 1950, XVIII-510 p. Boyd C. SCHAFER, *Le nationalisme, mythe et réalité*, trad. fr., Payot, 1964, 257 p.

Voir aussi la publication collective du Royal Institute of international affairs, *Nationalism*, Londres, Oxford U.P., 1939, XX-360 p. La Bibliographie de Karl W. DEUTSCH, *Interdisciplinary bibliography on nationalism 1935-1953*, Cambridge Technology Press, 1956, 165 p., a pour ambition de prolonger la bibliographie de Koppel S. PINSON, New York, Columbia U.P., 1935. Elle est malheureusement très difficile à utiliser et particulièrement médiocre en ce qui concerne la France.

Sur l'histoire du mot « nationalisme », voir les réflexions de Charles Maurras dans le t. III du *Dictionnaire politique et critique* établi par Pierre CHARDON. Voir aussi l'*Enquête sur le nationalisme* de Marcel CLÉMENT, Nouvelles Editions latines, 1957, 264 p.

Sur la France, Raoul GIRARDET, Introduction à l'étude du nationalisme français, *Revue française de science politique*, septembre 1958, pp. 505-528. H. F. STEWART et P. DESJARDINS, *French patriotism in the nineteenth century (1814-1833)*, Cambridge U.P., 1923, XLIV-333 p. (utile recueil de morceaux choisis).

2. *Etudes particulières :*

Les plus récents morceaux choisis de Michelet sont ceux de Roland BARTHES, *Michelet par lui-même*, Editions du Seuil, 1954, 192 p. (étude très originale dans la collection « Ecrivains de toujours »). Sur Michelet, le livre de base est celui de G. MONOD, *La vie et la pensée de Michelet (1798-1852)*, Champion, 1923, 2 vol., VIII-388, 262 p. O. A. HAAC, *Les principes inspirateurs de Michelet, sensibilité et philosophie de l'histoire*, P.U.F., 1951, 244 p. Paul VIALLANEIX, *La voie royale. Essai sur l'idée de peuple dans l'œuvre de Michelet*, Delagrave, 1959, 543 p. (importante thèse de doctorat). Sur Quinet, le plus récent livre est celui de Richard Howard POWERS, *Edgar Quinet. A study in French patriotism*, Dallas, Southern methodist university press, 1957, XVI-207 p.

Sur *Mazzini*, le plus récent livre en français est celui de Maria dell' ISOLA et Georges BOURGIN, *Mazzini, promoteur de la République italienne et pionnier de la Fédération européenne*, Rivière, 1956, 184 p.

Sur le nationalisme italien, Maurice VAUSSARD, *De Pétrarque à Mussolini, évolution du sentiment nationaliste italien*, A. Colin, 1961, 304 p.

II. — TRADITIONALISME ET TRADITIONS

1. *Livres de base*

Pour la France : René RÉMOND, *La droite en France (op. cit.*, p. 584).

Pour la Grande-Bretagne, *The Conservative tradition*, ed. by R. J. WHITE, Londres, Nicholas Kaye, 1950, XIX-256 p. (The British political tradition). Dans la première partie les textes sont classés par thèmes, dans la seconde par dates ; nombreuses citations de Burke, Coleridge, Disraeli, Joseph Chamberlain ; bibliographie succincte mais très utile. Voir aussi Stephen GRAUBARD, *Burke, Disraeli and Churchill*, Harvard U.P., 1961, 262 p. Un livre d'ensemble : Russell KIRK, *The conservative mind, from Burke to Santayana*, Chicago, H. Regnery, 1953, 458 p.

Ouvrages généraux sur la France. — Alphonse-V. ROCHE, *Les idées traditionalistes en France de Rivarol à Charles Maurras*, Urbana, Univ. of Illinois, 1937, 235 p. Charlotte T. MURET, *French royalist doctrines since the Revolution*,

New York, Columbia U.P., 1933, 326 p. Marcello CAPURSO, *Potere e classi nella Francia della Restaurazione. La polemica antiborgese degli scrittori legitimisti*, Rome, ed. Modelgraf, 1956, 276 p., et enfin BAGGE *(op. cit.)*.

2. *Les doctrinaires de la Contre-Révolution*

Joseph de Maistre. — Les *Considérations sur la France* ont été publiées par R. JOHANNET et F. VERMALE, Vrin, 1936, xxxvi-185 p. Il existe des morceaux choisis de Joseph de Maistre : par B. DE VAULX sous le titre *Une politique expérimentale*, A. Fayard, 1940, 347 p. ; plus récemment par E. M. CIORAN, Monaco, éd. du Rocher, 1957, 312 p. George COGORDAN, *Joseph de Maistre*, Hachette, 2e éd., 1922, 207 p. (utile biographie, bref sur la doctrine). René JOHANNET, *Joseph de Maistre*, Flammarion, 1932, 249 p. Francis BAYLE, *Les idées politiques de Joseph de Maistre*, Lyon, Impr. des Beaux-Arts, 158 p. (thèse de droit). Robert TRIOMPHE, *A la découverte de Joseph de Maistre. Recherches biographiques : étude d'influence et d'affinités idéologiques*, thèse de lettres, Strasbourg, 1955 (dactylographié). P. R. ROHDEN, *Joseph de Maistre als politischer Theoretiker. Ein Beitrag zur Geschichte des konservativen Staatsgedankens in Frankreich*, Munich, Verlag D. Münchener Drucke, VIII-208 p. Joseph C. MURRAY, The political thought of Joseph de Maistre, *Review of Politics*, janvier 1949, pp. 63-86. M. HUBER, *Die Staatsphilosophie von Joseph de Maistre im Lichte des Thomismus*, Bâle, Helberg und Lichtenhahn, 1958, 288 p.

Sur *Bonald.* — R. MAUDUIT, *Les conceptions politiques et sociales de Bonald*, G. Oudin, 1913, 192 p. Henri MOULINIÉ, *De Bonald*, Alcan, 1915, 465 p. (thèse de Toulouse). Un utile recueil de textes choisis : Paul BOURGET et Michel SALOMON, *Bonald*, Bloud & Cie, 1905, XL-332 p.

3. *Chateaubriand*

Chateaubriand. — *Politique de Chateaubriand*, textes choisis et présentés par G. DUPUIS, J. GEORGEL et J. MOREAU, A. Colin, 1966, 295 p. Une abondante bibliographie dans la thèse de Mme DURRY, *La vieillesse de Chateaubriand*, Le Divan, 1933, 2 vol., 600-547 p. Albert CASSAGNE, *La vie politique de Chateaubriand*, Plon-Nourrit, 1911 (concerne le Consulat et l'Empire). Emmanuel BEAU DE LOMÉNIE, *La carrière politique de Chateaubriand, de 1814 à 1830*, Plon, 1929, 2 vol., VI-339, 363 p. Charles MAURRAS, *Trois idées politiques (Chateaubriand, Michelet, Sainte-Beuve)*, Champion, 1912, VI-83 p.

4. *Catholicisme libéral et catholicisme social*

Une très utile mise au point (parfois contestable) sur *Le libéralisme religieux au XIXe siècle* par Roger AUBERT, J.-B. DUROSELLE et Arturo JEMOLO dans les *Actes du Xe Congrès des Sciences historiques de Rome*, septembre 1955, vol. V, pp. 303-383. Sur la France le livre qui fait autorité est la thèse de J.-B. DUROSELLE, *Les débuts du catholicisme social en France (1822-1870)*, P.U.F., 1951, XII-787 p. Voir aussi : Waldemar GURIAN, *Die politischen und sozialen Ideen des französischen Katholicismus (1789-1914)*, München-Gladbach, 1929, 418 p. Sur le catholicisme libéral en Belgique, les plus récents travaux sont ceux de Henri HAAG, *Les origines du catholicisme libéral en Belgique (1789-1839)*, Louvain, Nauwelaerts, 1950, 303 p., et ceux du chanoine A. SIMON ; références détaillées dans R. AUBERT, J.-B. DUROSELLE et A. JEMOLO, *op. cit.*, p. 311. Sur l'influence du groupe de Münich sur les catholiques libéraux de France, voir l'excellente étude de Stefan LOESCH, *Doellinger und Frankreich. Eine geistige Allianz (1823-1871)*, Münich, 1955, 568 p. Le livre d'HAVARD DE LA MONTAGNE, *Histoire de la démocratie chrétienne de Lamennais à Georges Bidault*, Amiot-Dumont, 1948, 253 p., est un pamphlet d'inspiration « Action française », tandis que le livre d'Henri GUILLEMIN, *Histoire des catholiques français au XIXe siècle (1815-1905)*, Milieu du Monde, 1947, 393 p., est un pamphlet d'inspiration opposée. La thèse de droit de Louis BITON, *La démocratie chrétienne, sa grandeur, ses servitudes*, Angers, Siraudeau, 1953, 171 p., est un travail consciencieux mais sans grande originalité. Voir les livres de Georges HOOG, *Histoire du catholicisme social en France, de l'encyclique Rerum Novarum à l'encyclique Quadragesimo Anno*, Domat-Montchestien, 1942, XIII-376 p., et de Henri ROLLET, *L'action sociale des catholiques en France*, t. I : *1871-1901*, Boivin, 1947 ; t. II : *1901-1914*, Desclée de Brouwer, 1958, 405 p. On consultera avec le plus grand profit le recueil de textes publié par Marcel PRÉLOT et Françoise GENUYS-GALLOUÉDEC, *Le libéralisme catholique*, A. Colin, 1969 (coll. « U », Idées politiques).

Sur *Lamennais* le livre à la fois le plus complet et le plus récent date de près de 40 ans et n'est pas pleinement satisfaisant : F. DUINE, *Lamennais, sa vie, ses idées, ses ouvrages*, Garnier, 1922, 389 p. Voir aussi : René RÉMOND, *Lamennais et la démocratie*, P.U.F., 1948, 78 p. (collection du « Centenaire de 1848 »). Louis DE VILLEFOSSE, *Lamennais ou l'occasion manquée*, J. Vigneau, 1945, 297 p. Ce dernier livre, dont le titre indique l'orientation, est à opposer à celui de : Michel MOURRE, *Lamennais ou l'hérésie des temps modernes*, Amiot-Dumont, 1955, 376 p. (point de vue nettement conservateur). Voir aussi le numéro spécial de la revue *Europe*, février-mars 1954. On consultera avec intérêt l'article de J.-B. DUROSELLE, Quelques vues nouvelles sur Lamennais à l'occasion du centenaire de sa mort (extrait de la *Rassegna storica del Risorgimento*, année XLIII, fasc. II, avril-juin 1956. Voir aussi la thèse de Jean-René DERRÉ, *Le renouvellement de la pensée religieuse en France de 1824 à 1834, Essai sur les origines et la signification du mennaisisme*, Klincksieck, 1962, 767 p.

Sur Montalembert (« bête noire » de Henri Guillemin), André TRANNOY, *Le romantisme politique de Montalembert avant 1843*, Bloud & Gay, 1942, 624 p. R. P. Edouard LECANUET, *Montalembert*, Poussielgue, 1895-1902, 3 vol. Voir aussi : Frédéric OZANAM, *Pages choisies, présentées par l'abbé Chatelain*, Lyon, E. Vitle, 1909, 399 p. ; R. P. GUIHAIRE, *Lacordaire et Ozanam*, Alsatia, 1939, 171 p. ; P. SPENCER, *Politics of belief in nineteenth century France : Lacordaire, Michon, Veuillot*, Londres, Faber and Faber, 1954, 284 p.

Jean TOUCHARD fait revivre un personnage attachant et aujourd'hui complètement oublié dans son livre *Aux origines du catholicisme social, Louis Rousseau* (1787-1856), A. Colin, 1968, 259 p.

III. — Socialisme

Ouvrages généraux

Elie Halévy, *Histoire du socialisme européen*, Gallimard, 1948, 367 p. (rédigé après la mort d'Elie Halévy, d'après des notes prises à ses cours ; des indications utiles, mais assez décevant dans l'ensemble ; pas de bibliographie).

L'histoire la plus récente et la plus complète du socialisme est celle de G. D. H. Cole, *Socialist thought*, Londres, Macmillan, 1953-1960. Les cinq tomes parus traitent respectivement des précurseurs (1789-1850), du marxisme et de l'anarchisme (1850-1890), de la période de 1890-1914, du communisme et de la social-démocratie (1914-1931) et enfin du socialisme et du fascisme (1931-1939). Pour la période traitée dans ce chapitre, voir le volume I : *The forerunners*, 346 p. (bibliographie copieuse ; quelques erreurs sur les titres en français).

Les *Nouveaux principes d'économie politique* de Sismondi (1re éd., 1819), ont été réédités en Suisse par les soins de G. Sotiroff en 1951.

Sur Sismondi, voir la thèse de Jean-Rodolphe de Salis, *Jean-Baptiste Sismondi (1773-1842), la vie et l'œuvre d'un cosmopolite philosophe*, Champion, 1932, xv-481 p.

Sur les formes utopiques de la pensée politique : Joyce Oramel Hertzler, *The history of utopian thought*, New York, Macmillan, 1923, viii-321 p. J. L. Talmon, *Political messianism. The romantic phase*, Londres, Secker and Warburg, 1960, 607 p. (fait suite à *The origins of totalitarian democracy*, étudie surtout le messianisme socialiste et le nationalisme messianique avant 1848).

1. *Grande-Bretagne*

Sur le socialisme anglais, un livre fondamental : Max Beer, *A History of British Socialism*, Londres, Allen and Unwin, 1948, xxxii-452 p. On consultera l'excellent recueil de textes dans la collection « The British political tradition », *The Challenge of Socialism*, ed. Henry Pelling, Londres, A. & C. Black, 1954, xviii-370 p. (première partie chronologique, seconde partie par thèmes). Voir aussi G. D. H. Cole et A. W. Filson, *British Working Class Movements : select documents (1789-1875)*, Londres, Macmillan, 1951, xxii-629 p. Adam B. Ulam, *Philosophical foundations of English socialism*, Cambridge, Harvard U.P., 1951, 173 p.

Owen. — L'autobiographie d'Owen, *Life of Robert Owen* (1857), est pleine de détails savoureux. Un bon recueil de textes choisis et présentés par A. L. Morton, Editions sociales, 1963, 205 p. Sur Owen voir en français Edouard Dolléans, *Robert Owen*, Alcan, 1907, viii-374 p. En anglais, F. Podmore, *Robert Owen*. Londres, Hutchinson, 1906, 2 vol. G. D. H. Cole, *The life of Robert Owen*, Londres, Macmillan, 1930, 349 p.

Sur le *chartisme*, Edouard Dolléans, *Le chartisme*, Floury, 1912-13, 2 vol., 426-501 p. (compact et tourne un peu court, mais extrêmement utile). Pour la bibliographie en langue anglaise, qui est abondante, voir G. D. H. Cole, *A History of Socialist Thought (op. cit.)*, vol. I, pp. 325-26.

L'*Histoire du peuple anglais au XIX*e *siècle* d'Elie HALÉVY retrace l'histoire du chartisme mais ne contient que peu de renseignements sur son idéologie.

Nous n'avons mentionné dans notre texte ni les idées égalitaires de Thomas HODGSKIN ni le socialisme chrétien de KINGSLEY. Sur le premier, qui passe aux yeux des Webb pour avoir influencé Marx mais qui n'a eu de son vivant qu'une audience restreinte, Elie HALÉVY, *Thomas Hodgskin (1789-1869)*, Rieder, 1903, 223 p. Sur le socialisme chrétien en Angleterre, C. E. RAVEN, *Christian Socialism (1848-1854)*, Londres, Macmillan, 1920, XII-396 p., et la bibliographie qui figure dans COLE, *op. cit.*, vol. I, p. 332.

2. *France*

L'ouvrage d'ensemble le plus récent est celui de Maxime LEROY, *Histoire des idées sociales en France (op. cit.)*. DU MÊME AUTEUR, *Les précurseurs français du socialisme*, Editions du Temps présent, 1948, 448 p. (utile recueil de morceaux choisis). Célestin BOUGLÉ, *Socialismes français. Du « socialisme utopique » à la « démocratie industrielle »*, A. Colin, 2e éd., 1933, VIII-200 p. (dense et précis sous un faible volume ; cherche à dégager ce qui reste vivant du saint-simonisme, du fouriérisme, du proudhonisme, etc.). Les ouvrages, souvent cités de Paul LOUIS ne sont pas à recommander sans réserve : *Le parti socialiste en France*, A. Quillet, 1912, 408 p. (ce volume de l'*Encyclopédie socialiste syndicale et coopérative de la classe ouvrière*, publiée sous la direction de COMPÈRE-MOREL (1), retrace l'histoire du parti socialiste ; il insiste beaucoup sur l'organisation et la vie intérieure du parti ; il passe vite sur les questions de doctrine). DU MÊME AUTEUR, *Histoire du socialisme en France (1789-1945)*, M. Rivière, 1946, 424 p. (exposé lyrique, les précurseurs sont rapidement traités ; pas de références). DU MÊME AUTEUR, *Cent cinquante ans de pensée socialiste (De Gracchus Babeuf à Lénine)*, M. Rivière, 1947, 264 p. (extraits d'une telle brièveté qu'ils sont difficilement utilisables pour une étude approfondie). Marcel PRÉLOT, *L'évolution politique du socialisme français (1789-1934)*, Spes, 1939, 302 p. (étudie rapidement les doctrines prémarxistes). Georges et Hubert BOURGIN, *Le socialisme français de 1789 à 1848*, Hachette, 1918, VI-112 p. V. VOLGUINE, *Idées socialistes et communistes dans les sociétés secrètes (1835-40). Questions d'histoire*, t. II : La nouvelle critique, 1954, pp. 9-37 (point de vue marxiste).

On a souvent affirmé — avec plus de conviction que de précision — qu'il existait une tradition authentiquement française du socialisme, indépendante du marxisme et même foncièrement antimarxiste. Cette idée apparaît notamment dans trois publications collectives qui mettent l'accent sur l'héritage proudhonien : *Traditions socialistes françaises*, Neuchâtel, Cahiers du Rhône, 1944, 92 p. (avec Albert BÉGUIN, Alexandre MARC, Jacques BÉNET). *De Marx au marxisme (1848-1948)*, Ed. de Flore, 1948 (avec Robert ARON, Arnaud DANDIEU, Georges IZARD, Thierry MAULNIER, etc.) et le numéro spécial de *La Nef* : Le socialisme français victime du marxisme ?, juin-juillet 1950.

(1) Toute cette collection est intéressante, notamment Charles RAPPOPORT, *La révolution sociale*, 1912, 508 p.

A) La réforme de la société

a) *Saint-Simon*

Les *Œuvres de Saint-Simon et d'Enfantin*, éditées par les exécuteurs testamentaires d'Enfantin entre 1865 et 1878 (47 vol.) sont d'une consultation difficile. On se reportera plus aisément à la réédition effectuée par les éditions Anthropos, 1967. *Morceaux choisis de Saint-Simon* par Célestin Bouglé, Alcan, 1925, xxxii-264 p. (une section entière est consacrée à l'organisation de la paix ; utile notice bibliographique par Alfred Péreire). Un autre recueil par Jean Dautry, Editions sociales, 1951, 182 p. (point de vue marxiste). Il existe un recueil plus ancien et beaucoup plus complet : Saint-Simon, *Œuvres choisies*, Bruxelles, Lemonnier, 1859, 3 vol. L'exposition de la *Doctrine de Saint-Simon* (première année 1829) a fait l'objet d'une excellente édition critique par les soins de C. Bouglé et Elie Halévy, Rivière, 1924, 504 p. (longue préface). Des *Morceaux choisis d'Enfantin* ont été publiés par S. Charléty, Alcan, 1930, 108 p. (collection « Réformateurs sociaux »). Sur Saint-Simon et le saint-simonisme, l'ouvrage fondamental est celui de Sébastien Charléty, *Histoire du saint-simonisme*, nouv. éd., 1931, 387 p. Le livre d'Henry-René d'Allemagne, *Les saints-simoniens*, Gründ, 1930, 455 p., reproduit de nombreux documents des archives saint-simoniennes déposées à la bibliothèque de l'Arsenal. Deux ouvrages sur Saint-Simon ont récemment paru aux Etats-Unis : Mathurin Dondo, *The French Faust · Henri de Saint-Simon*, New York, Philosophical library, 1956, 253 p., et Frank E. Manuel, *The new world of Henri de Saint-Simon*, Cambridge, Harvard U.P., 1956, 433 p. Du même auteur, *The prophets of Paris*, Cambridge, Harvard U.P., 1962, xiv-349 p. (sur Turgot, Condorcet, Saint-Simon, Fourier et Auguste Comte). Voir aussi G. G. Iggers, *The cult of authority, the political philosophy of the saint-simonians : a chapter in the intellectual history of totalitarianism*, La Haye, M. Nijhoff, 1958, 210 p.

b) *Fourier*

Un excellent instrument de travail, les Œuvres de Fourier en 6 volumes publiées en 1966 par les éditions Anthropos. Il existe plusieurs recueils de textes choisis de Fourier. Le meilleur n'est pas celui d'E. Poisson, Félix Alcan, 1932, 156 p. (collection « Réformateurs sociaux »). On se reportera de préférence aux *Pages choisies de Fourier* par Charles Gide, Sirey, 1932, lxv-232 p., ou au recueil publié par Félix Armand et René Maublanc, *Fourier*, Editions sociales internationales, 1937, 2 vol., 264-263 p. Félix Armand a publié dans les « Classiques du Peuple », Editions sociales, 1953, 166 p., une édition de *Textes choisis* qui peut rendre des services en dépit d'un pesant souci de prosélytisme en faveur de la Russie du « génial Staline ». Hubert Bourgin, *Fourier : Contribution à l'étude du socialisme français*, Société nouvelle de Librairie et d'Edition, 1905, 620 p. Emile Poulat a rendu un précieux service aux spécialistes en publiant les *Cahiers manuscrits de Fourier*, Editions de Minuit, 1957, 223 p. Félix Armand, *Les fouriéristes et les luttes révolutionnaires de 1848 à 1851*, P.U.F., 1948, 84 p. (collection du « Centenaire », parle surtout de Considerant). Voir aussi l'importante publication de l'Istituto

Giangiacomo Feltrinelli, *Il Socialismo utopistico*, 1. *Charles Fourier e la Scuola societaria (1801-1922)*, Saggio bibliografico a cura di Giuseppe del Bo, Milan, Feltrinelli, 1957, 120 p. Maurice Dommanget, *Victor Considerant. Sa vie, son œuvre*, Ed. sociales internationales, 1929, 232 p.

c) *Proudhon*

Les œuvres de Proudhon doivent être consultées dans la collection qui a commencé à paraître en 1920, chez Rivière sous la direction de Bouglé et Moysset. Il existe de nombreux morceaux choisis de Proudhon : par Bouglé (Alcan, 1930, 156 p.), par Alexandre Marc (« Le cri de la France », 1945, 321 p.), par Lucien Maury (Stock, 1942, 2 vol., 200-191 p.), par Robert Aron (sous le titre *Portrait de Jésus*, Pierre Horay, 1951, x-246 p., par Joseph Lajugie, Dalloz, 1953, 492 p. (Collection des « Grands économistes »).

La *Vie de Proudhon* par Sainte-Beuve reste un livre classique, voir l'édition qu'en a donnée Daniel Halévy, Stock, 1948, 449 p. (trois parties : 1) Jeunesse de Proudhon par Daniel Halévy (1809-1837) ; 2) Proudhon par Sainte-Beuve (1837-1848) ; 3) Appendices et commentaires par Daniel Halévy). La meilleure introduction à l'étude de Proudhon est sans doute Georges Guy-Grand, *Pour connaître la pensée de Proudhon*, Bordas, 1947, vii-237 p. (avec une bibliographie faisant le point des principaux ouvrages relatifs à Proudhon en 1947). Voir aussi : Edouard Dolléans, *Proudhon*, Gallimard, 1948, 529 p. (biographie chaleureuse et détaillée ; le dernier chapitre est consacré à Sorel). Henri de Lubac, *Proudhon et le christianisme*, Editions du Seuil, 1945, 319 p. (Proudhon anticlérical et théologien, son immanentisme moral. Le R. P. de L. étudie Proudhon avec sympathie, il estime que l'homme valait mieux que ses livres). Pierre Haubtmann, *Marx et Proudhon, leurs rapports personnels, 1844-1847*, « Economie et humanisme », 103 p. (analyse d'une façon très précise les rapports et la rupture entre Marx et Proudhon, plusieurs textes inédits.) Célestin Bouglé, *La sociologie de Proudhon*, A. Colin, 1911, xx-333 p. Georges Gurvitch, *Les fondateurs français de la sociologie contemporaine : Saint-Simon et Proudhon*, Cours de Sorbonne, 1955, 2 fasc. Edouard Dolléans et J.-L. Puech, *Proudhon et la Révolution de 1848*, P.U.F., 1948, 77 p. (collection du « Centenaire »). Madeleine Amoudruz, *Proudhon et l'Europe, les idées de Proudhon en politique étrangère*, Domat-Montchrestien, 1945, 160 p. Daniel Halévy, *Le mariage de Proudhon*, Stock, 1955, 314 p. George Woodcock, *P.-J. Proudhon : a biography*, New York, Macmillan, 1956 (sans doute la meilleure biographie de Proudhon en anglais).

B) Socialisme et démocratie

a) *Cabet*

Jules Prudhommeaux, *Icarie et son fondateur Etienne Cabet ; contribution à l'étude du socialisme expérimental*, Rieder, 1926, xl-689 p. Pierre Angrand, *Etienne Cabet et la République de 1848*, P.U.F., 1948, 79 p. (utile mais rapide et quelque peu systématique).

b) *Buchez*

Armand CUVILLIER, *P.-J. Buchez et les origines du socialisme chrétien*, P.U.F., 1948, 84 p. DU MÊME AUTEUR, *Hommes et idéologies de 1840*, M. Rivière, 1956, 252 p. (recueil d'études discontinues ; traite surtout de Buchez) ; et *Un journal d'ouvriers : L'atelier (1840-1850)*, Editions ouvrières, 1954, 224 p. (très intéressant ; une des rares études qui permettent d'appréhender les idéologies « à la base »). Sur la pensée de Buchez, l'étude fondamentale est la thèse de F. A. ISAMBERT, soutenue en 1967, ainsi que sa thèse complémentaire sur la jeunesse de Buchez, Editions de Minuit, 1966, 200 p.

c) *Pierre Leroux*

Voir surtout David Owen EVANS, *Le socialisme romantique, Pierre Leroux et ses contemporains*, Rivière, 1948, 262 p. (présente clairement la pensée de Pierre Leroux et étudie d'une façon approfondie ses rapports avec Sainte-Beuve, George Sand et Victor Hugo ; excellente bibliographie). Peut être complété par P.-F. THOMAS, *Pierre Leroux, sa vie, son œuvre, sa doctrine*, Alcan, 1904, 340 p. (la meilleure biographie de Pierre Leroux), et par Henri MOUGIN, *Pierre Leroux*, Editions sociales internationales, 1938, 303 p. (la moitié du livre est constituée par une introduction d'H. M., l'autre moitié contient des textes de Pierre Leroux ; point de vue marxiste). L'influence de Pierre Leroux sur les idées sociales de George Sand a donné lieu à diverses études. Voir à ce sujet la biographie d'André MAUROIS, *Lélia ou la vie de George Sand*, Hachette, 1953, 365 p.

d) *Louis Blanc*

Jean VIDALENC, *Louis Blanc*, P.U.F., 1948, 68 p. Leo A. LOUBÈRE, *Louis Blanc. His life and his contribution to the rise of French jacobin-socialism*, Evanston, 1961, XII-256 p.

e) *Blanqui*

Les « Classiques du Peuple » ont publié de très utiles *Textes choisis de Blanqui*, introduction de V.-P. VOLGUINE, Editions sociales, 1956, 223 p. La bibliographie de la page 68 est à compléter par le livre important d'Alan B. SPITZER, *The revolutionary theories of Louis-Auguste Blanqui*, New York, Columbia U.P., 1957, 208 p. A confronter avec Maurice DOMMANGET, *Les idées politiques et sociales de Blanqui*, Rivière, 1957, 429 p. Le livre de Sylvain MOLINIER, *Blanqui*, P.U.F., 1948, 70 p., dans la collection du « Centenaire » n'est qu'une rapide introduction. Le livre de Gustave GEFFROY, *L'enfermé*, Fasquelle, 1897, 446 p., reste un classique. Albert MATHIEZ, Notes de Blanqui sur Robespierre, *Annales historiques de la Révolution française*, juillet-août 1928, pp. 305-321. Une intéressante polémique au sujet de Blanqui a opposé André MARTY et Roger GARAUDY : A. MARTY, *Quelques aspects de l'activité de Blanqui*, Société des Amis de Blanqui, 1951 (souligne l'importance de Blanqui comme précurseur du marxisme-léninisme) ; Roger GARAUDY, Le néo-blanquisme de contrebande et les positions antiléninistes d'André Marty, *Cahiers du communisme*, janvier 1953, pp. 38-50. Voir aussi Charles DE COSTA, *Les Blanquistes. Histoire des partis socialistes en France*, vol. VI, Rivière, 1912, 69 p.

C) Les sentiments populaires

Aux textes d'Agricol Perdiguier et de Martin Nadaud et aux livres de Jean Briquet, de Michel Ragon, de Pierre Brochon, et d'Armand Cuvillier qui ont été cités dans le corps du chapitre, il faut ajouter Georges Duveau, *La pensée ouvrière sur l'éducation pendant la Seconde République et le Second Empire*, Domat-Montchrestien, 1947, 348 p. Voir aussi la thèse principale du même auteur, *La vie ouvrière en France sous le Second Empire*, Gallimard, 1946, XIX-607 p. D'autres auteurs seraient à étudier, notamment Constantin Pecqueur, auteur de la *Théorie nouvelle d'économie sociale et politique* (1842), qui rassemble de nombreux thèmes épars chez les penseurs socialistes. Voir aussi Flora Tristan et le livre de J.-L. Puech, *La vie et l'œuvre de Flora Tristan*, Rivière, 1925, 515 p.

L'esprit de 1848

Quelques études générales sur l'idée de révolution : Michel Ralea, *L'idée de révolution dans les doctrines socialistes*, Jouve, 1923, 400 p. (thèse de lettres). G. Elton, *The revolutionary idea in France (1789-1871)*, New York, Longmans, 1923. Robert Pelloux, Remarques sur le mot et l'idée de révolution, *Revue française de science politique*, janvier-mars 1952, pp. 42-55.

Sur l'esprit de 1848, J.-B. Duroselle, L'esprit de 1848, dans *1848, révolution créatrice*, ouvrage collectif publié en 1948, Bloud & Gay, 231 p. (insiste sur les sentiments religieux et sur le thème de la fraternité) ; Armand Cuvillier, *L'idéologie de 1848*, Hommes et idéologies de 1840, Rivière, 1956 (souligne les aspects savants et les aspects populaires). *L'esprit de 1848* par E. Beau de Loménie, A. Becheyras, A. Dauphin-Meunier, etc., Bader-Dufour, 1948, 351 p. *1848. Le livre du centenaire*, Ed. Atlas, 1948, 333 p. (notamment les textes de G. Duveau ; iconographie très suggestive).

Voir aussi dans des genres très divers : Paul Bastid, *Doctrines et institutions politiques de la Seconde République*, Hachette, 1945, 2 vol., 302 et 336 p. Jean Cassou, *Le quarante-huitard*, P.U.F., 1948 (collection du « Centenaire »). Toute cette collection est à consulter, et notamment — outre les ouvrages déjà cités : Georges Duveau, *Raspail*, P.U.F., 1948, 62 p. (manifeste une chaleureuse sympathie à l'égard de Raspail). Pierre Chaunu, *Eugène Sue et la Seconde République*, P.U.F., 1948, 71 p. Pour s'orienter dans les publications de la Société d'Histoire de la Révolution de 1848 : Lise Dubief, *Tables analytiques des publications de la Société d'Histoire de la Révolution de 1848*, La Roche-sur-Yon, Imprimerie centrale de l'Ouest, 44 p.

Chapitre XIII

LA POSTÉRITÉ DE HEGEL ET LA FORMATION DU MARXISME (ALLEMAGNE, 1830-1870)

Section I. — De la « Jeune Allemagne » à la « Gauche hégélienne »

Hegel meurt en 1831 à Berlin. Sa philosophie était depuis quelques années la philosophie quasi « officielle » des universités prussiennes et aussi, dans une certaine mesure, celle des dirigeants politiques de la Prusse.

Son influence n'allait cependant pas tarder à être combattue, en raison surtout de l'utilisation religieuse et politique qui en était faite par l'Eglise luthérienne et par les milieux conservateurs allemands

Sur le plan politique, le roi Frédéric-Guillaume III avait adhéré à la Sainte-Alliance, au grand mécontentement des libéraux prussiens et surtout de ceux de Rhénanie, province où les « idées françaises » avaient fortement pénétré. L'assassinat en 1819 du littérateur Kotzebue (qui était le grand adversaire des intellectuels libéraux) avait entraîné une répression sévère contre la presse et contre les groupements d'étudiants. La Révolution française de 1830, marquant un notable échec de l'édifice « légitimiste » de la Sainte-Alliance, avait eu un grand écho notamment en Allemagne du Sud et déclenché une vive agitation dans les universités : la monarchie prussienne y répliqua par une censure beaucoup plus sévère et par un régime policier tracassier et étouffant. Le roi se refusait à tenir ses promesses d'octroi d'une Constitution libérale. Jusqu'en 1848, quelques mouvements insurrectionnels seront déclenchés qui ne mettront jamais sérieusement en danger le régime. Quant à l'opposition ouvrière, sans être inexistante, elle sera longtemps assez négligeable : l'Allemagne commence à peine son industrialisation ; si, à partir de 1839, d'assez nombreux ouvriers et artisans bannis pour agitation subversive se dirigent sur Paris, c'est précisément que leur action a été écrasée en Allemagne même.

C'est donc essentiellement sur le plan intellectuel que se manifestera l'opposition contre le conservatisme prussien. Elle sera surtout l'œuvre de littérateurs, d'historiens et de journalistes. De ce fait, il s'agit d'une lutte idéologique où les débats théoriques prennent une importance considérable et où l'histoire éphémère de quelques journaux et gazettes aux prises avec la censure tient souvent lieu « d'action révolutionnaire ». Jusqu'à 1848, deux mouvements marquent en Allemagne une tentative de libération intellectuelle. Sur un plan plus spécifiquement littéraire (mais non sans portée politique), c'est le mouvement « Jeune Allemagne ». Sur le plan de la critique philosophique, religieuse et politique, c'est le « radicalisme » de ceux que l'on a coutume de grouper sous le nom de « Gauche hégélienne ». A partir de 1835 environ l'activité de ce second groupe commencera à prendre le pas sur celle du premier.

§ 1. Le mouvement « Jeune Allemagne »

A) *Des littérateurs « engagés »*

Il s'agit d'une nouvelle école littéraire qui entend notamment échapper au « romantisme » qui enferme de plus en plus la pensée allemande dans un nationalisme ombrageux (se manifestant d'abord par une solide gallophobie), dans des tendances religieuses et parfois même piétistes, enfin dans la méfiance à l'égard des idées libérales. Par opposition, la « Jeune Allemagne » se passionne pour les « idées françaises », et non seulement pour celles des philosophes du XVIIIe siècle, mais encore pour celles de 1830. Ses maîtres sont deux auteurs qui, précisément, depuis 1830 et 1831, résident à Paris : Ludwig Börne (1786-1837) et Heinrich Heine (1797-1856). Ludwig Börne fait publier en Allemagne ses *Lettres de Paris* (de 1831 à 1834) qui contiennent un éloge enthousiaste de la liberté qui règne en France et font connaître au public allemand le mouvement des idées libérales et les écoles socialistes.

Heine, initié aux doctrines saint-simoniennes, les fait connaître en Allemagne dans son ouvrage sur *L'école romantique allemande* (1834).

L'œuvre de ces deux auteurs, passionnément admirés par de nombreux jeunes poètes, dramaturges et critiques d'Allemagne, sert de ferment. Les plus représentatifs de ces jeunes auteurs sont Karl Gutzkow (1811-1878), Heinrich Laube (1806-1884), Theodor Mundt (1808-1861), Ludolf Wienbarg (1802-1872). Agressifs, ironiques, satiriques, ils s'attaquent au dogmatisme philosophique des disciples « orthodoxes » de Hegel, critiquent les institutions politiques et sociales de la Prusse, l'école historique allemande, etc. En politique, ils sont libéraux, certains d'entre eux même ouvertement républicains. Leur critique s'attaque surtout aux ridicules et à la lourdeur germaniques. Elle use mais n'est guère constructive. Leur souci littéraire d'animer une littérature vivante, au contact des grands mouvements sociaux et politiques du temps se traduit, chez certains, par des actes d'opposition politique caractérisés. C'est ainsi que Gutzkow, en 1838, fonda à Hambourg un des principaux journaux libéraux d'Allemagne, *Le Télégraphe*.

Le rôle politique réel de « Jeune Allemagne », sans être négligeable, demeura cependant limité. D'une part, le mouvement ne touchait guère qu'un public littéraire ou intéressé par la littérature. D'autre part, il était frappé d'un certain discrédit du fait qu'il se faisait le champion des idées françaises, et même (disaient ses adversaires) des idées « juives » (Börne et Heine étaient, l'un et l'autre, juifs) : à partir de 1835, la censure interdit d'ailleurs de façon à peu près absolue la diffusion et la publication en Prusse des œuvres de Heine. Enfin, la protestation politique de « Jeune Allemagne », assez superficielle, ne s'appuyait pas sur une bourgeoisie libérale très ardente (sauf, dans une certaine mesure en Rhénanie, mais les bourgeois de cette province avaient surtout à faire entendre des revendications économiques auxquelles les littérateurs de « Jeune Allemagne » restaient à peu près étrangers).

Ce climat littéraire et philosophique méritait cependant d'être mentionné car il fut à peu près celui du milieu intellectuel et familial où se déroula la jeunesse de Karl Marx (né à Trèves en 1818) et de la plupart de ses premiers compagnons.

B) *Des intellectuels libéraux*

D'autres influences libérales, venues de milieux plus « savants », s'exerçaient d'ailleurs aussi à la même époque sur la jeunesse intellectuelle allemande.

Certains maîtres de l'Université (notamment à Göttingen et à Berlin) se faisaient les champions du libéralisme politique. C'était notamment le cas d'Eduard Gans (1798-1839), historien et philosophe du droit, professeur à Berlin où il était le rival de F. Carl von Savigny (1779-1861), qui fut un des maîtres de Marx. Gans, libéral « militant », s'opposait, au nom de l'hégélianisme, aux thèses de l'école « historique » allemande. Francophile déclaré (au point de regretter que le « juste milieu » orléaniste se rendît coupable de trahison à l'égard des traditions révolutionnaires françaises), il initiait ses élèves aux théories saint-simoniennes et manifestait ouvertement sa sympathie pour la cause de la classe ouvrière. D'autres jeunes universitaires, qui se rattachaient plus nettement au courant de la « Gauche néo-hégélienne » se faisaient également connaître par leur opposition au conservatisme prussien : David Strauss, Ludwig Feuerbach, Bruno Bauer. Nous les retrouverons bientôt.

C'est également au cours des années 1834-1843 que parurent les quinze volumes du *Staatslexikon*, encyclopédie de « science politique », fondée sur les principes du libéralisme « français », éditée par K. W. von Rotteck et K. T. Welcker.

Ces différents courants d'expression libérale se heurtaient d'ailleurs à une forte opposition idéologique représentée par les hégéliens de droite, les théoriciens de l'absolutisme monarchique et les théologiens piétistes (cf. *infra*).

§ 2. La « Gauche hégélienne »

Du vivant même de Hegel (dont la philosophie n'avait pas été acceptée sans réticences, notamment de la part de certains théologiens protestants et de la part des partisans de l'école « historique »), certains de ses disciples avaient critiqué l'exaltation de la monarchie conservatrice à laquelle aboutissait sa *Philosophie du droit* : Eduard Gans était de ceux-là. Aussitôt après la mort du philosophe de Berlin, les disciples se séparèrent très nettement en deux tendances, l'une « orthodoxe » et résolument conservatrice (en politique comme en matière religieuse), groupée autour du théologien Marheinecke (1780-1846), l'autre libérale et « critique », très libre à l'égard de l'héritage du maître, se groupe autour d'hommes beaucoup plus jeunes, tels David Strauss (1808-1874), les frères Bruno (1802-1882) et Edgar Bauer, Ludwig Feuerbach (1804-1872), Arnold Ruge (1803-1880). Cette deuxième tendance, infiniment plus dynamique, finit par représenter si indiscutablement la « vraie » postérité de Hegel aux yeux de la jeunesse intellectuelle allemande que l'hégélianisme lui-même devint suspect à Frédéric-Guillaume IV : peu après son avènement (1840), le nouveau souverain (qui devait tant décevoir les libéraux d'Allemagne) fit nommer Julius Stahl (1802-1861) pour succéder à Gans et fit rappeler le vieux philosophe Schelling à l'Université de Berlin pour combattre une philosophie dont les effets apparaissaient subversifs.

En fait, le régime politique prussien trouvait appui bien moins auprès des hégéliens de droite, assez pâles, qu'auprès des historiens et philosophes des écoles romantiques et historiques. L'idéologue officiel était précisément Julius Stahl. Israélite converti au luthéranisme, celui-ci publia entre 1830 et 1837 une *Philosophie du droit* qui édifiait une construction doctrinale de « l'Etat chrétien », fortement inspirée de certaines thèses luthériennes : l'Etat est un instrument surnaturel de rédemption de l'homme corrompu par le péché. Stahl justifiait l'absolutisme de l'Etat, incarné dans la monarchie prussienne, sans même le soumettre à aucune exigence de morale chrétienne.

C'est d'ailleurs sur le terrain religieux que la Gauche hégélienne va d'abord porter le combat contre l'ordre établi (1). Cette attaque est marquée par les œuvres de David Strauss, Bruno Bauer et de Ludwig Feuerbach au cours des années 1835-1841.

(1) Il faut cependant signaler l'œuvre d'un hégélien de gauche, peu mêlé au reste du mouvement, von Cieszkowski, qui dans ses *Prolégomènes à la philosophie*

A) *Strauss : un Renan allemand*

En 1835-1836 David Strauss publia *La vie de Jésus*, ouvrage qui comportait une double critique. D'abord une critique historique des textes évangéliques dont l'auteur démontrait les contradictions innombrables : il en déduisait une interprétation « mythique » des textes sacrés. Ensuite une critique théologique qui s'adressait surtout à l'interprétation rationaliste de la religion tentée par Hegel : il démontrait l'impossibilité de réduire le Christ (d'ailleurs personnage mythique) à la révélation totale de l'Esprit divin ; il était donc illégitime de tenter, comme l'avait fait Hegel, de « concilier » philosophie et religion. Pour Strauss, la légitime leçon à tirer de l'hégélianisme était la suivante : il faut considérer les différentes religions, christianisme inclus, dans leur essence historique comme un long effort continu de l'humanité vers l'épanouissement de l'Esprit universel. L'ouvrage eut un énorme retentissement auprès de la jeunesse intellectuelle, car Strauss séparait la philosophie de la religion.

B) *Feuerbach : critique de l'aliénation religieuse*

Une critique infiniment plus radicale de la religion allait être développée par Bruno Bauer et surtout par Ludwig Feuerbach. Cette attitude irreligieuse sera partagée vers 1837-1843 par les jeunes néo-hégéliens qui à Berlin se réunissent dans le « Doktorclub » dont Karl Marx sera un des membres les plus marquants.

Feuerbach publie en 1841 (année où Marx soutient sa thèse à Iéna) *L'essence du christianisme* (suivie en 1843 de *Principes de la philosophie de l'avenir* et en 1845 de *L'essence de la religion*). La thèse fondamentale de Feuerbach est que la religion est une perte par l'homme de sa substance : il projette celle-ci dans un « être divin » extérieur à lui-même et pur produit de sa conscience ; il revêt l'idole qu'il a fabriquée des vertus et des possibilités qui sont la substance de l'humanité elle-même. S'il en est ainsi, c'est selon Feuerbach parce que l'homme ne peut encore, pour l'instant, saisir son être générique (*i. e.* l'image de l'humanité « finale ») qu'à travers un « objet » séparé de son individualité concrète : il a besoin d'une idole qu'il crée de sa substance même et du meilleur de lui-même (« L'être divin n'est pas autre chose que l'être de l'homme délivré des liens et des bornes de l'individu..., que l'homme réel objective, c'est-à-dire qu'il contemple et adore comme un être à part... »). Feuerbach propose pour tâche à la philosophie de critiquer cette « aliénation » (il reprend le mot du vocabulaire hégélien) de l'homme dans l'être divin et de faire récupérer à l'homme son « être générique », c'est-à-dire sa pleine humanité.

Si l'on en croit le témoignage de Friedrich Engels, le succès de cette critique fut foudroyant parmi les jeunes hégéliens qui « furent tous immédiatement feuerbachiens ». On verra en effet qu'elle fut décisive dans l'évolution

de l'histoire (1838) critiquait la philosophie hégélienne comme purement spéculative et voulait la développer par une philosophie de l'action inspirée du volontarisme fichtéen.

intellectuelle de Marx et Engels. Toutefois, intellectuel pur, Feuerbach se cantonna toujours dans la critique de l'aliénation religieuse et ne participa que de façon épisodique et indirecte aux luttes politiques des libéraux allemands (en 1843, il accorda son patronage aux *Annales franco-allemandes* animées par Marx et Ruge, mais il n'y écrivit point).

Ce n'est pas seulement l'analyse de l'aliénation religieuse que Marx et Engels devaient retenir de Feuerbach, mais encore le postulat matérialiste. Celui-ci, en effet, prenant le contre-pied de l'idéalisme absolu de Hegel, tentait de donner pour point de départ à toute réflexion philosophique la réalité naturelle de l'homme concret entendu non seulement comme être individuel mais comme espèce sociale et comme « masse humaine ». Il en déduisait la nécessité d'un affranchissement de toute l'espèce humaine à la fois de l'illusion religieuse et de l'égoïsme individualiste, il concluait à l'alliance de la philosophie et du mouvement social. Son matérialisme, finalement assez timide, consistait surtout à faire de « l'Humanité » (soustraite au développement historique) le but et le point de départ de toute réflexion comme de toute action : il était essentiellement mais uniquement une critique radicale de toute « métaphysique » : en cela il ne dépassait guère le matérialisme des philosophes du XVIIIe siècle. « L'homme » de Feuerbach reste abstrait et, comme le verra bien Marx, son souci d'unir l'action et la philosophie ne va concrètement guère plus loin qu'à une prédication altruiste et à une « religion de l'Humanité ».

C) *Bruno Bauer : la philosophie critique*

Moins porté vers l'action politique que Bruno Bauer, Feuerbach était allé cependant plus loin que ce dernier sur le plan de la critique philosophique. Bauer, qui fut, de 1837 à 1841, le guide et l'ami de Karl Marx, fut le principal représentant de ce qu'il nommait lui-même la « philosophie critique ». Jeune privat-dozent en théologie à Bonn, il avait commencé par entreprendre une longue critique des évangiles synoptiques (1841) et fondait sur cette critique une nouvelle orientation de la philosophie hégélienne qu'il tendit de plus en plus à subordonner à l'idéalisme de Fichte. Pour lui, il y avait une sorte de progrès dialectique de la religion (qui, dans le monde antique, avait permis la formation de la conscience individuelle) à la philosophie moderne qui, aujourd'hui, se dressait, au nom des droits de la conscience et de l'Esprit, contre la religion. La Philosophie critique, produit de la conscience du Moi, se détachant de « l'être » (considéré par Bauer, à la différence de Hegel, comme non rationnel), a le pouvoir de transformer le monde et d'agir dans l'histoire de façon créatrice et libre. Dans son ouvrage sur la *Question juive* (1843), dont Marx fera une critique serrée, Bauer appliquait ses théories : la véritable émancipation du Juif dans un Etat chrétien comme la Prusse suppose la réalisation de deux conditions, d'abord que la religion devienne affaire simplement privée et non un mode d'existence de l'Etat, ensuite que le Juif renonce à sa religion qui, à la différence de la religion chrétienne, le met hors d'état de s'élever à une conscience universelle. En pratique, Bruno Bauer compte en grande partie sur l'Etat, un Etat libéral et « philosophe », pour lutter contre la conscience religieuse et émanciper les consciences. Cette attitude de confiance dans un réformisme politique sous les auspices d'un Etat libéral caractérise parfaitement les premières aspirations (qui furent aussi celles de Karl Marx) des jeunes hégéliens de gauche jusque vers 1843-1844. Quand Frédéric-Guillaume IV décevra définitivement ces espérances et qu'il s'avérera, après les luttes vaines que Bauer, Ruge, Marx et quelques autres menèrent par la voie de la presse, que l'Etat prussien est résolument anti-libéral, Bauer se réfugiera de plus en plus dans un quasi-anarchisme très intellectualiste. Rompant totalement tout lien entre la pensée et l'action, il condamnera en bloc l'Etat, les Eglises, les partis politiques et surtout la « masse » (rendue responsable, faute d'esprit critique et de culture, de l'échec lamentable du mouvement libéral en Allemagne). La « philosophie critique » aboutissait à un nihilisme que Marx caricaturera dans *La Sainte Famille* (écrite en collaboration avec Engels, 1845) sous le nom de « critique critique ».

D) *Stirner*

Tout un groupe de jeunes littérateurs et philosophes participa à cette « critique critique » : ce fut le groupe dit des « Affranchis » (Freien) qui, outre les frères Bauer, compta comme membre marquant Max Stirner (1806-1856), pseudonyme de Kaspar Schmidt. Celui-ci publia en 1845 un ouvrage étrange intitulé *L'unique et sa propriété*, qui a parfois été considéré comme le manifeste littéraire de l'anarchisme philosophique. « L'unique », c'est le Moi qui refuse toute autre valeur, toute autre fin que soi-même, qui repousse toute autre loi que celle de son propre caprice, qui se considère libéré de toute solidarité avec « l'Humanité » chère à Feuerbach (le livre de Stirner est largement un anti-Feuerbach). L'« égoïste intégral » se proclame cependant héritier de cette humanité, mais héritier libre de gaspiller l'héritage sans contribuer à l'accroître : il n'a à faire valoir que lui-même, telle est sa règle de vie. Stirner préconise une « association des égoïstes » qui, n'exigeant rien de ses membres, se mettrait au service de leurs besoins (d'ailleurs limités au minimum, car Stirner est un doux qui prêche davantage le dépouillement des passions que la volonté de puissance du surhomme).

Stirner est certes un isolé. Néanmoins, il porte au paroxysme un état d'esprit à la fois désespéré et nihiliste qui, dans la jeunesse intellectuelle « radicale » des années 1830-1850, a marqué l'impasse où aboutissait un radicalisme philosophique qui a d'abord cru, selon l'idéalisme hégélien, pouvoir être le « démiurge du monde », et qui s'est usé contre la rude bureaucratie de l'Etat prussien et contre l'inertie des structures sociales allemandes.

E) *L'échec du radicalisme politique*

La meilleure illustration de cette impasse du radicalisme politique et philosophique (qui a été le milieu originel de la pensée marxienne) est l'histoire des journaux auxquels Marx et les jeunes hégéliens de gauche collaborèrent dans les années 1839-1845. Hors quelques très rares réussites relativement durables, ces journaux (qui ne peuvent être publiés que dans les rares villes où le régime de censure est moins étroit, Hambourg, Halle, Cologne) tentent vainement de mener la lutte politique, rusent avec la censure sans parvenir à la désarmer et disparaissent les uns après les autres. Certains d'entre eux, pour échapper à la censure, sont publiés à Zurich, puis à Paris, d'où leurs rédacteurs tentent de les faire passer en Allemagne : peine perdue, le gouvernement allemand sera assez puissant pour les atteindre dans ces refuges et les faire interdire. Pourtant, ce qui caractérise l'attitude politique de presque tous ces journaux (1), c'est en définitive une indéfectible confiance dans l'Etat et dans les possibilités illimitées du réformisme politique éclairé par la science et la philosophie. On ne trouve, dans leurs colonnes, que de façon très exceptionnelle un exposé sympathique des doctrines socialistes, communistes ou anarchistes.

A partir de 1844 environ, la relative unité de tout ce mouvement philosophique et politique « radical » va se briser. Les survivants et les successeurs vont s'orienter dans des voies diverses :

— les uns poursuivront une œuvre purement scientifique ou littéraire, ils n'intéressent plus directement l'histoire des idées politiques ;
— beaucoup se réfugieront dans une critique philosophique de la religion (Feuerbach, Bauer) qui se renouvellera peu ;
— un assez grand nombre se rallieront plus ou moins au régime politique établi et formeront les divers éléments d'un « juste milieu » libéral ;
— d'autres se rangeront dans les multiples écoles socialistes ou communistes (dont le développement en Allemagne sera cependant lent jusqu'à la fondation par Ferdinand Lassalle en 1863 de l'Association générale des Travailleurs allemands, « Die Allgemeine Deutsche Arbeiterverein ») ;

(1) Le premier organe important où s'exprimèrent les néo-hégéliens fut les *Annales de Halle (Hallesche Jahrbücher)* fondées par Arnold RUGE en 1838 pour lutter, d'abord sur le plan philosophique, contre l'hégélianisme orthodoxe. Passant à la fin de 1840 à la lutte politique directe, les *Annales de Halle* sont contraintes de quitter Halle pour Dresde où elles seront publiées sous le nom des *Annales allemandes* (1841), d'ailleurs vite réduites elles-mêmes à l'impuissance. En 1842 fut fondée à Cologne la *Gazette rhénane* (*Rheinische Zeitung*, janv. 1842-mars 1843) dont Karl Marx fut l'éphémère rédacteur en chef et que la censure fit disparaître. A partir de cette date, les jeunes hégéliens tentent de publier en Suisse des revues (par exemple les *Anecdota philosophica* d'Arnold RUGE et les *Vingt et une feuilles de Suisse* dirigées par le poète HERWEGH). Marx, Ruge et Hess (patronnés par Feuerbach) se donnèrent beaucoup de mal enfin pour fonder de juillet à décembre 1843, les *Annales franco-allemandes*, publiées à Paris, qui furent interdites après un seul numéro double en 1844. Après cette date, il ne subsista plus qu'un organe où peut s'exprimer cette tendance, le journal *Vorwärts*, organe publié à Paris pour les besoins des nombreux réfugiés politiques allemands qui y séjournaient alors.

— il semble enfin que certains d'entre eux aient trouvé une voie, après l'échec de 1848, dans le mouvement libéral — mais résolument a-politique — qui, sous l'impulsion de l'économiste Schulze-Delitzsche (1808-1883), se consacra à la création de coopératives de consommation et de crédit et de sociétés d'éducation ouvrière.

Section II. — Les idées socialistes et communistes en Allemagne

A) *Diffusion des doctrines socialistes et communistes*

La plupart des grandes œuvres du socialisme anglais et français sont déjà écrites quand les idées socialistes commencent à bénéficier d'une certaine curiosité en Allemagne de la part de cercles intellectuels très restreints (mais en général d'une culture philosophique bien plus étendue que celle des Owen, des Louis Blanc, des Saint-Simon et des Proudhon). Socialisme et communisme resteront longtemps en Allemagne objet de connaissance théorique. Cependant, il convient de signaler que, parmi les « bannis » allemands qui, à partir de 1832, s'établirent à Paris et à Londres, les idées socialistes et communistes trouvèrent un accueil favorable. En Allemagne même, il semble que leur progrès furent lents dans les milieux populaires, au moins jusque vers 1860 (1).

Dans les milieux intellectuels, on a vu comment des hommes comme Gans et Heine avaient aidé à faire connaître en Allemagne les théories saint-simoniennes et, dans une moindre mesure, celles de Louis Blanc, de Fourier, de Proudhon, de Blanqui, de Pierre Leroux et de Robert Owen. Cependant, l'ouvrage qui fit le plus pour la diffusion et la connaissance exacte de ces idées fut celui d'un universitaire conservateur Lorenz von Stein (1815-1890) qui, après un long séjour d'étude en France, publia en 1842 un ouvrage très documenté sur *Le socialisme et le communisme dans la France contemporaine* : la partie critique de cet ouvrage était relativement faible mais l'exposé scientifique des doctrines était solide et valut à l'œuvre un réel succès.

B) *Weitling et la « Ligue des Justes »*

A peu près à la même époque un ouvrier, autodidacte, Wilhelm Weitling (1808-1871), affilié à Paris à la « Ligue des Justes » (groupement de bannis allemands), puis réfugié en Suisse, publiait divers ouvrages dans lesquels il professait une doctrine communiste et annonçait que la classe ouvrière affranchirait la société. Son principal ouvrage, publié en 1842, *Les*

(1) Il y eut, bien sûr, des vocations isolées, telle celle du poète Georg Büchner (1813-1837), l'auteur de *La mort de Danton* et de *Woyzeck*. Révolté passionné, conspirateur presque inconnu, Büchner, très éloigné de l'ironie des maîtres de la Jeune Allemagne, est un angoissé qui pose avec vigueur le droit des pauvres à la révolte et à la violence.

garanties de l'harmonie et de la liberté, assez nettement inspiré de Fourier, était moins nouveau par sa critique (assez moralisante) du capitalisme que par la conviction en l'établissement futur de la communauté des biens comme conséquence inévitable de la misère des masses et de leur révolte. Toutefois, Weitling, qui n'eut jamais confiance dans l'action politique, évolua de plus en plus vers une religiosité assez comparable à celle des disciples de Lamennais, faisant confiance à un nouveau Messie pour fonder sur l'amour la communauté des biens (*L'évangile d'un pauvre pécheur*, 1843). Weitling se détourna de plus en plus des autres socialistes allemands et, peu à peu, de toute action révolutionnaire. Ses tendances balancèrent cependant celles des blanquistes parmi les réfugiés politiques allemands de Londres et de Paris jusque vers 1847, quand Marx et Engels prendront la direction de l'ancienne « Ligue des Justes » transformée, la même année, en « Ligue des Communistes » (mais, brouillé avec ses anciens compagnons, Weitling venait de s'expatrier aux Etats-Unis).

Un courant assez comparable à celui de Weitling, mais animé par des intellectuels issus plus ou moins directement du néo-hégélianisme, fut l'école dite du « socialisme vrai ». Son origine peut être trouvée dans les œuvres, à la fois utopiques et un peu confuses, d'un des premiers compagnons de Marx et Engels : Moses Hess (1812-1875) qui fut parmi les jeunes hégéliens de gauche, un des premiers à tirer de l'humanisme de Feuerbach des conclusions en faveur de la doctrine communiste. Le socialisme « vrai », dont le principal représentant fut Karl Grün (1813-1887), tentait de relier la philosophie hégélienne et les doctrines socialistes françaises (celles de Proudhon notamment). A peu près totalement isolé de tout mouvement populaire réel, repoussant la lutte des classes, absorbé dans des spéculations philosophiques, le « socialisme vrai » avait tendance à « penser » la révolution sociale en faisant abstraction des réalités économiques, sociales et politiques de l'Allemagne d'alors.

C) *L'économie politique et l'État*

Ce qui caractérise ces premières tentatives allemandes de construction doctrinale socialiste ou communiste, c'est qu'elles ne s'appuient ni sur une réelle connaissance de l'existence concrète de la condition ouvrière ni surtout sur une analyse scientifique de la vie économique.

Or l'étude de l'économie politique, suscitée par le développement industriel ainsi que par les problèmes de commerce extérieur soulevés par les unions douanières allemandes, était alors entreprise en Allemagne par des auteurs comme Friedrich List (1789-1846), protectionniste mais libéral en politique, et Johann Karl Rodbertus (1805-1875). Ce dernier, assez proche du communisme dans ses premiers écrits (entre 1837 et 1842), devint un des chefs politiques du Centre gauche et fut le champion de l'économie nationale organisée sous l'étroite direction de l'Etat. A partir de 1843, commencent les travaux de l'« école historique » allemande en économie politique : celle-ci part d'une critique (par la méthode historique empruntée à Savigny et à Gervinius) des libéraux anglais (Ricardo et Malthus surtout) et se propose de faire de l'économie politique une science du réel, appuyée sur la statistique et l'observation historique, et non plus une science déductive. Cette recherche restera limitée à l'Allemagne et, plus tard, à l'Autriche. C'est au contraire à l'étude des économistes anglais que Friedrich Engels se consacrera dès 1843 et Marx suivra son exemple. En revanche, Ferdinand Lassalle (1825-1864), tout en se ralliant au marxisme dès 1848, sera très influencé par List, Rodbertus et les partisans de l' « historisme ».

Après la Révolution de 1848, la question du « paupérisme » suscite d'ailleurs diverses tentatives de « solution ». Certains, comme l'économiste Schulze-Delitzsche (cf. *supra*), tentent d'orienter le monde ouvrier vers le coopératisme en repoussant toute intervention de l'Etat et toute action politique (même non révolutionnaire) du prolétariat. D'autres cherchent une voie vers le « socialisme d'Etat » par l'organisation autoritaire de l'économie nationale. A partir de 1860 enfin, l'école dite (par dérision) du « socialisme de la chaire », constituée surtout de théoriciens universitaires, réclame une politique sociale, sous les auspices de l'Etat, pour lutter contre le paupérisme. En dépit de ses timidités doctrinales, cette école créa un milieu favorable à l'action de Lassalle et de ses disciples dans les années 1863-1871. Elle contribua aussi à maintenir longtemps les dirigeants lassalliens dans une attitude de soumission et de confiance à l'égard de l'Etat prussien.

D) *Ferdinand Lassalle et le mouvement ouvrier allemand*

Ferdinand Lassalle, jeune Juif allemand, comblé de dons, ambitieux et impétueux, s'était affilié dès 1845 (il avait vingt ans), lors d'un séjour à Paris, à la « Ligue des Justes ». Il avait participé en Allemagne à la Révolution de 1848, avait été emprisonné et avait rencontré en 1849 Karl Marx dont il se proclama dès lors le disciple. Puis il se tint écarté de la lutte politique active jusqu'en 1859. A ce moment, tout en se proclamant toujours « marxiste », Lassalle commença à déployer une intense activité, soutenant l'émancipation nationale de l'Italie et prenant parti pour l'unité nationale allemande, entreprenant une campagne contre les « progressistes bourgeois » allemands (tendance Schulze-Delitzsche) et contre les divers économistes bourgeois. Lassalle espérait profiter du refus des progressistes de soutenir la revendication du suffrage universel pour détacher de ceux-ci les ouvriers allemands. En 1863, il réussissait à fonder un « parti de classe », l'Association générale des Travailleurs allemands. Lassalle avait, en l'occurrence, passé un véritable pacte avec Bismarck : en échange de la neutralité bienveillante de ce dernier envers la propagande de Lassalle, celui-ci soutenait la politique étrangère de Bismarck (affaire des Duchés) et aidait le Chancelier dans sa lutte contre les libéraux et progressistes ; en 1863, lors de la brutale dissolution du Landtag à majorité libérale, Lassalle participa à la campagne électorale qui suivit, expliquant aux ouvriers allemands que Bismarck avait bien fait de démasquer les libéraux, ceux-ci étant de mauvais nationalistes allemands, opposés au surplus à des réformes sociales sous l'égide de l'Etat.

Dès 1862, Marx et Engels avaient rompu avec Lassalle. Outre les déformations et les simplifications abusives qu'il faisait subir au marxisme (notamment dans l'énoncé de sa fameuse « loi d'airain des salaires »), ils lui reprochaient son action tapageuse, son nationalisme imprudent et surtout sa collusion probable avec Bismarck (1). Pratiquement, l'apport théorique de Lassalle est relativement mince et se rattache plus peut-être au socialisme de Louis Blanc et de certains économistes allemands (Rodbertus, notamment) qu'au marxisme : loi d'airain des salaires, prolétarisation des classes moyennes, subventions de l'Etat pour la multiplication de coopératives de production qui parviendront, grâce à cette aide, à remplacer tout le système économique capitaliste.

Le véritable apport de Lassalle fut la création du premier parti socialiste ouvrier en Europe, parti qu'il organisa de façon très autocratique. Sous la direction du successeur de Lassalle, J. B. von Schweitzer (1834-1875), ce parti fut souvent utilisé par Bismarck au détriment des intérêts des travailleurs allemands. Il survécut cependant jusqu'en 1875 malgré la création en 1869 d'un parti rival, promis à un bien plus long avenir, le parti social-démocrate allemand (fondé par August Bebel et Wilhelm Liebknecht, cf. *infra*). Il est assez caractéristique de ses tendances à la fois nationalistes et étatistes que l'Association générale des Travailleurs allemands n'ait pas adhéré à la 1re Internationale : ce fut Marx alors réfugié à Londres qui, dès 1864, représenta au Comité de l'Internationale les travailleurs allemands.

SECTION III. — La formation de la pensée de Karl Marx

A) *1842-1848 : les années de la formation*

En octobre 1842, la *Rheinische Zeitung*, journal dont le jeune Karl Marx assume la direction, se voit reprocher par un de ses confrères ses tendances communistes à l'occasion d'une série d'articles de Moses Hess (qui, lui-même, professait un communisme fondé sur la morale altruiste dérivée de Feuerbach). Répondant à ce reproche, Marx déclare que le communisme reste en Allemagne du domaine de la spéculation et ne cache pas qu'il demeure lui-même assez peu intéressé par cette spéculation. Il ajoute même : le danger pour l'Allemagne réside moins dans la tentative par quelques-uns de mettre en pratique le communisme (ce danger pourrait être brisé par le canon, dit-il) que dans la séduction que les « idées » communistes exercent sur les âmes et les consciences. Ainsi en octobre 1842, Marx non seulement n'est pas communiste, mais il semble encore partager certaines illusions de ses amis néo-hégéliens quant au pouvoir des idées. Or en janvier 1848, c'est le même Karl Marx qui rédige le *Manifeste communiste* pour la Ligue des Communistes qu'il a contribué à fonder l'année précédente.

(1) La preuve de cette collusion ne fut fournie qu'en 1927 par la mise à jour d'une correspondance secrète entre Bismarck et Lassalle.

Il faut préciser qu'entre 1842 et le *Manifeste*, Karl Marx a déjà écrit — et parfois publié — la plupart des œuvres, achevées ou non, qui contiennent — beaucoup plus qu'en germe — l'essentiel du marxisme. On ne peut même pas dire que cette première période est celle du Marx « philosophe » et qu'à partir de 1848 seulement commencerait la période du Marx « révolutionnaire » et « économiste ». D'une part, on peut faire remonter l'activité révolutionnaire « pratique » de Karl Marx à février 1846, lorsqu'avec Engels il fonde à Bruxelles un comité de propagande communiste. D'autre part, c'est dès son premier séjour à Paris (1844) que Marx s'est plongé dans l'étude des économistes anglais et français ; de 1844 aussi date une des œuvres majeures (quoique simple brouillon publié après sa mort) le *Manuscrit économie politique et philosophie* ; de 1847 enfin un ouvrage qui révèle déjà l'ampleur et la maîtrise de la réflexion et de l'analyse économiques de Marx : *Misère de la philosophie, réponse à la philosophie de la misère de M. Proudhon.*

Sur le plan de la théorie politique, *stricto sensu*, le chemin parcouru par Marx dans les années 1842-1848 n'apparaît pas moins grand. Dans les articles que Marx rédige en 1842 pour la *Rheinische Zeitung*, il se livre certes à une critique réaliste de la politique et du droit de la société allemande, mais il croit encore que la solution des inégalités sociales doit être fournie par l'Etat et qu'une réforme de l'Etat entraînera une réforme de la société. De mars 1843 au début de 1844, dans deux œuvres successives (*La critique de la philosophie du droit de Hegel*, et son article des *Annales franco-allemandes* sur la « Question juive »), Marx abandonne l'idée selon laquelle l'Etat est la sphère constitutive de la société : l'Etat est déterminé par la société et par le rapport de production qui la domine (propriété privée), la poursuite de l'émancipation politique renvoie donc à un bouleversement préalable des rapports économiques entre les hommes. Dès 1844 aussi (article sur la révolte des tisserands de Silésie), et surtout à partir de 1845 (cf. *La Sainte Famille* et les *Thèses sur Feuerbach*), Marx est convaincu que la seule révolution à la fois sociale et politique ne peut être l'œuvre que du prolétariat ; par la même occasion, il rejette non seulement le réformisme et le socialisme d'Etat, mais encore le communisme utopique apolitique comme le blanquisme, qui ne tente que des coups de main contre l'appareil d'Etat.

A tous égards, par conséquent, les années 1842-1848 apparaissent décisives non seulement pour retracer l'itinéraire intellectuel de Karl Marx mais surtout pour montrer à partir de quoi et comment s'est formée la pensée marxienne.

B) *Marx en face de l'État allemand et du radicalisme néo-hégélien*

Marx a d'abord fait l'expérience de tous les jeunes libéraux et hégéliens de son temps en Allemagne : confiant dans les possibilités d'une politique libérale dont l'Etat prussien avait montré l'exemple entre 1811 et 1820 environ, il a lutté sur le plan politique (journalistique, plus exactement) contre une politique devenue absolutiste : comme tous ses compagnons de lutte, il a été réduit à l'impuissance. Revenu en Allemagne au moment de la Révolution de 1848 (il dirigera alors la *Neue Rheinische Zeitung*), il assistera à la décomposition, presque sans lutte, de la bourgeoisie libérale dont il espérait qu'elle serait en mesure de faire franchir à la société allemande une étape décisive. Il devra dès 1849 reprendre le chemin de l'exil.

Il a dû constater, comme la plupart des jeunes néo-hégéliens, que la bourgeoisie allemande, peu nombreuse, embarrassée dans des structures politico-sociales encore fort imprégnées de vestiges féodaux et dominées par la bureaucratie prussienne, n'avait pas de volonté révolutionnaire et ne se trouvait pas objectivement en situation révolutionnaire. Quant au prolétariat industriel allemand, il naissait à peine.

Vers 1843, au moment où Marx rompt avec Bruno Bauer et le groupe des « Affranchis », il arrive à la conclusion que ces jeunes philosophes allemands traduisent — et croient compenser — cette impuissance révolutionnaire pratique de la société allemande par une philosophie qui transfère toute transformation du monde au plan de la seule libération de la conscience. La philosophie allemande aboutit à un mode d'existence qui est aliéné : il faut supprimer la philosophie en l'accomplissant, c'est-à-dire en transformant réellement le monde.

C) *Marx et les doctrines socialistes*

A Paris, puis à Bruxelles, Marx rencontre les ouvriers allemands de la Ligue des Justes. Si, d'emblée, il est gagné à leur cause, il n'adhère pas à la Ligue. Le communisme à fondement moral de Weitling ne peut le satisfaire, ni les diverses théories communistes et socialistes qui ont cours en France et en Angleterre. Le communisme « vulgaire » de Weitling, purement négatif, ne cherche qu'à généraliser la propriété (comme au fond la doctrine de Proudhon), donc à généraliser l'aliénation, ce qui ne satisfait pas l'humanisme marxien qui exige la fin de toutes les aliénations. Ces sectes sont impuissantes à transformer la condition du prolétariat et même à lui faire prendre conscience de sa situation réelle, à moins qu'elles ne fassent dériver ses forces vers une activité clandestine et vers des coups de main irréfléchis.

D) *Marx et le matérialisme de Feuerbach*

Entre 1841 et 1844, quand Marx entreprenait de renverser l'univers de concepts de la philosophie hégélienne, il avait accueilli avec beaucoup d'espoirs la synthèse que Feuerbach avait tentée entre l'idée et la réalité concrète de l'homme. Opérant une critique radicale de la philosophie spéculative dans laquelle il dénonçait une attitude théologique, Feuerbach réintégrait l'esprit dans la nature humaine concrète, il montrait que le progrès était déterminé, non par le développement de l'idée objective ou par un fait de conscience, mais par le développement des conditions générales de toute l'espèce humaine dans sa vie naturelle. Toutefois, Marx devait constater que Feuerbach en restait à la dénonciation de l'aliénation religieuse et qu'il lui substituait une sorte de religion de l'Humanité ; or cette Humanité, même libérée de l'illusion religieuse, reste chez Feuerbach une essence, un sujet collectif extérieur au monde objectif ; et Feuerbach ne semble imaginer ni que l'homme concret puisse être déterminé par ce monde ni qu'il puisse agir pratiquement sur lui pour le transformer.

E) *Les étapes*

Résumons les étapes successives : en 1844, Marx abandonne toute illusion sur le réformisme d'Etat (article sur les tisserands de Silésie) et procède à une critique décisive de la philosophie du droit de Hegel.

En 1845, il formule dans ses *Thèses sur Feuerbach* les principes du matérialisme historique et, dans la XIe « thèse », donne pour mission à la philosophie de devenir l'âme de la *praxis* révolutionnaire (« Les philosophes n'ont fait qu'interpréter le monde de diverses manières ; ce qui importe, c'est de le transformer »). La même année, *La Sainte Famille* (ouvrage auquel Engels collabore pour quelques chapitres) marque la rupture complète avec la « philosophie critique » des Bruno Bauer et consorts.

En 1846, Marx et Engels dans *L'idéologie allemande* marquent définitivement leurs positions non seulement par rapport au mouvement jeune hégélien (et notamment par rapport à Max Stirner) mais également par rapport à Feuerbach.

En 1847, *Misère de la philosophie* constitue non seulement une réfutation de Proudhon mais le rejet de tout socialisme non scientifique. La IIIe Partie du *Manifeste* est d'ailleurs consacrée tout entière à une critique des doctrines socialistes et communistes.

Après 1850, l'œuvre et la vie de Karl Marx (comme aussi celles de Friedrich Engels) sont entièrement absorbées par les exigences théoriques et pratiques du mouvement révolutionnaire prolétarien. Outre l'élaboration de l'œuvre maîtresse, *Le capital* (dont seul le livre I paraîtra du vivant de Marx en 1867), les principales étapes sont les suivantes :

1) A partir de la dissolution de la Ligue des Communistes (1852), Marx demeure en dehors de toute organisation secrète révolutionnaire ;

2) A partir de 1862, année de la rupture avec Lassalle, commence la lutte inlassable contre le socialisme nationaliste et étatiste des « lassalliens » et contre l'influence de ceux-ci au sein du parti social-démocrate allemand ;

3) A partir de 1864, année où Marx contribue à fonder la Ire Internationale, commence la lutte au sein de cette organisation contre les influences proudhoniennes (environ 1866-1869) et surtout contre l'influence de Bakounine (environ 1869-1873) ;

4) A partir de 1874 environ Marx, et plus encore Engels,

doivent répondre aux premières tentatives de marxistes « révisionnistes » (tel Karl Eugen Dühring, 1833-1921), qui prenant prétexte des nouvelles découvertes dans les sciences de la nature, et au nom d'un « positivisme radical », voulaient à la fois « dépasser » le marxisme et, plus encore, en éliminer l'impératif de la *praxis* révolutionnaire en reniant le mouvement dialectique. Pour arrêter la séduction que ce « néo-marxisme » exerçait sur certains milieux de la social-démocratie allemande, Engels écrivit en 1877 son ouvrage *Anti-Dühring* (ou *M. Dühring bouleverse la science* ; Marx y collabora pour un chapitre).

BIBLIOGRAPHIE

En raison du très grand nombre des auteurs et des mouvements étudiés dans ce chapitre, nous nous bornons à quelques titres d'ouvrages en langue française.

I

Joseph DRESCH, *Gutzkow et la Jeune Allemagne*, H. G. Bellais, P.U.F., 1904, X-483 p. DU MÊME AUTEUR, *Heine à Paris (1831-1856), d'après sa correspondance et le témoignage de ses contemporains*, Didier, 1956, 179 p. Edmond VERMEIL, *Henri Heine, ses vues sur l'Allemagne et les révolutions européennes*, Editions sociales internationales, 1939, 283 p. (« Socialisme et culture »). Victor BASCH, *L'individualisme anarchiste : Max Stirner*, Alcan, 2e éd., 1928, VIII-294 p. Henri ARVON, *Aux sources de l'existentialisme. Max Stirner*, P.U.F., 1954, 188 p. Auguste CORNU, *La jeunesse de Karl Marx (1817-1845)*, Alcan, 1934, 423 p. DU MÊME AUTEUR, *Moses Hess et la Gauche hégélienne*, Alcan, 1934, 124 p. Ces deux ouvrages sont très précieux. Bernard GROETHUYSEN, Les jeunes hégéliens et les origines du socialisme contemporain en Allemagne, *Rev. philosophique*, mai-juin 1923, pp. 379-402. A. LÉVY, *La philosophie de Feuerbach*, Alcan, 1904, XXVIII-545 p. Henri ARVON, *Ludwig Feuerbach ou la transformation du sacré*, P.U.F., 1957, 188 p. Les *Manifestes philosophiques de Feuerbach* ont été publiés par Louis ALTHUSSER, P.U.F., 1960, 240 p.

II

Charles ANDLER, *Les origines du socialisme d'Etat en Allemagne*, Alcan, 2e éd., 1911, VII-505 p. F. CAILLE, *W. Weitling, théoricien du socialisme*, Giard & Brière, 1905, 100 p.

Sur Lassalle et ses disciples, voir : G. D. H. COLE, *A History of Socialist Thought*, vol. II, chap. V et X.

III

La bibliographie de cette section a été regroupée avec la bibliographie générale relative au marxisme. Voir le chapitre suivant.

CHAPITRE XIV

LE MARXISME

SECTION I. — La place de la politique dans la pensée de Karl Marx

A) *Difficultés*

Il n'est pas aisé d'exposer la pensée politique de Karl Marx ; il est encore plus malaisé de tenter d'isoler (comme nous sommes contraints de le faire ici) cet aspect de sa pensée de l'ensemble de la doctrine marxiste.

Bien qu'il ne soit pas douteux que, dès ses tout premiers écrits, Marx ait parfaitement compris l'importance du fait politique, il n'y a finalement dans son œuvre considérable (comme dans celle de Friedrich Engels) que très peu de textes « politiques » : la plupart sont très brefs, de forme souvent aphoristique, ils consistent surtout en critiques fragmentaires de doctrines politiques auxquelles Marx s'oppose ou de situations politiques qu'il analyse (1). Tout au plus, a-t-on retrouvé des ébauches de plan qui établissent que Marx a eu quelque temps le projet d'écrire un ouvrage (ou plusieurs ouvrages) qui aurait traité de façon complète et systématique des problèmes politiques (2). C'est une première difficulté.

Certains textes de Marx et Engels témoignent cependant de leur sûreté dans la connaissance et l'analyse des faits politiques passés et contemporains (voir notamment *Le Dix-Huit Brumaire de Louis Bonaparte* par Karl Marx, et la *Critique du programme d'Erfurt* par Engels). Et cependant le lecteur a souvent l'impression que la compréhension de la politique et de l'Etat est, chez les deux auteurs, « arrêtée » et « dévoyée » par deux écrans : d'une part le souvenir (toujours présent à leur esprit) de la réalité de l'Etat prussien bureaucratique et oppresseur des années 1820-1847, d'autre part une représentation de l'Etat, (qui se dégage de la philosophie de Hegel) et qui veut se donner pour la réalité de l'Etat. De là le caractère presque exclusivement

(1) Ces textes ont souvent le ton d'un « sottisier » : cf. notamment, de MARX, *Notes sur l'Etat et l'Anarchie de Bakounine* ; et d'ENGELS le dernier chapitre de *Anti-Dühring*.

(2) V. dans RUBEL, *Karl Marx. Essai de biographie intellectuelle*, p. 164.

critique de la pensée de Marx et Engels à propos de la politique et de ses manifestations.

La réflexion sur la politique, dans l'œuvre de Marx et Engels, paraît toujours osciller entre deux termes : d'une part, en guise de prolégomènes, une critique préalable de l'inauthentique (ce qui laisserait attendre un « authentique » possible), d'autre part, après un long détour où apparemment toute réflexion politique est suspendue, un « au-delà » de l'univers politique (après une soudaine et brève réapparition de l'instrument « Etat » pour passer de la victoire insurrectionnelle du prolétariat à la société communiste... dont on sait seulement qu'elle n'aura plus besoin de l'Etat de l'ancienne société). Entre les deux termes, quelque chose paraît manquer : une analyse méthodique des fonctions concrètes des Etats, de leur développement historique, des différences qui séparent tels et tels régimes politiques. Que les textes de jeunesse ne comportent que de brèves allusions, d'ailleurs contradictoires, sur la démocratie libérale, ce n'est pas surprenant : ni la France de Louis-Philippe ni l'Angleterre de Lord Melbourne et de Palmerston (dont Marx et Engels reconnaissaient l'immense supériorité sur l'Allemagne) n'infirmaient le caractère d'instrument de domination bourgeoise que les deux auteurs reconnaissaient à l'Etat de la société capitaliste. Il est un peu plus surprenant que ni Marx (mort en 1883) ni Engels (mort en 1895) ne se soient attachés au moins à analyser les transformations politiques (et même sociales) intervenues sous le régime de la IIIe République en France ou en Grande-Bretagne pendant la deuxième moitié du règne de la reine Victoria ou aux Etats-Unis après Lincoln (1). Cette absence est encore plus remarquable si on tient compte d'une part de l'intérêt passionné qu'ils ont porté à la Commune non seulement comme événement insurrectionnel mais comme « modèle » de transformation de l'Etat, d'autre part du fait que l'un et l'autre, loin d'abandonner l'observation de la réalité politique pour des théories économiques ou pour l'organisation du mouvement révolutionnaire, ont toujours suivi de très près tous les événements politiques de leur temps.

B) *Méthode d'exposition*

Pour concevoir une doctrine politique, il faut reconnaître une réalité aux faits politiques, il faut — explicitement ou implicitement — reconnaître que l'histoire a pour trame de tels faits (parmi d'autres).

Or Marx proclame : « L'histoire de toute société jusqu'à nos jours n'a été que l'histoire de la lutte des classes » ; l'histoire n'est pas constituée par des faits politiques. Toute « vie politique » est une illusion. Il y a eu et il y a des Etats, certes ; mais aucun n'a été et n'est ce qu'il paraît être et ce qu'il prétend être : il est autre chose, une cristallisation purement phénoménale de la domination d'une classe. La théorie politique ne peut donc consister qu'en la critique de cette apparence et dans la mise à jour de ce qu'il est réellement : c'est pourquoi la « théorie politique » ne traite pas de l'Etat visible, mais de « l'autre chose » qu'il est réellement.

(1) Voir cependant la *Critique du programme d'Erfurt* par ENGELS (ce texte sera examiné plus loin).

Reconstituons la démarche de la réflexion de Marx et suivons son itinéraire intellectuel :

— imprégné de la philosophie hégélienne, Marx pense et agit dans la politique en critiquant la société politique actuelle. Il ne réussit pas à obtenir un résultat pratique ;

— retour à la philosophie hégélienne de l'Etat qui prétendait donner la rationalité et la réalité de l'Etat. Marx après l'avoir éprouvée pratiquement, montre que cette philosophie de l'Etat n'est qu'une philosophie. C'est ici la critique de la philosophie et non la critique de l'Etat lui-même (sinon de façon incidente, pour montrer les discordances) ;

— la philosophie de Hegel présentait l'Etat comme la conciliation de la société des intérêts particuliers et de l'intérêt général. Or Marx confronte cette prétention de « réconciliation » et la réalité qu'il a sous les yeux. Qu'avons-nous ici ? La critique d'une théorie politique et une sociologie critique de la réalité sous-jacente à la vie politique.

Jusqu'ici la réflexion et l'expérience de Marx sur le « phénomène » politique et sur « l'idéologie » politique sont purement négatives et critiques. L'« illusion » de la politique renvoie à autre chose.

Dès lors, Marx va procéder par réductions régressives. L'aliénation religieuse et l'alinénation philosophique, devant lesquelles Marx s'était d'abord trouvé, renvoyaient à l'aliénation politique. A quoi renvoie celle-ci ? Pour retrouver l'aliénation fondamentale — et surtout la cause de toutes les aliénations — Marx va entreprendre une immense remontée de toute la genèse de l'histoire de l'homme. Il entreprend le « récit » de cette genèse en faisant totalement abstraction de tout *a priori* donné avant l'expérience humaine la plus simple. Il refuse notamment de considérer que le mode d'existence politique soit constitutif de l'existence humaine. Toute l'histoire de l'homme sera retracée à partir des actes par lesquels il entretient sa vie, crée des objets, entre en rapports avec l'autre homme, forme son expérience et sa conscience. C'est une anthropologie : l'histoire politique de l'espèce humaine y est tout entière absorbée et résorbée.

Au terme de cette anthropologie, il y a l'homme total où individu et espèce humaine sont totalement identifiés : il n'y a donc plus de politique. Le sujet d'une « doctrine politique » (un homme qui s'oppose au groupe) a disparu.

Mais ni la philosophie ni l'anthropologie ne sont une contemplation du monde pour Marx. Il faut réaliser le stade terminal de l'anthropologie. Aussi, brusquement et rapidement, Marx analyse-t-il les moyens de l'ultime révolution, c'est-à-dire la dernière politique qui fera accéder au règne où l'illusion politique sera dissipée. Cette analyse de la dictature du prolétariat, pendant la brève période où le prolétariat est « classe dominante » pour supprimer toute domination, c'est le seul moment où une forme politique est examinée pour elle-même et non pas seulement d'un point de vue critique.

Cette marche de la réflexion marxiste dicte la seule façon correcte d'exposer, sans la mutiler et sans la rendre incompréhensible, la pensée de Marx à propos de la politique.

Section II. — Critique de la politique

Il n'est pas nécessaire de revenir sur l'expérience politique du jeune Marx comme journaliste politique et comme jeune libéral néo-hégélien (cf. chapitre précédent). Dans ses articles de la *Rheinische Zeitung*, notamment, Marx met à jour la vanité des débats politiques de la Diète rhénane, dominée par les gros propriétaires fonciers ; dans le cas concret d'une loi votée par la Diète qui aggravait la répression contre les vols de bois, il constatait que cette loi était l'expression, non de l'intérêt général, mais des intérêts particuliers qui dominaient la Diète.

§ 1. Critique de la « philosophie » de l'État

Il y a une contradiction dans le système politique de Hegel. D'une part, il décrit très lucidement pour son temps le monde économique réel (société civile), les luttes d'intérêts et les progrès de la bourgeoisie. D'autre part, il affirme que l'Etat, tout en étant extérieur à ces sphères du privé, est immanent à elles, qu'il les réalise et qu'elles reconnaissent en lui leur sens intime. Enfin, son système constitutionnel positif, très conservateur, concentre finalement toute la volonté politique aux mains du « souverain » monarchique et d'une bureaucratie de fonctionnaires : volonté qui, loin d'être immanente à la société civile, lui est au contraire pleinement extérieure.

Marx observe que Hegel n'échappe à cette contradiction que par son postulat idéaliste : les rapports (réels pour Marx) de la société civile ne sont pour Hegel que purement phénoménaux, ils sont des objectivations momentanées de l'Esprit. Puisque l'Etat est ce qui permet à l'Esprit de se « récupérer » après son objectivation dans le phénomène de la société civile, il est donc bien à la fois la réalité et la rationalité de celle-ci. Ainsi le monde réel est devenu le monde idéal et celui-ci serait le seul réel. L'Etat est la sphère de la conciliation et de l'universalité.

Contre cette fantasmagorie, l'ironie de Marx se déchaîne : à la place de la famille, des groupes sociaux et de la société civile, Hegel a mis le concept de « famille », le concept de « groupes sociaux », etc. Cela n'empêche pas ces réalités de continuer à être. Les contradictions de la société civile continuent donc d'exister.

Du moins la vie politique du citoyen dans l'Etat dépasse-t-elle ces contradictions ? Avant même de montrer qu'en fait il n'en est rien, Marx observe que, si cela était, ces contradictions ne seraient pas résolues au niveau où elles existent, mais au sein d'une sphère extérieure où les agents ne sont plus des pères de famille, des travailleurs, des propriétaires, mais des citoyens. Les contradictions sont donc transférées en une contradiction globale : celle de l'homme privé et celle du citoyen. Cette séparation est pour Marx le vice radical de toute existence politique.

L'Etat ne peut pas être ce qu'il prétend être (ce que Hegel prétend qu'il est) : son existence comme réalité extérieure aux rapports sociaux réels le lui interdit.

Hegel assure que l'essence de l'Etat consiste dans sa souveraineté et fait empiriquement reposer cette souveraineté dans la personne d'un homme : il est facile de montrer que cet homme réel est extérieur au peuple réel. Mais, ajoute Marx à la fin de son étude, même si l'Etat était démocratique, la situation ne serait pas fondamentalement modifiée.

Toute souveraineté suppose en effet qu'il y a pouvoir et arbitrage à exercer, donc des contradictions et des conflits. Or ce pouvoir ne peut pas être remis à chacun individuellement. Il est confié à quelqu'un ou à un organe qui est extérieur aux parties ou qui se donne pour tel. Pour qu'on soit en présence d'une vraie démocratie, il faudrait donc remplir deux conditions : 1) Que le souverain ne soit pas abstrait mais qu'il coïncide réellement avec toute la société réelle (ce qui est la fin de l'Etat) ; 2) Que ce souverain ne soit pas un être empirique particulier (monarque ou assemblée). Mais tant que la particularité caractérise les rapports sociaux réels, et que la lutte existe, la souveraineté de tout Etat est toujours particulière et l'Etat n'est pas la sphère universelle qu'il prétend être. Il est affecté d'une double particularité qui le rend étranger :

— la particularité du groupe social qui le domine vis-à-vis des autres groupes ;
— la particularité qui le fait extérieur à la vie sociale réelle dans sa prétention à la concilation.

C'est pourquoi « la république politique est la démocratie à l'intérieur de la forme abstraite de l'Etat » *(Critique ph. dr. de Hegel)*. La République démocratique bourgeoise est certes un progrès en ce que, remettant la souveraineté aux mains d'assemblées représentatives, où s'affrontent des partis, elle reconnaît dans une certaine mesure les antagonismes de la société civile. Mais elle prétend que ces antagonismes sont résolus et conciliés par les citoyens (idéologiquement distincts des hommes concrets) dans un tout autre monde, celui de l'Etat.

On en revient donc au postulat idéaliste de Hegel : c'est l'Etat qui intègre et constitue la société civile. Or, dit Marx, « seule la superstition politique enfante encore aujourd'hui (cette) illusion..., alors qu'au contraire, dans la réalité, c'est l'Etat qui est maintenu par la vie civile » *(La Sainte Famille)*.

§ 2. Critique des réformes de l'État

A) *L'État libéré de la religion*

Marx ne s'attarde pas longtemps aux thèses selon lesquelles l'émancipation politique des hommes sera obtenue par la suppression de tous privilèges politiques au profit d'une religion quelconque dans l'Etat. A Bruno Bauer notamment, qui, dans son ouvrage sur la *Question juive*, avait exposé cette thèse, Marx réplique d'abord que l'Etat irreligieux ne fait que séparer un Etat profane et une religion « privée » (rejetée hors de l'Etat). Par conséquent, la laïcité de l'Etat ne supprime pas la religion mais lui confère au contraire sa pleine autonomie comme il la confère à l'Etat. La vie religieuse « privée » est le signe d'une séparation de l'existence humaine en deux parts. D'autre part, ajoute Marx, le citoyen, sujet de l'Etat qui se donne comme universel puisque débarrassé du particularisme d'une religion, ne se donne pas tout entier à cet Etat : il en déduit son être religieux. La démocratie politique « laïque » reste donc essentiellement religieuse en ce que l'homme y conçoit sa vraie vie comme au delà de sa propre individualité.

C'est cette projection par l'homme de sa totalité finale (de son être générique) dans un « tout-autre » ou dans un « au-delà » qui est l'essence de la religion et le signe de toute aliénation.

Il faut donc supprimer la religion. Mais, procédant toujours par régressions successives, Marx renvoie à plus tard la suppression de l'aliénation religieuse : il faut d'abord transformer la contradiction qui existe entre l'Etat et ses sujets, entre le citoyen et l'homme privé.

En bref, quand l'Etat est libéré de la religion, la conscience religieuse des individus est rendue libre de croire ou de ne pas croire et l'Etat est libre, mais l'homme n'est nullement émancipé.

B) *Critique de l'intelligence politique*

A propos d'une révolte de tisserands en Silésie et d'une ordonnance prise à cette occasion par Frédéric-Guillaume IV dans laquelle le souverain semblait « prescrire » la solution des misères sociales par la bonne volonté de l'administration et par la charité chrétienne des possédants, Arnold Ruge avait, dans un article du *Vorwärts*, tenté de montrer qu'une révolution sociale était impossible en Allemagne car « l'esprit politique », qui caractérisait l'Angleterre, manquait à la nation allemande. Le mal, selon Ruge, est dans telle forme de l'Etat, dans telle conception politique, dans l'absence de tels partis politiques, etc.

Dans le même journal, Marx réplique. Les libéraux anglais, malgré leur « esprit politique », ne peuvent trouver autre chose, pour lutter contre le paupérisme, que la création des terribles *workhouses*. La Convention française de 1793 a cru lutter contre la misère et la famine par quelques décrets, ce qui n'a pas empêché le peuple affamé de mourir de faim.

Pourquoi ? Parce que le principe même de l'Etat suppose des contradictions qu'il a pour but (soi-disant) de concilier. « L'Etat est l'institution de la société civile » et il en est inséparable. Les apparents « échecs » de l'Etat libéral démocratique ne sont donc pas dus à des causes accidentelles ou extérieures à lui-même et au système économique dont il est le produit (mauvaise volonté des fonctionnaires, méfaits des traîtres et des suspects, absence de charité, lois naturelles, etc.). Les méfaits de l'Etat antique ne sont pas autre chose que les méfaits du système économico-social de l'esclavage ; les méfaits et les échecs de la démocratie politique ne sont rien d'autre que ceux de la société bourgeoise. L'existence de l'Etat et l'existence de l'esclavage sont inséparables.

Quant à l'intelligence politique, elle est précisément pour Marx, cette radicale impuissance à saisir les causes premières générales des « maux » politiques. Plus l' « esprit politique » est développé, plus il pense dans les limites de la politique, plus il est rétréci. Ainsi Robespierre voit dans les tares sociales la source des maux politiques, un obstacle pour une pure démocratie, il ne voit donc d'autre solution que de fonder la démocratie sur une frugalité spartiate. « Le principe de la politique, c'est la volonté. Plus l'esprit politique est borné, plus il est parfait et plus il croit à la toute-puissance de la volonté, se montrant d'autant plus aveugle à l'égard des limites naturelles et morales de la volonté, et par conséquent d'autant plus incapable de découvrir la source des tares sociales » *(Notes marginales)*.

Toute solution « politique » est donc une solution partielle. Une révolution « politique », c'est une révolution faite par une classe qui projette dans le nouvel Etat sa situation particulière et lui donne pour mission d'affranchir la société tout entière, tout en arbitrant des conflits qui proviennent de sa domination. « Cette classe affranchit la société tout entière, mais seulement dans l'hypothèse que toute la société se trouverait dans la situation de cette classe, c'est-à-dire qu'elle pourrait acquérir à son gré argent et culture » *(Critique ph. dr. de Hegel)*.

Ce n'est pas que Marx ne reconnaisse pas le progrès « révolutionnaire » qu'apporte la démocratie politique bourgeoise (lors de la révolution de 1848 en Allemagne, il soutiendra d'ailleurs, en pleine connaissance de cause, une révolution « politique » bourgeoise). Elle a le mérite d'installer au pouvoir une classe qui active le progrès des forces matérielles, elle unifie le droit et la société, organise l'affrontement des forces sociales, donne au prolétariat les moyens politiques et juridiques de se développer et de se constituer comme classe. Mais ces mérites ne sont pas des mérites intrinsèques : ils ne sont que les facteurs tactiques de la lutte des classes, qui est la seule véritable lutte.

Marx ne variera jamais sur cette illusion de toute forme politique. Dans sa *Critique du programme de Gotha* (1875), Marx reconnaît que « l'Etat actuel » est une réalité très différente en Allemagne, en Suisse ou aux Etats-Unis, mais que partout il a un caractère essentiel commun : il repose « sur le terrain de la société bourgeoise moderne plus ou moins développée au point de vue capitaliste » *(ibid.)*. Telle est la seule différence entre les Etats démocratiques et les États moins démocratiques du monde moderne (1).

(1) Marx admet qu'il y a parfois des situations mixtes et temporaires-ambiguës. Dans *Le 18 Brumaire de Louis Bonaparte* (1852), il analyse la croissance du « pouvoir gouvernemental » (*i. e.* pouvoir exécutif) en France depuis la centralisation

Si c'est là que réside la seule différence, c'est que l'Etat n'a pas en lui ses propres fondements. Le tort précisément qu'en 1875 Marx découvre au programme du parti social-démocrate allemand c'est qu' « au lieu de traiter la société présente (et cela vaut pour toute société future) comme le fondement de l'Etat présent (ou futur pour la société future), on traite au contraire l'Etat comme une réalité indépendante, possédant ses propres fondements intellectuels, moraux et libres » *(Critique du programme de Gotha)*.

§ 3. Critique du socialisme d'État

Ni Marx ni même Engels n'ont nulle part développé une critique méthodique du socialisme d'Etat. Leur opposition absolue à tout système de socialisation des moyens de production par l'Etat — par un Etat autre que l'Etat des prolétaires, et pour préparer l'abolition de l'Etat lui-même — n'est cependant pas douteuse.

Déjà, cette condamnation apparaissait dans la réplique de Marx à Ruge en 1845.

Le mépris que Marx montrait à l'égard du socialisme étatiste de Louis Blanc se manifeste dans son étude de la Révolution française de 1848 (*Les luttes de classe en France*, 1850). Il y dénonce la naïveté qui consistait à croire possible l'abolition du salariat ou même plus simplement la transformation de la condition ouvrière par la constitution d'un « ministère du Travail » dans le gouvernement provisoire. « Organisation du travail ! Mais c'est le salariat qui est l'organisation bourgeoise actuellement existante du travail. »

L'opposition de Marx et Engels à Ferdinand Lassalle et à l'Association générale des Travailleurs allemands repose non seulement sur leur opposition au nationalisme des lassalliens, mais aussi sur les articles du programme de Lassalle qui demandaient l'aide politique et financière de l'Etat pour favoriser

capétienne jusqu'à la fin de la monarchie de Juillet et déclare qu'il a été d'abord l'instrument qui a permis à la bourgeoisie de préparer son émancipation, puis l'instrument de sa domination. Il ajoute qu'avec le Prince-Président, le pouvoir exécutif semble devenu indépendant de toute classe puisqu'il peut être remis à un simple aventurier ; mais en fait, dit-il, ce pouvoir exprime en ce moment la revendication d'une autre classe (non dominante, mais importante), les paysans parcellaires.

des coopératives de production ouvrières. Cette revendication ayant reparu en 1875 dans le programme du parti social-démocrate allemand, Marx s'insurge : « Croire qu'on peut construire une société nouvelle au moyen de subventions de l'Etat aussi facilement qu'on construit un nouveau chemin de fer, voilà bien qui est digne de la présomption de Lassalle. » Le fait que cet Etat ainsi sollicité serait sous le contrôle du « peuple des travailleurs » ne changerait rien puisque ce peuple, « en sollicitant l'Etat de la sorte, manifeste sa pleine conscience qu'il n'est ni au pouvoir, ni mûr pour le pouvoir » *(Critique du programme de Gotha)*. Il n'en irait autrement que si le prolétariat s'était rendu entièrement maître de l'appareil étatique, et non pas dans la forme d'une démocratie « vulgaire » mais dans la forme de sa dictature absolue. Encore, même en ce cas, le « socialisme d'Etat » ne serait-il pas une « fin » mais l'instrument transitoire du passage au communisme.

Dans l'*Anti-Dühring* (IIIe Partie, chap. II), Engels précise d'ailleurs la portée des mesures d'étatisation des forces productives. Lorsque ces forces, dit Engels, ont atteint un développement tel que la propriété privée ne suffit plus à les exploiter, que les sociétés par actions elles-mêmes n'y suffisent plus, alors « avec trusts ou sans trusts, il faut finalement que le représentant officiel de la société capitaliste, l'Etat, en prenne la direction ». Si cette étatisation est motivée par des nécessités économiques réelles, c'est un progrès économique qui joue un rôle objectivement révolutionnaire. Certes « la transformation en propriété d'Etat ne supprime (pas) la qualité de capital des forces productives... et l'Etat n'est à son tour que l'organisation que la société bourgeoise se donne pour maintenir les conditions extérieures générales du mode de production capitaliste contre les empiètements venant des ouvriers comme des capitalistes isolés. L'Etat moderne, quelle qu'en soit la forme, est une machine essentiellement capitaliste... ; plus il devient capitaliste collectif en fait, plus il exploite les citoyens ». Mais « le rapport capitaliste » est « poussé à son comble, d'où il se renverse ». Ainsi, « la propriété d'Etat sur les forces productives n'est pas la solution du conflit, mais elle renferme en elle le moyen formel, la façon d'accrocher la solution ». La « voie à suivre » est ainsi indiquée au prolétariat par le capitalisme lui-même et le prolétariat n'aura plus ensuite qu'à « s'emparer du pouvoir d'Etat ».

§ 4. Critique des utopies apolitiques et de l'anarchisme

Marx et Engels ont toujours témoigné un certain respect (tout en les combattant) pour les « utopies » communistes d'Owen, de Fourier et même du jeune Weitling (1). Ils se sont toujours attachés à montrer, dans les naïvetés de ces doctrines, la conséquence du fait que les causes économiques des profonds bouleversements du XIXe siècle ne pouvaient pas encore leur apparaître ; en revanche, ils leur savent gré d'avoir compris que la propriété privée corrompt radicalement et de fond en comble toute l'organisation sociale et politique jusque dans ses superstructures juridiques, morales, religieuses et idéologiques et que le prolétariat, qui en souffre un tort absolu, n'a rien à en attendre.

En revanche, Marx et Engels adressent trois reproches à ces systèmes :

— ils conçoivent le communisme comme un effacement de l'individu devant la société ou le groupe ; or, c'est cette extériorité d'un « être social » par rapport à la personne qui est la racine de toutes les aliénations et de toutes les souffrances ;

— ils substituent à la propriété privée pour quelques privilégiés une possession de toute chose par tous, ne faisant ainsi que généraliser le vice fondamental de la propriété : la domination de l'homme par la catégorie de l' « avoir ». Ce sont des anti-humanismes. De plus, ils ne peuvent ainsi qu'aboutir à une visée réductrice ; tout ce qui n'est pas susceptible de possession commune (culture, talent, amour personnel) est supprimé : d'où la communauté des femmes, l'union libre, la frugalité, etc. ;

— ils « veulent » l'abolition de l'Etat « du jour au lendemain » (Engels, *Anti-Dühring*), sans comprendre qu'on ne réalisera pas le communisme par la suppression de l'Etat, mais que tout au contraire, c'est le communisme qui aura pour conséquence la disparition progressive de l'Etat.

Ce dernier reproche est celui que Marx et Engels ne cesseront d'adresser à Bakounine et à tous les anarchistes. « Comme théoricien, Bakounine est nul » (Marx, *Lettre à Bolte*, 1871). Selon

(1) Cf. *Anti-Dühring*, IIIe Partie, chap. Ier.

Engels, « Bakounine prétend que l'Etat a créé le capital, que le capitaliste ne détient son capital que par la grâce de l'Etat » (*Lettre à F. Cuno*, 1872). « En conséquence, comme le mal principal est pour lui l'Etat, il faudrait avant tout supprimer l'Etat, et le capital s'en irait de lui-même au diable » *(ibid.)*. Pour Marx et Engels, c'est une erreur d'analyse grossière et qui n'est qu'une pure et simple « inversion » de « l'esprit politique » des démocrates : dans les deux cas, l'Etat est considéré comme réalité constituante de la société économique.

Mais cette erreur théorique entraîne de très graves conséquences pratiques. Pour les anarchistes en effet, si l'Etat est le mal absolu dont découlent tous les autres maux, la politique (l'action *non insurrectionnelle* pour provoquer des bouleversements politiques dans la société politique actuelle) est un autre mal dont il faut bien se garder : « Il faut faire de la propagande, déblatérer contre l'Etat, s'organiser, et, quand on a tous les travailleurs de son côté, donc la majorité, on dépose toutes les autorités, on abolit l'Etat, on le remplace par l'organisation de l'Internationale. Ce haut fait, par quoi commence le royaume millénaire, s'appelle la liquidation sociale » (Engels, *ibid.*).

C'est oublier que l'Etat actuel peut et doit être utilisé pour qu'il accomplisse les transformations économiques qui réaliseront pleinement le capitalisme jusqu'à ses ultimes contradictions. (V. ci-dessous, sect. IV, p. 654.)

L'anarchisme est, aux yeux de Marx et Engels, un pur volontarisme non scientifique, qui ne comprend ni le processus dialectique de l'histoire, ni que la révolution n'est pas une simple pensée de la révolution mais une *praxis* (1).

Le heurt entre Bakounine et Marx au sein de la Ire Internationale reflète exactement cette opposition théorique et pratique (cf. ci-dessous, section IV).

(1) Tout cela n'empêche cependant pas M. Rubel de parler à plusieurs reprises du « postulat anarchiste » de Marx (v. not. *Karl Marx, Essai de biographie intellectuelle*, p. 106). Or Marx ne critique pas seulement la variété d'anarchisme professée par Bakounine, mais bien tous les « postulats » de l'anarchisme : quelles qu'en soient les variantes, celui-ci « postule » une nature humaine donnée totalement dans une immédiateté constante à travers toute l'histoire de l'espèce humaine. Parce qu'il est question d'incarnation à la fois dans le bouddhisme et dans le christianisme, dira-t-on que le postulat du christianisme, c'est le bouddhisme ?

§ 5. Critique du nationalisme

La critique du nationalisme ne tient pas une très grande place dans l'œuvre théorique de Marx et d'Engels. Le nationalisme y est simplement rangé au nombre des « idéologies », c'est-à-dire des représentations qui s'élèvent sur la base des conditions matérielles du monde, mais que l'homme prend pour une donnée réelle de son être et qu'il érige en valeurs.

Or, si les cloisonnements en nations s'expriment en différences réelles entre les hommes, ils ne sont que la conséquence de la limitation provisoire (et qui, dans l'ensemble, s'atténue) de l'espace géographique des communications des hommes et de leurs produits. La classe qui, dans les limites géographiques d'une « nation », possède les forces productrices de cet espace, possède aussi cette nation ; elle objective ce « bien » et « a » une patrie. « Les ouvriers, eux, n'ont pas de patrie » *(Manifeste)*.

D'ailleurs, déjà, « les démarcations nationales et les antagonismes entre les peuples disparaissent de plus en plus avec le développement de la bourgeoisie, la liberté du commerce, le marché mondial, l'uniformité de la production industrielle et les conditions d'existence qui y correspondent *(ibid.)* ».

Mais les conflits entre Etats nationaux, comme les luttes politiques internes, sont des manifestations des révolutions qui secouent le capitalisme. Elles peuvent être l'occasion d'accélérer le processus qui conduira la bourgeoisie au paroxysme de sa domination. En tout cas, le cadre politique national est le cadre naturel où se déroule la lutte des classes immédiate : la « nation » n'est pas son contenu, mais sa forme (cf. *Manifeste*, et K. Marx, *Critique du programme de Gotha*).

Critique du « nationalisme » et du « droit des peuples à disposer d'eux-mêmes », Marx l'est tout autant de « l'internationalisme ».

Dès la participation de Marx et Engels aux travaux préparatoires qui devaient donner naissance à la « Ligue des Communistes », l'ancienne devise pacifiste et internationaliste de la « Ligue des Justes » : « Tous les hommes sont frères », est abandonnée pour la formule d'action : « Prolétaires de tous les pays, unissez-vous. » Ce ne sont pas en effet tous les hommes qui peuvent actuellement pratiquer l'internationalisme (si tous peuvent le « penser ») ; la fraternité universelle n'est pas un fait, alors que la nation est un fait (d'ailleurs dérivé) ; ce n'est pas en proclamant le devoir-être qu'il passe à « l'être ». Ici comme ailleurs, la position marxienne ne peut s'entendre que comme le rejet de la « bonne volonté » kantienne et du volontarisme subjectiviste de Fichte. Le pur internationalisme contemplatif ou juridique est pour Marx un produit du monde bourgeois, comme le nationalisme lui-même.

Conclusion. — Il ne reste rien de la politique. La pensée de Marx n'est jusqu'ici qu'une monumentale « anti-politique ». La politique, comme mode de pensée et comme mode d'existence, est totalement anéantie. Mais alors comment l'homme existe-t-il ? Et qu'est-ce que l'histoire ? Et quel est le devenir de l'homme ?

Section III. — L'anthropologie de Marx

§ 1. La méthode de Marx

Marx a toujours beaucoup insisté sur le caractère scientifique de son socialisme. Il a également beaucoup insisté sur l'unité de sa méthode et du contenu scientifique auquel elle s'applique.

Il n'existe pas aux yeux de Marx un contenu d'une science quelconque qui existerait indépendamment et avant que la connaissance du sujet s'en empare et la traite. Sinon, ce serait admettre que ce contenu est le donné d'une évidence ou d'une intuition sensible immédiate, ce serait admettre l'existence, avant toute expérience, d'un noumène. Or la méthode marxiste commence par refuser toute absolutisation soit de vérités éternelles, soit d'un objet qui existerait pour soi à l'extérieur du sujet.

Par exemple, la science économique qui prétend s'exercer sur des catégories économiques premières est une fausse science, car elle absolutise un réel qui est déjà lui-même le résultat provisoire de tout un processus d'interactions entre l'homme et la nature. Elle ne peut dépasser cette étape qu'elle a prise pour un absolu du savoir.

Il faut donc partir de l'expérience humaine. En effet le monde sensible lui-même n'est rien d'autre, selon Marx, que l'activité pratique des sens humains (Ve Thèse sur Feuerbach). Mais ni l'objet de la connaissance ni la faculté de connaître du sujet ne sont immuables : l'un et l'autre sont dans un rapport d'activité dialectique. Le premier savoir de l'homme est encore tout immédiat à la nature : il n'est qu'une conscience sensible et l'objet qu'il connaît lui échappe aussitôt. Alors le sujet abstrait de l'objet certaines propriétés pour en acquérir une connaissance plus intime quoique moins immédiate. A travers ces mouvements successifs, le savoir reste une connaissance sensible mais enrichie et humanisée, de même que l'objet connu lui aussi s'est enrichi de nouvelles déterminations (jusqu'alors non perçues, donc non existantes pour l'homme). Ainsi toute connaissance est critique, parce que son contenu n'est ni absolu ni fixe et que l'action même de la pensée qui l'opère le transforme. La science s'avance au milieu de contradictions qui font surgir de nouvelles mises en questions.

La pensée humaine, dans tous ses développements, est donc toujours instrumentale : c'est la condition qui lui est imposée par le rapport de l'homme à la nature qu'il transforme pour se faire. Ainsi le processus de la logique dialectique selon Karl Marx n'est que le prolongement et comme la reproduction des actes humains naturels. Le savoir ne se crée pas en dehors du processus par lequel l'homme entretient et produit tout son être : il est dialectique comme le réel lui-même vers lequel il est orienté et qui le vérifie. Ainsi ce « savoir » n'est pas théorique. Il est une *praxis*. Du même coup, il n'est pas « contemplatif », mais révolutionnaire (1).

L' « idéologie », selon Karl Marx, c'est précisément l'illusion qui consiste à poser un savoir qui se donne pour indépendant du processus vital de l'homme et de son existence empirique, qui se donne comme produit de la conscience. Or « la conscience ne peut jamais être autre chose que l'être conscient... (et) c'est la vie qui détermine la conscience » *(Idéologie allemande)*. En réalité, l'idéologie n'est pas « indépendante » du réel, elle est le fruit d'une aliénation qui s'est glissée dans l'existence concrète des hommes.

§ 2. Le matérialisme et l'humanisme

A) *La Nature et l'Homme*

Marx écrit dans *Economie politique et philosophie* (1844) : « La Nature, prise abstraitement, pour elle-même, fixée dans la séparation d'avec l'homme, est pour l'homme néant. » Inversement, et Marx y a encore bien davantage insisté, il n'y a pas d'homme (ni de conscience de l'homme, ni de pensée) sans la Nature et hors des échanges entre l'homme et la Nature. Ces

(1) Ce n'est que progressivement, et surtout à partir de 1858 (v. notamment en 1859, *Contribution à la critique de l'économie politique* et, plus tard, les préfaces du *Capital*), que Marx sera pleinement conscient de sa dette vis-à-vis de la logique dialectique de Hegel et de la façon dont il la renverse. Néanmoins, dès ses premières œuvres, il n'a cessé de la pratiquer.

deux propositions situent exactement le matérialisme de Marx : ce matérialisme ne donne pas tout au monde sensible extérieur.

La Nature produit l'homme, mais ce n'est là que l'acte initial d'un processus qui, dorénavant, va se dérouler entre deux pôles : la Nature et l'homme (tous deux à la fois intimement liés et séparés). La Nature produit l'homme pour s'humaniser. L'homme, de son côté, est un système de besoins qui se satisfont d'abord par la Nature.

De ce premier rapport naturel (entre le besoin biologique de l'homme et sa satisfaction dans la nature) jusqu'aux relations les plus complexes entre les hommes et jusqu'aux rapports les plus élaborés entre les hommes et les institutions, il n'y a pas de solution de continuité : « Le besoin est à la base de la société et de l'histoire » (J.-Y. Calvez, *La pensée de Karl Marx*, p. 386). Mais entre le premier rapport immédiat et les rapports ultérieurs s'intercalent les productions de l'homme qui lui fournissent des médiations à la satisfaction de ses besoins.

Mais, on le verra, l'aliénation peut se glisser dans ce processus de satisfaction des besoins.

B) *La procréation de l'homme et de la société par le travail*

Le premier geste médiateur entre l'homme et la nature, c'est le travail le plus simple (cueillette).

Dépassant ce premier stade, l'homme travaille, façonne, fabrique des objets naturels : il a eu à concevoir un plan, à choisir des matériaux, à les adapter à l'objet qu'il veut atteindre. Il a formé son intelligence. Il tire de la nature quelque chose (l'instrument) qui s'incorpore à son être mais qu'il ne consomme pas : l'instrument est une médiation entre la Nature et l'homme. Désormais, les choses que l'homme a travaillées grâce aux moyens de travail fabriqués par lui ne sont plus de simples objets, ce sont des produits qu'il a créés.

On n'a jusqu'ici considéré que le rapport Homme-Nature, d'abord immédiat, puis médiatisé par le travail. Mais, simultané à ce premier rapport, il y en a un second : le rapport entre l'homme et l'autre homme.

S'il était rigoureusement seul en face à face avec une nature inhumaine, l'homme ne se connaîtrait pas lui-même et la nature lui resterait éternellement étrangère puisque autre. Il faut que l'homme se reconnaisse lui-même comme objet de son besoin dans la nature pour que celle-ci lui apparaisse humaine. Pourquoi en est-il ainsi ? Parce que Marx pose au départ que « l'homme » n'est pas autre chose qu'un être surgi de la nature avec vocation (ou intentionnalité) à s'universaliser, à rompre sa particularité, à briser la séparation qui l'oppose à la nature comme à briser le cloisonnement qui le sépare de l'autre homme. Ce que Marx exprime en disant que dans l'homme il y a, dès son apparition, l' « être générique » de l'homme.

Le premier rapport, le plus naturel, par lequel l'homme reconnaît l'autre homme comme objet de son besoin et par lequel la nature commence à s'humaniser pour lui, c'est le rapport homme-femme. L'homme et la femme s'éprouvent d'abord comme besoin naturel l'un pour l'autre : ils sont l'un pour l'autre nature. Mais, par ce premier rapport, l'homme se voit déjà comme espèce humaine ; et c'est le premier rapport social, encore immédiat (c'est-à-dire sans médiation) à la nature. C'est aussi la source d'une culture de l'homme par lui-même : ce premier rapport, en faisant naître en l'homme des sentiments (attachement, jalousie, etc.), transforme et enrichit sa nature. Ultérieurement, avec des rapports sociaux plus complexes que le rapport familial naturel, des médiations s'interposent entre les hommes (échange des produits, usages communs, biens communs), et donnent naissance à des sociétés moins naturelles. La naturalité de ces rapports subsiste toujours mais elle est de plus en plus cultivée, elle a incorporé de plus en plus d'humanité ; le processus d'universalisation de l'homme est en cours.

Le travail productif de l'homme s'intègre dans ce processus. Il n'est pas seulement en effet, comme on l'a vu jusqu'ici, un acte de médiation entre l'homme et la Nature : il joue aussi un rôle de médiation sociale.

« Mon » besoin se satisfait par le produit de « ton » travail, et réciproquement. L'homme se sépare donc de son produit, non pas simplement parce qu'il le cède, mais parce que, avant même d'être échangé, le produit a été remplacé pour le producteur par sa valeur. Pour que cette valeur ne soit pas un pur fantôme, sans relation avec l'acte productif de l'homme, elle devrait représenter réellement l'acte de travail. Or, sur un marché d'échange, cette valeur devient indépendante. Quand l'homme est dépouillé de ses moyens de production par un appropriateur, celui-ci s'est réservé non seulement le produit du travailleur mais encore sa valeur. Le travailleur frustré n'a à offrir que sa force de travail. Alors, tout ce qu'il produit, les instruments avec lequel il produit, la Nature elle-même sur laquelle il opère sont séparés de lui. Et la société, qui consomme ses produits, lui devient aussi étrangère, car le travail n'y est plus une médiation entre les hommes, mais une source de division.

§ 3. Le matérialisme historique

Pour Marx, l'histoire de l'homme en société n'est pas quelque chose d'autre que la relation fondamentale Homme-Nature-Homme. L'histoire naît et se développe à partir de la première médiation qui met en rapport l'homme avec la Nature et l'homme avec les autres hommes : le travail. L'histoire est donc l'histoire de la procréation de l'être générique de l'homme par le travail et par toutes les médiations qui en dérivent. Ce n'est pas dire que l'histoire ne « raconte » que le développement des forces productives : cela signifie seulement que ces forces productives sont les faits historiques de base, qu'ils sont le fondement de l'histoire ; mais, bien entendu, l'histoire incorpore aussi tout ce qui en dérive (et notamment tout le processus culturel de l'homme, toutes ses aliénations et tout le produit des aliénations).

L'histoire n'a donc pas d'autre fondement que tout le reste du réel. Or le réel, on l'a vu, est dialectique, il a un devenir : c'est pour cela qu'il a une histoire et qu'il est histoire. C'est pour cela que le matérialisme historique n'est pas différent du matérialisme dialectique : il est l'application à l'histoire d'une doctrine pour laquelle tout le réel a une structure dialectique (1).

De même que, dans son aspect négatif, le matérialisme dialectique consiste d'abord à refuser tout donné éternel ou transcendant à l'expérience sensible, de même le matérialisme historique, dans son aspect négatif, consiste à rejeter toute lecture de l'histoire qui ne part pas du fait historique fondamental. Il refuse toute lecture de l'histoire qui consisterait à donner pour sujet de l'histoire soit un sujet transcendant (Dieu, Providence, Esprit), soit un sujet qui ne serait lui-même qu'un dérivé de l'acte procréateur de l'homme (Idées de l'homme, Nations, Etats, Empires, Eglises, etc.). Rejet, notamment, de la philosophie hégélienne de l'histoire qui fait de celle-ci l'histoire de l'Esprit et prétend ramener tout le réel à des objectivations successives de l'Esprit. Rejet également de l' « histoire philosophique » à la façon de Bruno Bauer pour qui l'histoire se ramène à des batailles d'idées.

Or, pour que l'histoire humaine soit réelle et fidèle, il faut remonter au premier acte qui fait l'homme et le fait différent

(1) Sur les rapports entre « matérialisme historique » et « matérialisme dialectique », v. Henri Lefebvre, *Le matérialisme dialectique*, pp. 61-97, et J.-Y. Calvez, *La pensée de K. Marx*, pp. 408-416.

du reste de la nature et des animaux : la production d'objets pour la satisfaction de ses besoins. C'est là que commence l'histoire et c'est ainsi qu'elle continue. Certes la satisfaction des premiers besoins en a engendré d'autres qui ont engendré de nouveaux instruments et des rapports d'échange, etc. Certes, les rapports sociaux s'enrichissent et se transforment avec la manière sociale de produire, mais à la base, il y a toujours l'homme. L'histoire humaine ne peut raconter que l'homme. Or celui-ci est, fondamentalement, un complexe de besoins qui se satisfont par le travail productif. Si l'histoire prétend raconter les faits de l'homme en faisant abstraction de ce fait historique fondamental, elle ne peut attribuer les causes des actes humains qu'à des fictions ou à des faits dérivés.

Il y a toujours interaction des rapports sociaux et des forces de production. Celles-ci déterminent ceux-là qui, à leur tour, engendrent des besoins et de nouveaux moyens pour les satisfaire : un certain niveau des forces productives a donné naissance au rapport social de la propriété privée qui elle-même a réuni les conditions pour un nouveau progrès des moyens de production.

Marx a rejeté, en tant que fait historique fondamental, la conscience de l'homme. Est-ce à dire qu'elle soit absente de l'histoire et n'y joue pas un rôle ? Nullement. Ce que Marx refuse, c'est d'admettre qu'il existerait, hors de la progressive auto-création de l'homme, une conscience toute pure, déjà parfaite, ayant toutes ses déterminations, planant comme un dieu tutélaire ou un invisible génie au-dessus de l'être naturel de l'homme. La conscience est toujours historiquement liée à la naturalité de l'homme ; elle se développe avec lui, avec les progrès de son langage, avec la richesse de ses rapports sociaux, avec les médiations de plus en plus complexes, et aussi à travers les aliénations dont il est victime (mais l'homme aliéné, ayant perdu l'unité de son être réel, peut s'illusionner et croire que sa conscience est séparée du monde« profane», qu'elle est radicalement séparée de l'action concrète).

A) *Déterminisme et liberté*

Une difficulté surgit ici, qui porte sur le sens exact du déterminisme marxien.

Marx admet que la conscience est la condition grâce à laquelle l'homme peut connaître qu'il y a un rapport entre lui et la Nature, entre lui et les autres hommes ; il admet qu'il y a une relation dialectique entre la conscience et l'être, et que la conscience est active.

Et cependant il ne cesse d'affirmer que le mode de production (forces productives + rapports sociaux édifiés sur la base de celles-ci), ou ce que Marx appelle l'infrastructure, détermine et conditionne les formations sociales de la conscience (institutions, morales, idéologies) ou ce que Marx nomme superstructures.

Que le marxisme ne soit pas un pur déterminisme mécaniste, encore moins un économisme, le matérialisme dialectique l'a déjà montré. Mais s'il est clair que l'être de l'homme est activité (et liberté), il est aussi passivité. Les hommes font leur vie, mais ils ne la font pas dans des conditions librement choisies par eux, ils subissent au moins partiellement des conditions qu'ils n'ont pas créées *ex nihilo*. Il y a donc une dépendance naturelle des productions de la conscience par rapport à l'infrastructure au sein de laquelle se forme la conscience. Ces formations de la conscience à leur tour peuvent réagir sur l'infrastructure, mais seulement à l'intérieur des conditionnements créés par la première dépendance. En d'autres termes, les superstructures, quoique actives, ne peuvent pas rompre seules, n'importe quand ni n'importe comment, les conditionnements matériels qui leur ont donné naissance.

L'homme est libre, mais d'une liberté conditionnée. La conscience est un élément actif du développement de l'histoire, mais elle ne contient pas en elle-même ce développement. La conscience est nécessaire pour que les révolutions s'accomplissent, mais seulement quand les conditions matérielles en ont été remplies, c'est-à-dire lorsqu'il y a eu contradiction entre un formidable développement nouveau des forces productives et les rapports sociaux qui s'étaient édifiés sur la base de l'ancien système de production ; lorsque ces conditions sont remplies, alors la conscience révolutionnaire est liée à l'expérience et à la réalité, elle n'est pas pure fantasmagorie.

« C'est pourquoi, conclut Marx, l'humanité ne se propose que des tâches qu'elle peut résoudre, car à voir les choses de près, on trouvera toujours que la tâche elle-même ne surgit que là où les conditions matérielles de sa solution sont déjà présentes ou du moins sont déjà en train de devenir » *(Contribution à la critique de l'économie politique)*.

B) *La morale*

Dans cette philosophie matérialiste de l'histoire et de la liberté, la tâche éthique de l'homme se présente bien comme un impératif : l'homme a pour tâche de se libérer de l'aliénation économique pour réaliser son être générique. Mais les valeurs au nom desquelles cette libération est entreprise ne sont jamais transcendantes à l'expérience humaine, elles sont immanentes à l'histoire ; loin d'être opposées au réel (à quoi elles serviraient de modèle), elles se dégagent du réel sans jamais s'en séparer totalement. Bien entendu, la conscience de l'homme peut toujours se fabriquer des valeurs en dehors de toute relation avec l'expérience concrète, mais alors la tâche éthique qu'elle propose n'est plus garantie par les conditions matérielles nécessaires à sa réalisation : c'est la morale-consolation ou la morale-aspiration. Non seulement ces morales sont de pures spéculations non orientées vers l'action et non vérifiées dans l'action, mais elles sont illusoires : car la conscience croit avoir trouvé des valeurs absolues et éternelles, alors qu'en réalité elle n'a pu qu'absolutiser des étapes historiques du processus de production de l'homme (sur lequel la conscience ne peut pas en être en avance, puisqu'elle n'est jamais que la conscience de l'être conditionné) (1).

Il y a donc bien une éthique marxiste, mais elle est intimement liée à la dialectique du réel. Elle est, à chaque moment du développement historique, très précisément prescrite par les conditions actuelles qui donnent naissance à l'aliénation fondamentale. La dialectique du réel ne supprime pas et ne rend pas inutile la prise de conscience d'un impératif moral, mais elle lui impose les limites objectives à l'intérieur desquelles il peut être réel et pratique. Tant que l'homme n'aura pas achevé son identification à la Nature et à l'autre homme, bref tant qu'il restera prisonnier de déterminations et de séparations, la seule tâche, à la fois éthique et pratique, qui s'offre réellement à sa liberté, c'est de coïncider activement avec son devenir. En bref, l'impératif catégorique c'est de coïncider avec la révolution.

§ 4. L'aliénation économique et la lutte des classes

A) *L'aliénation*

On a vu apparaître l'aliénation possible à partir du rapport entre l'homme et son produit. A vrai dire, pour Marx l'aliénation n'est pas seulement « possible », elle est inévitable ; et toute l'histoire humaine est l'histoire des aliénations de l'homme dans ses productions — mais aussi de leur suppression. L'aliénation ici en effet n'est pas le résultat d'une « chute » ou d'une « faute », elle n'a aucun caractère moral. Elle est le résultat douloureux (et, pour cela, à supprimer) de la séparation qui se produit à

(1) Cela soulève évidemment une objection : comment, dans ces conditions, le marxisme peut-il exister, comment Marx a-t-il pu le « concevoir » ? Puisque le marxisme repose tout entier sur la « vision » du devenir de l'homme et de l'homme total qui est au bout de son processus d'auto-création, ne faut-il pas admettre que la « vision de la totalité » pré-existe au moment où les conditions matérielles en seront remplies ? Et, s'il en est ainsi, d'où vient-elle ? Où est sa « garantie » ? Il semble que le marxisme puisse fournir deux réponses :

a) La « vision » est progressivement dévoilée par le sens même de toute l'histoire humaine (progressive humanisation de la nature et progressive socialisation de l'homme) et à la lumière du premier acte médiateur de l'homme.

b) Le marxisme n'apparaît qu'avec l'existence du prolétariat qui donne, « en creux », l'image de l'homme universalisé.

un certain stade du développement de l'homme entre son être réel et ses produits.

Dans une certaine mesure, en grossissant, on peut dire que l'aliénation est « l'envers » de l'objectivation (1).

L'homme s'objective constamment, c'est-à-dire qu'il s'extériorise dans des objets : normalement cette objectivation est la condition qui permet à l'homme d'acquérir un contenu nouveau et positif. La négation que représentait l'extériorisation se résout normalement par le fait que l'homme prend aussitôt conscience qu'il a acquis un surplus de vie humaine et qu'il en jouit. L'aliénation, elle, constitue aussi un phénomène d'objectivation, mais inversée et négative.

C'est dans la vie économique que l'aliénation prend sa source : lorsque le travailleur vend sur le marché sa force de travail, le produit ne lui appartient plus et prend une existence indépendante de lui-même.

Le capital, la valeur d'échange, l'argent sont abstraits de leur réalité (le travail social cristallisé en eux) : ils deviennent des choses. Irréels, ces fétiches sont cependant actifs, ils agissent dans le monde économique, contribuent à son développement et modifient corrélativement l'homme et sa conscience. La conscience du prolétaire, n'étant plus conscience de sa vie réelle, va désormais vivre d'une vie fantasmagorique et créer des illusions : religions, idées morales, etc. Corrélativement, la conscience du capitaliste, déformée par les fétiches dans lesquels il s'aliène, forge des illusions et des idéologies qui traduisent d'abord, puis masquent la situation réelle dans laquelle cette conscience s'est formée. Tout cet univers est faux ; et pourtant il joue son rôle dans la totalité du processus historique.

B) *La lutte des classes*

L'appropriation privée des moyens de production implique la division du travail. Celle-ci a son aspect positif en ce qu'elle réalise un progrès dans la socialisation du travail (par l'intermédiaire du marché). Mais cette force productive échappe au

(1) Interprétation très controversée ; cf. J. HYPPOLITE, *Etudes sur Marx et Hegel*, notam., pp. 82-104 ; J.-Y. CALVEZ, *op. cit.*, pp. 619-621.

contrôle des hommes et produit à son tour ses conséquences propres. Les titulaires des fonctions supérieures accaparent les moyens de production et la propriété de ceux-ci permet aux propriétaires de se transmettre les fonctions de commandement dont les non-propriétaires se trouvent exclus. Alors apparaissent les classes sociales.

« L'histoire de toute société jusqu'à nos jours n'a été que l'histoire de la lutte des classes. » Cet aphorisme, sur lequel s'ouvre la première partie du *Manifeste communiste* est d'abord l'énoncé d'une méthodologie critique de la lecture de l'histoire : il n'y a pas d'autre façon réelle et scientifique de comprendre le sens de l'histoire que de partir du fait historique fondamental et de l'aliénation économique. Il signifie aussi — et simultanément — qu'un but est donné à cette histoire : la suppression de la lutte des classes.

Deux interprétations erronées de cette fameuse formule doivent être écartées :

a) Marx ne dit nullement que la lutte des classes est une « fatalité » qui pèse sur l'humanité : elle n'a pas toujours existé (cf. les communautés primitives), elle n'est pas une « essence » de l'humanité, elle prendra fin — sans que cependant rien soit perdu des acquisitions matérielles et culturelles de l'humanité.

b) Marx ne dit pas non plus que cette lutte a été, dès les origines, un « donné » immuable, une « propriété » invariable de l'homme historique. Son intensité a varié, son existence même n'a pas toujours été aussi consciente. A vrai dire, c'est même le paroxysme actuel atteint par la lutte de deux classes privilégiées, pleinement antagonistes, absorbant en elles les groupes sociaux intermédiaires, qui, par récurrence, fait comprendre l'universalité de cette lutte à travers toute l'histoire, son développement, et fait entrevoir les possibilités pratiques de sa fin (1).

C) *Bourgeoisie et prolétariat*

A l'époque de l'économie capitaliste, il ne subsiste plus que deux vraies classes : la bourgeoisie et le prolétariat. Certes, d'autres groupes sociaux subsistent : noblesse féodale, paysannerie, classes moyennes et artisans,

(1) Il n'est guère besoin d'insister sur une autre interprétation vulgaire et fausse : la lutte des classes n'est évidemment pas la prédication de la haine entre les classes, ni même la simple constatation d'une haine aveuglément déterminée par la place dans le système de production. Tout ce que l'on peut dire, c'est que la prise de conscience claire de la lutte des classes par les prolétaires, et le refus des illusions qui pourraient retarder ou détourner cette prise de conscience, sont en effet un enseignement du marxisme.

sous-prolétaires (Lumpenproletariat). Mais ceux-ci n'ont pas ou n'ont plus de signification réelle dans l'état des forces productives de l'économie capitaliste et dans les rapports de production qui les expriment. Leur conscience n'est donc pas adaptée à la situation concrète du monde moderne et à la révolution qu'il porte : ils ne savent pas qui est leur ennemi et leur antagoniste, ils n'ont pas de conscience de classe.

Toute la signification de la réalité économique, sociale et « superstructurelle » de la société capitaliste, se cristallise donc en deux classes qui expriment exactement cette réalité. Leur apparition — ou, plus exactement, leur prise de conscience respective comme classe — n'est pas rigoureusement synchrone. C'est la bourgeoisie qui se forme la première comme classe, qui joue un rôle objectivement révolutionnaire vis-à-vis de l'ancien monde et des anciens rapports sociaux, c'est elle qui crée les conditions qui permettront au prolétariat de prendre conscience de lui-même comme classe. A ce moment-là, c'est le prolétariat qui joue un rôle révolutionnaire.

D) *La bourgeoisie*

La bourgeoisie est, selon Karl Marx, le produit, l'acteur et le bénéficiaire de quelques grandes transformations qui, toutes, ont pour résultat de reculer à l'infini les limites qui arrêtaient la force productive de l'homme : suppression de l'horizon géographique borné grâce aux grandes navigations, développement illimité du commerce, libération des limites technologiques et institutionnelles sur les modes de production par la division du travail industriel et l'abolition des règlements corporatifs, mondialisation du marché qui élargit l'espace économique.

La bourgeoisie a fait faire un formidable bond à l'universalisation de l'homme : il emplit l'univers de sa puissance.

Corrélativement, la classe bourgeoise, maîtresse des moyens de production, est devenue classe dominante et s'est « finalement emparée du pouvoir politique exclusif dans l'Etat représentatif moderne » *(Manifeste).*

La domination politique qu'exerce la bourgeoisie ne ressemble d'ailleurs pas à toute autre domination ; elle se distingue de celles exercées par les anciennes classes dominantes en ce qu'elle porte la même marque d'universalité (d'illimitation) que sa domination sur la vie économique. Elle a centralisé et unifié l'administration, aboli les anciennes réglementations étroites et particularistes des métiers, des provinces, des corps. Détruisant les anciens privilèges féodaux qui étaient multiples et complexes, elle a édifié un système politique qui, au prix de la séparation du citoyen et de l'homme privé, ne repose que sur des individus tous identiques en droits politiques. Elle a détaché l'Etat de la religion, et ainsi a rendu l'appareil politique plus abstrait.

D'où vient ce caractère abstrait de la domination politique bourgeoise ? Non seulement des transformations économiques mentionnées ci-dessus, mais du fait (qui n'en est qu'un corollaire) que les rapports sociaux s'établissent désormais sur la base d'un étalon unique, universel, rigoureusement interchangeable : l'argent (1). A ce titre Marx reconnaît à la bourgeoisie un triple mérite :

— Elle a créé des forces productives immenses et les a fait naître d'un travail de plus en plus socialisé.

— Elle crève tout le monde d'illusions et de fétiches (celui où l'Allemagne à demi-féodale de 1848 croupit encore) et fonde ouvertement la société sur la réalité des rapports de commerce et de production. Elle tend donc, ce qui est toujours la visée de Marx, à combler le hiatus entre la réalité naturelle de l'homme et le monde de ses représentations.

— Le développement même des forces productives entraîne des contradictions entre celles-ci et les rapports de production qui en étaient issus. La propriété privée est trop étroite pour les énormes masses manipulées. La bourgeoisie est acculée à des crises toujours « plus générales et plus formidables ». « Mais la bourgeoisie n'a pas seulement forgé les armes qui la mettront à mort : elle a aussi produit les hommes qui manieront ces armes — les ouvriers modernes, les prolétaires » *(Manifeste)*.

E) *Le prolétariat*

Le prolétariat est en quelque sorte l'*envers* de la bourgeoisie. Comme elle, il est issu du développement des forces productives

(1) « Tous les liens bariolés de la féodalité..., elle les a brisés sans pitié, pour ne laisser subsister d'autre lien entre l'homme et l'homme, que le froid intérêt, le dur paiement au comptant. Elle a noyé l'extase religieuse..., la sentimentalité petite-bourgeoise, dans les eaux glacées du calcul égoïste » *(Manifeste)*.

et du recul de toutes les limitations qui freinaient la production et le commerce. Comme elle, il a une vocation universelle — mais en négatif : l'universalité de la misère, du non-avoir et du non-être.

La loi du régime capitaliste est que le prolétaire ne peut trouver du travail pour entretenir son existence qu'autant que son travail accroît le capital. Son travail même se déshumanise puisque le travailleur devient un simple accessoire de la machine et que le travail n'est plus une culture de celui qui s'y livre. L'ouvrier devient indifférencié devant la machine, et la femme et même l'enfant peuvent accomplir des travaux de plus en plus indifférenciés : les caractères distinctifs de l'individualité du travailleur s'effacent. Le prolétaire devient une chose de plus en plus abstraite et interchangeable : instrument de travail, frais de production. La grande usine se gorge de masses ouvrières où toute personnalité disparaît et qui ne sont pas de vraies sociétés. Ce prolétariat se gonfle régulièrement de tous les déchets et de tous les déclassés des autres groupes sociaux.

Cette totale domination économique se répercute sur le plan politique : le prolétariat est la classe dominée par excellence.

La négativité politique du prolétariat se manifeste d'abord historiquement par le fait que, dans une première phase, le prolétariat n'a pas d'intérêts politiques propres dont il soit conscient et qu'il combat pour les objectifs politiques de la bourgeoisie contre les ennemis de celle-ci. Marx montre comment, en 1789-1794, le peuple ouvrier de Paris lutte avec le Tiers-Etat contre les « suspects » et les émigrés, comment les excès des hébertistes et leurs fureurs contre les « tièdes » sont « la manière plébéienne » de lutter contre l'ancien ordre monarchique, c'est-à-dire pour les objectifs de la bourgeoisie. Il fera la même observation à propos des événements de février et juin 1848 en France *(Les luttes de classe en France)*.

La lutte politique propre du prolétariat va commencer au niveau où la prise de conscience de ses intérêts est la plus immédiate, au niveau de la défense du travail et des intérêts économiques. Les organisations de défense ouvrière prennent de l'ampleur et accroissent leur pression. Pour Marx, cette action de caractère syndical n'est pas, dans sa finalité, différente de l'action politique car « toute lutte des classes est une lutte politique » *(Manifeste)*. Dès que le prolétariat agit en tant que classe, il agit « en tant que parti politique » *(ibid.)*. La bourgeoisie a toujours besoin de l'alliance politique du prolétariat, soit contre l'ancienne féodalité, soit contre la paysannerie, soit contre les bourgeoisies étrangères ; en participant à ces luttes, le prolétariat se forme une éducation politique, même lorsque, ce qui est généralement le cas, il est frustré des fruits de la victoire.

En dépit de sa lutte, le prolétariat voit s'accroître toujours davantage son dépouillement. En face du prolétariat organisé, la bourgeoisie en effet se défend. Sa domination politique devient de plus en plus répressive. Elle entraîne dans cette alliance défensive les classes moyennes et la paysannerie. Pour renforcer sa domination économique, elle se constitue une réserve de chômage au sein même du prolétariat.

Alors le prolétariat n'est plus que dépouillement total. Il n'a plus ni propriété, ni individualité, ni famille, ni lois, ni morale, ni religion, ni patrie : tout est accaparé par le bourgeois.

C'est l'immensité même de ce dénuement qui fait l'universalité du prolétariat et lui donne sa mission révolutionnaire exceptionnelle. Dialectiquement, du non-être absolu qu'est le prolétariat ne peut surgir qu'une révolution qui renversera non pas seulement tel mode d'existence « particulier » mais tout mode d'existence « particulier », pour établir l'homme dans sa plénitude.

La révolution prolétarienne ne peut que viser à la suppression de toutes les classes puisque la situation actuelle du prolétariat préfigure déjà la négation de la « classe ». L'originalité du prolétariat est qu'il tend en effet à être nié même comme classe. D'abord, en ce sens qu'il tend à être toujours plus nombreux ; à la limite, il tend à absorber la quasi-totalité des hommes et à perdre, par conséquent, la particularité caractéristique d'une « classe sociale ». Ensuite, en ce que l'extension illimitée de la domination bourgeoise tend à enlever aux prolétaires les moyens mêmes d'existence qui pourraient leur permettre de subsister en tant que classe indépendante conservant en elle une partie de l'être social divisé. La bourgeoisie se coupe donc l'herbe sous les pieds : « Elle produit ses propres fossoyeurs. Sa chute et la victoire du prolétariat sont inévitables » (*Manifeste*, fin de la Ire Partie).

En raison même de son universalité négative, le prolétariat ne peut conduire qu'à une révolution totale.

§ 5. Les révolutions et la Révolution

A) *Nature unique de toutes les révolutions*

Ramenées à leur signification matérialiste et dialectique, toutes les révolutions se rangent sous une définition générale :

> « A un certain niveau de leur développement, les forces de production matérielle entrent en contradiction avec les rapports de production en vigueur ou, ce qui en est une expression juridique, avec les rapports de propriété à l'intérieur desquels elles s'étaient développées jusque-là... De formes de développement des forces productives qu'ils étaient, ces rapports se changent en obstacles au développement des forces productives. Alors commence une époque de révolution sociale » (*Contribution à la critique de l'économie politique*).

Ainsi toute révolution s'inscrit dans la dialectique de l'histoire et dans la dialectique du réel.

Il va sans dire que toutes les révolutions historiques n'ont pas la même portée.

Il est clair aussi que toute révolution ainsi définie au niveau de l'infrastructure entraîne des transformations corrélatives au niveau des superstructures : celles-ci cependant ne sont que dérivées, elles ne précèdent pas la révolution de l'infrastructure, il semble même qu'il y ait toujours retard (parfois assez considérable) de leur bouleversement sur la première.

De ce point de départ, une conclusion découle : toutes les révolutions sont des révolutions sociales puisque toutes commencent par une modification des rapports sociaux. Mais elles peuvent être, de ce point de vue, partielles, tant qu'elles n'universalisent pas les rapports sociaux de l'homme mais substituent seulement la domination d'une classe à celle d'une autre classe, tant qu'elles maintiennent des séparations entre les hommes.

B) *Les révolutions « politiques »*

Le rôle de la conscience dans le processus révolutionnaire est ambigu. D'une part, la prise de conscience des transformations de l'infrastructure par le groupe acteur et bénéficiaire de celles-ci est indispensable pour que la révolution s'accomplisse, c'est-à-dire atteigne la plénitude de ses effets. Mais, d'autre part, cette conscience révolutionnaire du groupe privilégié ne peut pas dépasser la situation concrète et particulière où se trouve ce groupe : elle est liée à son appropriation, donc à la séparation de la société qu'elle institue (et renouvelle). Par conséquent, elle ne peut pas prendre conscience du fait que la révolution qu'elle opère est une révolution sociale. En revanche, la nouvelle classe dominante croit généraliser sa propre émancipation particulière en une émancipation universelle : elle institutionnalise l'illusion que toute la société se trouve dans sa propre situation vis-à-vis des forces productives. En fait, sa situation concrète n'est pas généralisée, elle lui est particulière et se résout en une domination. La conscience de ce groupe ne peut donc que créer, au niveau des superstructures, des instruments qui expriment et concrétisent cette particularité privilégiée et cette domination, c'est-à-dire des instruments *politiques*, c'est-à-dire l'Etat ou un nouvel Etat.

C'est pourquoi toutes les révolutions antérieures, bien qu'elles aient été en fait des révolutions sociales — mais partiellement sociales — n'ont été que des révolutions politiques. Elles n'aboutissent qu'à la création d'une superstructure politique qui prétend réaliser l'universalité de la société, mais seulement sur le plan politique, c'est-à-dire sur le plan d'un homme abstrait qui ne correspond pas à son être réel dans le rapport de production.

C) *La révolution totale*

La seule révolution pleinement et consciemment sociale ne peut donc être l'œuvre que d'un agent révolutionnaire dont la situation réelle soit caractérisée par une désappropriation absolue et par la perte totale de toute particularité. Seul le prolétariat est cet agent : il est la « dissolution de toutes les classes », il « ne revendique pas de droit particulier parce qu'on ne lui a pas fait de tort particulier, mais un tort en soi » *(Contrib. à la critique de la philos. du droit de Hegel)*. Image négative de toute la société et de tout l'homme, le prolétaire ne peut être que l'agent d'une révolution qui rétablisse toute la société dans son universalité positive et tout l'homme dans sa plénitude positive. La révolution qu'opère le prolétariat ne sera pas une révolution parmi d'autres : supprimant totalement toute forme d'appropriation privative, toute forme de travail divisé et aliéné, en un mot tout ce qui jusqu'alors fondait le mouvement dialectique de l'histoire, cette révolution ne sera pas une nouvelle étape de l'histoire, elle la renouvellera de fond en comble, puisque le processus d'auto-création de l'homme sera parvenu à son terme.

Cela ne sera réalisé qu'avec la société communiste.

§ 6. Le communisme ou le règne de la liberté

A) *L'homme*

« Le communisme comme l'abolition positive de la propriété privée considérée comme la séparation de l'homme de lui-même, donc le communisme comme l'appropriation réelle de l'essence humaine par l'homme et pour l'homme, donc comme retour de l'homme à lui-même en tant qu'homme social, c'est-à-dire l'homme humain, retour complet, conscient, et avec le maintien de toute la richesse du développement antérieur. Ce communisme, étant un naturalisme achevé, coïncide avec l'humanisme ; il est la véritable fin de la querelle de l'homme avec la nature et entre l'homme et l'homme, il est la véritable fin de la querelle entre l'existence et l'essence, entre l'objectivation et l'affirmation de soi, entre la liberté et la nécessité, entre l'individu et l'espèce. Il résout le mystère de l'histoire et il sait qu'il le résout » (Notes pour *La Sainte Famille*, 1845).

La nature, maîtrisée par l'homme, est devenue humaine. Elle est devenue humaine aussi en ce sens que l'homme se reconnaît comme être de nature tout en se sentant pleinement homme. La Société aussi est devenue nature puisqu'elle est dorénavant la nature de l'homme (elle ne s'oppose donc plus à lui) : il est la société et il est une personne. La médiation, que le travail avait commencée entre l'homme et les objets, c'est maintenant la société communiste qui l'achève et l'accomplit : tous les objets sont devenus pleinement sociaux et ne sont donc plus séparés de l'homme. Les besoins de l'homme sont conservés, mais universalisés, et ces besoins universels trouvent leur satisfaction dans des objets universels qui coïncident avec la société elle-même. Tous les besoins s'adressent donc à la société elle-même, ils se résument en un seul besoin : le besoin de l'autre homme — et ce besoin trouve immédiatement satisfaction puisque chaque homme est désormais pleinement social et qu'il y a parfaite identité de chaque homme à la totalité de l'espèce humaine.

B) *Le dépérissement de l'État*

Alors « surgit une association où le libre développement de chacun est la condition du libre développement de tous » *(Manifeste)*.

« Les antagonismes des classes une fois disparus..., toute la production étant concentrée dans les mains des individus associés, alors le pouvoir public perd son caractère politique. Le pouvoir politique, à proprement parler, est le pouvoir organisé d'une classe pour l'oppression des autres » *(Manifeste)*.

C'est là un des très rares textes — et le moins ambigu — où Marx ait envisagé positivement la « disparition » de l'Etat (le terme « dépérissement » n'est pas de Marx, mais d'Engels). Et il est assez loin d'avoir la portée qu'il est devenu assez habituel de lui prêter.

La société communiste ne sera pas une société anarchique. Il y subsistera un « pouvoir public ». Ce pouvoir aura simplement perdu son caractère « politique ». Or, on le sait, pour Marx le « politique » c'est la division de l'homme en deux êtres qui ne peuvent se rejoindre en raison de la séparation que les classes maintiennent entre les hommes, c'est l'oppression. Mais que sera alors l'organisation de cette « association » ? Marx s'est toujours refusé à « donner des recettes pour les gargottes de l'avenir » : il n'a jamais été le Sieyès de la société communiste (1).

A deux reprises cependant dans la *Critique du programme de Gotha*, Marx, parlant de l'organisation de la société communiste future (dont, précise-t-il, « le programme n'a pas à s'occuper pour l'instant »), confirme que l'Etat y subira des « transformations ». Et il précise : « Autrement dit, quelles fonctions sociales s'y maintiendront analogues aux fonctions actuelles de l'Etat ?

(1) Marx fit de longues recherches sur la communauté villageoise primitive aux Indes, en Espagne, en Ecosse, en Russie — non pour y trouver des « modèles » à proprement parler, mais pour savoir ce qu'est l'organisation d'une communauté sans appropriation privative et sans classes sociales. On sait aussi que, pour lui, l'absence d'Etat et la fin de la division du travail n'excluent nullement la distinction de dirigeants élus et de non-dirigeants (voir dans M. RUBEL, *Pages choisies pour une éthique socialiste*, pp. 301-303, sa réplique à Bakounine).

Seule la science peut répondre à cette question... » Il faut noter que l'expérience de la Commune de Paris, sur laquelle Marx a tant hésité à porter un jugement, ne l'a pas encouragé à imaginer avec plus de précision les modalités de l'Etat non politique de l'avenir (1).

Engels, il est vrai, dans *un* texte, est beaucoup plus catégorique. Dans une lettre à August Bebel, à propos du même programme de Gotha, Engels écrit :

« Il conviendrait d'abandonner tout ce bavardage sur l'Etat, surtout après la Commune, qui n'était plus un Etat au sens propre... Avec l'instauration du régime socialiste l'Etat se dissout de lui-même et disparaît. »

Après avoir réservé la période de la dictature du prolétariat où celui-ci utilise l'Etat dont « il a encore besoin » non pas « pour la liberté, mais pour réprimer ses adversaires », Engels ajoute :

« Et le jour où il devient possible de parler de liberté, l'Etat cesse d'exister comme tel. Aussi proposerions-nous de mettre partout (dans le programme du parti), à la place du mot « Etat » le mot Gemeinwesen, excellent vieux mot allemand, répondant au mot français Commune. »

Rien cependant dans ce texte ne contredit les textes précités de Marx ni n'y ajoute. C'est toujours l'Etat « comme tel », comme instrument d'oppression et de violence, dont la « disparition » est promise. Ce qui au demeurant le prouve, ce sont les sarcasmes qu'Engels décoche à la chimère anarchiste d'une « société » sans autorité (cf. *Lettre à F. Cuno*, 1872) (2).

C) *Fin du « politique » et fin de l'histoire*

On a beaucoup reproché à Marx et à Engels ce mutisme sur le « droit public » de la société communiste. Cependant, ce mutisme n'est pas tellement surprenant. D'une part, en effet, rien n'interdit de penser que Marx et Engels auraient pu admettre comme « possibles » des formes d'organisation telles que celles des « communes » yougoslaves actuelles, par exemple, ces communes fussent-elles même intégrées dans une vaste organisation fédérative : tout le problème est de savoir « quelles fonctions sociales de l'Etat

(1) V. dans l'ouvrage précité, p. 304, la lettre de Marx à Domela Nieuwenhuis.
(2) « Comment les gens veulent faire tourner une usine, rouler un train, conduire un navire sans une volonté qui décide en dernière instance, cela ils ne nous le disent pas... »

actuel s'y maintiendront analogues » et quelles disparaîtront. D'autre part, cette dernière question soulève l'immense problème de la violence légitime et, parallèlement, celui de la « méchanceté » possible (ou impossible ?) de l'homme communiste : dans la mesure où le marxisme est une anthropologie, il se contente de dire « L'homme nouveau naîtra » ; tout le problème est alors de savoir si cet homme désaliéné, en communication avec toute l'espèce humaine, sera encore capable de mal, de paresse, etc. : si la réponse est « non », la « Gemeinwesen » pourra être diaphane ; si la réponse est « oui »... (1). D'ailleurs, quel sera le « délai » de cette conversion de l'homme ? Et où, dans quel espace s'instaurera la société communiste ? Si ce n'est pas sur toute la terre et simultanément, comment tracer dès à présent l'organisation de la société socialiste ?

Autant d'interrogations qui convergent vers une interrogation unique, objet de controverses pour tous les marxologues : la société communiste est-elle, pour Marx, la fin de l'histoire ?

Marx ne l'a jamais dit (2) ; il a même envisagé, sans précisions (autres que relatives au système économique), différentes « phases » dans le communisme, ce qui implique bien progrès et sûrement évolution. Il n'empêche que le jour où la société communiste embrassera la terre entière, où le duel de l'homme et de la Nature aura cessé, où l'homme nouveau sera devenu totalement bon, on ne voit pas quelle « histoire » subsistera (pas même celle des bons sentiments...). Doit-on dire que ce sera une histoire « plus humaine » ? Mais qu'est-ce à dire ? (3).

A ces questions Marx se dérobe. Ou plutôt, il faut bien admettre que le chapitre final de son anthropologie est un « pari » assez comparable à celui de Pascal. D'ailleurs la méthode de Marx l'entraîne à dépasser cette contemplation de l'homme futur : il faut transformer le monde. Si l'homme total peut naître du prolétariat, il faut fixer la méthode et les moyens de

(1) Marx d'ailleurs, bien qu'il n'ait jamais été très prolixe sur ce point, n'a pas reculé, semble-t-il, devant l'annonce de cette conversion de l'homme communiste. Il envisage une « phase supérieure du communisme » où « le travail ne sera pas seulement un moyen de vivre, mais deviendra lui-même le premier besoin vital », où « avec le développement multiple des individus (?...), les forces productives se seront accrues elles aussi et (où) toutes les sources de la richesse collective jailliront avec abondance... » *(Critique du programme de Gotha)*. Vingt-sept ans auparavant (cf. le *Manifeste*), Marx avait pourtant été sans pitié pour la « chaude rosée sentimentale » des socialistes allemands...

(2) Il a même dit le contraire : « Le communisme est la forme nécessaire et le principe énergétique de l'avenir prochain. Mais le communisme n'est pas, en tant que tel, la fin de l'évolution humaine — il est une forme de la société humaine » (Notes prép. à *La Sainte Famille*). Il semble cependant, d'après le contexte, que Marx vise ici le lendemain de l'avènement du prolétariat comme classe dominante.

(3) Engels, à partir de 1873, travaille à une *Dialectique de la nature* (demeurée inachevée) dans laquelle il voulait montrer que la Nature elle-même (indépendamment de son rapport avec l'homme) suit les mêmes lois que l'histoire. S'il en est ainsi, même une fin de l'histoire ne met pas fin à un prolongement des « mutations » d'un homme qui aurait simplement franchi un « seuil ».

la lutte du prolétariat. Alors la « politique » reprend son sens et son intérêt, dans ce monde, pour passer au communisme. C'est la « politique active du prolétariat » et non plus « la politique » en soi.

Section IV. — Voies et moyens du passage à la société communiste

§ 1. La dictature transitoire du prolétariat

L'idée selon laquelle l'humanité ne pourra pas déboucher du jour au lendemain du capitalisme au communisme, qu'il y aura, au lendemain de la « prise du pouvoir » par le prolétariat, une transition pendant laquelle le prolétariat exercera une dictature despotique pour effacer tous les stigmates de l'ancienne société et réprimer ses adversaires, cette idée n'est pas une « invention » postérieure à Marx. Elle n'a pas été évoquée par Marx « une seule fois et en passant » (1). Elle est au contraire un enseignement fondamental de Marx et d'Engels. Marx lui-même, précisant dans une lettre à un de ses amis ce qu'il considérait comme ses apports originaux à la pensée socialiste, cite expressément la thèse de la « dictature provisoire du prolétariat » (lettre à Weydemeyer, 1852).

Dès le *Manifeste communiste*, la thèse (sinon l'expression « dictature du prolétariat ») est parfaitement fixée (2).

Elle est réaffirmée de façon catégorique par Marx et par Engels dans la critique à laquelle ils soumettent en 1875 le projet de programme du parti social-démocrate allemand *(Programme de Gotha)* (3).

(1) Comme l'affirma Karl Kautsky en 1927 *(La conception matérialiste de l'histoire)*.

(2) « ... La première étape dans la révolution ouvrière est la constitution du prolétariat en classe dominante, la conquête de la démocratie... Ceci, naturellement, ne pourra s'accomplir au début que par une violation despotique du droit de propriété et du régime bourgeois de production... »

(3) Texte de Marx : « Entre la société capitaliste et la société communiste se place la période de transformation révolutionnaire de celle-là en celle-ci. A quoi correspond une période de transition politique où l'Etat ne saurait être autre chose que la dictature révolutionnaire du prolétariat. » Texte d'Engels : « L'Etat n'étant qu'une institution temporaire, dont on est obligé de se servir dans la lutte, dans la révolution, pour réprimer ces adversaires, il est parfaitement absurde de parler (comme le fait *Le programme de Gotha*) d'un « Etat populaire libre : tant que le prolétariat a encore besoin d'un Etat, ce n'est point la liberté, mais pour réprimer ses adversaires. Et le jour où il devient possible de parler de liberté, l'Etat cesse d'exister comme tel » (lettre à Bebel).

En revanche, même après le « test » de la Commune de Paris, ni Marx ni Engels ne se sont aventurés à préciser une foule de questions posées par cette « dictature » : combien de temps peut-elle durer ? Qui l'exercera : un « parti » organisé du prolétariat, c'est-à-dire une minorité, ou des dirigeants élus et révocables, ou des comités populaires ? En quoi sera-ce une « dictature » ? En ce que, comme dans toute forme politique pré-communiste, le « pouvoir public » est encore instrument d'une classe gouvernant comme classe ? Ou sera-ce une « dictature », selon les critères habituels de la science politique, en ce qu'aucune liberté ne sera garantie, que l'exercice du pouvoir sera arbitraire ? etc.

Cette absence de précision semble bien répondre à une méthode. Peu avant sa mort, Marx était sollicité de répondre à la question suivante : « Quelles sont les lois à adopter et celles à abroger sans délai, tant sur le plan politique que dans l'ordre économique, pour réaliser le socialisme si, par un moyen quelconque, les socialistes arrivaient au pouvoir ? » Et Marx répond que « la question se situe dans les nuages... la seule réponse ne pouvant être par conséquent que la critique de la question même ». Il ajoute : « L'anticipation doctrinale et nécessairement fantastique du programme d'action pour une révolution future ne fait que détourner du combat présent (1). » En 1891, encore, Engels s'irrite contre la manie des sociaux-démocrates allemands de mettre « au premier plan des questions politiques générales, abstraites, et (de cacher) par là les questions concrètes les plus pressantes qui, aux premiers événements importants, à la première crise politique, viennent d'elles-mêmes s'inscrire à l'ordre du jour » *(Critique du programme d'Erfurt)* (2).

(1) Lettre à Domela Nieuwenhuis, 22 févr. 1881. Autres passages de cette lettre : Marx déclare que les problèmes devant lesquels se trouveront les socialistes le jour de leur accession au pouvoir « n'ont aucunement un caractère spécifiquement socialiste », que ces problèmes sont ceux que trouve tout « gouvernement né soudainement d'une victoire populaire ». La seule chose certaine est « qu'un gouvernement socialiste n'arrivera pas au gouvernail d'un pays sans que les conditions soient assez développées pour lui permettre de prendre avant tout les mesures nécessaires pour faire peur à la bourgeoisie, afin de s'assurer le premier avantage, du temps pour une action efficace ». Quant à la Commune de Paris, « sans même considérer qu'il s'agissait du soulèvement d'une seule ville, dans des conditions exceptionnelles », elle eût « pu obtenir un compromis avec Versailles, avantageux pour les masses populaires, ce qui était alors la seule chose réalisable. La mainmise sur la Banque de France eût été suffisante à elle seule pour mettre fin, dans l'effroi, à la mégalomanie de Versailles ».

(2) A vrai dire, tous les textes marxistes sur cette « transition » fourmillent de contradictions. Dans le même texte d'Engels cité ci-dessus, celui-ci affirme comme « une chose absolument certaine » que « la forme de la République démocratique... est la forme spécifique de la dictature du prolétariat, comme l'a déjà montré la Grande Révolution française ». Mais la phrase suivante semble indiquer qu'Engels ne vise la « République démocratique » qu'en tant que « forme » contraire de « l'Empire »

(T.S.V.P.)

Mais si, pas plus que pour la société communiste, il ne peut y avoir une « théorie politique » du contenu ni de la forme de la « transition », si, dans celle-ci, le « pouvoir » reste encore, dans une mesure indéterminée, un pouvoir « politique » qui n'échappe donc pas complètement (du moins le semble-t-il...) à la condamnation que Marx a portée contre la « catégorie » du politique, quelle sera la « spécificité » de la politique que le prolétariat doit mener jusqu'à sa prise du pouvoir ?

§ 2. La lutte du prolétariat dans la politique des États

A) *Nécessité de la lutte*

Bien que les révolutions, toutes les révolutions, soient le résultat du développement des forces productives qui, « à un moment donné », entrent en contradiction violente avec les rapports de production préexistants, le prolétariat n'a pas à attendre paisiblement son heure. Répétons-le, si le marxisme n'est pas un « volontarisme », il n'est pas non plus un « mécanicisme ».

La lutte du prolétariat est nécessaire parce que, dès son premier rapport avec la Nature, l'action consciente de l'homme a toujours été intimement liée à toutes transformations de la Nature.

La lutte du prolétariat est d'ailleurs inévitable ; il est vain d'espérer que sa condition même ne l'entraînera pas dans une lutte. Mais il peut se tromper d'objectifs, ne viser qu'une révolution « politique » (qui ne serait donc pas sa révolution) ; il peut retarder l'heure de sa libération en se laissant séduire par le réformisme politique, par le socialisme d'Etat, en se laissant abuser par des chimères religieuses ou morales ou par des utopies vulgaires. Bien entendu, tout ne sera pas perdu de ces erreurs,

monarchique allemand, et nullement le contenu « démocratique » d'une République. En 1875, Engels notait que la Commune de Paris n' « était déjà plus un Etat au sens propre ». Mais en 1871, Marx observait à son propos « qu'il ne suffit pas que la classe ouvrière s'empare de la machine de l'Etat pour la faire fonctionner à ses propres fins » *(La guerre civile en France)*. Jamais Marx et Engels n'ont exclu l'utilisation éventuelle de la pire violence dans l'exercice de la dictature du prolétariat. Jamais non plus cette « question dans les nuages », « générale et abstraite » n'est évoquée avec précision. Quant au programme de mesures économiques et sociales énoncé dans le *Manifeste* de 1848, une préface à une nouvelle édition en 1872 nous prévient qu'il a vieilli et qu' « il ne faut pas (lui) attribuer trop d'importance »...

et tôt ou tard le prolétariat sera amené à reprendre la lutte pour ses propres objectifs. Mais pourquoi retarder, par l'abstention et l'attentisme la vraie révolution sociale, maintenant que le prolétariat commence à avoir en mains les armes pratiques et théoriques qui rendent cette révolution possible ?

Au surplus, par sa lutte politique par tous moyens (luttes parlementaires, syndicales, culturelles, etc.), par son organisation en « mouvement combattant », le prolétariat contraint la bourgeoisie à se défendre. Celle-ci peut passer à la répression : cela renforcera la conscience de classe des prolétaires et leur attirera des alliés. La bourgeoisie peut au contraire faire des concessions politiques : cela favorisera la lutte légale des prolétaires et affaiblira l'Etat. La bourgeoisie peut renforcer son exploitation économique : cela prolétarisera les classes moyennes et tendra à accentuer les contradictions du capitalisme. Elle peut aussi chercher à maintenir ses profits par une recherche du progrès technique et par la conquête de nouveaux marchés aux colonies : cela développera les forces productives, rendra caduque la propriété privée, accroîtra la concentration capitaliste, étendra spatialement le prolétariat, unifiera les mouvements prolétariens dans le monde.

Le prolétariat n'a donc rien à perdre à sa lutte.

A la condition cependant que cette lutte soit toujours menée comme lutte de classe avec la visée d'une révolution universelle.

B) *La direction du prolétariat en lutte*

Le prolétariat est entraîné et guidé dans sa lutte par un parti politique (1). La nécessité en est proclamée dès le Manifeste de la Ligue des Communistes. Marx s'est toujours intéressé à la constitution des partis et organisations du prolétariat ; il y a parfois milité, il en a dirigé, il fut toujours leur conseiller et, plus encore, leur critique et leur éducateur (2).

Néanmoins, ni Marx ni Engels n'ont considéré que la forme d'organisation en « parti politique » fût impérative. Si le parti se dévoie, mieux vaut l'abandonner et le combattre. Si les circonstances ou l'immaturité du prolétariat rendent impossible ou prématurée la forme du parti politique, il

(1) Cf. le *Manifeste* : « Cette organisation du prolétariat en classe, et donc en parti politique... » Voir aussi la très importante lettre de Marx à Bolte du 29-11-1871 (dans le recueil *Critique des programmes de Gotha et d'Erfurt*).

(2) Activité inlassable. Outre l'activité de Marx et Engels auprès des socialistes allemands, l'un ou l'autre ont aidé les mouvements socialistes anglais, belges, hollandais, suisses, américains, etc. C'est Marx qui établit avec son gendre Lafargue et Jules Guesde le programme du « Parti ouvrier français » fondé par ce dernier.

peut être nécessaire de se consacrer à l'action éducative, syndicale, à la réflexion théorique, à une organisation comme l'Association internationale des Travailleurs.

Quels caractères doivent présenter une organisation de lutte du prolétariat ?

Quant à sa sociologie, tout d'abord, Marx n'a jamais cédé à l'« ouvriérisme ». Quand, au sein de la Ire Internationale, Tolain et les proudhoniens demandaient que l'Association fût fermée aux intellectuels ou que du moins les délégués des sections fussent ouvriers (ce qui visait très précisément Marx), Marx s'y opposa vigoureusement et avec succès.

Le parti ou l'organisation doit avoir une doctrine scientifique irréprochable ; aucune erreur doctrinale n'est sans conséquence, et l'admettre, même au nom de l'unité ou pour des raisons tactiques, ne peut que fourvoyer le prolétariat. Cette sévérité sur le contenu scientifique de la doctrine est d'autant plus impérieuse que la lutte du prolétariat impose des compromis dans l'action, des retours en arrière, des alliances tactiques, etc.

Quant à l'organisation et à la discipline intérieures du parti, la pensée de Marx et Engels est nuancée.

Marx s'est en effet opposé successivement, au sein de l'Internationale, aux partisans de Mazzini qui souhaitaient donner à celle-ci une organisation très centralisée et très rigide, et à ceux de Bakounine qui, au contraire, auraient voulu que chaque section de l'Internationale disposât d'une totale autonomie sans être assujettie aux décisions du Comité central (1). En 1891, Engels, qui avait déchaîné la colère des dirigeants du parti socialiste allemand en publiant la critique faite par Marx du programme de Gotha, leur demande « d'être un peu moins prussiens », leur donne en exemple la libre discussion qui règne au sein du parti tory britannique, et leur fait observer que « la discipline ne peut pas être aussi stricte dans un grand parti que dans une petite secte » (2).

Enfin, dans son action, le parti doit pratiquer l'internationalisme (v. ci-dessous, p. 658).

C) *L'utilisation de la démocratie bourgeoise*

Depuis leurs premières expériences politiques en Allemagne jusqu'à leurs derniers textes, Marx et Engels ont toujours établi une différence fondamentale entre les possibilités offertes au

(1) Pour les bakouninistes, la section autonome de l'Internationale devait être la préfiguration de la société future (v. ci-dessous, p. 659).

(2) Engels revendique le droit d'opposition : « Aucun parti dans aucun pays ne peut me condamner au silence si je suis décidé à parler » (Lettre à Bebel, 1-5-1891).

prolétariat dans le cadre d'un Etat bureaucratique et non démocratique comme l'Empire allemand et celles qu'offre la démocratie politique, fût-elle bourgeoise.

Bien que Marx n'ait jamais écarté *a priori* l'hypothèse qu'en son temps le prolétariat pourrait peut-être, dans certains pays privilégiés, parvenir définitivement au pouvoir, il n'a jamais compté sur cette éventualité. En revanche, à propos des révolutions de 1848 en France et en Allemagne comme à propos de l'insurrection parisienne de 1848, il a toujours pensé que le prolétariat devait provisoirement se contenter, « après avoir fait peur à la bourgeoisie », de passer avec celle-ci un compromis pour une extension de la démocratie (v. cependant, ci-dessous, les hypothèses d'Engels, p. 656).

Le parti ne se dérobe ni devant l'action électorale, ni devant l'action parlementaire. Il soutient, à ce plan, « toutes les revendications qui sont propres à améliorer la situation du prolétariat » (Engels, *Critique du programme d'Erfurt*).

Dans la pratique, où s'arrêter ? et la limite de l'utilisation peut-elle être fixée en dehors de chaque situation concrète ou s'inférer d'un principe doctrinal ? Marx et Engels ont toujours eu le plus grand mépris des « Realpolitiker » et mis le prolétariat en garde contre l'opportunisme. Mais dès l'instant que le parti du prolétariat devient nombreux, qu'il utilise la démocratie en participant à son fonctionnement, n'a-t-on pas du même coup retrouvé toute l'inauthenticité fondamentale que Marx dénonçait jadis dans la politique ? (1). Tous les problèmes ultérieurs du marxisme naîtront de là.

D) *Passage pacifique ou insurrection ?*

Il est arrivé à Marx de se rapprocher tactiquement des blanquistes parce que ceux-ci lui paraissaient être les plus résolus des révolutionnaires. Toutefois, dès 1845-1846, Marx est très méfiant vis-à-vis de toute organisation révolutionnaire de caractère insurrectionnel.

C'est une des raisons qui ne le fera pas reculer devant la dissolution en 1852 de la « Ligue des Communistes ». Au sein de la Ire Internationale, une des raisons de son conflit avec Bakounine fut la volonté de ce dernier de donner à chaque section de l'Internationale une activité insurrectionnelle

(1) Le texte le plus important sur les possibilités révolutionnaires ouvertes à l'action politique « légale » des communistes est la longue préface écrite par Engels en 1895 (année de sa mort) pour l'ouvrage de Marx *Les luttes de classe en France*.

ou terroriste isolée et autonome. Le terrorisme anarchiste lui a toujours paru puéril. Il condamna toujours les insurrections prématurées et isolées. Au début de la Commune de Paris, cette folle insurrection lui parut même beaucoup moins importante pour la lutte des classes que la victoire prussienne dont il attendait l'unité politique de l'Allemagne, condition favorable au développement d'un fort prolétariat allemand.

Mais une insurrection venant à son heure est-elle pour Marx la condition inévitable du renversement de l'ancienne société et de la prise du pouvoir par le prolétariat ?

Ici encore Marx n'a jamais répondu : il s'est borné à répondre « par la critique de cette question », qui est selon lui « abstraite ». Ce qui implique que la nécessité d'une insurrection violente n'est ni exclue ni nécessaire (1). Le prolétariat en tout cas n'a à s'organiser ni dans l'attente ni dans la préparation d'une insurrection. Mais alors n'est-il pas condamné à « faire de la politique » ?

Dans un texte fondamental — et peu cité — Engels a très nettement admis que la démocratie politique bourgeoise pouvait permettre, dans certains pays, le passage pacifique et par des voies parlementaires au socialisme (2). On peut se demander si un tel passage serait possible sans que les dirigeants du prolétariat et le prolétariat lui-même s'imprègnent de l' « esprit politique » dont Marx disait naguère qu'il était « incapable de comprendre la cause des tares sociales » (v. ci-dessus, pp. 623-624).

E) *Le rôle des autres classes dans la lutte du prolétariat*

Dès le *Manifeste communiste* de 1848 deux idées sont affirmées qui ne seront plus guère remises en cause :

(1) Engels, dans sa préface à *Les luttes de classe en France* non seulement déclare l'insurrection inutile, mais démontre qu'elle est aujourd'hui en Allemagne difficile.

(2) « On voudrait faire croire que la société actuelle en se développant passe peu à peu au socialisme, mais c'est oublier qu'elle a d'abord à sortir de sa vieille enveloppe et qu'en Allemagne elle a en outre à rompre les entraves de l'ordre politique à demi-absolutiste. On peut concevoir que la vieille société pourra évoluer pacifiquement vers la nouvelle, dans les pays où la représentation populaire concentre en elle tout le pouvoir, où, selon la Constitution, on peut faire ce qu'on veut du moment qu'on a derrière soi la majorité de la nation, dans des Républiques démocratiques comme la France et l'Amérique, dans des monarchies comme l'Angleterre... » (*Critique du programme d'Erfurt*, 1891). A noter qu'Engels ne prévoit nullement le retour au pouvoir des adversaires... Dans sa préface à *Les luttes de classe en France* (1895), texte non moins important sur ce sujet, Engels compare la croissance pacifique et irrésistible du socialisme dans l'Etat actuel à celle du christianisme dans l'Empire romain.

— Le prolétariat ne refuse pas *a priori* d'accepter la collaboration des autres classes ni de leur apporter momentanément son aide pour des objectifs communs.

— Ces autres classes, le cas des paysans étant réservé et le sort de la bourgeoisie étant réglé, périclitent dans le régime capitaliste et sont appelées à disparaître avec la grande industrie.

Le premier point est déterminé par la « situation révolutionnaire » à certains moments historiques de telle ou telle classe. En 1848, le *Manifeste* déclare que « les classes moyennes ne sont pas révolutionnaires, mais conservatrices » ; en 1875, Marx souligne au contraire leur rôle révolutionnaire « en fonction de leur passage imminent au prolétariat » *(Crit. progr. Gotha)*. Marx accentue ici une idée déjà présente dans le *Manifeste*. Cf. aussi Engels, *Lettre à Bebel*, sur le même programme.

Le cas des paysans est très particulier. On sait qu'il a de plus en plus préoccupé Karl Marx qui semble avoir eu à plusieurs reprises l'intuition que cette classe résisterait à l'absorption dans le prolétariat et qu'elle était susceptible de jouer un rôle révolutionnaire ou contre-révolutionnaire important. Toutefois aucune des grandes œuvres achevées de Marx et d'Engels ne traite expressément ce problème (sinon, incidemment, *Le 18 brumaire de Louis Bonaparte*, mais en ses dernières années Marx ne semblait plus porter le même jugement sur le rôle des « paysans parcellaires »). A la fin de sa vie, Marx échangea une longue correspondance avec de jeunes populistes russes (1) sur la structure de l'économie et sur la communauté rurale russe : il était confronté au problème de la possibilité (sur laquelle il ne se prononce pas nettement) d'une révolution sociale « totale » dans un pays où la paysannerie est de loin la classe la plus nombreuse et la plus semblable en situation à celle des prolétaires dans les pays industrialisés (2).

Ce problème de l'« agent révolutionnaire » est fondamental puisque toute la lutte politique se résume pour Marx à la lutte des classes. Or, le prolé-

(1) Dont certains devinrent d'importants théoriciens marxistes : Vera Zassoulitch, Danielson, etc.

(2) La question sera longuement reprise par Bernstein, Kautsky, Lénine (v. ci-dessous, pp. 735, 738-741).

tariat conservera-t-il les caractères qui, selon Marx, en font le seul agent possible de la « vraie » révolution ? A côté de lui, quelles classes peuvent jouer un rôle supplétif ? Marx n'a jamais écrit le chapitre sur les classes sociales, prévu au livre III du *Capital*... et son dernier ouvrage (1880) est un *Questionnaire pour une enquête sur la condition des ouvriers français*. Laissé en suspens, le problème ne cessera plus de diviser les marxistes après 1900. De même, d'ailleurs, que celui de savoir si « la » révolution sera l'œuvre des prolétariats unis des nations ou l'œuvre du prolétariat d'une nation aidée des autres classes de ce pays.

F) *La révolution permanente*

L'intérêt du prolétariat organisé en « parti indépendant » peut, dans telle situation historique concrète, coïncider provisoirement avec celui, par exemple, des « petits-bourgeois démocratiques et républicains » pour abattre la suprématie d'une classe qui empêche leur développement respectif. Mais le prolétariat organisé ne doit pas se laisser prendre au piège de cette révolution voulue par des alliés provisoires dans leur intérêt exclusif, ni se laisser séduire par ceux-ci pour participer avec eux à une organisation commune qui, la révolution faite, s'empresserait de décréter, au nom de tous les associés, la révolution achevée. Pour le prolétariat, la révolution doit être *permanente*.

« ... Il est de notre intérêt et de notre devoir de rendre la révolution permanente jusqu'à ce que toutes les classes plus ou moins possédantes aient été chassées du pouvoir... non seulement dans un pays, mais dans tous les principaux pays du monde...

« En un mot : aussitôt la victoire acquise, la méfiance du prolétariat ne doit plus se tourner contre le parti réactionnaire vaincu, mais contre ses anciens alliés, contre le parti qui veut exploiter seul la victoire commune.

« Leur cri de guerre doit être : la révolution en permanence » (*Adresse du Conseil central à la Ligue des Communistes*, mars 1850).

G) *L'internationalisme prolétarien*

Marx a toujours suivi avec une extrême attention la lutte de tous les prolétariats d'Europe. Non pas tant, comme on le dit parfois parce qu'il a successivement « misé » sur plusieurs d'entre eux, dans l'espoir que l'un d'eux pourrait, actuellement, parvenir à faire chez lui la « révolution sociale » et, peut-être, à en entraîner d'autres. Mais il a surtout toujours pensé que l'expérience de la lutte respective de chaque prolétariat est instructive pour tous ; qu'en outre, la connaissance pratique de l'expérience des autres peut hâter la prise de conscience, par chaque prolétariat, du caractère universel et inévitable de la lutte des classes.

Le *Manifeste* ne préconise pas, à proprement parler, une stratégie concertée de tous les prolétariats en vue d'une subversion générale. Il se borne à affirmer que les « ouvriers n'ont pas de patrie » en raison de la situation qui leur est faite, mais que le prolétariat de chaque pays « doit devenir lui-même la nation », qu'il « est donc encore par là national, quoique nullement au sens bourgeois du mot ». Il ajoute que « les communistes travaillent à l'union et à l'entente des partis démocratiques de tous les pays ».

« Prolétaires de tous les pays, unissez-vous ! »

Le prolétariat, classe à vocation universelle, ne peut qu'entrer en lutte contre toutes les séparations. Il doit s'opposer notamment à la politique impérialiste de guerre des Etats bourgeois qui conduit les ouvriers des différents pays à s'entretuer et qui cherche à leur donner l'espoir qu'une part de leur misère sera transférée sur le prolétariat des nations asservies. Le prolétariat n'a pas à favoriser chez lui la victoire de sa bourgeoisie.

Néanmoins, le principe, s'il est certain, doit dans son application tenir compte du cadre national actuel où se déroule la lutte de chaque prolétariat ainsi que de la marche dialectique de la lutte des classes (1).

C'est pourquoi l'attitude concrète recommandée par Marx n'est pas exempte d'un certain opportunisme tactique.

Il sera toujours très fermement opposé à toute subordination de la stratégie prolétarienne à l'idéologie patriotique et nationaliste des dirigeants bourgeois. Ainsi s'explique son refus absolu du nationalisme des lassalliens. Cependant, au sein de la Ire Internationale, il s'opposera aussi à Bakounine qui voulait

(1) « Il va absolument de soi que, ne fût-ce que pour être en mesure de lutter, la classe ouvrière doit s'organiser chez elle en tant que classe et que les pays respectifs sont le théâtre immédiat de sa lutte. C'est en cela que sa lutte de classe est nationale, non pas quant à son contenu, mais... quant à sa forme... Des fonctions internationales de la classe ouvrière allemande..., pas un mot (dans ce programme d'inspiration lassallienne) » (Marx, *Critique du programme de Gotha*). Engels, à propos du même programme, suggère de « dire par exemple » : « Bien que le Parti ouvrier allemand soit obligé d'agir pour l'instant dans les limites des frontières nationales..., il reste conscient des liens de solidarité qui l'unissent aux ouvriers de tous les pays et sera toujours prêt à remplir, comme par le passé, les devoirs que lui trace cette solidarité » (*Lettre à Bebel*, 1875). Parmi ces devoirs, Engels cite l'aide matérielle aux prolétariats étrangers, l'information mutuelle, l'agitation contre la guerre ou les menaces de guerre, « l'attitude à observer pendant ces guerres... »

que tous les prolétariats se dressent simultanément contre toute guerre nationale et mettent à profit la situation de guerre pour liquider leur propre bourgeoisie et l'Etat séance tenante. Pour Marx, le problème est différent. Le but à atteindre est que le prolétariat s'empare d'abord du pouvoir politique actuel ; or actuellement ce pouvoir n'existe que dans le cadre géographique national ; c'est donc dans ce cadre qu'il faut lutter. Or si une guerre est provisoirement un des moyens techniques qui permettent d'accélérer les conditions qui permettraient de rapprocher le prolétariat du moment où il sera en mesure de prendre le pouvoir, le prolétariat n'a pas à s'opposer à cette guerre (surtout par une action terroriste ou insurrectionnelle prématurée qui ne pourrait que liguer contre lui tous les autres groupes sociaux).

On retrouve ici la permanente préoccupation de Marx d'éviter toute révolution prématurée, toute action qui ne repose pas sur une analyse complète des faits et sur une alliance intime de la volonté révolutionnaire et du développement objectif des conditions révolutionnaires (1).

Mais ce dosage du « possible » et du « souhaitable », n'est-ce pas encore la plus classique définition de la politique ? Le prolétariat, dans sa lutte, et malgré les conseils et l'information donnés par l'Internationale, est donc lié à tout le contexte de la politique des Etats et de son Etat. Il n'échappe pas à la politique. Ou alors n'y échapperait-il qu'à la condition qu'un prolétariat national, ayant réussi à prendre le pouvoir chez lui, lui montre la voie, et que, désormais, la politique extérieure de cet Etat s'identifie pleinement avec la lutte des classes à l'échelle planétaire ? Ici encore, la question ne sera pas évitée dans le développement ultérieur du marxisme.

BIBLIOGRAPHIE (2)

I. — Textes de Marx et d'Engels

A) *Œuvres complètes*

Malgré l'intérêt passionné suscité par l'œuvre de Marx, tant chez les adversaires que chez les partisans, il n'existe aucune édition complète. La grande *Marx-Engels Gesamtausgabe (MEGA)*, dont la publication avait été commencée avant la deuxième guerre mondiale sous les auspices de l'Institut Marx-Engels-Lénine de Moscou, remplit dans l'ensemble les condi-

(1) C'est pourquoi Marx cherchera surtout à faire de la Ire Internationale un organe de formation et de coopération.

(2) Nous tenons à remercier M. Stuart R. Schram qui nous a fourni de précieuses indications pour établir cette bibliographie ainsi que celle sur Lénine (voir plus loin, p. 761).

tions d'une édition scientifique, mais elle s'arrête en 1849 environ. Il existe une édition russe plus complète ; mais, outre qu'elle est difficilement accessible, elle comporte quelques lacunes, certains articles sur la diplomatie russe au XIXe siècle ayant, semble-t-il, été considérés comme subversifs. La 2e éd. des œuvres, actuellement en cours, en russe à Moscou et en allemand à Berlin-Est, porte aussi les marques d'une censure idéologique : les manuscrits économico-philosophiques de 1844 déjà publiés dans la *MEGA* ont été écartés, ainsi qu'une partie (mais une partie seulement) des articles de Marx et d'Engels dirigés contre l'impérialisme tsariste. On promet cependant qu'elle renfermera des matériaux inédits, notamment l'ensemble des manuscrits destinés aux tomes II à IV du *Capital*, dont une partie seulement a été publiée par Engels et Kautsky il y a un demi-siècle.

En français, la Librairie Costes et les Editions sociales publient toutes les deux des collections de Marx intitulées « Œuvres complètes ». Celle de Costes comporte plus de 50 volumes, mais elle est encore loin d'être réellement complète. En outre, les traductions ne sont pas très fidèles, et souffrent, dans le cas des écrits posthumes, de ce qu'elles ont été faites, non pas sur la *MEGA*, mais sur des versions antérieures souvent inadéquates. L'édition des Editions sociales est dans l'ensemble nettement supérieure tant par la présentation que par la qualité des traductions, mais elle ne comporte encore que quelques titres. En l'absence de toute édition convenable des œuvres complètes, la bibliographie de Rubel peut rendre de grands services :

Dans la collection de La Pléiade ont paru deux volumes : Karl MARX, *Œuvres*, Gallimard, 1. *Economie*, éd. établie par Maximilien RUBEL, préf. de François PERROUX, 1963, CLXXVI-1818 p. ; 2. *Economie* (suite), 1968, CXXXII-1970 p.

Maximilien RUBEL, *Bibliographie des œuvres de Karl Marx*, Avec en appendice un répertoire des œuvres de Friedrich Engels, M. Rivière, 1956, 272 p. DU MÊME AUTEUR, *Supplément à la bibliographie des œuvres de Karl Marx*, Rivière, 1960, 79 p.

B) *Œuvres choisies*

Les meilleurs morceaux choisis sont ceux de Henri LEFEBVRE et N. GUTERMAN, Gallimard, 1963, 379 p. On peut aussi utiliser le volume de Maximilien RUBEL, *Karl Marx. Pages choisies pour une éthique socialiste*, M. Rivière, 1948, LV-381 p. (dont la matière première reste intéressante même si elle a été choisie et disposée pour illustrer une thèse assez contestable). Il en est de même des pages choisies par BOTTOMORE et RUBEL, *Karl Marx. Selected writings in Sociology and Social Philosophy*, Londres, Watts, 1956, XIV-268 p. Voir aussi *Les Marxistes*, présentation de Kostas PAPAIOANNOU, « J'ai lu », 1965, 512 p. (anthologie allant jusqu'à l'époque contemporaine).

C) *Principales œuvres politiques*

L'édition la plus utile du *Manifeste* est sans doute celle de Costes : *Manifeste du parti communiste*, A. Costes, 1953, XX-227 p. (avec une introduction historique de Riazanov et de curieux inédits). Il existe également une bonne traduction aux Editions sociales : Karl MARX et Friedrich ENGELS, *Manifeste du parti communiste*, 1946, 64 p. Pour se faire une idée du point de départ et de l'aboutissement de la réflexion politique de Marx, on peut consulter d'une part la *Critique du droit public de Hegel* et la *Contribution à la critique de la philosophie du droit de Hegel*, de 1843-1844 (Costes, *Œuvres complètes*, série « Œuvres philosophiques », t. I et IV), et d'autre part la *Critique du programme de Gotha* de 1875, qui constitue en quelque sorte le testament politique de Marx. On utilisera de préférence la traduction publiée par les Ed. soc. : Karl MARX et Friedrich ENGELS, *Critique des programmes de Gotha et d'Erfurt*, Editions sociales, 1950, 143 p. (En appendice : notes de Lénine sur la *Critique du programme de Gotha*, lettres de Marx et Engels.)

Les lecteurs français s'intéresseront particulièrement à la trilogie constituée par *Les luttes de classe en France (1848-1850)*, *Le 18 brumaire de Louis Bonaparte*, et *La guerre civile en France (1871)* (Ed. sociales, *Œuvres complètes de K. M.* ; les deux premiers en un volume, le 3e à part). Parmi les écrits de Marx se rattachant spécialement à la France, on peut citer aussi *Misère de la philosophie*, dirigée contre Proudhon, et rédigée directement en français. On utilisera ici l'édition Costes (1950, XXXVII-255 p.), qui publie les annotations marginales de Proudhon.

Comme les écrits de Marx débordent généralement le cadre d'une seule discipline, il convient d'en citer quelques-uns dont les sujets ne relèvent pas explicitement de la politique. Ainsi l'*Idéologie allemande*, de caractère surtout philosophique, mais dont les résonances politiques sont importantes.

Quant aux ouvrages économiques, la première place revient évidemment au *Capital*. Pour le premier tome, la plupart des éditions reproduisent la traduction Roy, faite sous le contrôle personnel de Marx, et que celui-ci a recommandée à l'attention même des lecteurs sachant l'allemand. Pour la suite, la nouvelle traduction, dont la publication est en voie d'achèvement aux Editions sociales, est de loin la meilleure : *Le Capital. Critique de l'économie politique*, livre premier, traduction J. ROY, 3 vol., 1948-50 ; livre second, traduction E. COGNIOT, 2 vol., 1952-53 ; livre troisième, traduction de Mme C. COHEN-SOLAL et G. BADIA, 3 vol., 1957-1960. On se reportera au tome I *(Economie)* des *Œuvres de Marx*, publiées par M. RUBEL dans la collection de la Pléiade, Gallimard, 1963, CLXXVI-1 818 p. (préface de François PERROUX).

La *Contribution à la critique de l'économie politique* est à retenir surtout pour l'introduction, qui contient un passage célèbre constituant la formulation la plus claire et la plus explicite de la théorie du déterminisme économique dans l'histoire. (Ce texte se trouve du reste dans tous les recueils de morceaux choisis.) Une nouvelle traduction a paru aux Editions sociales, 1957, XVIII-310 p.

Les *Manuscrits de 1844 (économie politique et philosophie)* ont été publiés par les soins d'Emile BOTTIGELLI, Editions sociales, 1962, LXIX-179 p.

Quant à la production indépendante d'Engels, il faut citer *L'origine de la famille, de la propriété privée et de l'Etat*, qui constitue la source des idées défendues encore aujourd'hui par la plupart des marxistes sur la société primitive, et surtout l'*Anti-Dühring (M. Eugène Dühring bouleverse la science)* ; la meilleure version des deux ouvrages est celle des Editions sociales : *L'origine de la famille, de la propriété privée et de l'Etat*, 1954, 359 p. *Anti-Dühring*, 1950, 543 p. C'est du second qu'on a tiré, du vivant de l'auteur, trois chapitres souvent publiés en brochure sous le titre : *Socialisme utopique et socialisme scientifique*, Editions sociales, 1945, 32 p. Les Editions sociales en ont également tiré des pages intéressantes sous le titre : *Le rôle de la violence dans l'histoire*, 1946, 104 p. Mentionnons enfin les textes réunis par Blackstock et Hoselitz dans un volume intitulé : *The Russian Menace to Europe*, Londres, Allen and Unwin, 1953, 268 p. (dans lesquels on trouve non seulement des articles polémiques d'une extrême violence dirigés contre la « menace slave », mais surtout des analyses très intéressantes du rôle de la commune rurale dans la société russe et des perspectives du socialisme dans l'Empire des tsars). N'oublions pas enfin la *Critique du programme d'Erfurt* (dans le recueil des Editions sociales : *Critique des programmes de Gotha et d'Erfurt*).

II. — Études

A) *Initiations*

Une bonne introduction en langue française est fournie par Henri Lefebvre : *Pour connaître la pensée de Karl Marx*, Bordas, 1947, 248 p. (nouvelle éd. complétée, 1956). H. Lefebvre a également donné, dans la série « Classiques de la Liberté », une analyse des conceptions hégélienne et marxiste de la Liberté (suivie de morceaux choisis des œuvres de Marx) qui constitue une introduction très suggestive à la pensée marxiste : *Marx (1818-1883)*, Genève, Trois Collines, 1947, 223 p. A qui voudrait confronter cette présentation favorable avec une autre, plus critique, on peut conseiller le petit volume de Sydney Hook : *Marx and the Marxists*, Princeton, Van Nostrand, 1955, 254 p. (Anvil Books, n° 7). Composé par moitié d'une introduction et par moitié de citations, cet ouvrage est consacré, comme son titre l'indique, non seulement à Marx mais aussi à ses successeurs. Juste à l'égard de Marx, très hostile à Lénine — sans parler de Staline. Autre ouvrage américain apportant une présentation critique mais originale et assez objective de la pensée de Marx : Alfred Meyer, *Marxism. The Unity of Theory and Practice*, A critical essay, Cambridge, Massachusetts, Harvard U.P., 1954, xx-181 p. (Russian Research Center Studies, 14). Pour celui qui chercherait des ouvrages plus courts en langue française, deux petits volumes sont à citer : Henri Arvon, *Le marxisme*, Armand Colin, 1955, 216 p. Henri Lefebvre, *Le marxisme*, P.U.F., 13e éd., 1969, 128 p. Mentionnons enfin le cours de Jean Bruhat à l'Institut d'études politiques de Paris, *Le marxisme*, Amicale des Élèves, 1963, multig., 614 p.

B) *Interprétations de la pensée de Karl Marx*

La plupart des interprètes de la pensée de Karl Marx — marxistes, chrétiens ou « syndicalistes révolutionnaires » — se sont attachés soit à la philosophie soit à la doctrine économique de Marx. En revanche, la pensée politique de Marx — et même sa critique de la politique — n'ont, à notre connaissance, fait l'objet d'aucune étude particulière pleinement satisfaisante.

1° *Ouvrages biographiques ou plus particulièrement consacrés à la « philosophie » de Marx.* — Auguste CORNU, *La jeunesse de Karl Marx (1817-1845)*, Alcan, 1934, 432 p. (thèse lettres). DU MÊME AUTEUR, *Karl Marx et Friedrich Engels. Leur vie et leur œuvre*, 4 vol. parus, P.U.F., 1955-1970 (ouvrages minutieux, comportant une documentation considérable). R. P. Jean-Yves CALVEZ, *La pensée de Karl Marx*, Ed. du Seuil, 1956, 664 p. (abondante bibliographie critique. C'est aujourd'hui, en langue française, l'ouvrage le plus complet sur l'ensemble de la pensée marxienne. Il constitue une critique compréhensive mais nette du marxisme). Il y a donc intérêt à lire la réplique qui lui a été adressée par des intellectuels marxistes : Henri DENIS, Roger GARAUDY, Georges COGNIOT, Georges BESSE, *Les marxistes répondent à leurs critiques catholiques*, Ed. sociales, 1957, 96 p. D'autres points de vue sont encore exposés par : Henri DESROCHE, *Signification du marxisme*, Ed. ouvrières, 1949, 395 p. (cherche une conciliation possible entre marxisme et christianisme). Jean LACROIX, *Marxisme, existentialisme, personnalisme*, P.U.F., 6e éd., 1966, 123 p. Seul le chapitre Ier qui contient une analyse pénétrante de la praxis concerne le marxisme. Henri LEFEBVRE, *Le matérialisme dialectique*, 5e éd., P.U.F., 1962 (ouvrage d'accès un peu difficile, constitue l'analyse philosophique la plus fouillée sur la dialectique marxienne opposée à la dialectique hégélienne ainsi que sur les rapports du déterminisme et de la liberté dans le système de Marx). Maximilien RUBEL, *Karl Marx, essai de biographie intellectuelle*, Rivière, 1957, 464 p. (socialiste admirateur de Marx, Rubel considère Marx comme un « éthicien » qui aurait tenté d'unir l' « utopie » à la « sociologie scientifique ». L'ouvrage est intéressant mais la thèse est extrêmement discutable et, au demeurant, souvent mal étayée : voir la critique sévère de Lucien GOLDMANN, Propos dialectiques. Y a-t-il une sociologie marxiste ?, *Les temps modernes*, oct. 1957, pp. 729-751. Cet article constitue une contribution très intéressante à l'histoire du marxisme).

2° *Ouvrages concernant plus spécialement la doctrine économique et sociale de Karl Marx.* — Henri BARTOLI, *La doctrine économique et sociale de Karl Marx*, Ed. du Seuil, 1950, 413 p. Jean BÉNARD, *La conception marxiste du capital*, Société d'éd. d'enseignement supérieur, 1952, 367 p. Pierre BIGO, *Marxisme et humanisme, introduction à l'œuvre économique de Karl Marx*, P.U.F., 3e éd., 1961, XXXII-271 p. Arturo LABRIOLA, *Karl Marx. L'économiste, le socialiste* (préface de G. SOREL), M. Rivière, 1923, XXXVIII-263 p. Jean MARCHAL, *Deux essais sur le marxisme*, Médicis, 1954. Voir aussi l'ouvrage, discutable mais intéressant, de Pierre NAVILLE, *Le nouveau Léviathan. I : De l'aliénation à la jouissance (la genèse de la sociologie chez Marx et chez Engels)*, Rivière, 1957, 514 p., et Kostas AXELOS, *Marx penseur de la technique. De l'aliénation de l'homme à la conquête du monde*, Editions de Minuit, 1961, 327 p.

3° *Sur la « politique » de Marx.* — Consulter les ouvrages précités de H. BARTOLI, J.-Y. CALVEZ, A. CORNU, J. LACROIX, H. LEFEBVRE (spécialement *Le marxisme*, coll. « Que sais-je ? »), M. RUBEL. Mentionnons aussi le récent volume de M. RUBEL, *Karl Marx devant le bonapartisme*, Paris, La Haye, Mouton, 1960, 168 p., consacré en grande partie à l'analyse des articles dans lesquels Marx étudia, au jour le jour, l'évolution du Second Empire. Toutefois, rien ne remplace la lecture des œuvres de Marx et Engels citées ci-dessus. L'ouvrage du R. P. Henri CHAMBRE, *Le marxisme en Union Soviétique, idéologie et institutions* (Ed. du Seuil, 1955, 510 p.), quoique portant sur les développements et les applications du marxisme en U.R.S.S., contient des passages très utiles pour l'intelligence des théories politiques chez Marx et Engels (cf. notamment : Introduction, IIe Partie, chap. VI et VII).

Deux ouvrages consacrés non à Marx mais à Hegel éclairent bien la critique de la philosophie politique de Hegel par Karl Marx : Eric WEIL, *Hegel et l'Etat*, Vrin, 1950, 116 p. Notamment l'appendice « Marx et la philosophie du droit ». Jean HYPPOLITE, *Etudes sur Marx et Hegel*, Rivière, 1955, 204 p. Notamment IIIe Partie.

Sur « le jeune Marx », on se reportera avec profit à l'ouvrage en italien, *Il giovane Marx e il nostro tiempo*, Milan, Feltrinelli, 1965, 530 p.

Quant à la polémique Garaudy-Althusser, elle concerne sans doute davantage l'histoire du communisme français depuis la déstalinisation que la pensée de Marx lui-même. Du côté de Roger Garaudy, on peut choisir presque au hasard dans une production particulièrement abondante ; citons *Marxisme du XXe siècle*, La Palatine, 1966, 237 p. De Louis ALTHUSSER, dont l'œuvre beaucoup plus rigoureuse est d'abord passablement ardue, il faut citer *Pour Marx*, Maspero, 1965, 263 p. ainsi que *Lire Le Capital*, Maspero, 1966, 2 vol. (ouvrage écrit avec la collaboration de quatre jeunes universitaires).

Enfin, à propos de l'essai d'intégration du marxisme et du freudisme, on lira notamment les ouvrages de Herbert MARCUSE.

Chapitre XV

LIBÉRALISME, TRADITIONALISME, IMPÉRIALISME (1848-1914)

L'échec des révolutions libérales laisse une trace d'autant plus profonde qu'elles avaient suscité plus d'espoirs. C'est de la guerre, non de la révolution, que sortent l'unité italienne puis l'unité allemande. Guerre de Crimée, guerre d'Italie, guerre du Mexique, guerre entre l'Autriche et la Prusse, entre la Prusse et la France, guerre de Sécession : l'optimisme libéral est soumis à rude épreuve dans les vingt années qui suivent le milieu du siècle, et jusqu'en 1914 la guerre ne cessera sur un point du globe que pour reprendre ailleurs (guerre dans les Balkans, guerre des Boers, guerre russo-japonaise, guerre hispano-américaine...).

La révolution industrielle transforme le visage de l'Europe, le prolétariat s'organise et prend conscience de sa force, la lutte des classes s'intensifie.

Le positivisme politique triomphe avec la révolution industrielle. Libéraux, conservateurs, socialistes invoquent la puissance du fait et se réfèrent aux leçons de la science pour justifier les positions les plus opposées. C'est au nom de la science que Spencer affirme l'éternelle validité du libéralisme ; c'est au nom de la science que Taine et Renan jettent les bases d'un néo-traditionalisme ; c'est un « socialisme scientifique » que Marx entend substituer au socialisme utopique ; le nationalisme lui-même passe du stade utopique à celui de la « Machtpolitik », de l'idéalisme de Mazzini ou de Michelet au choc des impérialismes.

LE POSITIVISME POLITIQUE

De 1851 à 1854, Auguste Comte publie son *Système de politique positive.* En 1859, Darwin consigne le résultat de ses travaux dans son traité *De l'origine des espèces par voie de sélection naturelle.* En 1853-55, Gobineau avait publié son *Essai sur l'inégalité des races humaines.*

Un historien anglais (1) a pu dire que la seconde partie du XIXe siècle était « l'âge de Darwin ». Il serait plus exact de dire que c'est l'âge du darwinisme, en entendant par là un ensemble de croyances diffuses que Darwin a recueillies et systématisées plus qu'il ne les a créées ; mais il est certain que des concepts comme le principe d'évolution ou la sélection naturelle ont été abondamment utilisés pour justifier une « politique positive » par des hommes qui n'avaient de l'œuvre de Darwin qu'une connaissance fort superficielle.

La biologie se trouve donc étroitement liée à la politique. Elle joue dans la seconde partie du XIXe siècle un rôle comparable à celui qu'avait joué l'histoire à l'époque romantique ; l'histoire elle-même, telle que l'écrit Treitschke, par exemple, devient biologique et nationaliste.

Ce recours à la biologie se manifeste aussi bien dans l'art (naturalisme de Zola, généalogie des « Rougon-Macquart ») que dans la politique. L'évolution des individus comme des sociétés apparaît déterminée par des lois qui semblent aussi inéluctables aux lecteurs de Maurras qu'à ceux de Marx. Une certaine tendance au fatalisme, ou du moins au dogmatisme, se répand dans tous les secteurs de l'opinion.

Le comtisme

Pour un Français, l'œuvre d'Auguste Comte (1798-1857) apparaît comme la meilleure illustration de ce positivisme qui domine la seconde partie du siècle. Cette œuvre est de celles qui font heureusement éclater les cadres préétablis.

1) Elle appartient à la fois à la période qui précède la révolution de 1848 et à celle qui la suit ; elle est aussi insépa-

(1) John BOWLE, *Politics and Opinion in the Nineteenth Century*, Londres, 1954.

rable du romantisme de 1830 que de l'industrialisme autoritaire du Second Empire.

2) Cette œuvre qui se situe au centre du siècle ne peut être rattachée sans artifice à tel ou tel courant de pensée, traditionalisme, libéralisme ou socialisme. Elle est un essai de synthèse, sans doute manqué — car elle penche en définitive du côté de l'ordre — mais d'une incontestable ampleur.

Ancien polytechnicien, Auguste Comte avait commencé par être secrétaire de Saint-Simon ; il se sépara de celui-ci, mais le saint-simonisme paraît avoir exercé une profonde influence sur son système tel qu'il est exposé dans le *Cours de philosophie positive* et dans le *Système de politique positive* : même confiance dans une science globale, même volonté de dépasser les querelles politiques et d'instituer une religion de l'humanité, même évolution dans le sens du mysticisme et aussi dans le sens du pouvoir. Saint-simonisme et comtisme présentent cependant de notables différences.

Contrairement aux traditionalistes de l'école théocratique qui se défient de la science, Auguste Comte croit à son éminente valeur et à son unité. La science, selon lui, est à la fois science de la société et science de l'évolution.

Une science de la société. — L'individu est une abstraction, la société est la vraie réalité ; il faut lutter contre l'individualisme libéral, constituer les hommes en société.

Une science de l'évolution. — Dès 1822, Auguste Comte expose sa fameuse loi des trois états : « Par la nature même de l'esprit humain, chaque branche de nos connaissances est nécessairement assujettie dans sa marche à passer successivement par trois états théoriques différents : l'état théologique ou fictif ; l'état métaphysique ou abstrait ; enfin l'état scientifique ou positif. »

Il s'agit donc d'organiser sur des bases scientifiques les sociétés modernes, de concilier l'ordre et le progrès : « Aucun ordre légitime ne peut plus s'établir ni surtout durer s'il n'est pleinement compatible avec le progrès ; aucun grand progrès ne saurait efficacement s'accomplir s'il ne tend finalement à l'évidente consolidation de l'ordre » (46e leçon du *Cours de philosophie positive*).

Ainsi se manifeste chez Auguste Comte cette nostalgie de l'unité, qui apparaît avec les formes les plus diverses chez de si nombreux auteurs du XIXe siècle. Pour Comte, « le type normal de l'existence humaine consiste surtout dans l'état de pleine unité ».

La philosophie de Comte est une philosophie de l'Humanité et de son progrès. L'Humanité est constituée par l'ensemble des êtres humaines, passés, futurs et présents, mais les morts importent plus que les vivants : « Les vivants sont toujours, et de plus en plus, gouvernés par les morts : telle est la loi fondamentale de l'ordre humain. »

La pensée de Comte n'est pas plus égalitaire que celle de Saint-Simon ; il croit à la mission d'une élite et établit une rigoureuse distinction entre la masse, les techniciens et les gouvernants ; c'est aux spécialistes de science politique et à eux seuls qu'il appartient de définir les objectifs et de fixer les moyens de les atteindre : « L'opinion doit vouloir, les publicistes proposer les moyens d'exécution, et les gouvernants exécuter. Tant que ces trois fonctions ne seront pas distinctes, il y aura confusion et arbitraire à un degré plus ou moins grand. »

Comte subordonne la politique à la morale, « suivant l'admirable programme du Moyen Age ». La morale positive consiste « à faire graduellement prévaloir la sociabilité sur la personnalité », c'est-à-dire à triompher de l'égoïsme et à intégrer l'individu à la société.

Rien de plus étranger à la pensée de Comte que la notion de droits individuels ; seuls existent les devoirs envers la société : « Le positivisme ne reconnaît à personne d'autre droit que celui de toujours faire son devoir... Le positivisme n'admet jamais que des devoirs, chez tous, envers tous. Car son point de vue toujours social ne peut comporter aucune notion de droit, constamment fondée sur l'individualité. Tout droit humain est absurde autant qu'immoral. »

Entre l'individu et l'Humanité existent des communautés médiatrices : la famille et la patrie. Comme Saint-Simon, Comte attribue à la famille une grande importance ; c'est dans la famille — une famille où la femme tient le principal rôle — que naît la moralité. Quant à la patrie, elle constitue un intermédiaire nécessaire entre la famille et l'Humanité.

Les notions de famille, de patrie, d'humanité prennent chez Comte un aspect de plus en plus mystique, surtout après la rencontre avec Clotilde de Vaux et l'« année sans pareille ». Comme le saint-simonisme, le comtisme s'achève en une religion ; le clergé est une corporation savante, neuf « sacrements sociaux » jalonnent et sanctifient la vie, le calendrier positiviste offre un « système complet de commémoration occidentale, et permet de célébrer chaque jour la mémoire d'un bon serviteur de l'humanité ». « Un catholicisme, sans le christianisme », selon le mot de Jean Lacroix.

Ainsi la fin de la politique consiste à faire de tout citoyen un fonctionnaire social, entièrement subordonné au pouvoir. La « politique positive » requiert l'obéissance la plus complète. L'ordre triomphe du progrès et Stuart Mill a pu écrire que le positivisme était un système complet de despotisme spirituel et temporel.

Le Second Empire réalise quelques-uns des rêves d'Auguste Comte et le comtisme peut apparaître à certains égards comme la philosophie officielle du Second Empire. Mais il importe de distinguer comtisme et positivisme. A peu près entièrement élaborée sous la Restauration, la doctrine de Comte paraît avoir exercé en France une influence profonde (notamment sur Taine, sur Maurras, etc.), mais limitée, et il serait téméraire de penser que les ministres de Napoléon III, ou Napoléon III lui-même, avaient longuement médité sur l'œuvre de Comte.

Le comtisme paraît avoir eu plus d'influence hors de France, notamment au Brésil, qu'en France même où la doctrine, simplifiée, expurgée de ses élans religieux, se confond avec un positivisme assez diffus pour être à la fois la doctrine officielle des partisans de l'Empire et de leurs adversaires. Ce positivisme apparaît aussi bien chez Zola que chez Gobineau, chez Renan que chez Taine, chez Flaubert que chez Mérimée.

SECTION I. — Le libéralisme

Le libéralisme avait pris vers 1840 une forme que les libéraux de l'époque avaient tendance à considérer comme définitive : orléanisme ou doctrine de Manchester.

Dans la seconde moitié du siècle, les hommes qui se réclament du libéralisme se trouvent en face de deux séries de problèmes : d'une part la réalisation progressive des grandes revendications libérales dans l'ordre politique (suffrage universel, liberté d'association, etc.), et les difficultés que suscite l'exercice du pouvoir ; d'autre part l'essor industriel et le développement de la concurrence internationale.

Les principes de l'orléanisme et du libéralisme manchestérien sont donc remis en question, et le libéralisme se trouve à la croisée de deux chemins, celui du conservatisme libéral et celui de l'impérialisme.

Le libéralisme français s'enracine dans la politique la plus quotidienne ; il se dégage mal du protectionnisme et du malthusianisme qui caractérisaient l'orléanisme.

Le libéralisme anglais au contraire, après une longue période de darwinisme politique, s'associe aux grandes entreprises impériales.

§ 1. Le libéralisme français : de l'orléanisme au radicalisme

1) *Un libéralisme de transition*

La Révolution de 1848 clôt une période dans l'histoire du libéralisme ; plus qu'une crise politique, sociale ou morale, c'est vraiment l'effondrement d'un système, la fin de l'euphorie libérale.

Cependant les libéraux considèrent la Révolution de 1848 comme un accident dont les causes sont purement politiques ; elle leur apparaît comme une crise du système parlementaire, nullement comme une crise du libéralisme. Fidèles à une sorte de « politique d'abord », les libéraux du Second Empire ne se préoccupent guère de réformes sociales, et les « libertés nécessaires » de Thiers sont essentiellement des libertés politiques.

L'œuvre la plus caractéristique d'une époque où se pose avec acuité le problème du ralliement est sans doute *La France nouvelle* publiée en 1868 par Prévost-Paradol.

Prévost-Paradol

Né en 1829, ancien normalien, journaliste aux *Débats*, Prévost-Paradol passa pour un des esprits les plus brillants de son temps. Mais cette carrière apparemment comblée se termina par un drame : quelques mois après avoir publié *La France nouvelle*, Prévost-Paradol se ralliait à l'Empire et acceptait le poste de ministre de France aux Etats-Unis ; il se suicida peu après son arrivée à Washington en juillet 1870.

Tous les grands thèmes du libéralisme se retrouvent dans *La France nouvelle*, où l'influence de Tocqueville est manifeste : aversion pour les régimes autoritaires, confiance dans le système parlementaire, dans les vertus de la décentralisation, dans la puissance de la morale, admiration pour la Grande-Bretagne et les Etats-Unis. Le système politique cher à Prévost-Paradol est donc un système de contrepoids ; il se préoccupe moins de la forme du gouvernement (bien que sa préférence aille à une monarchie parlementaire) que de la réforme des institutions et surtout, comme Renan quelques années plus tard, de la réforme intellectuelle et morale.

Cependant, le libéralisme de Prévost-Paradol présente plusieurs traits caractéristiques :

1) Son indifférence à l'égard des problèmes économiques, son manque d'enthousiasme pour le « laissez-faire, laissez-passer ». Le libéralisme de Prévost-Paradol serait volontiers protectionniste, comme le sont les industriels français après le traité de commerce de 1860.

2) Prévost-Paradol a des préoccupations démographiques ; il estime que

la France ne pourra rester puissante que si elle est peuplée ; il annonce qu'elle sera bientôt distancée par plusieurs nations européennes. Il est hanté par l'idée de la décadence française.

3) Il est profondément patriote et toute son œuvre exprime l'angoisse devant la montée des périls extérieurs qui risquent de submerger le Second Empire. Sa pensée se situe donc fort loin du cosmopolitisme de Montesquieu ou de l'optimisme paisible qui caractérisait dans son ensemble le libéralisme de la monarchie de Juillet. Il est préoccupé par l'unité italienne, la croissance de la Prusse, la montée des Etats-Unis. Il veut une armée puissante, un empire colonial ; il préconise en Algérie une politique plus soucieuse d'asseoir la force de la France que de respecter les droits des indigènes : une armée en Afrique lui semble « plus nécessaire qu'une charte ».

4) Dans le domaine social enfin, Prévost-Paradol est résolument conservateur. Il s'oppose à toute forme de socialisme et mérite ainsi d'être qualifié par le saint-simonien Michel Chevalier de « libéral à la voie étroite ».

Le libéralisme de Prévost-Paradol ne se confond ni avec le libéralisme — ou les libéralismes — de la période antérieure, ni avec celui de la période suivante. Il s'agit d'un libéralisme de transition, dont les traits commencent à se figer, d'un libéralisme qui devient conservatisme.

2) *Le libéralisme républicain*

La « république des ducs » reste fidèle à l'esprit de Prévost-Paradol ; la Constitution de 1875 reprend les grands thèmes de *La France nouvelle* ; l'orléanisme préside à la naissance de la IIIe République ; les principales revendications libérales sont satisfaites ; n'ayant plus rien à revendiquer, le libéralisme risque de se confondre avec la « défense républicaine ».

Heureusement pour le libéralisme, la république a besoin d'être défendue. Crise du 16 mai, batailles du boulangisme, affaire Dreyfus, luttes pour la laïcité, contre les anarchistes, contre les pacifistes : peut-être la République n'est-elle pas toujours aussi gravement menacée que l'affirment les républicains. Mais elle l'est souvent et ils invoquent avec tant d'éloquence les principes de liberté et d'égalité que le libéralisme parvient à dissimuler noblement une certaine indigence doctrinale.

Mais si la doctrine libérale ne se renouvelle guère, si elle peine à s'adapter à un monde en pleine évolution, comme si elle avait été fixée une fois pour toutes au temps de la monarchie de Juillet, un fait capital se produit : le libéralisme cesse d'être la doctrine des salons orléanistes ou des lecteurs du *Journal des débats* ; il devient, grâce à l'école publique, la philosophie même de la république. Le libéralisme ne change guère de contenu, mais il change de dimension ; il acquiert un poids social qui lui faisait défaut.

Il faut évoquer ici l'œuvre scolaire de la IIIe République, l'action des instituteurs auxquels Georges Duveau a consacré un livre pénétrant. Pour ces « hussards noirs de la république », dont parle Péguy, il s'agit de former des consciences, de fonder une nation démocratique et unanime dans le respect de la liberté, de l'égalité, de la fraternité. « Tous les hommes, écrit Allain-Targé, qui démocratise le rêve napoléonien d'une éducation uniforme, instruits des mêmes choses, pensant les mêmes choses se respecteront et se traiteront enfin sur le pied d'égalité, comme en Amérique, comme en Suisse. »

Singulier mélange de prosaïsme et d'utopie, d'idéalisme généreux et de scientisme un peu court, tendance à présenter la république comme l'aboutissement de l'histoire, la morale comme le suprême recours. Une même idéologie, un même lot de souvenirs et d'images animent tous ceux qui passent par l'école publique. C'est dans les manuels scolaires que s'exprime le mieux la philosophie républicaine.

LE RADICALISME. — Il faut gouverner la république : le parti radical assumera ce rôle sans se lasser. « Le radicalisme a donné une âme à la République, écrit Albert Bayet en 1932 ; il lui a fourni des gouvernements... On ne conçoit pas la France sans lui. Il est dans la physionomie morale de notre pays ce que sont dans sa physionomie physique nos pâturages ou nos vignes. »

Une âme et des gouvernements... Le parti radical, qui se fonde en 1901, est par nature un parti du centre, un parti de juste milieu ; le radicalisme est la forme républicaine de l'orléanisme.

Diversité du radicalisme. — Il est plus aisé d'écrire l'histoire du parti radical que de définir le radicalisme. Sans doute les radicaux ont-ils périodiquement cherché à définir une « doctrine radicale ». Mais le radicalisme est un état d'esprit plutôt qu'une doctrine, et cet état est assez conciliant pour que le parti radical accueille des formes très différentes de radicalisme. Ce fait ne date ni d'aujourd'hui, ni de la « guerre des deux Edouards » (Herriot et Daladier).

Le « programme de Belleville », en avril 1869, est la première manifestation officielle du radicalisme. 1 500 électeurs demandent à Gambetta « de revendiquer énergiquement à la tribune nationale l'accomplissement du programme démocratique radical, glorieux héritage de la Révolution française ». Gambetta déclare qu'il entend « tout rapporter à la souveraineté du peuple et tout en déduire ». La politique du suffrage universel, affirme-t-il, « voilà le titre de notre programme et de notre parti ». Gambetta s'opposera plus tard aux radicaux-socialistes, mais le style de sa politique, éloquente, méridionale, patriotique, inspirera longtemps les Congrès radicaux. Les radicaux du Midi, dont on connaît l'influence au sein du parti radical, sont à beaucoup d'égards les héritiers de Gambetta.

Tout autre est le style de Léon Bourgeois qui fut en 1895, avant Combes, le premier président du Conseil radical. Poursuivant les réflexions présentées par le philosophe Charles Renouvier dans sa *Science de la morale* (1869), Léon Bourgeois s'efforce d'établir une synthèse doctrinale entre l'individualisme et le collectivisme. Cette synthèse est le « solidarisme » qui s'exprime notamment dans l'*Essai d'une philosophie de la solidarité* (1902). Au moment même où le parti radical, qui vient de réaliser son unité se prépare à assumer pendant longtemps l'exercice du pouvoir, Léon Bourgeois tient à montrer que le radicalisme a une doctrine et qu'il se réclame d'une philosophie : « Le parti radical, écrira-t-il un peu plus tard, a un but... il veut organiser politiquement et socialement la société selon les lois de la raison... Il a une méthode. C'est celle de la nature elle-même... (Il) a une morale et une philosophie. Il part du fait indiscutable de la conscience. Il en tire la notion morale et sociale de la dignité de la personne humaine... (Il) a une doctrine politique... c'est la doctrine républicaine... Il a enfin une doctrine sociale... l'association. Il ne croit pas en effet que le bien de la nation puisse se réaliser... par la lutte des individus et des classes » (préface à *La politique radicale* de F. Buisson, 1908).

Pour Combes (1) le nerf du radicalisme est l'anticléricalisme. Présenté comme l'incarnation du diable aux lecteurs du *Pèlerin*, le « petit père Combes » apparaît, maintenant que nous pouvons consulter ses *Mémoires* (publiés par Maurice Sorre), comme un petit bourgeois provincial, résolument conservateur, mû par un petit nombre d'idées fixes et dont la pensée se meut à l'aise dans le cadre de l'arrondissement ; c'est, selon Raoul Girardet, « le radical selon Alain ».

Au radicalisme des comités provinciaux et des sociétés de pensée que représente Combes s'oppose, selon la vigoureuse et toujours valable distinction présentée par Thibaudet dans *Les idées politiques de la France*, le « radicalisme de proconsulat » que représente Clemenceau. Radicalisme autoritaire et jacobin, anticolonialiste (Clemenceau contre Ferry), radicalisme de la « patrie en danger ».

Clemenceau accuse de trahison Caillaux, inspecteur des Finances, grand bourgeois, nommé président du parti en 1913, qui représente une tout autre forme de radicalisme, un radicalisme d'affaires, soucieux de rendement et d'efficacité, un radicalisme pacifique (affaire du « bec de canard » après Agadir) et technocratique dont il ne serait pas difficile de suivre la trace jusqu'à l'époque contemporaine.

Le radicalisme d'Alain est individualiste, frondeur, antiétatique, arrondissementier ; on ne peut rien imaginer de plus opposé au style de Clemenceau.

Quant au radicalisme d'Edouard Herriot, il est présidentiel par vocation et c'est dans la motion de synthèse qu'il s'exprime le plus naturellement : « Nous sommes le parti français par excellence, celui qui correspond le mieux aux intérêts du plus grand nombre. »

Eléments d'une doctrine radicale. — Les styles de radicalisme sont si divers que le dénominateur commun de la « doctrine radicale » se ramène à un petit nombre de principes.

(1) Le « petit père Combes », si sympathique à Alain qui, retrouvant spontanément le langage de Béranger, dit de lui à la façon du roi d'Yvetot : « Quel bon petit roi c'était là !... » Sur l'affection des radicaux pour le terme « petit », on connaît les remarques de Thibaudet : petit commerçant, petit détaillant, petit exploitant, « Petit Parisien », « Petit Dauphinois », petites et moyennes entreprises, etc.

1° *Fidélité aux souvenirs de la Révolution française.* — Le radicalisme se présente comme l'école de la révolution admirée, continuée, prolongée : « Le radicalisme au XIXe siècle, écrivait récemment un jeune universitaire se réclamant du radicalisme, n'a pas été autre chose que la poursuite obstinée *des souvenirs et surtout des réalités* révolutionnaires » (1). Mais il y a révolution et révolution ; si les radicaux exaltent volontiers les « immortels principes » et les « grands ancêtres », ils distinguent nettement 1789 et 1793. Le livre d'Albert Bayet sur *Le radicalisme* (1932) se termine sur cet appel : « Vous voulez éviter 93 ? Hâtez-vous de faire 89. »

Le président Herriot se plaisait à déclarer que les radicaux étaient les « fils des Jacobins ». En fait, comme l'a noté Thibaudet, l'héritage girondin tendait à devenir beaucoup plus apparent que le jacobinisme chez les radicaux de la IIIe République. Puissance de la province, des conseillers généraux et des maires, influence des médecins, pharmaciens et vétérinaires radicaux, importance de la presse régionale (par exemple *La Dépêche de Toulouse* des frères Sarraut), le ministère de l'Agriculture bastille radicale. « On ne gouverne que contre Paris », affirmait Thibaudet, retournant le mot de Jules Lemaître, s'exclamant avec joie après des élections nationalistes à Paris : « On ne gouverne pas contre Paris !... »

2° *Rationalisme.* — Le radicalisme se veut rationaliste. « Nous radicaux, s'écrie Edouard Herriot, nous répudions tout dogme. Nous sommes soucieux de méthode autant que d'idéal. Nous n'acceptons d'autre limite à nos efforts que les limites mêmes de la raison. Notre ambition serait de voir la politique adopter les procédés de travail de la science » (préface au livre de Jammy-Schmidt, *Les grandes thèses radicales*, 1932). Albert Bayet tient un langage analogue dans son livre sur *Le radicalisme* : « Qu'est-ce que le radicalisme ? Avant tout une méthode. Quelle est cette méthode ? La science inspirant la politique. » C'est au nom de cette méthode qu'Albert Bayet déclare que la guerre est anti-scientifique : « Elle est condamnée par la logique

(1) C'est nous qui soulignons cette apparence de repentir. La citation est de Claude NICOLET, *Le radicalisme*, P.U.F., 1957.

même de l'évolution humaine. » Et c'est au nom du progrès qu'Edouard Herriot s'écrie : « Si je connaissais un parti plus avancé que le parti radical, j'y adhérerais de tout cœur. »

Aussi les radicaux entendent-ils rester fidèles à leurs « grands ancêtres ». Voici ceux qu'énumère Edouard Herriot : Voltaire, Diderot, Condorcet, Benjamin Constant, « le grand et cher Lamartine, religieux mais anticlérical », Ledru-Rollin, Camille Pelletan, Léon Bourgeois... ; mais la référence typiquement radicale est « la référence Condorcet » (1) : « Le grand homme des radicaux c'est Condorcet », affirme Claude Nicolet au début de son livre sur *Le radicalisme*.

3° *La défense des intérêts.* — Scientifique, empirique, soucieux d'éducation nationale et de morale laïque, le radicalisme se veut concret, informé des intérêts de chacun et apte à les défendre. Cette attitude n'est assurément pas propre au parti radical, mais il faut reconnaître que le parti avait réussi à tisser dans la France de la IIIe République un réseau très efficace pour la défense des intérêts particuliers.

Certains observateurs s'en sont indignés, ont dénoncé la collusion du radicalisme avec la franc-maçonnerie. Mais les radicaux eux-mêmes n'ont pas hésité à faire de la défense des intérêts quotidiens la pièce maîtresse de leur doctrine. Tel est le radicalisme selon Alain.

Le citoyen selon Alain. — Alain (1868-1951) est un philosophe dont l'influence politique a été des plus limitées. L'étude de ses œuvres (*Eléments d'une doctrine radicale*, *Le citoyen contre les pouvoirs*, *Propos de politique*, *Propos d'un Normand*, *Mars ou la guerre jugée*, etc.), est cependant très instructive, car elles expriment, dans un style uniformément paradoxal et volontairement elliptique, une philosophie politique qui est celle de *La Dépêche de Toulouse* comme celle des électeurs de Combes ou du président Herriot.

Le radicalisme d'Alain s'est formé au temps de l'affaire Dreyfus et de la défense républicaine. C'est un radicalisme essentiellement inquiet, défensif. Avant tout, Alain est contre. Contre le prince, contre les châteaux, les Académies, les impor-

(1) Sur Condorcet, voir plus haut, pp. 437-438.

tants, contre l'administration, contre le militarisme et contre la guerre, contre l'Eglise, contre les pouvoirs. Sur les méfaits du pouvoir, Alain est intarissable : « Le pouvoir corrompt tous ceux qui y participent. » « Tout pouvoir sans contrôle rend fou. »

Dans la démocratie selon Alain, le contrôleur joue donc (comme dans le théâtre de Giraudoux) un rôle fondamental : « Où donc est la démocratie, sinon dans ce troisième pouvoir que la science politique n'a point défini et que j'appelle le contrôleur ? Ce n'est autre chose que le pouvoir, continuellement efficace, de déposer les rois et les spécialistes à la minute, s'ils ne conduisent pas les affaires selon l'intérêt du plus grand nombre. » Et Alain définit ainsi le radicalisme comme « le contrôle permanent de l'électeur sur l'élu, de l'élu sur le ministre. »

La démocratie est donc un système de surveillance : l'électeur surveille l'élu qui surveille le ministre. Alain définit le bon député comme celui qui menace, mais qui s'abstient, si possible, d'exécuter ses menaces : « Le bon député, écrit-il dans ses *Eléments d'une doctrine radicale*, est celui qui menace, non celui qui frappe, celui qui fait travailler le ministre, non celui qui le renvoie. Cet art de faire claquer le fouet définit selon moi le parti de l'avenir, le vrai parti radical que j'appellerai le parti de l'opposition gouvernementale. »

Alain justifie donc les interventions, les recommandations, l'influence des groupes de pression. Il est bon que les électeurs entretiennent les députés de leurs problèmes particuliers ; il est bon que les députés fassent part de ces problèmes aux gouvernants ; il est bon que les gouvernants se défient des fonctionnaires. « Le combisme, écrit Alain, n'est autre chose que l'action permanente de l'électeur sur l'élu. » En 1921, il se proclamera le seul combiste survivant.

Alain rêve d'un équilibre, constamment menacé et toujours à rétablir, entre ordre et liberté (« La liberté ne va pas sans l'ordre, l'ordre ne vaut rien sans la liberté »), entre résistance et obéissance : « Résistance et obéissance, voilà les deux vertus du citoyen. Par l'obéissance, il assure l'ordre ; par la résistance, il assure la liberté. Obéir en résistant c'est tout le secret. Ce qui détruit l'obéissance est anarchie, ce qui détruit la résistance est tyrannie. » Propos savamment balancés qui expriment chez Alain une philosophie de l'inquiétude mais qui peuvent justifier, chez d'autres, une politique du double jeu ou du « nègre-blanc ».

En matière économique, le radicalisme d'Alain est foncièrement conservateur : « Produire par les mêmes méthodes et répartir mieux : tel est le remède de la misère », écrit-il dans son *Economique*. Le radicalisme d'Alain n'a rien de socialiste ; il exalte la propriété individuelle et se défie de la grande industrie : « Chacun sent, dit-il, que, chose étrange, il faudrait revenir à la propriété individuelle, mesurée à la dimension de l'homme pour restaurer la production, l'échange et même la monnaie. » Alain reste donc attaché à la petite propriété, à l'artisanat, à un individualisme peu compatible avec l'évolution de l'économie moderne. Il est intéressant de noter à cet égard qu'un jeune radical comme Claude Nicolet, qui approuve la politique d'Alain, juge fort sévèrement son économie : « Appliqué aux questions économiques (son) état d'esprit est totalement anarchique et petit bourgeois. »

Mais il ne semble pas légitime d'opposer, comme le fait Nicolet, l'économie (anachronique) d'Alain à sa politique (prophétique dénonciation de l'ère des tyrannies). La politique et l'économie d'Alain forment un tout cohérent. Elles expriment fidèlement l'idéal de la bourgeoisie, et notamment de la petite bourgeoisie provinciale, au temps des combats pour la république et du « péril clérical ».

Le radicalisme d'Alain date de la « belle époque », et il en est resté là. Sans doute — nous l'avons vu — le radicalisme d'Alain n'est-il pas tout le radicalisme. Mais entre le style de Clemenceau et le style d'Alain, la majorité des radicaux ont toujours opté, sauf durant de brèves périodes, pour le « citoyen contre les pouvoirs ».

Au fond le radicalisme français n'a guère bougé depuis « le petit père Combes » : selon la formule souvent citée, « les radicaux se trouvèrent fort dépourvus, quand la séparation fut venue ». La guerre de 1914-18 ne marque pas une coupure dans l'histoire du radicalisme. Elle n'amorce pas son renouvellement. Le radicalisme tend à devenir une forme de traditionalisme lié à un certain âge de la France, à un certain type d'économie rurale, à une certaine structure de la société, à un certain style de vie. L'histoire récente permet de douter que le radicalisme puisse aisément adopter un nouveau style (1).

Radicalisme et libéralisme : l'affaire Dreyfus. — Sans doute cependant, faut-il se garder de confondre libéralisme et radicalisme. Le radicalisme a pour objet d'organiser — ses adversaires diront : de monopoliser — le libéralisme. Mais dans certaines circonstances, les sentiments libéraux se manifestent avec ampleur hors des cadres du libéralisme organisé. C'est ainsi que l'affaire Dreyfus divise brusquement la France en deux camps. La« Ligue des droits de l'homme » date de cette époque, ainsi que le renouveau de prestige dont jouissent les écrivains engagés dans la mêlée politique pour la défense des libertés (Anatole France, Emile Zola). Les idées politiques de la France contemporaine restent, à beaucoup d'égards, marquées par l'affaire Dreyfus.

§ 2. Le libéralisme anglais

L'époque victorienne est dans l'ensemble une époque prospère. L'Angleterre jouit d'une suprématie industrielle qu'atteste d'une façon éclatante l'exposition de 1851. La guerre de Sécession provoque une crise dans l'industrie du coton, la misère subsiste, mais après l'échec du chartisme la classe ouvrière semble disposée à accepter le monde capitaliste.

Les luttes politiques sont dénuées de passion ; la réforme de 1867 intervient dans un climat bien plus paisible que celle de 1832 ; Gladstone et Disraeli se succèdent au pouvoir. L'Angleterre ne connaît pas de grands conflits sociaux ou moraux, elle ne remet pas en cause les principes du libéralisme politique. Il s'agit moins d'innover que de consolider. L'ère est aux vastes synthèses et aux compromis.

Mais le monde se transforme plus vite que le libéralisme anglais, et lorsque Spencer meurt en 1903 il apparaît comme un représentant d'une époque révolue.

Il faut donc distinguer plusieurs moments et plusieurs tendances dans l'histoire du libéralisme anglais de 1848 à 1914 :

a) Le scientisme de Spencer ;

b) La révision idéaliste du libéralisme par l'école d'Oxford ;

c) La découverte de l'impérialisme.

(1) Il est intéressant de noter que le poujadisme a repris certains thèmes d'Alain. Voir sur ce point Stanley Hoffmann (et divers auteurs), *Le mouvement Poujade*, A. Colin, 1956.

a) *Spencer ou le darwinisme politique.* — Aucun auteur n'a poussé plus loin qu'Herbert Spencer (1820-1903) la foi dans la science. Son œuvre est à ce titre extrêmement significative.

Les parents de Spencer étaient méthodistes et politiquement libéraux. Libéral lui-même, il s'est attaché pendant toute sa vie à fonder le libéralisme sur la biologie.

Ses principaux ouvrages intéressant la politique, sont la *Statique sociale* (1851), les *Premiers principes* (1862), les *Principes de sociologie et de morale* (1876-96) et surtout *L'individu contre l'Etat (The Man versus the State)* (1884). Voir aussi son *Autobiographie* publiée après sa mort, et *De l'éducation intellectuelle, morale et physique* (trad. fr., 1902).

Spencer identifie vie sociale et vie physique. La société est un organisme soumis aux mêmes lois que les organismes vivants. Le principe fondamental est celui de l'évolution, dont découle le principe d'adaptation : les organismes utiles se développent, tandis que les organismes inutiles s'atrophient ; ainsi par l'adaptation au milieu se réalisera le plus grand bonheur du plus grand nombre.

Il y a deux conceptions de l'évolution chez Spencer : 1) Le développement spontané d'une activité interne (comme chez les philosophes allemands) ; 2) L'adaptation à l'entourage, la résultante des conditions externes. La première conception apparaît nettement dans la *Statique sociale*, mais elle s'efface peu à peu devant la seconde.

Pour Spencer, l'évolution se confond avec le progrès. L'adaptation aux conditions externes a d'abord facilité la croissance des gouvernements militaires, mais le développement de l'industrie ne peut que favoriser la liberté et la paix.

Spencer ne cesse de dénoncer avec une infatigable indignation les méfaits de l'Etat et du gouvernement, qui se mêlent de ce qui ne les regarde pas. Dès 1853, dans un article intitulé « Trop de lois », publié dans la *Westminster Review*, il se livre à une charge contre les interventions de l'Etat et à un hymne à l'initiative privée. Même thèse dans un article de la *Fortnightly Review* en décembre 1871 : « De l'administration ramenée à sa fonction propre » : que l'état se borne à rendre la justice, il n'est pas bon à autre chose... Même thèse dans *L'individu contre l'Etat* (dont le titre fait penser au livre d'Alain, *Le citoyen contre les pouvoirs*) ; le gouvernement ne doit pas être autre chose qu'un « comité d'administration » : « La fonction du libéralisme dans le passé a été de mettre une limite aux pouvoirs des rois. La fonction du vrai libéralisme dans l'avenir sera de limiter le pouvoir des parlements. » Spencer ira même jusqu'à proposer la suppression des ministères de l'Agriculture, des Travaux publics et de l'Education nationale pour laisser à l'initiative privée le soin d'en remplir les charges.

Le libéralisme de Spencer reste donc ultramanchestérien, alors que l'Angleterre s'éloigne de plus en plus de la doctrine de Manchester. Nul écho dans son œuvre des problèmes que posent le développement du socialisme et l'essor de l'impérialisme. Il continue à vanter les bienfaits de l'épargne et de la prévoyance : « En général, l'homme imprévoyant en matière d'argent est aussi imprévoyant en politique, et les hommes prévoyants en politique se trouveront bien plutôt parmi ceux qui savent ménager leur argent (« La réforme électorale, dangers et remèdes », article publié par la *Westminster Review*, en avril 1860).

La confiance de Spencer dans l'évolution du monde le dispense d'évoluer lui-même. Il prétend justifier le libéralisme au nom d'un fatalisme évolutionniste et biologique ; ce faisant il utilise pour défendre le libéralisme les armes mêmes dont ses adversaires se servent pour l'attaquer.

Les rapports entre science et politique ont suscité en Angleterre une abondante littérature, dont nous ne pouvons ici entreprendre l'étude. Contentons-nous de citer les œuvres de T. H. Huxley *(Methods and Results, Ethics and Evolution)* ; B. Kidd *(Social Evolution)* ; D. G. Ritchie *(Darwinism and Politics)* ; W. Bagehot *(Physics and politics)* ; Graham Wallas *(Human Nature and Politics)*, etc.

Aux Etats-Unis, l'influence de Spencer et du « darwinisme social » a été profonde. Elle s'exerce surtout à travers William Graham Sumner (1840-1910) et Lester Ward (1841-1913). Cf. sur ce point le livre de Richard Hofstadter, *Social Darwinism in American thought*, Boston, Beacon Press, 1955, 248 p. Ce darwinisme social débouche, aux Etats-Unis comme en Angleterre, sur le thème de la prépondérance nationale et sur l'impérialisme.

b) *L'idéalisme libéral*. — A une époque où l'Etat se trouvait de plus en plus sollicité d'intervenir dans tous les domaines, le libéralisme de

Spencer semblait l'héritage d'une époque révolue ; une revision du libéralisme était inévitable. Les bases sociales et l'horizon intellectuel du libéralisme s'élargissent. Sur le plan de l'action politique, c'est Gladstone qui représente le mieux ce libéralisme élargi (cf. notamment sa campagne pour l'autonomie de l'Irlande).

Sur le plan de la philosophie politique, cette revision du libéralisme est principalement l'œuvre de l'école d'Oxford et notamment de Thomas Hill Green (1826-1882), dont l'œuvre la plus importante, les *Principes de l'obligation politique*, fut publiée après sa mort.

L'œuvre de Green procède d'une double influence, celle de la philosophie grecque et notamment de Platon d'une part, celle de la philosophie allemande et notamment de Kant et Hegel d'autre part. Sa pensée se situe fort loin du scientisme de Spencer. Il considère que la nature humaine est fondamentalement sociale et que la participation à la vie sociale est la plus haute forme du développement personnel. Les hommes sont soumis à l'intérêt général, qui est la conscience commune d'une fin commune. La politique est un arrangement pour créer les conditions sociales qui rendent possible le développement moral.

Green ne se contente donc pas d'une définition purement négative de la liberté, à la façon de Spencer et de l'école de Manchester. La liberté est positive : elle est pouvoir de faire, non pouvoir de détenir. Elle est définie : il s'agit de faire quelque chose de déterminé, non de faire n'importe quoi.

Aussi Green compte-t-il sur l'intervention de l'Etat pour assurer l'éducation nationale et la santé publique. Partisan de la tempérance, il souhaite que le commerce des boissons soit réglementé. Epris de justice sociale, il demande à l'Etat d'encourager le développement des syndicats, des coopératives, des sociétés mutualistes.

Le libéralisme de Green est un libéralisme de compromis. Il est acceptable non seulement par les socialistes (1) mais par les tories. Cette œuvre très abstraite est bien caractéristique d'une période où les luttes de partis et les controverses doctrinales s'estompent derrière une image idéale de la libre et puissante Angleterre.

De l'œuvre de Green peuvent être rapprochées celles de F. H. Bradley et de Bernard Bosanquet. Disciple de Green, Bosanquet tire son œuvre dans le sens de l'hégélianisme et de la prééminence de l'Etat sur les individus. Cette tendance à l'idéalisation de l'Etat, qui apparaît notamment dans le livre principal de Bosanquet, *The Philosophical Theory of the State* (1899), a été vivement critiquée par Léonard Hobhouse dans *The Metaphysical Theory of the State* (1918).

c) *Libéralisme et impérialisme.* — Ainsi le libéralisme anglais cesse sous le règne de la reine Victoria d'être la doctrine d'un parti pour devenir la philosophie d'une nation. Rien de fondamental n'oppose le programme des conservateurs à celui des libéraux ; à certains égards même, la politique du conservateur Disraeli est plus hardie que celle du libéral Gladstone ; la

(1) Nous verrons plus loin pp. 754 sqq., que l'idéalisme des fabiens n'est pas tellement différent de celui de Green.

fraction la plus dynamique du parti libéral, avec Joseph Chamberlain, se rapproche des conservateurs, et soutient ardemment une politique de grandeur impériale. Rompant avec le vieil état-major gladstonien de la « National Liberal Federation », qui se défie des aventures coloniales, lord Rosebery, à la tête des « impérialistes libéraux », appuie pendant la guerre des Boers la politique du gouvernement. Le libéralisme aboutit à l'impérialisme (1).

SECTION II. — Traditionalisme — Nationalisme — Impérialisme

§ 1. NÉO-TRADITIONALISME ET NATIONALISME EN FRANCE

Deux faits dominent l'histoire du traditionalisme français pendant la seconde moitié du XIXe siècle :

1) Les doctrines de Maistre et de Bonald n'inspirent que des cercles de plus en plus étroits, où le royalisme est avant tout un loyalisme. L'espoir d'une restauration devient si improbable que les tenants de la tradition doivent se mettre à la recherche de formules nouvelles.

2) Le Second Empire n'est pas parvenu à créer un style politique durable, à fonder une tradition. Sans doute l' « appel au soldat » restera-t-il une des tentations permanentes de la droite française, mais il serait excessif de présenter cette tentation comme un héritage bonapartiste.

C'est à deux anciens adversaires du Second Empire, à deux hommes que rien ne rattache à l'Ancien Régime, Taine et Renan, qu'il appartiendra de jeter les bases d'un néo-traditionalisme qui s'épanouira plus tard dans le nationalisme français.

A) LE CATHOLICISME SOCIAL

Un courant de catholicisme social (2) continue à se manifester, mais il semble possible de le mentionner brièvement, pour deux raisons :

a) L'encyclique *Quanta Cura* et le *Syllabus* (1864) ont porté un rude coup à ceux qui rêvaient de concilier les principes de l'Eglise et les libertés modernes. Les idées les plus répandues dans le monde catholique restent longtemps celles de Louis Veuillot (1813-1883) qui écrivait dans *L'univers*, le 27 décembre 1855 : « Le mot de liberté nous vient du pays des esclaves, il est sans usage dans un pays chrétien », ou encore : « La science est un de ces mots qu'on trouve comme des mèches incendiaires dans toutes les

(1) Sur l'impérialisme, voir plus loin pp. 701-708.
(2) Sur le catholicisme social avant 1848, voir plus haut pp. 546-550.

sociétés qui font explosion. » Au moment du 16 mai 1877, l'église catholique dans son ensemble livre bataille pour le régime de « l'ordre moral », comme elle luttera pendant l'affaire Dreyfus du côté de ceux qui défendent l'honneur de l'armée et de la « patrie française ». Ces deux batailles se termineront pour l'Eglise par deux défaites. D'où les mesures anticléricales de Jules Ferry et la loi de Séparation.

b) Plus nettement encore qu'avant 1848, catholicisme social et catholicisme libéral doivent être nettement distingués. Le Play et ses disciples sont des catholiques sociaux, mais leur pensée politique est foncièrement contre-révolutionnaire. De même, il serait tout à fait abusif de présenter comme un « Pape libéral » Léon XIII qui a exposé dans l'encyclique *Rerum novarum* (15 mai 1891) la doctrine sociale de l'Eglise et qui a conseillé aux catholiques français la politique du ralliement. Léon XIII a toujours tenu à séparer nettement problèmes politiques et problèmes sociaux, et il disait en 1885, dans l'encyclique *Immortale Dei* : « C'est au déplorable goût des nouveautés du XVIe siècle qu'il faut faire remonter les principes de liberté effrénée promulgués par la Révolution. » L'encyclique *Graves de communi* (1901) contient des affirmations du même ordre.

1) *Le Play*

L'œuvre de Frédéric Le Play (1806-1882), dont un petit groupe de fidèles entretient aujourd'hui encore le souvenir, est caractéristique d'une époque, le Second Empire, et d'un état d'esprit, le paternalisme.

Polytechnicien, ingénieur des mines, commissaire général de l'Exposition universelle de 1855, haut dignitaire du Second Empire, Le Play est un témoin attentif des transmutations sociales et il publie en 1855 un gros livre sur *Les ouvriers européens*. Sa principale œuvre de doctrine est *La réforme sociale* (1864).

Bien que Le Play soit catholique de conviction, il ne deviendra vraiment pratiquant qu'après 1879, et son influence — qui fut notable, non seulement en France mais à l'étranger — dépasse les limites des cercles catholiques. La « Société d'Economie sociale », fondée par Le Play en 1856, groupe des sénateurs, des banquiers, des hommes d'affaires dont beaucoup sont d'anciens saint-simoniens : Michel Chevalier, Arlès-Dufour, Emile Péreire, James de Rothschild, etc. Peut-être cette conjonction entre l'école de Le Play et le saint-simonisme n'a-t-elle pas été suffisamment soulignée.

L'œuvre de Le Play procède d'une sorte de positivisme catholique, d'un industrialisme éclairé ; les buts de la « Société d'Economie sociale », qui devait initialement s'appeler « Société des Etudes d'économie sociale et des améliorations pratiques » sont ainsi définis : « Fonder un avenir progressif pour les classes ouvrières sur l'étude consciencieuse de leur condition passée et présente. Mettre le confort à la portée des classes peu aisées, et le nécessaire à la portée des plus pauvres. Elever le peuple vers Dieu par le bien-être et la reconnaissance. »

Le Play, que Sainte-Beuve qualifie de « Bonald rajeuni », dénonce la pernicieuse philosophie du XVIIIe siècle et les « faux dogmes » de 1789. Il veut restaurer le principe d'autorité : autorité du père dans la « famille-souche », autorité du patron père de ses ouvriers, autorité du propriétaire, autorité de l'Etat qui doit gouverner peu et s'appuyer sur les communautés locales.

Le Play pense que la politique est subordonnée à la morale et à la religion ; les réformes intellectuelles et morales lui paraissent plus importantes que les réformes politiques et économiques. Son œuvre à cet égard concorde avec celles de Taine et de Renan, dont l'inspiration diffère de la sienne mais dont les conclusions sont souvent identiques.

2) *Catholicisme social et catholicisme libéral avant 1914*

Les principaux représentants du catholicisme social ne sont nullement des démocrates : pas plus le marquis de La Tour du Pin, le doctrinaire, qu'Albert de Mun, l'orateur, ou Léon Harmel, le patron réalisateur. Ils sont partisans d'une sorte de corporatisme chrétien, selon le titre de l'ouvrage publié par Harmel en 1877 : *Manuel d'une corporation chrétienne* ; encore Harmel est-il républicain alors que La Tour du Pin reste fidèle à la monarchie.

Ces essais de catholicisme social restent isolés ; ils ne provoquent pas de réalisations spectaculaires et ne suscitent pas un large mouvement d'opinion.

Plus importante sans doute et d'un tout autre caractère fut la tentative du Sillon, avec Marc Sangnier, qui chercha à mener de front action sociale catholique et action démocratique, et qui conquit une assez large audience dans le bas clergé.

Mais le Sillon fut condamné par le pape Pie X en août 1910, et à la veille de 1914 ni le catholicisme social ni la démocratie chrétienne ne pouvaient être considérés comme des forces organisées. L'influence de Taine avait été beaucoup plus efficace que celle de Le Play ou des « abbés démocrates ».

B) Les fondateurs du néo-traditionalisme : Taine et Renan

1) *Taine*

Taine (1828-1893) appartient à une famille de bourgeoisie provinciale sans aucune attache avec l'Ancien Régime. Il n'est ni catholique, ni royaliste. Il fait longtemps figure d'universitaire libéral, adversaire du Second Empire. C'est après la Commune qu'il écrit sa grande œuvre d'histoire *Les origines de la France contemporaine* (1875-1893), dans laquelle il oppose les bienfaits de la tradition aux catastrophes dont sont responsables les Jacobins.

Mais ce serait déformer gravement la réalité que de représenter Taine comme un libéral qui devient conservateur par peur de la Commune : « Un conservateur épouvanté et furieux », dit non sans excès Aulard. La pensée de Taine a certainement évolué, comme celle de Renan et de nombre de ses contemporains, après la guerre de 1870-71, mais il est resté fidèle du début à la fin de son œuvre à un petit nombre de principes qui constituent les bases d'un traditionalisme positiviste et scientiste qui devait être appelé à une large diffusion.

Déterminisme. — La pensée de Taine est rigoureusement déterministe. Il attache la plus grande importance à la race, au milieu, au moment, et il applique ses théories à la critique littéraire dans *La Fontaine et ses fables* : longues considérations sur les ancêtres de La Fontaine, sur le fait qu'il est né à Château-Thierry, etc. Taine fait grand cas de la botanique et « Thomas Graindorge », son héros, s'écrie : « Ce que j'aime le plus au monde, ce sont les arbres (1). »

Dans une lettre à Cornelis de Witt en 1864, Taine déclare qu'il a poursuivi jusqu'alors une idée unique : « (Cette idée) est que tous les sentiments, toutes les idées, tous les états de l'âme humaine sont des produits ayant leurs causes et leurs lois, et que tout l'avenir de l'histoire consiste dans la recherche de ces causes et de ces lois. L'assimilation des recherches historiques et psychologiques aux recherches physiologiques et chimiques, voilà mon objet et mon idée maîtresse. »

Taine est un grand admirateur de la science allemande ; il déclare, avant 1870, que l'Allemagne est sa seconde patrie, que Hegel est le premier penseur du siècle. D'autre part, il écrit une *Histoire de la littérature anglaise* (1864) ainsi qu'une étude sur Stuart Mill dont il dit : « On n'a rien vu de semblable depuis Hegel. »

Dans sa préface à ses *Notes sur l'Angleterre* (datée de novembre 1871), Taine marque sa préférence pour une conception britannique d'une politique modeste et pratique : « Un Français rapportera toujours d'Angleterre cette persuasion profitable que la politique n'est pas une théorie de cabinet applicable à l'instant, tout entière et tout d'une pièce, mais une affaire de tact où l'on ne doit procéder que par atermoiements, transactions et compromis. »

Taine a une égale horreur de l'abstraction, de l'étatisme et de ce qu'il appelle la « démocratie épaisse » ; son hostilité

(1) Sur l'arbre dans la littérature traditionaliste, voir plus haut, pp. 538-539.

au Second Empire et à la Commune procède d'une même horreur de la démocratie plébiscitaire. « Prenons garde, écrit-il, aux accroissements de l'Etat et ne souffrons pas qu'il soit autre chose qu'un chien de garde. »

Taine poursuit les Jacobins d'une aversion sans mesure, qui transforme les *Origines* en un véhément pamphlet (Taine est pour Georges Pompidou, « un Tacite qui aurait lu Darwin »). Il leur reproche avant tout d'être des théoriciens, des hommes qui ignorent les réalités, ce qu'on appellera bientôt des « intellectuels ». Le gouvernement révolutionnaire lui paraît « le triomphe de la raison pure et de la déraison pratique »... « C'est une scolastique de pédants débitée avec une emphase d'énergumènes... »

Le bon gouvernement selon Taine. — Les remèdes proposés par Taine sont :

a) *L'éducation.* La politique pour Taine est essentiellement une pédagogie. S'il s'abstient de voter aux élections de 1849, c'est parce qu'il n'aperçoit pas de raison manifeste pour choisir entre des théories opposées. Mais ce n'est pas aux individus qu'il appartient de choisir : « D'avance la nature et l'histoire ont choisi pour nous » (préface des *Origines*). Etudier la nature et l'histoire des sociétés est donc le principe de toute politique.

b) *Le recours aux élites,* qui sont avant tout pour Taine les élites de l'intelligence. Cf. le rôle assigné par Taine à l'Ecole libre des Sciences politiques que fonde Emile Boutmy en 1871 ; cf. aussi sa brochure *Du suffrage universel et de la manière de voter* (décembre 1871), dans laquelle il préconise un système à deux degrés pour limiter dans la mesure du possible les entraînements néfastes d'un électorat non éclairé.

c) *L'association,* sous toutes ses formes, est pour Taine le plus sûr moyen de favoriser l'éducation civique et morale et de lutter contre l'emprise de l'Etat. Taine insiste sur l'importance des fonctions municipales, des sociétés savantes, des groupements de bienfaisance ; il est résolument partisan de la décentralisation.

Rien de très original dans ces thèses décentralisatrices, abondamment soutenues par Tocqueville, et avant lui par bien des auteurs d'inspiration libérale. Mais l'esprit de Taine est profondément différent de celui de Tocqueville et des théoriciens des corps intermédiaires : une certaine pesanteur de parfait élève (voir l'amusant portrait de Taine par Sarcey dans ses *Souvenirs de jeunesse*), une attitude sans complaisance, et même parfois sans compréhension, à l'égard des institutions et des hommes de l'Ancien Régime, un positivisme obstiné.

Bien que l'œuvre de Taine soit essentiellement conservatrice, l'esprit qui l'anime est très proche de celui qui inspire les fondateurs de l'Université républicaine. Aussi Taine, vers la fin de sa vie, est-il — la remarque est de Maxime Leroy — débordé sur sa droite (où on lui demande d'être catholique) et sur sa gauche (où on lui demande d'être plus qu'un républicain résigné).

2) *Renan*

Ce n'est pas une doctrine qu'apporte Renan (1823-1892) au traditionalisme, mais un style. Ce style marque une rupture avec le pédantisme positiviste, non sans verser dans une autre forme de pédantisme, subtil mélange de dilettantisme et d'inquiétude religieuse.

Dans la préface de *L'avenir de la science*, Renan, à 67 ans, évoque « le petit Breton consciencieux qui, un jour, s'enfuit épouvanté de Saint-Sulpice, parce qu'il crut s'apercevoir qu'une partie de ce que ses maîtres lui avaient dit n'était peut-être pas vrai ». Comme Lamennais, Renan est resté profondément marqué par la foi de son enfance (cf. ses *Souvenirs d'enfance et de jeunesse*, qui contiennent la fameuse *Prière sur l'Acropole*). L'essentiel de son œuvre est constitué par son *Histoire des origines du christianisme*, son *Histoire du peuple d'Israël*, ses *Etudes d'histoire religieuse*, etc. La politique n'y apparaît qu'incidemment, comme une activité impure.

α) Dans *L'avenir de la science*, Renan développe l'idée que la philosophie gouvernera un jour le monde et que la politique disparaîtra : la révolution qui renouvellera l'humanité sera religieuse et morale, non politique. Ce livre, écrit par un homme de 25 ans, est un hymne à la science qui doit se substituer à la religion pour expliquer à l'homme son mystère, un appel aux savants dont dépendra le gouvernement des peuples. Il est intéressant de noter que ce livre écrit dans l'enthousiasme de 1848 n'a été publié qu'en 1890 et que Renan, dans sa préface, marque la plus nette réserve à l'égard de l'optimisme scientiste qui inspirait son œuvre : « Tout en continuant de croire que la science seule peut améliorer la malheureuse condition de l'homme ici-bas, je ne crois plus la solution du problème aussi près de nous que je le croyais alors. L'inégalité est écrite dans la nature. »

β) La *Réforme intellectuelle et morale de la France* (1871), est une méditation sur la défaite et sur la décadence française : la France a mérité sa défaite, elle expie la Révolution, mais cette défaite peut être l'origine de son renouveau si elle sait en comprendre les raisons profondes. La principale de ces raisons est la décadence intellectuelle et morale causée par la démocratie : « Un pays démocratique ne peut être bien gouverné, bien administré, bien commandé. » La masse ne se soucie que de son bien-être, la France a perdu toutes qualités guerrières.

Après les maux, les remèdes. Il faut imiter la Prusse après Tilsitt, la France doit se corriger de la démocratie. Renan indique quelques réformes politiques : canalisation du suffrage universel par un système de vote plural à deux degrés, institution d'une Chambre des intérêts et des capacités, décentralisation, colonisation. Mais la véritable réforme pour Renan est « intellectuelle et morale » : réforme de l'enseignement et notamment de l'enseignement supérieur afin de « former par les universités une tête de société rationaliste, régnant par la science, fière de cette science et peu disposée à laisser périr son privilège au profit d'une foule ignorante ».

Après cette œuvre ondoyante, hautaine et morose, Renan finit par accepter la république, mais son ralliement même est ondoyant, hautain et morose, il se manifeste dans *Caliban* (1878) : Caliban, « esclave brutal et difforme » devient chef du peuple de Milan. Il est bien déplaisant, mais il respectera la propriété, il a le mérite d'être anticlérical. « Ma foi, vive Caliban !... »

γ) Le 11 mars 1882, Renan fait à la Sorbonne la célèbre conférence intitulée *Qu'est-ce qu'une nation ?*, qui constitue la charte d'un certain nationalisme français.

Charte ambiguë :

1) Une conception spiritualiste et volontariste de la nation : « Une nation est une âme, un principe spirituel » (pour Renan, comme pour Michelet, une nation exige « la volonté de vivre ensemble » ; ainsi « l'existence d'une nation... est un plébiscite de tous les jours ») ;

2) Le vocabulaire le plus bourgeois, un style de notaire (« La possession en commun d'un riche legs de souvenirs. » « ... Faire valoir l'héritage qu'on a reçu indivis. » « Voilà le capital social sur lequel on assied une idée nationale »).

Cette ambiguïté se retrouve chez Barrès.

C) Le nationalisme français

Encore qualifié de néologisme en 1874 dans le *Larousse*, le terme de nationalisme devient d'un usage courant dans les vingt dernières années du XIXe siècle, notamment sous l'influence de Barrès *(Scènes et doctrines du nationalisme)*.

Mais ce nationalisme français de la fin du XIXe siècle et du début du XXe siècle est très différent du nationalisme libéral et romantique d'un Mazzini ou d'un Michelet (1).

Depuis l'époque du *National* jusqu'à Gambetta, c'est l'opposition libérale et républicaine qui faisait de l'exaltation patriotique un de ses thèmes favoris et qui accusait régulièrement le pouvoir (celui de Napoléon III comme celui de Louis-Philippe) de trahison ; la Commune de 1871 avait montré la force du patriotisme populaire. Mais après la défaite et l'annexion de l'Alsace-Lorraine, se développe un nouveau nationalisme cocardier, antiparlementaire, antisémite, protectionniste et conservateur, qui est né d'une réflexion sur la décadence et sur les conditions d'une revanche. Le nationalisme change non seulement de style mais de camp : la « Ligue des patriotes » a des origines gambettistes ; elle naît à gauche avec la bénédiction des pouvoirs publics ; *L'Action française* n'acceptera jamais Déroulède en qui elle voit une sorte de « bonapartiste de la Restauration ».

(1) Voir plus haut, pp. 534-537.

DEUX AGES DU NATIONALISME. — 1) Le nationalisme de 1900 est réaliste, militariste, tourné vers l'Alsace-Lorraine. Le patriotisme de Michelet était mystique ; lorsqu'il parlait de la France, il se plaisait à évoquer non point sa force mais sa faiblesse, son désintéressement.

2) Alors que Michelet avait été séduit par le « mirage allemand », le nationalisme français de 1900 est foncièrement hostile à l'Allemagne. Après un nationalisme humanitaire, un nationalisme xénophobe. Drumont, auteur de *La France juive* (1886) et de *La fin d'un monde* (1889) prend la relève de Toussenel : l'antisémitisme comme le nationalisme passe de gauche à droite.

3) Michelet croyait à l'unité profonde de la France, sa pensée était centralisatrice. Au contraire, le nationalisme de 1900 est décentralisateur, régionaliste ; Maurras, Barrès, Péguy lui-même évoquent volontiers leurs origines provinciales.

4) Enfin, le patriotisme de Michelet était un patriotisme populaire, tandis que les nationalistes de 1900 croient à la vertu des élites, aux bienfaits de l'ordre.

Les deux grands événements dans l'histoire du nationalisme français entre 1871 et 1914 sont le boulangisme et l'affaire Dreyfus. C'est autour de 1900 que le nationalisme français, comme le radicalisme, forme sa doctrine, arrête son vocabulaire et constitue l'arsenal de ses symboles. Comme le radicalisme, le nationalisme français reste profondément marqué par les conditions de l'époque où il s'est formé.

SOCIOLOGIE DU NATIONALISME. — Si on voulait esquisser une sociologie du nationalisme, il serait intéressant de comparer la clientèle du boulangisme à celle de la Ligue des patriotes et à celle de *L'Action française*. Une telle étude est particulièrement difficile, mais si elle pouvait être menée à bien, elle permettrait sans doute de vérifier que la clientèle du boulangisme est (sociologiquement et politiquement) beaucoup plus diversifiée que celle de la Ligue des patriotes, qui est elle-même sensiblement plus variée que celle de l'A.F. (elle-même plus variée avant 1914 qu'après 1918 et après la condamnation par Rome). Les bases sociales du nationalisme français paraissent donc se rétrécir jusqu'à la guerre de 1939, mais de minutieux travaux seraient nécessaires pour vérifier ou pour infirmer cette hypothèse. Et l'A.F. n'est pas tout le nationalisme français.

1) *Barrès*

Contrairement à Taine et à Renan, ses deux maîtres, Barrès (1862-1923) a eu une carrière politique.

Cette carrière est placée tout entière sous le signe du nationalisme. Barrès est boulangiste *(L'appel au soldat)*. Pendant l'affaire de Panama il se déchaîne contre la majorité parlementaire *(Leurs figures)*. Il est passionnément antidreyfusard *(Scènes et doctrines du nationalisme)*. En 1906, après quatre échecs aux élections il est élu par le quartier des Halles et sera jusqu'à sa mort un député consciencieux (« Cette grande âme, le Parlement », écrit-il dans ses *Cahiers*). Il entretient le culte des provinces perdues *(Les bastions de l'Est)*. Il se donne pour tâche de préparer la France à la guerre, puis de soutenir le moral français et d'exalter l'unanimité nationale *(Les chroniques de la Grande Guerre, Les familles spirituelles de la France)*. Après la guerre, il soutient la politique rhénane de Poincaré.

Barrès a donc été étroitement associé à la victoire de 1918. Mais politiquement il a presque toujours appartenu au camp vaincu : les boulangistes sont des vaincus, la Ligue de la patrie française est vaincue par la défense républicaine et le combisme. Le « bloc national » sera vaincu par le Cartel.

LE NATIONALISME DE BARRÈS. — Barrès a voulu donner au nationalisme une doctrine. Il lui a donné un style. C'est le Chateaubriand du nationalisme.

Trois thèmes dominent le nationalisme barrésien : l'énergie, la continuité et la hiérarchie.

1) *Le sentiment de l'énergie.* — Barrès qui avait lui-même un tempérament fiévreux et délicat a eu toute sa vie l'amour de l'énergie. Le « culte du moi » est un effort de Barrès pour développer pleinement les énergies latentes dont il sent en lui la présence. Le nationalisme est une tentative analogue, sur un autre plan, pour rendre à la France, la conscience de sa force : ce n'est point par hasard que Barrès a groupé ses trois romans *Les déracinés*, *L'appel au soldat* et *Leurs figures* sous le titre *Le roman de l'énergie nationale.* C'est ce culte de l'énergie qui explique sa préférence pour Sparte, son amour de l'Espagne, son aversion pour les professeurs et son exclamation ! « L'intelligence, quelle petite chose à la surface de nous-mêmes. » Il tourne en dérision le « manifeste des intellectuels » au moment de l'affaire Dreyfus. Le substantif « intellectuel » date de cette période, ainsi que l'habitude prise par la droite d'accuser les intellectuels d'être des théoriciens et de mauvais Français.

2) *L'enracinement.* — Barrès considère que l'énergie dont la France a besoin ne peut venir que du passé national, de la terre et des morts. Il s'assigne comme mission de redonner aux Français le sentiment des traditions françaises, de les enraciner sur le sol de France. D'où l'importance du thème de l'arbre et des métaphores végétales chez Barrès. Le nationalisme de Barrès est xénophobe, antisémite, protectionniste, régionaliste. Derniers mots du *Roman de l'énergie nationale* : « Etre de plus en plus Lorrain, être la Lorraine. »

3) La philosophie de Barrès est une *philosophie d'héritier* (Thibaudet), une philosophie de grand bourgeois croyant aux convenances et aux bienfaits de l'étape (pour reprendre le titre d'un des romans les plus « réactionnaires » de Paul Bourget). Des sept jeunes Lorrains « déracinés » quatre tournent bien : les riches ; trois tournent mal : les pauvres. Ainsi Barrès définit-il la nation dans les mêmes termes que Renan : « Une nation, c'est la possession en commun d'un antique cimetière et la volonté de faire valoir cet héritage indivis. »

Le nationalisme de Barrès part donc de l'énergie pour aboutir à l'héritage. Initialement, c'est un appel à l'exaltation individuelle (« C'est... un traité que nous proposons aux vies individuelles avec la poésie, ou, si vous préférez, avec la moralité. C'est un moyen d'anoblissement. C'est le plus pressant moyen d'aider au développement de l'âme »). Et tout se termine par le respect de l'ordre établi et par « un nationalisme de défense territoriale » (J.-M. Domenach).

Barrès ne doit pas être confondu avec sa doctrine. Il y a chez lui un dialogue constant entre une âme masculine et une âme féminine, entre Taine et Renan, entre Roemerspacher et Sturel, entre « la chapelle et la prairie ». Ce dialogue est le chant profond de Barrès, qu'il faut découvrir derrière les fanfares patriotiques. Ses « Cahiers » constituent à cet égard un témoignage irremplaçable.

Le ton, le style barrésiens sont toujours vivants et on constate même aujourd'hui un symptomatique « retour à Barrès » (cf. le livre de J.-M. Domenach). Mais sa doctrine est celle d'une France qui se rétracte, qui se replie sur elle-même. Elle est contemporaine du protectionnisme de Méline.

2) *Péguy*

C'est aussi une poésie, non une doctrine, qu'apporte Péguy (1873-1914) au nationalisme français. Péguy et Barrès se sont trouvés dans des camps opposés pendant l'affaire Dreyfus, mais ils croient profondément à quelques valeurs communes.

Pour Péguy, la France est une somme, un aboutissement, le lieu de rencontre des traditions antiques, des traditions chrétiennes et des traditions révolutionnaires. Péguy, qui a lu Michelet, intègre la Révolution dans la tradition française. Il est convaincu que la France a deux vocations dans le monde : vocation de chrétienté et vocation de liberté. Jeanne d'Arc, son héroïne préférée, est une sainte française.

Péguy revient inlassablement aux mêmes thèmes : le peuple de l'ancienne France, le travail parfait des artisans, les ouvriers qui allaient à leur travail en chantant, la Sorbonne qui trahit l'intelligence française, Jeanne d'Arc, les soldats de Valmy, l'affaire Dreyfus, mystique et politique, misère et pauvreté, ordre et ordonnance, honneur et bonheur, époques et périodes, ordre intellectuel et ordre temporel, héros et saints, la communion des saints, le mystère de l'incarnation, la petite fille Espérance...

Péguy n'a eu de son vivant que peu d'influence. Mais son œuvre a été ultérieurement tirée dans des sens opposés : par la Résistance (cf. la brochure des« Editions de Minuit», *Péguy-Péri*), mais surtout par la Révolution nationale, qui s'est attachée à présenter Péguy comme un de ses doctrinaires et à expurger son œuvre de ses ferments impurs... En fait, Péguy était un solitaire qui ne se laissait pas aisément enrôler. Comme Léon Bloy et comme Bernanos.

3) *Maurras*

Le nationalisme de Péguy assume l'ensemble de la tradition française, et Barrès lui-même ne récuse pas l'héritage de la Révolution. Mais voici qu'apparaît avec Maurras et l'école de *L'action française*, « organe du nationalisme intégral », une autre forme de nationalisme : un nationalisme qui choisit et exclut.

Charles Maurras (1868-1952) est le fondateur du nationalisme positiviste. Au sentimentalisme barrésien s'oppose le positivisme de Maurras.

Maurras considère la politique comme une science et il la définit ainsi : « la science et les conditions de la vie prospère des communautés ». Sa « politique naturelle » est une politique scientifique, c'est-à-dire une politique fondée sur la biologie et sur l'histoire (qui sont pour lui les deux sciences de base). Pour Maurras comme pour tous les théoriciens de la Contre-Révolution, Burke, Maistre, Taine, la nature se confond avec l'histoire. Lorsqu'il écrit que les sociétés sont « des faits de nature et de nécessité », il veut dire qu'il faut se conformer aux leçons de l'histoire : « Notre maîtresse en politique c'est l'expérience. » De telles affirmations ne sont pas neuves ; mais ce qui distingue Maurras de Maistre et des théocrates, c'est le recours à la biologie ; ici se manifeste l'influence du comtisme et du darwinisme. Un des développements de *Mes idées politiques* est intitulé « De la biologie à la politique ». Si Maurras préconise le recours à la monarchie, ce n'est nullement parce qu'il croit au « droit divin des rois ». Il récuse cet argument théologique et prétend ne recourir qu'à des arguments scientifiques : la biologie moderne a découvert la sélection naturelle, c'est donc que la démocratie égalitaire est condamnée par la science ; les théories transformistes mettent au premier plan le principe de continuité : quel régime mieux que la monarchie peut incarner la continuité nationale ?

La monarchie selon Maurras. — La monarchie selon Maurras est traditionnelle, héréditaire, antiparlementaire et décentralisée.

1. *Traditionnelle et héréditaire.* — Ces deux caractères résultent immédiatement de la « politique naturelle ». « Tradition veut dire transmission », transmission d'un héritage. Maurras parle du « devoir d'hériter » ainsi que « du devoir de léguer et de tester ». Il souligne les bienfaits de l'« institution parentale » : « Les seuls gouvernements qui vivent longuement, écrit-il dans la préface de *Mes idées politiques*, les seuls qui soient prospères, sont, toujours et partout, publiquement fondés sur la forte prépondérance déférée à l'institution parentale. » Il est partisan d'une noblesse héréditaire, il conseille aux fils de diplomates d'être diplomates, aux fils de commerçants d'être commerçants, etc. La mobilité sociale lui paraît provoquer une déperdition du « rendement humain » (expression bien scientiste dont il se sert dans *L'enquête sur la monarchie*).

2. *Antiparlementaire.* — La doctrine de Maurras est moins monarchique qu'antidémocratique et antiparlementaire. Sur ce thème, il s'exprime infatigablement, en 1590 comme en 1900 : sa pensée est formée une fois pour toutes. Il s'en prend au respect du nombre et au mythe de l'égalité (l'inégalité est pour

lui naturelle et bienfaisante), au principe de l'élection (contrairement à ce que croient les démocrates, « le suffrage universel est conservateur »), au culte de l'individualisme. Il dénonce le « panjurisme » démocratique, qui ne tient aucun compte des réalités. Il attaque avec une particulière violence les instituteurs, les Juifs, les démocrates chrétiens. Il affirme qu'il n'y a pas un Progrès mais des progrès, pas une Liberté mais des libertés : « Qu'est-ce donc qu'une liberté ? — Un pouvoir. »

D'autre part Maurras déteste le « règne de l'argent », les financiers, les capitalistes. Il souligne les liens entre démocratie et capitalisme ; son traditionalisme est antibourgeois ; sur ce point, il est d'accord avec Péguy (cf. *L'argent* et *L'argent (suite)*) et sa doctrine est en harmonie avec les sentiments des hobereaux plus ou moins ruinés qui constituaient souvent les cadres locaux de *L'action française* (journal quotidien à partir de 1908).

3. *Décentralisé.* — Maurras est un adversaire obstiné de la centralisation napoléonienne. Cette centralisation, qui a pour conséquence l'étatisme et la bureaucratie, est inhérente au régime démocratique. Les républiques ne durent que par la centralisation, seules les monarchies sont assez fortes pour décentraliser. Décentralisation territoriale sans doute, mais aussi et surtout décentralisation professionnelle, c'est-à-dire corporatisme. Il faut redonner une vie nouvelle aux corps de métier, à toutes ces communautés naturelles dont l'ensemble forme une nation. C'est ainsi que Maurras, en 1937, salue avec enthousiasme le fascisme : « Qu'est-ce que le fascisme ? — Un socialisme affranchi de la démocratie. Un syndicalisme libéré des entraves auxquelles la lutte des classes avait soumis le travail italien. »

La conclusion de Maurras est le « nationalisme intégral », c'est-à-dire la monarchie : sans la monarchie, la France périrait. Le fameux « politique d'abord » ne signifie pas que l'économie a moins d'importance que la politique, mais qu'il faut commencer par réformer les institutions : « Ne pas se tromper sur le sens de « politique d'abord ». L'économie est plus importante que la politique. Elle doit donc venir après la politique, comme la fin vient après le moyen. »

HAINES ET INFLUENCES. — Maurras a une notion précise du bien et du mal ; sa pensée politique est volontiers manichéenne.

1) Il n'aime pas la Bible qui lui paraît un foyer d'anarchie ; ce n'est pas lui qui songerait à tirer de l'Ecriture Sainte une politique. Il abhorre la mystique et notamment la mystique juive. Son christianisme est avant tout respect de l'ordre et de la hiérarchie. C'est un « catholicisme sans christianisme ».

2) Il déteste les trois R : Réforme, Révolution, Romantisme ; la Révolution « n'est que l'œuvre de la Réforme reprise et trop cruellement réussie » ; le romantisme « n'est qu'une suite littéraire, philosophique et morale de la Révolution ».

3) Au traditionalisme romantique de Chateaubriand ou de Barrès, Maurras substitue donc une pensée classique, éprise de raison et de mesure, une pensée méditerranéenne : « Cette pensée de Maurras qui sent le pin et l'olivier, la cigale et le soleil. » « Nationalisme athénien », dit Thibaudet, qui souligne également l'influence de l'ordre romain sur la doctrine de Maurras.

4) Maurras cite Maistre, Bonald, Taine, Renan, Barrès (« Sans Barrès, que serais-je devenu ? »), « le grand Le Play ». Il appelle Comte « le maître de la philosophie occidentale ».

Maurras a dit beaucoup de mal du XIXe siècle ; mais c'est au XIXe siècle qu'appartient l'essentiel de sa pensée.

DEUX NATIONALISMES. — La France avait le choix entre deux formes de nationalisme : celui de Barrès et celui de Maurras. Elle a opté pour Maurras, et ce choix a eu de sérieuses conséquences.

L'Action française a retranché de la république une large fraction de la droite. Elle lui a imposé une doctrine qui était entièrement formée dès *L'enquête sur la monarchie* et qui s'interdisait d'évoluer. Elle a constitué une école de pensée qui s'est spécialisée dans l'anathème contre tout ce qui lui était étranger. Elle a posé aux catholiques un lourd cas de conscience lors de la condamnation par Rome (1926). Elle a eu une incontestable influence dans la jeunesse étudiante et a laissé sans emploi l'enthousiasme qu'elle avait suscité. Elle a prêché à la jeunesse le culte de la force et lui en a décommandé l'usage lorsque le pouvoir était à prendre (cf. l'indignation de Rebatet, dans *Les Décombres*, devant la prudence de Maurras au soir du 6 février 1934 ; cf. aussi le témoignage de Brasillach, dans *Notre avant-guerre*). Elle a entretenu dans les provinces de France un noyau d'irréductibles, dissimulant mieux leur appauvrissement que leur aigreur à l'égard de la république et du monde moderne. Et ces fidèles, pour la plupart étrangers aux réalités de la politique, ont souvent cru en juin 1940 que l'histoire leur donnait raison.

Tel est le drame du maurrasisme. Maurras et ses fidèles (notamment Bainville) n'ont cessé de dénoncer le péril allemand. Mais la victoire de l'Allemagne leur est apparue d'abord comme une défaite de la république, comme l'éclatante confirmation de leurs thèses. Sans doute, les maurrassiens ne sont-ils pas brusquement devenus germanophiles, nombre d'eux ont rejoint la résistance. Mais le maurrasisme a été rudement frappé par la « divine surprise » de 1940.

§ 2. Vers l'impérialisme

A) L'Allemagne. Du nationalisme au pangermanisme

Le nationalisme qui s'épanouit en Allemagne avant et après l'unité allemande est très différent du nationalisme qui se manifeste en France après la défaite de 1870-71. Il est également très différent du nationalisme qui avait pris des formes très diverses dans l'Italie du Risorgimento, le nationalisme de Cavour s'opposant à celui de Mazzini qui ne se confond pas avec celui de Gioberti ou de Garibaldi.

En Allemagne rien de tel : les *Discours à la nation allemande* de Fichte (1) annonçent le *Système national d'économie politique* de List ; Treitschke écrit l'histoire que fait Bismarck ; les œuvres de doctrine appuient la politique des gouvernements ; le pangermanisme est l'aboutissement d'un siècle de nationalisme.

L'histoire selon Treitschke

Le nationalisme prussien s'exprime avec une franchise particulièrement brutale dans l'œuvre de Treitschke (1834-1896). Cette rudesse est d'autant plus notable que Treitschke est un historien et que ses premières œuvres manifestaient des tendances libérales ainsi que le souci des libertés locales. Le nationalisme de Treitschke n'est pas totalitaire ; il est romantique, teinté de mysticisme religieux. Treitschke hait le matérialisme bourgeois de l'école manchestérienne et il n'a que sarcasmes pour les théoriciens de la loi naturelle. Il a le culte du peuple allemand, l'amour de la grandeur,

(1) Voir plus haut, pp. 492-494.

le goût de la force. L'Etat, pour lui, est avant tout pouvoir et puissance ; ses principaux fondements sont l'aristocratie et la paysannerie. Treitschke déteste les Juifs, les Anglais ; il croit à la prééminence de la race allemande, à la nécessité d'une politique d'expansion, aux bienfaits de la guerre : « La grandeur de l'histoire réside dans le conflit perpétuel des nations. »

Le nationalisme allemand et le pangermanisme

Le nationalisme allemand présente cette double particularité d'être à la fois dogmatique et populaire. Il repose sur un ensemble de croyances qui apparaissent dans les œuvres de doctrine, qui inspirent l'action des hommes d'Etat et qui se retrouvent dans les secteurs les plus divers de l'opinion (1) :

1° La prédestination métaphysique, l'idée que l'Allemagne a une mission spirituelle qu'elle seule peut accomplir. Ce thème se rencontre chez Fichte (« Ce qu'est une nation et que les Allemands seuls sont une nation »), chez Hegel (« Comment le peuple allemand est prédestiné à réaliser le christianisme »), chez le catholique Goerres (1776-1848).

2° L'héritage historique, qui allie deux traditions étroitement prussiennes et deux traditions allemandes :
— la Prusse continuatrice de l'Ordre teutonique ;
— la grandeur militaire prussienne et le culte de Frédéric II ;
— le prestige du Saint-Empire ;
— les souvenirs de la Hanse belliqueuse et commerçante.

3° La prédestination biologique, l'idée que la race allemande est d'une qualité supérieure. On sait la place que tient ce thème dans l'œuvre de Richard Wagner (1813-1883) et dans les écrits de son gendre Houston Stewart Chamberlain dont les *Fondements du XIXe siècle* parurent en 1899. Mais le thème est déjà chez List (« La race germanique, cela ne fait aucun doute, a été désignée par la Providence, à cause de sa nature et de son caractère même pour résoudre ce grand problème : diriger les affaires du monde entier, civiliser les pays sauvages et barbares et peupler ceux qui sont encore inhabités ») et chez de nombreux auteurs, dont Bismarck : « Quand vous avez affaire à vos rivaux slaves..., gardez toujours la

(1) Nous suivons ici de près les analyses de Charles ANDLER dans ses *Origines du pangermanisme.*

conviction profonde... que vous êtes au fond leurs supérieurs et que vous l'êtes à jamais » (Discours à une députation de Styrie, 15 avril 1895).

4° Le déterminisme historico-géographique des géopoliticiens. Friedrich Ratzel (1844-1904) publie en 1897 sa *Géographie politique* dont il tire aussitôt la conclusion pratique en affirmant que l'Allemagne a un besoin vital d'une flotte puissante ; le Suédois Kjellen invente le terme de géopolitique et expose en 1916 les principes de cette science nouvelle. Ainsi se forme en Allemagne une école de « géopoliticiens » dont le chef est le général Haushofer.

5° Ce nationalisme pangermaniste s'achève naturellement par l'exaltation de la guerre, non seulement inévitable mais bienfaisante : « Aucun idéalisme politique réel, affirmait Treitschke, n'est possible sans l'idéalisme de la guerre. » En 1906, Klaus Wagner consacre à la théorie de la guerre un livre entier dont le titre est bien caractéristique d'une époque positiviste : « La guerre, essai de politique évolutionniste. »

Le pangermanisme qui s'épanouit dans l'Allemagne de Guillaume II répond aux exigences économiques d'un pays en pleine croissance industrielle. Mais il plonge ses racines dans une idéologie nationaliste dont les traits marquants apparaissent avant l'industrialisation de l'Allemagne.

Le pangermanisme se manifeste à la fois sur le continent et dans les colonies. Libéraux et conservateurs se retrouvent à la Ligue pangermaniste (Alldeutscher Verband) et communient dans une même ferveur nationaliste. Le 31 août 1907, Guillaume II déclare à Brême : « Le peuple allemand, uni dans un esprit de concorde patriotique, sera le bloc de granit sur lequel notre Seigneur Dieu pourra édifier et parachever l'œuvre civilisatrice qu'il se propose dans le monde. »

Moins de sept ans plus tard, la guerre mondiale avait commencé.

B) L'Angleterre. Du conservatisme a l'impérialisme

Le terme d'impérialisme n'apparaît pas, avec son sens moderne, avant les années 1880-1890. D'après le *Littré* (édition de 1865), l'impérialisme n'est pas autre chose que l'opinion des impérialistes, c'est-à-dire des partisans de Napoléon III.

C'est d'Angleterre que vient d'abord la définition de l'impérialisme comme « défense de l'Empire » (« Cette plus grande fierté de l'Empire qui est appelée impérialisme », dit lord Rosebery le 6 mai 1899) puis le sens plus large — et qui deviendra vite péjoratif — de « politique d'expansion » ou de « politique d'agression ». Le passage du premier au second sens est très net dans le livre de J. A. Hobson, *Imperialism, a study*, dont la première édition date de 1902.

Les libéraux anglais étaient longtemps restés fidèles à des principes de prudence, d'économie et de non-intervention en matière coloniale. Tels étaient les principes de James Mill et de Cobden ; telles sont les thèses soutenues par Georges Cornewall Lewis dans *An essay on the government of the dependencies* (1841), et par Goldwin Smith, un des derniers manchestériens de stricte obédience, dans *The Empire* (1863).

A cette attitude de non-intervention s'oppose celle de Disraeli. Dans son discours de Crystal Palace le 24 juin 1872, il accuse les libéraux de désintégrer l'Empire. et il termine en déclarant : « Aucun ministre dans ce pays ne fera son devoir s'il néglige toute occasion de reconstruire le mieux possible notre Empire colonial et de répondre à ces sympathies lointaines qui peuvent devenir pour ce pays le source d'une force et d'un bonheur incalculables. »

Cette conversion de Disraeli à la politique coloniale est d'une extrême importance pour le parti conservateur. Elle lui assigne un idéal, elle lui propose un champ d'action. Elle l'arrache à ce conservatisme mélancolique, à cette rumination morose sur les périls de la démocratie et les mérites de la Chambre des Lords, à cette aversion pour le changement qui transparaissent dans les œuvres de Maine, *Ancient Law* (1861) et *Popular Government* (1884).

Influence de Disraeli

Disraeli a profondément modifié le style du conservatisme anglais :

1) Il a eu le sentiment de la misère populaire (cf. son roman de *Sybil* en 1845) ; peu sympathique à la classe moyenne, il a cherché à réaliser cette alliance directe entre l'aristocratie et le peuple qui a toujours été le rêve des conservateurs français.

2) Il s'est attaché à rallier intellectuels et artistes à la politique conservatrice. De fait, après 1848, la littérature anglaise dans son ensemble (Matthew Arnold, Carlyle, Dickens, Ruskin, etc.) condamne le laissez-faire.

3) Enfin et surtout Disraeli a compris la chance que constituait pour le parti tory une politique de grandeur impériale : à se régénérer dans l'impérialisme, le parti tory accentue son évolution démocratique.

Idéalisme, héroïsme, autorité

Gardons-nous cependant d'attribuer à une décision du seul Disraeli la transformation du traditionalisme britannique. Cette transformation procède de diverses causes, dont l'examen nous incite à un bref retour en arrière :

1) L'influence du romantisme anglais, et notamment du poète Coleridge (1772-1834). Admirateur désabusé de la Révolution française, Coleridge condamne radicalement la nouvelle société industrielle. Il est partisan d'un accord étroit entre l'Eglise et l'aristocratie foncière. Il pense que le vrai souverain de l'Angleterre n'est ni le roi ni le parlement mais le corps du peuple anglais dans son ensemble. L'Etat lui apparaît comme « une unité morale, un tout organique ». Cette conception idéaliste et mystique de la politique a marqué d'une profonde empreinte le conservatisme anglais.

2) L'influence de Carlyle (1795-1881) et son culte du héros : « L'histoire universelle... est au fond l'histoire des grands hommes qui ont travaillé ici-bas. » Carlyle, dont l'œuvre est pleine de métaphores militaires, s'élève avec véhémence contre la tendance de ses contemporains à délaisser l'idéal et à se complaire dans le mercantilisme. Mélange de platonisme et de féodalisme, l'œuvre de Carlyle se termine par un appel à l'homme providentiel : « Il faut que l'Angleterre découvre le moyen d'appeler au pouvoir les plus vertueux et les plus capables, qu'elle leur remette sa conduite au lieu de leur imposer ses caprices ; qu'elle ait enfin reconnu son Luther et son Cromwell, son prêtre et son roi. »

3) L'évolution religieuse de l'Angleterre, qui est caractérisée par trois faits :

— le prestige accru de l'Eglise anglicane par rapport aux sectes, le déclin des non-conformistes ;
— le prestige accru dans l'Eglise anglicane de la Haute Eglise par rapport à la Basse ;
— la renaissance catholique : Newman (1801-1890) se convertit au catholicisme, condamne le libéralisme, affirme que l'Eglise est une société parfaite qui ne dépend pas de l'Etat, prône la vertu d'obéissance et le respect de la hiérarchie. Il conclut que l'autorité est la seule sauvegarde de l'homme sur la terre. Mais il reste « un esprit libre et aventureux, un allié romantique de l'esprit libéral qu'il critique » (Crane Brinton).

Impérialisme économique et idéalisme patriotique

La tradition conservatrice est donc faite d'un mélange d'idéalisme, d'héroïsme, de sens de l'autorité. Mais la conversion de l'Angleterre à l'impérialisme est avant tout un réflexe de nation inquiète.

1° *L'impérialisme économique.* — En 1891, l'Angleterre, comme la France, a 38 millions d'habitants, mais l'Allemagne en a 50, les Etats-Unis 63, la Russie une centaine de millions ; la « nation » anglaise se sent menacée par des empires. L'Angleterre a une flotte de commerce dont le tonnage est égal à celui de toutes les autres flottes ; mais depuis 1872, qui avait été une année de pointe, les exportations anglaises sont en déclin ; l'Allemagne et les Etats-Unis adoptent des tarifs protectionnistes. L'opinion anglaise découvre la nécessité de conquérir des marchés.

2° Mais l'impérialisme anglais associe étroitement l'*idéal humanitaire* et le sens des intérêts britanniques : l'Angleterre a une mission et les intérêts de la nation britannique coïncident avec ceux de l'humanité. Les doctrinaires de l'impérialisme parlent moins de marchandises que de morale et de religion ; le drapeau anglais est celui de la civilisation. Dans un livre qui eut 19 éditions en 4 ans (1), Benjamin Kidd affirme que la supériorité d'une race sur une autre n'est pas due à la raison, faculté desséchante, mais à la volonté de subordonner l'intérêt immédiat à l'intérêt éloigné, celui de l'individu à celui de la collectivité ; idéalisant le racisme, Kidd conclut que la supériorité de la race anglaise et de la race allemande sur les races latines est donc essentiellement morale et religieuse.

En avril 1897, un collaborateur de la revue *Nineteenth Century* définit ainsi la mission de la Grande-Bretagne : « A nous — à nous, et non aux autres — un certain devoir précis a été assigné. Porter la lumière et la civilisation dans les endroits les plus sombres du monde ; éveiller l'âme de l'Asie et de l'Afrique aux idées morales de l'Europe ; donner à des millions d'hommes, qui autrement ne connaîtraient ni la paix ni la sécurité, ces conditions premières du progrès humain... »

En 1883, l'historien Seeley avait publié son livre *Expansion of England* dans lequel il glorifiait la destinée impériale de

(1) *Social Evolution*, 1894.

l'Angleterre. Kipling publie *Le drapeau anglais* (1892), *La chanson des Anglais* (1893), *Le fardeau de l'homme blanc* (1899), *Le livre de la jungle...* ; bien que ses opinions personnelles soient modérées (1), il passe dans le monde entier pour le héraut de l'impérialisme britannique.

C) La genèse de l'impérialisme américain

De la fin de la guerre de Sécession au début de la première guerre mondiale, l'évolution des idées politiques aux Etats-Unis suit à peu près la même courbe qu'en Angleterre, pour aboutir, comme en Angleterre, à l'impérialisme.

Nationalisme. — Le conflit idéologique qui avait opposé le Nord au Sud pendant la guerre de Sécession (1861-1865) était la manifestation d'intérêts opposés : le Nord est protectionniste parce qu'il veut soutenir son industrie ; le Sud veut exporter son coton et importer son outillage de Grande-Bretagne, il est donc libre-échangiste.

Le conflit porte essentiellement sur deux points : l'esclavage et le droit de sécession.

Mis en accusation par Lloyd Garrison et Harriet Beecher-Stowe (*La case de l'oncle Tom* date de 1850), l'esclavage est vigoureusement défendu par John Calhoun (1782-1851) qui est le plus talentueux porte-parole des thèses sudistes. Se plaisant à évoquer la démocratie athénienne, Calhoun estime que la civilisation suppose des esclaves ; il affirme que la prospérité du Sud est directement liée à la culture du coton et que l'extension de cette culture n'est possible que grâce à l'esclavage. Calhoun se situe à cet égard dans la postérité de Hobbes tandis que les abolitionnistes, qui condamnent l'esclavage au nom des droits naturels, sont dans la ligne de Locke. Calhoun, pour sa part, soutient l'esclavage en invoquant l'inégalité fondamentale des hommes et l'argument d'utilité publique : loin d'être une survivance des temps barbares, l'esclavage est une composante du progrès, de lui dépendent la prospérité et le bonheur d'une région.

La guerre de Sécession se termine par la victoire de l'unité nationale. Les démocrates sont éliminés du pouvoir jusqu'à 1884 (Cleveland) et en fait jusqu'à 1912 (Wilson). Solidement installés, les républicains s'identifient avec l'industrialisation, avec ses progrès et avec ses abus.

Essor du capitalisme.

La fin du XIXe siècle est marquée aux Etats-Unis par l'essor du capitalisme et l'influence prépondérante de l'économie sur la politique. La guerre de Sécession s'est terminée par la victoire du Nord industriel et la transfor-

(1) Cf. le livre de Robert Escarpit, *Rudyard Kipling, Servitudes et grandeur impériales*, Hachette, 1955, 251 p.

mation de l'économie s'opère à un rythme accéléré : 7 millions de tonnes de charbon en 1850, 200 millions en 1895. Ascensions rapides, afflux d'immigrants, fortunes colossales, « âge du cynisme » (R. Hofstadter), crises et insécurité.

Les principes du libéralisme classique se trouvent mis en question, de telle sorte que l'organe libéral *The nation*, fondé en 1865, peut écrire en 1900 : « Dans la politique mondiale, le libéralisme est une force déclinante, presque morte. »

Cette mise en question du système libéral prend diverses formes.

1° Le réformisme agrarien d'Henry George (1839-1897) et le réformisme utopique d'Edward Bellamy (1850-1898). Les principales œuvres de George (*Progress and Poverty*) et de Bellamy (*Looking backward*), sont largement diffusées en Europe.

2° Le populisme des années 1890 est une révolte des fermiers de l'Ouest, endettés, contre les puissances d'argent, contre l'Est industriel. Les populistes accusent le gouvernement de faire une politique de classe et de défavoriser systématiquement l'agriculture. Révolte élémentaire, sans programme constructif, dont certains aspects ont été rapprochés du poujadisme. Le parti démocrate essaie de canaliser cette révolte, sous la direction de William Jennings Bryan, orateur passionné qui se contente — en réclamant le bimétallisme — d'affirmer que les problèmes politiques sont des problèmes moraux, que la morale découle de la religion, que les droits doivent être égaux pour tous et qu'il faut revenir aux principes posés par la déclaration d'Indépendance. Mais Bryan est battu par Mac Kinley en 1896, et le populisme se désagrège peu à peu, non sans laisser dans l'Ouest le souvenir d'une révolte agrarienne, qui finira par se transformer en une tradition.

3° Théodore Roosevelt (1859-1919), qui occupe la Présidence de 1901 à 1908, représente assez bien l'état d'esprit de la classe moyenne américaine. Son « progressisme » est une tentative, très prudente, pour réformer le système libéral sans porter atteinte à ses principes ; il veut réglementer les trusts mais non les détruire, arrêter le pillage des ressources naturelles, lutter contre la corruption et limiter l'emprise des grands capitalistes sur le pouvoir ; son principal souci est d'augmenter la puissance et l'influence mondiale des Etats-Unis. Comme en Angleterre, l'essor industriel aboutit à l'impérialisme.

Impérialisme.

La croissance économique et démographique des Etats-Unis provoque à la fin du XIXe siècle une poussée nationaliste et impérialiste qui se manifeste avec une ampleur particulière au moment du conflit hispano-américain de 1898 : Théodore Roosevelt fait avec enthousiasme la guerre à Cuba et se flatte d'avoir tué de sa main un Espagnol.

L'expansionnisme américain avait des racines lointaines (annexion de la Floride en 1819, du Texas en 1845, guerre avec le Mexique en 1846-1848 se terminant par l'annexion de la Californie ; idée de la *Manifest Destiny* : il appartient aux Etats-Unis d'occuper tout le continent américain) mais il prend à partir de 1885-1890 un caractère à la fois systématique et populaire, avec des traits spécifiquement américains et des traits communs à toutes les formes d'impérialisme :

Impérialisme maritime. — Cf. les œuvres d'Alfred Mahan, *The Influence of Sea Power upon History* (1890) et *The Interest of America in Sea Power* (1897).

Impérialisme démographique. — Les Etats-Unis peuvent nourrir une immense population ; en 1980, 700 millions d'Anglo-Saxons couvriront l'Europe, l'Afrique, le monde... C'est une extension nouvelle de la théorie de la *Manifest Destiny*.

Impérialisme biologique, fondé sur la supériorité de l'anglo-saxonisme. En 1899, Théodore Roosevelt affirme dans *The Strenuous Life* : « Il y a un patriotisme de race aussi bien que de pays. »

Le 9 janvier 1900, le sénateur Beveridge s'exprime en ces termes :

« Nous ne renoncerons pas à la mission de notre race, mandataire au nom de Dieu de la civilisation dans le monde... Nous avancerons dans notre ouvrage... avec un sentiment de gratitude pour une tâche digne de nos forces et pleins de reconnaissance pour le Dieu tout-puissant qui nous a marqués comme son peuple élu pour conduire le monde vers sa régénération. »

Comme en Angleterre, le darwinisme social, dont nous avons déjà noté l'influence aux Etats-Unis (1) constitue un des principaux supports de l'impérialisme. Ainsi se trouvent étroitement conjugués le culte de l'individu et le souci de la force, tant personnelle que nationale, ainsi que le sens des responsabilités qui incombent aux « nations civilisées ».

D) Le procès de l'impérialisme

Après Sarajevo, les auteurs français et anglais d'une part, allemands d'autre part rejettent la responsabilité de la guerre soit sur le militarisme allemand soit sur l'impérialisme anglo-saxon et le nationalisme français. Lénine, pour sa part, adopte une position radicalement différente ; en avril 1917 il publie son *Impérialisme, stade suprême du capitalisme*, dans lequel il ne met en accusation ni l'impérialisme allemand ni l'impérialisme anglais, mais l'impérialisme capitaliste dans son ensemble : les contradictions du capitalisme conduisent à l'impérialisme et l'impérialisme conduit à la guerre.

Ces affirmations n'étaient pas nouvelles, et Lénine lui-même a reconnu que ses idées s'inspiraient de celles de Hobson et de Hilferding. Pour Hobson, l'impérialisme est « l'effort des grands maîtres de l'industrie pour faciliter l'écoulement de leur excédent de richesses, en cherchant à vendre ou à placer à l'étranger les

(1) Voir plus haut p. 682.

marchandises ou les capitaux que le marché intérieur ne peut absorber » ; les principaux responsables des guerres sont donc les financiers et le meilleur moyen de lutter contre la guerre consiste à modifier la distribution du pouvoir d'achat et à offrir des possibilités d'investissement à l'intérieur des frontières ; pour y parvenir il faut remplacer les actuelles oligarchies financières par un gouvernement national et démocratique. Telle est la thèse que soutient Hobson en 1902 dans son livre *Imperialism, a study* ; il soutiendra en 1911 une thèse différente dans *An Economic Interpretation of Investment*, livre dans lequel il se prononce pour une politique d'investissements pacifiques dans les pays sous-développés.

Lénine reprend et systématise les premières conceptions de Hobson. Il présente la guerre de 1914 comme l'éclatement du monde capitaliste, comme la fin d'un système. Le moment est venu d'étudier, dans son ensemble, le système qu'il entend lui substituer.

BIBLIOGRAPHIE

Pour les ouvrages généraux, voir la bibliographie du chapitre XII.

Pour la période étudiée dans ce chapitre, un livre suggestif et attachant : Georges DUVEAU, *Histoire du peuple français*, t. IV : *De 1848 à nos jours*, Nouvelle Librairie de France, 1953, 413 p. (éclaire admirablement les idées politiques de la France, non point telles qu'elles sont élaborées par des théoriciens mais telles qu'elles se diffusent dans une société). On se reportera aussi avec le plus grand profit au tome V de cette même collection, *Cent ans d'esprit républicain*, par J.-M. MAYEUR, F. BEDARIDA, A. PROST et J.-L. MONNERON.

COMTE

Les deux textes principaux d'Auguste COMTE sont le *Cours de philosophie positive* (professé à partir de 1826, publié de 1830 à 1842, 60 leçons en 6 vol.) et le *Système de politique positive*, instituant la religion de l'Humanité (publié de 1851 à 1854 ; 4 volumes : 1) *Esquisse de la psychologie et de la morale* ; 2) *Statique sociale* ; 3) *Dynamique sociale* ; 4) *L'avenir humain : société et religion positives futures*). Œuvres choisies avec une excellente introduction d'Henri GOUHIER, publiées chez Aubier en 1943, 317 p. Voir aussi *Politique d'Auguste Comte*, textes choisis et présentés par Pierre ARNAUD, A. Colin, 1965 (coll. « U »).

Sur Comte, l'œuvre fondamentale est celle d'Henri GOUHIER, *La jeunesse d'Auguste Comte et la formation du positivisme*, Vrin, 1933-1941, 3 vol. (étudie particulièrement les rapports entre la pensée de Saint-Simon et celle de Comte). Voir aussi les études plus brèves mais très denses de Jean LACROIX,

Vocation personnelle et tradition nationale, Bloud & Gay, 1942, 192 p. (avec un chapitre sur Comte et un chapitre sur Maistre et Bonald) et *La sociologie d'Auguste Comte*, P.U.F., 3e éd., 1967, 116 p. (collection « Initiation philosophique »). Paul ARBOUSSE-BASTIDE a étudié d'une façon exhaustive *La doctrine de l'éducation universelle dans la philosophie d'Auguste Comte*, P.U.F., 1957, 2 vol. Toussaint CHIAPPINI, *Les idées politiques d'Auguste Comte*, Jouve, 1913, 203 p. Une bonne étude en anglais : D. G. CHARLTON, *Positivist thought in France during the Second Empire*, Oxford U.P., 1959, IX-251 p. Voir aussi W. M. SIMON, *European positivism in the nineteenth century*, Cornell U.P., 1963, XII-384 p.

GOBINEAU

Correspondance entre Alexis de Tocqueville et Arthur de Gobineau (1843-1859), Gallimard, 1959, 397 p. Maurice LANGE, *Le comte Arthur de Gobineau, étude biographique et critique*, Strasbourg, Istra, 1924, XII-293 p.

I. — LE LIBÉRALISME DE 1848 A 1914

A) *Le libéralisme français*

1. Pierre GUIRAL, *Prévost-Paradol (1829-1870), pensée et action d'un libéral sous le Second Empire*, P.U.F., 1955, 844 p. (thèse pratiquement exhaustive). Une autre bonne monographie : Laurence WYLIE (auteur du chef-d'œuvre qu'est *Village in the Vaucluse*) : *Saint-Marc Girardin bourgeois*, Syracuse, U.P., 1947, XVI-234 p. (intéressante étude d'un « personnage représentatif »). Theodore ZELDIN, *Emile Ollivier and the liberal Empire of Napoleon III*, Oxford, Clarendon Press, 1963, VIII-248 p.

2. Sur l'idéologie républicaine : John A. SCOTT, *Republican ideas and the liberal tradition in France (1870-1914)*, New York, Columbia U.P., 1951, 209 p. (très solide étude, sans équivalent en français ; les chapitres les plus intéressants traitent de Renouvier, de Littré, et du solidarisme de Léon Bourgeois). Sur le radicalisme, une bonne introduction est offerte par Claude NICOLET, *Le radicalisme*, P.U.F., 1957, 128 p. (collection « Que sais-je ? »). DU MÊME AUTEUR, Bibliographie du radicalisme, *Cahiers de la République*, 1956, no 3, pp. 106-112. Maurice SORRE, Les pères du radicalisme, expression de la doctrine radicale à la fin du Second Empire, *Revue française de science politique*, octobre-décembre 1951, pp. 481-497. Un très utile recueil de textes : Pierre BARRAL, *Les fondateurs de la République*, A. Colin, 1968, 360 p. (coll. « U », série Idées politiques). Quelques textes représentant diverses formes de radicalisme : Jules SIMON, *La politique radicale*, A. Lacroix, 1868, 396 p. Léon BOURGEOIS, *La solidarité*, A. Colin, 1896, 7e éd. revue et augmentée, 1912, 294 p. *Essai d'une philosophie de la solidarité*, Alcan, 1902, XV-288 p. Ferdinand BUISSON, *La politique radicale*, Giard & Brière, 1908, VII-454 p. Georges CLEMENCEAU, *Au soir de la pensée*, Plon, 1929, 2 vol. Emile COMBES, *Mon ministère. Mémoires (1902-1905)*, Plon, 1956, XVI-295 p. Edouard HERRIOT, *Pourquoi je suis radical-socialiste*, Les Editions de France, 1928, 185 p. Albert BAYET, *Le radicalisme*, Valois, 1932, 224 p. Jammy SCHMIDT, *Les grandes thèses radicales, de Condorcet à Edouard Herriot*, Editions des

Portiques, 1931, VIII-346 p. Albert MILHAUD, *Histoire du radicalisme*, Société d'Editions françaises et internationales, 1951, 416 p. Jacques KAYER, Le radicalisme des radicaux, dans le livre collectif *Tendances politiques dans la vie française depuis 1789*, Hachette, 1960, 144 p. DU MÊME AUTEUR, *Les grandes batailles du radicalisme, des origines aux portes du pouvoir, 1820-1901*, Rivière, 1962, 408 p. Le livre de Michel SOULIÉ, *La vie politique d'Edouard Herriot*, A. Colin, 1962, 626 p., est très éclairant sur l'histoire et la signification du radicalisme.

ALAIN, *Eléments d'une doctrine radicale*, Gallimard, 1925, 316 p. ; *Le citoyen contre les pouvoirs*, 5e éd., Sagittaire, 1926, 239 p. ; *Propos de politique*, Rieder, 1934, 347 p. ; *Mars ou la guerre jugée*, Gallimard, 1950, 259 p. ; *Politique*, P.U.F., 2e éd., 1962, 336 p. ; *Histoire de mes pensées*, Gallimard, 1946, 311 p. ; *Propos d'un Normand*, Gallimard, 1952-1960, 5 vol. ; *Correspondance avec Elie et Florence Halévy*, Gallimard, 1958, 471 p. *Morceaux choisis*, Gallimard, 1960, 338 p. Voir aussi l'utile édition de « La Pléiade » : *Propos*, texte établi et présenté par Maurice SAVIN, Gallimard, 1956, XLIV-1 366 p.

Sur Alain : Georges PASCAL, *Pour connaître la pensée d'Alain*, Bordas, 3e éd., 1957, 223 p. André MAUROIS, *Alain*, Domat, 1950, 153 p. *Hommage à Alain (1868-1951)*, numéro spécial de la *N.R.F.*, septembre 1952, 373 p. Henri MONDOR, *Alain*, Gallimard, 1953, 264 p. Marc JOUFFROY, *La pensée politique d'Alain*, Montpellier, 1953, 208 p., multigraphié (honnête thèse de droit).

Un texte classique sur le radicalisme dans Albert THIBAUDET, *Les idées politiques de la France (op. cit.)*. Thibaudet distingue Jacobins et Girondins, radicalisme de proconsulat et radicalisme de comités. DU MÊME AUTEUR, *La République des professeurs*, Grasset, 1927, 266 p. Un brillant pamphlet : Daniel HALÉVY, *La République des comités*, Grasset, 1934, 197 p. DU MÊME AUTEUR, *La fin des notables*, Grasset, 1930, 302 p., et *La République des ducs*, Grasset, 1937, 411 p. (très éclairant sur la période 1870-1880, notamment sur l'idéologie orléaniste et sur Gambetta). Emile FAGUET, *Le libéralisme*, Société française d'Imprimerie et de Librairie, 1903, XVIII-340 p. (très caractéristique d'une époque).

L'idéologie dreyfusarde. — Anatole FRANCE, Principaux textes intéressant la politique : *Histoire contemporaine (L'orme du mail, Le mannequin d'osier, L'anneau d'améthyste, M. Bergeret à Paris) ; L'île des pingouins ; Les dieux ont soif ; Trente ans de vie sociale*, commentés par Claude AVELINE, Emile Paul, 2 vol., t. I : *1897-1904*, 1949, LXXIII-249 p. ; t. II : *1905-1908*, 1953, 316 p. Une bonne introduction dans Jacques SUFFEL, *Anatole France par lui-même*, Editions du Seuil, 1954, 192 p.

B) *Le libéralisme anglais*

Sur le darwinisme politique et social en Grande-Bretagne et aux Etats-Unis, voir plus haut p. 682, notamment le livre important de Richard HOFSTADTER *(op. cit.)*, ainsi que l'ouvrage collectif, *Darwinism and the study of society*, Londres, Tavistock, XX-191 p. Voir aussi le recueil de textes intitulé : *The liberal tradition (op. cit.)* et le livre d'Ernest BARKER, *Political thought in England from Spencer to the present day (op. cit.)*. Indications bibliographiques dans SABINE, pp. 749-750. G. E. FASNACHT, *Acton's political philosophy*, New York, Hollins and Carter, 1952, XIV-265 p. Sur la pensée de T. H. Green, Melvin RICHTER, *The politics of conscience, T. H. Green and his age*, Londres, Weidenfeld and Nicolson, 1964, 415 p.

C) *Le populisme russe*

Il convient ici — faute de l'avoir fait dans le corps du chapitre — de signaler l'influence exercée par Herzen et par Mikhaïlovsky ainsi que l'importance de la tradition populiste qui peut être définie comme un slavophilisme de gauche. Le populisme s'oppose vigoureusement au darwinisme social et fait appel aux valeurs morales et religieuses ainsi qu'aux traditions russes. Voir sur ce sujet : James H. BILLINGTON *Mikhaïlovsky and Russian populism*, Oxford, The Clarendon Press, 1958, XVI-218 p. ; Richard HARE, *Pioneers of Russian social thought. Studies of non-Marxian formation in nineteenth century Russia and of its partial revival in the Soviet Union*, Oxford U.P., 1951, VIII-307 p. George FISCHER, *Russian liberalism, from gentry to intelligentsia*, Harvard U.P., 1958, 240 p. Martin MALIA, *Alexander Herzen and the birth of Russian socialism (1812-1855)*, Harvard U.P., 1961, XIV-486 p.

II. — TRADITIONALISME, NATIONALISME, IMPÉRIALISME

A) *Néo-traditionalisme et nationalisme en France*

Sur le *catholicisme social*, voir la bibliographie du chapitre précédent, p. 592. Sur le *nationalisme*, voir la bibliographie générale, p. 590.

L'article précité de Raoul GIRARDET, *Introduction à l'histoire du nationalisme français*, contient de nombreuses références bibliographiques sur la période étudiée dans ce chapitre, notamment sur les ouvrages en langue allemande (qui attachent une grande importance au thème de la Revanche). Poursuivant ses travaux, Raoul GIRARDET a publié un petit livre qui est beaucoup plus qu'un simple recueil de textes choisis, *Le nationalisme français, 1871-1914*, A. Colin, 1966, 279 p.

Sur l'*antisémitisme* : Robert F. BYRNES, *Antisemitism in modern France*, New Brunswick, Rutgers U.P., 1950, X-348 p.

Auteurs divers : Fustel de Coulanges. — M. A. ALPATOV, Les idées politiques de Fustel de Coulanges, *Questions d'histoire*, t. I, La nouvelle critique, 1952, pp. 127-157.

Un bon article récent sur Le Play : Guy THUILLIER, Le Play et la « Réforme sociale », *Revue administrative*, mai 1958, pp. 249-260 (avec d'utiles indications bibliographiques).

Sur le *corporatisme* : Mathew ELBOW, *French corporative theory (1789-1948)*, New York, Columbia U.P., 1953.

Taine. — Texte de base, *Les origines de la France contemporaine* dont il existe une édition scolaire de morceaux choisis, par Georges POMPIDOU, Hachette, 1947, 96 p.

Sur la politique de Taine, Louis FAYOLLE, *Les idées politiques de Taine*, Lyon, 1948, thèse de droit dactylographiée (scolaire, mais consciencieux et utile). Un résumé de cette thèse sous le titre *L'aristocratie, le suffrage universel et la décentralisation dans l'œuvre de Taine* dans l'ouvrage collectif *Libéralisme, traditionalisme, décentralisation*, sous la direction de Robert PELLOUX, A. Colin, 1952, XIV-196 p (Cahiers de la Fondation nationale des Sciences politiques, nº 31).

Etudes d'ensemble : André CHEVRILLON, *Taine, formation de sa pensée*, Plon, 1932, VIII-415 p. Victor GIRAUD, *Essai sur Taine. Son œuvre et son influence*, Hachette, 1932, XXXI-361 p. Maxime LEROY, *Taine*, Rieder, 1938, 222 p. André CRESSON, *Taine, sa vie, son œuvre, avec un exposé de sa philosophie*, P.U.F., 1951, 155 p. F. C. ROE, *Taine et l'Angleterre*, Champion, 1923, VIII-213 p.

Renan. — Les deux textes qui intéressent le plus directement la politique sont *La réforme intellectuelle et morale*, 1871 (dans le t. I des *Œuvres complètes*, Calmann-Lévy, 1947) et *Qu'est-ce qu'une nation?* (également dans le t. I, pp. 887-906). Pour situer Renan, voir avant tout les *Souvenirs d'enfance et de jeunesse* (*O. C.*, t. II), ainsi que *L'avenir de la science* (*O. C.*, t. III). Sur la politique de Renan, la plus récente étude est celle de Giuseppe LA FERLA, *Renan politico*, Florence, F. de Silva, 1953, 321 p. En français : Jules CHAIX-RUY, *Ernest Renan*, Paris-Lyon, E. Vitte, 1956, 515 p.

Barrès. — Les textes où apparaît le mieux le nationalisme de Barrès sont sans doute *Le roman de l'énergie nationale* (3 vol. : *Les déracinés*, *L'appel au soldat*, et *Leurs figures*) et *Scènes et doctrines du nationalisme*. Sur Barrès, une bonne introduction dans J.-M. DOMENACH, *Barrès par lui-même*, Editions du Seuil, 1954, 192 p. (« Ecrivains de toujours »). Deux ouvrages classiques : Albert THIBAUDET, *La vie de Maurice Barrès*, N.R.F., 5e éd., 1931, 315 p., et E. R. CURTIUS, *Maurice Barrès und die geistigen Grundlagen des französischen Nationalismus*, Bonn, F. Cohen, 1921, VIII-256 p. On consultera avec profit l'ouvrage collectif issu du colloque organisé à Nancy à l'occasion du centenaire de la naissance de Barrès, Nancy, 1963, 331 p. (*Annales de l'Est*, nº 24). Voir surtout l'important ouvrage de Zeev STERNHELL, *Maurice Barrès et le nationalisme français*, A. Colin, 1972, 400 p. (Cahiers de la Fondation nationale des Sciences politiques, nº 182).

Un bon recueil de textes choisis dans *Mes Cahiers*, Plon, 1963, VIII-1135 p.

Péguy. — Les œuvres les plus caractéristiques nous paraissent être : *L'argent*, suivi de *L'argent* (suite). *Notre jeunesse*. *Victor-Marie comte Hugo*. De l'abondante littérature concernant Péguy nous choisissons Jérôme et Jean THARAUD, *Notre cher Péguy*, Plon, 1926, 2 vol., 275, 255 p. (très vivant témoignage), Romain ROLLAND, *Péguy*, A. Michel, 1944, 2 vol., 359, 335 p. (étude en profondeur, aussi intéressante pour la connaissance de Romain Rolland que pour celle de Péguy), Félicien CHALLAYE, *Péguy socialiste*, Amiot-Dumont, 1954, 335 p., et le numéro spécial d'*Esprit*, août 1964. Parmi les ouvrages récents : Jacques VIARD, *Philosophie de l'art littéraire et socialisme selon Péguy*, Klincksieck, 1969, 412 p.

Maurras. — Les textes les plus caractéristiques sont *Mes idées politiques*, A. Fayard, 1937, XII-295 p. (choix de textes fait par Maurras lui-même). *Enquête sur la monarchie*, suivie de *Une campagne royaliste au Figaro* et *Si le coup de force est possible*, A. Fayard, 1925, CLVI-699 p., ainsi que le très commode *Dictionnaire politique et critique*, établi par Pierre CHARDON, A. Fayard, 1932-33, 5 vol. (reprend, selon un plan alphabétique, les principaux jugements de Maurras sur les sujets les plus divers). Sur Maurras, abondante littérature mais rien de pleinement satisfaisant ; contentons-nous de citer : Albert THIBAUDET, *Les idées de Charles Maurras*, Gallimard, 2e éd., 1920, 323 p. (moins dense que le Barrès du même auteur). Henri MASSIS, *Maurras et notre temps*. Entretiens et souvenirs, Edition définitive augmentée de documents inédits, Plon, 1961, IV-453 p. Utile note bibliographique de Samuel M. OSGOOD, Charles Maurras et l'Action française, état des travaux américains, *Revue française de science politique*, mars 1958, pp. 143-147. DU MÊME AUTEUR, *French royalism under the third and fourth Republic*, La Haye, M. Nijhoff, 1960, X-228 p. Un bon article de Jacques JULLIARD, La politique religieuse de Charles Maurras dans *Esprit*, mars 1958, pp. 359-384. Sur les idées politiques de la jeunesse nationaliste à la veille de la guerre de 1914, voir l'enquête d'AGATHON (Henri MASSIS et A. DE TARDE), *Les jeunes gens d'aujourd'hui*, Plon-Nourrit, 1913, 291 p.

Sur *L'Action française*, le livre fondamental est celui d'Eugen WEBER, trad. fr., Stock, 1964, 651 p. DU MÊME AUTEUR, *The nationalist revival in France, 1905-1914*, Univ. of California Press, 1959, X-237 p. Sur l'image de l'Allemagne, Claude DIGEON, *La crise allemande de la pensée française (1870-1914)*, P.U.F., 1959, VIII-568 p.

B) *Vers l'impérialisme*

Bibliographie générale sur l'impérialisme :

Textes. — John A. HOBSON, *Imperialism. A study*, nouv. éd., Londres, Allen and Unwin, 1938, XXX-386 p. R. HILFERDING, *Das Finanzkapital ; eine Studie über die jüngste Entwicklung des Kapitalismus*, nouv. éd., Berlin, J. Dietz, 1947, XLVIII-518 p. LÉNINE, *L'impérialisme, stade suprême du capitalisme*, Editions sociales, 1945, 127 p.

Etudes. — Jacques FREYMOND, *Lénine et l'impérialisme*, Lausanne, Payot, 1951, 134 p. (étude critique de la thèse de Lénine). William L. LANGER, *The Diplomacy of Imperialism (1890-1902)*, New York, Knopf, 1935, 2 vol. Joseph A. SCHUMPETER, *Imperialism and social classes*, Oxford, Blackwell, 1951, XXVI-221 p. (insiste sur les facteurs sociologiques de l'impérialisme, défini comme « la tendance d'un Etat à l'expansion violente, illimitée et sans objet», conteste l'importance des facteurs économiques). E. M. WINSLOW, *The Pattern of Imperialism. A study in the theories of power*, New York, Columbia U.P., 1948, XII-278 p. Georges BOURGIN, Jean BRUHAT, Maurice CROUZET, Charles-André JULIEN, Pierre RENOUVIN, *Les politiques d'expansion impérialiste : J. Ferry, Léopold II, Crispi, J. Chamberlain, Th. Roosevelt*, P.U.F., 1949, 256 p. Sur les idées politiques de la France à l'égard du problème colonial : Robert DELAVIGNETTE et Charles-André JULIEN, *Les constructeurs de la France d'Outre-Mer*, Corréa, 1946, 525 p. Hubert DESCHAMPS, *Les méthodes et les doctrines coloniales de la France*, A. Colin, 1953, 222 p. Henri BRUNSCHWIG, *Mythes et réalités de l'impérialisme colonial français*, A. Colin, 1960, 205 p. (très intéressant ; selon l'auteur, l'impérialisme colonial français est dû avant tout à un désir de revanche et de compensation après la défaite de 1870-71). Richard KOEBNER et H. D. SCHMIDT, *Imperialism. The story and significance of a political word, 1840-1960*, Cambridge U.P., 1964, XXVI-432 p. Voir surtout : Raoul GIRARDET, *L'idée coloniale en France de 1871 à 1962*, La Table Ronde, 1972, 350 p.

Sur les rapports entre impérialisme et colonialisme, Robert STRAUSZ-HUPE, Harry W. HAZARD ed., *The idea of colonialism*, New York, F. A. Praeger, 1958, 496 p.

1. *L'Allemagne*

Les principales œuvres de TREITSCHKE sont sa *Politique*, œuvre posthume (édition anglaise, Gowans and Gay, 1914, 128 p.), et surtout son *Histoire de l'Allemagne au XIXe siècle* (premier volume paru en 1879). Sur sa pensée politique, voir le livre d'H. W. C. DAVIS, *The Political Thought of Heinrich von Treitschke*, New York, Scribner, 1915, VIII-295 p. (exagère sans doute les tendances libérales de Treitschke), et celui de ROHAN BUTLER, *Roots to National Socialism*, New York, Dutton, 1942, 304 p. (inspiration opposée). Cf. aussi Andreas DORPALEN, *Heinrich von Treitschke*, Yale U.P., 1957 (essai de biographie intellectuelle).

Les livres de Charles ANDLER sur le pangermanisme ont paru pendant la guerre de 1914-18 et sans doute accentuent-ils quelque peu la rigidité du nationalisme allemand. Mais ils mettent à la disposition du lecteur qui ne peut recourir aux originaux de nombreux textes intéressants ; chaque volume est précédé d'une longue préface : *Le pangermanisme philosophique (1800 à 1914)*, Conard, 1917, CLII-399 p. (Fichte, Hegel, Goerres, H. S. Chamberlain, les géopoliticiens, etc.). *Les origines du pangermanisme (1800 à 1888)*, Conard, 1915, LVIII-336 p. (inséparable de l'ouvrage précédent : Bülow, Jahn, Bismarck, Treitschke, les impérialistes antibismarckiens Paul de Lagarde et Constantin Frantz). *Le pangermanisme continental sous Guillaume II (de 1888 à 1914)*, Conard, 1915, LXXXIII-480 p. (Lange, Bley, Hasse, Reventlow, Rohrbach, Harden, etc.). *Le pangermanisme colonial sous Guillaume II*, Conard, 1916, C-336 p. (complète le livre sur le pangermanisme continental). Henri BRUNSCHWIG, *L'expansion allemande outre-mer, du XVe siècle à nos jours*, P.U.F., 1957, 208 p.

Sur Nietzsche (1844-1900) et le nietzschéisme politique : Daniel HALÉVY, *Nietzsche*, Grasset, 1944, 548 p. Et surtout l'ouvrage monumental de Charles ANDLER, *Nietzsche, sa vie et sa pensée*, P. Mersch, L. Seitz & Cie, 1920-1931, 6 vol. Le dernier volume a paru chez Bossard. Geneviève BIANQUIS, *Nietzsche en France*, Alcan, 1929, 128 p. Une bonne introduction par Willy BARANGER, *Pour comprendre la pensée de Nietzsche*, Bordas, 1945, 127 p.

2. *La Grande-Bretagne*

On se reportera tout d'abord aux ouvrages généraux sur l'histoire des idées politiques en Angleterre au XIXe siècle (cf. plus haut p. 585).

L'histoire du peuple anglais d'Elie HALÉVY présente malheureusement une lacune pour la période 1852-1895. Le premier tome de l'épilogue *Les impérialistes au pouvoir (1895-1905)*, Hachette, 1926, 420 p., commence par quelques pages lumineuses sur la naissance de l'impérialisme anglais ; on consultera également le second tome, *Vers la démocratie sociale et vers la guerre.*

Sur les idées politiques des conservateurs, un livre fondamental : *The Conservative Tradition*, ed. R. J. WHITE, Londres, Nicholas Kaye, 1950, XIX-256 p. (The British Political Tradition). Dans la première partie les textes sont classés par thèmes, dans la seconde par dates ; nombreuses citations de Burke, Coleridge, Disraeli, Joseph Chamberlain : bibliographie succincte mais très utile.

Ouvrages d'ensemble sur le conservatisme anglais : Lord Hugh CECIL, *Conservatism*, Londres, Williams and Norgate, 1927, 256 p. (Home Univ. Lib.). Sir Geoffrey BUTLER, *The Tory tradition*, Londres, Murray, 1914, 158 p. *Conservatism and the Future*, by Lord Eustace PERCY, W. S. Morrison, etc., Londres, 1935. Quintin HOGG, *The case for Conservatism*, Londres, Penguin Books, 1947, 320 p.

Il existe des morceaux choisis de Coleridge et de Disraeli, *The Political Thought of S. T. Coleridge*, ed. R. J. White, Toronto, Nelson, 1938, 272 p. *The Radical Tory, Disraeli's political development* ; illustrated from his original writings and speeches, ed. H. W. J. EDWARDS, Toronto, Nelson, 1937, 318 p.

Sur les idées britanniques en matière coloniale, voir sutout dans la collection « The British Political Tradition » : George BENNETT (ed.), *The concept of Empire, from Burke to Attlee (1774-1947)*, Londres, 1953, XX-434 p. (avec indications bibliographiques sur l'histoire et les principes de l'impérialisme anglais).

3. *La Russie*

Sur le panslavisme, Hans KOHN, *Panslavism ; its history and ideology*, Notre-Dame, 1953, IX-356 p.

CHAPITRE XVI

SOCIALISMES ET MOUVEMENTS RÉVOLUTIONNAIRES (1870-1914)

1870-1914 : longue période où le socialisme cesse d'être une idéologie de « clubs » et de phalanstères. Il se diffuse, s'étend, crée de puissants mouvements et de grands partis, suscite des révolutions menaçantes.

Mais c'est aussi la période où, sur le plan de la construction doctrinale, aucune puissante nouveauté n'apparaît. C'est la période des compléments, des corrections, des premiers affrontements avec l'expérience concrète. Essais de synthèse, de « révision », d'adaptation ; mais, parallèlement, devant certaines déceptions, abandons et reflux divisent ou affaiblissent le socialisme. D'autres idéologies, souvent parentes, exercent (parfois passagèrement) leur séduction sur des masses peu préparées à comprendre le savant Dr Marx et, d'autre part, trop averties pour se bercer encore du socialisme utopique.

Toutes les réflexions tournent autour de deux thèmes : l'évolution du capitalisme, le rôle de l'Etat — et de l'action politique — dans la transformation de la condition prolétarienne.

A) *Le capitalisme n' « éclate » pas*

Tous les socialistes avaient « prophétisé » ou « calculé » que la révolution sociale allait, plus ou moins prochainement, amener la disparition du capitalisme.

Or le Second Empire en France sombrait, les petits royaumes allemands se faisaient absorber, l'Autriche-Hongrie se délitait, l'autocratisme tzariste agonisait... mais le capitalisme, loin de mourir sous le poids de ses contradictions, ne cessait de se renforcer. Non seulement il traversait les crises économiques et les guerres impérialistes, mais les unes et les autres semblaient le contraindre à se régénérer, poussaient les Etats à le soutenir. Tout lui profitait.

En face d'une telle croissance, le socialisme utopique et le mutuellisme proudhonien n'apportent plus de réponse.

Restait le marxisme. Mais cette même évolution du capitalisme mettait sérieusement en cause les prévisions de Marx. Sans doute celui-ci n'avait-il établi aucun « calendrier » de la disparition du capitalisme ; néanmoins le « calendrier » était implicite à son analyse des causes qui, dans les pays les plus industrialisés, devaient amener la ruine du capitalisme.

La conséquence : rejet ou réexamen du déterminisme économique qui faisait de la disparition du capitalisme la suite nécessaire (même si l'échéance restait indéterminée) de la concentration capitaliste et prolétarienne. Mise en doute aussi de la nécessaire conscience de classe comme « produit » de la condition prolétarienne.

Mais alors quelle attitude prendre ?

Les uns, économistes et doctrinaires, reprendront les analyses de Marx et Engels (et eux-mêmes, tout les premiers), soit pour s'y accrocher, soit pour les corriger et les réviser. Le « révisionnisme » date de ces années. Le premier révisionniste fut Dühring contre lequel Engels fulmina l'*Anti-Dühring* : la bataille fut toujours à reprendre.

Certains concluront que l'action des facteurs économiques et sociaux doit être complétée et « aidée » par une action politique. Mais jusqu'où aller dans cette voie ? Ce sera l'éternel problème des partis sociaux-démocrates. Collaborer avec l'Etat bourgeois pour lui arracher, quand il s'y prête (comme celui de Bismarck), des avantages économiques et sociaux qui précipiteront les contradictions du capitalisme ? Mais si celui-ci, et en même temps l'Etat bourgeois, y gagnent force ? Si ces « avantages » sont achetés au prix du soutien d'une politique impérialiste ? Alors, il reste à la social-démocratie à s'enfler, à grossir ses rangs d'une masse de mécontents, et à demeurer hors du « système » comme une statue du Commandeur.

D'autres, conscients que la croissance du capitalisme ne crée pas, corrélativement, une conscience révolutionnaire dans les masses, confieront le salut de celles-ci à une élite violente, chargée d'animer ces masses par le mythe de l'anarchie et de la grève générale. On tourne le dos à un déterminisme organisateur pour placer son espérance dans un vitalisme révolutionnaire.

D'autres enfin, renonçant plus ou moins à des perspectives révolutionnaires actuelles ou prochaines (ou mettant entre parenthèses ces perspectives), préféreront se replier sur un trade-unionisme pratique. Ce premier objectif atteint, méfiants à l'égard des mirages socialistes (ou seulement... patients), ils créeront des partis travaillistes comme instruments spécialisés du trade-unionisme. C'était un choix. Les Allemands en firent un autre : subordination des syndicats à la social-démocratie. Les Français, les Italiens, un autre encore : le syndicalisme a-politique.

B) *La puissance des États*

Croissance du capitalisme et puissance des Etats sont allées de pair ; elles s'entretiennent mutuellement.

L'échec de la Commune de Paris, la défaite russe en Mandchourie, les revers de la double Monarchie des Habsbourgs, montrent que les régimes politiques peuvent périr mais que l'Etat, lui, ne cesse de se renforcer comme appareil administratif et policier. Le suffrage universel, les mécanismes démocratiques, loin de l'affaiblir, le « justifient ».

Ce fait annule les rêveries phalanstériennes et pose de sérieux problèmes aux marxistes : s'il doit y avoir une insurrection, elle ne sera pas aisée (ou alors faudra-t-il saisir l'occasion d'une guerre ?). Au surplus, cet Etat qui se sur-équipe et qui dispose d'armes répressives si efficaces, il faut en limiter la nocivité : le mieux n'est-il pas d'y faire une politique de présence ? Enfin, la Commune de Paris a montré l'échec d'un gouvernement insurrectionnel qui ne veut pas être dictatorial : on ne pourra pas faire l'économie d'une dictature provisoire du prolétariat au lendemain de l'insurrection. Mais alors quand dépérira cet « Etat » ? Cette dictature, en quoi différera-t-elle déjà d'un Etat ?

La réponse des anarchistes sera brève : par la bombe et la « mise hors-la-loi », détruisons toute autorité. Mais les socialistes et les syndicalistes se diviseront sur ces problèmes... ou les négligeront superbement.

L'impérialisme économique et politique allume les guerres. Les masses devraient être pacifistes et internationalistes. Leurs élites le sont en effet... mais il y a des défections ; en Allemagne notamment, le nationalisme lassallien reste vivace, en France l'esprit revanchard n'est pas le monopole des classes dirigeantes, le prolétariat britannique n'est pas hostile à l'exploitation des Indiens. Les Internationales ouvrières masquent plus ou moins bien ces conflits et ces appétits. Un processus de « nationalisation » gagne la social-démocratie, surtout à partir de 1910, un véritable « nationalisme » ne se développant toutefois qu'en Allemagne. Contrecoup : les marxistes les plus intransigeants seront de plus en plus à l'écart de la social-démocratie. En 1914 la coupure « chauvine » séparera bien des compagnons de lutte. Mais les Etats n'en sortiront pas diminués, ni en Allemagne, ni en Russie, ni en France, ni en Grande-Bretagne...

La première guerre mondiale surprendra les mouvements socialistes avant qu'ils aient résolu aucun des problèmes d'adaptation que leur avait posés la période 1870-1914. Les ruptures étaient virtuelles ou dissimulées, la guerre et la révolution léniniste les consommeront.

SECTION I. — La Commune de Paris : un épilogue

Bien que les événements relatifs à la Commune de Paris s'étendent sur une période extrêmement brève (18 mars 1871-28 mai 1871), la Commune mérite une place dans une histoire des idées politiques pour deux raisons. La première : la connaissance qu'elle fournit de la réfraction, dans certains milieux français (du moins, parisiens), des diverses idéologies du XIXe siècle ; la deuxième : la légende qui s'est créée autour de la Commune de Paris. De larges courants de la pensée révolutionnaire socialiste ont vu dans la Commune de Paris à la fois la première incarnation historique d'un gouvernement révolutionnaire populaire, la préfiguration d'une nouvelle forme d'organisation politique et sociale substituée à l'État, la réalisation d'une démocratie directe quasi instantanée ; son exemple a, dans une certaine mesure, infléchi la réflexion de Marx et Engels ; son souvenir aujourd'hui inspire assez largement le socialisme yougoslave ; son échec enfin a marqué jusqu'à un certain point le déclin de l'influence (au moins directe) de Proudhon en France et en Europe, en même temps qu'il contribue à expliquer certaines attitudes du syndicalisme « révolutionnaire » français après 1880.

§ 1. La Commune, foyer de tendances : du jacobinisme au collectivisme

A) *Des Républicains décentralisateurs*

La Commune s'était constituée au cri : « Nous voulons des libertés municipales ! » « ... Des libertés municipales sérieuses ! », précisaient, il est vrai, certains Communards. Mais même avec cette précision, cette revendication était loin d'être propre aux éléments proudhoniens de la population parisienne. C'était là, au contraire, une revendication que, tout au long du Second Empire, la majorité du « parti républicain » n'avait cessé d'élever, en accord avec la haute bourgeoisie. Au moins sur le thème des franchises municipales, et en particulier pour Paris, un secteur d'opinion assez large rejoignait sans grand effort les partisans de la Commune. Il semble, en définitive, possible d'affirmer que divers groupes d'hommes politiques, en partie parce qu'ils demeurèrent à Paris durant les mois tragiques, furent plus compréhensifs à l'égard de la Commune que certains coryphées du « parti républicain » comme Hugo, Gambetta, Mazzini et Garibaldi qui n'en comprirent jamais ni l'esprit ni la complexité et ne lui témoignèrent, dans l'ensemble (Garibaldi mis à part), aucune sympathie.

B) *Les obsédés de la Grande Révolution : Blanquistes et « Jacobins »*

Les blanquistes formèrent dans le personnel de la Commune le groupe non pas le plus nombreux, mais le plus cohérent, et ils en constituèrent indiscutablement l'aile marchante. Ils se sont toujours refusés à discuter avec la minorité « internationaliste » et « proudhonienne » des transformations économiques et sociales définitives que devait déjà amorcer la Commune ou qui devaient suivre le triomphe de l'insurrection. Comme leur maître, ils se disaient et se croyaient sincèrement « communistes », mais tout au long de la Commune ils ne se sont réellement préoccupés que de l'action insurrectionnelle et des méthodes de lutte révolutionnaire.

Leur but, c'est avant tout de venger les hébertistes et la Commune révolutionnaire de Paris de 1793 anéantie par les robespierristes. Leur méthode consiste à reprendre aveuglément les traces des grands ancêtres, à essayer d'instituer un gouvernement révolutionnaire dictatorial sous la pression constante des plus farouches révolutionnaires du peuple parisien, de rétablir la Terreur par le Tribunal révolutionnaire (le plus résolu d'entre eux, Raoul Rigault, fut procureur général de la Commune), de reconstituer le Comité de Salut public, délégataire absolu de tous les pouvoirs de la Commune.

Ce programme concordait en partie avec celui d'une autre fraction (représentant sans doute le groupe le plus nombreux, mais le moins homogène de la Commune) qui, elle aussi, vivait dans le souvenir des grands ancêtres de la Convention : le groupe dit des Jacobins, dont les chefs étaient Charles Delescluze et Félix Pyat. Ceux-là vouent un culte à Robespierre et n'ont d'autre but et d'autre méthode que de refaire ce qu'a fait Robespierre. C'est le groupe le plus déchiré par la situation où les événements le placent. Religionnaires de la « République une et indivisible » des grands Conventionnels, ils se méfient des proudhoniens « fédéralistes » et « communalistes », ainsi que des socialistes internationalistes.

Mais, robespierristes dévots, ils n'en détestent pas moins les hébertistes-blanquistes, enragés sans morale, irreligieux de l'Etre suprême, violents « purs » dont les excès ternissent la Révolution. Le babouvisme (d'ailleurs superficiel) que Blanqui a superposé à son hébertisme ne leur est pas moins suspect.

En définitive, qu'est-ce qui séparait profondément un Delescluze ou un Félix Pyat de Clemenceau, par exemple ? Sans doute, chez les premiers, un romantisme révolutionnaire dont ce dernier ne fut jamais gonflé. Sans doute aussi une intransigeance beaucoup plus passionnée. Des différences d'accent et de tempérament. Et, dans les masses qui suivaient le chevaleresque Delescluze, les différences étaient encore beaucoup plus insensibles : la tradition révolutionnaire de Paris, les souffrances du siège, la haine de l'Assemblée de Versailles les précipitèrent dans la Commune.

C) *Mutuellistes, fédéralistes, anarchistes : la minorité*

La minorité de la Commune élue le 26 mars était composée d'hommes qui, tous, se réclamaient de noms divers (entre lesquels, d'ailleurs, beaucoup d'entre eux semblaient établir des différences assez confuses) : « mutuellistes », « fédéralistes », « collectivistes », « communistes », « anarchistes ».

Tous vouaient un culte à Proudhon et connaissaient bien sa pensée et ses œuvres. Beaucoup d'entre eux étaient aussi attachés à la Ire Internationale et y avaient joué un rôle actif. Or, la Commune se situe au moment le plus aigu du conflit Marx-Bakounine au sein de la Ire Internationale (cf. *supra*, p. 659). Au sein des sections françaises de l'Internationale, l'influence de Bakounine (qui opposait son « collectivisme » au « communisme » de Karl Marx), était grande et se superposait à celle de Proudhon.

Sur un point tous les témoignages concordent : l'influence de Marx et Engels fut nulle sur la Commune. Dans tous ces groupes « socialistes », beaucoup ne connaîtront Marx et le marxisme qu'après la Commune, lors de leur exil en Angleterre. Ceux mêmes qui le connaissent, sans connaître sa doctrine, n'éprouvent presque instinctivement que répulsion pour le représentant d'une doctrine dont ils savent seulement qu'elle est « autoritaire ». On ne peut citer qu'un marxiste, ou du moins qu'un connaisseur du marxisme, parmi les membres de la Commune, et c'était un Hongrois, Ernest Fränkel.

Le lien le plus clair entre eux tous (outre Proudhon) paraît surtout fait d'un commun refus : refus de faire de la Commune la simple radicalisation du mouvement purement politique commencé le 4 septembre 1870 par la déchéance de l'Empire, refus de reconstituer un Etat et un gouvernement dont le signe eût été républicain au lieu d'être césariste ou monarchiste, refus de substituer à une Commune populaire, spontanée et quasi anarchique, une Commune révolutionnaire dirigée par un appareil minoritaire dictatorial (fût-ce pour une période d'urgence).

§ 2. Après la Commune : explications et réflexions

A) *Utopie* a posteriori

De nombreux protagonistes de la Commune, ou des historiens du socialisme (tel le Suisse James Guillaume), ont *a posteriori* tenté d'en dégager la signification et ont essayé d'expliquer ce qu'auraient voulu faire les Communards si le temps ne leur avait pas manqué.

Cette « reconstitution » de la Commune « telle qu'elle aurait pu être » est très révélatrice des idées et des espérances qui régnaient entre la fin du Second Empire et 1880 environ dans les milieux de la Ire Internationale en France et en Suisse surtout.

De ces diverses évocations se dégagent grossièrement deux visions de la « Révolution sociale » que la Commune aurait pu amorcer. L'une correspond à peu près à la tendance proudhonienne, l'autre à la tendance bakouniniste.

Dans l'une comme dans l'autre, la Commune est considérée comme une révolution destinée à provoquer la libération de toutes les Communes de France (et peut-être ensuite d'Europe). Cette libération n'aurait pas été un simple relâchement des liens avec l'Etat : les Communes doivent cesser d'être de simples circonscriptions administratives (plus ou moins autonomes), mais devenir, avec de nouvelles configurations territoriales, le point de départ et la première cellule d'une nouvelle organisation sociale qui anéantirait ou altérerait définitivement l'Etat traditionnel.

Les « proudhoniens » de la Commune semblent cependant avoir admis que la Fédération des Communes recueillerait certains des attributs de l'Etat.

La« Révolution» aurait fait de la Commune la nouvelle cellule d'organisation libre des rapports économiques et sociaux.

La vision « bakouniniste » est au contraire beaucoup plus radicale. La Commune de Paris aurait dû être le coup décisif porté à l'Etat, qu'il s'agit de détruire de fond en comble. Le « pacte fédératif » des Communes libres serait resté purement contractuel, il aurait toujours pu être dénoncé. Il n'aurait pas, à proprement parler, limité l'anarchie, il l'aurait consacrée solennellement : les communes auraient consenti, sans qu'aucune autorité supérieure le leur impose, à s'associer et à s'entraider. C'eût été le règne de la spontanéité substitué à celui de l'autorité.

B) *L'influence de la Commune*

La Commune a exercé une réelle influence sur le développement de l'idéologie marxiste, sur l'anarchisme, sur le syndicalisme français, italien et espagnol, de façon plus générale sur certains secteurs des mouvements révolutionnaires européens.

Sur le marxisme, tout d'abord. Après la Commune, et en partie à la suite d'une réflexion sur elle, deux ouvrages de Karl Marx, pour la première fois, abordent avec quelque précision, d'une part l'étude des moyens de lutte pour détruire la société politique actuelle et surtout, d'autre part, la forme « d'organisation sociale » susceptible de succéder à l'Etat au lendemain de l'insurrection prolétarienne. Ces deux ouvrages sont : *La guerre civile en France* (1871) et *Critique du programme de Gotha* (1875, en collaboration avec F. Engels).

La Commune de Paris, en renforçant Karl Marx dans sa conviction que le mouvement prolétarien international doit être centralisé, a indirectement été à l'origine de l'éclatement de la Ire Internationale et a précipité la rupture entre le courant représenté par Marx et le courant qui se groupe autour de Bakounine. A partir de 1880, c'est en fait le mouvement anarchiste qui lui succède tandis que commence (lentement) à s'organiser, en France notamment, un mouvement syndicaliste révolutionnaire parfois contaminé par des tendances anarchisantes.

L'anarchisme paraît avoir puisé dans le souvenir et la légende de la Commune de Paris une partie de l'influence dont il disposera entre 1872 et 1900 environ. La Commune sera toujours la grande référence historique (même implicite) de Bakounine et de Kropotkine.

Le prestige de la Commune a certes été moins apparent auprès du syndicalisme révolutionnaire de France, d'Espagne ou d'Italie. C'est que ce dernier a recueilli l'héritage idéologique de la Commune après un passage à travers l'anarchisme et qu'il y a intégré des tendances forgées expérimentalement dans la lutte concrète des syndicats ouvriers et des Bourses du Travail.

SECTION II. — L'anarchisme à la fin du XIXe siècle : une révolte

Dans les trente dernières années du XIXe siècle, l'anarchisme a connu un succès considérable auprès des milieux populaires et auprès de certains cercles intellectuels (très limités) en France, en Espagne, en Italie du Nord, en Russie.

Mais il y eut bien des formes d'anarchisme.

Il y eut un prétendu « anarchisme » dérivé de Stirner (1) et de son exaltation véhémente du « Moi unique » ; Stirner définit son « Association des Egoïstes » (qu'il oppose à la société) : « L'utilisation de tous par tous. » C'est un solipsisme passionné qui pourrait aussi trouver quelque prolongement dans Nietzsche. Il n'a exercé à peu près aucune influence sur les milieux populaires.

Faut-il ici mentionner l' « anarchisme » de Léon Tolstoï ? Il s'agit bien plutôt d'un moralisme hanté par le péché et désireux de revenir, par l'humilité, à la loi du Christ. Il en arrive presque, par un détour, à condamner l'action volontaire de l'homme, à rejeter les lois, à s'abandonner dans une extase mystique.

Il semble bien aussi qu'il ne faille mentionner que pour l'écarter un anarchisme libertaire qui a beaucoup nui aux doctrines anarchistes et qui prêche (par la parole et par les actes) le meurtre (même non politique), l'union libre (et non la communauté des femmes : odieux communisme !), plus généralement une installation perpétuelle « hors-les-lois » (fussent-

(1) Voir plus haut, p. 606.

elles morales). Cette tendance relève du pittoresque ou de la psychologie non de notre domaine (1).

Beaucoup plus près de ce domaine se situe l'anarchisme nihiliste et terroriste (plus « terroriste », d'ailleurs, que « nihiliste ») qui a secoué la Russie tzariste. Mais mérite-t-il plus qu'un simple rappel ? Sur le plan idéologique, ses « héros » ont toujours assez confusément adopté ou « appliqué » soit un blanquisme adapté à la situation russe, soit un « anarchisme libertaire » défini par le *Catéchisme d'un révolutionnaire* de Netchaïev, soit enfin les doctrines de l'anarchie « positive » de Bakounine (1814-1876) et Kropotkine (1842-1921).

Ce sont en fait ces dernières doctrines qui, seules, nous intéressent ici.

A) *Philosophie, politique, économie*

L'anarchisme, tel que professé par Bakounine, Kropotkine, Jean Grave, prétend être à la fois une philosophie de la Nature et de l'homme et une science totale de la vie humaine.

Dans *La science moderne et l'anarchie*, le prince Kropotkine, lui-même savant physicien, énonce les postulats philosophiques. Ils dérivent de Spencer, de Darwin, de Cabanis et d'Auguste Comte. L'Univers n'est que matière en perpétuelle et libre évolution : il y a une anarchie des mondes. Cette anarchie de l'évolution est la loi des choses. Mais cette loi n'est pas imposée aux choses : elle est leur être même. « L'anarchie est la tendance naturelle de l'Univers, la fédération est l'ordre même des atomes » (Bakounine). Or puisque cette matière est animée par cette belle loi d'évolution (*i. e.* d'anarchie) intelligente, toute l'histoire de la matière (dont l'homme n'est qu'un élément) est une « négation progressive de l'animalité de l'homme par son humanité » (Kropotkine). L'homme ne suit donc sa nature et ne respecte la Science qu'en obéissant à cette loi de révolte.

Première déduction : antithéisme absolu. Il n'y a même pas

(1) Le *Catéchisme d'un révolutionnaire* du fameux NETCHAÏEV prétend s'appliquer à l'anarchisme politique mais, en fait, préconise tout acte « hors-la-loi » quel qu'en soit l'objet.

à démontrer que Dieu n'existe pas ou qu'il n'est qu'un « reflet » : il faut s'insurger car l'homme ne peut reconnaître aucune subordination de son être. « Si Dieu existait réellement, il faudrait le faire disparaître » (Bakounine).

Deuxième déduction : « ... Nous repoussons toute législation, toute autorité et toute influence privilégiée, patentée, officielle et légale, même sortie du suffrage universel, convaincus qu'elle ne pourrait jamais tourner qu'au profit d'une minorité dominante et exploitante contre les intérêts de l'immense majorité asservie » (Bakounine, *Dieu et l'Etat*). La raison de l' « an-archie » politique est la même que celle de l'athéisme : l'homme est bon, intelligent, libre ; or, « tout Etat, comme toute théologie, suppose l'homme essentiellement méchant et mauvais » (Bakounine).

Sur le plan économique, les anarchistes se sont toujours prononcés contre la Propriété (Dieu-Etat-Propriété). Mais leur pensée ici est toujours demeurée un peu ambiguë.

D'abord, parce qu'ils ne se sont jamais pleinement débarrassés de l'utopie « abondanciste » de la « prise au tas ».

Ensuite, parce qu'ils condamnent surtout dans la propriété l'inégalité qu'elle crée, la puissance qu'elle donne et de ce fait le germe d'autorité (sous-entendu : politique) qu'elle renferme. Dans une certaine mesure, par conséquent, leur critique de la propriété ne porte pas contre une petite propriété paysanne « médiocre » et égale. Une chose est certaine en tout cas : ils ont toujours été radicalement opposés à une « organisation » autoritaire et globale de l'économie. C'est en partie pour cette raison qu'aux débuts de la Ire Internationale, pour se distinguer des « communistes » marxistes, ils se proclamaient « collectivistes » (puis, successivement, « communistes libertaires » et « communistes anarchistes »). Leur communisme est au fond très proche de celui de Babeuf ; mais il s'y ajoute ce refus de considérer aucune organisation comme définitive et obligatoire : la vie est mouvement et la révolte est la « loi » de l'homme.

B) *Contre toute autorité*

Pour les anarchistes, la pire des illusions est de s'imaginer qu'on peut faire à l'Etat « sa part » et trouver une forme d'organisation du pouvoir qui en limiterait le mal. Ce serait déjà admettre que le pouvoir est nécessaire comme une correction fatale à une nature corrompue de l'homme : c'est le péché de théologie !

D'ailleurs, on ne peut rien limiter. La démocratie reste une « cratie », celle d'une majorité. Et quelle majorité ? Non pas réellement celle de la masse authentique dans sa spontanéité et dans sa souveraine liberté anarchique, mais nécessairement celle de représentants, c'est-à-dire de gouvernants, d'hommes de pouvoir et d'autorité. Nous sommes ici en présence d'une des idées-forces qui a été la véritable « philosophie immanente » du prolétariat pendant le dernier tiers du XIXe siècle : le refus absolu d'adhérer à toute la théorie juridico-politique du « mandat » et de la « représentation », la non-confiance profonde, non seulement dans le personnel parlementaire mais encore dans la médiation politique.

Autre illusion : la démocratie directe. Mensonge subtil : tant que la masse n'a pas de capacité politique (cf. Proudhon), elle reste un intermédiaire entre elle et elle-même et crée de toute façon un gouvernement qui la dirige.

La négation va jusqu'au bout de ses conséquences : les anarchistes repoussent avec la même vigueur les « gouvernements révolutionnaires » même « provisoires » : on « fait de l'Etat » au nom de la révolution, donc on travaille pour le despotisme et non pour la liberté. Toute révolution qui s'impose par acte d'autorité et concentration de puissance, même provisoire, crée un pouvoir qui se sépare de la masse. L'Etat « provisoire » repose toujours sur la même « théologie » d'une humanité corrompue et qu'il faut « sauver » par voie d'autorité.

La même méfiance a conduit les anarchistes à condamner tous les partis politiques, quels qu'ils soient, « en tant qu'ils affectionnent le pouvoir » et parce qu'ils tendent toujours à pétrifier en leur sein des fonctions de chefs.

C) *Anti-individualisme*

Bien qu'elle rejette toute autorité, la véritable doctrine anarchiste n'a jamais été une exaltation de l'individu. L'anarchiste n'est ni individualiste, ni aristocratique ; pas trace de mépris chez l'anarchiste pour tout ce qu'il rejette : l'anarchiste ne méprise pas, il hait fortement.

C'est que, surtout chez Bakounine, l'anarchisme est avant tout une aspiration populaire. Ce pour quoi il se bat, ce n'est pas l'individu-héros, orgueilleusement affranchi, c'est la masse populaire dans sa spontanéité première, instinctive et jaillissante. Les masses contre l'élite.

Ainsi s'explique le rôle que l'anarchisme donne à la *violence* dans l'action des masses. Certains anarchistes déifieront la Violence dont ils feront un absolu. Rien de tel chez les grands doctrinaires anarchistes. Pour eux, la violence ne peut être écartée pour deux raisons. D'abord, parce qu'elle est une des manifestations de cette liberté de la nature et de la vie (« L'anarchisme est un radicalisme vitaliste », a dit justement P. L. Landsberg). En second lieu, parce que la violence est le mode d'action des masses, du moins tant qu'elles essaieront de faire une révolution politique avant de faire la révolution sociale. Pourquoi ? Parce que la révolution exclusivement politique est ou devient nécessairement bourgeoise au profit de privilégiés (fussent-ils d'ex-prolétaires) et qu'en ce cas, les masses réagissent selon leur nature fruste, avec violence.

D) *La « révolution sociale »*

Sur ce point, les anarchistes n'ont rien « imaginé » de bien original et leurs perspectives sont, en gros, celles de la Ire Internationale : l'émancipation économique des travailleurs doit être l'œuvre des travailleurs eux-mêmes.

L'action économique des travailleurs, l'auto-organisation des masses populaires (et non de la « classe » ouvrière) répondent, selon les anarchistes, à un vrai besoin, puissamment ressenti par les masses. Aussi sont-ils partisans du coopératisme, du syndicalisme et surtout de ces « Bourses du Travail » dues en France à l'initiative de Fernand Pelloutier.

***

L'anarchisme eut ses déviations et ses aberrations désespérées, puériles ou sublimes (il faut lire l'émouvante évocation de Victor Serge : Méditation sur l'anarchie, *Esprit*, avril 1937). Dans son essence, il représente cependant bien autre chose. Il a sans doute été d'une part le signe d'une irruption des masses populaires dans la vie politique au moment même où, au lendemain de la Commune de Paris et en pleine agonie du tzarisme autocratique, une formidable répression policière s'abat sur le prolétariat. Il a été aussi une réaction de désespoir de ce prolétariat en face du stade impérialiste du capitalisme : non seulement le capitalisme se défend bien, mais il contre-attaque, il culmine ; tous les rêves de libération économique et sociale sont lointains, ils ne s'accompliront (peut-être...), qu'au prix d'un effort violent, instinctif, lorsque tout le prolétariat jettera toute sa masse « hors-la-loi ». Il était magnifiquement accordé à une sensibilité de vaincus et de désespérés auxquels il rendait une possibilité de dignité. Seule cependant son insertion dans l'action syndicale lui permettait de n'être pas une impasse totale.

Section III. — Le syndicalisme a-politique : un refus

« Syndicalisme » et non « Mouvement syndical » : nous étudions ici en effet une véritable doctrine. Le « syndicalisme » des ouvriers syndiqués dans les années 1880-1914 n'a pas été un simple « trade-unionisme » : il s'est agi d'une idéologie qui a voulu faire du syndicat la « forme sociale » destinée à remplacer l'Etat et non pas un simple instrument de défense de la classe ouvrière appelé à faire pression contre la société existante et à coexister à côté de l'Etat.

Ce « syndicalisme » comme idéologie a eu une aire d'influence limitée : France, Belgique, Italie du Nord, Espagne (Catalogne surtout). Son influence est toujours demeurée insignifiante ou très éphémère en Grande-Bretagne (Ben Tillet), et aux Etats-Unis (influence d'Eugène Debs, de « Mother Jones » et de Daniel de Leon). Elle n'atteignit presque pas les syndicats allemands. Pas davantage les syndicats scandinaves qui subirent, eux, à la fois l'influence de la social-démocratie allemande et du trade-unionisme anglo-saxon. Le mouvement syndical russe, né très tardivement, sera à partir de 1905 sous la double influence des bolcheviks et mencheviks d'une part, et de l'anarchisme terroriste d'autre part.

Ces limites géographiques de l'influence du syndicalisme a-politique s'expliquent très bien. Celui-ci en effet est la réaction des masses ouvrières de pays où, d'une part, les organisations syndicales sont numériquement faibles et animées par des ouvriers de haute culture, et où, d'autre part, la démocratie libérale bourgeoise est assez solidement installée mais ne permet guère aux masses ouvrières d'exercer une influence politique sérieuse. Il ne restait alors, après les cruelles déceptions de 1848 et 1870, qu'à faire de l'impossibilité concrète de l'action politique une doctrine.

Dans l'action, comme sur le plan des querelles d'idées, le paradoxe est que ces syndicalistes a-politiques seront en fait en perpétuel duel amoureux avec les socialistes « politiques » (qu'il s'agisse des purs marxistes, des jauressiens ou des diverses fractions de la social-démocratie). Ils étaient en effet assez près les uns des autres et luttaient contre le même ennemi, s'efforçaient de s'adapter au même phénomène : la survie et le triomphe du capitalisme, l'éloignement des « temps révolutionnaires » paradoxalement concomitant à l'avènement des masses. Aussi ne sont pas rares les « ralliements », les inversions de positions doctrinales ou pratiques, etc.

A) *Les tendances*

Elles furent toujours innombrables et leur recensement quasi impossible, tant au demeurant elles se renversèrent et se mêlèrent. Pour s'en tenir à la France, on pourrait distinguer grossièrement :

— une tendance à la fois blanquiste et anarchiste (qui ne survécut guère à la crise boulangiste dont elle subit un court moment la séduction) ;

— la tendance « réformiste » qui prit quelque temps le nom de « possibiliste » (P. Brousse). Toujours en perte de vitesse (sauf dans son bastion : la Fédération du Livre), elle renaissait toujours de ses cendres, toujours prête à collaborer avec les socialistes de gouvernement : Millerand, Viviani ;

— la tendance anarcho-syndicaliste : elle reprend la partie constructive des doctrines anarchistes (la plus imprécise...) et tente de la réaliser dans l'action syndicale. Cette tendance sera dominante tant que les différents syndicats et bourses du travail ne seront pas encore confédérés dans la C.G.T. : elle s'efforcera de faire du syndicat l'univers total de l'ouvrier, dispensant à ce dernier culture, travail, sentiment de la solidarité, retraites, soins, etc. ;

— la tendance du « syndicalisme révolutionnaire », toujours intimement mêlée à la précédente : correspondant davantage à une phase d'unité syndicale, elle est un peu plus « politisée » et ne rejette pas une action insurrectionnelle violente contre l'appareil d'Etat (mais surtout par le moyen de la grève générale).

Ce sont seulement ces deux dernières tendances qui nous intéressent ici.

B) *Labriola, Sorel*

« Idéologie », le syndicalisme a-politique a eu cependant peu de grands idéologues ; ses « théoriciens » sont des « praticiens » ouvriers : Fernand Pelloutier, Victor Griffuelhes, Tortellier, Merrheim...

Toutefois, presque à la périphérie du pur syndicalisme, mentionnons deux philosophes qui l'ont connu, admiré et intégré à leur réflexion, exerçant ultérieurement de ce fait une réelle influence sur le syndicalisme dans les années qui précédèrent la première guerre mondiale : Antonio Labriola et Georges Sorel. Leur influence s'exerça d'ailleurs surtout en Italie.

Marxiste, Antonio Labriola (1843-1904) constate au spectacle des « brigands » d'Italie que le marxisme, « science du vrai », n'est pas accordé à la sensibilité des masses ni à leurs instincts. Celles-ci ne peuvent donc éviter de faire leur expérience historique et leur éducation *propres* et elles les feront en suivant leur intuition des situations révolutionnaires, en agissant aussi dans les seules organisations accordées à leur sensibilité et à leurs besoins : les syndicats.

Georges Sorel (1847-1922), lui, est un éclectique qui s'est nourri aussi bien à Hegel qu'à Marx, à Bergson, à Proudhon et aux anarchistes, mais aussi aux sources du « syndicalisme révolutionnaire », dont il deviendra, tardivement et presque involontairement, le théoricien. Sorel rejette, au nom d'un « vitalisme » bergsonien, tout déterminisme « dialectique » hégélien ou marxiste : une « intervention » volontaire, violente, d'une fraction consciente des masses permettra seule d'accomplir la révolution. Sorel sent que cette révolution « vient » ; mais il ne se fie ni au déterminisme ni à la spontanéité des masses dans leur ensemble (contrairement à Rosa Luxembourg), il pense qu'une avant-garde doit « faire scission » et agir violemment (1). Comment ? Par la « gymnastique révolutionnaire » de la grève générale. Sorel sait que cette grève générale ne peut être une insurrection victorieuse, mais elle est utile comme mythe pour rassembler cette élite, créer la scission qui entraînera les masses hors de leur torpeur. Les syndicalistes révolutionnaires sont, aux yeux de Sorel, cette élite ouvrière à la fois consciente, morale et violente.

Dans ses *Réflexions sur la violence* (1908) Sorel présente une théorie du mythe politique. Il expose que le monde moderne manque de mythes et veut opposer aux mythes libéraux (Progrès, Liberté, Egalité) des mythes révolutionnaires. Dans la IVe partie de son introduction, il distingue l'utopie du mythe et il expose que le socialisme, après avoir été utopique au début du XIXe siècle, doit maintenant s'appuyer sur des mythes ; c'est ainsi et ainsi seulement qu'il deviendra réaliste. Sorel juge donc le mythe d'après ses résultats pratiques (« Il faut juger les mythes comme des moyens d'agir sur le présent ») et il le définit comme un « ensemble lié d'images motrices » ou comme une « organisation d'images qui poussent au combat et à la bataille». Pour Sorel, le mythe ne se discute pas. Il est indécomposable et irrationnel.

Ce théoricien de la violence, dont l'influence n'a pas dépassé les limites de cercles étroits, est mû avant tout par des sentiments violemment antibourgeois. C'est ainsi que M. Freund a pu parler à propos de lui d'un « conservatisme révolutionnaire ».

Ce pur intellectuel a été à l'origine d'une tendance ouvriériste très hostile aux intellectuels (cf. le livre d'Edouard Berth, *Les méfaits des intellectuels*) et d'une sorte de corporatisme anti-démocratique et anti-parlementaire qui s'exprime dans les écrits d'Hubert Lagardelle.

Sorel a sans doute eu une plus forte influence hors de France qu'en France même, notamment en Italie où, à la veille de la guerre de 1914, ses idées exercent une séduction sur certains groupes anarchistes et socialistes ; Mussolini se réclamera à diverses reprises de Sorel.

En France, la « référence Sorel » n'est pas morte ; elle accompagne et prolonge la « référence Proudhon » (cf. le livre très caractéristique de Pierre Andreu, *Notre maître M. Sorel*, Paris, 1953).

C) *Autonomie au regard de l'action politique*

Cette règle d'or du « syndicalisme » ne variera plus à partir de 1880, année qui marque l'échec de Jules Guesde pour constituer un « parti ouvrier » avec l'aide des syndicats. Le

(1) Lénine a approuvé et utilisé Sorel sur ce point.

premier soin de la S.F.I.O., lorsqu'elle se constituera, sera d'ailleurs de « saluer » cette indépendance de l'action syndicale à l'égard de la sienne propre.

La Charte d'Amiens (1906, préambule aux nouveaux statuts de la C.G.T.) déclare :

« 1° En ce qui concerne les individus... », liberté d'opinion et d'adhésion politique, sous réserve de ne pas introduire dans le syndicat les opinions professées au dehors ;

« 2° En ce qui concerne les organisations, le Congrès déclare qu'afin que le syndicalisme atteigne son maximum d'effet, l'action économique doit s'exercer directement contre le patronat, les organisations confédérées n'ayant pas, en tant que groupements syndicaux, à se préoccuper des partis et des sectes qui, en dehors et à côté, peuvent poursuivre en toute liberté la transformation sociale. »

A tous les congrès de la C.G.T., ces principes furent réaffirmés, et plus particulièrement au Congrès du Havre en 1912 où des « trahisons » de la S.F.I.O. provoquèrent une motion extrêmement dure.

Conséquence : jamais les syndicats n'ont cherché, contrairement aux trade-unions, à provoquer aux élections politiques des « candidatures ouvrières » ou « syndicales » ; ils se bornaient à soutenir, plus ou moins, la S.F.I.O.

D) *L'action directe*

Ce soutien électoral de la S.F.I.O. pouvait être embarrassant mais il n'était après tout que l'affaire de quelques syndiqués. L'affaire des syndicats, et la seule chose sérieuse, c'était l'action directe.

Victor Griffuelhes la définissait ainsi : « (Cela) veut dire action des ouvriers eux-mêmes, directement exercée par les ouvriers. C'est le travailleur qui accomplit lui-même son effort. Par l'action directe, l'ouvrier crée lui-même sa lutte, c'est lui qui la conduit, décidé à ne s'en rapporter à personne d'autre du soin de se libérer » (29 juillet 1904).

Quant aux moyens de cette action directe, ils étaient multiples : revendications professionnelles, négociations du syndicat avec les employeurs, placement organisé par les travailleurs eux-mêmes, mutuelles, caisses de secours et de retraites, culture populaire prise en charge et organisée par les ouvriers eux-mêmes, coopératives de consommation. L'instrument idéal de cette action directe fut la Fédération des Bourses du Travail dont Fernand Pelloutier fut l'apôtre. L'action directe n'était pas violente dans son principe et dans la plupart de ses manifestations, mais, en cas de nécessité, n'écartait pas la violence : piquets de grève luttant contre les « briseurs de grève », sabotages, occupations.

E) *La grève générale*

La grève générale était cependant le moyen suprême. Le mot (et l'idée) avait été lancé en 1886 par Joseph Tortellier. On l'opposait à la grève partielle : « La grève partielle ne peut être qu'un moyen d'agitation et d'organisation locale. Seule la grève générale, c'est-à-dire la cessation complète de tout travail, ou la révolution, peut entraîner les travailleurs vers leur émancipation » (Féd. des Syndicats, Congrès du Bouscat, 1888).

« ... ou la révolution... » : alternative ? ou analogie ? On pencha de plus en plus pour identifier grève générale et révolution. Le mythe d'une « subversion » pacifique, instantanée, par « la suspension universelle et simultanée de la force productrice » (Aristide Briand, Marseille, 1892) prenait naissance.

« Il y a par conséquent... une pratique journalière de l'action directe qui va chaque jour grandissant, jusqu'au moment où, parvenue à un degré de puissance supérieure, elle se transformera en une conflagration que nous dénommons grève générale et qui sera la révolution sociale » (Victor Griffuelhes).

La guerre de 1914 devait montrer que, non seulement les syndicalistes allemands n'adhéraient pas au mythe, mais qu'en France même celui-ci ne résistait pas à l'épreuve.

F) *Les fins*

C'était la révolution, mais précisons, à la suite de Griffuelhes : la « révolution sociale ». Vieux thème proudhonien ! Mort à la politique ! Souvenir aussi de Saint-Simon : substituer l'administration des choses au gouvernement des hommes.

« Les syndicalistes, anti-parlementaires résolus, sont décidés à supprimer l'Etat comme organisme social, à faire disparaître tout gouvernement des personnes pour confier aux syndicats, aux fédérations, aux bourses du travail, le gouvernement des choses, la production, la répartition, l'échange » (Keufer).

Mais ce ne sera qu'une tendance. En France, à partir de 1911, la C.G.T. sous la direction de Léon Jouhaux mettra de plus en plus une sourdine à ces thèmes. La vieille génération des ouvriers supérieurs et du syndicat « de qualité » touchait à sa fin. La C.G.T. se grossissait de masses sans traditions militantes, versatiles, les travailleurs du secteur public (qui, eux, n'avaient pas pour employeurs les capitalistes) affluaient... Le mouvement syndical, que le mythe de la grève générale avait acculé à la dure répression par Clemenceau des grandes grèves de 1906-1907, donnait satisfaction aux nouvelles masses en « composant » avec l'Etat. Un appareil bureaucratique, coupé de masses syndiquées sans culture, dominait la C.G.T. La « révolution sociale » s'estompait...

Une autre « fin » prenait le relais : l'internationalisme pacifiste. A partir de 1910, il est le thème dominant de tous les congrès : la tension internationale l'impose. Il est aussi la préoccupation dominante de la social-démocratie européenne. Alors resurgit le thème de la grève générale — mais concertée entre les prolétariats d'Europe — pour barrer la route à l'impérialisme militaire et capitaliste.

En juillet-août 1914, la C.G.T. française se trouva presque isolée (avec quelques syndicats italiens) sur cette position. Le nationalisme se révélait plus fort. La S.F.I.O. se ralliait, Jaurès disparu, à l'Union sacrée. Jouhaux, lui-même, « à titre personnel », devenait commissaire à la Production.

Le « syndicalisme », « anarcho » ou « révolutionnaire », était mort. Il subsistera, vivace, en Espagne. En France même, si sa pratique est en fait abandonnée, il laissera des traces profondes : la « Charte d'Amiens » reste article de programme ; mais surtout le « syndicalisme », même décapité de toute sa partie doctrinale positive, imprègne encore des mentalités, entretient un malaise à l'égard de la politique. La naissance après 1917 de partis communistes contrôlant certaines organisations syndicales a mis fin à cette répulsion ; mais inversement elle a donné une raison de plus aux non-communistes de se « replier » sur le syndicat, sur un syndicat désormais sans idéologie « syndicaliste ».

Section IV. — **Socialisme et marxisme (compléments, révisions, abandons)**

Le marxisme reste après 1870 le seul courant idéologique cohérent du socialisme. Seul l'anarchisme lui dispute la place avec succès mais dans des zones très limitées : Jura suisse, Espagne, dans une moindre mesure la Russie. La Grande-Bretagne est demeurée également à l'écart ; mais aucune autre idéologie socialiste n'a réellement submergé la Grande-Bretagne qui demeure la terre du trade-unionisme. Jusqu'à 1917, le marxisme restera l'*idéologie officielle* de tous les partis socialistes continentaux. Il en sera de même en fait pour la IIe Internationale.

Cependant l'idéologie marxiste fera l'objet d'incessantes discussions. Elle sera complétée, révisée, abandonnée. On assistera à des retours à Kant et à Hegel, à des tentatives de conciliation bizarres et plus ou moins avouées, à des reniements moins souvent fracassants que honteux. En Grande-Bretagne, une école socialiste tentera d'assimiler quelques éléments du marxisme pour chercher, en toute liberté, sa propre définition du socialisme : c'est la seule tentative de réflexion socialiste qui soit réellement *libre* à l'égard du marxisme (1).

§ 1. Interprétation générale du marxisme

1° *L'évolution du capitalisme et la lutte des classes*

A) Le « révisionnisme » de Bernstein. — Eduard Bernstein (1850-1923), marxiste allemand résidant en Grande-Bretagne, publia en 1899 ses *Postulats du socialisme* (traduits en français sous le titre : *Socialisme théorique et social-démocratie pratique*).

Il y critiquait la théorie marxienne de la valeur-travail, reprenant certains des arguments avancés par l'école marginaliste : le sujet ne nous intéresse pas directement ici.

Il limitait la portée du matérialisme historique et, adepte du néo-kantisme, contestait la théorie marxiste des idées-reflets. Les idées, les impératifs éthiques ont une réalité nouménale et agissent aussi dans l'histoire. Loin de les évacuer, le socialisme doit donc les intégrer et ne pas faire de la lutte des classes et des transformations économiques l'unique moteur de l'histoire.

Il faut revenir partiellement aux idées saint-simoniennes et introduire au sein de la société capitaliste des germes de socialisme pour préparer les transformations futures.

Selon Bernstein, les prévisions marxistes sont démenties

(1) Si l'on met à part certaines doctrines purement économiques comme le « georgisme » ou le socialisme de Rodbertus.

par les faits : la concentration industrielle n'a pas produit son effet massif de dépossession des petits bourgeois par suite du développement des sociétés par actions (1). La prolétarisation de la classe ouvrière et des artisans a été contrariée par le développement de la coopération.

Marx pensait que le capitalisme commercial et financier, périmé, céderait la place au capitalisme industriel. Or la croissance des trusts montre au contraire que le capitalisme moderne est de plus en plus un capitalisme bancaire : Saint-Simon avait prévu plus juste.

Mais c'est surtout sur le sort de l'agriculture que le débat devint aigu. Contrairement aux prévisions de Marx, pour qui la loi d'accumulation et de concentration s'appliquait également à l'agriculture, Bernstein (bientôt suivi par un autre socialiste allemand, Ernst David) montre que cette loi ne joue pas dans l'agriculture. Ernst David s'applique surtout à démontrer que le petit propriétaire rural, que le marxisme assimile à un prolétaire, est peut-être bien en effet un prolétaire mais qu'il ne se comporte pas comme tel, ni comme sujet économique ni comme sujet politique.

B) La réplique de l'orthodoxie : Kautsky. — Un des plus grands doctrinaires du marxisme, l'Allemand Karl Kautsky (1854-1938), réfuta Bernstein mais, de ce fait, fut amené à compléter et à adapter certaines théories de Marx (*La question agraire*, 1899 ; *La doctrine socialiste*, 1900).

Opposant statistiques à statistiques (et souvent de façon pertinente), Kautsky s'attachait à montrer qu'au delà des démentis apparents l'analyse marxienne demeurait exacte. S'il n'y avait pas paupérisation absolue du prolétariat, il y avait bien paupérisation relative, les capitalistes bénéficiant quant à eux d'un enrichissement absolu (2). Quant à l'agriculture, si la forme juridique de l'exploitation agricole n'a pas évolué, celle-ci est de plus en plus l'annexe économique de la minoterie, de la conserverie, etc. (Kautsky donnait l'exemple de Nestlé).

Conséquence : l'évolution du capitalisme amène quand même ses contradictions qui préparent son renversement. Quant à l'action politique réformiste du prolétariat organisé, elle est un complément utile et nécessaire, à la condition qu'elle reste guidée et orientée par la connaissance scientifique de ces lois de développement du capitalisme.

(1) Débat très actuel. Voir l'analyse du capitalisme « démocratique » aux Etats-Unis telle qu'elle est faite par Berle ou par Fourastié et Laleuf.

(2) Là encore nous ne « modernisons » pas les termes de la controverse de 1899-1901 : ils restent les mêmes un demi-siècle plus tard.

2° *Déterminisme dialectique ou spontanéité de l'histoire : le problème de la durée et du temps*

A l'arrière-plan du débat Bernstein-Kautsky, il y avait un grand problème philosophique.

A) LA DIALECTIQUE EN QUESTION. — Bernstein (que Friedrich Engels s'était désigné pour exécuteur testamentaire !) écrivait dans son ouvrage : « La méthode dialectique constitue l'élément perfide dans la doctrine marxiste, le piège, l'obstacle qui barre la route à toute observation juste des choses. »

De la non-réalisation des prévisions marxistes, et surtout du fait qu'en pleine croissance du capitalisme la condition prolétarienne s'était somme toute améliorée par des voies qui ne devaient rien à la révolution, Bernstein déduisait que « la chaîne causale de la dialectique hégélienne et marxiste était ainsi rompue » (Léo Valiani, *Histoire du socialisme au XXe siècle*).

Il n'y a pas nécessairement un effet qui sort d'une cause qui est son contraire dialectique. Il y a de l'imprévu, d'abord. Il y a surtout la volonté humaine et les impératifs éthiques qui peuvent surgir dans l'histoire et changer son cours.

En fait, Bernstein développait ici une intuition de Karl Marx qui avait bien compris la filiation du socialisme et de la liberté et qui, pour cette raison, s'était écarté à la fois de Hegel (liberté purement philosophique) et de Feuerbach (liberté exclusivement religieuse). Sur le plan philosophique comme sur le plan des implications politiques, Bernstein s'élevait contre le despotisme et exaltait la liberté. C'était le retour à Kant.

Bernstein posait un problème philosophique sérieux, même si au nom de ce « révisionnisme » certains de ses émules faisaient une mauvaise politique socialiste. Or les contradicteurs de Bernstein, trop obsédés par les luttes révolutionnaires concrètes, ne lui répliquèrent pas sur le fond.

Rosa Luxembourg (1870-1919, Allemande d'origine polonaise), par exemple (qui, pas plus que Liebknecht, ne connaît bien Hegel et qui n'a pas compris que, chez Marx, la dialectique est en même temps une méthode et la marche concrète de la révolution), maintenait la fatalité d'une crise catastrophique du capitalisme provenant de son extension démesurée. Pour elle, il n'y a pas d'autre issue que la révolution et celle-ci sera totale à un moment donné. Quant au problème pratique de savoir ce qu'il faut faire pour que ce moment se rapproche, Rosa Luxembourg répond : c'est la perspective de l'issue finale qui commande au prolétariat d'utiliser à la fois l'action violente, l'action économique et l'action politique légale (mais en sachant que la démocratie libérale conduit à la révolution).

Dans les dernières années du XIXe siècle, les thèses de Bernstein reçurent l'adhésion de marxistes autrichiens comme Max Adler et Otto Bauer (1881-1938). La majeure partie des marxistes allemands orthodoxes demeurèrent fermement attachés à un marxisme rigoureux qu'ils réduisaient d'ailleurs trop souvent à un pur économisme (cf. Henri Lefebvre, *La pensée de Lénine*, pp. 29-33.)

Dans un sens tout opposé, mais répondant à la question fondamentale posée par Bernstein, *Antonio Labriola* (cf. *supra*), animé d'une philosophie très pessimiste, aperçoit dans l'histoire une « ironie » qui déjoue toutes les analyses scientifiques. Cette « ironie » n'est pas un caprice surnaturel : c'est la « fantaisie » et la liberté de l'esprit humain. Or, les masses populaires n'accèdent pas à cette liberté créatrice : il leur faut donc faire leur propre expérience de liberté ; elles la feront à leur façon, en suivant leur « sensibilité ». Le marxisme ne peut que les aider, à la façon de Socrate, mais il ne peut s'imposer à elles comme science du vrai (cf. Antonio Labriola, *Essai sur la conception matérialiste de l'histoire*).

Poussant plus loin encore, un Italien, alors sympathisant du marxisme et de formation hégélienne, *Benedetto Croce* (1856-1952), dans les années 1900-1909, va rompre résolument la fameuse « chaîne causale dialectique ». Pour lui, « le progrès existe dans l'histoire, non pas en vertu de la transformation de chaque situation en son contraire, mais dans la mesure où les hommes se créent des personnalités différenciées » (Léo Valiani, *op. cit.*, p. 22). Le mal ne se transforme pas dialectiquement en bien : l'homme juge le bien et le mal, choisit entre des biens, etc. Croce, revenant lui aussi à Kant, pose donc un *a priori* aussi bien au socialisme qu'au libéralisme : la liberté morale.

B) LA RÉVOLUTION, MAIS QUAND ? — A l'arrière-plan de ce débat sur la spontanéité ou la non-spontanéité de l'histoire, il y avait une question très concrète : le socialisme semblait gagner les masses (en Allemagne surtout où la social-démocratie obtenait 1 427 000 voix en 1890) et grignoter l'Etat. Alors fallait-il attendre paisiblement une victoire prochaine ? Ou la précipiter par une révolution ? Ou bien la *vraie* victoire était-elle retardée jusqu'à un terme indéterminé ?

Et puis qu'était-ce que « la révolution » ? Une majorité socialiste dans les assemblées parlementaires ? Des lois d'expropriation ? Une insurrection totale suivie d'une collectivisation instantanée ? « La révolution », serait-ce la révolution simultanée et partout (1) ?

En 1891, au Congrès d'Erfurt, Bebel avait annoncé : « La réalisation de nos fins dernières est si proche, j'en suis

(1) Voir l'amorce de cette discussion, du vivant de Engels, ci-dessus, p. 655.

convaincu, que parmi ceux qui sont dans cette salle il en est peu qui ne verront pas ces jours. »

L'écoulement des années (et une meilleure lecture de Marx) devait amener à plus de prudence.

La discussion quant au terme et à l'échéance dériva nécessairement sur les deux questions suivantes :

— que fallait-il entendre par révolution ?
— dans quelles circonstances et en quels lieux les conditions pouvaient-elles s'en trouver réunies ?

Sur le premier point, on en revenait au débat soulevé par les révisionnistes et les réformistes. Il serait trop long de suivre les controverses (on en retrouvera des échos plus loin). La réponse dominante fut la suivante : la révolution n'est atteinte que par l'abolition du capitalisme et du salariat, mais toute étape réformiste peut être un progrès sur cette voie.

Sur le second point, la controverse fut surtout vive à partir de 1905 à propos des perspectives révolutionnaires en Russie.

C) Révolution en Russie ? — Presque toutes les sommités du marxisme admettaient sans discussion que les conditions d'une révolution socialiste se trouveraient remplies dans les pays où le capitalisme aurait atteint son plus haut développement et où une classe ouvrière puissante aurait acquis une conscience aiguë de son rôle révolutionnaire (1).

On en déduisait deux corollaires :

— dans les pays pré-capitalistes et de régime autocratique et féodal, la première étape devait consister à assurer simultanément l'industrialisation du pays et une révolution bourgeoise et libérale du type de celle de 1789. Le plus grand malheur, affirmait-on, qui puisse survenir à des révolutionnaires est de se trouver à la tête d'une révolution alors que les conditions n'en sont pas réunies ;
— dans les pays de population agricole dominante, la révolution ne sera possible qu'une fois le processus de pro-

(1) Voir sur ce point les hésitations de Karl Marx, ci-dessus, p. 657.

létarisation des paysans parvenu à maturité. En attendant ce terme, le prolétariat industriel doit faire alterner l'alliance avec les libéraux bourgeois et des actions révolutionnaires propres mais limitées à l'échelle des opérations tactiques.

Telles étaient, schématiquement, les thèses exposées aussi bien par Kautsky que par certains marxistes russes : Plekhanov, Martov, Axelrod, Vera Zassoulitch. Elles étaient rejetées d'une part par Rosa Luxembourg et Léon Trotsky, d'autre part par Lénine.

Rosa Luxembourg et Trotsky (1877-1940) croient que la révolution socialiste est actuellement possible même dans les pays économiquement arriérés et non libéraux. Trotsky avait activement participé au Soviet de Saint-Pétersbourg lors de la Révolution de 1905 ; bien que les masses paysannes russes n'aient absolument pas contribué à cette révolution et que les soldats-moujiks aient joué en l'occurrence un rôle contre-révolutionnaire, Trotsky pense que l'insurrection a démontré la possibilité d'une révolution victorieuse par le prolétariat industriel.

En 1906 il développe cette thèse dans *Résultats et perspectives de la Révolution russe*. Pour lui, le tardif mais rapide développement industriel de la Russie, dû à l'initiative de l'Etat et de la finance étrangère, a créé une situation favorable : il n'y a pas de vraie classe de capitalistes bourgeois, mais en revanche il y a un vrai prolétariat concentré et révolutionnaire. En conséquence, le prolétariat peut ici faire et réussir sa révolution (alors qu'il n'y a pas encore de classe bourgeoise en mesure de faire une révolution « de type 1789 »). Il suffira au prolétariat de se rendre maître des usines et alors, une fois au pouvoir, « par la seule logique de la situation », il sera inévitablement poussé à administrer l'économie : la révolution socialiste sera faite en Russie. Quant à la paysannerie, elle est une masse incapable d'initiatives révolutionnaires, et il n'y a pas à compter sur elle pour cette révolution.

Observons que Trotsky prévoyait très exactement ce qui allait se passer effectivement en février 1917. En revanche, sa prévision était beaucoup moins sûre en ce qui concerne les événements consécutifs à cette prise du pouvoir. Pourtant Trotsky et Rosa Luxembourg prévoyaient bien que des difficultés commenceraient après la prise du pouvoir : résistance de la paysannerie et des autres milieux sociaux, interventions des Etats étrangers, etc. A ces difficultés, l'un et l'autre ne voyaient qu'une solution : le prolétariat vainqueur devrait être soutenu par le prolétariat international qui, à ce moment-là, devrait lui aussi tenter partout des actions insurrectionnelles. C'était la thèse de la révolution permanente.

Lénine (1870-1924) croit aussi qu'une phase de la révolution socialiste est possible en Russie. Sur ce point, et à partir d'analyses très voisines, il partage les vues de Trotsky.

En revanche, il ne croit pas (et ne révisera son jugement qu'en mars-avril 1917) que cette insurrection faite par le prolétariat puisse permettre immédiatement autre chose qu'une démocratie bourgeoise. Mais le prolétariat révolutionnaire doit s'efforcer de contraindre la partie progressiste de la bourgeoisie à partager avec lui le pouvoir dans des conditions telles que, nécessairement, une deuxième phase s'ouvrira peu après qui pourra être décisive.

Quelles sont ces « conditions » ?

Tout d'abord, il faudra la complicité active et la solidarité des mouvements révolutionnaires d'Occident (et surtout d'Allemagne : jusqu'à 1919 Lénine sera tenté de faire une « pause » pour attendre que la révolution allemande prenne le relais de la révolution russe).

En second lieu, il faut l'alliance en Russie du prolétariat ouvrier et des paysans. C'est sur ce point que Lénine est le plus original et qu'il a développé la « science » marxiste à la fois avec le plus de fidélité et le plus de liberté, cessant (à la différence des « orthodoxes ») de réduire la dialectique à un pur mécanicisme. Lénine sait bien que le moujik russe n'est pas porteur d'une mission révolutionnaire comme l'affirmaient les « narodniki » (populistes). Il ne se laisse pas davantage illusionner par les réformes du ministre Stolypine qui, en tentant de « nationaliser » le sol pour l'attribuer aux paysans et en faire des petits propriétaires, avaient abouti à des inégalités criantes au profit de quelques « koulak » et à la misère de beaucoup d'autres. En revanche, il comprend que les révolutionnaires peuvent, dans un premier temps, réaliser avec tous les paysans une « dictature révolutionnaire-démocratique du prolétariat et de la paysannerie » en leur proposant le fameux « partage noir » des terres. Ce stade achevé, Lénine sait que la majorité des paysans refusera d'aller plus loin ; mais alors le prolétariat devra s'appuyer sur les paysans les plus pauvres contre ceux qui se sont enrichis par le partage des terres (1).

***

L'interprétation générale du marxisme fait apparaître trois grandes tendances :

— une, assez pétrifiée et dogmatique, aboutissait cependant à d'étranges aberrations : économisme, attentisme, etc. ;
— une autre, plus hardie, entreprenait de « réviser » le marxisme sur le plan de l'analyse philosophique et économique ; elle en tirait le plus souvent des conclusions purement libérales et réformistes sur le plan de l'action politique concrète ;
— enfin une tendance plus radicale qui, fidèle aux enseignements profonds du marxisme, tentait de le développer, sans éviter toujours un certain « gauchisme ».

3° *A la limite du marxisme : démocratie et socialisme chez Jaurès*

A partir de 1890-1900, le prestige du marxisme et celui de la social-démocratie allemande qui l'incarne sont tels que pratiquement presque tous les socialistes européens vont plus ou moins se réclamer de Karl Marx.

En fait, beaucoup de ces socialistes (surtout hors d'Allemagne et d'Autriche) connaissent de fort loin la pensée de Marx. De sa doctrine, ils écartent — parfois expressément, plus souvent implicitement — des éléments de première importance. Il leur suffit, quand ils ne sont pas eux-mêmes

(1) En fait, la pensée de Lénine semble avoir souvent oscillé dans les années 1905-1907 sur ces deux phases et surtout sur leur discontinuité. Dans *Le lien entre la social-démocratie et le mouvement paysan*, sept. 1905, il envisage un processus continu. Dans *Deux tactiques de la social-démocratie* (1907), il semble prévoir deux temps séparés par une sorte de pause. Au congrès de Bakou en 1920, Lénine et le Parti Communiste paraissent avoir envisagé la possibilité d'une révolution socialiste dirigée par la paysannerie pauvre.

des doctrinaires, que le marxisme soit « le » socialisme le plus « avancé ».

En revanche, consciemment ou non, ils ajoutent à Marx. Ils superposent à un marxisme très superficiel un idéalisme démocratique que Marx avait vigoureusement critiqué et rejeté.

Le cas le plus exemplaire de ces socialistes qui sont à la limite du marxisme c'est en France celui de Jean Jaurès.

Jaurès (1859-1914) ne sépare pas socialisme et démocratie. Son socialisme est avant tout (1) un démocratisme socialiste. Le collectivisme apparaît à Jaurès comme contraire au socialisme. Pour lui, « le socialisme est l'affirmation suprême du droit individuel. Rien n'est au-dessus de l'individu ». Et il poursuit : « Le socialisme est l'individualisme logique et complet. Il continue, en l'agrandissant, l'individualisme révolutionnaire » (Socialisme et liberté, article publié dans la *Revue de Paris*, 1er décembre 1898).

Chez Jaurès, le socialisme est étroitement lié aux souvenirs de la Révolution française (cf. son *Histoire socialiste de la Révolution française*). En 1890, il parle du « socialisme immense vrai, humain qui est contenu dans la Révolution française » (« Nos camarades les socialistes allemands », 25 février 1890) et il affirme : « C'est le socialisme seul qui donnera à la Déclaration des Droits de l'Homme tout son sens et qui réalisera le droit humain. »

Le socialisme de Jaurès est — comme le radicalisme d'Edouard Herriot — un socialisme de la conciliation. Il entend concilier socialisme et liberté (« Partout où il est organisé en parti le socialisme agit dans le sens des libertés individuelles, liberté politique, liberté du vote, liberté de conscience, liberté du travail... ») ; patriotisme et pacifisme (sur le pacifisme de Jaurès, voir ci-dessous, § 3, p. 750).

Ainsi Jaurès n'admet-il pas sans beaucoup de réserves des notions comme la lutte des classes ou la dictature du prolétariat. Sa pensée sur ce point a évolué, pour des raisons auxquelles la tactique n'est pas étrangère. Mais les textes qu'il écrit vers 1890 le situent fort loin du marxisme : « Le socialisme vrai, écrit-il le 28 mai 1890, ne veut pas renverser l'ordre des classes ; il veut fondre les classes dans une organisation du travail qui sera meilleure pour tous que l'organisation actuelle. » Et il oppose aux « meneurs » qui « par des déclamations violentes et creuses » réduisent le socialisme à une doctrine de classe, « la vraie doctrine socialiste » telle que les esprits les plus divers l'ont formulée, les Louis Blanc, les Proudhon, les Fourier.

Jaurès pouvait comprendre des marxistes « néo-kantiens » comme Bernstein, par exemple. Un accord de surface pouvait même s'établir entre lui et des marxistes orthodoxes, comme Kautsky ou Wilhelm Liebknecht en raison de la modération de fait de ceux-ci. En revanche, il suffit de se référer à la méthode rigoureuse de Marx et à sa critique de la démocratie et de la Révolution française pour se rendre compte que Jaurès n'est pas marxiste. Ce qui, précisément, caractérise le « socialisme français » de 1900 à 1914, c'est que le courant jaurésiste ait cohabité avec celui de J. Guesde qui, lui, était marxiste.

(1) Comme celui de Blum qui se réfère constamment à Jaurès.

§ 2. Les moyens d'action de la révolution et du socialisme

1° *L'action politique légale et parlementaire*

A) Légalisme des socialistes allemands. — En mars 1895, dans son « Introduction » à l'ouvrage de Karl Marx, *Les luttes de classe en France* (v. ci-dessus, p. 655), Engels avait écrit : « Nous, les « révolutionnaires », les « chambardeurs », nous prospérons beaucoup mieux par les moyens légaux que par les moyens illégaux et le chambardement. »

Les dirigeants de la social-démocratie allemande en étaient parfaitement convaincus. Pour cette raison, ils se laissaient gagner par un esprit de plus en plus « légaliste ».

D'ailleurs, malgré la défaite définitive du clan des disciples de Lassalle (toujours partisans d'un socialisme d'Etat), un esprit « lassallien » subsistait dans de nombreux milieux allemands. D'autre part, les lois d'exception prises par Bismarck contre les socialistes allemands avaient été assez rapidement abrogées et la social-démocratie, comme les syndicats, connaissait des succès rapidement grandissants : il était impossible de ne pas exploiter cette situation qui, déjà, permettait d'entrevoir à assez brève échéance, le moment où l'empereur ne pourrait pas éviter des ministres socialistes.

Pour y parvenir, il ne fallait pas « marquer le pas » si près du but ; il fallait absolument gagner la confiance de nouveaux électeurs dans les classes moyennes, les intellectuels, les paysans. Or, compte tenu de la mentalité allemande très respectueuse du régime établi, compte tenu de la politique de réformisme social des gouvernements (acceptée d'enthousiasme par de très larges cercles de la société allemande), il ne pouvait être question de « révolution », du moins violente.

La question se posait surtout en Allemagne parce que, là, la social-démocratie était déjà très forte et parce que l'Etat allemand, très en avance sur tous les autres Etats européens, pratiquait déjà une politique de « socialisme d'Etat ».

Mais, avec un peu de retard et sous une forme moins aiguë, la question se posa également en Belgique, en France et en Autriche (où Karl Renner professait les mêmes thèses que les socialistes allemands).

B) Des ministres socialistes ? — L'acceptation des « moyens légaux » posait concrètement, en régime parlementaire, deux questions corollaires : l'alliance électorale et tactique avec des partis bourgeois et la participation de socialistes à des gouvernements « bourgeois ».

C'est en France (en raison de la pluralité des partis) que la question souleva le plus de controverses.

En 1899, il n'existait pas encore de parti socialiste, mais il y avait divers groupes socialistes ; il y avait surtout quelques élus socialistes à la Chambre (groupés dans une « Union »). Or l'un d'eux, Millerand, entra dans le cabinet Waldeck-Rousseau. Ce fut un beau tapage, les guesdistes lancèrent un manifeste de protestation et l'« Union » éclata. La IIe Internationale, réunie en Congrès à Paris l'année suivante, fut saisie par Jules Guesde d'une motion qui, généralisant l'affaire Millerand, demandait la condamnation absolue et du réformisme et de la participation ministérielle des socialistes.

Cette motion fut écartée au profit d'une résolution proposée par Kautsky, plus nuancée, qui subordonnait la participation à l'accord du parti (là où il existait...) et qui précisait que cette participation ne pouvait être considérée que comme un expédient forcé, transitoire et exceptionnel.

Mais au Congrès de l'Internationale à Amsterdam (1904), en dépit des efforts de l'Autrichien Adler et du Belge Vandervelde, les sociaux-démocrates allemands firent condamner le réformisme et la participation ministérielle.

L'année suivante se constituait en France le parti « socialiste unifié » (baptisé « Section française de l'Internationale ouvrière »). Il devait, jusqu'à la guerre de 1914, se soumettre à l'interdit prononcé à Amsterdam... mais non sans que quelques-uns de ses élus ne l'abandonnent de ce fait même.

2° *Le parti comme instrument révolutionnaire*

Deux questions — étroitement liées — firent l'objet de controverses :

- les rapports du parti socialiste avec les syndicats ;
- les partis socialistes devaient-ils faire l'unité de toutes les tendances socialistes afin d'exercer une large action électorale ? Ou devaient-ils ne grouper que ceux qui acceptaient la doctrine marxiste ? Ou, mieux encore, à l'intérieur du « camp » marxiste, devaient-ils être un instrument numériquement faible, mais très uni, discipliné, force révolutionnaire absolument pure ?

A) Un grand parti marxiste dominant des syndicats : Allemagne. — Ce fut la formule allemande. Officiellement, la social-démocratie allemande ne comportait que des marxistes ayant accepté les programmes de Gotha et d'Erfurt à l'élaboration desquels Marx et Engels avaient eux-mêmes veillé (1875 et 1891).

En fait, surtout à partir de 1900, cette apparente unité idéologique autorisait bien des divergences (Bernstein, par exemple, ne fut jamais exclu du parti ; Bebel et Karl Liebknecht (fils de Wilhelm) y cohabitaient avec des modérés comme Kautsky et Scheidemann).

Ouvertement, le parti cherchait à rassembler le plus largement possible non seulement des militants, mais encore des adhérents et même des sympathisants : cela faisait sa force, un peu pesante.

La principale organisation syndicale ouvrière allemande, sans entretenir de liens organiques avec le parti, était officiellement de tendance socialiste et était en fait dans l'orbite du parti.

B) Un parti de conciliation : la S.F.I.O. en France. — En France, dès sa constitution, la S.F.I.O. proclamait sa volonté de respecter l'autonomie totale du mouvement syndical à l'égard de toute organisation politique. Cela ne fut jamais sérieusement mis en cause. Si des contacts furent fréquents (surtout à partir du secrétariat de Léon Jouhaux), il n'y eut jamais d'intimité ni d'appui électoral.

La S.F.I.O. s'était constituée en 1905, après bien des difficultés, par fusion entre blanquistes (Ed. Vaillant), guesdistes (marxistes), possibilistes, allemanistes (révolutionnaires) et diverses individualités dont Briand (venu de l'anarcho-syndicalisme) et Jean Jaurès.

En raison de ces multiples filiations, en raison du fait que ce parti ne pouvait s'appuyer sur un mouvement syndical qui se donnait lui-même une idéologie caractérisée par la volonté de n'en pas avoir, la S.F.I.O. n'eut jamais d'unité idéologique.

En tout cas, le parti socialiste français était parvenu en 1914 à de beaux succès électoraux, tantôt dans l'opposition, tantôt dans une semi-participation honteuse (leader du groupe le plus nombreux ou le plus cohérent de l'Union des Gauches, Jaurès était plus puissant qu'un ministre). Il était cependant entièrement absorbé par le jeu parlementaire puisque ce jeu n'était pas équilibré par un fort appui syndical. Ni marxiste, ni révolutionnaire, la S.F.I.O. pouvait plaider qu'elle était utile aux travailleurs, indispensable à la défense de la République, nécessaire pour lutter contre les bellicistes français.

C) Lénine et la fraction « bolchevik ». — Le 3 mars 1898 avait été fondé à Minsk un parti social-démocrate russe qui, à peine formé, cessa de jouer aucun rôle. Néanmoins, divers groupes révolutionnaires sans lien entre eux s'en réclamaient (dont le « Bund » juif).

Le groupe d'agitateurs et de théoriciens russes le plus important était dispersé dans l'émigration au début de 1900 et comprenait : Plekhanov, Axelrod, Martov, Dan, Vera Zassoulitch. Lénine, plus jeune, s'y agrégea et, de Russie d'abord, puis en exil ensuite, entreprit de reconstituer le parti social-démocrate russe à partir de ce groupe. Il dirigeait en fait le journal du parti *(L'Iskra* ou *L'étincelle)* et publia en 1902 sa brochure *Que faire ?*

Dès 1903, au Congrès qui se tient à Londres, le conflit éclate entre Lénine et ses aînés, non pas sur le programme, mais sur la nature, l'organisation et la stratégie du parti. A Londres, Lénine (soutenu par Plekhanov qui espérait, après coup, jouer les conciliateurs) l'emporta : d'où le nom de « bolchevik » donné à sa tendance (majoritaire). Victoire qui, d'ailleurs, se renversa très vite, de sorte que jusqu'à 1917, ceux que l'on appelait les « menchevik » (minoritaires) furent en fait majoritaires lors de presque tous les congrès où les deux fractions tentèrent de s'unir ou de se réunir.

La fraction menchevik, plus que jamais persuadée que la révolution libérale bourgeoise devait nécessairement précéder en Russie une révolution prolétarienne socialiste, était naturellement portée à confier au parti socialiste le rôle de force d'appoint des partis libéraux (alliés provisoires, évidemment). Par suite, il était nécessaire à leurs yeux que le parti socialiste pût jouer ce rôle ; il fallait pour cela qu'il fût un grand parti, de ton relativement modéré, cherchant à rassembler autour de ses militants un large cercle de sympathisants. Corollaires : pas d'action insurrectionnelle, liberté des tendances dans le parti, démocratie intérieure, etc.

D) Le parti, élite révolutionnaire. — Lénine, lui, veut faire du parti un instrument révolutionnaire permanent, apte à toutes les gymnastiques imposées par les circonstances. La puissance des effectifs lui importe peu (les purs révolutionnaires russes sont dans l'émigration, en Sibérie ou dans la clandestinité). Les sympathisants l'intéressent peu : ce sont des bavards. Il faut préciser que Lénine ne cède nullement cependant au romantisme de « la minorité agissante ». Dans *Que faire ?*, il s'explique clairement à cet égard. Il ne croit pas à l'attentat terroriste des « socialistes-révolutionnaires » (anarchistes nihilistes), mais il sait que, face à la terrible « Okhrana » (police politique), si l'on veut vraiment porter le message et la méthode révolutionnaires aux masses russes, il faut un parti formé de « révolutionnaires professionnels », rompus à toutes les méthodes d'action, intelligents et tenaces, théoriciens et hommes d'action. Ce parti doit en outre exclure impitoyablement de ses rangs tous les traîtres, les démagogues. Il doit être centralisé, discipliné.

Lénine s'oppose ainsi non seulement aux menchevik, mais encore aux « gauchistes » qui se groupent notamment autour de Bogdanov, Lounatcharsky, et, dans une moindre mesure, de Rosa Luxembourg. Ceux-ci en effet, également opposés à Plekhanov et à ses amis, étaient en revanche choqués de la rigidité et de la discipline implacable que Lénine exigeait du parti. Ils insistaient d'autre part sur l'action spontanée des masses et faisaient davantage confiance aux intuitions de celles-ci. Lénine voyait dans ce gauchisme « la maladie infantile du communisme » et, montrant que les extrêmes se rejoignent, il accusait les « gauchistes » d'arriver au même résultat que les menchevik : désarmer la révolution (1).

(1). L'accusation, apparemment saugrenue, d'être à la fois « gauchiste » et « droitier », dont on usera tant plus tard à Moscou, semble une reprise abusive de ce procédé polémique si souvent utilisé par Lénine.

Certains de ces gauchistes en arrivaient aussi à souhaiter que le parti fût fermé aux intellectuels. Lénine s'y oppose vigoureusement. Pour lui, le « révolutionnaire professionnel » est un homme dont l'origine ne compte plus, car il est tout absorbé par sa fonction.

Ce révolutionnaire professionnel, rompu à l'action secrète et ayant assimilé des connaissances théoriques qu'il sait joindre à la pratique, vient stimuler du dehors le mouvement ouvrier. Il peut en être issu, mais le parti ne doit pas craindre de détacher un bon révolutionnaire ouvrier de son milieu pour le prendre en charge et le consacrer à l'action révolutionnaire. Quant aux organisations syndicales, le parti doit s'en servir, les organiser au besoin, les stimuler toujours, mais ne jamais les laisser tomber dans le « vice » du trade-unionisme ou du syndicalisme révolutionnaire « à la française ».

Non seulement Lénine condamne l'ouvriérisme et le « parlementarisme » (la situation russe le rendait illusoire), mais surtout il comprend bien que la « conscience de classe » ne naît pas mécaniquement de la seule condition prolétarienne. Par le rôle qu'il assigne au parti, il ne verse pas non plus dans un volontarisme abstrait, car ce parti conduit l'action révolutionnaire, mais en suivant un processus concret.

Quant à Trotsky, dans toute cette controverse, il faisait preuve d'un grand éclectisme (Lénine à cette époque lui reprochait de n'avoir aucune opinion ferme). Partisan avec les menchevik d'un parti large, admettant les tendances, il ne se ralliait pas à eux cependant. Sur d'autres points, il se rapprochait de Rosa Luxembourg. Enfin, il partageait avec Lénine, un mépris (encore plus grand) pour le mouvement syndical.

Il faut ajouter que cet éclectisme de Trotsky était partagé par tous les marxistes résidant en Russie. Quant à Lénine, toutes les sommités du marxisme international se liguèrent contre lui : Kautsky, R. Luxembourg, Bebel, Liebknecht, etc.

§ 3. L'UNITÉ DU SOCIALISME EN FACE DE LA GUERRE ET DE LA PAIX

1° *La « nationalisation » des partis socialistes*

A) LA IIe INTERNATIONALE. — La Ire Internationale était morte, nous l'avons vu, par suite des querelles entre marxistes et bakouninistes.

En 1889, à Paris, deux congrès internationaux rivaux, réunissant diverses organisations socialistes et ouvrières, se tinrent simultanément. Mais, en 1891, à Bruxelles, fut fondée la IIe Internationale. Cette création fut marquée par la prépondérance de la social-démocratie allemande et de la tendance marxiste.

L'Internationale se donnait pour première tâche de développer parmi les organisations participantes l'esprit de solidarité internationale. Elle s'efforçait en outre d'encourager la formation dans tous les pays d'un parti socialiste unique (elle y réussit pour la France) et d'assurer une certaine unité dans la stratégie de ces différents partis socialistes. C'est ainsi que plusieurs de ses Congrès (Londres, 1896 ; Paris, 1900 ; Amsterdam, 1904), furent en grande partie consacrés à essayer de formuler des recommandations générales sur certains problèmes soulevés notamment par les partis socialistes français, belges et hollandais : obligation de l'action politique, réformisme, participation ministérielle.

L'Internationale réussit à se donner un rudiment d'organisation permanente (siège à Bruxelles) qui n'eut cependant que des attributions strictement administratives.

Néanmoins, par l'éclat de ses prises de positions, par son caractère véritablement international et unitaire, par le prestige des grands partis socialistes qui y étaient représentés, l'Internationale faisait illusion.

B) Socialisme et nationalisme. — La doctrine officielle de l'Internationale était l'internationalisme prolétarien. L'ennemi à abattre était l'impérialisme capitaliste allié au militarisme.

Dans les faits, des tendances bien différentes se faisaient jour dans différents partis socialistes nationaux. L'idéologie officielle enseignait que le progrès de la démocratie — et plus encore du socialisme — entraînait inévitablement une évolution vers le pacifisme. Or les faits ne le démontraient guère.

Sans doute en France l'affaire Dreyfus, rassemblant républicains libéraux et socialistes, s'était soldée par la défaite du militarisme. Mais en Grande-Bretagne, les nouveaux libéraux étaient beaucoup plus impérialistes que les vieux tories et les Fabiens eux-mêmes (Bernard Shaw en tête) avaient montré, lors de la guerre des Boers, qu'ils étaient nationalistes et impérialistes (sur l'école « fabienne », v. ci-dessous, p. 752).

En Autriche, Karl Renner (1870-1950), leader d'une des deux tendances du parti socialiste, professait un pangermanisme assimilationniste et annexionniste à l'égard des nationalités danubiennes : il soutenait que, momentanément, la cause du socialisme en Autriche coïncidait avec la diplomatie des Habsbourgs. Otto Bauer lui-même professait que le primat éthique qui équilibre le processus dialectique des transformations économiques, c'est la conscience nationale. Inversement, en Hongrie, le théoricien marxiste Erwin Szabô, retrouvant l'inspiration de Kossuth, exaltait un nationalisme populaire magyar. En Russie, la plupart des menchevik, et Plekhanov lui-même, n'étaient pas gênés par la politique panslaviste et anti-autrichienne du Tzar ; seule la fraction bolchevik (et Trotsky) demeuraient fidèles à un internationalisme radical.

Rosa Luxembourg, dans son grand ouvrage *L'accumulation du capital*, prévoyant l'inévitable congestion du capitalisme allemand et l'absorption de l'espace non capitaliste par les puissances capitalistes, tentait de convaincre tous les socialistes européens (et allemands en particulier) que la guerre internationale, entraînant la ruine et la disparition des Etats capitalistes, était inévitable. En conséquence, c'était folie pour les socialistes de chercher des compromis entre leur espérance de la révolution et les nécessités de la « défense nationale » : tout devait périr ; la question nationale n'avait rigoureusement aucune importance. Le prolétariat, solidaire à travers les frontières, devait refuser même sa neutralité aux nations et se préparer, collectivement, à transformer le moment venu la guerre impérialiste en guerre civile.

D'accord sur ce dernier mot d'ordre, Lénine considère au contraire que la question nationale est d'importance capitale ou peut le devenir dans certaines circonstances. Ebauchant à cette occasion sa théorie de l'inégal développement des sociétés, il déclare que la revendication nationale peut, pour certains peuples, avoir un contenu révolutionnaire concret et qu'elle se lie alors (non pas en vertu d'une utilisation tactique, mais réellement) à la lutte de classes contre une domination impérialiste. Si par conséquent survient une guerre impérialiste, le parti révolutionnaire d'un pays où se pose la question nationale doit participer au mouvement de libération nationale en lui donnant sa portée de guerre civile révolutionnaire.

En Allemagne, il y avait des nuances à l'intérieur de la social-démocratie. La tendance nationaliste modérée était représentée par Bebel (pourtant pacifiste). Une tendance beaucoup plus chauvine, et d'ailleurs réformiste, était dirigée vers 1912 par Scheidemann (1865-1939) et Noske (1866-1946). La majorité des sociaux-démocrates, et parmi eux Kautsky, évitaient surtout le problème, essayaient de concilier « patriotisme » et « internationalisme ». Pour eux, le fond du problème était beaucoup moins de prendre parti sur le nationalisme et pour ou contre les politiques nationales que de rendre la guerre impossible.

C'étaient là aussi les grands thèmes de Jaurès.

2° *Le socialisme et la guerre*

A partir de 1907 (Congrès de Stuttgart), tous les Congrès de la IIe Internationale mettent à l'étude les moyens par lesquels les partis socialistes et les organisations syndicales pourraient faire obstacle aux menaces de guerre qui s'accumulent sur l'Europe.

Deux tendances s'affrontèrent jusqu'en 1914, du moins si l'on met à part une fraction très minoritaire, formée à la fois de blanquistes et d'anarcho-syndicalistes, violemment antimilitaristes et ultra-pacifistes (porte-parole : Gustave Hervé).

La première tendance était représentée à la fois par le Français Jules Guesde (1845-1922) et par l'Allemand Bebel (1840-1913). Elle considérait comme abusif un effort spécial contre la guerre : ce problème devait se rattacher (et être subordonné) au problème général de la lutte socialiste contre l'impérialisme, contre le colonialisme, contre les armées permanentes, etc. Ses partisans n'approuvaient donc pas le mot d'ordre de grève générale en cas de mobilisation. Le Congrès de Copenhague en 1910 se rallia dans l'ensemble à cette position, se bornant à inviter les socialistes à lutter contre la guerre par tous les moyens utilisables selon les contextes locaux.

L'autre tendance (à laquelle se ralliait, au moins verbalement, Kautsky) était représentée par certains socialistes britanniques (dont Keir Hardie), mais surtout par Jaurès.

A) Le pacifisme démocratique (Jaurès). — Jaurès aime et respecte le patriotisme qui « tient, par ses racines mêmes... à la physiologie de l'homme » (*L'Armée nouvelle*, p. 448). Le patriotisme est aussi compatible avec l'internationalisme que le socialisme l'est avec le libéralisme républicain : la clé de cette conciliation (mieux : de cette identité), c'est la démocratie. Aussi, dans *L'Armée nouvelle*, Jaurès propose-t-il tout un plan de démocratisation de l'armée qui deviendrait ainsi populaire et nationale. Il sera extrêmement difficile aux gouvernements, calcule Jaurès, avec une telle armée de mener une politique d'agression : c'est l'armée défensive type (Jaurès pense toujours à 1792).

Or, à la différence du socialisme allemand caporalisé et qui est né du prodigieux essor industriel allemand (lui-même dû au dirigisme d'Etat), le socialisme français s'est assimilé tout le vieux républicanisme libéral ; il est né bien avant l'âge impérialiste. De plus, il vient de montrer lors de l'affaire Dreyfus qu'il a vaincu, avec toute la nation, le militarisme grâce à son attachement à la démocratie. La conséquence est donc claire : le socialisme français est le meilleur rempart contre la folie guerrière de l'Allemagne. Il appartient donc au socialisme international d'aider le socialisme français à maintenir la paix. Selon Jaurès, le mouvement socialiste international pouvait aider les pacifistes français de deux façons :

— en suivant les voies démocratiques, patriotiques et pacifistes du socialisme français ;
— en introduisant dans la doctrine socialiste l'impératif de lutte contre la guerre par tous moyens, y compris la grève générale et l'insurrection.

B) L'ÉCHEC DE L'INTERNATIONALISME SOCIALISTE. — Mais, dans l'Internationale ces propositions furent toujours repoussées au bénéfice de résolutions « nègre-blanc ». C'est ici que Jaurès manqua de clairvoyance. En effet, sur quels mouvements socialistes compter pour mener l'action préconisée par Jaurès ? La France étant hors de cause, il ne restait (pour ne parler que des grandes nations européennes) que la Grande-Bretagne (où le mouvement socialiste était très faible), l'Allemagne, l'Autriche et la Russie. Le socialisme russe paraissait hors d'état d'apporter une aide quelconque. Quant aux partis sociaux-démocrates d'Autriche et d'Allemagne, ils étaient très loin de se rallier aux thèses de Jaurès. Il se refusaient tout d'abord à faire de la lutte contre la guerre une question de doctrine socialiste. De plus, quant aux moyens concrets de lutte, ils s'étaient toujours refusés à recommander la grève générale. Certains d'entre eux (Bebel, Liebknecht) avaient loyalement prévenu qu'en cas de guerre la classe ouvrière allemande « suivrait comme un seul homme» : elle était, dans son ensemble, tout à fait gagnée aux projets de Guillaume II de conquérir pour l'industrie allemande des marchés coloniaux. Enfin, parmi les parlementaires socialistes, un clan non négligeable était hyper-nationaliste.

Jaurès ne pouvait l'ignorer. Jusqu'à sa mort cependant (il fut assassiné le 31 juillet 1914), il préféra entretenir des illusions et, dans les Congrès de l'Internationale, toujours conciliateur, « cautionnait » la volonté de paix des « camarades » allemands.

A la réunion du secrétariat permanent de l'Internationale à Bruxelles, le 29 juillet 1914, il fallut se rendre à l'évidence : il n'y aurait pas de grève générale en Allemagne ni même de protestation contre l'entrée en guerre de l'Autriche, de la Russie, puis de l'Allemagne. Dès lors, le patriotisme cher à Jaurès n'avait plus de contrepoids : la France et la Grande-Bretagne étaient attaquées. Cependant, jusqu'à la dernière minute, Jaurès avait tenté d'empêcher l'irréparable. En 1915, tentant de justifier l'Internationale, Kautsky disait : en temps de guerre, tout le monde devient nationaliste, l'Internationale est faite pour le temps de paix. Sarcastique, Rosa Luxembourg traduisait : « Prolétaires de tous les pays, unissez-vous dans la paix et coupez-vous la gorge dans la guerre. » Le rideau tombe sur un sévère échec de la social-démocratie ; mais, en cette même année 1914, la S.F.I.O. avait eu 100 élus à la Chambre...

§ 4. LE SOCIALISME ANGLAIS : LES FABIENS ET LE LABOUR PARTY

1° *Un socialisme utilitariste : les premiers « Fabiens »*

Sur les lieux mêmes où *Le Capital* avait été rédigé, et où vivaient Marx, Engels et tant d'illustres marxistes réfugiés, ne s'était pas développé un mouvement marxiste autochtone.

Cependant, un essai avait été fait en 1881 par Henry Hyndman (1842-1921), qui avait créé une Fédération social-démocratique. Mais le socialisme anglais, si précoce au début du XIXe siècle, demeurait marqué par le courant utopiste et par de fortes préoccupations morales et religieuses (Ruskin). En outre, les théories économiques — si simples — de Henry George (1839-1897) connaissaient une grande vogue. La Fédération de Hyndman dévia et périclita très vite. En fait, toutes les écoles socialistes végétaient.

En 1884, un groupe d'intellectuels britanniques fonda la Société fabienne (du nom du général temporisateur Fabius Cunctator). Les membres les plus marquants en étaient Sidney Webb (1859-1947), Beatrice Potter (1858-1943), G. Bernard Shaw (1856-1950), H. G. Wells (1866-1946). Ne constituant rien d'autre qu'un groupe d'amis (aux désaccords non dissimulés) et de conférenciers et propagandistes, ils ne songeaient nullement à fonder un parti (ils y étaient même très hostiles) ni même à proprement parler une école. Leur propagande, servie par le talent de G. B. Shaw, par la publication en 1889 des *Fabian Essays* (recueil d'articles et de conférences) et par celle à partir de 1892 des grands ouvrages des Webb, obtint un indéniable succès. Selon le mot de Beatrice Webb, les Fabiens allaient devenir « les clercs du mouvement travailliste ».

Le premier socialisme fabien ne doit rien au marxisme. Sa seule filiation est celle du radicalisme du XIXe siècle et de l'utilitarisme benthamien, tel qu'il pouvait être repensé à la fin de l'ère victorienne par des intellectuels « de gauche ». Les Fabiens mettaient un véritable acharnement de doctrinaires à rejeter la « philosophie » hors de toute définition du socialisme ; ils voulaient s'en tenir à l'a-philosophisme de Bentham. Ce pragmatisme les conduisait également à ne vouloir considérer que les voies concrètes que pouvait prendre le socialisme en Grande-Bretagne.

Le point de départ du « socialisme administratif » des Webb est très caractéristique. Ils avaient commencé par une longue étude historique et analytique des syndicats britanniques, de leurs transformations, de leurs méthodes de lutte, d'organisation et de pression. Puis, dans leur grand ouvrage *La démocratie industrielle* (1897), ils avaient montré que, dans la pratique, les syndicats et les coopératives avaient trouvé des institutions et des mécanismes dont le but et le résultat étaient socialistes. Benthamiens, ils définissaient le « socialisme » : le plus d'avantages, de justice et de bonheur possibles.

Mais leur analyse poussait plus loin. Selon eux, ces méthodes avaient déjà épuisé leurs fruits et le mouvement syndical, pour ne pas piétiner ou régresser, devait joindre à l'action économique l'action politique. Selon les Webb, l'action politique consistait non pas à fonder un parti politique mais à faire pression sur l'Etat, pour qu'il se substitue désormais à la « démocratie industrielle ». L'évolution entraînait de nombreuses villes à municipaliser et à collectiviser les transports, l'éclairage, la distribution de l'eau, l'enseignement, etc. (là où naguère des groupes et des corporations devaient soit s'organiser eux-mêmes, soit passer par des contrats collectifs durement négociés et toujours précaires). La même évolution, se poursuivant, amènerait nécessairement l'Etat lui-même à assurer la gestion d'immenses services publics contre la misère, le besoin, etc., relayant ainsi l'œuvre des organisations syndicales et des coopératives.

Pratiquement, l'avenir du socialisme se trouvait donc dans l'avenir du droit administratif (1).

Mais quel objectif assigner à ce socialisme étatique ? Les

(1) Elie HALÉVY rapporte ces propos de Beatrice Webb : « J'ai introduit à la London School of Economics l'étude du droit administratif, car le droit administratif c'est le collectivisme en germe » *(Histoire du socialisme européen)*.

Webb, toujours très « utilitaristes benthamiens », répondaient :

« L'établissement d'un minimum national d'instruction, d'hygiène, de loisirs et de salaires..., sa mise en vigueur rigoureuse, au bénéfice du monde salarié tout entier, dans toutes les branches d'industries, les plus faibles comme les plus fortes » *(La démocratie industrielle).*

En un mot : égalité, sécurité, garantie par l'Etat.

Si ce socialisme d'Etat, dépourvu de tout présupposé philosophique, n'était pas une « idéologie » socialiste, il pouvait constituer un programme gouvernemental. Contraire aux traditions britanniques par son étatisme, il leur était bien adapté par son utilitarisme. Pour l'instant, il intéressait assez peu un mouvement travailliste à peine naissant. Au lendemain de la guerre 1914-1918, il allait nécessairement exercer une influence d'autant plus grande sur le Labour Party en pleine croissance que celui-ci aussi s'était interdit, par ses origines mêmes, toute « philosophie ». Mais c'est alors que la « Fabian Society » répudiera un peu son pragmatisme premier.

2° *Un parti « ouvrier » non socialiste*

Le grand fait social qui submergea la Grande-Bretagne dans les dernières années du siècle (1878-1890) fut le « Nouvel Unionisme ». Les syndicats de métiers faisaient place aux grandes unions d'industries. Leurs effectifs gonflaient rapidement, les syndicats prenaient confiance en eux, réussissaient de grandes grèves par lesquelles, en 1889 par exemple, ils arrachaient la journée de huit heures et de grosses augmentations de salaires. A la même époque, les membres de la « Fabian Society » restaient très hostiles à la création d'un parti socialiste (comme à tout parti).

Rien de tout cela ne favorisait la naissance d'un parti socialiste (et surtout pas marxiste).

Cependant, la masse des ouvriers britanniques avaient maintenant le droit de vote. Or ils n'avaient d'autre ressource que de voter pour le parti libéral ou pour des candidatures vouées à l'insuccès. C'est la volonté, dans quelques régions de fortes concentrations industrielles (bassin de la Clyde, par exemple), d'avoir des élus ouvriers, qui fut à l'origine du parti travailliste. 1888 : le mineur écossais Keir Hardie (1856-1915) fonde le Scottish Labour Party (désapprouvé par le Congrès des Trade-Unions). 1892 : le S.L.P. emporte trois sièges aux élections ; aussitôt plusieurs syndicalistes s'intéressent à ce parti qui se transforme en Independant Labour Party (I.L.P.). Le nouveau parti a refusé de se dénommer « socialiste » bien que ses motions et son programme comportent des revendications « socialistes ». 1895 : cuisante défaite électorale de l'I.L.P. aux élections.

Mais en 1899, inquiets des victorieuses pressions du patronat sur les Communes, des syndicalistes, passant outre aux réticences des dirigeants du T.U.C., constituent un « Comité pour la représentation ouvrière » (le secrétaire en est J. Ramsay Mac Donald, futur Premier ministre). La volonté de résister fit le succès du « Comité pour la représentation ouvrière » qui fit élire trois ouvriers en 1903. Aux élections générales de 1906, 53 candidats ouvriers furent élus.

Mais il n'y avait toujours pas de parti socialiste, ni de parti ouvrier. C'est sur le plan parlementaire que se constitua d'abord le Labour Party pour unir l'action des nouveaux élus : 23 seulement s'engagèrent. C'était le succès de la classe ouvrière organisée et non d'une idéologie ni d'un parti doctrinaire.

Les nouveaux élus du Labour Party étaient des élus ouvriers. Très méfiants, très timides, ils ne jouèrent qu'un rôle très effacé. Aussi, à la veille de la guerre, pouvait-on se demander si les masses ouvrières anglaises, malgré la victoire de 1906, étaient réellement « converties » à l'action politique.

*
* *

L'expérience britannique en 1914 n'est réellement originale que négativement : pas de parti socialiste, pas de marxisme (ou presque), pas d'idéologie, pas de mouvement révolutionnaire. Positivement : un très tardif essai de candidatures ouvrières (la France avait connu cela en 1860) couronné d'un succès à la Pyrrhus, un « parti du Travail », très faible, entièrement dans la main des syndicats qui restent très réticents sur la suite de l'expérience. En un mot, le « travaillisme », comme théorie et comme « praxis », n'était pas encore né.

BIBLIOGRAPHIE

Aux ouvrages généraux sur le socialisme, et notamment à celui de Cole, qui sont cités dans la bibliographie du chapitre XII, section III, ainsi qu'à la bibliographie concernant le marxisme (chap. XIV), on ajoutera : Edouard DOLLÉANS, *Histoire du mouvement ouvrier*, Armand Colin, 3 vol., t. I : *1830-1871*, 397 p. ; t. II : *1871-1920*, 364 p. ; t. III : *1921 à nos jours*, 421 p. Voir aussi la très utile collection « Mouvements ouvriers et socialistes. Chronologie et bibliographie», Editions ouvrières, 4 vol. parus. 1. Edouard DOLLÉANS et Michel CROZIER, *Angleterre, France, Allemagne, Etats-Unis (1750-1918)*, 1950, XVI-383 p. ; 2. Alfonso LEONETTI, *L'Italie (Des origines à 1922)*, 1952, 200 p. ; 3. Renée LAMBERET, *L'Espagne (1750-1936)*, 1953, 207 p. ; 4. Eugène ZALESKI, *La Russie*, t. I : *1725-1907* ; t. II : *1908-1917*, 1956. Voir aussi la bibliographie établie par Robert BRÉCY, *Le mouvement syndical en France (1871-1921)*, La Haye, Mouton, 1963, XXXVI-219 p., ainsi que le *Dictionnaire biographique du mouvement ouvrier français*, publié sous la direction de J. MAITRON, Editions ouvrières, 1964-1967. Milorad DRACHKOVITCH, *De Karl Marx à Léon Blum, la crise de la social-démocratie*, Genève, Droz, 1954, 180 p. (rapide et quelque peu partial). DU MÊME AUTEUR, *Les socialismes français et allemands et le problème de la guerre (1870-1914)*, Genève, Droz, 1953, XIV-386 p. (plus précis et plus intéressant que l'ouvrage précédent). Une très utile synthèse : Jacques DROZ, *Le socialisme démocratique, 1864-1960*, Colin, 1966, 284 p. (coll. « U »).

I. — COMMUNE DE PARIS

L'ouvrage le plus récent, et l'un des plus fouillés, est la thèse de Charles RIHS, *La Commune de Paris. Sa structure et ses doctrines*, Genève, Droz, 1955, 317 p. Comporte une très abondante bibliographie. Du point de vue documentaire : *Procès-verbaux de la Commune de Paris de 1871*, édition critique par Georges BOURGIN et Gabriel HENRIOT (t. I, Leroux, 1924, 607 p. ; t. II, Lahure, 1945, IV-616 p.).

Autres ouvrages. 1° *Par des contemporains de la Commune.* Nombreux livres dont le plus intéressant est sans doute celui de LISSAGARAY. Jules VALLÈS (*L'insurgé*, dans la trilogie de *Jacques Vingtras*). Voir aussi James GUILLAUME, *L'Internationale. Documents et souvenirs (1864-1878)* (4 vol., les deux premiers, Société nouvelle, 1905 et 1907 ; les deux derniers, Stock, 1909 et 1910). Cet ouvrage est fondamental pour l'étude de l'Internationale et des mouvements d'idées anarchistes et socialistes, particulièrement dans le Jura suisse. Rappel : Karl MARX, *Les guerres civiles en France* (cf. chap. XIV).

2° *Études postérieures.* Dans *Terrorisme et communisme* de Karl KAUTSKY, les pages 61 à 131 sont consacrées à la Commune de 1871. Dans l'*Histoire socialiste de Jaurès* en 12 vol., le vol. XI (par Louis DUBREUILH), concerne la Commune. Maurice DOMMANGET, Hommes et choses de la Commune, articles parus dans l'*Ecole émancipée*, 1938. Voir aussi DU MÊME AUTEUR, *Blanqui, la guerre de 1870-71 et la Commune*, 1947. Georges BOURGIN, *Histoire de la Commune*, Société nouvelle de Librairie et d'Editions, 1907, 192 p. Sur l'ensemble de cette section : *La Comune di Parigi*, Saggio bibliografico a cura di Giuseppe del Bo, Feltrinelli, 1957, 142 p.

Plusieurs livres sur la Commune ont été publiés récemment. Le plus important est sans doute *La Commune de Paris*, sous la direction de Jean BRUHAT, Jean DAUTRY et Emile TERSEN, Editions sociales, 1960, 436 p.

II. — L'ANARCHISME

1° *Œuvres*

Michel BAKOUNINE, *Œuvres complètes*, 7 vol., trad. franç., 1re éd., Stock, 1907 (notamment : *L'Empire germano-knoutien, Dieu et l'Etat, Fédéralisme, socialisme, antithéologisme*). P. KROPOTKINE, *Paroles d'un révolté* (préface d'Elisée RECLUS), Flammarion, 1885 ; *La science moderne et l'anarchie*, Stock, 1913. Jean GRAVE, *La société future*, 1895. Elisée RECLUS, *L'évolution, la révolution et l'idéal anarchiste*, 1898.

2° *Ouvrages sur l'anarchisme*

G. D. H. COLE, *Socialist thought*, vol. II *(op. cit.)*. Henri ARVON, *L'anarchisme*, P.U.F., 1951, 128 p. *Esprit*, numéro spécial : *Anarchie et personnalisme*, avril 1937 (articles de Georges DUVEAU, Victor SERGE, Paul-Louis LANDSBERG, Emmanuel MOUNIER) : ensemble d'études extrêmement pénétrantes sur la philosophie de l'anarchisme. Toutefois le rapprochement entre Proudhon et les anarchistes est peut-être accusé à l'excès. H. E. KAMINSKI, *Bakounine, la vie d'un révolutionnaire*, Ed. Montaigne, 1938. Jean MAITRON, *Histoire du mouvement anarchiste en France (1880-1914)*, Société universitaire d'Edition et de Librairie, 1951, 744 p. (ouvrage extrêmement documenté). Marc DE PREAUDEAU, *Michel Bakounine*, Rivière, 1912. Alain SERGENT et Claude HARMEL, *Histoire de l'anarchie*, Le Portulan, 1949, 451 p. Charles THOMANN, *Le mouvement anarchiste dans les montagnes neuchâteloises et le Jura bernois*, La Chaux-de-Fonds, éd. Coop. Réunies, 1947, 244 p. Benoît-P. HEPNER, *Bakounine et le panslavisme révolutionnaire*. Cinq essais sur l'histoire des idées en Russie et en Europe, Rivière, 1950, 320 p.

En anglais : E. H. CARR, *Michael Bakunin*, Londres, Macmillan, 1937, x-502 p. G. P. MAXIMOFF, *The political philosophy of Bakunin, scientific anarchism*, Glencoe, The Free Press, 1953, 434 p. Eugène PYZIUR, *The doctrine of anarchism of Michael A. Bakunin*, Milwaukee, Marquette, 1955, x-158 p. Une étude générale : George WOODCOCK, *Anarchism, A history of libertarian ideas and movements*, Penguin books, 1962, 480 p.

III. — LE SYNDICALISME

L'ouvrage le plus complet est celui de DOLLÉANS *(op. cit.)*. Voir aussi : Robert GOETZ-GIREY, *La pensée syndicale française*, A. Colin, 1948, 173 p. : rapide mais présente l'intérêt d'étudier la pensée syndicale et non le mouvement syndical dans son ensemble. Georges LEFRANC, *Le syndicalisme en France*, P.U.F., 2e éd., 1957, 128 p. DU MÊME, *Histoire du mouvement syndical français*, Librairie syndicale, 1937, IV-472 p. ; *Les expériences syndicales internationales des origines à nos jours*, Aubier, 1952, 383 p. ; *Les expériences syndicales en France de 1939 à 1950*, Aubier, 1950, 383 p. Jean MONTREUIL (pseudonyme de G. LEFRANC), *Histoire du mouvement ouvrier en France, des origines à nos jours*, Aubier, 1946, 603 p. Paul LOUIS, *Histoire du mouvement syndical en France*, Vallois, 2 vol., t. I : *De 1789 à 1918*, 1947, 339 p. ; t. II : *De 1918 à 1948*, 1948, 281 p. Georges GUY-GRAND, *La philosophie syndicaliste*, 3e éd., Grasset, 1911. Paul VIGNAUX, *Traditionalisme et syndicalisme. Essai d'histoire sociale (1884-1941)*, New York, Editions de la Maison française, 1943, 195 p. Val R. LORWIN, *The French labor movement*, Harvard U.P., 1954, xx-346 p. (ouvrage très important). Michel COLLINET, *Esprit du syndicalisme*, Editions ouvrières, 1952, 232 p. De PELLOUTIER, voir surtout l'*Histoire des bourses du travail*, préface de Georges SOREL, A. Costes, 1946, 346 p. Sur lui, Maurice PELLOUTIER, *Fernand Pelloutier, sa vie et son œuvre*, 1911. Sur Léon Jouhaux, Bernard GEORGES, Denise TINTANT, Marie-Anne RENAUD, *Léon Jouhaux, cinquante ans de syndicalisme*, t. I : *Des origines à 1921*, P.U.F., 1962, 552 p.

Un utile recueil de textes : Henri DUBIEF, *Le syndicalisme révolutionnaire*, A. Colin, 1969, 316 p.

Georges SOREL, *Réflexions sur la violence*, Edition définitive suivie du *Plaidoyer pour Lénine*, Rivière, 1946, 459 p. (recueil d'articles publiés de 1899 à 1908). *Les illusions du progrès*, Rivière, 1908, 283 p. *Matériaux d'une théorie du prolétariat*, Rivière, 3e éd., 1929, 355 p. *Propos de Georges Sorel recueillis par J. Variot*, Gallimard, 1935, 273 p.

Sur Sorel. — Pierre ANDREU, *Notre maître M. Sorel*, Grasset, 1953, 339 p. Richard HUMPHREY, *Georges Sorel, a prophet without honor : a study in antiintellectualism*, Cambridge, Harvard U.P., 1951, 246 p. James H. MEISEL, *The genesis of Georges Sorel. An account of his formative periode followed by a study of his influence*, Ann Arbor, 1951, 320 p. M. FREUND, *Georges Sorel, Der revolutionäre Konservatismus*, Frankfurt am Main, 1932. P. LASSERRE, *Georges Sorel théoricien de l'impérialisme*, L'artisan du Livre, 1928, 271 p. Antonio LABRIOLA, *Socialisme et philosophie* (Lettres à G. Sorel), Giard & Brière, 1899, VI-263 p. ; DU MÊME, *Essai sur la conception matérialiste de l'histoire*, trad. fr., Giard, 1928, IV-375 p. Voir aussi : *In memoria del Manifesto dei communisti*, publié en 1895. I.-L. HOROVITZ, *Radicalism and the revolt against reason. The social theories of Georges Sorel*, Londres, Routledge and Kegan Paul, 1961, VIII-264 p. Georges GORIELY, *Le pluralisme dramatique de Georges Sorel*, Rivière, 1962, 245 p.

IV. — LA PENSÉE SOCIALISTE (1870-1917)

Afin d'éviter des répétitions, beaucoup des titres indiqués ci-dessous s'étendent aussi à l'étude du socialisme au XXe siècle.

Ouvrages généraux

Aux ouvrages cités plus haut de G. D. H. COLE et d'Elie HALÉVY, il convient d'ajouter : R. C. K. ENSOR, *Modern Socialism as set forth by Socialists*, nouv. éd., 1914 (recueil de documents très utile). Leo VALIANI, *Histoire du socialisme au XXe siècle*, Nagel, 1948, 282 p. (ouvrage clair et utile ; concerne surtout, à l'exception de 5 chapitres, la période postérieure à 1914).

Mentionnons enfin l'important ouvrage de Carl A. LANDAUER, *European Socialism. A history of ideas and movements*, Berkeley, 1959, 2 vol. (le premier volume va de la révolution industrielle à la première guerre mondiale ; le second couvre la période postérieure).

A) SUR LA Ire ET LA IIe INTERNATIONALE

1o *La Première Internationale*

L'ouvrage fondamental est celui de James GUILLAUME, cité ci-dessus. Voir aussi dans les *Œuvres* de BAKOUNINE : Lettre aux internationaux (*Œuvres*, t. I), et Lettres à un Français (*Œuvres*, t. V), et dans celles de Karl MARX, L'adresse inaugurale à l'Association internationale des Travailleurs (*Œuvres complètes*, éd. Molitor, série « Œuvres politiques »). Les principaux documents sont publiés dans le recueil dirigé par Jacques FREYMOND, *La Ire Internationale*, Genève, Droz, 1962, 2 vol.

2° *La Seconde Internationale*

Rappel : G. D. H. COLE, *Socialist thought*, vol. III, 2 tomes, « The Second International, 1889-1914 ». Une excellente introduction bibliographique : G. HAUPT, *La IIe Internationale. Étude critique des sources. Essai bibliographique*, Mouton, 1964, 395 p. Patricia VAN DER ESCH, *La IIe Intertionale (1869-1923)*, Rivière, 1957, 186 p. LÉNINE, *La faillite de la IIe Internationale*, Ed. sociales, 1953, 63 p. (violent pamphlet écrit en 1915, principalement dirigé contre Kautsky et les dirigeants de la social-démocratie allemande et contre les menchevik russes). En anglais : James JOLL, *The second International*, New York, Praeger, 1956, 213 p.

B) LE SOCIALISME EN ALLEMAGNE

1° *Ouvrages généraux*

Le plus remarquable, d'assez loin, est celui d'un bon théoricien de la social-démocratie allemande : Franz MEHRING, *Geschichte der deutschen Sozialdemokratie*, Ed. originale en 2 vol., 1898 ; nouv. éd. en 4 vol., 1922.

2° *Sur la querelle du révisionnisme*

Voir l'étude de Karl VORLÄNDER, *Kant und Marx*, Tübingen, Mohr, 2e éd. revue, 1926, XII-328 p. L'ouvrage d'Eduard BERNSTEIN, *Die Voraussetzungen des Sozialismus und die Aufgaben der Sozialdemokratie*, Stuttgart, J. H. W. Dietz, 1899, XII-188 p., a été traduit en français sous le titre : *Socialisme théorique et social-démocratie pratique*, Stock, 1900, 305 p. Voir aussi DU MÊME AUTEUR, *Die heutige Sozialdemokratie in Theorie und Praxis*, 1906. Sur Bernstein : Peter GAY, *The dilemma of democratic socialism. Eduard Bernstein's challenge to Marx*, New York, Columbia U. P., 1952, XVIII-334 p. La participation de Kautsky au débat sur le révisionnisme se trouve principalement dans son ouvrage *Bernstein und das sozialdemokratische Programm, ein Antikritik*, 1899 (traduit en français sous le titre : *Le marxisme et son critique Bernstein*, 1901), et celle de Rosa LUXEMBOURG, dans *Sozialreform oder Revolution*, 1899.

Deux ouvrages importants : Leopold LABEDZ, *Revisionism. Essays on the history of marxist ideas*, Londres, Allen and Unwin, 1962, 404 p. Pierre ANGEL, *Eduard Bernstein et l'évolution du socialisme allemand*, Didier, 1961, 463 p.

3° *Sur le réformisme et la lutte des classes (débats entre Kautsky, Bernstein, Lénine, Rosa Luxembourg)*

Parmi les innombrables ouvrages ou brochures consacrés à cette question, on peut citer : BERNSTEIN, *Zur Frage : Sozialliberalismus oder Kollectivismus*, Berlin, Ed. des Soc. Monatshefte, 1900 ; *Der Streik, sein Wesen und sein Wirken*, Francfort, 1906 ; *Parlamentarismus und Sozialdemokratie*, Berlin, 1907.

KAUTSKY, *Der Kampf um die Macht*, 1909 ; *Patriotismus und Sozialdemokratie*, Leipzig, 1907 ; *Der Politische Massenstreik*, 1914.

Rosa LUXEMBOURG, *Massenstreik, Partei und Gewerkschaften*, 1906. *Die Akkumulation des Kapitals*, Stuttgart, Dietz, 1913, 2 vol. C'est l'ouvrage fondamental de R. LUXEMBOURG, trad. française restée inachevée : *L'accumulation du capital. Contribution à l'explication économique de l'impérialisme*, I. Traduction et préface par Marcel OLLIVIER, Librairie du Travail, 1935, XVIII-195 p. Autre traduction, en anglais, sous le titre *The accumulation of capital*, Londres, Routledge and Kegan Paul, 1951, 475 p.

Autres ouvrages. — Erich MATTHIAS, *Kautsky und der Kautskyanismus*, Tübingen, 1957 (Marxismusstudien, t. II). Carl E. SCHORSKE, *German Social Democracy, 1905-1917*, Cambridge, Mass., 1955. Paul FRÖLICH, *Rosa Luxemburg : her life and her work*, Londres, Gollancz, 1940, 336 p., trad. fr. Maspero, 1965.

4° *La guerre et la révolution bolchevik*

Sur le spartakisme, on consultera : A. et D. PRUDHOMMEAUX, *Spartacus et la Commune de Berlin*, R. Lefeuvre, 1949, 127 p. Eric WALDMAN, *The spartacist uprising of 1919 and the crisis of the German socialist movement*, Milwaukee, Marquette U.P., 1958, 248 p. Rosa LUXEMBOURG, *Die russische Revolution* (ouvrage publié par P. LÉVI, 1922).

Sur l'attitude de KAUTSKY, voir les ouvrages : *Die Diktatur des Proletariats*, 1918 ; *Terrorisme et communisme*, 1919 ; *Die Materialistische Geschichtsauffassung*, 1927.

La thèse des socialistes « weimariens » après 1918 est exposée notamment par P. SCHEIDEMANN dans ses *Mémoires* (trad. anglaise sous le titre : *Memoirs of a German Social Democrat*, 2 vol., 1939).

C) LE SOCIALISME AUTRICHIEN

1° *En langue française*

Les sources sont rares et minces. Quelques très brèves indications dans Elie HALÉVY, *Histoire du socialisme européen* ; développements plus substantiels (mais à peu près exclusivement consacrés à Otto Bauer) dans Paul LOUIS, *Cent cinquante ans de pensée socialiste* (nouv. série, 1953). Voir aussi l'important ouvrage d'H. MOMMSEN, *Die Sozialdemokratie und die Nationalitäten Frage im habsburgischen Vielvölkerstaat*, Vienne, 1963.

Ouvrages traduits en français : Otto BAUER, *La marche du socialisme (Der Weg zum Sozialismus)*, 1919. Max ADLER, *Démocratie politique et démocratie sociale*, Bruxelles, 1930 ; *Les métamorphoses de la classe ouvrière*, s. d.

2° *En langue anglaise*

Un bon chapitre consacré au socialisme autrichien dans G. D. H. COLE, *A History of Socialist Thought*, vol. III, t. II.

Ouvrages traduits : Karl RENNER, *The Institutions of private law and their social functions*, Londres, Routledge and Kegan, 1949, VIII-308 p.

3° *En langue allemande*

L'ouvrage de base est celui de Ludwig BRUGEL, *Geschichte der österreichischen Sozialdemokratie*, 1922-1925, 5 vol.

Œuvres. — Max ADLER, *Marx als Denker*, Vienne, Volksbuchhandl.,

1921, VIII-159 p. *Kant und der Marxismus*, Berlin, 1930. Otto BAUER, *Weltbild der Kapitalismus* (dans les mélanges offerts à Kautsky, *Der Lebendige Marxismus*, vol. II), 1924. *Die österreichische Revolution*, 1923. *Bolchewismus und Sozialdemokratie*, 1919. Georg LUKACS, *Geschichte und Klassenbewusstsein*. Berlin, Malik Vlg., 1923, 343 p., trad. fr. sous le titre, *Histoire et conscience de classe*, Editions de Minuit, 1960, 385 p. Hongrois, Lukacs a reçu sa formation philosophique en Autriche et a participé au mouvement idéologique austro-marxiste. Longs développements sur Lukacs dans les chap. II et III du livre de Maurice MERLEAU-PONTY, *Les aventures de la dialectique*, N.R.F., 1955, 320 p.

D) SOCIALISME ET MARXISME EN RUSSIE

1° *Ouvrages généraux*

On citera pour mémoire *L'histoire du Parti communiste (bolchevik) de Russie*, ouvrage officiel plusieurs fois remanié et corrigé. G. V. PLEKHANOV, *Les questions fondamentales du marxisme*, éd. revue et augmentée, Ed. sociales, 1947, 273 p. C'est un recueil d'études théoriques sur le marxisme, le matérialisme historique, etc. Ne contient à peu près aucune indication sur l'histoire des mouvements marxistes en Russie. Pour qui veut prendre connaissance de cette histoire, il faut se reporter aux ouvrages généraux (notamment à celui de G. D. H. COLE), ainsi qu'à ceux de Rosa LUXEMBOURG (v. ci-dessus), de TROTSKY et de LÉNINE (v. ci-dessous).

Plusieurs bons ouvrages éclairent cette histoire, notamment la trilogie d'Isaac DEUTSCHER, *Trotsky*, I, *Le prophète armé (1879-1921)*, trad. fr., Julliard, 1962, 695 p. ; II, *Le prophète désarmé (1921-1929)*, 1964, 640 p. ; III, *Le prophète hors la loi (1929-1940)*, 1965, 703 p. Bertram D. WOLFE, *Three who made a Revolution (Lenin, Trotsky, Stalin)*, 1948, trad. fr., Calmann-Lévy, 1951, 3 vol. Leopold H. HAIMSON, *The Russian marxists and the origins of Bolshevism*, Harvard, U.P., 1955, x-246 p. Voir aussi : Nicolas BERDIAEFF, *Les sources et le sens du communisme russe*, Gallimard, 1938, 255 p. (intéressant, mais très général). Victor SERGE, *Mémoires d'un révolutionnaire*, Ed. du Seuil, 1951, 424 p.

2° *Trotsky*

De nombreux ouvrages de Trotsky ont été traduits en français. Nous citerons seulement les plus accessibles :

1° *Autobiographie et histoire*. — *Ma vie*, Rieder, 1930, 3 vol. ; autre édition : Gallimard, 1953, 659 p. *Histoire de la Révolution russe*, nouv. éd. en 2 vol., Ed. du Seuil, 1950. *Vie de Lénine*, Rieder, 1936. *Staline*, Grasset, 1948, 623 p.

2° *Pamphlets et ouvrages de caractère doctrinal*. — *Entre l'impérialisme et la révolution*, Librairie de l'Humanité, 1922. *La Révolution trahie*, Grasset, 1937. *Leur morale et la nôtre*, 1939. *La Révolution permanente*, Gallimard, 1964.

3° *Ouvrages sur Trotsky*. — Isaac DEUTSCHER et Bertram D. WOLFE, voir titres cités ci-dessus (ouvrages généraux). Jean BAECHLER, *Politique de Trotsky*, A. Colin, 1968, 399 p. (recueil de textes choisis).

3° *Lénine*

I. — *Textes.*

a) *Œuvres complètes.* — Il existe quatre éditions russes des œuvres de Lénine. La première, dirigée par Kamenev, n'est pas complète ; la quatrième, dont la publication fut commencée pendant la guerre, porte les marques de l'historiographie des dernières années de Staline, notamment par l'élimination de textes incompatibles avec la version officielle de l'histoire du parti communiste. Restent donc, comme seules valables, la deuxième, et la troisième, simple réimpression de la précédente. Ces éditions, dont la publication eut lieu entre 1926 et 1935, sous la direction, d'abord de Kamenev puis de Boukharine, enfin de Molotov, ne sont pas seulement les plus complètes ; elles renferment en outre des notes extrêmement abondantes qui constituent une source précieuse de renseignements sur l'histoire des mouvements révolutionnaires pendant toute la vie active de Lénine. C'est sans doute l'existence et la précision de ces notes qui empêchent l'Institut du marxisme-léninisme de Moscou de procéder à une nouvelle réimpression de la deuxième édition des œuvres de Lénine, alors que la quatrième a été reconnue entièrement insuffisante. On a donc commencé en 1956, la publication d'une cinquième édition entièrement nouvelle en 55 tomes, qui contiendra, outre les textes publiés dans les éditions précédentes, une partie des notes et brouillons figurant dans le *Recueil léniniste.*

Paradoxalement, c'est au moment où les défauts de la quatrième édition ont été reconnus à Moscou, et où l'on a entrepris la publication (en attendant l'achèvement de la 5e édition) de tomes supplémentaires renfermant les textes trop favorables aux rivaux de Staline qui figuraient autrefois dans la seconde édition, que les éditeurs communistes de Paris et de Berlin ont commencé la traduction telle quelle de l'édition discréditée. Cette traduction sera périmée avant qu'on ait pu en achever la publication. Elle rendra cependant des services, car les volumes paraissent à un rythme rapide et mettent à la disposition du public des matériaux jusqu'alors inédits en français. En effet, si les volumes publiés avant la guerre par les Editions sociales internationales sont beaucoup plus utiles (surtout en raison des notes copieuses qu'ils contiennent), cette traduction ne comporte qu'une dizaine de volumes sur les 30 de l'édition russe. La traduction allemande est sensiblement plus complète.

b) *Œuvres choisies.* — Les collections les plus importantes sont celles en 12 tomes, publiées avant la guerre en anglais et en allemand (*Selected Works*, Londres, Lawrence and Wishart, 1933-1938, *Ausgewählte Werke*, Vienne, Ring Verlag).

En français, les *Œuvres choisies* en deux gros volumes publiées à Moscou en 1946 et réimprimées récemment en 4 tomes constituent un très utile instrument de travail. Les écrits y figurent par ordre chronologique, et en principe dans le texte intégral. Celui qui ne voudrait prendre qu'une vue sommaire de l'œuvre de Lénine pourrait consulter le recueil d'extraits : *Marx, Engels, marxisme*, Moscou, Ed. en langues étrangères, 1947, 498 p.

c) *Œuvres principales.* — *L'impérialisme, stade suprême du capitalisme.* Malgré un sujet d'apparence économique, cette étude livre la clef de toute la stratégie révolutionnaire de Lénine sur le plan mondial. Il convient de compléter cet ouvrage fondamental par les articles de Lénine sur la question nationale, réunis dans une brochure par les Editions sociales : *Notes critiques sur la question nationale*, suivi de *Du droit des peuples à disposer d'eux-mêmes*, Ed. soc., 1952, 96 p.

Parmi les écrits proprement politiques, il faut compléter *L'Etat et la Révolution* (qui atteste le sympathie éprouvée par Lénine à l'égard d'un certain anarchisme), par des textes mettant davantage l'accent sur la tactique révolutionnaire : *Que faire? ; Un pas en avant, deux pas en arrière ; La révolution prolétarienne et le rénégat Kautsky ; La maladie infantile du communisme : le Gauchisme* (tous ces textes se trouvent dans les *Œuvres choisies*). Il est également important d'étudier les modifications de la position politique de Lénine à travers ses discours des cinq années pendant lesquelles il participa activement au gouvernement soviétique. Bien que ce dernier travail ne soit réellement possible que sur la base des œuvres complètes, donc du texte russe, les *Œuvres choisies* contiennent un échantillon suffisant pour déceler les grandes lignes de cette évolution. Signalons aussi, parmi les écrits de circonstance de Lénine ayant néanmoins un intérêt théorique, les textes inédits en U.R.S.S. publiés à la suite du XXe Congrès en 1956. Plus que le testament, consacré à des questions de personnes, ce sont les notes sur la manière de résoudre la question nationale à l'intérieur de l'Etat soviétique qui méritent de retenir l'attention. Une traduction anglaise se trouve dans le commentaire du discours secret de Khrouchtchev par Bertram D. Wolfe, *Khrushchev and Stalin's Ghost*, New York, Praeger, 1957, 322 p.

Enfin, en raison de l'importance attachée en U.R.S.S. aux liens entre l'idéologie politique et la science, il sera utile de consulter *Matérialisme et empiriocriticisme*, Ed. soc., 1948, 445 p.

II. — *Etudes.*

a) *Initiations.* — Nous nous trouvons ici en face de deux des auteurs cités dans la bibliographie concernant Marx : Henri Lefebvre, *La pensée de Lénine*, Bordas, 1957, 357 p. (coll. « Pour connaître ») ; Alfred Meyer, *Lénine et le léninisme*. trad. fr., Payot, 1966, 269 p. Encore une fois, les deux ouvrages sont excellents. Cependant, on serait tenté d'inverser l'ordre de mérite, et d'accorder cette fois la première place à Meyer plutôt qu'à Lefebvre. Celui-ci se laisse en effet entraîner, par une déformation professionnelle de philosophe, à faire de Lénine un penseur systématique chez lequel les préoccupations théoriques auraient tenu une très grande place, alors que Meyer le présente comme préoccupé davantage des questions de tactique politique. Il va du reste sans doute trop loin dans cette voie, exagérant l'opportunisme de Lénine, mais il est peut-être plus près de la réalité que Lefebvre.

En ce qui concerne les biographies de Lénine : David Shub, *Lénine* (traduit de l'américain par Robert Vidal), Gallimard, 1952, 376 p. ; Jean Bruhat, *Lénine*, Club français du livre. 1960, 385 p. ; Louis Fischer, *Lénine*, trad. fr., C. Bourgois, 1966, 505 p.

b) *Traités.* — L'ouvrage fondamental du R. P. Chambre, *Le marxisme en Union soviétique*, (*op. cit.*, p. 664), comme celui du R. P. Wetter, *Der*

Dialektische Materialismus, Seine Geschichte und sein System in der Sowjet union, 3e éd., Fribourg, Herder, 1956, 647 p. (voir aussi la version antérieure en italien : *Il materialismo dialettico sovietico*, Turin, Einaudi, 1948), est consacré en principe plutôt à l'histoire et au développement de l'interprétation léniniste du marxisme en U.R.S.S. qu'à la pensée de Lénine lui-même. Ces deux livres n'en jettent pas moins une lumière instructive sur celle-ci. L'ouvrage de Wetter est surtout consacré aux problèmes techniques de la philosophie, et ne possède qu'un intérêt politique limité ; le R. P. Chambre traite en revanche des questions politiques les plus brûlantes : idéologie, droit, problème des minorités nationales, etc.

H. B. Acton, *The Illusion of an Epoch : Marxism-Leninism as a philosophical creed*, Londres, Cohen and West, 1955, 278 p. John Plamenatz, *German Marxism and Russian Communism*, Londres, Longmans Green, 1954, xxiv-336 p. (ces deux livres constituent sans doute les meilleurs de plusieurs études récentes se plaçant, comme le dit Acton dans sa préface, dans une tradition anglo-saxonne hostile aux « systèmes » philosophiques).

L'ouvrage de Herbert Marcuse, *Le marxisme soviétique*, trad. fr., Gallimard, 1963, 387 p., occupe à plusieurs égards une position intermédiaire entre ceux des RR. PP. Chambre et Wetter d'une part, et ceux d'Acton et Plamenatz de l'autre. Né en Allemagne, mais ayant passé de nombreuses années aux Etats-Unis, l'auteur aborde son sujet à travers un mélange de dialectique hégélienne et d'analyse sociologique concrète assez bien adapté à la compréhension de Marx. Original, pénétrant, et en même temps d'une lecture relativement facile, ce livre sera très utile à celui qui voudra placer le léninisme dans une perspective historique. Signalons aussi le récent et brillant ouvrage d'Adam Ulam, *The unfinished Revolution*, New York, Random House, 1960, 308 p., qui traite du rôle du marxisme-léninisme dans l'industrialisation des pays sous-développés.

4) *Staline*

a) *Œuvres de Staline.* — L'édition russe des œuvres complètes de Staline a été arrêtée en 1949, alors qu'elle comportait 13 tomes, renfermant les écrits jusqu'en 1934. Ces 13 volumes ont été intégralement traduits en anglais et en espagnol par les Editions en langues étrangères de Moscou entre 1952 et 1955. L'édition française, publiée par les Editions sociales, a également été arrêtée en 1955, alors qu'elle ne comportait que 5 tomes couvrant la période jusqu'en 1923. (Le tome II comprend *Le marxisme et la question nationale*, premier ouvrage important de Staline datant de 1913.) Pour la période après 1934, non englobée dans les *Œuvres*, on aura recours d'abord au recueil *Questions du léninisme* (diverses éditions, Editions sociales et Editions en langues étrangères). Ce recueil d'articles, de conférences, et de discours, d'un intérêt inégal, inclut notamment *Matérialisme dialectique et matérialisme historique* (également publié en brochure à part, Editions sociales, 1950, 32 p.). Cet écrit célèbre est d'un intérêt assez réduit, mais très caractéristique du dogmatisme autoritaire de Staline. *Questions du léninisme* s'arrête en 1939. Pour la suite, il faut avoir recours aux brochures séparées.

Voir notamment *Le marxisme et les problèmes de la linguistique*, Editions sociales, 1950. Mince brochure d'un grand intérêt pour comprendre les développements donnés par Staline au problème théorique des rapports de l'infrastructure et des superstructures. *Problèmes économiques du socialisme en U.R.S.S.*, Editions sociales, 1952, 112 p. Egalement d'un grand intérêt, même pour de non-économistes.

b) *Sur Staline et l'application du marxisme-léninisme en U.R.S.S.* — Voir ci-dessus les ouvrages de H. Chambre. Wetter, Wolfe. Ajoutons : Isaac Deutscher, *Staline*, trad. fr., Gallimard, 1953, 447 p. ; Boris Souvarine, *Staline*, Plon, 1935, 574 p. (très hostile, souvent utilisé par les adversaires du communisme soviétique). Henri Lefebvre, *Problèmes actuels du marxisme*, P.U.F., 1958, 128 p.

E) Le socialisme en Italie

1° *Ouvrages généraux*

Robert Michels, *Storia critica del movimento socialista italiano dagli inizi fino al 1911*, Florence, 1926. Du même auteur, *Le prolétariat et la bourgeoisie dans le mouvement socialiste italien, particulièrement des origines à 1906*, traduit par Georges Bourgin, Giard, 1921, 358 p. P. Gentile, *Cinquant'anni di Socialismo in Italia*, Ancone, 1946. Alfonso Leonetti, *Mouvements ouvriers et socialistes (chronologie et bibliographie). L'Italie des origines à 1922*, ouvrage utile et précis (déjà cité, p. 755). Leo Valiani, *Histoire du socialisme au XXe siècle (op. cit.)*, contient des développements fouillés, mais un peu touffus, sur le socialisme italien de 1900 à 1940. H. L. Gualtiari, *The Labour Movement in Italy, 1848-1904*, N.Y., 1946, aborde à peine la période étudiée ici. Excellent sur l'anarchisme et le bakouninisme en Italie. W. Hilton Young, *The Italian Left : A short History of Political Socialism in Italy*, N.Y., 1949. C'est surtout une histoire politique des mouvements socialistes de 1892 à 1948. Richard Hostetter, *The Italian socialist movement*, vol. I (1860-1882), New York, Van Nostrand, 1958, 444 p.

2° *Ouvrages spéciaux* (œuvres théoriques)

L'œuvre la plus originale est celle d'Antonio Gramsci. En français, *Œuvres choisies*, traduction et notes de Gilbert Moget et Armand Monjo, Editions sociales, 1959, 541 p. Il existe en italien une édition en huit volumes : *Opere di Antonio Gramsci*, Turin, Einaudi, 1945-1955. Le vol. II, *Il materialismo storico e la filosofia di Benedetto Croce*, est celui qui concerne le plus directement les sujets étudiés ici. Sur Gramsci, voir l'ouvrage collectif, *La citta futura, saggi sulla figura e il pensiero di Antonio Gramsci*, a cura di Alberto Caracciolo e Gianni Scalia, Milan, Feltrinelli, 1959, 392 p., ainsi que A. R. Buzzi, *La théorie politique d'Antonio Gramsci*, Louvain, Nauwelaerts, 1967, 363 p.

F) Le socialisme en Grande-Bretagne
Fabiens et Travaillistes

Pour alléger cette bibliographie, on ne peut mieux faire que renvoyer le lecteur à la copieuse liste d'ouvrages cités par G. D. H. Cole, *A History of Socialist Thought*, vol. III, t. II, pp. 978-984. Du même auteur,

Fabian Socialism, Londres, Allen and Unwin, 1943, VII-173 p. Margaret COLE, *The story of Fabian socialism*, Londres, Heinemann, XVI-366 p.

G) LE SOCIALISME EN FRANCE

Ouvrages généraux

G. D. H. COLE. Elie HALÉVY, Marcel PRÉLOT, Edouard DOLLÉANS, E. DOLLÉANS et M. CROZIER. Paul LOUIS, Leo VALIANI, Val LORWIN *(op. cit.)*. Deux ouvrages récents : Daniel LIGOU, *Histoire du socialisme en France, 1871-1961*, P.U.F., 1962, et Georges LEFRANC, *Le mouvement socialiste sous la Troisième République*, 1875-1940, Payot, 1963.

Études particulières

— Sur Edouard Vaillant : Maurice DOMMANGET, *Edouard Vaillant. Un grand socialiste (1840-1915)*, La Table Ronde, 1956, 531 p.

— Sur Jules Guesde : A.-C. COMPÈRE-MOREL, *Jules Guesde. Le socialisme fait homme (1845-1922)*, A. Quillet, 1937, VII-507 p. Alexandre ZEVAÈS, *Jules Guesde (1845-1922)*, Rivière, 1928, 211 p. Mais voir surtout la thèse de Claude WILLARD, *Le mouvement socialiste en France, 1893-1905, Les guesdistes*, Editions sociales, 1965.

— Jaurès. — Se reporter à la note bibliographique de Michel LAUNAY dans l'important numéro spécial de la revue *Europe*, consacré à Jaurès, oct.-nov. 1958. Les *Œuvres de Jaurès* ont été éditées par Max BONNAFOUS, Rieder, 1931-1939, 9 vol. (le t. IV contient le texte de *L'armée nouvelle*, parue en 1911). Dans l'*Histoire socialiste (1789-1900)*, dont la 1re éd. parut chez Jules ROUFF de 1901 à 1906, Jaurès composa lui-même les tomes concernant la Constituante et la Législative, la Convention et la guerre de 1870. Parmi les recueils de morceaux choisis, les meilleurs sont ceux de Paul DESANGES et Luc MERIGA, de Louis LÉVY et de Georges BOURGIN.

Voir aussi *Textes choisis I, Contre la guerre et la politique coloniale*. Introduction et notes de Madeleine REBÉRIOUX, Editions sociales, 1959, 239 p. (Classiques du peuple), et les textes inédits concernant *La question religieuse et le socialisme*, Editions de Minuit, 1959, 63 p.

Le plus récent livre en français sur Jaurès est celui de Marcelle AUCLAIR, *La vie de Jean Jaurès*, Editions du Seuil, 1954, 674 p. (documentation plus solide que le style et la présentation ne pourraient le faire penser). A compléter par le numéro spécial d'*Europe* cité plus haut et par les titres mentionnés par Michel LAUNAY. Une bonne biographie en anglais : Harvey GOLDBERG, *The life of Jean Jaurès*, Univ. of Wisconsin Press, 1962, 590 p.

Sur les origines du communisme en France, on se reportera à la thèse d'Annie KRIEGEL, *Aux origines du communisme français, 1914-1920*. Contribution à l'histoire du mouvement ouvrier français, Mouton, 1964, 2 vol., 997 p., ainsi qu'au petit volume que le même auteur a publié dans la collection « Archives » sur *Le congrès de Tours (décembre 1920)*. Edition critique des principaux débats, Julliard, 1964, XXX-261 p.

Chapitre XVII

LE XXe SIÈCLE

Près de cinquante ans nous séparent du 11 novembre 1918 et des traités de Versailles : retour à la paix, victoire des démocraties, suprématie de l'Occident, naissance de nouveaux Etats européens, exaltation nationale.

En cinquante ans, bien des mots ont changé de sens ou de poids : paix, guerre, progrès, nation, Europe, révolution, colonies. De nouvelles idéologies sont nées tandis que d'autres, jadis puissantes, apparaissent aussi définitivement caduques que le style 1900 ou le ton de « la belle époque ».

Jamais une doctrine, politique ou religieuse, n'a connu une expansion comparable à celle du marxisme-léninisme depuis le début du siècle. Non seulement des régimes communistes couvrent aujourd'hui une large partie de la terre, mais la pensée communiste est présente dans les pays mêmes qui lui sont les plus hostiles. Rien d'analogue au « splendide isolement » du libéralisme au XIXe siècle, à son ignorance du socialisme et des réalités sociales. L'anticommunisme est un hommage rendu à la puissance du communisme, et l'acommunisme jadis prôné par Merleau-Ponty dans *Les aventures de la dialectique* paraît devoir rester longtemps un rêve de philosophe.

Le triomphe du fascisme et du national-socialisme attestait déjà une crise de la démocratie. Mais après la victoire des démocraties en 1945, il apparaît bien que le fascisme n'est pas mort, que l'esprit de dictature exerce une séduction puissante, que le libéralisme peine à se renouveler. Néo-libéralisme, néo-traditionalisme, néo-nationalisme, néo-corporatisme, néo-socialisme : qu'y a-t-il de vraiment nouveau dans toutes ces tentatives ? Faut-il avouer que le XXe siècle n'a donné vie qu'à deux idéologies nouvelles, le communisme et le fascisme ?

Il est devenu aussi banal de parler aujourd'hui du déclin de l'Europe qu'il était banal d'évoquer avant 1914 la suprématie européenne. Il n'est pas possible d'écrire une histoire des idées politiques au XXe siècle en se limitant à l'Europe et à l'Occident. La Chine, l'Inde, l'Islam avaient depuis longtemps une tradition politique, un corps d'idées et de doctrines politiques indépendantes de celles de l'Occident. Mais l'influence de ces traditions ne s'exerçait guère en Occident, sauf sur quelques penseurs isolés. La situation est aujourd'hui bien différente, et il est devenu clair pour chacun que l'avenir du libéralisme occidental est lié à celui du communisme chinois ou du nationalisme arabe.

Le XXe siècle s'ouvre par une révolte contre le rationalisme. Les principaux artisans de cette révolte sont morts pour la plupart, mais leur œuvre continue à dominer, d'une façon diffuse, l'atmosphère intellectuelle du demi-siècle. La confiance dans la raison, le progrès, la science, les vertus d'ordre et d'intelligence qui imprégnaient aussi bien la philosophie scolaire de la IIIe République en ses débuts que l'œuvre de Jules Verne ou celle d'Anatole France (si caractéristique d'une époque) ont fait place à l'exaltation des forces obscures, au culte de la vie et du mystère : mépris de la masse et appel au surhomme chez Nietzsche, élan vital et évolution créatrice chez Bergson, mythes soréliens et éloge de la violence, psychanalyse de Freud, etc. Une sorte de nietzschéisme élémentaire se répand bien au delà du cercle des lecteurs de Nietzsche, et souvent contre les intentions profondes de Nietzsche lui-même.

Les causes d'un mouvement aussi général et aussi soudain sont nombreuses et complexes : sentiment de la puissance que donne à l'homme le gigantesque progrès des techniques, mais aussi de son impuissance à tout prévoir, à tout organiser ; conscience d'appartenir à un monde en transition ; perception plus ou moins confuse (espoir ou crainte) de tout ce que représente la montée du prolétariat ; conviction que les choses ne sont pas si simples que l'assurent les représentants du rationalisme officiel ; dégoût d'un optimisme qui verse dans le conformisme, l'académisme, la défense des situations acquises, crise d'une société... Ainsi se produit une révolution dans la technique, l'économie, la littérature, la philosophie et aussi dans l'histoire des idées politiques.

Nous étudierons successivement dans ce dernier chapitre :

— l'évolution du communisme depuis la Révolution russe (section I).
— la crise de la social-démocratie (section II).
— le national-socialisme et le fascisme (section III).
— les tentatives de néo-libéralisme et de néo-traditionalisme ainsi que l'apparition de nouveaux nationalismes (section IV).

SECTION I. — Le marxisme-léninisme au XXe siècle (1917-1960)

Depuis la révolution bolchevik de 1917, l'idéologie marxiste, prolongée par l'apport léniniste, a une « base » concrète : l'expérience de républiques socialistes dont les régimes politiques se réclament expressément du marxisme-léninisme.

Aussi l'histoire des développements idéologiques de cette doctrine se sépare-t-elle difficilement, à partir de 1917, de l'histoire politique de l'U.R.S.S., des démocraties populaires et des partis communistes dans le monde. L'histoire des « idées » devient plus malaisée que jamais à isoler. Cette première difficulté nous a obligés à n'étudier ci-après que quelques-uns des thèmes qui nous ont paru caractériser le mieux les développements du marxisme-léninisme dans la période 1917-1960.

Une autre difficulté réside dans le fait qu'au temps de la dictature stalinienne, le travail idéologique libre n'était guère favorisé dans l'univers communiste. Les plus grands théoriciens « reconnus » se sont trouvés être en même temps ceux qui détenaient le pouvoir. Aussi ne s'étonnera-t-on pas qu'une large partie des développements ci-après soient consacrés surtout à la période des années 1917-1927 d'une part, à celle qui suit le XXe Congrès (celui de la déstalinisation) d'autre part.

Enfin, la rupture entre les « léninistes » et les sociaux-démocrates étant consommée après 1922, il a fallu étudier séparément le maxisme-léninisme d'une part, le socialisme non léniniste d'autre part.

§ 1. Interprétation générale du marxisme-léninisme

1° *Le rôle de l'idéologie dans la construction du socialisme*

A) « Sans théorie révolutionnaire, pas de mouvement révolutionnaire ». — Le terme « idéologie » était presque assorti chez Marx d'une connotation péjorative parce qu'il était parti d'une *critique* de l'idéologie allemande post-hégélienne. Ce soupçon subsistait parmi les marxistes. Lénine, au contraire, dès ses premières œuvres et notamment dans *Que faire ?* (1902), n'a cessé de répéter : « Sans théorie révolutionnaire, pas de mouvement révolutionnaire. » L'idéologie, pour lui, est l'instrument indispensable à la lutte révolutionnaire. Le mot « idéologie » perd chez Lénine le sens spécial qu'il avait chez Marx et tend à signifier seulement « théorie ».

Cette conviction est liée en lui à sa méfiance contre la prétendue « spontanéité » révolutionnaire qui, selon certains, naîtrait mécaniquement et directement de la lutte économique du prolétariat contre le patronat. Dès les premiers jours de la prise du pouvoir par les Soviets, Lénine comprend que ces assemblées « spontanées » vont se laisser confisquer leur victoire si leurs membres ne disposent pas rapidement d'animateurs et de dirigeants armés d'une idéologie solide susceptible de les guider dans leur tâche (*Les tâches immédiates du pouvoir des Soviets*, 1918).

Mais si l'idéologie « est un guide pour l'action », elle « n'est pas un dogme » (*La maladie infantile du communisme*). Elle rassemble et s'assimile toute l'expérience révolutionnaire des prolétariats du monde entier, elle est constamment liée à la pratique. Elle doit être capable de répondre aux questions nouvelles posées par l'expérience : en face de celle-ci, il ne peut jamais être question d'appliquer purement et simplement des formules marxistes.

B) L'idéologie militante. — Personne ne s'est élevé avec plus de rigueur que Lénine contre la « prétendue objectivité scientifique », contre le « relativisme », contre le « doute méthodique » (cf. *Matérialisme et empiriocriticisme*). Un révolutionnaire ne peut mettre à part son activité réflexive de philosophe ou d'idéologue et décider, dans ce domaine, d'oublier même momentanément le but révolutionnaire. Il faut avoir l'esprit de parti ; il faut assimiler tout le savoir humain pour être un bon communiste, mais il faut le faire en communiste. Avec lui, la philosophie devient politique (Antonio Gramsci, *Il materialismo storico e la filosofia di Benedetto Croce*).

Ainsi, non seulement elle devient un guide pour l'action, mais elle devient l'explication qui éclaire les rapports sociaux et permet aux hommes de prendre conscience de la réalité. L'idéologie révolutionnaire militante, parce qu'elle est un élément (à la fois initial et terminal) de la politique révolutionnaire, devient un instrument de la marche vers le communisme (cf. H. Chambre, *Le marxisme en Union soviétique*, pp. 49-50).

C) DU SAVOIR RÉVOLUTIONNAIRE AU JDANOVISME. — La revalorisation par Lénine de la théorie révolutionnaire a déterminé en Union soviétique et dans toutes les démocraties populaires une véritable « organisation » de la formation idéologique.

Tout membre du parti a pour premier devoir sa formation idéologique.

Tous les grands « leaders » politiques du monde communiste sont aussi des théoriciens du marxisme (Staline, Khrouchtchev, Mao Tsé-toung, Liou Chao-chi, etc.), et leurs décisions politiques, non seulement sont guidées et justifiées par l'idéologie, mais ne s'en séparent pas et contribuent à la développer.

La formation idéologique des cadres supérieurs du parti est si indispensable que si l'un d'eux commet des erreurs ou des fautes dans l'action *pratique*, ces erreurs et ces fautes sont toujours soigneusement présentées comme étant une « mauvaise assimilation des principes théoriques du marxisme-léninisme ».

D'où la nécessité d'une imprégnation de toute connaissance, fût-elle apparemment la moins « politique », par l'idéologie (la linguistique comme l'art militaire ou la génétique).

Les dégradations sont venues assez vites. Ce n'est plus seulement la « théorie révolutionnaire » qui doit être militante, mais toute connaissance. On glisse alors assez vite à la conséquence pratique de cette exigence : le contrôle des autorités du Parti (qui sont aussi les meilleurs idéologues, puisque les responsables politiques) sur la pensée et l'art : ce fut la belle époque d'Andrei Jdanov (1949-1953). Des réactions plus libérales contre le « jdanovisme » se sont cependant fait jour en Yougoslavie (dès 1949), et en U.R.S.S. (sous le signe du « retour à Lénine ») à la suite du « vingtième Congrès » de 1956.

2° *L'État socialiste et la liberté*

A) LE DÉPÉRISSEMENT DE L'ETAT. — En 1917, un peu avant de revenir en Russie, Lénine écrit *L'Etat et la Révolution*. Depuis 1914, il a lu ou relu Hegel, s'est pénétré des grandes leçons de la *Logique* hégélienne et va les utiliser pour tenter de redécouvrir, à la lumière de la situation du moment, les grandes thèses du marxisme sur le rôle de l'Etat et sur sa transformation dans le socialisme. Lénine, cependant, comme Marx et Engels, demeure toujours prisonnier du postulat selon lequel l' « Etat » est conçu essentiellement comme contrainte et coercition.

Il va tenter de distinguer et de préciser les phases du passage de l'Etat capitaliste au socialisme.

La révolution prolétarienne a un but final : démocratie réelle et totale par le régime communiste. Dans ce processus total, il ne faut prendre aucune étape « à part » et il ne faut rien absolutiser.

La révolution prolétarienne a tout de suite pour premier objectif l'anéantissement total de l'Etat bourgeois, et non pas son lent et progressif dépérissement. Qu'est-ce dire ? Simplement ceci : la nouvelle organisation politique (dictature du prolétariat) est tout de suite radicalement autre que l'Etat qui vient de s'écrouler. Non pas parce que la violence et la contrainte disparaissent, mais parce que cet « Etat » ne sert plus à aplanir des conflits de classes et à entretenir des privilèges : il est le prolétariat en marche et tout ce qui, en lui, « rappelle » l'ancien Etat n'a de sens que par le but final. Plus il répudie le « démocratisme » hypocrite et oppresseur, plus vite il crée les conditions de la vraie liberté. Alors seulement commencera le processus plus lent et progressif de dépérissement, à l'intérieur de la dictature du prolétariat, des vestiges de contrainte et de violence.

Le vrai problème est alors celui du rythme et de la durée. Lénine écrit à ce sujet :

> « La question reste ouverte du délai et des formes concrètes de la mort inévitable de cet Etat, puisque nous n'avons aucune donnée qui nous permette de la résoudre.
>
> Cependant, dès sa mise en place, le nouvel organisme étatique... sera constitué de telle sorte qu'il commence sans délai à dépérir et qu'il ne puisse pas ne pas dépérir » *(L'Etat et la Révolution)*.

B) L'Etat subsiste. — Après 1917, le pouvoir des Soviets (qui était en fait une « forme politique » bien différente de l'Etat classique) fait place à celui du Parti, de plus en plus concentré, et du Conseil des Commissaires du peuple (gouvernement). Lénine sait que le but final rend ce « non-dépérissement » inévitable. Il ne se résigne pas cependant et tente périodiquement, jusqu'à sa mort, de compenser ce renforcement de l'appareil administratif et bureaucratique par la création d'organismes de contrôle populaire.

Cependant, au même moment, Kautsky écrit son violent pamphlet *Terrorisme et communisme* (1919) contre la « terreur bolchevik » et le caractère anti-démocratique et anti-socialiste de la dictature léninienne. Kautsky réclame, pour sauver « l'Etat » en Russie, une Assemblée constituante classique et écrit : « La démocratie est la seule méthode à l'aide de laquelle peuvent être élaborées ces formes supérieures de la vie qu'est le socialisme pour un homme cultivé... Bien meilleures sont les perspectives socialistes de la démocratie en Europe occidentale et en Amérique » (p. 242).

Lénine réplique vertement *(La révolution prolétarienne et le renégat Kautsky)* : la dictature absolue du prolétariat est moins oppressive que la démocratie bourgeoise et surtout elle est une conséquence concrète de la faiblesse du prolétariat en U.R.S.S.

Mais Lénine doit aussi se justifier à l'égard des « gauchistes » qui critiquent le renforcement de « l'appareil ». Dans *La maladie infantile du communisme* (avril-mai 1920), Lénine montre que la stricte discipline du prolétariat, la concentration des efforts, la remise en ordre, constituent la condition dialectique du dépérissement ultérieur de toute violence (aussi bien dans ses manifestations politiques que dans ses manifestations économiques).

Depuis lors, en U.R.S.S. comme dans toutes les démocraties populaires (Yougoslavie exceptée), la théorie du dépérissement de l'Etat est en fait abandonnée au profit de la thèse du renforcement de l'Etat socialiste jusqu'à la victoire totale du camp socialiste (1).

(1) Le renversement officiel des thèses date en U.R.S.S. de la Constitution de 1936. Bornons-nous à citer quelques textes :

Staline (XVIIIe Congrès, 1939), après avoir montré que l'Etat soviétique assume actuellement la fonction de protection de la propriété socialiste, de défense contre l'agression, d'organisation économique, d'éducation, etc., demande : « Maintiendrons-nous encore l'Etat dans la phase communiste ? Oui, nous le maintiendrons, à moins que l'environnement capitaliste soit liquidé... » (il y revient dans la brochure *A propos du marxisme en linguistique*, 1952).

Malenkov (XIXe Congrès, 1952) : « La thèse pourrie et nocive de l'affaiblissement et du dépérissement de l'Etat dans la condition de l'encerclement capitaliste... a été brisée et rejetée. »

Mao Tsé-toung *(La nouvelle démocratie)* : « Oui, nous voulons détruire le pouvoir d'Etat, mais pas tout de suite » (à noter cependant que la raison invoquée n'est pas l'environnement extérieur, mais la survivance d'ennemis intérieurs). « Notre

C) Dépérissement de l'Etat en Yougoslavie. — Les vicissitudes des relations soviéto-yougoslaves ont enrichi le marxisme-léninisme de développements ou d'approfondissements fort intéressants.

L'idéologie du communisme yougoslave prétend appliquer fidèlement, mais avec originalité, la thèse du nécessaire dépérissement de l'Etat. Précisons d'abord qu' « Etat » est pris ici pour synonyme de « bureaucratie » et de « centralisation ».

Les théoriciens yougoslaves prétendent que le but du socialisme est :

— de réaliser la « propriété sociale » (et non étatique) des moyens de production. Cela impose non seulement la collectivisation, mais le pouvoir d'auto-gestion effectif des travailleurs, directement et sans intermédiaire ; il ne s'agit d'ailleurs pas seulement de « gestion », mais encore de « décision ».

— la démocratie directe entendue comme libération de la volonté créatrice de l'homme de tous les « monopoles politiques », qu'il s'agisse de l'Etat, de l'Administration, de la représentation nationale ou des partis politiques.

La « démocratie socialiste » n'est donc pas une forme particulière d'organisation de l'Etat, ou, si elle le demeure encore par certaines de ses institutions, ce ne peut être que de façon passagère : dans son principe, dans ses mécanismes sans cesse en processus de décentralisation, dans sa finalité, elle est une forme de dépérissement de l'Etat.

Selon les communistes yougoslaves, si l'U.R.S.S. est devenue impérialiste, si elle est dominée par une dictature étouffante, si elle ne respecte pas les communistes étrangers, si elle est incapable d'admettre les « commu-

tâche consiste actuellement à consolider l'appareil de l'Etat populaire ; cela concerne principalement l'armée populaire, la police populaire et la justice populaire... »

Le plus intéressant est que cette nouvelle doctrine a amené les théoriciens et les juristes marxistes à refaire une analyse de la fonction de l'Etat. On ne semble plus admettre qu'il soit d'abord violence et contrainte : l'Etat est créateur, protecteur, il éclaire la route, il éduque et forme la conscience socialiste. Il y parvient parce qu'il est animé par le Parti communiste qui est, grâce à sa formation idéologique, le guide éclairé du peuple. Extraordinaire réhabilitation de la « politique » si l'on songe au point de départ de Karl Marx.

nismes nationaux », il faut en chercher l'unique raison dans son abandon de la thèse centrale du marxisme-léninisme : le dépérissement de l'Etat. C'est parce qu'elle a installé la bureaucratie toute-puissante de l'appareil du parti, qu'elle a centralisé toute son administration, qu'elle a créé non pas la « propriété sociale » mais un « capitalisme d'Etat », etc.

L'organe politico-social qui donne sa signification profonde à la démocratie yougoslave, ce n'est ni le Conseil exécutif fédéral, ni les Assemblées fédérales, ni le Président de la République, organes nécessaires mais non spécifiquement « socialistes » : c'est la « commune ». Cette « commune » (qui n'est pas une circonscription traditionnelle, mais nouvelle) est une cellule de vie économique, politique et sociale ; c'est à son niveau que se réalise le plus immédiatement et le plus complètement l'union intime de la gestion sociale des biens et la démocratie économique. Les communistes yougoslaves ne dissimulent nullement qu'ils se réclament ainsi de la Commune de Paris ; ils poursuivent son œuvre en en évacuant tout romantisme et tout esprit « petit-bourgeois » grâce à l'idéologie marxiste-léniniste.

3° *Pluralité des voies vers le socialisme*

Lénine, peu avant sa mort, avait déjà admis que, dans les pays occidentaux notamment, une révolution socialiste pourrait se dérouler selon d'autres formes et d'autres processus qu'en Union soviétique. Cette idée ne fut guère reprise jusqu'à la deuxième guerre mondiale.

Depuis lors, au contraire, cette idée a été promue au rang de vérité officielle dans l'ensemble du monde communiste.

Une chose cependant paraît intéressante. On parle de voies « vers le socialisme » et non « vers la révolution ». Cela signifie-t-il que les marxistes-léninistes n'envisagent plus que le socialisme doive nécessairement être imposé par le prolétariat et le parti révolutionnaire au prix d'une « révolution » ? Cela signifie-t-il qu'ils considèrent possible une construction progressive du socialisme, de l'intérieur même du « capitalisme » ?

Nikita Khrouchtchev a admis expressément au XXe Congrès (février 1956) que la guerre civile pourrait n'être pas nécessaire, dans certains pays capitalistes, pour le passage au socialisme. Il déclare même : « La conquête d'une solide majorité parlementaire s'appuyant sur le mouvement révolutionnaire de masse du prolétariat et des travailleurs créerait, pour la classe ouvrière de différents pays capitalistes et d'anciens pays coloniaux, des conditions assurant des transformations sociales radicales » (*Travaux du XXe Congrès du P.C.U.S.*, éd. franç., pp. 45-47). Bien que cette thèse « nouvelle » ait fait sensation à l'époque, elle ne fait que reprendre une idée déjà exposée par Engels dans sa *Critique du programme d'Erfurt* (v. plus haut, p. 656).

En revanche, la reconnaissance de la pluralité des voies vers le socialisme ne s'accompagne nullement de la reconnaissance des divers « révisionnismes ». Inutile d'insister sur ce point : il ne s'agit plus ici d'idéologie, mais de stratégie à l'intérieur du « camp socialiste ». Pourtant, un peu partout, des intellectuels communistes relancent le débat (voir l'excellent article d'Antonio GIOLITTI, Réformes et révolution, *Les Temps modernes*, août-sept. 1958, pp. 500-541).

4° *Nouveaux débats sur le « révisionnisme »*

La « déstalinisation » qui a marqué le XXe Congrès du Parti communiste de l'Union soviétique en février 1956 a provoqué un ample mouvement idéologique qui, très vite, ne s'est pas limité à la critique du « culte de la personnalité » et au mot d'ordre du retour au léninisme : dans l'ensemble du monde communiste resurgit un débat sur la « révision du marxisme-léninisme », encore plus ample que celui qui s'était déroulé à la fin du XIXe siècle.

Les principaux points sur lesquels a porté le débat sont les suivants :

1) L'indépendance nationale des diverses démocraties populaires et des divers partis communistes vis-à-vis de l'Union soviétique et de son Parti communiste ;
2) La suppression de la domination du Parti dans l'Etat et dans la vie publique. C'est en Pologne que la discussion sur ce point a été la plus radicale : des membres du Parti ont été jusqu'à réclamer le pluralisme des partis et le respect de la démocratie politique la plus absolue ;
3) La liberté dans la vie culturelle, religieuse et familiale ;
4) Le strict respect des garanties judiciaires, des garanties institutionnelles contre l'arbitraire policier ;
5) La critique de la planification rigide et bureaucratique, le relâchement des disciplines économiques et administratives, l'affaiblissement de l'appareil étatique et administratif, la décollectivisation des terres ;
6) La démocratie « industrielle » par l'institution de « conseils ouvriers » de gestion.

Au delà de ces revendications politico-sociales, un plus vaste problème est posé (que déjà Bernstein avait soulevé) : celui d'un retour à l'éthique. Henri Lefebvre constate : « Le développement du marxisme ne correspond pas aujourd'hui aux exigences spirituelles qu'il contribue à susciter » (*Les problèmes actuels du marxisme*, 1958) ; mais Lefebvre conclut que cette contradiction — qu'il reconnaît bien réelle — loin de détruire le marxisme, le vivifie et oblige les vrais marxistes à rejeter le dogmatisme stalinien. Le philosophe polonais Leszek Kolakowski est beaucoup plus radical : « Il n'est pas vrai que la philosophie de l'histoire détermine les principaux choix de notre vie. C'est notre sensibilité morale qui les détermine » (« Responsabilité et histoire », cité par F. Fejtö, Situation du révisionnisme, *Esprit*, juin 1958, numéro consacré à la révision du marxisme).

La campagne du « révisionnisme » a été en 1958 sévèrement « stoppée » par les dirigeants de l'U.R.S.S., de Pologne et de Chine populaire. Mais si le révisionnisme ne s'exprime plus bruyamment dans les journaux et les revues comme il le fit en 1956 et 1957, il est peut-être permis de penser qu'il est entré dans la voie des études doctrinales plus poussées et plus silencieuses (1).

5° *Révolution permanente et dialectique du réel*

Le thème de la « révolution permanente » est déjà présent, on l'a vu, dès mars 1850, dans la pensée de Marx. On verra ci-dessous quelle portée Trotsky donna à ce thème. Il semble que les théoriciens marxistes chinois en élargissent considérablement la signification.

Pour ces derniers en effet, et notamment pour Mao Tsé-toung, le passage à la société socialiste ne marque pas la fin des révolutions ni l'arrivée à un point de transformation suffisamment définitif pour que, franchi ce stade, il doive y avoir longue cristallisation et, dans un avenir indéterminé, accession au communisme. La dialectique du réel se poursuit au contraire, au même rythme (sinon à un rythme accéléré) après la révolution socialiste et il n'y a jamais de cristallisation : le nombre des révolutions devient infini, car de nouvelles contradictions renaissent toujours au lendemain d'une révolution mais l'humanité, « qui est encore dans sa jeunesse », « peut (une fois accomplie la révolution socialiste) façonner consciemment son propre avenir, à travers les changements incessants de la société et de la nature » (2).

(1) Sur le débat doctrinal en Yougoslavie, voir l'étude de HADJIVASSILEV (*Questions actuelles du socialisme*, janv.-févr. 1958).

(2) Cf. Stuart R. SCHRAM, La révolution permanente en Chine, *Revue française de science politique*, sept. 1960, pp. 635-657.

Cette interprétation de la révolution permanente se prolonge pratiquement dans le slogan révolutionnaire et mobilisateur du « grand bond en avant continu », et dans celui des « réformes incessantes ».

§ 2. Les moyens du socialisme

1° *La prise du pouvoir*

Nous nous bornerons ici aux thèmes nouveaux apparus après le triomphe de la révolution soviétique.

A) La guerre révolutionnaire (Chine). — La « longue marche » (1) des paysans révolutionnaires de Mao Tsé-toung vers la prise du pouvoir est le type même de la lutte révolutionnaire en intime liaison avec l'instrument idéologique qui la guide et qui s'y développe lui-même.

La tentative de révolution « prolétarienne » et urbaine ayant échoué en partie à cause de la « trahison » du Kuomintang, le jeune communiste Mao Tsé-toung, bon disciple de Lénine, décide de s'appuyer sur la seule force révolutionnaire qui existe dans la société chinoise : les paysans pauvres. « La masse énorme des pauvres est l'avant-garde active de la révolution... La direction révolutionnaire doit appartenir aux pauvres ».

L'originalité de l'expérience tient à plusieurs traits :

1) Tirant parti de l'immensité du territoire et de l'impuissance du gouvernement central, Mao et ses compagnons déclenchent une guerre civile permanente, en provoquant dans une province une sécession géographique. Moyens : combinaison d'une armée régulière et de la « guerilla ». Cette armée ne se distingue pas du peuple, elle y plonge ses racines, il lui fournit sans cesse ses soldats-paysans. Objectif : une victoire « totale » lointaine ou, en tout cas, à terme indéterminé ; mais, en même temps que la guerre, l'Armée Rouge poursuit une œuvre de transformation politique, économique et sociale.

2) Puisque l'armée est une paysannerie en armes et que le territoire occupé est un territoire purement agricole, une des « opérations » de la guerre révolutionnaire (qui ne prépare pas seulement la révolution, mais qui l'est déjà) est la réforme agraire qui suit chaque progrès territorial de cette armée en marche vers la destruction de l'ancienne féodalité.

(1) Nous donnons ici à l'expression un sens figuré. Historiquement, la « Longue Marche » désigne la prodigieuse retraite de 12 500 km, effectuée par une partie de l'Armée rouge d'octobre 1934 à octobre 1935.

3) En même temps aussi : lutte contre l'analphabétisme, libération de la femme, éclatement de la famille, formation idéologique. L'unité paysanne-militaire combine en permanence le combat, les tâches révolutionnaires, les grands travaux. (Voir notamment : Rapport sur l'enquête menée dans la province du Hounan à propos du mouvement paysan, Mao Tsé-toung, *Œuvres choisies*, t. I, pp. 22-67. C'est cette expérience de la première révolution paysanne chinoise de 1927 qui inspirera désormais Mao Tsé-toung. Voir : La lutte dans le Tsingkangchan, nov. 1928, *ibid.*, t. I, pp. 83-121 ; Les problèmes stratégiques de la guerre révolutionnaire en Chine, *ibid.*, t. I, pp. 210-300 ; Les questions de la stratégie de la guerre des partisans anti-japonaise, not. chap. VI, *ibid.*, t. II, pp. 81-123.)

Mao Tsé-toung insiste constamment sur le fait que la stratégie de la prise du pouvoir par la guerre révolutionnaire est imposée par la situation spécifique de la Chine. La domination semi-coloniale du pays par les impérialistes étrangers a pour effet de mêler inextricablement la guerre révolutionnaire et la guerre nationale. La paysannerie chinoise, exploitée par la bourgeoisie des « compradores », est la principale force révolutionnaire et l'Armée Rouge s'assure de son appui par la réforme agraire. Enfin, le gouvernement du Kuomintang, pour lutter contre la révolution paysanne et contre l'Armée Rouge, sera conduit à donner le pas à la guerre de classe sur la résistance à l'ennemi japonais et impérialiste (1).

B) LES VOIES LÉGALES ET PARLEMENTAIRES. — Ce n'est qu'au XXe Congrès du Parti communiste de l'Union soviétique qu'a été avec éclat réaffirmée la thèse, bien oubliée depuis 1917, selon laquelle, dans les démocraties occidentales du moins, un régime socialiste pouvait parvenir au pouvoir par des voies légales et parlementaires.

Les partis communistes de France et d'Italie ont, pour leur part, toujours professé cette thèse. Ils n'y insistent cependant qu'aux époques où ils recherchent l'alliance avec les partis socialistes ou « bourgeois » (cf. ci-dessous, *Les fronts anti-fascistes*),

De toutes façons, il ne s'agit pas là d'un thème qui donne lieu à beaucoup de précisions — encore moins à des recherches théoriques.

(1) Ce paragraphe a été écrit avant la rupture entre l'U.R.S.S. et la Chine et les débats soulevés par la « révolution culturelle ». Il va sans dire que l'évolution du communisme chinois pose d'immenses problèmes, mais il est encore trop tôt pour avancer à ce sujet autre chose que des conjectures.

2° *Le rôle révolutionnaire des diverses classes sociales*

La thèse centrale de Marx selon laquelle le prolétariat industriel est l'agent — et le seul — de la révolution demeure apparemment indiscutée dans le marxisme contemporain.

Néanmoins, elle a été complétée, déjà par Lénine, puis par Mao Tsé-toung. La plupart des théoriciens du marxisme-léninisme admettent aujourd'hui le rôle révolutionnaire que peut parfois jouer la paysannerie pauvre. C'est surtout l'expérience chinoise qui a permis aux théoriciens du marxisme de concevoir la mission révolutionnaire des paysans pauvres dans les pays non industrialisés (cf. Mao Tsé-toung, Sur les classes de la société chinoise, mars 1926, *Œuvres choisies*, t. I, pp. 11-22).

Sur le même sujet, l'Italien *Antonio Gramsci* (1891-1937) à propos du problème des paysans de l'Italie méridionale, reprenait, en les approfondissant même, certaines des conclusions de Lénine. Selon lui, la solution à la misère du Sud en Italie ne résidait ni dans la décentralisation administrative et économique, ni dans l'industrialisation de ces provinces, mais dans l'alliance des paysans du Sud avec le prolétariat révolutionnaire des provinces industrielles du Nord. Seul le renversement du régime capitaliste et l'établissement de la dictature du prolétariat, soutenu par les paysans, pouvait apporter une solution à l'ensemble des problèmes italiens (cf. La Questione Meridionale, publiée dans la revue *Rinascita*, févr. 1945, écrite en 1926) (1).

3° *La Révolution dans un seul pays et le « camp socialiste »*

On a vu plus haut les discussions qui, vers 1907, avaient opposé Lénine, Trotsky, Rosa Luxembourg et quelques autres sur les possibilités d'une révolution socialiste en Russie. Le problème va renaître après 1917, de façon très concrète, et va constituer un des principaux motifs du conflit entre Staline et Trotsky. Nous le réduirons à sa position théorique.

A) La Révolution ininterrompue. — Presque tous les marxistes non révisionnistes avant 1917 (et même avant 1920)

(1) Bien entendu, l'apport idéologique de Gramsci, un des plus doués des disciples de Lénine, ne se limite pas à cette question. Ses études théoriques sur le matérialisme historique, sur les causes du fascisme, sur la dictature du prolétariat représentent peut-être la contribution la plus remarquable au marxisme-léninisme dans les années 1920-1930. Sur son activité proprement politique, voir la préface de Palmiro Togliatti à l'édition française des *Lettres de prison* de Gramsci.

partageaient une conception assez « catastrophique » et « planétaire » de « La Révolution » : celle-ci, une fois amorcée par la prise du pouvoir en un lieu donné, devrait nécessairement s'étendre à tous les autres pays où existerait une situation révolutionnaire. Chacun admettait que ce processus d'extension pourrait connaître des solutions de continuité, comporter des phases distinctes, des avant-gardes et des arrière-gardes, etc. Mais au fond, tous jugeaient que cette conflagration successive serait « étalée » sur un temps relativement bref. Une chose en tout cas n'avait pas été prévue : c'est que le prolétariat d'un pays pût réussir, chez lui, sa révolution socialiste de façon définitive, sans être aidé par le soulèvement des autres prolétariats, et qu'il renonçât à les aider (au moins directement) pour se consacrer à l'achèvement de sa propre révolution.

C'était la thèse de la révolution ininterrompue. Lénine lui-même, qui avait compris dès 1906 que la révolution serait possible en Russie, ne pensait pas qu'elle pût s'y limiter.

B) La révolution mondiale commence en U.R.S.S. — Jusque vers la fin de la guerre civile (1921), Lénine hésita, espérant la victoire de la révolution prolétarienne en Allemagne, en Autriche et en Hongrie, aidant ces mouvements communistes étrangers, créant à cet effet la IIIᵉ Internationale. Staline lui-même, quelques années plus tard, dans les mêmes perspectives, soutenait les communistes chinois. Les difficultés propres de la République soviétique (famine de 1921, révoltes paysannes), l'échec des mouvements prolétariens en Europe, amenèrent Lénine à différer la poursuite de la « révolution permanente » et internationale. Ce fut la N.E.P., le commencement de la consolidation de la Révolution en U.R.S.S.

Cette « pause » et cette « consolidation » vont révéler l'ampleur de la tâche, la non-maturité des conditions révolutionnaires dans les autres pays d'Europe et même dans certaines régions excentriques d'U.R.S.S. Staline réorganise les rouages économiques et administratifs du pays où le socialisme s'installe, renforce le pouvoir d'Etat, centralise le pouvoir, renforce le Parti. Les juristes soviétiques qui avaient dès 1918 commencé à élaborer toute une théorie du droit international adaptée au rôle « missionnaire » de l'U.R.S.S. dans la libération des prolétariats étrangers (Korovine, par exemple) sont priés de rectifier leurs positions (1).

A cette pratique s'opposa Trotsky. Victime de la nouvelle concentration du pouvoir, au surplus très sincèrement internationaliste, Trotsky prévoyait (cf. *La Révolution trahie*) :

— que la limitation de « La Révolution » à un seul pays conduirait nécessairement, en raison même de l'encerclement qui se formait autour de ce pays socialiste isolé, en raison aussi des difficultés internes qu'il devrait résoudre seul, à la reconstitution d'un appareil d'Etat bureaucratique, militaire. La démocratie réelle des Soviets populaires serait abandonnée, ce serait le retour à l'aliénation politique.

— que l'U.R.S.S., renonçant à l'internationalisme libérateur, serait acculée à l'impérialisme militaire pour se défendre, et à une politique de domestication des partis communistes étrangers pour en faire les instruments de sa stratégie.

La justification de Staline fut la suivante :

Il n'y a qu'une Révolution mondiale, mais elle comporte des phases. La phase décisive a été la Révolution socialiste en Russie. Aucune « suite » ne pourrait être donnée à cette première phase si le socialisme n'était pas définitivement construit, défendu et renforcé en U.R.S.S. Celle-ci non seulement doit constituer, lentement et méthodiquement, une base de départ pour la marche de la révolution mondiale, mais encore, en faisant son expérience du socialisme, elle rend un immense service aux prolétariats étrangers : ceux-ci auront dorénavant un immense capital d'expériences où ils pourront puiser.

Il n'y a donc pas abandon, mais méthode adaptée à une juste analyse de la situation. La thèse de Trotsky est romantique et comme telle « gauchiste », mais elle est aussi « droitière », car elle aboutit à demander que l'U.R.S.S. renonce à consolider son socialisme et renonce à se défendre (et, avec elle, à défendre

(1) Sur ce sujet, v. J.-Y. Calvez, *Droit international et souveraineté en U.R.S.S.* A. Colin, 1953, 299 p. (Cahiers de la Fondation nationale des Sciences politiques, n° 48).

les prolétariats du monde entier) contre les ennemis du socialisme.

Il n'y a dès maintenant qu'un « camp du socialisme » et l'U.R.S.S. en a pris la tête.

Il faut noter que cette théorie, qui n'a jamais varié en U.R.S.S., est critiquée dans son application par la Yougoslavie et, depuis 1955, en Pologne. La rupture sino-soviétique et les débats qui semblent s'instaurer depuis 1964 entre les divers partis communistes ont évidemment porté atteinte à la thèse de l'unité du « Camp » socialiste. A notre connaissance, aucune voix ne s'est élevée dans ces pays pour reprendre les thèses de Trotsky. Celui-ci en revanche, de l'exil, n'a jamais désarmé jusqu'à son assassinat en 1940 ; et il a toujours ses partisans disséminés dans le monde non communiste.

4° *Les fronts anti-fascistes*

De 1928 à 1935 la IIIe Internationale (Komintern) avait volontiers considéré que la lutte contre la social-démocratie était l'objectif principal, celle-ci étant l'ennemi numéro un de la révolution prolétarienne (cf. programme de l'Internationale communiste, 1928). Cette ligne tactique avait très largement favorisé les entreprises des nazis en Allemagne, causant la perte à la fois des sociaux-démocrates et des communistes allemands.

Cette conception fut révisée au VIIe Congrès du Komintern en 1935. Georges Dimitrov y expliqua que la tâche essentielle était de « créer un vaste front populaire anti-fasciste sur la base du front unique prolétarien » et, donnant en exemple le rapprochement esquissé en France entre communistes et socialistes à la suite des événements de février 1934, il encourageait tous les partis communistes à pratiquer systématiquement la tactique du « front unique » et des « pactes d'union ».

Cette nouvelle orientation, qui en France permit au P.C.F. de connaître un rapide développement, connut un très grand développement au cours de la Résistance contre les puissances de l'Axe et au lendemain de la victoire contre celles-ci. En dépit de l'attitude généralement hostile des partis sociaux-démocrates à l'égard de ce rapprochement, la « ligne » fixée en 1935 n'a jamais varié (au moins dans son principe, sinon dans ses applications).

SECTION II. — Le socialisme non léniniste

Nous groupons sous ce terme les divers courants idéologiques que l'on désigne habituellement sous le nom un peu impropre de « sociaux-démocrates » (1).

La plupart de ces courants — à l'exception du socialisme britannique, dans une certaine mesure — dérivent des mouvements socialistes du XIXe siècle et, plus ou moins, du marxisme. Dans quelle mesure, de nos jours, ce socialisme « non léniniste » reste-t-il fidèle au marxisme ou s'en écarte-t-il ? C'est une question qui est restée longtemps sans réponse claire. Depuis 1945, le détachement à l'égard du marxisme s'accentue sans qu'il soit encore définitif.

En revanche, le socialisme non léniniste a eu, dès les lendemains de la première guerre mondiale, à affronter un certain nombre de problèmes concrets qui ont contribué à lui imposer peu à peu sa ligne idéologique propre : le succès des fascismes, la participation au pouvoir dans le cadre des économies capitalistes, la guerre mondiale. Depuis la seconde guerre mondiale, la politique expansionniste de l'U.R.S.S. et la domination par celle-ci de nombreux pays d'Europe centrale et orientale, ont entraîné un très net durcissement anti-soviétique et anticommuniste dans les rangs de la social-démocratie. Cette situation nouvelle, ainsi que l'urgence des problèmes internationaux (rivalité Est-Ouest, construction européenne, nationalisme des peuples d'Asie et d'Afrique), tend de plus en plus à écarter les socialistes de l'idéologie marxiste. Le besoin d'une « nouvelle doctrine socialiste » détermine un peu partout des tentatives de renouvellement idéologique — encore timides — qui essaient d'échapper à une simple opposition négative au marxisme-léninisme.

(1) Ce terme a, jusqu'en 1919, désigné exclusivement le parti socialiste *allemand*, de stricte obédience marxiste. Le sens s'en est considérablement élargi de nos jours. Mais, d'une part, il a toujours un sens péjoratif lorsqu'il est employé par les marxistes-léninistes ; d'autre part, il est assez peu usuel de l'employer à propos des socialismes français et britannique.

§ 1. Jusqu'a la deuxième guerre mondiale

1° *Face au bolchevisme et face aux fascismes*

A) Les frères ennemis. — L'attitude des socialistes non léninistes à l'égard du bolchevisme soviétique et de ses partisans de la IIIe Internationale (fondée à Moscou en mars 1919) est restée complexe jusqu'en 1937 (au moment des grandes « purges » en U.R.S.S.).

La politique d'« union sacrée », acceptée par presque tous les socialistes européens au cours des années 1914-1918, avait provoqué l'effondrement de la IIe Internationale. Elle se reconstitua très difficilement et au prix de pertes massives. La tactique de Lénine et de la IIIe Internationale fut de l'attaquer avec violence, d'en détacher le plus de monde possible, de repousser tout compromis susceptible d'ouvrir les voies à une éventuelle réunification de l'ensemble du mouvement socialiste et prolétarien. Les efforts du groupe surnommé« l'Internationale deux et demi» (de son vrai nom,« Arbeitsgemeinschaft » ou Communauté de Travail des partis socialistes, Conférence de Vienne en février 1921), constitué par les socialistes autrichiens, une partie de la S.F.I.O. et certains socialistes « indépendants » allemands, pour maintenir les ponts et réaliser au moins une unité d'action entre les débris de la IIe Internationale et la IIIe, se révélèrent vains dès la Conférence de Berlin (2-5 avril 1922) où se rencontrèrent les représentants des trois « Internationales ».

Dès lors, l'ancienne IIe Internationale se reconstitue tant bien que mal par l'unification de l'aile droite modérée et réformiste (où les Britanniques prennent de plus en plus d'influence) et la tendance centriste des Autrichiens et des Français (Congrès de Hambourg, 21 mai 1923).

Sur le plan politique, la rupture (dont la responsabilité, immédiate tout au moins, incombait aux léninistes) était consommée.

Mais sur le plan des positions idéologiques, la situation était infiniment plus confuse.

1) Alors qu'en fait, au sein de la IIe Internationale reconstituée, l'influence dominante allait passer de plus en plus aux réformistes et que la pratique politique des partis socialistes européens allait devenir de plus en plus modérée, en revanche les proclamations théoriques allaient être marquées par un net retour à la plus stricte orthodoxie marxiste excluant tout révisionnisme. Otto Bauer et Friedrich Adler, marxistes autrichiens orthodoxes, deviennent les maîtres à penser. Les objectifs proposés sont plus que jamais révolutionnaires, la lutte de

classe est plus que jamais proclamée contre la bourgeoisie et l'impérialisme, le social-patriotisme est sévèrement condamné, l'internationalisme pacifiste des prolétariats est affirmé. Enfin, un strict déterminisme (hérité d'Engels et surtout de Kautsky, plus que de Marx) transparaît dans l'affirmation de l'inéluctable dégradation du capitalisme. La complète solidarité doctrinale du camp « social-démocrate » et du camp léniniste est constamment affirmée par les doctrinaires de la IIe Internationale : on tient beaucoup à souligner que le désaccord ne porte pas sur la *doctrine* et qu'il ne s'agit nullement d'une nouvelle querelle sur le « révisionnisme ».

2) En revanche, dès 1918, les critiques à l'égard des *méthodes* du bolchevisme sont nettes et ne cesseront de s'affirmer. Elles émanent aussi bien de « droitiers » comme le Belge Vandervelde ou le Britannique Mac Donald, que de « centristes » comme Léon Blum ou de « marxistes savants » comme Otto Bauer. Les griefs sont de trois ordres :

— Violation de la démocratie dans le régime politique soviétique, dans la vie intérieure du Parti, dans les rapports entre les membres de la IIIe Internationale ; méconnaissance du droit des peuples à disposer d'eux-mêmes (l'absorption de la Géorgie est le reproche majeur).

— Division du mouvement socialiste international, travail de sape contre tous les sociaux-démocrates en U.R.S.S. et hors d'U.R.S.S.

— Méconnaissance du pacifiscime puisque les léninistes acceptent le caractère « fatal » des guerres impérialistes.

Ces griefs, qui ne feront que s'exaspérer à partir de la dictature stalinienne, amenèrent certains partis socialistes à entrer pratiquement en lutte larvée contre les communistes (notamment en Allemagne et en Italie), à repousser les offres d'unité d'action ou de fronts uniques, à rejeter toute alliance électorale avec les communistes (par exemple en France jusqu'à 1935), à répondre aux attaques de la propagande communiste par des pamphlets aussi violents et acerbes que ceux de ces derniers (1), à accueillir avec une extrême méfiance les tentatives de groupes politiques « unitaires », intermédiaires entre eux-mêmes et les communistes (2).

3) Cependant, à quelques exceptions près (surtout en Grande-Bretagne et en Scandinavie), presque toutes les organisations socialistes conservèrent

(1) V. par exemple la brochure de Léon Blum, *Bolchevisme et socialisme*.

(2) Comme, par exemple, en France celle du « Parti socialiste-communiste », qui s'appela plus tard « Parti d'Unité prolétarienne » (avec Paul Louis, Pétrus Faure, etc.) ; il se heurta toujours à la volonté d'absorption de la S.F.I.O. et à l'intransigeance du P.C.F.

toujours le souci de ne pas rendre irréparable la rupture avec le monde communiste (qui n'eut pas les mêmes scrupules).

C'est ainsi qu'elles s'opposèrent toujours à toute intervention des puissances capitalistes contre l'U.R.S.S. et protestèrent contre les mesures d'exception prises par divers gouvernements à l'encontre des communistes.

De plus, même à l'égard de la Révolution soviétique et du régime stalinien, une très nette majorité des partis socialistes européens, tout en condamnant les méthodes, persista d'une part à considérer que ce régime soviétique constituait le prototype et la première espérance d'une véritable société collectiviste (1), d'autre part à espérer que la dictature stalinienne n'était que transitoire et disparaîtrait progressivement tôt ou tard au profit d'un authentique socialisme (2).

Jules Guesde exprimait parfaitement cet embarras des socialistes vis-à-vis du communisme léniniste : « C'est à la fois ce que j'ai recommandé toute ma vie et ce que, toute ma vie, j'ai condamné. »

B) En face du fascisme : illusions et désarroi. — Le désarroi des socialistes italiens, eux-mêmes incapables de coordonner une défense commune avec les léninistes comme Bordiga, Gramsci, Umberto Terracini, Luigi Longo, Palmiro Togliatti, en face du fascisme mussolinien fut total. Les majoritaires du parti socialiste (Serrati), après avoir renchéri sur le révolutionnarisme des communistes et condamné les « réformistes » (Filippo Turati, Rodolfo Mondolfo, Claudio Treves, etc.), piétinaient, tombaient dans le piège de Mussolini en acceptant de conclure avec celui-ci un « pacte de pacification » qui démobilisait les masses ouvrières et encourageait les classes moyennes à s'abandonner au fascisme.

A partir de 1926, quand Mussolini jeta définitivement le masque, de nouvelles équipes de « résistants » socialistes, groupés autour du mouvement « Justice et Liberté » fondé en 1929 par Carlo Rosselli (assassiné en France en 1937), comprirent que la lutte contre le totalitarisme ne pouvait pas seulement être le fait du prolétariat contre les classes gagnées au fascisme, mais exigeait l'unification et la synthèse de tous les groupes et de tous les courants démocratiques et progressifs fédérés contre la dictature. Ce mouvement recommandait un socialisme « nouveau », incapable de naître directement d'une révolution prolétarienne ; il devrait provisoirement et pour de longues années admettre une économie à plusieurs secteurs, se garantir contre ses propres tentations anti-totalitaires, en substituant à la centralisation étatique et bureaucratique la démocratie locale et industrielle. Enfin, tardivement, cette nouvelle génération de socialistes (émigrés ou clandestins) comprenait que la lutte contre le fascisme réclamait une action concertée des libéraux, des socialistes et des communistes à l'échelle européenne.

(1) Ce fut surtout le cas d'hommes comme les Autrichiens Adler et Otto Bauer (v. de ce dernier *L'internationale et la guerre*, 1935), du menchevik Dan, des Français Dunois et Zyromski.

(2) Ce fut toujours la thèse soutenue par Léon Blum jusqu'à 1939.

A l'aube du nazisme, le mouvement socialiste allemand se trouvait, lui aussi, très affaibli. Sans réaction devant un péril qu'ils apercevaient bien, effrayés par les perspectives de guerre civile, n'osant répliquer aux violences quotidiennes des nazis en faisant passer à l'action leurs milices socialistes (les Reichsbanner Schwarz-Rot-Gold) (1), laissant à leurs adversaires l'initiative des programmes de redressement économique et financier, les dirigeants du socialisme allemand demeuraient persuadés (comme les communistes) que le grand capitalisme allemand arrêterait les progrès du nazisme dont ils ne voulaient pas admettre qu'il était un mouvement de masses aux racines profondes et non le simple jouet de Krupp et de Thyssen.

La réaction de la IIe Internationale en face des régimes fascistes fut aussi molle. En 1929 (Congrès de Bruxelles) Vandervelde et Otto Bauer, considérant le fascisme comme un sous-produit un peu dérisoire de la réaction « capitaliste », réservaient toute leur vigilance au capitalisme des Etats-Unis. Au Congrès de Vienne en 1931, l'inquiétude provoquée par la montée du nazisme se manifestait davantage. Cependant, on en rendait responsables... le Traité de Versailles, la grande industrie allemande, etc. Une conférence tenue à Paris en août 1933 vit proposer de façon académique toutes sortes d' « explications » du fascisme et de « remèdes » à ce péril ; la quasi-unanimité se fit sur une résolution qui insistait sur la lutte socialiste de la classe ouvrière à la fois contre le capitalisme, le fascisme et la guerre. La résolution repoussait les « manœuvres du front unique » proposé par les communistes (qui, d'ailleurs, en Allemagne ne songeaient guère à unir leurs forces à celles des socialistes) ; mais, paradoxalement, cette résolution réaffirmait sa volonté de consacrer tous ses efforts à la réunification du mouvement révolutionnaire prolétarien. Enfin, on décidait le boycott de l'hitlérisme, le recours à la S.D.N., la non-coopération du prolétariat en cas de guerre, etc. Hitler avait déjà pris le pouvoir en Allemagne... (2).

2° *Face à la guerre*

A partir de la guerre d'Abyssinie, il est devenu évident que la résistance au fascisme ne peut plus être victorieuse par la seule opposition des forces intérieures (les éléments antifascistes fussent-ils solidaires, ce qui ne sera que très partiellement le cas en Espagne de juillet 1936 à 1938) : la défense doit être concertée par une action internationale des démocraties. C'est alors qu'on verra un peu partout le désarroi des socialistes, divisés dans presque tous les pays. La majeure partie d'entre eux restent prisonniers du traditionnel pacifisme absolu de la IIe Internationale : « Mon gouvernement, proclame Léon Blum en janvier 1937 pour défendre sa politique de non-intervention

(1) Alors qu'en 1934 en Autriche, lorsque le chancelier Dollfus prononça la dissolution des milices socialistes (Schutzbund), celles-ci déclenchèrent une insurrection courageuse et désespérée (d'ailleurs écrasée en quelques jours).

(2) A cette époque Léon Blum, avec l'immense majorité de la S.F.I.O., garde l'espoir qu'un accord avec l'Allemagne reste possible. En juin 1933, il écrit que le devoir de la France en face de Hitler est « de ne jamais refuser un geste de paix, même quand il lui est tendu par des mains sanglantes » (*Le Populaire*, 14 juin 1933).

en Espagne, est essentiellement pacifique, violemment pacifique (1). » Dans les petits pays, sauf aux Pays-Bas, les socialistes se faisaient les champions d'un neutralisme prudent (2). Après Munich (sept. 1938), la quasi-totalité de la S.F.I.O., en partie avec résignation (Léon Blum), en partie avec ferveur (Paul Faure), accepta le sauvetage de la paix et l'abandon de la Tchécoslovaquie.

C'était l'aboutissement d'une attitude dont les organes de la IIe Internationale ne s'étaient jamais départis depuis 1919. Avant 1914, Jaurès voyait dans l'arbitrage la « révolution » qui ébranlerait l'impérialisme et le militarisme. Dès 1919, la Conférence de Berne mettait tous ses espoirs dans la S.D.N., « ligue de peuples, et non ligue de gouvernements », lançait le double mot d'ordre d'arbitrage et de désarmement intégral, fût-il unilatéral (3). Le radicalisme verbal imprimé aux résolutions de la IIe Internationale par les doctrinaires autrichiens faisait recommander une inévitable « guerre de classe » contre la bourgeoisie et le capitalisme, mais en même temps le « désarmement universel » et « le refus des crédits militaires » (Congrès de Hambourg, 1923). En août 1933, la Conférence de Paris déclarait : « Les ouvriers des pays démocratiques ne doivent pas se laisser tenter par l'idée de guerre, même si la guerre était présentée comme le moyen de libérer les peuples asservis. » Quant à la grève générale, elle ne devait être déclenchée qu'une fois l'arbitrage international définitivement repoussé par le gouvernement agresseur.

L'attaque allemande en Pologne en septembre 1939 trouvera les mouvements socialistes, soit brisés (Italie, Allemagne, Espagne), soit indifférents (pays scandinaves), soit divisés (France). Si la plupart des grands leaders socialistes français et britanniques se ressaisissent tardivement, une fraction importante de leurs troupes n'est nullement convaincue que la guerre qui apparaît est un combat nécessaire.

(1) Le pacifisme de Mac Donald, Henderson et Lansbury domina le Labour Party jusqu'en 1935. A cette date, Attlee et Ernest Bevin firent adopter au parti la politique de résistance aux dictatures et de préparation à la guerre.

(2) Ce fut le cas des socialistes belges avec P. H. Spaak et Henri de Man (presque seul le vieux Vandervelde protestait) et des socialistes danois, suédois, norvégiens et finlandais.

(3) En 1931, Blum écrit que l'initiative spontanée d'un désarmement unilatéral de la France aurait une « vertu d'exemplarité pour les autres (*Les problèmes de la paix*). En 1932 : « Plus il y a de danger dans le monde et plus il faut désarmer » (*Notre plate-forme*).

3° *Les socialistes et le problème du pouvoir*

Dès la fin de la guerre 1914-1918, presque tous les socialistes européens, à l'exception des sociaux-démocrates allemands (précipités par nécessité dans la participation au pouvoir), éprouvèrent le regret de leur collaboration aux gouvernements « d'union » du temps de guerre. Désireux de revenir à la stricte orthodoxie marxiste, soucieux de ne pas s'associer à la politique de gouvernements que la révolution soviétique renforçait dans leur conservatisme, les partis socialistes retournèrent à une intransigeante opposition. Cette attitude n'allait pas être maintenue. Mais le problème de la « participation », ou de la « prise du pouvoir », ou de « l'exercice du pouvoir » allait déterminer controverses et déchirements.

A) Pays scandinaves et Grande-Bretagne. — Les mouvements socialistes les moins pénétrés par le marxisme et par l'idéologie « révolutionnariste » finirent par trouver assez rapidement une « voie praticable » sans être embarrassés d'objections doctrinales. Ce fut le cas, avec quelques variantes, des partis socialistes des pays scandinaves. Ceux-ci étaient parvenus dans les années 1929-1935, sauf en Finlande, à former des gouvernements appuyés par de petits groupes libéraux ou agrariens. S'engageant tranquillement dans la voie d'un« réformisme créateur», ces partis pouvaient faire leur cette déclaration du Suédois Vougt : « Parlons moins du problème du pouvoir et de la révolution. Prenons le pouvoir quand nous le pourrons et parlons-en moins. En Suède nous parlons peu de luttes de classes, mais nous travaillons dans l'intérêt du prolétariat » (Conférence de Paris, 1933). Cette attitude pratique n'était pas toujours sans danger, comme le prouva l'expérience des deux gouvernements à direction travailliste en Grande-Bretagne. Les travaillistes qui avaient à affronter une dure crise économique, qui dépendaient en outre du soutien des Libéraux, se montrèrent très timorés et très « traditionalistes » dans leur politique économique. L'absence d'un programme rigoureux, l'opportunisme sans doctrine aboutirent en Grande-Bretagne à une crise du Labour Party qui se solda par l'exclusion de certains dirigeants : Mac Donald, Snowden. Désormais dans l'opposition (jusqu'à 1940), le parti se ressaisit peu à peu et travailla avec opiniâtreté à se donner un programme constructif en vue d'un éventuel retour au pouvoir.

B) Les embarras doctrinaux : Autrichiens et Français. — Au lendemain des traités de paix, les socialistes autrichiens, parti le plus nombreux, auraient pu profiter du pouvoir pour réaliser pacifiquement un régime socialiste. Ils n'allèrent pas jusqu'au bout de cette possibilité, conscients (disait Friedrich Adler) que « la question de la victoire du prolétariat est la question du prolétariat mondial », et non pas seulement la question de la prise du pouvoir dans un pays (1). Se soumettant aux procédures démocratiques, les socialistes autrichiens restèrent maîtres de Vienne, mais furent toujours mis en minorité dans l'ensemble du pays par la coalition des autres partis. Dans l'opposition, les socialistes autrichiens soutenaient à la fois le respect de la démocratie et la nécessité d'une dictature révolutionnaire pour faire échec aux menées réactionnaires. Enfin, étroitement déterministes, les marxistes autrichiens estimaient que la révolution socialiste naîtrait inévitablement de la crise nécessaire du régime capitaliste et de ses sous-produits. Dans l'attente de cet « événement », ils administraient remarquablement Vienne dont « l'histoire » les avait déjà rendu maîtres. Dollfus (1934), puis Hitler (1938) les réduisirent à l'impuissance.

C'est en France surtout que débat sur l'attitude des socialistes en face du pouvoir fut aigu. Il est tout entier dominé par la figure de Léon Blum (1872-1950), leader incontesté de la S.F.I.O. depuis le Congrès de Tours (2).

Léon Blum « gauchiste » : « La conquête révolutionnaire du pouvoir révolutionnaire, qui est notre but, c'est la prise de l'autorité centrale... par n'importe quels moyens... Il n'y a pas un seul socialiste qui consente à se laisser enfermer dans la légalité » (Tours, 1920). « On peut occuper le pouvoir à titre préventif, défensif, pour en barrer les avenues au fascisme ou pour vider le capitalisme de sa force de résistance ou d'agression. Mais sans laisser se créer ou se développer cette illusion que l'exercice du pouvoir dans ces conditions puisse amener la réalisation, même partielle, du socialisme » (Conférence de Paris, août 1933). Les principaux dirigeants du parti, Paul Faure, J.-B. Séverac, renchérissent sur cet apparent néo-guesdisme. Au Congrès de la S.F.I.O., en mai 1936, après la victoire électorale du Front populaire, la résolution finale était sans nuances : « L'étape actuelle franchie..., c'est vers *tout le pouvoir pour tout*

(1) La S.D.N. surveillait en effet étroitement l'Autriche et elle s'était opposée à l'Anschluss de ce pays avec la République allemande (dont les socialistes autrichiens étaient ardemment partisans).

(2) Normalien, maître des requêtes au Conseil d'Etat jusqu'en 1919, essayiste, critique littéraire à la *Revue Blanche* de longues années avant-guerre, Léon Blum, d'une extrême sensibilité, un peu distant, nullement tribun ni homme d'action, était apparemment peu fait pour devenir le leader d'un parti politique. Jaurès est toujours demeuré pour lui le maître ; il s'est toujours défendu de rien ajouter au jauressisme. C'est un fait qu'on retrouve le même Léon Blum dans *Les nouvelles conversations de Gœthe avec Eckermann* (1897-1900) et dans *A l'échelle humaine* (1941-1944). Il y a en lui du Jaurès, mais avec l'émotion d'un Guéhenno, avec l'esthétisme d'André Gide. Il admire Anna de Noailles, Henri de Régnier, Proust...

le socialisme que (le parti) devra diriger sa marche et son activité... C'est le renversement total du régime capitaliste qui demeure et demeurera jusqu'à sa réalisation complète le but révolutionnaire de notre parti et la préface nécessaire de la construction de l'ordre socialiste. »

Mais dès 1933, Blum insiste sur une distinction (qu'il reprendra inlassablement) entre la « conquête du pouvoir » et « l'exercice du pouvoir ». La « conquête du pouvoir » est le seul acte révolutionnaire en ce qu'elle vise à la destruction totale du régime capitaliste et à la « transformation sociale » : les socialistes, loin d'y renoncer, savent qu'elle est inévitable en raison de... « l'évolution des sociétés » (*Pour être socialiste*, 1933). En conséquence, les socialistes, rejetant le ministérialisme, ne peuvent faire plus qu'aider à vivre des gouvernements de gauche (*Notre effort parlementaire*, 1933). « L'exercice du pouvoir », c'est la gestion par les socialistes, pour des raisons un peu exceptionnelles et pour des objectifs limités, de l'ordre légal existant dans le cadre du capitalisme et dans le respect des règles constitutionnelles établies. Dans quel but ? Dans celui, écrit Blum en 1933, « d'accélérer le rythme de l'évolution capitaliste qui conduit à la révolution ».

Léon Blum, en 1936, abordait la première expérience gouvernementale des socialistes en France (1) avec un mélange d'espoir et d'appréhension. « Il s'agira de savoir s'il sera possible d'assurer un passage, un aménagement, entre cette société et la société dont la réalisation définitive est et reste notre dessein et notre but » (31 mai 1936). Mais, alors qu'il avait proclamé en 1933 qu' « aucun socialiste ne consentirait à se laisser enfermer dans la légalité », il se laissa renverser par le Sénat et n'osa pas intervenir en faveur du gouvernement légal de la République espagnole. Au procès de Riom en 1941, Léon Blum méditait lui-même sur son « paradoxe » : il n'avait pas recherché le pouvoir, il en avait détourné son parti aussi longtemps qu'il l'avait pu, il avait eu cependant à « exercer » le pouvoir. Mais, dès 1936, au seuil de l'expérience, il déclarait : « Nous ne pouvons pas faire autre chose que de préparer... dans les esprits et dans les choses, l'avènement du régime social qu'il n'est pas encore dans notre pouvoir de réaliser à l'heure actuelle » (31-5-1936, *L'exercice du pouvoir*).

(1) Alors que, depuis 1914, la S.F.I.O. avait plus de 100 députés à la Chambre (105 en 1924, 97 en 1932, 146 en 1936), elle avait toujours refusé toute participation aux gouvernements du Cartel des Gauches.

C) « LES GOUVERNEMENTAUX » PAR PRINCIPE. — Aux distinctions de Léon Blum, une fraction très minoritaire de parlementaires S.F.I.O. (1) opposaient la nécessité pour le parti socialiste de répudier la vieille mythologie et de participer au pouvoir pour réaliser un socialisme nouveau. Leurs thèses rejetées, ils finirent par se faire exclure de la S.F.I.O. (en raison surtout d'ailleurs d'un « néo-socialisme » qui, par certains côtés, était contaminé par divers thèmes « autoritaristes »).

En Belgique, en revanche, c'est la majorité du Parti ouvrier belge qui, progressivement de 1935 à 1939, en répudiant officiellement le marxisme s'engagea dans la voie de l'exercice du pouvoir dans le double but (très limité) de résoudre la crise économique par le « planisme » et d'assurer la neutralité de la Belgique en prévision de la guerre. Les leaders de la nouvelle tendance furent P. H. Spaak (revenu d'une position extrémiste très « philo-communiste ») et surtout Henri de Man, le doctrinaire du « planisme » et du rejet du marxisme.

4° *La mise en question du marxisme*

A) HENRI DE MAN. — *Au delà du marxisme* (2), qui date de 1927, contient les thèses fondamentales d'Henri de Man ; mais c'est dans des ouvrages ultérieurs (notamment : *Cavalier seul*, 1948, et *L'idée socialiste*, 1935) qu'il a expliqué son évolution intellectuelle. La guerre de 1914 l'a brutalement fait douter du marxisme comme système d'explications : les masses, prolétariennes ou non, étaient emportées par le torrent émotionnel du patriotisme et le marxisme n'en rendait pas compte. Le spectacle de la social-démocratie (et du parti communiste) en Allemagne de 1922 à 1926 acheva de lui démontrer l'inadaptation du marxisme.

De Man va, en un sens, plus loin que Bernstein. Celui-ci ne mettait en cause que la méthode d'interprétation dialectique de la philosophie de l'histoire marxiste. De Man, lui, s'attaque aux racines : le déterminisme économique et le rationalisme scientifique.

Pour lui, « l'interprétation causale et scientifique du devenir historique peut mettre en lumière des conditions et des obstacles à la réalisation de la volonté socialiste ; mais elle ne peut... motiver la conviction dont cette volonté procède » *(Thèses de*

(1) Montagnon, Marquet, Déat, Renaudel et, de plus loin et pendant quelque temps, Vincent Auriol, Paul-Boncour, voir plus loin, pp. 798-799.

(2) L'ouvrage avait été rédigé en Allemagne (où de Man avait reçu sa formation marxiste) sous le titre *Zur Psychologie des Sozialismus*. Bien mieux que le titre de la traduction française, le titre allemand souligne que toute la critique du marxisme par de Man repose sur les besoins psychologiques des masses dans les sociétés modernes.

Heppenheim) (1). La lutte de classe des ouvriers est la condition préalable à toute revendication socialiste ultérieure pour faire disparaître l'oppression dont ils souffrent actuellement ; « mais pour que cette émancipation d'une classe entraîne réellement l'émancipation de l'humanité entière, il faut qu'elle justifie ses buts et ses méthodes non point par l'intérêt particulier, mais par des jugements de valeur de validité généralement humaine... Il faut en somme, au lieu de faire découler le socialisme de la lutte de classe, faire découler la lutte de classe du socialisme » *(ibid.)*.

Le socialisme d'Henri de Man est fondamentalement volontariste et moralisant. Il formule l'exigence de commandements éthiques fixant des mobiles à la « volonté » de socialisme. « Le socialisme est une tendance de la volonté vers un ordre social équitable. Il considère ses revendications comme justes parce qu'il juge les institutions et relations sociales d'après un critère moral universellement valide. La conviction socialiste présuppose donc une décision de la conscience, décision personnelle et dirigée vers un but » *(ibid.)* (2). Ce but assigné à l'humanité, c'est « le plus grand développement possible de sa faculté de concevoir et de réaliser le vrai, le beau et le bien ». Le prolétariat n'est pas investi par l'histoire d'une mission spéciale pour l'accomplissement de cette tâche. En revanche, le caractère absolu et universel des justifications morales de la « volonté socialiste » peut décupler l'ardeur de la classe ouvrière, car ces mobiles moraux sont autrement plus puissants et plus « émotionnels » que les seuls mobiles économiques (3). Ces mobiles rallieraient aussi à l'idée socialiste les croyants, les paysans, les intellectuels. Enfin, chacun voyant dans « l'action réformatrice immédiate du socialisme » la « concrétisation graduelle et quotidienne de l'idée socialiste elle-même » (et non pas de simples

(1) *Les thèses de Heppenheim* (1928) sont une sorte de condensé de sa doctrine que de Man présenta à un groupe de « fabiens » de langue allemande.

(2) En exergue d'un chapitre consacré au « déterminisme marxiste », de Man plaçait ces mots de Schiller : « L'homme *veut*, les choses *doivent*... »

(3) De Man a écrit un ouvrage intitulé *La joie au travail* dans lequel il oppose aux étroites revendications économiques des syndicats la revendication du droit au « travail joyeux », *i. e.* une élimination de la peine mais surtout une prise de responsabilité et d'autonomie personnelle du travailleur grâce à la démocratie industrielle.

succédanés préparatoires à une action socialiste *future* et toujours inaccessible), le scepticisme des masses à l'égard des « réformes » disparaîtrait.

En bref, « l'hypothèse matérialiste » surannée doit être remplacée par des « hypothèses psycho-énergétiques ». C'est ici que de Man entreprend de renouveler la psycho-sociologie implicite du marxisme. Les « mobiles » du socialisme ont été, même inconsciemment, des mobiles eschatologiques et religieux : or rien n'a répondu à cette attente. Aujourd'hui, contrairement aux prévisions de Marx, les masses ouvrières s'embourgeoisent ou cherchent misérablement à se donner « une culture de succédanés imitant la petite bourgeoisie » (*Au delà du marxisme*, chap. VIII : Culture prolétarienne ou embourgeoisement). Les bureaucrates du marxisme ne cherchent à combler le fossé qui les sépare des masses apathiques que par des « réformes » sans boussole. La sociologie marxiste de l'Etat est simpliste et caricaturale (1).

Les conclusions sont résolument « volontaristes » et réformistes. Il faut lutter quotidiennement pour améliorer la condition des travailleurs (2), premier pas vers un effort inlassable en vue d'élever le niveau des valeurs éthiques et esthétiques dans les besoins des masses. Il faut que celles-ci reviennent « à la ferveur religieuse qui anima le socialisme à ses débuts ». Passant au concret, Henri de Man se fit l'apôtre du « planisme », c'est-à-dire d'une construction modeste mais coordonnée de mesures

(1) *Au delà du marxisme*, chap. VI. De Man s'élève contre l'usage d'employer comme interchangeables les mots « Etat », « bourgeoisie », « capitalisme ». Une analyse précise des diverses fonctions de l'Etat et des divers instruments sociaux d'une collectivité nationale montre que ces fonctions sont moins assumées par des « capitalistes » que par des intellectuels. L'Etat subit, plus ou moins, la pression des forces capitalistes, mais leur reste extérieur. L'Etat est une force complexe, aux éléments multiples et non homogènes. Son terrain d'action est non pas celui de la « production », mais celui des relations juridiques et politiques. En régime capitaliste ou en régime socialiste, « l'Etat », ce sont des fonctionnaires, des hommes politiques et des journalistes, jamais des capitalistes ni des ouvriers. Le vrai problème politique n'est pas d'assurer « l'identité de l'Etat et de la volonté populaire », ce qui est impossible, mais « d'organiser un contrôle efficace de l'Etat par la volonté populaire ». La méfiance populaire, et surtout des socialistes, à l'égard des « dirigeants » de l'Etat ou des partis, est explicable mais ne doit pas devenir une « théorie » : c'est la tension normale aux rapports « masses-dirigeants » qui se retrouve partout. Il faut donner aux hommes qui incarnent l'Etat le mobile de servir une « œuvre de communauté » : alors l'Etat, progressivement, sera moins oppresseur.

(2) « J'estime plus un nouvel égout dans un quartier ouvrier ou un parterre de fleurs devant une maison ouvrière qu'une nouvelle théorie de la lutte des classes » (chap. XVI).

pratiques dirigeant les efforts, proposant des buts et des moyens en vue d'une amélioration générale du niveau de vie, des conditions de travail et de la sécurité économique et sociale. Son *Plan de Travail* adopté par le parti ouvrier belge en 1933 préconisait quelques nationalisations, des sociétés d'économie mixte, une politique économique dirigiste, une réforme du régime parlementaire.

En ses dernières années, Henri de Man reconnaissait lui-même que ses idées avaient éveillé quelques échos un peu partout, mais n'avaient été adoptées nulle part par la majorité des socialistes européens (1).

B) Les « néos » français. — En 1930, un jeune député S.F.I.O., Marcel Déat publia un ouvrage intitulé *Perspectives socialistes*, qui contenait toutes les thèses qui devaient être soutenues contre la direction du parti socialiste (2).

Le « néo-socialisme » de Déat (qui n'avait pas une formation marxiste) est violemment anti-capitaliste (sur ce point Déat ne varia jamais) et résolument anti-fasciste (il ne le resta pas).

Ce socialisme n'est pas « prolétarien » ; il œuvre avec — et pour — tous les exploités : ouvriers, paysans, artisans, locataires, coopérateurs, mal lotis... ; le socialisme doit les rassembler contre tous ceux qui détiennent « la maîtrise des forces ». Trois étapes :

— socialisation de la puissance en étendant le contrôle de l'Etat sur la vie économique ;
— socialisation du profit : financement d'assurances sociales par la taxation draconienne des profits ;
— socialisation de la propriété : immense développement des coopératives.

Au terme de cette troisième étape, l'Etat serait remplacé par un état-major de « managers »-techniciens.

Pour amorcer cette évolution : préparer la prise du pouvoir en s'appuyant sur toutes les classes sociales exploitées, notamment sur les classes moyennes (par souci de réalisme) ; mais aussi accepter, en réalistes, la participation au pouvoir pour préparer les voies.

Déat fut suivi par une fraction importante du groupe parlementaire de la S.F.I.O. Au Congrès de Paris en 1933, Montagnon insistait sur la crise

(1) Nettement anti-fasciste en 1933 (cf. son livre *Le socialisme constructif*), de Man désespéra à partir de 1937 de la capacité de la démocratie à résister à l'assaut des totalitarismes comme à réaliser le « socialisme constructif ». En 1940, il recommandait aux socialistes belges de ne pas résister à l'occupant, car « la voie restait libre pour les deux aspirations du peuple : la paix européenne et la justice sociale ». Il restait plus que jamais anti-capitaliste. En 1943, il rompait avec les Allemands et s'exilait en Suisse où il mourut.

(2) En 1928, André Philip consacrait un commentaire chaleureux au livre d'Henri de Man mais il ne se rallia pas au néo-socialisme français de Déat et consorts.

doctrinale du socialisme et sur son « ignorance » des réalités modernes, Adrien Marquet formulait les nouveaux mots d'ordre du néo-socialisme : « Ordre, Autorité, Nation (1). » Tous les néos furent exclus de la S.F.I.O. à la fin de 1933.

De l'anti-capitalisme à l'exaltation de l'autorité, de l'anti-fascisme au pacifisme jusqu'au-boutiste, Déat et Marquet allèrent en 1940, jusqu'à la collaboration avec l'ennemi.

C) Un terme de comparaison : Schumpeter. — En proposant d'aller « au delà du marxisme », de Man et les néo-socialistes français arrivaient à le liquider totalement. Il est curieux de rapprocher cet aboutissement des conclusions d'un grand économiste libéral de la même époque : Joseph Schumpeter.

Ce dernier, partant d'instruments d'analyse très différents de ceux dont s'était servi Karl Marx, démontrant les erreurs du raisonnement économique de Marx, aboutissait cependant à des conclusions socio-historiques très voisines de celles de ce dernier (v. *Capitalisme, socialisme et démocratie*, rédigé en 1941). Pour Schumpeter aussi, le« capitalisme», en raison même de son développement (et surtout du développement de « l'esprit de rationalisation » qui est son moteur), se ruine « de l'intérieur » et se transforme en socialisme. Si Schumpeter, plus que Marx, tient compte des facteurs psycho-sociologiques et du jeu des chocs en retour des mécanismes économiques transformés par le dynamisme de la volonté humaine, il n'en reste pas moins que l'économiste libéral retrouve et justifie les « anticipations » de Karl Marx. Pessimiste sur le plan politique, Schumpeter n'attend pas, du socialisme qu'il prévoit, le règne de la liberté (sur ce point, il emprunte beaucoup à Pareto). Néanmoins, il esquisse sans grande conviction la possibilité d'une synthèse du socialisme et de la liberté grâce à des socialismes progressifs et au maintien d'une indispensable décentralisation (dont il démontre cependant l'utopie).

§ 2. Depuis la deuxième guerre mondiale

Le recul manque encore pour apprécier le mouvement des idées socialistes depuis 1945. On se bornera à mentionner et à situer les tendances qui paraissent caractériser la nouvelle période.

1° *Détachement à l'égard du marxisme*

Les attaques « frontales » vis-à-vis de l'ensemble de l'idéologie marxiste sont relativement rares.

En revanche, les critiques partielles de la *sociologie* marxiste surtout, lui reprochant son caractère schématique et inactuel, ne manquent pas (2). On propose, de façon un peu désordonnée, des compléments et des corrections, on montre les insuffisances de la lutte des classes, on prête attention

(1) Léon Blum lança alors son célèbre : « Je vous avoue que je suis épouvanté. »
(2) Mais ce n'est pas faire injure que d'observer que cette critique s'est surtout développée dans des pamphlets, de petits ouvrages rapides et non systématiques. Elle n'a pas encore donné naissance à de grandes œuvres.

à la montée des classes moyennes, aux transformations corrélatives du capitalisme et de la psychologie des masses, etc.

Quant aux constructions positives, les plus audacieuses tournent franchement le dos aux thèses marxistes (sans trop s'attarder à leur critique). C'est le cas notamment des jeunes travaillistes britanniques qui rédigèrent les *Nouveaux essais fabiens* (1952). Constatant l'épuisement idéologique de leur parti, l'échec du pragmatisme des années 1900-1930, tenant pour acquis que le « socialisme administratif » des premiers Fabiens et le dogme de la planification n'étaient plus des articles spécifiques d'une pensée socialiste, ils se donnent pour tâche l'élaboration d' « une théorie moderne du socialisme » (Richard H. S. Crossman). « Aujourd'hui, la principale tâche du socialisme est d'empêcher la concentration du pouvoir, soit entre les mains des cadres supérieurs de l'industrie, soit entre celles de la bureaucratie étatique — en un mot, de répartir les responsabilités et d'élargir ainsi la liberté de choix » (R. H. S. Crossman). En face de la société technocratique et « étatiste » actuelle — qui n'est sûrement plus la société « capitaliste » et sûrement pas la société « socialiste » — le socialisme ne peut plus se cantonner dans des revendications dépassées (services sociaux gratuits, nationalisations, renforcement du dirigisme, redistribution du revenu par l'impôt direct) ; le socialisme ne retrouvera son dynamisme qu'en proposant en outre aux travailleurs des formes qui leur donnent « le sentiment d'une participation effective à l'élaboration des décisions » (C. A. R. Crosland). « Egalité » et « Responsabilité », tels sont les thèmes fondamentaux du socialisme. Quant aux moyens : développement de la culture et des possibilités de libre épanouissement, démocratie industrielle et gestion sociale, organisation sociale de l'industrie, etc. (1).

Ces efforts commencent à toucher en Grande-Bretagne, en Allemagne, en Norvège et en Suède les appareils dirigeants des partis socialistes, mais beaucoup reste encore à faire même dans ces pays.

2° *Prise de conscience des tâches internationales du socialisme*

C'est ici que le renouvellement est sans aucun doute le plus sensible. La problématique des voies et des fins du socialisme s'est, depuis 1945, élargie aux dimensions des problèmes internationaux qui conditionnent l'avenir de l'humanité : rivalité Est-Ouest, menaces de destruction par les armes nouvelles, essor des nationalismes asiatique et africain, assistance aux pays insuffisamment développés, etc. Nombreux sont les socialistes qui ont brutalement pris conscience du terrible dénuement de la pensée socialiste en face de ces problèmes. Aussi abondent les ouvrages et essais consacrés à ces questions (2). Ces socialistes sont conscients du fait que seul le socialisme

(1) Un effort comparable a été fait en France. Voir Jules Moch dans *Confrontations*, et André Philip dans *La démocratie industrielle* et *Le socialisme trahi*.

(2) En France, Jules Moch s'est attaché aux problèmes diplomatiques et stratégiques (voir *La folie des hommes*, R. Laffont, 1954). André Philip à la décolonisation et à la construction d'une Europe socialiste. En Grande-Bretagne, ces problèmes sont le souci commun d'Aneurin Bevan (*In place of fear*, 1951) et des jeunes néo-fabiens.

peut y apporter des réponses, mais au prix d'un sérieux effort de réflexion. La différence est sensible entre le pacifisme et l'internationalisme un peu lyrique des socialistes des années 1919-1939 et les soucis plus « techniques » d'organisation internationale des socialistes contemporains.

3o *Le durcissement anti-soviétique*

C'est le phénomène le plus massif du socialisme depuis 1945. Le temps des « complexes » et des ménagements en face du lénino-stalinisme est révolu. Le ressentiment, la conscience que le destin des démocraties libérales est lié à la force économique et militaire des Etats-Unis, ont rejeté la quasi-totalité des socialistes dans le « camp occidental » (ou « Monde libre »). Certains cependant conservent un souci d'indépendance vis-à-vis des Etats-Unis et cherchent dans la construction de la communauté européenne un instrument d'équilibre relatif. Plus rares sont ceux qui fixent au socialisme la voie d'un neutralisme actif au service d'une coexistence pacifique et d'une coopération de tous les Etats techniquement évolués en faveur des peuples insuffisamment développés.

4o *A la recherche d'une éthique*

Le problème d'une éthique du socialisme, qui était celui de Proudhon, de Bernstein, d'Henri de Man, demeure la grande quête du socialisme moderne.

Ce besoin est aujourd'hui affirmé de la façon la plus catégorique et toute hésitation a disparu. Le socialisme est d'abord, uniquement disent certains, l'affirmation d'un impératif éthique. Le thème domine aussi bien chez Léon Blum (*A l'échelle humaine*, écrit en 1941), que chez André Philip (*Le socialisme trahi*, 1957) et que parmi les jeunes travaillistes anglais.

Il faut noter ici la convergence de cette orientation avec celle qui se dessine chez certains intellectuels marxistes-léninistes suspectés de « révisionnisme ». Mais il faut noter aussi que cette recherche d'une éthique pour un nouveau socialisme a amené un rapprochement — qui s'esquissait en France dès les années 1930 — entre l'idéologie socialiste et certains mouvements d'inspiration chrétienne (1) ou libérale. Sans vouloir forcer des rapprochements, dont beaucoup ont fait long feu, dont d'autres sont encore à peine dessinés, on peut conclure que les tentatives de renouvellement et de ré-examen de la pensée socialiste ont rendu les frontières idéologiques plus imprécises qu'elles ne l'étaient avant 1939 et surtout avant 1914.

(1) Il suffirait de citer — parmi beaucoup d'autres — des efforts comme ceux de la revue *Esprit* ou du mouvement « Christianisme social » en France, ceux des disciples de Dossetti en Italie. Sur Mounier et *Esprit*, voir plus loin, p. 838.

Section III. — Fascisme et national-socialisme

Questions de terminologie : fascisme et totalitarisme

Dans le langage courant, le fascisme désigne non seulement la doctrine de l'Italie fasciste, mais aussi celle de l'Allemagne hitlérienne et de tous les régimes d'inspiration plus ou moins comparable (Espagne de Franco, Portugal de Salazar, Argentine de Peron, etc.).

Il ne saurait être question de rompre avec un usage aussi profondément ancré. Mais il faut souligner le fait que cet usage est des plus contestables : il assimile l'un à l'autre deux systèmes — national-socialisme et fascisme — sans doute analogues à plusieurs égards mais qui se sont épanouis dans des contextes différents et qui se sont manifestés avec une ampleur variable. A strictement parler, il vaut mieux réserver le terme de fascisme à l'Italie de Mussolini et employer celui de national-socialisme lorsqu'il est question de l'Allemagne hitlérienne.

Le terme de totalitarisme est très employé depuis quelques années, notamment aux Etats-Unis par Carl J. Friedrich. Le terme est commode, mais il procède lui aussi d'une assimilation contestable : entre les« dictatures fascistes » d'une part et le régime soviétique d'autre part. Carl Friedrich ne nie pas les différences qui séparent ces deux types de régime, mais il estime : 1° Qu'ils sont plus proches l'un de l'autre que de tout autre régime politique ; 2° Qu'il s'agit d'un phénomène propre au XXe siècle, au temps de la technologie moderne et de la démocratie massive. Selon Friedrich et son école, le totalitarisme est donc profondément différent des tyrannies, des dictatures, des despotismes antérieurs. Dans son livre *Totalitarian dictatorship and autocracy*, écrit en collaboration avec Z. Brzezinski, il distingue six critères du totalitarisme : 1° Une idéologie officielle, c'est-à-dire un corps officiel de doctrine couvrant tous les aspects de la vie humaine ; 2° Un système de parti unique conduit par un « dictateur » ; 3° Un système de contrôle policier ; 4° La concentration de tous les moyens de propagande ; 5° La concentration de tous les moyens militaires ; 6° Le contrôle central et la direction de l'économie entière.

On remarquera que cinq de ces critères sont d'ordre institutionnel, un seul — le premier — d'ordre idéologique. Si les institutions des divers pays « totalitaires » sont à beaucoup d'égards comparables, les ressemblances sont très loin d'être aussi manifestes en ce qui concerne les idéologies. L'emploi du mot« totalitarisme» a pour effet — et peut-être chez certains pour but — de masquer les différences qui tiennent à l'essence même des régimes, et de suggérer des rapprochements qui ne sont pas toujours convaincants.

Primat de l'action

Le fascisme n'est pas une doctrine, le national-socialisme moins encore. « Notre doctrine, c'est le fait », déclare Mussolini en 1919 et il ne cesse de répéter que l'action prime la parole, que le fascisme n'a pas besoin de dogme mais d'une discipline : « Nous autres fascistes, écrit-il en 1924, nous avons le courage de repousser toutes les théories politiques traditionnelles ; nous sommes aristocrates et démocrates, révolutionnaires et réactionnaires, prolétariens et antiprolétariens, pacifistes et antipacifistes. Il suffit d'avoir un seul point fixe : la nation. » Ce n'est que vers 1929-1930 que Mussolini éprouve le besoin de donner au fascisme une doctrine. Encore cette doctrine est-elle passablement imprécise et opportuniste.

Quant à Hitler, il refuse pendant la campagne électorale de 1933 de présenter un programme : tous les programmes sont vains, dit-il, ce qui importe c'est la volonté humaine ; *Mein Kampf* est une autobiographie passionnée et un appel à l'action, bien plus qu'une œuvre de doctrine. Les propos d'Hitler à Rauschning sont ceux d'un homme obsédé par quelques idées fixes, nullement ceux d'un théoricien.

La doctrine de Mussolini ou de Hitler, de Ciano ou de Rosenberg se ramène donc à un petit nombre de principes, qui sont avant tout des principes d'action. Mais le fascisme n'est pas seulement la doctrine de Mussolini, le national-socialisme ne se réduit pas aux idées politiques de Hitler. Les principes ou les institutions importent moins que l'adhésion au système, les aberrations ou les crimes de quelques-uns moins que le blanc-seing qui leur fut délivré. Certains ouvrages, comme celui du Dr François Bayle, *Psychologie et éthique du national-socialisme* (P.U.F., 1953), tendent à présenter les dirigeants comme des hommes profondément dépravés pour la plupart, ou physiologiquement désaxés. Cette thèse est intéressante mais l'étude des dirigeants ne doit pas faire oublier les dirigés. En d'autres termes, il convient moins d'analyser le contenu de la doctrine fasciste ou de la doctrine national-socialiste que de discerner les causes qui expliquent leur diffusion.

1° *Un nationalisme de vaincus.* — Le fascisme et le national-socialisme sont issus de la guerre. Ils sont d'abord une réaction d'humiliation nationale devant la défaite. Ils traduisent aussi le désarroi d'anciens combattants que la guerre a profondément marqués et qui se sentent des étrangers dans leur propre pays (cf. le roman d'Ernst von Salomon, *Les réprouvés*).

Les groupements d'anciens combattants ont formé le premier noyau des organisations fascistes et national-socialistes (1). En France, les anciens combattants ont joué un rôle important dans les Ligues des années 1930, mais les mouvements d'anciens combattants n'ont jamais connu en France, entre 1918 et 1939, la violence des groupements similaires en Italie et surtout en Allemagne. Les anciens combattants français n'oubliaient jamais qu'ils avaient été vainqueurs, les anciens combattants allemands qu'ils appartenaient à une nation vaincue. Le fascisme et le national-socialisme ne sont pas seulement des mouvements d'exaltation nationale. Il s'agit d'un nationalisme de vaincus, ou d'humiliés.

2° *Le « vrai socialisme »*. — Le fascisme et le national-socialisme sont nés de la misère et de la crise, du chômage et de la faim. Ils apparaissent à l'origine comme des mouvements de désespoir et de révolte contre le libéralisme et les vieux mythes de la machine et du progrès : le libre jeu des intérêts économiques ne provoque que des catastrophes, le salut ne peut venir que d'une nouvelle forme de socialisme, le national-socialisme...

Gœbbels affirme ainsi que le national-socialisme est le « vrai socialisme » : celui-ci ne consiste pas à dresser les classes les unes contre les autres, mais à les faire vivre ensemble, à les unir au sein de la communauté nationale. Conception évidemment antimarxiste, mais qui s'inscrit au terme d'une longue tradition : celle de Fichte et de son *Etat commercial fermé*, celle de List et de son *Système national d'économie politique*, celle de Rodbertus, de Lassalle et de Dühring, celle des « doctrinaires de la Révolution allemande » parmi lesquels il faut surtout citer Oswald Spengler et Arthur Moeller Van den Bruck. L'œuvre la plus caractéristique de Spengler — plus caractéristique que son *Déclin de l'Occident*, cependant plus connu — est sans doute *Preussentum und Sozialismus* publié à Munich en 1920. Spengler y expose la mission de l'Allemagne : défendre la frontière de la

(1) Sur ce problème, voir René Rémond, Les anciens combattants et la politique, *Revue française de science politique*, avril-juin 1955, pp. 267-290.

civilisation européenne contre l'Asie et les races de couleur. La démocratie politique est dégénérée à cause de l'industrialisation et d'un intellectualisme excessif. Il faut purger le socialisme des références marxistes à l'internationalisme et à la lutte des classes et l'incorporer dans la tradition prussienne de discipline et d'autorité.

Dans son livre *Das Dritte Reich*, publié à Hambourg en 1923, Moeller Van den Bruck expose que « chaque peuple a son socialisme » ; Marx, étant Juif, est étranger au sentiment national ; le vrai socialisme national n'est pas matérialiste mais idéaliste ; la lutte des classes doit être remplacée par la solidarité nationale ; seule une nation unie est assez forte pour subsister dans l'universel chaos.

Quant à Mussolini, il affirme lui aussi que le fascisme est une philosophie et que cette philosophie est avant tout spiritualiste : « L'Etat est une force, mais une force spirituelle. » Lui aussi condamne la lutte des classes : « Le fascisme, écrit-il, s'oppose au socialisme qui immobilise le mouvement historique dans la lutte des classes et ignore l'unité de l'Etat, qui fond les classes en une seule réalité économique et morale. » Le faisceau des licteurs (fascio) est le symbole de l'unité, de la force et de la justice.

Il est évident que les déclarations « socialistes » des fascistes restent dans une large mesure tactiques et verbales. Malgré leur prétention de réaliser le « vrai socialisme » ni le fascisme ni le national-socialisme n'ont porté atteinte à la puissance de l'oligarchie et du grand capital ; bien au contraire, les industriels de la Ruhr et de la Lombardie, les grands propriétaires fonciers italiens n'ont pas ménagé leur appui à Hitler et à Mussolini (cf. le livre de Daniel Guérin, *Fascisme et grand capital*). Le fascisme et le national-socialisme apparaissent ainsi comme des « dictatures conservatrices » (Maurice Duverger).

Une bonne partie des troupes fascistes et hitlériennes se recrute dans les classes moyennes, les cadres de l'industrie et du commerce, les petits propriétaires fonciers, les artisans. Les dictatures recrutent leurs chefs, et surtout leurs chefs subalternes, dans des catégories sociales menacées de prolétarisation, condamnées à mort par l'évolution économique, et qui sont les plus durement frappées en période de crise.

Un biographe de Mussolini, Paolo Monelli, s'est attaché à montrer que le « Duce » était le type même du « petit bourgeois » (*Mussolini piccolo borghese*, Milan, Ed. Garzanti, 1954). Il ne faut cependant pas conclure trop vite que « le fascisme est une révolution faite par les classes moyennes ». Ce sont elles qui fournissent les cadres, les principaux traits de l'idéologie, mais le fascisme trouve des adeptes dans tous les milieux, même dans les milieux prolétariens. Il importe de dénoncer une imagerie, procédant d'un populisme élémentaire, qui tend à représenter le fascisme comme un mouvement petit-bourgeois financé par le grand capital, à l'exclusion de toute participation populaire.

La réalité est plus complexe et les renseignements, malheureusement insuffisants, que l'on possède sur la sociologie du fascisme prouvent l'hétérogénéité du recrutement. En 1921, sur 150 000 inscrits au parti fasciste, on trouve 18 000 propriétaires terriens, 14 000 commerçants, 4 000 industriels, 10 000 membres des professions libérales, 22 000 employés (dont 1/3 sont fonctionnaires) et près de 20 000 étudiants — soit 90 000 membres non ouvriers mais les 60 000 autres se recrutent parmi les ouvriers agricoles (qui forment la catégorie la plus nombreuse) et le prolétariat urbain. En Allemagne la courbe des adhérents au parti national-socialiste est à peu près exactement parallèle à la courbe du chômage (cf. le tableau de la p. 190 dans M. Crouzet, *L'époque contemporaine*, P.U.F., 1957).

3° *Le fascisme comme poésie.* — A ces éléments venus de toutes les classes de la société, le fascisme apporte une mystique commune. Le fascisme, écrit Robert Brasillach est « la poésie même du XXe siècle ». Et, peu de temps avant d'être exécuté, il se déclare fidèle au « fascisme universel de la jeunesse ; le fascisme, notre mal du siècle... ».

— Poésie du groupe et de la foule, des veillées en commun, des chants collectifs ; le fascisme, pour Brasillach, est d'abord une amitié.

— Poésie de la discipline et de l'ordre, au sens médiéval du terme. Les « balillas » de Mussolini sont une sorte d'ordre fermé, avec initiation, serment, etc. C'est ce thème de l'Ordre qui exerce une si vive séduction sur Montherlant et l'amène à écrire *Le solstice de juin* avant de se rallier hautainement à l'ordre bourgeois. De l'Ordre à l'ordre, Montherlant ou la disparition d'une majuscule.

— Poésie de la jeunesse et du corps, de la vie physique, du plein air. « Avec Doriot, écrit Drieu La Rochelle, qui a lui aussi rêvé d'un « socialisme fasciste », la France du camping vaincra la France de l'apéro et des congrès. » Et il ajoute : « La définition la plus profonde du fascisme, c'est celle-ci : c'est le mouvement politique qui va le plus franchement, le plus radicalement dans le sens de la grande révolution des mœurs, dans le sens de la restauration du corps — santé, dignité, plénitude, héroïsme — dans le sens de la défense de l'homme contre la grande ville et contre la machine. »

— Poésie de l'action et du danger, poésie de la guerre, exaltation des vertus viriles. Seule la guerre permet à l'homme de montrer ce dont il est vraiment capable ; elle établit par-dessus les frontières la mystérieuse fraternité des combattants. Et ainsi la guerre peut être le prélude d'une réconciliation générale en favorisant l'avènement d'une société européenne (thème très apparent chez Drieu), d'un fascisme universel.

Ces thèmes ne sont pas particuliers aux fascistes français.

Le « *chef charismatique* »

Avant d'être une politique, le fascisme est donc une mythologie. Il impose un style plus qu'il ne propose un programme. Il a le sens du décor, de la foule, de la mise en scène, des grands symboles. Mussolini place le régime fasciste sous le signe de la Rome antique (dictature, faisceaux, licteurs, *mare nostrum*, etc.). Hitler appelle au service du national-socialisme tous les puissants mystères du romantisme allemand : nuits de Nüremberg, « nid d'aigle » de Berchtesgaden, apothéose païenne des Jeux Olympiques de 1936 (cf. le film de Leni von Riefenstahl)...

Entre le chef et son peuple s'établit ainsi une communication, dont aucun régime politique n'avait jusqu'alors présenté l'équivalent. Communication si étroite, de nature presque physique, qu'elle prend les formes d'une hystérie collective. Selon Alfred Rosenberg, qui utilise abondamment les métaphores biologiques, le chef a pour tâche essentielle d' « assurer la circulation du sang racial » : « Le peuple est au chef ce que l'inconscience est à la conscience. » Ainsi se produit une sorte d'hypnose, la présence du chef suscite l'extase. Un haut magistrat allemand exprime ainsi ses réactions devant Hitler :

« Alors vint le grand frisson de bonheur. Je le regardai dans les yeux, il me regarda dans les yeux et je n'eus plus qu'un désir : rentrer chez moi pour rester seul avec cette impression immense dont j'étais écrasé. » Un vieux militant confesse à Hermann Rauschning qui rapporte ces propos dans *La révolution du nihilisme* : « La personne du Führer doit de plus en plus se retirer dans le secret, dans le mystère. Par des actes surprenants, par de rares discours, elle devra se manifester seulement quand la nation se trouvera à un tournant décisif de son destin. Le reste du temps, elle s'effacera, comme le créateur derrière la création, afin d'augmenter le mystère et le pouvoir d'action... Un jour pourrait venir où il faudrait sacrifier le Führer pour accomplir son œuvre. Ses propres camarades du parti, ses fidèles devront alors le sacrifier lui-même. »

C'est en se fondant sur des textes de ce genre que certains auteurs, comme Roger Caillois, ont évoqué, en utilisant la terminologie de Max Weber, le « pouvoir charismatique » du Führer (1) : « J'existe en vous et vous existez en moi » (cf. l'importance chez Hitler de la métaphore du tambour et de celle de l'aimant : le chef est le « résonateur de l'âme collective », le « catalyseur de l'énergie nationale », etc.).

L'inégalité

Le fascisme et le national-socialisme affirment donc la primauté de l'irrationnel : « Ce n'est pas l'intelligence coupant les cheveux en quatre qui a tiré l'Allemagne de sa détresse, déclare Hitler à ses fidèles, la raison vous eût déconseillé de venir à moi et seule la foi vous l'a commandé. » Il n'est question que de « croire, obéir, combattre ».

Mussolini et Hitler retrouvent ainsi la conception sorélienne du mythe qui ébranle les foules et les fait vibrer d'un même élan. « Nous avons créé notre mythe, s'écrie Mussolini en 1922 ; notre mythe est la nation, la grandeur de la nation. » Et Rosenberg intitule son livre : *Le mythe du XXe siècle.*

Cet irrationalisme s'accompagne naturellement d'une conception anti-égalitaire de la société. Le fascisme et le national-socialisme sont hostiles aux principes de la démocratie égali-

(1) Le « charisma » est littéralement un don de la grâce. Friedrich et Brzezinski contestent l'emploi de cette expression à propos de Hitler. Selon Max Weber, le « chef charismatique » qui s'oppose au « chef traditionnel » et au « chef rationnel-légal », c'est Moïse, c'est le Christ, c'est Mahomet ; Hitler n'appartient pas à ce type.

taire et du suffrage universel. Mussolini dénonce la loi du nombre. Le fascisme, dit-il, ne consent pas que le nombre, par le simple fait qu'il est nombre, puisse diriger les sociétés humaines. Il nie que le nombre puisse gouverner par le moyen d'une consultation périodique. Il affirme l'inégalité irrémédiable, féconde et bienfaisante des êtres humains... Hitler tient des propos analogues : « On a plus de chance de voir un chameau passer par le trou d'une aiguille que de découvrir un grand homme au moyen d'une élection. » Et il affirme : « L'histoire du monde est faite par les minorités. »

Ainsi apparaît au premier plan le thème de l'élite. Ni Mussolini ni Hitler ne s'interrogent longuement sur l'origine des élites, sur leur formation. Elles existent, et c'est l'essentiel. Il est frappant de constater que le thème de l'élite rencontre à la même époque une égale faveur chez les tenants du fascisme et chez ceux qui — tels les technocrates d'avant 1939 — entendent sauver la démocratie libérale en la rendant plus efficace. Produit d'un irrationalisme ou d'un utilitarisme très souvent élémentaires, le thème de l'élite a eu une destinée ambiguë. Chez Mussolini, il s'agit plutôt de la supériorité des gouvernants, seuls dignes de gouverner, tandis que Hitler paraît songer davantage à la supériorité de la race aryenne et à la mission du peuple allemand. « Le rôle du plus fort, dit-il, est de dominer et non de se fondre avec le plus faible. » Quant aux faibles, ils doivent reconnaître la supériorité des forts, et le rôle de l'Etat consiste précisément à « fondre les classes en une seule réalité économique et morale ».

L'État

Le fascisme aboutit ainsi à l'exaltation de l'Etat, instrument des forts, garantie des faibles.

Primauté de l'Etat : l'Etat est tout, il est tout-puissant. Les individus sont totalement subordonnés à l'Etat : tout pour l'Etat, tout par l'Etat.

Unité de l'Etat. L'Etat est un tout, un bloc. L'Etat totalitaire ne tolère pas la séparation des pouvoirs ; la notion de contrepoids, chère à Montesquieu ou à Tocqueville, est incompatible avec un régime totalitaire. Totalitarisme politique : toute opposition est brisée. Totalitarisme intellectuel : vérité d'Etat, propagande, mobilisation de la jeunesse. Rien n'existe dans l'Etat que l'Etat. D'où la fameuse formule de Mussolini à la Scala de Milan en 1925 : « Tout dans l'Etat, rien en dehors de l'Etat. »

La notion de primauté de l'Etat et celle d'unité de l'Etat sont étroitement liées. « Ce qu'on appelle la crise, affirme Mussolini, ne peut être résolu que par l'Etat et dans l'Etat. »

Fascisme et national-socialisme subordonnent l'économie à la politique, affirment le primat du politique. « L'Etat, selon Hitler, est un organisme racial et non une organisation économique. » Et au plus fort de l'inflation, il s'écriera : « L'économie est une affaire secondaire ; l'histoire du monde nous enseigne qu'aucun peuple n'est devenu grand par son économie. »

Selon M. Prélot, la dictature de Mussolini est à la fois une « statocratie », une monocratie et une autocratie. Jamais sans doute l'exaltation de l'Etat n'a été poussée si loin que par Mussolini. L'Etat, pour lui, est « la conscience même et la volonté du peuple », « la véritable réalité de l'individu ». Mussolini parle de l'Etat comme d'un être vivant, un organisme, mais l'Etat pour lui n'est pas seulement un corps ; il « est un fait spirituel et moral », il est « la conscience immanente de la nation », « il a une volonté et c'est pourquoi il est qualifié d'Etat éthique ».

Pour Mussolini, l'Etat est une réalité antérieure et supérieure à la nation. C'est l'Etat qui crée la nation, qui lui permet de s'épanouir : les confidences de Mussolini, rapportées par Ciano, prouvent bien que le Duce ne se faisait pas beaucoup d'illusions sur les vertus civiques et militaires de la nation italienne : la grandeur de l'Italie doit être l'œuvre de l'Etat fasciste et de lui seul. Plus qu'une théorie de la nation-Etat, le fascisme est une théorie de l'Etat-nation. « Ce n'est pas, expose Mussolini, la nation qui crée l'Etat, comme dans la vieille conception naturaliste qui servait de base aux études des publicistes des Etats nationaux du XIXe siècle. Au contraire la nation est créée par l'Etat qui donne au peuple, conscient de sa propre unité morale, une volonté et par conséquent une existence effective. »

C'est d'une autre façon que le national-socialisme conçoit les rapports entre l'Etat et la nation. L'Etat national-socialiste ne joue qu'un rôle d'instrument, d'appareil. La réalité fondamentale est le *Volk* (imparfaitement traduit par peuple). Le peuple allemand n'est pas seulement l'ensemble des Allemands du XXe siècle, c'est une réalité historique et biologique, c'est à la fois la race allemande et l'histoire de l'Allemagne. L'Etat national-socialiste n'est donc qu'un moment du destin allemand. Cette conception de l'Etat, considéré comme l'émanation du *Volk*, est profondément différente de la conception fasciste. Les différences s'expliquent à la fois par la puissance des traditions germaniques, par l'influence des philosophes et des historiens allemands et surtout par le fait que l'Etat allemand, au moment où Hitler accède au pouvoir, a une tout autre consistance que l'Etat italien au lendemain de la guerre. Mussolini a eu à forger l'Etat italien, Hitler a eu à utiliser l'Etat, à lui donner une mystique, non à le créer.

Traits particuliers du fascisme : le corporatisme

La principale particularité du fascisme italien est son corporatisme : ministère des Corporations, Conseil national des Corporations, Chambre des Faisceaux et Corporations. Au premier abord, ce corporatisme fait songer à la doctrine de l'Action française, à la théorie des corps intermédiaires ; aussi la doctrine de Mussolini était-elle mentionnée avec éloges par toute une fraction de la droite française qui ne dissimulait pas son hostilité à l'Allemagne hitlérienne. En fait le corporatisme fasciste ne ressemblait que superficiellement au corporatisme de l'Action française, qui était essentiellement un moyen de contrebalancer l'influence de l'Etat. Les corporations italiennes, au contraire, sont au service de l'Etat. Comme dit Gaëtan Pirou, « il s'agit beaucoup moins d'un système auto-organisateur des intérêts économiques que d'une ingénieuse présentation derrière laquelle s'aperçoit le pouvoir politique, qui exerce sa dictature sur l'économie comme sur la pensée »

Il s'agit moins d'un corporatisme analogue à celui de l'Ancien Régime que d'une théorie de l'Etat corporatif. Les institutions corporatives ne font qu'attester la domestication des intérêts économiques. Le mot de corporation, pour Mussolini, doit être pris dans son sens étymologique de « constitution en corps », cette constitution en corps qui est la fonction essentielle de l'Etat, celle qui assure son unité et sa vie.

Racisme et espace vital dans la doctrine national-socialiste

Les idées politiques de Hitler, selon Alan Bullock, procèdent du plus pur darwinisme : les principes fondamentaux de sa politique sont la lutte (*Kampf* ayant un sens beaucoup plus fort que « lutte »), la race et l'inégalité — qui s'opposent au pacifisme, à l'internationalisme, à la démocratie. Des théories racistes avaient déjà été présentées, notamment par Gobineau, par Vacher de Lapouge (*L'aryen et son rôle social*, 1899), par Houston Stewart Chamberlain (*Les assises du XIXe siècle*, 1899). Mais le racisme national-socialiste, tel qu'il est exprimé par Hitler dans le chapitre XI de *Mein Kampf*, intitulé « Volk und Rasse », ou par Alfred Rosenberg dans *Le mythe du XXe siècle*, est véritablement sans précédent : « Les peuples qui renoncent à maintenir la pureté de leur race renoncent du même coup à l'unité de leur âme... La perte de la pureté du sang détruit le bonheur intérieur, abaisse l'homme pour toujours, et ses conséquences corporelles et morales sont ineffaçables. » Jamais encore l'antisémitisme ne s'était exprimé avec cette violence. Jamais surtout un Etat ne devait ainsi entreprendre d'exterminer systématiquement tous ceux dont la race était dénoncée comme impure.

Alors que l'impérialisme fasciste procède à la fois de réminiscences antiques et du désir d'étendre la puissance italienne, la doctrine de l' « espace vital » *(Lebensraum)* est étroitement liée à celle du peuple et de la race. Le peuple allemand, organisme vivant, a besoin de l'espace qui lui est nécessaire pour vivre. La géopolitique vient à l'appui des prétentions allemandes, qui reprennent les ambitions du pangermanisme. Mais le pangermanisme hitlérien diffère profondément du pangermanisme des années précédant 1914. Dans l'Allemagne de Guillaume II, le pangermanisme était surtout inspiré par la recherche des marchés et des débouchés, par l'âpre concurrence des économies nationales. Le pangermanisme hitlérien ne repose pas sur une analyse approfondie des réalités économiques ; il est plus politique qu'économique, il est autarcique et non expansionniste. Hitler en 1932 affirme qu'on ne conquiert pas le monde par des moyens économiques ; c'est le pouvoir de l'Etat qui crée les conditions nécessaires pour le commerce, et non le commerce qui favorise l'expansion politique. Politique, militaire, mystique, la doctrine de l' « espace vital » est anti-économique : il s'agit de faire entrer dans le grand Reich tous ceux qui doivent en faire partie, même s'ils sont pauvres, même si le niveau de vie de chacun doit en souffrir. Le nombre importe plus que le bien-être, la puissance plus que la richesse.

Ainsi l'Allemagne hitlérienne s'installe dans l'économie de guerre. La logique du système appelle la guerre, et le régime hitlérien, après d'éclatants triomphes, finira par y succomber.

***

LE FRANQUISME. — Les institutions de l'Espagne franquiste sont à beaucoup d'égards analogues à celles de l'Italie fasciste, mais le franquisme est assez profondément différent du fascisme italien.

1° Le franquisme s'est établi dans un pays dur, pauvre, peu industrialisé, qui garde la nostalgie de sa grandeur passée mais qui a cessé depuis longtemps de jouer un rôle important dans la politique mondiale et qui ne revendique pas une mission impériale à la façon de l'Italie fasciste.

2° Alors que le fascisme a triomphé pacifiquement et légalement, le franquisme a installé sa domination à la faveur d'un coup d'Etat, puis d'une guerre civile dont le souvenir n'est pas près de s'éteindre. La guerre d'Espagne a suscité dans l'opinion française, et notamment dans l'opinion catholique, une crise qui est comparable à celle de l'affaire Dreyfus ; d'un côté, tous ceux qui considéraient le franquisme comme une nouvelle croisade ; de l'autre côté Bernanos, Mauriac, Malraux, Camus, les Brigades internationales... Parmi les Français qui ont aujourd'hui entre 40 et 50 ans, nombreux sont ceux qui sont nés à la politique avec la guerre d'Espagne.

Le régime franquiste a considérablement évolué depuis la guerre civile : de l'imitation des régimes fascistes le régime s'est acheminé vers une démocratisation partielle et vers la restauration de la monarchie. L'idéologie franquiste, qui est éminemment fluide, sensible aux influences, a suivi la courbe de la politique espagnole. Ses traits les plus constants paraissent être les suivants :

a) Le régime s'appuie sur l'Eglise catholique et se réfère surabondamment à la primauté du spirituel, aux valeurs chrétiennes, à la mission de l'Occident. La pureté du catholicisme espagnol est volontiers opposée aux désordres et aux imprudences du catholicisme français.

b) Le second fondement du régime est l'armée. C'est l'armée qui a porté le général Franco au pouvoir ; c'est sur elle qu'il compte pour faire régner l'ordre. La doctrine franquiste est éminemment hiérarchique et autoritaire.

c) L'ordre franquiste, c'est l'ordre de la propriété et d'une hiérarchie sociale plus pesante qu'ailleurs, car la classe moyenne espagnole est loin d'avoir la même puissance que la classe moyenne italienne ou allemande ; il subsiste en Espagne un profond fossé entre l'aristocratie et le prolétariat ; aussi la sociologie du franquisme est-elle très différente de celle du fascisme.

d) En matière de politique extérieure, les deux traits principaux du franquisme, depuis l'effondrement du national-socialisme et du fascisme, sont le thème de la *hispanidad* (c'est-à-dire de la solidarité avec les pays d'Amérique latine) et les efforts pour entretenir des rapports étroits avec le monde arabe. La propagande franquiste répète volontiers que l'Espagne est le seul pays européen qui comprenne le monde arabe et qui favorise ses aspirations.

LA « RÉFÉRENCE SALAZAR ». — Dans son manuel de *Droit constitutionnel et institutions politiques*, Maurice Duverger distingue les « dictatures paternalistes » (Espagne de Franco et Portugal de Salazar) et les « dictatures républicaines » (Turquie kémaliste).

L'expression de « dictature paternaliste » semble mieux convenir au Portugal de Salazar qu'à l'Espagne de Franco. Tout est en demi-teintes dans ce pays où la vie politique se trouve réduite à sa plus simple expression, où les passions sont amorties, où le temps semble arrêté, où règne ce que les uns appellent mesure, les autres conformisme. Franquisme vertueux, paternel, riche de références à la morale et à l'honnêteté. L'éloge de Salazar est de tradition dans certains milieux de la droite française, et les livres à la gloire de Salazar ne se comptent plus.

*
* *

Deux questions se posent au terme de ces trop rapides développements. L'une concerne la France : peut-on parler d'un fascisme français ? — L'autre est de portée plus générale : l'idéologie fasciste n'a-t-elle pas survécu à la fin de l'Italie fasciste et de l'Allemagne hitlérienne ?

FASCISMES FRANÇAIS. — Il serait vain de nier que le fascisme et le national-socialisme ont trouvé en France des adeptes ; mais, comme l'a justement montré René Rémond en analysant l'idéologie des « Croix de feu », il serait sans doute excessif, en dépit de quelques analogies, de qualifier de fascistes, au sens plein du terme, des groupements dont les tendances profondes étaient conservatrices : le mépris des « vrais » fascistes pour ce pseudo-fascisme de kermesses et de ventes de charité est à cet égard bien révélateur (cf. le témoignage de Jean-Pierre Maxence dans son *Histoire de dix ans* ou celui de Brasillach dans *Notre avant-guerre*).

En fait, le fascisme français n'avait pénétré avant 1939 que dans des cercles étroits, et — le P.P.F. de Doriot étant mis à part — il était surtout un fascisme d'intellectuels : fascisme de normalien (Brasillach), de jeune ancien combattant (Drieu La Rochelle), de hobereau (Alphonse de Chateaubriant), fascisme truculent d'un Rebatet, fascisme académique d'un Abel Bonnard, fascisme très littéraire. Alors que les intellectuels étaient tenus en suspicion en Allemagne et en Italie, le fascisme français, extrêmement étranger aux réalités économiques, tendait à confondre politique et littérature, à faire du fascisme une poésie.

SURVIE DU FASCISME ? — « Je me dis que cela [le fascisme] ne peut pas mourir », écrivait en prison Brasillach quelques jours avant sa mort. Les événements des dernières années n'ont pas déçu cette confiance. Il faut cependant se garder d'identifier l'Argentine péroniste ou l'Egypte de Nasser avec l'Allemagne de Hitler ou l'Italie de Mussolini. Les idéologies autoritaires qui se répandent dans l'Amérique latine et dans le Proche-Orient ne sont pas réductibles aux schémas traditionnels du fascisme. Leur succès ne s'explique ni par l'action du grand capital (qui était en Argentine très hostile au péronisme), ni par la grande peur des classes moyennes (dont l'influence n'est pas comparable à celles des pays occidentaux), ni par la crise économique (le péronisme naissant en pleine période de prospérité). Les idéologies autoritaires ou totalitaires qui se sont ainsi manifestées depuis la guerre sont moins des fascismes, selon le modèle traditionnel, que des nationalismes de pays sous-développés (1).

Reste à savoir si la conjonction d'une humiliation nationale, d'une crise sociale et d'un dégoût général pour la politique et les politiciens ne pourrait pas favoriser, dans un pays occidental, l'avènement d'un fascisme conforme aux lois du genre. Il serait sans doute hasardeux d'écarter catégoriquement une telle éventualité.

SECTION IV. — Méditations sur la décadence et tentatives de renouvellement

L'expansion du communisme et le brusque essor des fascismes dominent manifestement l'histoire des idées politiques au XXe siècle. Mais il est clair que l'histoire du XXe siècle ne se réduit pas à celle du communisme et à celle des fascismes. Libéralisme et conservatisme restent largement répandus, mais les doctrinaires libéraux et conservateurs se demandent si l'ère

(1) Sur les nationalismes des pays sous-développés, voir plus loin, pp. 839-842.

d'un certain libéralisme et d'un certain conservatisme n'est pas révolue, si les idéologies léguées par le XIXe siècle ne doivent pas être dépassées ou du moins révisées. Deux mots sont d'usage courant : « au delà » et « néo » : *Au delà du marxisme* (Henri de Man, 1927) ; *Au delà du nationalisme* (Thierry Maulnier, 1938)... Néo-libéralisme, néo-conservatisme, néo-corporatisme, néo-nationalisme, néo-socialisme... Reste à mesurer ce qu'il y a de vraiment neuf dans ces tentatives de renouvellement : tel sera l'objet de cette ultime section.

§ 1. Méditations sur la décadence et réflexions sur les élites

1° *Le thème de la décadence*

Depuis le début du siècle, le thème de la décadence est à l'ordre du jour : décadence des nations, « déclin de l'Europe » (1), « déclin de l'Occident » (2), « décadence de la liberté » (3), « décadence de la nation française » (4). Ce thème n'était pas nouveau, mais il a pris après la seconde guerre mondiale une ampleur sans précédent et il s'est manifesté, d'une façon d'ailleurs très diverse, dans la plupart des pays qui se considéraient comme les dépositaires de la civilisation.

Mais s'il est aisé de dénoncer une décadence, il est plus difficile de trouver d'autres remèdes qu'un rêve idéocratique (Valéry), ou que le recours à la force (Spengler), à la religion (Toynbee), au héros (Malraux).

A) Le recours aux intellectuels : Valéry. — Les réactions de Paul Valéry (1871-1945), sont celles d'un intellectuel français, très intellectuel et très français. Sans doute affirme-t-il dans une phrase célèbre que les civilisations sont mortelles et il ajoute — au futur antérieur comme s'il s'agissait d'une oraison funèbre — que « l'Europe n'aura pas eu la politique de sa pensée ». Mais les attaques qu'il formule contre l'histoire, les appels qu'il lance aux Européens pour qu'ils apprennent à se défaire de leur passé procèdent d'une distinction fondamentale entre l'ordre de la pensée et l'ordre de la politique, d'un rêve idéocratique. Epris de méthode, Valéry rêve d'une « politique de l'esprit », d'une « société des esprits ».

(1) Titre d'un livre d'Albert Demangeon, 1920.
(2) Titre d'un livre d'Oswald Spengler, 1920.
(3) Titre d'un livre de Daniel Halévy, 1931.
(4) Titre d'un livre de Robert Aron et Arnaud Dandieu, 1931.

Aux politiques, Valéry adresse trois reproches :

1. L'Europe n'a pas su dominer le monde. Ici l'auteur des *Regards sur le monde actuel* manifeste quelque nostalgie d'une sorte d'impérialisme européen. Il reconnaît d'ailleurs en 1945 que la défaite des Russes par les Japonais, celle des Espagnols par les Américains ont été le point de départ de ses réflexions sur la décadence de l'Europe.

2. L'Europe n'a pas su réaliser son unité. Mais il ne semble pas que Valéry distingue nettement unité et unification. Les périodes qu'il évoque le plus volontiers sont des périodes d'hégémonie comme celles de l'Empire romain ou de Napoléon.

3. Enfin, et c'est là pour Valéry le reproche fondamental, l'Europe a eu une politique matérialiste. La préférence de Valéry va donc au « gouvernement de l'esprit », au « tyran intelligent ». En 1934, il préface le livre d'A. Ferro, *Salazar, le Portugal et son chef* ; après avoir affirmé son aversion pour la politique dans une déclaration liminaire, il analyse avec sympathie « l'idée de dictature » (1) : « L'image d'une dictature est la réponse inévitable (et comme instinctive) de l'esprit quand il ne reconnaît plus dans la conduite des affaires l'autorité, la continuité, l'unité qui sont les marques de la volonté réfléchie et de l'empire de la connaissance organisée. »

Sans doute, ces jugements restent-ils très abstraits, mais précisément il est intéressant de noter que Valéry, dénonçant la décadence de l'Europe, manifeste son incapacité à sortir des cadres conceptuels dont il fait le procès. Pensée sèche et courte, repliée sur elle-même, qui ne voit pas d'autre issue au déclin de l'Europe que la raison des intellectuels européens : l'Amérique elle-même n'est-elle pas « la projection de l'esprit européen » ? (texte de 1938, repris dans *Regards...*, pp. 105-113).

B) Le recours a la force : Spengler. — Le déclin de l'Occident *(Der Untergang des Abendlandes*, 1920) d'Oswald Spengler, dont nous avons déjà parlé à propos du national-socialisme (2), est une analyse typiquement germanique de la décadence occidentale. Cette analyse procède de deux distinctions classiques dans la philosophie allemande :

1. La distinction entre histoire et nature, la notion d'un destin historique profondément différent de la causalité scientifique.

2. La distinction entre culture et civilisation. La culture est un organisme vivant qui commence par se développer dans le sens de la clarté, de la force, de la conscience. Mais à cette phase ascendante succède une phase de déclin pendant laquelle la culture se cristallise, se fige en civilisation : « Chaque culture a sa propre civilisation ; la civilisation est le destin inévitable de toute culture. » La pensée de Spengler procède ainsi d'une sorte d'évolutionnisme inspiré de la biologie : « Les cultures sont des organismes. L'histoire universelle est leur biologie générale. » Toute culture, pour Spengler, traverse les mêmes phases qu'un organisme vivant : naissance, enfance, jeunesse, maturité, vieillesse. « Le déclin, affirme-t-il, n'est pas une catastrophe extérieure mais une ruine intérieure. »

(1) Voir dans *Regards sur le monde actuel* les deux textes intitulés « L'idée de dictature » (pp. 75-85) et « Au sujet de la dictature » (pp. 87-95).

(2) Cf. plus haut p. 804.

Spengler distingue trois grands types d'âme auxquels correspondent trois types de culture fondamentalement différentes : l'âme apollinienne (celle de la culture antique), l'âme faustienne (celle de la culture occidentale) et l'âme magique (celle des Arabes). L'Allemagne est au centre de la culture faustienne (Réforme et Renaissance), tandis que l'Espagne et la France, comme jadis Athènes et Rome, sont irrémédiablement entrées dans la voie de la décadence. La principale cause de la décadence pour Spengler est la « pseudomorphose » ou mélange des cultures : la culture française s'est transformée en civilisation avec la Révolution de 1789 lorsque la France, déjà gangrenée par les influences espagnoles et italiennes, a emprunté à l'Angleterre les principes démocratiques ; la France, telle que la décrit Spengler, n'est donc plus qu'un pays médiocre, guetté par le césarisme.

Le remède que Spengler propose à ses compatriotes procède du plus pur isolationnisme intellectuel : l'Allemagne n'échappera à la décadence que si elle se replie sur elle-même, que si elle s'inspire des vertus authentiquement prussiennes ; telle est la conclusion de *Preussentum und Sozialismus* (1920).

C) Une théologie de l'histoire : Toynbee. — Comme Spengler, Toynbee considère que la civilisation européenne est très avancée dans la voie du déclin. « La prééminence jadis incontestée de l'Europe dans le monde se révèle n'être plus qu'une curiosité historique, condamnée à mort... On ne peut s'y tromper : au lendemain de la seconde guerre mondiale, l'éclipse de l'Europe est devenue un fait accompli. » Toutefois, Toynbee paraît dissocier du destin de l'Europe celui de la civilisation occidentale ; il semble penser d'une part que la fin de l'Europe ne signifie pas nécessairement la fin de la civilisation occidentale, d'autre part que la fin de la civilisation occidentale ne signifie pas la mort du christianisme. « Notre civilisation occidentale peut périr, on peut s'attendre à ce que le christianisme, non seulement se maintienne, mais encore croisse en sagesse et en importance... » Le but de notre monde serait donc de devenir une « province du Royaume de Dieu ».

Les considérations religieuses tiennent une place de plus en plus importante dans l'œuvre de Toynbee, qui passe selon l'expression d'Henri Marrou « d'une théorie de la civilisation à la théologie de l'histoire » : les civilisations ont paru et disparu, mais la Civilisation (avec un grand C) a réussi à chaque fois à se réincarner en de nouveaux exemplaires du genre.

Au terme de sa longue enquête, Toynbee semble conclure que notre civilisation est vouée, comme toutes celles qui l'ont précédée, à la désagrégation ; mais cette perspective ne l'effraie pas, car il sait que le christianisme survit à l'effondrement des civilisations.

D) De l'histoire-aventure a l'histoire-héritage : Malraux. — Le thème de la décadence occidentale s'accompagne souvent d'un recours à l'Orient, qui est très apparent dans les premières œuvres de Malraux : *La tentation de l'Occident* (1926), *La voie royale* (1930), *Les Conquérants* (1928).

Mais il y a chez Malraux comme chez Toynbee deux conceptions de l'histoire : de l'histoire-aventure *(Les conquérants* et aussi dans une large mesure *La condition humaine* et *L'espoir*) Malraux passe à l'histoire-héritage *(Les noyers de l'Altenburg* et surtout la postface des *Conquérants)* et au musée imaginaire. C'est dans la postface des *Conquérants* (où Malraux reprend le texte d'une conférence prononcée salle Pleyel, le 6 mars 1948) que se trouve cette phrase qui pourrait être du général de Gaulle : « Ce qui m'intéresse, ce n'est pas la politique, c'est l'histoire. » Le gaullisme de Malraux apparaît à la fois comme une sorte de grande aventure et comme un rempart permettant de préserver l'héritage d'une culture millénaire.

Le thème de la décadence (européenne ou française) et celui de l'humiliation qui en est la conséquence sont si fréquemment repris à l'époque actuelle qu'il serait aisé de multiplier les références. Les quatre exemples que nous avons donnés et que nous avons choisis aussi divers que possible tendent cependant à prouver que les méditations sur la décadence aboutissent rarement à définir une politique.

2° *Le thème de l'élite*

Les méditations sur la décadence s'accompagnent souvent d'une réflexion sur les élites. Le recours aux élites n'est pas propre en effet à l'Italie de Mussolini ou à l'Allemagne hitlérienne. Avant l'avènement du fascisme et du national-socialisme plusieurs auteurs se réclamant plus ou moins ouvertement du libéralisme avaient souligné la distance qui sépare gouvernants et gouvernés et avaient soumis à un nouvel examen les postulats de la démocratie libérale.

A) L'ÉLITE SELON PARETO. — Italien de mère française, ayant passé une partie de sa vie en Suisse, Vilfredo Pareto (1848-1923) est un fervent partisan du libéralisme économique. Il critique l'ingérence du gouvernement en matière monétaire et bancaire. Il dénonce les gaspillages dans les entreprises industrielles de l'Etat. Il s'élève contre le militarisme et contre le protectionnisme. Ce dont l'Italie a besoin, c'est uniquement d'un régime qui lui assure l'ordre, la liberté, le respect des lois et de la propriété privée».

Mais cet adversaire du socialisme (cf. notamment son livre sur *Les systèmes socialistes*) est frappé par le déclin de la bourgeoise dirigeante et il compare volontiers l'état de la société moderne à la décadence de la république romaine. La condition de « l'équilibre social » est la « circulation des élites ».

Pareto, qui récuse la conception marxiste des classes sociales, met au premier plan de son système la notion d'élite. Il considère comme fondamentale la distinction entre l'élite et la masse. Il pense que l'élite est toujours une petite minorité et que le caractère d'une société est avant tout le caractère de son élite.

Pour Pareto, l'élite n'est ni entièrement ouverte ni entièrement fermée.

Les classes dirigeantes cherchent à se maintenir au pouvoir, elles utilisent la ruse lorsqu'elles ne disposent plus de la force. Mais elles sont soumises à la pression des masses, elles doivent se renouveler sans cesse par un apport venu des classes inférieures. La mobilité sociale est le meilleur antidote contre les révolutions.

Reprenant la distinction classique entre les « lions » et les « renards », Pareto note dans les sociétés modernes une fâcheuse prédominance des « renards » ; les élites bourgeoises, en pleine décadence faute d'un renouvellement suffisant, lui semblent verser tantôt dans de médiocres habiletés, tantôt dans un humanitarisme sans vigueur. « Toute élite qui n'est pas prête à livrer bataille pour défendre ses positions est en pleine décadence ; il ne lui reste qu'à laisser sa place à une autre élite, ayant les qualités viriles qui lui manquent. »

Ce goût de la virilité prédisposait Pareto à accueillir le fascisme avec une certaine faveur. C'est ainsi que dans une lettre adressée le 8 mars 1923 à son ami Carlo Placci, Pareto déclare que le fascisme est le seul mouvement « qui puisse sauver l'Italie de maux infinis». Pareto reste cependant un libéral, et il est permis de penser qu'il se serait opposé à la conception fasciste du Duce. Dans son dernier article, publié en septembre 1923 dans le *Giornale Economico*, il réclame la liberté de presse et incite le gouvernement à la modération.

En définitive, pas plus que les méditations sur la décadence, les réflexions sur les élites n'alimentent une rénovation du libéralisme.

B) Mosca et la classe dirigeante. — C'est l'Italien Gaetano Mosca (1856-1941) qui a répandu l'idée de « classe dirigeante politique » (« classe politica »), dans ses *Eléments de science politique* dont la première édition date de 1896.

Mosca croit à la science politique et le principe de cette science lui paraît être la distinction entre la classe des dirigeants et la classe des dirigés. Le pouvoir ne peut être exercé ni par un individu ni par l'ensemble des citoyens, mais seulement par une minorité organisée : « Plus la communauté politique est grande, plus le nombre des gouvernants sera faible. »

La classe dirigeante peut être soit ouverte (démocratique) soit fermée (aristocratique). Cette distinction relative à la composition de la classe dirigeante est indépendante de la distinction entre régimes autocratiques (où l'autorité vient d'en haut) et régimes libéraux. C'est ainsi qu'il existe selon Mosca des autocraties démocratiques (Eglise catholique) et des régimes libéraux aristocratiques.

Placé par Burnham au premier rang des « machiavéliens », Mosca fait de la démocratie une critique aiguë, mais il reste attaché à une sorte de libéralisme aristocratique dans la ligne de la philosophie des lumières. « Le pays le plus libre, dit-il, est celui où les droits des gouvernés sont le mieux protégés contre le caprice arbitraire et la tyrannie des dirigeants. » La liberté selon Mosca est équilibre et non unité.

Mosca n'est pas un adepte du cynisme en politique. Il ne veut pas abstraire la politique de la morale. Le régime de Mussolini représente pour lui non seulement la fin du système qu'il a critiqué mais la fin des valeurs qu'il a aimées.

C) Max Weber et la bureaucratie. — L'œuvre de Max Weber (1864-1920) est si ample et si riche qu'elle appellerait de longs commentaires. Nous ne pouvons ici que mentionner brièvement quelques traits :

1° Max Weber a largement contribué à mettre au premier plan la notion de *bureaucratie.* La croissance de la bureaucratie est pour lui le phénomène capital des sociétés modernes. Il pense en effet qu'aucun régime, qu'il soit capitaliste ou socialiste, n'échappe à cette poussée bureaucratique. Le problème central n'est pas l'option entre capitalisme et socialisme, mais l'organisation des rapports entre bureaucratie et démocratie. Il ne s'agit pas, comme pour Marx, de créer une société post-bureaucratique, mais d'aménager la société bureaucratique elle-même. Comme dit Talcott Parsons, la bureaucratie joue le même rôle pour Max Weber que la lutte des classes pour Marx.

2° Max Weber est un libéral qui redoute la rationalisation de l'existence. Il craint que l'individu ne disparaisse. C'est à ce souci de l'individu que correspond sa conception du « chef charismatique » qui sait établir entre les foules et lui une communication directe et mystérieuse. Comme le note Raymond Aron, la politique de Max Weber est héroïque plus encore que réaliste.

3° Max Weber a manifesté les sentiments d'un nationaliste allemand, mais son nationalisme repose moins sur le triomphe de la force que sur l'expansion d'une culture. Celui que Meinecke appelle « le Machiavel allemand » n'a jamais dit que la fin justifiait tous les moyens. Peut-être sa conception du « chef charismatique » lui aurait-elle fait éprouver une sympathie momentanée pour Hitler, mais son humanisme et sa haine du mensonge l'en auraient sans nul doute rapidement écarté. « La politique de Weber, expression d'une exigence de lucidité, finit par préférer la vérité à l'action, la valeur humaine à la seule efficacité... Il a rêvé de rivalités entre héros ou entre nations lucides : telle est l'utopie de sa politique (Raymond Aron).

D) Robert Michels et l'oligarchie. — Pour Robert Michels (1876-1936) comme pour Max Weber, la tendance à l'oligarchie est un processus commun à toutes les organisations importantes. Tous deux concluent que les sociétés socialistes sont aussi bureaucratiques et oligarchiques que les sociétés capitalistes.

Dans son livre sur *Les partis politiques*, qui porte en sous-titre *Essai sur les tendances oligarchiques des démocraties*, Robert Michels rattache l'étude des gouvernements et des partis politiques à une théorie générale des organisations : « La démocratie ne se conçoit pas sans organisation », et toute organisation exige une spécialisation des tâches, une distinction de plus en plus nette entre la masse et ses dirigeants. Etudiant surtout le parti social-démocrate et les syndicats allemands, Michels prouve que la suprématie des masses est purement illusoire : « Quand un conflit se produit entre les dirigeants et les masses, les premiers sont toujours victorieux s'ils savent rester unis. » Ce que Michels appelle la « loi d'airain de l'oligarchie » repose non seulement sur la tendance des chefs à perpétuer et à renforcer leur autorité mais aussi et peut-être surtout sur l'inertie naturelle des masses qui abandonnent très volontiers leurs droits à une minorité de spécialistes. Michels dénonce donc chemin faisant quelques illusions égalitaires ; la tendance au bonapartisme lui apparaît universelle dans le monde moderne, et les associations ouvrières ne font pas exception. Cependant Michels conclut que « nous devons choisir la démocratie comme un moindre mal ». Sans doute aucun remède à l'oligarchie n'est-il vraiment efficace, mais il n'est pas nécessaire d'espérer pour entreprendre ; il se trouvera toujours de nouveaux opposants pour s'attaquer à l'oligarchie au nom de la démocratie. « Et ce jeu cruel ne prendra probablement jamais fin. »

* * *

Réflexion désabusée, constat d'inefficacité. Ni l'œuvre de Pareto ni celle de Mosca, ni celle de Max Weber ni celle de Michels — quelle que soit leur originalité et peut-être en raison même de cette originalité — ne débouchent sur l'action. Elles se situent sur le plan du constat, mais elles sont foncièrement impropres à constituer le lieu géométrique d'une nouvelle force politique. Les tenants du libéralisme anti-égalitaire n'ont pas vu accéder au pouvoir cette aristocratie libérale qu'ils appelaient de leurs vœux. Loin de renforcer le libéralisme politique l'appel aux élites a fourni des armes à ses adversaires. N'y a-t-il donc pas d'autre solution que le silence ou la lucidité solitaire pour ceux qui refusent avec plus de force encore les aventures du fascisme que les mythes de l'égalitarisme ?

§ 2. La crise du libéralisme

L'ère des masses est-elle nécessairement « l'ère des tyrannies » (1) ? La guerre de 1914-1918, fut-elle un événement contingent, évitable, ou fut-elle vraiment, comme l'assurent les doctrinaires d'une foi nouvelle, le produit des contradictions inhérentes au capitalisme ? Le moment n'est-il pas venu de renoncer au libéralisme économique pour asseoir la liberté politique ? Ne faut-il pas cesser de considérer le libéralisme comme un bloc, et chercher loin du libéralisme les « chemins de la liberté » ? Ne faut-il pas considérer comme inéluctables et même comme bienfaisantes certaines interventions de l'Etat ? Que faire pour qu'entre le fascisme et le communisme en pleine

(1) Titre d'un livre d'Elie Halévy publié avant la guerre de 1939.

expansion le libéralisme constitue une « troisième force » (1) ? Toutes ces questions s'imposent avec une acuité particulière au lendemain de la crise de 1929.

C'est une crise économique qui fait prendre conscience de cette crise du libéralisme qui était latente depuis l'hécatombe de 1914-1918. Aussi cette crise du libéralisme prend-elle d'abord l'apparence d'un débat de spécialistes qui confrontent leurs idées sur les moyens de remédier à une dépression économique.

Mais le débat est plus profond. Il intéresse non seulement le spécialiste mais l'homme de la rue, non seulement les doctrines économiques mais les idées politiques. A ceux qui gardent la nostalgie d'un libéralisme éternel — et qui se qualifient volontiers de « néo-libéraux » — s'opposent ceux qui cherchent à organiser le libéralisme et songent moins à sa pureté qu'à son efficacité.

1° *Un libéralisme nostalgique*

Les « néo-libéraux » affirment que les principes du libéralisme restent parfaitement valables, mais qu'ils n'ont jamais été appliqués d'une façon satisfaisante. Il suffit donc pour sortir de la crise — qui est avant tout une crise économique — de revenir aux principes de l'individualisme et de la libre concurrence. Tout le mal vient des interventions de l'Etat qui se mêle de ce qui ne le regarde pas.

Cette thèse, essentiellement défensive, est exprimée avec plus ou moins de nuances et plus ou moins de talent, mais elle inspire de nombreuses œuvres publiées dans divers pays. Jacques Rueff affirme : « Toutes les turpitudes de notre régime, j'en ai trouvé les sources dans les interventions de l'Etat » (*Pourquoi malgré tout je reste libéral*, X. Crise, 1934). Il s'élève éloquemment contre le contrôle des prix dans *L'ordre social* (1945).

Dans son ouvrage sur *Le socialisme*, traduit de l'allemand en 1938, Ludwig von Mises fait une violente critique de l'économie dirigée. Pour Louis Baudin, les interventions de l'Etat ont pour principal inconvénient de brimer les élites dont la présence « est nécessaire pour assurer l'ordre

(1) L'expression de « troisième force », dont on connaît la vogue après la seconde guerre mondiale, était déjà utilisée bien avant 1939. *Cf. La troisième force* de Georges Izard et ses démêlés avec Emmanuel Mounier.

et promouvoir le progrès ». Cette idée est notamment développée dans *Le problème des élites* (1943) et dans *L'aube d'un nouveau libéralisme* (1953).

Tout en rejetant catégoriquement toute forme de socialisme, Louis Rougier estime pour sa part qu'il convient de reconnaître à l'Etat, non point assurément un rôle de direction, mais une fonction qui s'apparente à la police routière : « Le libéralisme constructeur, écrit-il dans *Les mystiques économiques*, qui est le libéralisme véritable, ne permet pas qu'on utilise la liberté pour tuer la liberté... Le libéralisme manchestérien (celui du « laissez-faire laissez-passer ») se pourrait comparer à un régime routier qui laisserait les automobiles circuler sans code de la route. Les encombrements, les embarras de circulation, les accidents seraient innombrables... L'Etat socialiste est semblable à un régime de circulation où une autorité fixerait impérativement à chacun quand il doit sortir sa voiture, où il doit se rendre et par quel chemin... L'Etat véritablement libéral est celui où les automobilistes sont libres d'aller où bon leur semble, mais en respectant le code de la route... »

Ce rôle que Rougier reconnaît à l'Etat serait encore sans doute jugé excessif par F. A. Hayek, auteur de *La route de la servitude* (trad. fr., 1945) qui fait figure d'intégriste dans le camp des « néo-libéraux ». Profondément attaché au « fondement individualiste de la civilisation moderne », Hayek confond dans une même réprobation le socialisme et le national-socialisme. Il estime que le socialisme démocratique est une utopie dangereuse et il dévoile « les racines socialistes du nazisme », ce qui le conduit à une vive critique du Labour (cf. le chapitre intitulé « Les totalitaires parmi nous », pp. 132-146). Après avoir dénoncé « le fléau de la centralisation » et manifesté sa confiance dans les traditions anglaises, Hayek conclut son livre par cette affirmation : « La politique de liberté individuelle, seule politique vraiment progressive, reste aussi valable aujourd'hui qu'au XIXe siècle. »

Walter Lippmann. — C'est une thèse beaucoup plus nuancée qu'expose l'Américain Walter Lippmann dans sa *Good Society*, traduite en français sous le titre *La cité libre.* Ecrit sous l'influence de la « grande dépression », le livre de Lippmann réagit vigoureusement contre les thèses optimistes qui prévalaient aux Etats-Unis à l'époque de la prospérité. Lippmann n'hésite donc pas à faire le procès du libéralisme traditionnel et du « capitalisme de laissez-faire installé dans un décor de féodalité victorienne ». Le libéralisme, dit-il, s'était transformé en un système d'acceptation, de défense du *statu quo.* « Aussi le mot libéralisme n'est-il plus aujourd'hui qu'un ornement fané évoquant les sentiments les plus douteux. »

Lippmann cependant ne renonce pas au libéralisme. Le recours à l'Etat-providence et à la planification lui paraît un remède pire que le mal. L'économie planifiée, pense-t-il, conduit à la guerre, et elle risque de détruire la démocratie ; elle renforce les intérêts particuliers et encourage les groupes de pression : « L'autoritarisme divise, le libéralisme unit. » Lippmann estime que le monde actuel est profondément imbu d'esprit collectiviste, et qu'il existe une ressemblance fondamentale entre les Etats totalitaires. Il amalgame donc dans ses critiques la Russie soviétique, l'Italie fasciste, l'Allemagne hitlérienne et les conceptions planistes de Stuart Chase (1) qui lui paraissent constituer une grave menace pour la liberté.

Mais la liberté selon Lippmann n'est pas la liberté des monopoles et des trusts géants. Il se préoccupe d'assainir les marchés, d'assurer la liberté des transactions et surtout l'égalité des chances qui lui paraît le fondement même de la démocratie. C'est ainsi qu'il définit la société libre : « Une société libre, c'est une société dans laquelle les inégalités de la condition des hommes, de leurs rétributions et de leurs positions sociales ne sont pas dues à des causes extrinsèques et artificielles, à la contrainte physique, à des privilèges légaux, à des prérogatives particulières, à des fraudes, à des abus et à l'exploitation. » Mais les moyens qui permettraient de réaliser cette société libre ne sont pas indiqués avec beaucoup de netteté. Lippmann se contente d'affirmer qu'« il existe une loi suprême, supérieure aux constitutions, aux ordonnances et aux usages et qui existe chez tous les peuples civilisés ». C'est grâce à cette nouvelle forme de loi naturelle que pourra être créée « une association fraternelle entre hommes libres et égaux ». Il s'agit au fond de savoir si les hommes « seront traités comme des personnes inviolables ou comme des choses dont on peut disposer ».

Bertrand de Jouvenel. — En France, le représentant le plus caractéristique du néo-libéralisme dans le domaine politique est sans doute Bertrand de Jouvenel dont les principaux ouvrages sont *Du pouvoir* (1945), *De la souveraineté* (1955) et *De la politique pure* (1963).

Du pouvoir est une longue variation sur la formule célèbre : « Tout pouvoir corrompt ; le pouvoir absolu corrompt absolument. » L'auteur dénonce l'envahissement de la société par le Pouvoir, ce nouveau Minotaure. Il expose que toute révolution travaille en fin de compte pour le pouvoir. Il affirme qu'« en cherchant la Sécurité sociale, on trouve l'état autoritaire ». Il conteste le « Protectorat social » ainsi que « le Socialisme et le Libéralisme vulgaires qui ne méritent pas la discussion » (*Du pouvoir*, p. 443).

Mais quelles sont donc pour B. de Jouvenel les bases d'un libéralisme non vulgaire ?

1. Se situant dans la postérité de Montesquieu, de Tocqueville, de Comte et de Taine, B. de Jouvenel estime que la fin de toute politique libérale est de limiter l'emprise du pouvoir par un système de contrepoids ou de butoirs : « Ce qu'il faut retenir avec certitude, c'est seulement que l'on se fait une idée puérile et dangereuse d'une bonne « politie » lorsqu'on croit qu'elle consiste en ce que la volonté souveraine ne rencontre aucun butoir dans le corps politique ; au contraire l'aménagement de butoirs sensibles est la condition de bon fonctionnement et de conservation de tout organisme » (*De la souveraineté*, p. 272).

2. Comme Alain, B. de Jouvenel entreprend une défense et illustration des intérêts particuliers qui sont « les fractions constituantes de la communauté ». Il appelle de ses vœux « des intérêts fractionnaires suffisamment formés, conscients et armés pour arrêter le Pouvoir ».

3. B. de Jouvenel s'intéresse donc spécialement aux petits groupements,

(1) Dont le livre *The New Deal* (1932) a servi à baptiser l'expérience de Roosevelt.

à la coopération sociale. L'autorité publique lui apparaît comme un agent parmi d'autres, « le plus puissant, mais qui ne doit pas se prendre pour le seul. Plutôt il doit être considéré comme le grand complémentaire » (*De la souveraineté*, p. 23). Rien de plus opposé à la volonté générale selon Rousseau que cette conception coopérative et corporative d'un Etat qui joue le rôle d'un « grand complémentaire ».

4. En dernière analyse, B. de Jouvenel paraît penser, comme nombre de ses prédécesseurs, que le meilleur contrepoids est encore la morale. « La politique, dit-il, est bien une science morale » (*De la souveraineté*, p. 337), et *Du pouvoir* s'achève par un éloge du devoir d'Etat : « A chaque fonction correspond sa loi de chevalerie et son devoir de patronage » (*Du pouvoir*, p. 449). Les « dirigeants des groupes » *(potentes)* et les « aînés des collèges » *(seniores)* ont une mission exemplaire « que l'autorité spirituelle doit leur rappeler sans cesse ». La morale est inséparable de la religion : « Une fois l'homme déclaré mesure de toute chose, il n'y a plus ni Vrai, ni Bien, ni Juste. »

C'est donc une sorte d'éclectisme à la Victor Cousin *(Du vrai, du beau et du bien)*, que B. de Jouvenel paraît trouver au terme de ses analyses, un mélange d'idéalisme, de théologie, de nominalisme, et d'une forme de libéralisme qui rappelle celui du *Citoyen contre les pouvoirs*.

2° *Pour un libéralisme organisé*

Le libéralisme nostalgique garde — en France du moins — de nombreux partisans. C'est à lui que restent attachés — avec quelque aveuglement sans doute, mais d'une façon parfois émouvante — tous ceux, artisans, commerçants, petits industriels, petits propriétaires, qui se sentent menacés par l'évolution de l'économie moderne. Mais à ce libéralisme conservateur, dont le poujadisme fut une des plus notables manifestations, s'oppose le modernisme libéral de quelques hommes qui se déclarent avant tout soucieux d'efficacité dans le domaine politique comme dans le domaine économique (1), qui invoquent volontiers les leçons de Keynes et du New Deal et qui sont parfois qualifiés de technocrates.

A) La référence a Keynes. — La « révolution keynesienne » intéresse aussi la politique. Le phénomène est particulièrement évident en France depuis la fin de la dernière guerre. On constate dans les grands corps de l'Etat une certaine coupure entre la génération des anciens, qui restent attachés au libéralisme traditionnel, et les générations plus jeunes qui jugent

(1) La vogue de l'adjectif « efficace » dans la France contemporaine a été particulièrement remarquable.

souvent avec sévérité l'étroitesse de vues et le« malthusianisme » des milieux patronaux, et qui se réclament des principes keynesiens sans avoir toujours une connaissance précise de ce que contient la *Théorie générale*... (voir sur ce point l'article de Charles Brindillac, Les hauts fonctionnaires et le capitalisme, *Esprit*, juin 1953).

Keynes (1883-1946) est un économiste anglais qui écrit pour résoudre un problème anglais. Lorsqu'il publie en 1936, sa *Théorie générale de l'emploi, de l'intérêt et de la monnaie*, l'Angleterre est en pleine crise, et il s'agit avant tout de lutter contre le chômage.

Keynes n'est pas un pur théoricien. Comme le note Alain Barrère, son ouvrage est écrit pour montrer la nécessité d'une politique et pour justifier la politique qui a ses préférences : provoquer une augmentation de l'emploi par un accroissement de la demande effective. Keynes préconise donc : 1° Un accroissement de la masse monétaire en circulation (« Pas d'inflation en cas de sous-emploi ») ; 2° Une politique de larges investissements et de grands travaux ; 3° Un retour au protectionnisme ; 4° Une redistribution des revenus : hostile aux rentiers, Keynes est favorable aux salariés et aux entrepreneurs qui investissent.

La politique économique de Keynes présuppose donc un choix politique. Mais il tient à conserver la propriété privée ; il n'envisage ni dirigisme ni planification systématique, ni réformes de structure. Il reste un libéral (cf. sa conférence *Am I a Liberal ?* à Cambridge en 1925), mais il indique clairement qu'à ses yeux le libéralisme du XIXe siècle n'est plus de mise dans le monde contemporain. Il refuse de se laisser enfermer dans de faux dilemmes comme individu-Etat ou socialisme-capitalisme, et il s'efforce de définir les moyens de réaliser une politique de« stabilité sociale et de justice sociale».

B) LA RÉFÉRENCE AMÉRICAINE. — La référence à « l'expérience américaine » a été abondamment utilisée dans les années qui ont précédé la guerre de 1939 par des hommes hostiles à toute aventure révolutionnaire mais désireux de réformer le libéralisme dans le sens de l'autorité.

C'est ainsi qu'en France se développe vers 1925-1930 dans certains milieux d'intellectuels et d'hommes d'affaires une admiration pour la civilisation américaine qui va parfois de pair avec l'éloge de l'Italie fasciste : confiance dans le moderne, le pragmatique, la rationalisation des méthodes, l'organisation, l'efficacité, mélange d'Henry Ford et de Mussolini auquel s'ajoutera un peu plus tard (mais seulement chez certains) l'éloge de Roosevelt et de son « brain-trust ».

Roosevelt, qui accède à la Présidence en 1933, n'était nullement un doctrinaire et la pensée de Keynes ne paraît avoir exercé sur lui qu'une influence négligeable. Hostile aux monopoles mais attaché à la propriété privée, soucieux d'action gouvernementale, Roosevelt a élaboré sa politique sous la pression des circonstances ; il se préoccupe avant tout de résoudre les angoissants problèmes qui se posaient aux Etats-Unis en 1932-1933 : plus de dix millions de chômeurs, misère des agriculteurs, faillites bancaires, effondrement de plusieurs entreprises, chute du commerce international.

Il importe relativement peu dans ces conditions : 1° De savoir si Roosevelt avait un programme et de solides connaissances économiques comme l'assurent dans des livres récents Frank Freidel et Daniel R. Fusfeld ou s'il n'était, comme l'assure Richard Hofstadter, qu'un « patricien opportuniste » ; 2° D'épiloguer sur ce que serait devenu le New Deal sans l'entrée en guerre des Etats-Unis. Il semble bien que l'entrée en guerre ait fait pour l'économie américaine ce que n'avait pas réussi à faire le New Deal : retour à une économie dynamique, plein emploi, meilleure répartition du revenu national, renforcement du pouvoir fédéral. Quant à la conversion de l'économie de guerre à l'économie de paix, elle s'est effectuée dans le cadre mis en place par le New Deal. Le président Truman a été le continuateur et le consolidateur du New Deal.

Toujours est-il que le New Deal apparaît comme un modèle de réformisme qui réussit. L'influence des Etats-Unis était par exemple très sensible chez un homme comme Georges Boris qui publia en 1934 *La révolution Roosevelt* et que l'on a retrouvé dans l'entourage de Mendès-France.

C) La réforme de l'Etat selon André Tardieu. — L'influence américaine est également très apparente chez André Tardieu dont les *Notes sur les Etats-Unis* paraissent en 1937. On sait comment l'ancien président du Conseil renonça à la vie politique et consacra la fin de sa carrière à dénoncer l'impuissance du régime parlementaire et à préconiser, sans cesser de se dire libéral, une réforme autoritaire de l'Etat : « La civilisation française est liberté. Vivre libre, penser libre, parler libre... c'est l'essentiel de la tradition française... En ce qui me concerne, mon choix est fait : pour sauver la liberté et la paix, rétablissons l'autorité. »

Violemment hostile au national-socialisme et au marxisme, Tardieu préconise cinq réformes qui lui paraissent propres à restaurer l'autorité de l'Etat : étendre l'usage du droit de dissolution, enlever aux députés l'initiative des dépenses, établir le vote des femmes, recourir au referendum, interdire la grève aux fonctionnaires.

Les ouvrages de Tardieu (*L'épreuve du pouvoir*, 1931 ; *Devant le pays*, 1932 ; *L'heure de la décision*, 1934, etc.), n'ont exercé de son vivant qu'une influence limitée. Mais ils prennent aujourd'hui une certaine actualité.

D) La technocratie. — Les réformes proposées par André Tardieu se situent sur le plan politique. Mais l'idée tend à se répandre, d'abord aux Etats-Unis puis en Europe, que les vrais problèmes ne sont pas d'ordre politique mais d'ordre technique, que le pouvoir effectif est exercé par les techniciens : telle est l'idée de base des « technocrates ».

Le mot de « technocratie » est un mot récent, importé des Etats-Unis. Il ne figure pas dans le dictionnaire de l'Académie de 1935.

Le créateur du mot paraît être William Henry Smith qui définit ainsi la technocratie en 1921 : « La technocratie pourrait être définie comme étant une théorie d'organisation sociale et un système d'organisation nationale de l'industrie. Elle implique la réorganisation scientifique de l'énergie et des ressources nationales, et la coordination de la démocratie industrielle et de la volonté du peuple. »

Cependant, le mouvement connu sous le nom de technocratie n'apparaît aux Etats-Unis que pendant la crise de 1930-1932 : « Vers la fin de 1932, alors qu'on se trouvait dans les bas-fonds de la crise économique mondiale, un nom se répandit comme une traînée de poudre aux Etats-Unis et dans les grandes villes d'Occident. On vous demandait : Etes-vous technocrate ? Comme jadis La Fontaine : Avez-vous lu Baruch ? » (M. Byé, Ch. Bettelheim, J. Fourastié, G. Friedmann, G. Gurvitch et divers, *Industrialisation et technocratie*, 1949, article de G. Friedmann, *Les technocrates et la civilisation technicienne*, p. 50).

« La grande idée des technocrates, autour de Howard Scott (1), était d'utiliser directement les sciences physiques pour la solution des problèmes sociaux... Mettant en regard l'énorme progrès technique et le désordre économique éclatant de la production et de la distribution, les technocrates pensent supprimer ce désordre en utilisant directement les progrès techniques. C'est précisément ce raisonnement, abstrait de toute réforme rationnelle des institutions et des structures, qui fait d'eux des technocrates» (G. Friedmann, *op. cit.*).

Les « managers » selon Burnham.

C'est sans doute le livre de James Burnham, *The Managerial Revolution* publié aux Etats-Unis au printemps de 1940 et traduit en français en 1947 (avec une préface de Léon Blum) qui a le plus contribué à propager les thèses technocratiques (2).

Les principales affirmations de Burnham sont les suivantes : *a)* Le capitalisme est appelé à disparaître ; *b)* Le socialisme est incapable de lui succéder ; *c)* Capitalisme et socialisme évoluent de la même façon ; dans tous les pays, quel que soit leur régime politique, se produit ce que Burnham appelle la « révolution directoriale » : le pouvoir (et la fortune) appartiennent de plus en plus aux techniciens responsables de l'économie.

D'après Burnham — et c'est là qu'apparaît la thèse proprement politique — cette évolution se manifeste en U.R.S.S. comme aux Etats-Unis : « 11 à 12 % de la population soviétique, écrit-il, touchent actuellement 50 % du revenu national, la différenciation étant plus marquée qu'aux Etats-Unis où 10 % de la population encaissent approximativement 35 % du revenu. »

(1) Auteur du livre *Introduction to technocracy*, New York, 1933.

(2) Mais ces idées n'étaient pas nouvelles. Elles avaient notamment été exprimées par un trotskyste dissident, Bruno R. (Rizzi) dans *La bureaucratisation du monde*, Presses modernes, 1939.

Mais « qui sont les directeurs » ? A cette question, posée dans un chapitre de *L'ère des organisateurs* (pp. 84 à 102), Burnham n'apporte pas une réponse très précise. Parmi les « managers » (terme improprement traduit par « organisateurs »), Burnham mentionne « les directeurs de la production, les surintendants, les ingénieurs administratifs, les surveillants techniques, les administrateurs, les commissaires, les chefs de bureau ». Contrairement à Saint-Simon, Burnham paraît considérer que l'administrateur appartient à l'élite directoriale : « Dans la société directoriale, dit-il, la souveraineté est localisée dans des bureaux administratifs. » La conception que Burnham a de l'élite directoriale est donc plus large à la fois que la conception saint-simonienne et que celle d'Howard Scott pour lequel les véritables technocrates sont les physico-chimistes, les hommes qui contrôlent les différentes sources d'énergie appliquées à la production. Les technocrates de Burnham sont les hommes qui tiennent les leviers de commande. Mais de quelles commandes ? Burnham paraît croire qu'une classe socialement essentielle devient automatiquement une classe politiquement dirigeante. Il retourne contre le marxisme une sorte d'économisme élémentaire fort différent du marxisme authentique. Son œuvre passe ainsi naturellement de l'économie à la politique, d'un apparent apolitisme à l'anticommunisme véhément dont témoignent ses derniers livres.

Technocratie et synarchie.

Convaincus que la technique est plus importante que la politique, certains technocrates se plaisent à souligner le caractère superficiel des distinctions proprement politiques : sans doute les démocraties libérales et les régimes fascistes ou socialistes sont-ils politiquement différents les uns des autres, mais ces oppositions apparentes dissimulent mal des analogies fondamentales ; le véritable pouvoir est partout exercé par une minorité de « directeurs » : leurs problèmes, leurs méthodes d'action sont les mêmes, ils sont faits pour s'entendre (alors que les politiciens sont faits pour se quereller). D'où chez certains technocrates des rêves synarchiques.

Technocratie et démocratie.

Il est conforme à l'essence de la technocratie de rester une idéologie pour « happy few ». La France a cependant connu, durant ces dernières années, une tentative pour populariser certains aspects de l'idéal technocratique et pour les intégrer dans une démocratie authentique. Ce qu'on a appelé le mendésisme se situe au point de convergence :

1° Du radicalisme politique ;

2° D'une certaine tradition technocratique, renforcée par le sentiment d'impuissance donné par les gouvernements de la IVe République ;

3° De ce libéralisme autoritaire et planificateur qui est l'objet d'une exécration toute particulière de la part des tenants de l'orthodoxie libérale.

§ 3. Néo-traditionalisme et néo-conservatisme

Devant l'attraction du fascisme, devant l'hypertrophie du conservatisme libéral quel recours reste-t-il aux hommes qui refusent également le socialisme, le capitalisme et l'aventure fasciste ? Le traditionalisme verse-t-il nécessairement soit dans le conservatisme soit dans le fascisme ?

Le problème a été ardemment débattu en France dans les dix années qui ont précédé la guerre de 1939. L'école de l'Action française maintient son refus obstiné de la démocratie libérale et reste intégralement fidèle aux principes de Maurras (1). Mais la condamnation de l'Action française en 1926, la crise de 1929, la montée des fascismes modifient les données du problème exposé dans l'*Enquête sur la Monarchie.* A partir de 1930, de jeunes hommes qui se sont détachés de l'Action française et d'autres qui n'ont jamais été séduits par le maurrasisme mettent en commun leur mépris de l' « ordre établi » ; s'attachant à dépasser les oppositions traditionnelles, ils veulent jeter les bases d'une sorte de « nouvelle droite », sociale et révolutionnaire. Comme les libéraux, les traditionalistes ont ainsi leurs modernistes et leurs intégristes.

(1) Voir plus haut pp. 695-699.

A) *Le néo-traditionalisme français des années 1930*

Cette fermentation intellectuelle des années 1930 n'a donné naissance à aucune formation politique vraiment importante. Il faut cependant y faire allusion brièvement (ne serait-ce que pour signaler l'intérêt que présenterait une étude approfondie d'une période trop souvent délaissée par les historiens français) (1).

Les efforts pour fonder un nouveau traditionalisme ne sont pas sans rapports avec les tentatives qui se manifestent à la même époque pour moderniser le libéralisme. Néo-traditionalisme et technocratie vont parfois de pair, l'attitude des polytechniciens qui animent le groupe d'X Crise est très caractéristique à cet égard. Des communications apparemment singulières s'établissent entre hommes venus d'horizons politiques très différents et qui choisiront en 1940 des voies opposées. L'ambiance de l'époque favorise les rapprochements, les tentatives pour dépasser les cadres préétablis.

La création d'*Esprit* en 1932, le néo-socialisme, le « frontisme » se comprennent mal si on passe sous silence tous ces groupements éphémères aux effectifs restreints et aux ambitions immenses qui rêvent d'instaurer un « ordre nouveau » et de fonder un « nationalisme révolutionnaire ».

Parmi les publications les plus caractéristiques de cette époque, il faut citer *Les Cahiers* que Jean-Pierre Maxence fonde en 1928, *Réaction* que Jean de Fabrègues fonde en 1930, et surtout *L'ordre nouveau*, fondé en mai 1933, qu'animent Robert Aron et Arnaud Dandieu. Après le 6 février 1934, qui marque une coupure, le ton change, les polémiques deviennent plus ardentes, les positions politiques se durcissent. C'est *L'homme réel* avec Dauphin-Meunier, *L'homme nouveau* avec Roditi, *La lutte des jeunes* avec Bertrand de Jouvenel, *Combat* avec Thierry Maulnier et Jean de Fabrègues, *L'insurgé*, etc. Les livres qui indiquent le mieux l'esprit de ces publications sont *Histoire de dix ans* de J.-P. Maxence (1939), *La révolution nécessaire* de Robert Aron et Arnaud Dandieu (1933), *Au delà du nationalisme* de Thierry Maulnier (1938). A confronter avec *Notre avant-guerre* de Brasillach et la publication posthume intitulée *Mounier et sa génération* qui fait apparaître clairement ce qui rapprochait et ce qui éloignait Mounier de Dandieu.

Chacune de ces revues a un ton qui lui est propre. Cependant, leurs rédacteurs sont souvent les mêmes ; et il est possible de dégager quelques traits sinon communs, du moins dominants :

1° Le goût des plans, dont le plus connu est le « plan du 9 juillet », avec une préface de Jules Romains. Volonté de synthèse, mystique du service, critique des libertés formelles, hiérarchie des personnes, renforcement de l'exécutif, organisation des régions, rapprochement franco-allemand, politique eurafricaine, régime corporatif anticapitaliste, dévaluation : tels sont les principales têtes de chapitre d'un document qui se présente un peu comme un programme de gouvernement et qui, comme tel, cherche à rallier le maximum de partisans. Le principal intérêt du « plan du 9 juillet » (1934), qui procède d'un réformisme modéré, est de montrer la convergence entre

(1) J. Touchard, *L'esprit des années 30. Tendances politiques dans la vie française depuis 1789*, Hachette, 1960, 144 p.

le courant néo-libéral et le courant néo-traditionaliste. Il est fort difficile à cette époque de distinguer les deux tendances.

2° Le souci de fonder un nouvel humanisme, un « ordre nouveau ». Répugnant également à la civilisation selon Ford et à la civilisation selon Staline, le fondateur des *Cahiers*, Jean-Pierre Maxence s'attache à définir « la nécessité révolutionnaire d'un humanisme chrétien, c'est-à-dire d'un humanisme qui échappe dans ses sources à l'ancien idéalisme bourgeois tout aussi bien qu'au matérialisme contemporain ». Les rédacteurs du *Manifeste pour un ordre nouveau* se déclarent « traditionalistes mais non conservateurs, réalistes mais non opportunistes, révolutionnaires mais non révoltés, constructeurs mais non destructeurs, ni bellicistes ni pacifistes, patriotes mais non nationalistes, socialistes mais non matérialistes, personnalistes mais non anarchistes, humains mais non humanitaires ».

3° La volonté de dépasser l'opposition gauche-droite, le refus de se plier aux jeux du parlementarisme. Robert Aron et Arnaud Dandieu écrivent dans la préface de *La révolution nécessaire* (1933) : « Nous ne sommes ni de droite ni de gauche, mais s'il faut absolument nous situer en termes parlementaires, nous répétons que nous sommes à mi-chemin entre l'extrême-droite et l'extrême-gauche par derrière le président, tournant le dos à l'Assemblée.

4° La volonté révolutionnaire, le souci de concilier nationalisme et révolution. Les doctrinaires de *L'ordre nouveau* veulent définir les lignes de force d'une « nouvelle révolution française » : « Quand l'ordre n'est plus dans l'ordre, écrivent Robert Aron et Arnaud Dandieu dans *La Révolution nécessaire* (œuvre au titre caractéristique), il faut qu'il soit dans la révolution ; et la seule révolution que nous envisageons est la révolution de l'ordre. »

En avril 1933, la *N.R.F.* publie un numéro spécial sur la jeunesse. Dans ce numéro, Daniel-Rops écrit : « Le premier caractère de ces groupes est d'être révolutionnaire... Leur attitude est celle d'un refus total, à la fois contre le capitalisme et contre le stalinisme. Entre les deux forces qui aujourd'hui s'affrontent, ils ne font aucune différence fondamentale. »

Dans son livre intitulé *Au delà du nationalisme* (1938), dont le titre est manifestement inspiré du livre d'Henri de Man *Au delà du marxisme*, Thierry Maulnier s'attache à définir un nationalisme authentiquement révolutionnaire : « Les mots mêmes de « national » et de « révolutionnaire », écrit-il, à tel point ils ont été déshonorés l'un et l'autre par la démagogie, la médiocrité et le verbalisme, ne sont plus accueillis en France qu'avec une indifférence assez semblable au dégoût. Le problème est aujourd'hui de dépasser ces mythes politiques fondés sur les antagonismes économiques d'une société divisée, de libérer le nationalisme de son caractère « bourgeois » et la révolution de son caractère « prolétarien », d'intéresser organiquement, totalement, à la révolution la nation qui seule peut la faire, à la nation la révolution qui peut seule la sauver. »

5° Enfin, un néo-corporatisme d'ailleurs fort ambigu, car il existe au moins trois formes distinctes de corporatisme dans les années qui précèdent 1939 :

a) Le corporatisme de stricte obédience maurrassienne qui se manifeste à l'Union des corporations françaises ;

b) Le corporatisme sur le modèle mussolinien qui apparaît surtout dans *L'homme réel* et dans *L'homme nouveau.* A *L'homme réel*, on condamne « l'homme abstrait », le patronage de Georges Sorel est constamment invoqué, on exalte le métier, la commune, la région en des termes qui annoncent la « révolution nationale ». Quant à *L'homme nouveau* de Georges Roditi, qui publie en août 1935 un numéro spécial sur le corporatisme, il s'efforce de concilier socialisme et fascisme.

c) La *Justice sociale* d'André Voisin s'oppose au corporatisme maurrassien et s'efforce d'intégrer les syndicats dans l'organisation corporative. Les anciens animateurs de la *Justice sociale* militent aujourd'hui dans le mouvement « Fédération ».

L'idée que la démocratie politique est impropre à résoudre les crises économiques et à organiser rationnellement la production favorise l'éclosion non seulement du néo-corporatisme mais d'une sorte de néo-syndicalisme tendant à faire assurer par les syndicats professionnels la relève d'un Etat défaillant.

Dans les *Techniques nouvelles du syndicalisme* (1921), Maxime Leroy s'efforce de montrer que l'organisation politique est un simple corollaire de l'organisation économique, il faut « instaurer la cité syndicale sur les ruines de l'Etat moderne ». Une conception analogue apparaît dans le livre du syndicaliste Charles Albert, *L'Etat moderne* (1929).

Ce néo-syndicalisme, qui se distingue malaisément du néo-corporatisme, a connu une certaine vogue entre les deux dernières guerres. Mais il semble un peu exagéré d'affirmer comme Jacques Droz que « l'avènement du syndicalisme a été sans doute le grand fait de l'histoire de la pensée politique française au XXe siècle ». Nous serions plutôt enclins à conclure que les syndicats français ne sont parvenus ni à élaborer une doctrine qui leur soit propre ni à susciter l'enthousiasme qui aurait pu vivifier une doctrine même sommaire. Cette carence nous paraît peser lourdement sur la vie politique française.

Sans doute tous ces groupements n'ont-ils eu qu'une influence éphémère. Il est cependant indispensable de les connaître pour apprécier comme il convient les idées politiques de Vichy et le gaullisme de guerre qui, comme l'a bien montré Nicholas Wahl dans une thèse soutenue à Harvard et encore inédite, emprunte de nombreux traits au réformisme de la période antérieure.

B) *Vers un néo-conservatisme libéral ?*

Depuis la fin de la dernière guerre, un notable renouveau d'intérêt pour le conservatisme se manifeste dans les pays anglo-saxons et notamment aux Etats-Unis (cf. les travaux de Russell Kirk sur l'« esprit conservateur », le livre de Clinton Rossiter sur le conservatisme en Amérique, etc.). Ces travaux procèdent d'une tentative pour vivifier le conservatisme, pour opposer à l'esprit de réaction un conservatisme constructif et authentiquement libéral.

En France, le terme de conservateur reste très généralement employé dans un sens péjoratif. Mais il y a des exceptions : faisant en 1958 dans *Le Monde* la critique d'un projet constitutionnel qu'il qualifiait de « réactionnaire » (au sens étymologique du terme) Raymond Aron donnait à son article le titre caractéristique de *Propos d'un conservateur.* Certains ont parlé de « disraélisme français » pour qualifier une œuvre qui se ramène malaisément à une formule et qui procède de tendances diverses (l'influence de Max Weber étant sans doute une des plus profondes). Il suffira de noter ici — car l'œuvre de Raymond Aron appellerait une ample analyse : 1° Que ce « néo-conservatisme », si néo-conservatisme il y a, se situe fort loin du « néo-traditionalisme » des années 1930. Il s'agit en fait de deux univers intellectuels complètement différents : les polémiques entre Raymond Aron et Thierry Maulnier à propos de l'Algérie ont été très caractéristiques à cet égard ; 2° Qu'il s'agit de l'œuvre d'un solitaire qui semble parfois plus proche de ses adversaires présumés que de ses lecteurs habituels.

§ 4. Christianisme et démocratie

Une longue route a été parcourue en peu de temps depuis l'époque où les déclarations de Léon XIII en faveur du ralliement avaient suscité des réactions indignées dans l'opinion catholique française. La formation et le succès des partis démocrates-chrétiens dans plusieurs pays d'Europe sont des faits dont il ne faut pas sous-estimer l'importance. Mais la force électorale des partis démocrates-chrétiens est plus évidente que l'originalité de leur doctrine ; si l'on s'en tient à la France, il est frappant de constater que les deux penseurs catholiques dont l'influence a été la plus forte, Maritain et Mounier, ont l'un et l'autre — le second surtout — pris leurs distances par rapport à la démocratie chrétienne. Il s'agit en somme de savoir si le succès de la démocratie chrétienne est autre chose qu'un simple ralliement des chrétiens à la pratique de la démocratie, et s'il correspond à une conception spécifiquement chrétienne de la politique.

A) *La démocratie chrétienne*

Après la guerre de 1918, la majorité des catholiques européens acceptent la démocratie parlementaire. Don Sturzo, qui fonde en 1918 le parti populaire italien, est le principal théoricien de la démocratie chrétienne. Réformiste et décentralisateur, opposé aux empiètements de l'Etat, il est partisan de la représentation proportionnelle. Le respect du pluralisme sous toutes ses formes est le trait le plus apparent de sa doctrine. Il s'agit à la fois d'un « pluralisme horizontal » (groupements, famille, profession, communautés locales et régionales, mouvements de jeunesse, opposition au monopole et à la concentration) et d'un « pluralisme vertical » (souci de tolérance et respect des diverses tendances). La démocratie chrétienne apparaît ainsi plus conservatrice que traditionaliste.

En 1919, le parti populaire italien compte 100 élus, mais dès 1922, le déclin commence ; le parti ne saura pas s'opposer à l'avènement du fascisme, et Don Sturzo devra s'exiler en 1924.

Les idées de Don Sturzo inspirent les « démocrates populaires » français, dont le groupe parlementaire se fonde en 1924, et dont Marcel Prélot et Raymond Laurent exposent la doctrine en 1928 dans leur *Manuel politique*, en insistant sur la représentation des intérêts familiaux, économiques et sociaux. Mais le parti démocrate populaire ne parvient à attirer qu'un petit nombre de députés, dont l'action se confond de plus en plus avec celle des députés modérés. Champetier de Ribes représente les démocrates populaires dans les ministères Tardieu et Laval. Ils refusent d'adhérer au Front populaire, contrairement à la Jeune République de Marc Sangnier, qui a 5 élus en 1936.

Mais si la démocratie chrétienne n'aboutit qu'à de modestes résultats sur le plan politique, la C.F.T.C. prend une rapide extension et compte, en 1939, 500 000 adhérents. D'autre part *L'aube*, fondée en 1932 par Francisque Gay, réussit à conquérir un public, grâce notamment aux articles de Georges Bidault sur la politique extérieure.

On connaît les succès remportés, après la dernière guerre, par la démocratie chrétienne en Allemagne, en Italie, en France, en Belgique. On sait aussi quels problèmes lui ont posés la pratique du parlementarisme et l'épreuve du pouvoir. Tandis que certains continuent à penser que la démocratie chrétienne est l'espoir du christianisme, d'autres — comme Bernanos ou Mauriac — ont fait son procès au nom du christianisme même : accusée d'attentisme, d'opportunisme, de trahison, la démocratie chrétienne ne serait pas autre chose qu'un radical-socialisme à l'usage des chrétiens...

B) *L'œuvre de Maritain*

Venu de l'*Action française*, l'auteur de *Christianisme et démocratie* ne doit pas être confondu avec les praticiens de la démocratie chrétienne.

1° Le bien commun. — S'inspirant d'Aristote et de saint Thomas, Maritain affirme que l'Etat n'a pas d'autre fin que d'assurer le « bien commun » et que ce bien commun ne se confond pas avec les biens des particuliers. Il reprend l'axiome suivant lequel « le bien commun est plus divin que celui de la partie » — ce qui signifie que le bien temporel de la Cité prime le bien temporel du citoyen, mais non pas le bien supra-temporel de la personne humaine. « La vocation de la personne humaine à des biens qui transcendent le bien commun politique est incorporée à l'essence du bien commun politique. »

2° Primauté du spirituel. — Maritain affirme donc la « primauté du spirituel » (titre d'un de ses livres publié en 1927) et il s'attache à définir une politique intrinsèquement et essentiellement chrétienne. A la fin d'*Humanisme intégral* (1936), il expose que le plan temporel et le plan spirituel sont nettement distincts mais qu'ils ne peuvent être séparés : faire abstraction du christianisme, mettre Dieu et le Christ de côté quand on travaille aux choses de ce monde, c'est, dit-il, se couper soi-même en deux moitiés. Le chrétien agira donc en tant que chrétien sur le plan spirituel, en chrétien sur le plan temporel. « Le chrétien ne donne pas son âme au monde. Mais il doit aller au monde, il doit parler au monde, il doit être au monde et au plus profond du monde : je ne dis pas seulement pour rendre témoignage à Dieu et à la vie éternelle, je dis pour aussi faire en chrétien son métier d'homme dans le monde, et pour faire avancer la vie temporelle du monde vers les rivages de Dieu. »

3° Le chrétien dans le monde. — Maritain pense donc que le chrétien ne peut être indifférent au monde et il condamne avec vigueur le « système bien-pensant » ainsi que le libéralisme bourgeois qui « confond la dignité véritable de la personne avec l'illusoire divinité d'un Individu abstrait qui se suffirait à lui-même ». Il appelle « une philosophie chrétienne qui, dans l'ordre temporel et sans arrière-pensée d'apostolat religieux... travaillerait à renouveler les structures de la société ». Cette philosophie, selon lui, « exige, parce qu'elle s'attaque à des principes plus profonds, une révolution plus profonde que tout ce que la littérature révolutionnaire appelle de ce nom ».

4° « Humanisme intégral ». — Maritain estime qu'il faut distinguer nettement le corps politique et l'Etat. Le devoir de l'Etat est la justice sociale, il n'est « qu'un instrument au service de l'homme ». Aussi Maritain s'attache-t-il dans *L'homme et l'Etat* à réfuter une fausse conception de la souveraineté ; le concept de souveraineté ne fait qu'un avec celui d'absolutisme, Dieu seul est souverain, ni le peuple ni l'Etat ne le sont.

5° Christianisme et démocratie. — La démocratie selon Maritain est donc tout autre chose que l'application correcte de quelques règles constitutionnelles ou que les jeux du parlementarisme. La démocratie pour lui est essentiellement communautaire, elle a pour fondement le respect en chaque homme de la personne humaine. La démocratie est donc toujours à faire : « La tragédie des démocraties modernes, écrit-il au début de *Christianisme et démocratie*, est qu'elles n'ont pas réussi encore à réaliser la démocratie. » La démocratie, au sens plein du terme, est l'expression de la foi chrétienne : « La poussée démocratique a surgi dans l'histoire humaine comme une manifestation temporelle de l'inspiration évangélique. » Les derniers mots de *Christianisme et démocratie* sont donc un appel à un « humanisme héroïque ». Maritain n'est nullement un tenant de la démocratie chrétienne, au sens parlementaire du terme. Exigeante et difficile, plongeant dans les traditions médiévales, son œuvre se situe sur un autre plan — le plan sur lequel entend se situer Emmanuel Mounier lorsqu'il fonde *Esprit* en 1932.

C) *Le message de Mounier*

1° La principale raison qui a poussé Mounier (1905-1950) à fonder *Esprit* est sans doute, comme il devait l'expliquer lui-même quelques années plus tard, « la souffrance de plus en plus vive de voir notre christianisme se solidariser avec... le « désordre établi », et la volonté de faire rupture ». « Dissocier le spirituel du réactionnaire », telle est la tâche qui paraît à Mounier la plus urgente. Il s'agit donc, comme le dira le n° 6 d'*Esprit* d'affirmer la « rupture entre l'ordre chrétien et le désordre établi ».

Mounier ne cesse de répéter qu'il n'existe pas *une* politique chrétienne et il s'oppose à toute forme de parti confessionnel. Il préconise une indépendance totale à l'égard des groupements politiques et il critiquera le M.R.P. comme il avait critiqué les démocrates populaires qu'il qualifiait de « républicains d'avant-guerre » (lettre ouverte à Paul Archambault publiée dans *L'aube*, février 1934).

2° L'anticapitalisme de Mounier est fondamental, mais à l'origine c'est moins pour des raisons économiques que pour des raisons morales et spirituelles qu'il dénonce le monde de l'argent (cf. le numéro sur l'argent en octobre 1933). L'anticapitalisme de Mounier procède de Péguy plus que de Marx. « Mon Evangile, dit-il, est l'Evangile des pauvres. »

3° Mounier est très hostile à l'individualisme libéral et à la démocratie bourgeoise. Dans son *Court traité de la mythique de gauche*, il critique avec beaucoup de verve le radicalisme d'Alain, « doctrine de paysan méfiant » qui érige en idéal la persécution du persécuteur (le député contrôlé par ses électeurs et contrôlant le ministre). A l'individu, Mounier oppose la personne, à l'Etat il oppose une société communautaire. Anticapitaliste et antijacobin, il dénonce « une démocratie malade de l'argent et un socialisme malade de l'Etat ».

4° C'est donc une révolution qu'appelle Mounier : « Une révolution est notre exigence spirituelle profonde. » Cette révolution doit être à la fois une révolution spirituelle et une révolution des structures ; une révolution qui ne s'accompagne pas d'une transformation mourra de sa mort. Mounier se propose donc comme objectifs « l'abolition de la condition prolétarienne, la substitution à l'économie anarchique fondée sur le profit d'une économie organisée sur les perspectives totales de la personne, la socialisation sans étatisation des secteurs de la production qui entretiennent l'aliénation économique, etc. ».

5° En matière de politique extérieure, deux faits surtout doivent être soulignés : *a)* D'une part, l'opposition d'*Esprit* au franquisme et l'importance prise par la guerre d'Espagne. A cet égard Mounier est totalement solidaire de Bernanos écrivant *Les grands cimetières sous la lune* — ce qui n'empêchera pas Bernanos de parler plus tard des « petits cancres savants » d'*Esprit* ; *b)* L'opposition de Mounier à la politique de Münich.

La publication posthume *Mounier et sa génération* permet de mesurer l'influence exercée par le fondateur d'*Esprit*. Influence limitée sans doute, mais profonde et que — cas peut-être unique — les années de guerre n'ont fait que renforcer.

*
* *

Conclusion

Un nouveau nationalisme ?

Ni la guerre ni la résistance n'ont fait éclore de doctrine politique véritablement nouvelle.

On ne saurait parler d'une doctrine de Vichy. Il faut en effet distinguer, comme le fait André Siegfried, le Vichy de Pétain et le Vichy de Laval. Encore le Vichy de Pétain apparaît-il comme un singulier mélange de styles : conservatisme, cléricalisme, moralisme, militarisme, folklorisme, « style scout », « style officier de marine », « style hobereau », « style Légion des combattants », style de Gustave Thibon, style des ligues antiparlementaires, etc. Un volume serait nécessaire pour étudier l'idéologie de la « Révolution nationale ». L'*Histoire de Vichy*, de Robert Aron, ne contient à cet égard que des indications très sommaires.

Quant aux idées politiques de la résistance, elles sont elles aussi fort composites (cf. la thèse d'Henri Michel). On sait comment elles ne sont parvenues ni à inspirer des institutions à l'abri de toute critique ni à donner un style nouveau à la vie politique une fois la paix revenue.

La guerre s'est terminée par l'effondrement du national-socialisme et du fascisme, mais peut-on dire que la place vide ait été occupée par des idéologies nouvelles faisant appel à des forces neuves ? Il serait difficile de l'affirmer. Ni l'existentialisme ni le neutralisme ne sont parvenus à constituer une force politique. Le fédéralisme n'est guère sorti d'un cercle de spécialistes éclairés. Tandis que le libéralisme, le conservatisme et la social-démocratie de l'Occident peinent à se renouveler, c'est en Afrique, en Asie, en Amérique latine qu'apparaissent brusquement, avec une ampleur sans précédent, des idéologies nationalistes d'un type apparemment nouveau.

Encore convient-il de distinguer diverses formes de ce nationalisme :

1° Un nationalisme réformiste de type kemaliste. Moustafa Kemal a établi en Turquie un régime autoritaire ; mais nourri de Voltaire, Montesquieu et Rousseau il ne cessait d'affirmer sa volonté de hâter l'évolution de la Turquie vers le progrès et la démocratie. Le parti républicain du peuple entendait être à la fois nationaliste (un nationalisme ethnique, économique et culturel), républicain, étatiste, laïque, populiste et révolutionnaire. Le trait le plus original du kemalisme était le laïcisme, mais il faut bien reconnaître qu'à cet égard les principes kemalistes, qui ont suscité en Turquie même une vive réaction, ne paraissent pas près de triompher sur le pourtour de la Méditerranée : « Même atténuée dans son application actuelle à l'égard de l'Islam, l'expérience turque de séparation totale de l'Islam et de la Cité ne semble guère assimilable encore pour la plus grande partie du monde musulman » (Pierre Rondot). A l'heure actuelle, c'est peut-être le réformisme de Bourguiba qui s'apparenterait le plus au kemalisme.

2° Un nationalisme populaire et volontiers démagogique, à prétentions autarciques, de type peroniste. Le peronisme était constitué par un mélange d'éléments très divers : militarisme et moralisme, vocabulaire révolutionnaire et conservatisme, anti-américanisme et recours aux Etats-Unis, opportunisme et nationalisme. Le théoricien du « justicialisme » (représenté comme la seule synthèse possible entre le capitalisme et le communisme) et de la « troisième position » (c'est-à-dire une position internationale intermédiaire entre le bloc atlantique et le bloc soviétique) a laissé l'Argentine dans une situation difficile, mais il a joui dans certains milieux populaires d'un prestige dont aucun dirigeant argentin n'avait jusqu'alors bénéficié. L'histoire récente de l'Argentine montre que le peronisme n'a pas disparu avec la chute de Peron et le succès du « castrisme » en Amérique latine est un fait extrêmement significatif.

3° Les nationalismes noirs dont les premières manifestations ont été d'ordre ethnique et culturel (rôle de la revue *Présence africaine*, Premier Congrès des Ecrivains et Artistes noirs, livre de Cheik Anta Diop au titre bien caractéristique : *Nation nègre et culture*, etc.), et qui sont actuellement en pleine évolution (cf. les livres de Mamadou Dia, Abdoulaye Ly, Albert Tevoedjre cités dans la bibliographie), non sans quelques déchirements entre nationalisme territorial, nationalisme noir et ébauche d'un nationalisme africain.

4° Quant au nationalisme arabe, il est, selon le mot de Pierre Rondot, écartelé entre « l'arabisme unitaire et les patriotismes particularistes ». A ce nationalisme arabe se joint un « nationalisme musulman » visant à l'institution soit d'un Etat islamique unique soit plus modestement d'Etats nationaux dans lesquels l'Islam soit religion d'Etat.

Si le nationalisme arabe a, durant ces dernières années, donné de nombreuses preuves de sa force explosive et si le conflit entre Arabes et Juifs apparaît à beaucoup d'égards comme un heurt de nationalismes, les justifications doctrinales ont été jusqu'à maintenant peu nombreuses et peu substantielles.

Sous un titre ambitieux, la brochure de Nasser, *La philosophie de la révolution*, est d'un contenu assez mince. Dans cette brochure, Nasser expose que la révolution de juillet 1952 a des origines lointaines qu'il faut rechercher dans l'histoire de l'Egypte et du monde arabe. La cause première de la révolution est « l'asservissement du peuple par les impérialistes et leurs laquais, les féodaux et politiciens égyptiens », l'objectif de la révolution est donc clair : « Libérer les esclaves que sont le peuple, et les substituer aux anciens maîtres dans le gouvernement du pays. » Ainsi la révolution du 23 juillet est la réalisation du rêve que le peuple caressait au début du dernier siècle : « Se gouverner lui-même et être maître de ses destinées. »

Nasser fait appel à la lutte des classes, mais la devise de la révolution est profondément conservatrice : « Union, discipline, travail. » L'idéologie nassérienne est beaucoup moins riche en déclarations anticapitalistes que l'idéologie peroniste.

C'est le nationalisme qui constitue l'essentiel de la « philosophie de la révolution », mais ce nationalisme n'est pas proprement égyptien. Il s'étend à la zone arabe, au monde musulman, à l'ensemble du continent africain. Nasser souligne ainsi l'unité et la supériorité de la race arabe. : « Les Arabes sont une seule nation... Nous faisons partie de la grande patrie arabe qui s'étend des rivages de l'Atlas aux montagnes de Mossoul... »

En définitive, l'idéologie nassérienne de la révolution n'a rien de révolutionnaire ni d'ailleurs d'original. « Elle serait plutôt un emprunt à toutes sortes d'idéologies anciennes et modernes : un mélange de fascisme, de communisme, de racisme, de kemalisme, le tout « coiffé » par les principes coraniques » (Jean Vigneau). Mais il n'est pas nécessaire qu'une idéologie soit neuve ou réellement révolutionnaire pour qu'elle exerce une profonde emprise. Les événements de Suez ont bien montré toute la puissance des sentiments nationalistes dans les masses prolétariennes et dans la bourgeoisie évoluée. Non seulement Nasser a pu survivre à la défaite subie par ses troupes, mais il a réussi à faire de sa défaite une victoire.

Il est malaisé de ramener à un modèle unique les différentes formes de nationalisme que nous venons d'énumérer. Du moins certains traits dominants apparaissent-ils chez la plupart d'entre eux : le soutien de l'armée, les interférences entre forces religieuses et forces politiques, l'appel aux classes populaires, un anticapitalisme parfois authentique, parfois purement verbal, un certain neutralisme. Par ces différents traits — qui appelleraient bien des nuances — les nationalismes contemporains se distinguent plus ou moins nettement des nationalismes occidentaux du siècle passé. Reste à savoir si ces nouveaux nationalismes donneront naissance à des régimes dictatoriaux de style très classique ou à un nouveau type de démocratie qui puisse, par contagion, vivifier les démocraties traditionnelles : telle est à la fin de 1969 une des questions majeures qui se posent à qui doit conclure un livre sur l'histoire des idées politiques.

Une autre question se pose avec une acuité particulière à un historien français. Le gaullisme n'est-il en définitive qu'une manifestation de nationalisme ? N'est-ce qu'une éphémère idéologie de rassemblement liée à l'existence d'un homme exceptionnel et appelée à disparaître avec lui ? Ou est-ce une idéologie puissante et originale qui transformera durablement le panorama traditionnel des « familles d'esprit » et des « courants de pensée » ?

Peut-être essaierons-nous de répondre à cette question lors d'une prochaine édition de ce livre, mais nous aurons aussi à nous interroger sur la signification idéologique de la crise de mai 1968.

BIBLIOGRAPHIE

GÉNÉRALITÉS SUR LE XXe SIÈCLE

En dehors du livre de Maurice CROUZET, *L'époque contemporaine*, P.U.F., 1957, 823 p., 4e éd., 1966, dans l'« Histoire générale des civilisations », il existe peu d'ouvrages généraux en langue française : Gaëtan PICON, *Panorama des idées contemporaines*, Gallimard, 1957, 793 p. (ouvrage collectif de qualité extrêmement inégale ; la part réservée aux idées politiques est faible). Alfred WEBER et Denis HUISMAN, *Tableau de la philosophie contemporaine*, Fischbacher, 1957, 664 p. (procède d'une conception étroite de la philosophie ; un bon chapitre de J.-P. ARON sur Nietzsche ; presque rien sur Max Weber et sur Pareto). Georges GURVITCH, Wilbert E. MOORE, *La sociologie au XXe siècle*. I : *Les grands problèmes de la sociologie*. II : *Les études sociologiques dans les différents pays*, P.U.F., 1947, 2 vol., XII-767 p. Jean GOTTMANN, Ernest HAMBURGER, Alexandre KOYRÉ, etc., *Les doctrines politiques modernes*, New York, Brentano's, 1947, 322 p. (recueil de 11 études d'intérêt inégal, portant les unes sur des problèmes généraux, d'autres sur des questions historiques, d'autres enfin sur des questions d'actualité : national-socialisme et résistance).

Nombreux ouvrages en anglais. Le plus volumineux est celui de Feliks GROSS (ed.), *European ideologies. A survey of 20th century political ideas*,

New York, Philosophical Library, 1948, XVI-1 075 p. (ouvrage collectif comprenant notamment des chapitres sur le sionisme, l'antisémitisme, le phalangisme, le fédéralisme, etc.). Le plus intéressant est sans doute celui d'Ernst CASSIRER, *The myth of the State*, New York, Doubleday Anchor Books, 1955, 382 p. (substitution d'une politique « mythique » à la politique rationnelle ; dangers de cette substitution ; analyse historique portant notamment sur Carlyle, Gobineau et Hegel — trois artisans des mythes modernes). Voir aussi : Alfred ZIMMERN, *Modern political doctrines*, Oxford, U.P., 1939, XXXIV-306 p. (recueil de textes choisis empruntés aux XIXe et XXe siècles). Michel OAKESHOTT, *The social and political doctrines of contemporary Europe*, New York, Cambridge U.P., 8e éd., 1950, XXIV-243 p. (recueil de textes choisis des XIXe et XXe siècles. Cinq chapitres : La démocratie représentative, Le catholicisme, Le communisme, Le fascisme et Le national-socialisme). John H. HALLOWEL, *Main currents in modern political thought*, New York, H. Holt, 1950, XII-759 p. (l'essentiel du livre est consacré à une histoire des doctrines politiques depuis le début du XVIIIe siècle ; le plan suivi morcèle exagérément l'analyse). William EBENSTEIN, *Today's isms. Communism, fascism, capitalism, socialism*, New York, Prentice Hall, 1954, X-191 p. (l'auteur de cette brève étude s'attache surtout à déterminer le mode de vie correspondant aux tendances étudiées). T. E. UTLEY et J. Stuart MACLURE, *Documents of modern political thought*, Cambridge, U.P., 1957, 276 p. (insiste surtout sur les aspects religieux de la pensée politique : une section sur la politique pontificale et une section sur la pensée politique des protestants). Judith N. SHKLAR, *After Utopia. The decline of political faith*, Princeton U.P., 1957, XII-309 p. (intéressant). H. Stuart HUGHES, *Consciousness and society, the reorientation of European social thought (1890-1930)*, New York, Knopf, 1958, 433 p. (excellente étude d'ensemble consacrée notamment à Freud, Croce, Max Weber, Bergson, Pareto, Mosca, Michels, etc.).

I. — LE MARXISME-LÉNINISME

La majeure partie des ouvrages relatifs aux divers courants marxistes-léninistes au XXe siècle ont déjà été cités dans la bibliographie établie pour la section IV du chapitre XVI. Les ouvrages ci-après ne représentent qu'un complément à la bibliographie précédemment mentionnée.

1. *Le marxisme-léninisme en Chine*

Avant la rupture entre l'U.R.S.S. et la Chine, la source fondamentale en langue française était l'édition des *Œuvres choisies* de MAO TSÉ-TOUNG en 4 vol., Editions sociales, 1955-1960. Le t. I couvre la période 1926-37 ; le t. II la période 1937-38 ; le t. III la période 1939-41, le t. IV la période 1941-45. Pour la période postérieure à 1945, voir notamment « Sur la dictature démocratique du peuple » (1949), « De l'expérience historique de la dictature du prolétariat » (1956), ainsi que le discours des Cent Fleurs : « De la juste manière de résoudre les contradictions au sein du peuple » (1957). Il convient aujourd'hui de se reporter aux textes publiés par les Editions en langues étrangères de Pékin. Le « petit livre rouge » du président Mao a été reproduit par les Editions du Seuil, 1967, 190 p.

L'ouvrage de base en français est celui de Stuart SCHRAM, *Mao Tsé-toung*, recueil de textes choisis et souvent traduits par l'auteur, avec une introduction très dense et une bibliographie très utile, A. Colin, 1963, 416 p. (coll. « U »). A compléter par l'important ouvrage d'Hélène CARRÈRE d'ENCAUSSE et Stuart SCHRAM, *Le marxisme et l'Asie*, A. Colin, 1965, 495 p.

Un ouvrage fondamental en langue anglaise : Benjamin SCHWARTZ, *Chinese communism and the rise of Mao*, Cambridge (Mass.), Harvard U.P., 1951, 258 p. Une importante controverse dans *China Quarterly*, 1960, n° 1, pp. 72-86, et n° 2, pp. 16-42 : Benjamin SCHWARTZ affirme l'originalité de Mao ; K. WITTFOGEL soutient au contraire que la pensée de Mao se situe dans la plus pure tradition léniniste. L'évolution depuis 1958 a été étudiée par Enrica COLLOTI-PISCHEL, *La rivoluzione ininterrota*, Turin, Einaudi, 1962, 198 p. La meilleure biographie de Mao est celle de Stuart SCHRAM, *Mao Tse-tung*, Penguin Books, 1966, 352 p. (en cours de traduction).

2. *Le marxisme-léninisme en Yougoslavie*

a) *Sources.* — La principale source est la revue *Questions actuelles du socialisme.* Voir notamment les articles suivants : Edouard KARDELJ, La démocratie socialiste dans la pratique yougoslave (*Questions actuelles du socialisme*, janv.-févr. 1955, n° 28, pp. 13-76). Jovan DJORDJEVIC, Qu'est-ce que la démocratie socialiste ? (*ibid.*, mai-juin 1953, n° 18, pp. 45-92). Le socialisme et l'Etat : organisation politique de la Yougoslavie (*Les Temps modernes*, mai 1956, pp. 1621-1641). Mita HADJIVASSILEV, Des contradictions du socialisme (*Questions actuelles du socialisme*, janv.-févr. 1958, pp. 55-89).

b) *Ouvrages.* — Czeslaw BOBROWSKI, *La Yougoslavie socialiste*, A. Colin, 1956, 239 p. (Cahiers de la Fondation nationale des Sciences politiques, n° 77). Ouvrage d'un économiste ; insiste surtout sur la formation historique et les structures socio-économiques actuelles du nouveau régime yougoslave. Michel-Henry FABRE, *Les nouveaux principes titistes du droit public* (Annales de la Faculté de Droit d'Aix-en-Provence, n° 48, 1955, pp. 188-259). Comme son titre l'indique, cette étude est avant tout une étude du droit constitutionnel yougoslave ; elle est utile et précise. Milovan DJILAS, *La nouvelle classe dirigeante*, Plon, 1957, 272 p., est une critique acerbe non seulement de la réalité du régime politique et social de la Yougoslavie titiste mais de toutes les démocraties populaires et de l'idéologie marxiste-léniniste elle-même. Egalement très critique est l'ouvrage de Branko LAZITCH, *Tito et la révolution yougoslave (1937-1956)*, Fasquelle, 1957, 279 p. En anglais : Charles P. MCVICKER, *Titoism. Pattern for international communism*, Londres, Macmillan, 1957, XX-332 p. Voir aussi Vladimir DEDIJER, *Tito parle*, Gallimard, 1953, 481 p. Pour plus de renseignements, voir l'état des travaux sur la Yougoslavie contemporaine, *Revue française de science politique*, avr.-juin 1956, pp. 371-379. Le plus récent ouvrage en français est celui de Jovan DJORDJEVIC, *La Yougoslavie, démocratie socialiste*, P.U.F., 1959, XVI-228 p.

II. — Le socialisme non léniniste

Parmi les ouvrages généraux cités à l'occasion des chapitres précédents et notamment du chapitre XVI, section IV, il y a surtout lieu de rappeler celui de Leo Valiani parce que la majeure partie de ses développements est précisément consacrée à la période 1914-1945. Ajouter : Adolf Sturmthal, *The tragedy of European Labour 1918-1939*, New York, Columbia U.P., 1951, xxiv-389 p. Fritz Brupbacher, *Socialisme et liberté*, préface de Pierre Monatte, Neuchâtel, La Baconnière, 1954, 374 p. (ouvrage d'un de ces socialistes suisses bernois, peu connus, et qui continuent une tradition qui remonte à la Ire Internationale). *Esprit*, numéro spécial sur le socialisme (textes de G. D. H. Cole, Jean Lacroix, Jean Rous, etc.), mai 1956. Jeanne Hersch, *Idéologies et réalités*, avant-propos d'André Philip, Plon, 1956, 273 p. (l'auteur est membre du parti socialiste suisse. L'ouvrage est une réflexion générale sur la politique, mais contient de très longs développements sur le fondement philosophique du socialisme, sur l'économie socialiste, etc.).

1. *Révisions et « dépassements » du marxisme*

Henri de Man, *Au delà du marxisme*, 1re éd., Bruxelles, L'Eglantine, 1927, 436 p., réimpression Alcan, 1929, 403 p. (avec les *Thèses de Heppenheim* en annexe). *Nationalisme et socialisme*, Paris-Bruxelles, L'Eglantine, 1932, 84 p. *Le socialisme constructif*, Alcan, 1933, 251 p. *L'idée socialiste*, suivie de *Plan de travail*, Grasset, 1935, 543 p. *Après-coup*, Toison d'Or, 1941, 325 p. *Au delà du nationalisme*, Genève, Cheval Ailé, 1946, 307 p. *Cavalier seul, 45 années de socialisme européen*, Genève, Cheval Ailé, 1948, 311 p. (ouvrage de souvenirs et de justification). Sur les problèmes posés par l'œuvre d'Henri de Man, André Philip, *Henri de Man et la crise doctrinale du socialisme*, Gamber, 1928, 200 p. Victor Leduc, *Le marxisme est-il dépassé ?*, Ed. « Raisons d'être », 1946, 178 p. (point de vue communiste).

2. *Le socialisme français depuis Jaurès*

Le livre de Daniel Ligou, *Histoire du socialisme en France (1871-1961)*, P.U.F., 1962, 672 p., est, dans l'ensemble, plutôt décevant. On se référera avec plus de profit au livre de Georges Lefranc (cité, p. 768).

L'œuvre de Léon Blum est en cours de publication chez Albin Michel depuis 1954. Parmi les textes les plus caractéristiques, il faut citer *La réforme gouvernementale*, *Les problèmes de la paix*, *A l'échelle humaine*, ainsi que la brochure très largement diffusée qui est intitulée *Pour être socialiste* (Editions de la Liberté, 1945, 32 p.). Sur Léon Blum : Gilbert Ziebura, *Léon Blum et le Parti socialiste, 1872-1934*, A. Colin, 1967, 409 p. (Cahiers de la Fondation nationale des Sciences politiques) ; Joël Colton, *Léon Blum*, Fayard, 1968, 528 p., *Léon Blum, chef de gouvernement, 1936-1937*, A. Colin, 1967, 440 p. (Cahiers de la Fondation nationale des Sciences politiques). Le livre de Colette Audry ; *Léon Blum ou la politique du juste*, Julliard, 1955, 199 p. (2e éd., Denoël, 1970, 207 p.), est destiné à soutenir une thèse quelque peu sommaire : Léon Blum est le « salaud » selon Sartre, il a toujours préféré à l'efficacité politique les satisfactions de la bonne conscience.

Sur le « néo-socialisme ». — Marcel DÉAT, *Perspectives socialistes*, Valois, 1930, 248 p. Marcel DÉAT, Adrien MARQUET, Barthélemy MONTAGNON, *Néo-socialisme. Ordre-Autorité-Nation*, 1933 (recueil des discours qui ont provoqué la scission des « néos »). Voir aussi l'utile étude d'ensemble de John T. MARCUS, *French Socialism in the crisis years (1933-1936), Fascism and the French left*, Londres, Stevens, 1958, 216 p.

Sur d'autres courants du socialisme français. — Paul FAURE, *Au seuil d'une révolution*, Limoges, Imprimerie nouvelle, 1934, 291 p., et *Si tu veux la paix...*, Limoges, Imprimerie nouvelle, 1935, 282 p. Jules MOCH, *Confrontations. Doctrines. Déviations. Expériences. Espérances*, Gallimard, 1952, 479 p. DU MÊME AUTEUR, *Socialisme vivant (dix lettres à un jeune)*, R. Laffont, 1960, 207 p. André PHILIP, *La démocratie industrielle*, P.U.F., 1955, VIII-308 p. ; *Le socialisme trahi*, Plon, 1957, 240 p. ; *Pour un socialisme humaniste*, Plon, 1960, 235 p. Edouard DEPREUX, *Renouvellement du socialisme*, Calmann-Lévy, 1960, 213 p. Pour avoir une idée des débats actuels sur le socialisme, lire, bien sûr, les ouvrages de François MITTERRAND et Michel ROCARD.

3. *Travaillisme et socialisme*

John STRACHEY, *The theory and practice of socialism*, Londres, Gollancz, 1936, 488 p. (par l'un des « mentors » des jeunes travaillistes), DU MÊME AUTEUR, *Contemporary capitalism*, Londres, Gollancz, 1959, 302 p. R. H. S. CROSSMAN, C. A. R. CROSLAND, Ian MIKARDO, Margaret COLE, John STRACHEY, etc., *L'avenir du travaillisme. Nouveaux essais fabiens*, trad. fr., Les Editions ouvrières, 1954, 287 p.

III. — FASCISME ET NATIONAL-SOCIALISME

Sur le concept de totalitarisme, le principal ouvrage est celui de : Carl J. FRIEDRICH, Zbigniew K. BRZEZINSKI, *Totalitarian dictatorship and autocracy*, Cambridge, Harvard U.P., 1956, XII-346 p. Voir aussi : Carl J. FRIEDRICH (ed.), *Totalitarianism*, Cambridge, Harvard U.P., 1954, X-386 p. (recueil de contributions d'intérêt inégal). Hannah ARENDT, *The origins of totalitarianism*, New York, Harcourt, Brace and Co., 1951, XV-477 p. (trois parties respectivement consacrées à l'antisémitisme, à l'impérialisme et au totalitarisme ; très abondante bibliographie). William Montgomery McGOVERN, *From Luther to Hitler. The history of fascist-nazi political philosophy*, Boston, Houghton Mifflin, XII-684 p. (intéressante histoire de la pensée politique, notamment depuis le XVIIIe siècle ; seul le dernier quart du volume est consacré au fascisme et au national-socialisme). T. W. ADORNO, Else FRENKEL-BRUNSWIK, Daniel J. LEVINSON, R. Nevitt SANFORD, *The authoritarian personnality*, New York, Harper, 1950, XXXIV-990 p. (essai d'application des techniques de la psycho-sociologie et de l'anthropologie culturelle à l'analyse et à la mesure des idéologies antidémocratiques). Zevedei BARBU, *Democracy and dictatorship. Their psychology and patterns of life*, New York, Grove Press, 1956, VIII-275 p. George W. F. HALLGARTEN, *Why dictators ? The causes and forms of tyrannical rule since 600 B.C.*, New York, Macmillan, 1954, XVI-379 p. (distingue dans l'histoire de l'humanité quatre types de dictature : classiques (Rome, Cromwell, Napoléon), ultrarévolutionnaires (Savonarole, Robespierre, Lénine), contre-révolutionnaires (Franco, Horthy), pseudo-révolutionnaires (Hitler, Mussolini, Peron). Daniel GUÉRIN, *Fascisme et grand capital (Italie-Allemagne)*, nouv. éd., Gallimard, 1945, 328 p. (principale thèse : le fascisme est avant tout l'instrument de l'industrie lourde ; il « risque de demeurer l'arme de réserve du capitalisme dépérissant »). Les origines du fascisme (Italie, Hongrie, Allemagne), La nouvelle critique, 1957, 200 p. (Recherches internationales à la lumière du marxisme, nº 1, mars-avril 1957). Victor LEDUC, Quelques problèmes d'une sociologie du fascisme, *Cahiers internationaux de sociologie*, 1952, pp. 115-130.

National-socialisme

HITLER, *Mon combat (Mein Kampf)*, trad. fr., Nouvelles Editions latines, 1934, 686 p. A compléter par : H. RAUSCHNING, *Hitler m'a dit*, trad. fr., Ch. Somogy, 1945, 320 p. Voir aussi HITLER, *Libres propos sur la guerre et la paix*, recueillis sur l'ordre de Martin BORMANN, Flammarion, 1952-54, 2 vol., XXVIII-370, 366 p. Moeller VAN DEN BRUCK, *Le IIIᵉ Reich*, trad. fr., A. Rodier, 1933, 327 p.

Sur le national-socialisme, trois livres particulièrement importants en anglais : Franz NEUMANN, *Behemoth. The structure and practice of national-socialism 1933-1944*, Londres, Oxford U.P., 2ᵉ éd., 1944, XIX-649 p. (présentation d'ensemble du système national-socialiste ; la première partie traite de l'idéologie hitlérienne). Alan BULLOCK, *Hitler. A study in tyranny*, Londres, Odhams Press, 1952, 776 p., trad. fr. sous le titre *Hitler ou les mécanismes de la tyrannie*, Verviers, Gérard, 1963, 2 vol. (Marabout Université, 27-28) (excellente étude biographique). *The third Reich* (published under the auspices of the International council for philosophy and humanistic studies and with the assistance of Unesco), Londres, Weidenfeld and Nicolson, 1955, XVI-910 p. (volumineux ouvrage collectif auquel ont participé des spécialistes français, anglais, allemands, américains ; voir sutout l'étude d'Alan BULLOCK, *The political ideas of Adolf Hitler*, pp. 350-378). Un recueil extrêmement utile : Walther HOFER, *Le national-socialisme par les textes*, trad. fr., Plon, 1963, 461 p. Principaux ouvrages en français : Edmond VERMEIL, *Doctrinaires de la révolution allemande (1918-1938)*, Sorlot, 2ᵉ éd., 1939, 392 p. (sur Rathenau, Keyserling, Th. Mann, Spengler, Moeller Van den Bruck, le groupe du « Tat », Hitler, A. Rosenberg, Darré, G. Feder, Ley, Goebbels), DU MÊME AUTEUR, *L'Allemagne. Essai d'explication*, 4ᵉ éd., Gallimard, 1945, 459 p. BENOIST-MÉCHIN, *Eclaircissements sur Mein Kampf d'Adolf Hitler*, A. Michel, 1939, 189 p. DU MÊME AUTEUR, *Histoire de l'armée allemande. I. De l'armée impériale à la Reichswehr (1918-1919)* ; II. *De la Reichswehr à l'armée nationale*, Albin Michel, 1936-1938, 2 vol., nouv. éd. en 4 volumes, 1964, Henri LICHTENBERGER, *L'Allemagne nouvelle*, Flammarion, 1936, 315 p. (notamment les chapitres sur « Le mythe de la race », sur « Le spartanisme » et sur « Le problème religieux »). A. RIVAUD, *Le relèvement de l'Allemagne (1918-1938)*, 3ᵉ éd., A. Colin, 1939, VII-424 p. François PERROUX, Des mythes hitlériens à l'Europe allemande, *L.G.D.J.*, 1940, 353 p. (comprend notamment une intéressante analyse du socialisme allemand d'après Sombart). J. DRESCH, *De la Révolution française à la Révo-*

lution hitlérienne, P.U.F., 1945, 108 p. Roger CAILLOIS, Le pouvoir charismatique, Adolf Hitler comme idole, dans *Quatre essais de sociologie contemporaine*, Olivier Perrin, 1951, 156 p. Hermann RAUSCHNING, *La révolution du nihilisme*, trad. fr., Gallimard, 1939, 327 p. Voir aussi : Armin MOHLER, *Die Konservative Revolution in Deutschland, 1918-1932*, Stuttgart, F. Vorwerk, 288 p. Klemens VON KLEMPERER, *Germany's new conservatism. Its history and dilemma*, Princeton U.P., 1957, XXVI-250 p. (étudie la genèse et les manifestations du néo-conservatisme allemand avant l'avènement de Hitler, s'intéresse particulièrement à Moeller Van den Bruck, Spengler et Jünger ; montre la convergence du néo-conservatisme et du national-socialisme). John H. HALLOWELL, *The decline of liberalism as an ideology. With particular reference to German politico-legal thought*, Londres, Kegan Paul, 1946, XIV-141 p. Sur les précurseurs du national-socialisme : Fritz STERN, *The politics of cultural despair. A study in the rise of the Germanic ideology*, Univ. of California Press, 1961, XXX-367 p.

Fascisme

Voir d'abord : MUSSOLINI, *Le fascisme, doctrine et institutions*, Denoël & Steele, 1933, 231 p. (l'essentiel du livre est constitué par la traduction de l'article « Fascismo » publié sous la signature de Mussolini dans l'*Ency, clopédie italienne*). Un document très caractéristique : Comte Galeazzo CIANO, *Journal politique (1939-1943)*, Neuchâtel, La Baconnière, 1946-2 vol., 331-299 p. Emil LUDWIG, *Entretiens avec Mussolini*, trad. fr., A. Michel, 1932, 253 p. (« observation, du point de vue artistique, d'une personnalité sortant de l'ordinaire »). La principale étude en français est celle de Marcel PRÉLOT, *L'Empire fasciste, les tendances et les institutions de la dictature et du corporatisme italiens*, Sirey, 1936, XII-260 p. A compléter par : Georges BOURGIN, *L'Etat corporatif en Italie*, Aubier, 1935, 253 p. Angelo ROSSI, *La naissance du fascisme. L'Italie de 1918 à 1922*, 6e éd., Gallimard, 1938, 297 p. (éclaire bien la genèse du fascisme, ne cherche pas à présenter un exposé systématique de la doctrine). Robert MICHELS, *Sozialismus und Faszismus in Italien*, Munich, Meyer und Jessen, 1925, 2 vol., XX-420, VIII-339 p.

Nombreux ouvrages en italien, notamment : Luigi SALVATORELLI, Giovanni MIRA, *Storia del fascismo. L'Italia dal 1919 al 1945*, Rome, Ed. di novissima, 1952, 1 040 p. Paolo ALATRI, *Le origini del fascismo*, Rome, Editori riuniti, 1956, 568 p. (très important, voir notamment le dernier chapitre, consacré à une analyse critique des récents ouvrages sur le fascisme) Pour s'orienter dans les publications italiennes, il est commode de recourir au numéro spécial « Sur l'Italie mussolinienne », *Revue d'histoire de la deuxième guerre mondiale*, avril 1957 (voir surtout l'article bibliographique de Giorgio VACCARINO, *A propos de quelques récentes biographies de Benito Mussolini*).

Sur la France, voir avant tout Raoul GIRARDET, Note sur l'esprit d'un fascisme français, *Revue française de science politique*, juillet-septembre 1955, pp. 529-546 (nombreuses références bibliographiques). Le livre de Jean PLUMYÈNE et R. LASIERRA, *Les fascismes français (1923-1963)*, Editions du Seuil, 1963, 320 p., est loin d'être pleinement satisfaisant. On se reportera plus utilement à Paul SÉRANT, *Le romantisme fasciste, étude sur l'œuvre politique de quelques écrivains français*, Fasquelle, 1960, 324 p.

IV. — Tentatives de renouvellement

1) *Décadence*

Principal recueil politique de Valéry, *Regards sur le monde actuel*, Gallimard, éd. de 1945, 328 p. (ensemble de textes dont le plus ancien date de 1895). Quelques textes importants ne figurent pas dans ce recueil, notamment, La conquête allemande (*Mercure de France*, 1er août 1915), les deux lettres sur la « crise de l'Esprit » publiées en avril et mai 1919 par l'*Athenaeum* de Londres et reprises ensuite dans la *N.R.F.* (la première de ces lettres commence par la phrase célèbre : « Nous autres, civilisations, nous savons maintenant que nous sommes mortelles »), la conférence à l'Université des Annales du 16 novembre 1933, la Lettre sur la Société des Esprits qui figure dans *Variété I*, etc. Le livre d'Edmée de La Rochefoucauld, *Paul Valéry*, Editions universitaires, 1954, 160 p. (« Classiques du xxe siècle »), contient un chapitre (médiocre) sur la politique de Valéry.

L'œuvre monumentale de Toynbee, *A Study of History* n'a fait l'objet en français que de traductions partielles : l'abrégé de Somervell, *L'histoire : un essai d'interprétation*, Gallimard, 1951, 652 p. ; un volume d'essais, *La civilisation à l'épreuve*, Gallimard, 1951, 285 p. ; un recueil d'extraits, *Guerre et civilisation*, Gallimard, 1954, 261 p. ; un recueil de conférences faites par Toynbee à la B.B.C. en 1952 : *Le monde et l'Occident*, Desclée de Brouwer, 1953, 189 p. (avec une étude de Jacques Madaule).

Sur Spengler, une bonne introduction dans Edmond Vermeil, *Doctrinaires de la révolution allemande (op. cit.)*. Voir aussi, Armin Mohler, *Die Konservative Revolution (op. cit.)*, avec une bibliographie particulièrement riche. E. Stutz, *Oswald Spengler als politischer Denker*, Berne, Francke, 1958, 279 p.

La meilleure introduction à l'étude de Malraux est fournie par Gaëtan Picon, *Malraux par lui-même*, Editions du Seuil, 1953, 192 p. (« Ecrivains de toujours »). Voir aussi Janine Mossuz, *André Malraux et le gaullisme*, A. Colin, 1970, 315 p. (Cahiers de la Fondation nationale des Sciences politiques).

2) *Élites*

Il existe de très utiles morceaux choisis de Max Weber en anglais, *Essays in Sociology*, Londres, Routledge and Kegan Paul, 2e éd., 1952, 490 p., avec une longue introduction de H. H. Gerth et C. Wright Mills. Ce livre contient les principaux textes politiques de Max Weber. Pour une introduction générale à la sociologie de Weber, voir les morceaux choisis par A. M. Henderson et Talcott Parsons, *Max Weber. The theory of social and economic organisation*, New York, Oxford U.P., 1947, 436 p. (avec une importante préface de Talcott Parsons). En français : Max Weber, *Le savant et le politique* (introduction de Raymond Aron), Plon, 1959, 232 p. Sur Max Weber, une excellente introduction dans Raymond Aron, *La sociologie allemande contemporaine*, P.U.F., 3e éd., 1966, 176 p., et dans *La philosophie critique de l'histoire*, Vrin, 1950, 324 p. Voir aussi : Marianne Weber, *Max Weber. Ein Lebensbild*, Heidelberg, Schreider, 3e éd., 1966, 779 p. Jacob Peter Mayer, *Max Weber and German Politics ; A study in political sociology*,

Londres, Faber, 2e éd., 1956, 160 p. Reinhard BENDIX, *Max Weber, An intellectual portrait*, Londres, Heinemann, 1960, 480 p.

Le livre le plus connu de Robert Michels est intitulé : *Les partis politiques, essai sur les tendances oligarchiques des démocraties*, trad. fr., Flammarion, 1914, 313 p.

L'œuvre principale de Gaetano MOSCA est ses *Elementi di scienza politica*, 1896 ; nouv. éd., Turin, 1923. Ce livre a été traduit en anglais sous le titre : *The Ruling Class* en 1939 et en allemand sous le titre : *Die Herrschende Klasse* en 1950. Sur Mosca, un bon livre en anglais : James H. MEISEL, *The myth of the ruling class. Gaetano Mosca and the « Elite »*, Ann Arbor, University of Michigan, 1958, 432 p. Le *Traité de sociologie générale* de PARETO a été traduit en 1917-1919 par la Librairie Payot, 2 vol., LXII-1 763 p. Sur Pareto, G. H. BOUSQUET, *Vilfredo Pareto, sa vie et son œuvre*, Payot, 1928, 230 p. Voir aussi DU MÊME AUTEUR, *Précis de sociologie d'après Vilfredo Pareto*, Payot, 1925, 207 p., et surtout *Pareto, le savant et l'homme*, Lausanne, 1960, 208 p.

Sur l'ensemble de ces problèmes : James BURNHAM, *Les machiavéliens, défenseurs de la liberté*, trad. fr., Calmann-Lévy, 1949, 294 p.

Ne pas négliger le livre de Joseph SCHUMPETER, *Capitalisme, socialisme et démocratie*, trad. fr., Payot, 1951, 463 p. (à l'inverse de l'édition anglaise, 3e éd., Londres, 1951, ne comporte pas une Ve Partie sur l'histoire des partis socialistes). La IVe Partie de l'ouvrage est proprement de science politique. A la conception classique de la démocratie, l'auteur oppose une conception « réaliste » : La démocratie est le régime dans lequel la sélection de l'élite gouvernante se fait de façon concurrentielle, par l'élection. Ce qui entraîne l'apparition d'un groupe social au rôle déterminant : « les politiciens ». La bonne marche d'un régime dépend de la façon dont il recrute, au moindre coût, c'est-à-dire pacifiquement et avec l'accord du plus grand nombre, la meilleure élite possible à un moment donné. Ce recrutement est lié à l'existence d'une élite sociale, ni trop exclusive ni trop accueillante, à l'image de l'élite anglaise. Sans être affirmatif l'auteur est sceptique sur la possibilité pour un régime socialiste de maintenir une lutte concurrentielle pour le pouvoir.

Sur le problème des élites aux Etats-Unis, C. Wright MILLS, *The power elite*, New York, Oxford U.P., 1956, 423 p., ainsi que le livre posthume, *Power, politics and people*, New York, Oxford U.P., 1963, 657 p.

3) *Le « néo-libéralisme »*

F. A. HAYEK, *La route de la servitude*, trad. fr., Librairie de Médicis, 1945, 179 p. Ludwig VON MISES, *Le socialisme, étude économique et sociologique*, Librairie de Médicis, 1938, 627 p. Walter LIPPMANN, *La cité libre*, trad. fr., Librairie de Médicis, 1938, 460 p., et *Crépuscule des démocraties ?*, trad. fr., Fasquelle, 1956, 240 p. Gaëtan PIROU, *La crise du capitalisme*, Sirey, 1934, 139 p., et *Néo-libéralisme, néo-corporatisme, néo-socialisme*, Gallimard, 1939, 221 p. J. K. GALBRAITH, *Le capitalisme américain. Le concept du pouvoir compensateur*, trad. fr., Librairie de Médicis, 1956, 253 p.

Il est intéressant de confronter le compte rendu des séances du colloque

Walter Lippmann, organisé à Paris en août 1938 (Librairie de Médicis, 1939, 110 p.), avec les travaux du Colloque international sur le libéralisme économique, qui s'est tenu à Ostende en septembre 1957, sous les auspices du parti libéral belge (Bruxelles, Editions du Centre Paul Hymans, 1958). Voir à cet égard l'intéressant article de Pierre DIETERLEN, Deux autocritiques du libéralisme, dans *Critique*, mars 1958, pp. 266-279.

Les principaux ouvrages politiques de Bertrand DE JOUVENEL sont : *Du pouvoir, histoire naturelle de sa croissance*, Genève, Cheval Ailé, 1945, 462 p. ; *De la souveraineté, à la recherche du bien politique*, Librairie de Médicis, 1955, 376 p. ; *De la politique pure*, Calmann-Lévy, 1963, 311 p., et *L'art de la conjecture*, Monaco, Editions du Rocher, 1964, 369 p.

4) *Libéralisme et organisation*

De très nombreuses études ont été consacrées à Keynes ; nous ne pouvons que renvoyer à ce sujet aux ouvrages concernant les doctrines économiques. Nous avons utilisé pour notre part le livre d'Alain BARRÈRE, *Théorie économique et impulsion keynesienne*, Dalloz, 1952, 762 p. Sur le New Deal, voir l'excellente chronique de Serge HURTIG, Le New Deal ou le triomphe du réformisme, *Revue française de science politique*, juillet-septembre 1957, pp. 659-667 (analyse des récents ouvrages américains relatifs au New Deal). Mario EINAUDI, *Roosevelt et la révolution du New Deal*, trad. fr., Colin, 1961, 312 p. Pierre BRODIN, *Les idées politiques des Etats-Unis d'aujourd'hui*, Maisonneuve, 1940, 303 p.

Les principaux livres d'André TARDIEU sont : *Devant le pays*, Flammarion, 1932, XXVII-249 p. ; *L'heure de la décision*, Flammarion, 1934, VIII-285 p. ; *La Révolution à refaire*, I : *Le souverain captif*, Flammarion, 1936, 283 p. ; II : *La profession parlementaire*, Flammarion, 1937, 362 p. Sur Tardieu, voir l'ouvrage collectif de Louis AUBERT, Ivan MARTIN, Michel MISSOFFE, François PIETRI et Alfred POSE, *André Tardieu*, Plon, 1957, XXXI-213 p., qui contient une documentation bibliographique.

Technocratie. — James BURNHAM, *L'ère des organisateurs (The Managerial Revolution)*, trad. fr., Calmann-Lévy, 1947, XXV-264 p. (avec une préface de Léon BLUM) ; *Les machiavéliens (op. cit.)* ; *Pour la domination mondiale (The struggle for the World)*, trad. fr., Calmann-Lévy, 1947, XXV-264 p.

La première Semaine sociologique organisée à Paris après la Libération a été consacrée au problème de la technocratie : M. BYÉ, Ch. BETTELHEIM, J. FOURASTIÉ, G. FRIEDMANN, G. GURVITCH et divers, *Industrialisation et technocratie*, A. Colin, 1949, 214 p. (dans un esprit généralement très critique à l'égard de Burnham). La plus solide mise au point sur ce problème qui suscite périodiquement la publication d'ouvrages d'intérêt fort inégal est celle de Jean MEYNAUD, *La technocratie, mythe ou réalité ?*, Payot, 1964, 297 p.

Nombreux sont les ouvrages qui témoignent en France d'un état d'esprit souvent qualifié de « technocratique » (en un sens exagérément extensif). Citons parmi les plus caractéristiques : Pierre MENDÈS FRANCE et Gabriel ARDANT, *La science économique et l'action*, Unesco, Julliard, 1954, 230 p.

Maurice LAURÉ, *Révolution, dernière chance de la France*, P.U.F., 1954, 208 p. Toute l'œuvre de Jean FOURASTIÉ, notamment *Le grand espoir du XXe siècle*, P.U.F., 1949, 3e éd., 1952, XXVIII-247 p., *La civilisation de 1975*, P.U.F., 8e éd., 1967, 128 p., et *La grande métamorphose du XXe siècle. Essais sur quelques problèmes de l'humanité d'aujourd'hui*, P.U.F., 1961, 224 p. Voir aussi Charles MORAZÉ et notamment *Les Français et la République*, A. Colin, 1956, 256 p. (Cahiers de la Fondation nationale des Sciences politiques, n° 79), et surtout Alfred SAUVY (si caractéristique d'une époque), notamment : *La nature sociale. Introduction à la psychologie politique*, A. Colin, 1957, 303 p. Ne pas oublier les écrits de Louis ARMAND, en particulier son *Plaidoyer pour l'avenir*, écrit en collaboration avec Michel DRANCOURT, Calmann-Lévy, 1961, 255 p.

5) *Christianisme et démocratie*

a) *La démocratie chrétienne.* — Maurice VAUSSARD, *Histoire de la démocratie chrétienne : France-Belgique-Italie*, Editions du Seuil, 1956, 333 p. (plan analytique). Michael P. FOGARTY, *Christian Democracy in Western Europe*, Londres, Routledge and Kegan Paul, 1957, 461 p. (intéressante étude comparative et synthétique). Mario EINAUDI et François GOGUEL, *Christian Democracy in Italy and France*, Notre-Dame, U.P., 1952, X-229 p.

Sur l'Italie, outre l'étude précitée de Mario EINAUDI et une centaine de pages dans le livre de M. VAUSSARD (pp. 201-312) : Arturo Carlo JEMOLO, *L'Eglise et l'Etat en Italie, du Risorgimento à nos jours*, trad. fr. Editions du Seuil, 1960, 286 p. Giorgio TUPINI, *I Democratici cristiani*, Milan, Garzanti, 1954, VIII-348 p. Francesco MAGRI, *La democrazia cristiana in Italia*, Milan, Ed. La Fiaccola, vol. I *(1897-1949)*, 1954, 418 p.

Sur l'Allemagne : Joseph ROVAN, *Le catholicisme politique en Allemagne*, Editions du Seuil, 1956, 295 p.

Sur la Belgique, bonne introduction dans VAUSSARD, *op. cit.*, pp. 133-197.

Sur la France, voir la bibliographie citée plus haut, pp. 592-593.

b) *Maritain, Bernanos et Mounier.* — Les principales œuvres de MARITAIN qui intéressent la politique sont : *Christianisme et démocratie*, Hartmann, 1943, 95 p., et surtout *L'homme et l'Etat*, P.U.F., 2e éd., 1965, XVIII-205 p. Mais les positions politiques de Maritain sont inséparables de sa pensée philosophique et religieuse, et il est nécessaire de rappeler d'autres titres : *Primauté du spirituel*, Plon, 1927, 317 p. ; *Humanisme intégral*, Aubier, 1936, 334 p. ; *Principes d'une politique humaniste*, Hartmann, 1944, 206 p. ; *La signification de l'athéisme contemporain*, Desclée de Brouwer, 1949, 43 p., etc. Sur Maritain, il faut citer l'ouvrage collectif intitulé *Jacques Maritain*, Fayard, 1957, 218 p. (Recherches et débats du Centre catholique des intellectuels) ; voir notamment l'étude brève mais très dense consacrée par Charles JOURNET à *L'homme et l'Etat* (pp. 136-147), ainsi que Henry BARS, *La politique selon Jacques Maritain*, Editions ouvrières, 1961, 248 p. Un bon livre en italien : Emilio ROSSI, *Il pensiero politico di Jacques Maritain*, Milan, ed. di Comunità, 1956, XVI-315 p. (bibliographie des plus précieuses).

Les deux grandes œuvres politiques de BERNANOS sont : *La grande peur des bien-pensants*, nouv. éd. Grasset, 1939, 461 p. (à propos de Drumont) ; *Les grands cimetières sous la lune*, nouv. éd. Plon, 1948, VI-361 p. (sur la guerre d'Espagne). Voir aussi : *Scandale de la vérité*, Gallimard, 1939, 80 p. ; *Nous autres Français*, Gallimard, 1939, 291 p. ; *Lettre aux Anglais*, Gallimard, 1946, 211 p. ; *Le chemin de la Croix-des-Ames*, Gallimard, 1948, XI-511 p. ; *La France contre les robots*, R. Laffont, 1947, 223 p. ; *Français, si vous saviez (1945-1948)*, Gallimard, 1961, 379 p. Mais la politique de Bernanos étant étroitement liée à sa foi, on ne peut négliger aucune œuvre, surtout pas le *Journal d'un curé de campagne*, Plon, 1947, 367 p. Sur Bernanos, Gaëtan PICON, *Georges Bernanos*, R. Marin, 1948, 227 p. *Georges Bernanos*, essais et témoignages réunis par A. BÉGUIN, Neuchâtel, Ed. de La Baconnière, 1949, 383 p. (cet ouvrage contient la liste complète des livres et articles consacrés à Bernanos). Albert BÉGUIN, *Bernanos par lui-même*, Ed. du Seuil, 1954, 192 p.

Les principaux textes politiques de MOUNIER sont les dernières pages de son « Que sais-je ? » sur *Le personnalisme*, P.U.F., 11e éd., 1969, 136 p., qui portent le titre « Le personnalisme et la révolution du XXe siècle » (pp. 115-132), et *Les certitudes difficiles*, Ed. du Seuil, 1951, 430 p. Il faut aussi consulter l'émouvante publication posthume intitulée *Mounier et sa génération*, Ed. du Seuil, 1956, 425 p. Sur Mounier, l'ouvrage fondamental est le numéro spécial d'*Esprit*, décembre 1950 (voir surtout les articles de François GOGUEL et de J.-M. DOMENACH sur les positions politiques de Mounier et sur les principes de ses choix). Consulter aussi Candide MOIX, *La pensée d'Emmanuel Mounier*, Editions du Seuil, 1960, 348 p. ; Jean-Marie DOMENACH, *Emmanuel Mounier*, Editions du Seuil, 1972, 192 p. (Ecrivains de toujours).

***

Les idées politiques de Vichy et de la Résistance

Robert ARON, *Histoire de Vichy*, A. Fayard, 1954, 767 p. Stanley HOFFMANN (qui prépare un livre sur ce sujet) : Quelques aspects du régime de Vichy, *Revue française de science politique*, janvier-mars 1956, pp. 44-69. Henri MICHEL et Boris MIRKINE-GUETZÉVITCH, *Les idées politiques et sociales de la Résistance*, P.U.F., 1954, XII-411 p. (utile recueil de textes). Henri MICHEL, *Les courants de pensée de la résistance*, P.U.F., 1962, 843 p. (importante thèse de doctorat).

1. *Politique et polémiques autour des « Temps modernes »*

J.-P. SARTRE, *Situations*, Gallimard, 1947-1964, 6 vol. Une bonne introduction dans Francis JEANSON, *Sartre par lui-même*, Editions du Seuil, 1955, 192 p. Albert CAMUS, principaux textes intéressant la politique : *Actuelles*, Gallimard, 3 vol., t. I : *1944-1948*, 1950, 271 p. ; t. II : *1948-1953*, 1953, 187 p. ; t. III : *1939-1958*, 1958, 215 p. (le tome I contient les articles publiés par CAMUS dans *Combat* à la Libération ; le tome III contient les textes relatifs à l'Algérie). *L'homme révolté*, Gallimard, 1951, 383 p., et la polémique entre Sartre et Camus à propos de ce livre (*Les Temps modernes*, août 1952, pp. 317-383). On se reportera plus commodément à l'excellente édition de La Pléiade, établie par Roger Quilliot, *Essais*, Gallimard, 1965, xiv-1976 p. Maurice Merleau-Ponty, *Les aventures de la dialectique*, Gallimard, 1955, 319 p. Ce livre a suscité de vives réactions. Voir notamment Simone de Beauvoir, Merleau-Ponty et le pseudo-sartrisme, *Les Temps modernes*, juin-juillet 1955, pp. 2072-2122 ; le numéro spécial de *La nouvelle critique*, juillet-août 1955, 256 p. Etiemble, *Hygiène des lettres*, Gallimard. I : *Premières notions*, 1952, 298 p. ; II. *Littérature dégagée*, 1955, 311 p. ; *Savoir et goût*, 1958, 285 p.

2. *Le fédéralisme*

Voir surtout l'important ouvrage collectif intitulé : *Le fédéralisme*, P.U.F., 1956, 411 p. Alexandre Marc, *Civilisation en sursis*, La Colombe, 1955, 315 p. Pierre Duclos, Fédéralisme des doctrinaires et fédéralisme des savants, *Revue française de science politique*, octobre-décembre 1956, pp. 892-905. Henri Brugmans et Pierre Duclos, *Le fédéralisme contemporain*, Leyden, A. W. Sythoff, 1963, 191 p.

3. *Les nouveaux nationalismes*

Les nationalismes arabes. — Une excellente introduction dans Pierre Rondot, *L'Islam et les musulmans d'aujourd'hui*, Editions de L'Orante, t. I : *La communauté musulmane. Ses bases, son état présent, son évolution*, 1958, 375 p. ; t. II : *De Dakar à Djakarta. L'Islam en devenir*, 1960, 253 p. Un texte caractéristique : Gamal Abd-El Nasser, *La philosophie de la révolution*, Le Caire, Dar-al-Maaref, 1957, 66 p. Ce livre est commenté par Jean Vigneau, L'idéologie de la révolution égyptienne, *Politique étrangère*, 1957, n° 4, pp. 445-462.

Deux importants ouvrages en anglais : Hazem Zaki Nuseibeh, *The ideas of Arab nationalism*, Ithaca, Cornell U.P., 1956, xvi-227 p. Walter Z. Laqueur, *Communism and nationalism in the Middle East*, New York, Praeger, 1955, 300 p.

Le meilleur livre en français sur l'Egypte de Nasser est celui de Jean et Simonne Lacouture, *L'Egypte en mouvement*, Editions du Seuil, 1956, 479 p. Des mêmes auteurs, *Le Maroc à l'épreuve*, Editions du Seuil, 1958, 383 p. Sur le Liban, Pierre Rondot, Les structures socio-politiques de la nation libanaise, *Revue française de science politique*, janvier-mars 1954, pp. 80-104, et avril-juin 1954, pp. 326-356. Pour de plus amples indications, voir la bibliographie générale sur les idées politiques de l'Islam (t. I, pp. 6 et 7), notamment l'article de Jacques Berque sur l'univers politique des Arabes dans l'*Encyclopédie française*, et l'*Annuaire du monde musulman* établi par Louis Massignon (P.U.F., 4e éd., 1955). De Jacques Berque également, *Les Arabes d'hier à demain*, Editions du Seuil, 1960, 286 p.

Les nationalismes africains. — Hubert Deschamps, *L'éveil politique africain*, P.U.F., 1952, 128 p. (introduction utile, mais déjà largement dépassée). Voir surtout les travaux de Georges Balandier et notamment *Afrique ambiguë*, Plon, 1957, 293 p. L'évolution des sentiments d'un homme comme Léopold Sédar Senghor se manifeste de façon éclatante lorsqu'on lit aujourd'hui le texte intitulé « Vues sur l'Afrique Noire, ou assimiler, non être assimilés » que le futur président du Sénégal a publié, en 1945, dans l'ouvrage collectif intitulé *La communauté impériale française*, Alsatia, 136 p. L. Senghor se prononce pour « une assimilation qui permette l'association » ; il ne rejette ni le terme de « colonies » ni celui d'« Empire ». De Sekou Touré, voir surtout *Expérience guinéenne et unité africaine*, Présence africaine, 1959, 439 p. Voir aussi *La pensée politique de Patrice Lumumba*, préface de Jean-Paul Sartre, Présence africaine, 1963, XLVI-406 p.

Sur les aspects culturels du nationalisme noir : *Anthologie de la nouvelle poésie nègre et malgache de langue française*, précédée de *Orphée noir* par Jean-Paul Sartre, P.U.F., 2e éd., 1969, XLIV-228 p. *Premier Congrès des écrivains et artistes noirs*, Présence africaine, juin-septembre 1957, 363 p. Cheik Anta Diop, *Nations nègres et culture*, Editions africaines, 1955, 390 p. (s'attache minutieusement à démontrer l'origine nègre de la race et de la civilisation égyptiennes).

Sur les aspects économiques du nationalisme africain : Mamadou Dia, *L'économie africaine, études et problèmes nouveaux*, P.U.F., 1957, 120 p. (se prononce pour un socialisme africain, un « dépassement du nationalisme qui ne peut être qu'une étape et non une fin », une communauté franco-africaine dans un cadre fédéral, se défie de la « ghanacratie »). Abdoulaye Ly, *Les masses africaines et l'actuelle condition humaine*, Présence africaine, 1956, 256 p. (nationalisme par anti-impérialisme et anticapitalisme ; essai de définition d'un « collectivisme progressiste »). Voir aussi : Aimé Césaire, *Discours sur le colonialisme*, Présence africaine, 1955, 72 p. Albert Tevoedjre, *L'Afrique révoltée*, Présence africaine, 1958, 158 p. (l'ancien rédacteur en chef de *L'étudiant d'Afrique noire* dresse un réquisitoire violent — parfois hâtif — contre le colonialisme français ; il se prononce pour une révolution qui assure aux Africains « le droit d'être véritablement des hommes »). On consultera également avec profit le livre très significatif de Richard Wright, *Puissance noire*, trad. fr., Corréa, 1955, 400 p. ; et les ouvrages de George Padmore, surtout : *Pan-africanism or Communism?* Londres, D. Dobson, 1956, 463 p.

Les nationalismes asiatiques. — K. M. Panikkar, *L'Asie et la domination occidentale du XVe siècle à nos jours*, trad. fr., Ed. du Seuil, 1956, 448 p. ; François Léger, *Les influences occidentales dans la révolution de l'Orient. Inde, Malaisie, Chine (1850-1950)*, Plon, 1955, 2 vol. ; voir aussi les travaux de Tibor Mende.

Ne pas oublier l'abondante littérature suscitée par le castrisme et les écrits de Fidel Castro lui-même, notamment, *Fidel Castro parle ... La révolution cubaine par les textes*, Maspero, 1961, 287 p., et *Cuba et la crise des Caraïbes*, Maspero, 1963, 180 p.

Les nationalismes sud-américains. — Voir surtout Juan Peron, *Peron expone su doctrina (Doctrina peronista)*, 1950, XLII-418 p., et *Peron parle*, 1950, 191 p. Eva Peron, *La raison de ma vie*, R. Solar, 1952, 320 p.

Mentionnons pour finir le livre si souvent cité de Frantz Fanon, *Les damnés de la terre*, préface de Jean-Paul Sartre, Maspero, 1961, 244 p. On sait que les éditions Maspero ont publié, depuis quelques années, de nombreux ouvrages concernant les nouveaux nationalismes.

INDEX

DU TOME 2

Etant donné l'ampleur des matières abordées dans cet ouvrage, nous avons dû renoncer à établir un index analytique. D'autre part, le caractère des bibliographies (cf. Préface, t. I, pp. IX-X) et le manque de place ne nous permettaient pas d'effectuer le relevé des auteurs d'études, cités dans le texte ou dans les diverses bibliographies. Notre index ne comporte donc que des noms d'auteurs étudiés (ex. Montesquieu, **392-400**) ou mentionnés (ex. Montesquieu, 386) dans le texte, ou sur lesquels on trouvera des indications bibliographiques sommaires ou passagères (ex. Montesquieu, *1*), ou une bibliographie plus ample (ex. Montesquieu ***441-442***). Précisons que, pour faciliter la consultation de cet index, nous n'y avons retenu que les noms d'auteurs principaux ou significatifs ; ajoutons enfin que nous y avons fait figurer un petit nombre de mots génériques (ex. *Islam*, *Physiocrates*), dans la mesure où ils recouvrent un ensemble bien circonscrit d'auteurs ou d'idées.

ACTON (lord), *586*.
ADAMS (John), 454, 455, ***472***.
ADLER (Fr.), 787, 789, 792.
ADLER (Max), 739, 746, ***762***.
ALAIN, 675, **677-680**, ***710***, 825, 838.
ALEMBERT (D'), 385, 386, 405, 406, 437.
Allemagne et Autriche (depuis le XVIIIe siècle), **417-420**, *439*, ***440***, *476*, **485-507**, ***509-510***, 535, ***586***, **600-616**, ***616***, 617 à 664 *passim*, **699-701**, ***713-714***, 735 à 754 *passim*, ***761-763***, 786 à 801 *passim*, **802-813**, 817-818, ***846-848***.
Anarchisme, 719, 723, **724-729**, 730, 731, 735, 752, ***759***.
Argentine, 815, 840, *855*.
ARON (Raymond), 821, **835**.
ARON (Robert), 816, 832, 833.
ATTLEE, *715*, 791.
Aufklärung, 389, ***439***, 477, **486-487**, 489, 490, 495.
AUSTIN (John), *584*, *586*.
AXELROD, 741, 747.

BABEUF, babouvisme, 431, 432, *448*, 450, 466, **468-470**, ***475***, 551, 556, 573, 577, *584*, *595*, 721, 726.
BAGEHOT, *584*, *586*, 682.
BAIN, *586*.
BAKOUNINE, 615, *617*, 627, 628, 647, 654, 655, 659, 722, 723, **725-726**, 727, ***759***, *760*.
BALLANCHE, *584*.
BALZAC, 522, 538, 539, *587*.
BARANTE, *587*.
BARNAVE, 383, 460, 473.
BARRÈS, 512, 538, 539, 540, 541, 545, 691, **692-694**, 695, 698, ***712***.
BASTIAT, 525.
BAUDEAU, 411.

Baudin (Louis), 823-824.
Bauer (Bruno et Edgar), 603, 604, **605-606**, 607, 613, 615, 622, 634.
Bauer (Otto), 739, 750, ***762-763***, 787, 788, 789, 790.
Bayle, *440*.
Bazard, 546, 559, 573.
Bébel, 611, 739, 746, 749, 751, 752, 753.
Beccaria, 417.
Bellamy (Edward), 706.
Bentham, 390, 409, 413, 414, 415, **416-417**, *439*, *440*, ***445***, 452, 459, 532, 533, 535, 540, 555, *585*, *586*, 755, 756.
Béranger, 452, 521, 522, 525, 526, 527, 535, 537, 557, 578, *579*, 580, 675.
Bergery (Gaston), 832.
Bergson, 731, 770, *843*.
Bernanos, 542, 549, 695, 813, 836, 838, ***852-853***.
Bernstein, 657, **736-737**, 738, 739, 743, 746, ***761***, 778, 795, 801.
Bevan, 800.
Bismarck, 610, 611, 699 700, *714*, 717, 745.
Blackstone, 416.
Blanc (Louis), 470, *473*, 551, 557, 567, 572, 574, **575-576**, 578, ***598***, 608, 611, 625, 744.
Blanqui, 551, 557, 572, **576-578**, ***598***, 608, 609, 613, 655, 720, 721, 725, 730, 747, 752, *758*.
Bloy, 695.
Blum, 744, 758, 788 à 791 *passim*, **793-795**, 801, 829, ***845***, *851*.
Bogdanov, 748.
Bolingbroke, 391.
Bonald (vicomte de), 485, 541, **542-544**, 546, *584*, ***592***, 684, 685, 698, 709.
Bonstetten, *588*.
Börne (Ludwig), 601, 602.
Bosanquet, 683.
Bossuet, 384, 388, 393, 395, 401, 543.
Boukharine, *764*.
Bourgeois (Léon), 674, 677, *709*.
Bradley (F. H.), 683.
Brasillach (Robert), *589*, 806, 815, 832.
Briand (Aristide), 734, 747.
Brousse, 730.
Bryan (W. J.), 706.
Buchez, 470, *473*, 546, 551, 557, 559, 572, **573-574**, 581, ***598***.
Büchner (Georg), 609.
Buffon, 387, 388, 405.
Buisson (Ferdinand), *709*.
Buonarroti, *448*, 468, ***475***.
Burke, 414, 416, 417, *439*, *440*, 453, 477, **478-482**, 483, 485, 486, 488, 493, ***508***, 540, 542, 543, *586*, *591*, 695, *715*.
Burnham, 820, **829-830**, *850*, ***851***.

Cabanis, *476*, 725.
Cabet, 433, 470, 557, 572, **573**, 577, ***597***.
Caillaux, 675.
Calhoun (John), **705**.
Campanella, 431.
Camus (Albert), 813, ***853***.
Carlyle, 515, 533, 534, *584*, **703**, 842.
Castro (Fidel), 855.
Catherine II, 385, *444*.
Catholicisme (libéral et social), **546-550**, 552, ***592-593***, **684-686**, **835-838**, ***852-853***.
Caton, 389.
Cavour, 535, 699.
Chamberlain (H. S.), 700, *714*, 812.
Chamberlain (Joseph), *590*, *591*, 684, *713*, *715*.
Chartisme, **556-557**, ***594***.
Chateaubriand, 452, 467, *475*, *476*, 485, 513, 514, 515. 522, 527, 538, 539, **544-545**, *584*, *587*, ***592***, 693, 698.
Chevalier (Michel), 559, 562, 672, 685.

Chine, *441*, **779-781**, **782**, ***843-844***.
CHURCHILL, ***591***.
CICÉRON, 479.
CLEMENCEAU, 463, 540, 578, 675, 679, *709*, 721.
COBDEN, **534**, 702.
COLERIDGE, 513, 533, *584*, *591*, **703**, ***715***.
COMBES, 674, 675, 677, 679, *709*.
Commune de Paris, **719-723**, ***758***.
COMTE (A.), 401, 533, 541, 558, *584*, *596*, **667-670**, 696, 698, ***708-709***, 725, 825.
CONDORCET, 384, 388, **437-438**, 440, ***449***, 453, 460, *474*, *476*, *596*, 677.
CONSIDERANT (Victor), **565**, *597*.
CONSTANT (Benjamin), 393, 468, *476*, 518, 520, 521, 522, **523-524**, 532, 541, *584*, ***588***, 677.
COURIER (Paul-Louis), 521, 522, 523, 532, ***588***.
COUSIN (Victor), *584*, 826.
CROCE (Benedetto), *510*, **739**, *767*, 772, *843*.
CROSSMAN (R. H. S.), 800, *846*.

DANDIEU (Arnaud), 816, 832, 833.
DARWIN, 667, 681, 682, 688, 696, *710*, 725.
DESCARTES, 393.
Despotisme éclairé, 390, 408, 410, **417-420**, ***446***.
DESTUTT DE TRACY, *476*.
DIDEROT, 385, 386, 387, 390, 402, **405-406**, 407 à 410 *passim*, 418, 422, 432, ***443-444***, 677.
DISRAELI, *591*, 680, 683, **702-703**, ***715***, 835.
DOELLINGER, 547, *592*.
DORIOT, 807, 815.
DOSSETTI, 801.
DRIEU LA ROCHELLE, 807, 815.
DRUMONT, 692.
DÜHRING (K. E.), 616, 627, 662, 663, 717, 804.
DU PONT DE NEMOURS, **411**, *445*.
DUVERGIER DE HAURANNE, 527.

Emigrés, **467**, ***475***.
Encyclopédie, encyclopédistes, 389, 390, 402, **405-410**, 412, 422, 433, 437, ***443-444***, 458.
ENFANTIN, 559, 562, ***596***.
ENGELS, 423, *444*, 552, 561, 563, 577, 604, 605, 606, 609, 610, 611, 616, **617-660** *passim*, ***660-665*** *passim*, 717, 720, 722, 723, 739, 745, 746, 754, 774, 777, 788.
Enragés, **466-467**, ***475***.
Espagne, ***440***, *586*, **813-814**.
Etats-Unis, **451-456**, ***471-472***, *586*, 682, **705-706**, **824-825**, **827-831**, **834-835**, ***851***.

Fabiens, 518, 750, **754-757**, ***767***, 800, ***846***.
Fascisme, 769, 770, 785 à 791 *passim*, **802-815**, 827, 831, 839, 841, ***846-848***.
FAURE (Paul), 791, 793, ***845***.
Fédéralisme (au XXe siècle), 839, ***854***.
FÉNELON, 395, 401.
FERRY (Jules), 675, 685, *713*.
FEUERBACH (Ludwig), 603, **604-605**, 606, 607, 609, 611, *612*, 614, *615*, *616*, *630*, *662*, 738.
FICHTE, 485, 487, 488, **492-494**, ***510***, 605, 629, 699, 700, *713*, 804.
FOË (Daniel DE), 388.
FONTENELLE, 403.
FOURIER, 432, 433, 484, 551, 552, 554, 555, 557, 559, **562-566**, 567, 568, 569, 572, 573, 578, 581, *584*, ***596-597***, 608, 627, 743.
FOX, *589*.
France, voir table des matières.
FRANCE (Anatole), 680, *710*, 770.
FRANKLIN, 386, 389, 390, **452-453**, ***472***, 553.
Franquisme, 802, **813-814**, 838, *846*.

Frédéric II, 385, 386, 410, 417, **418-419**, 420, 433, 436, ***446***.
Freud, 770, *843*.
Fustel de Coulanges, *712*.

Gambetta, 674, 691, *710*, 720.
Gans (Eduard), 602, 603, 608.
Garat, *476*.
Garibaldi, 699, 720.
Gauche hégélienne, **603-608**, *616*.
Gaullisme, 819, 834, 842.
George (Henry), 706, 736, 754.
Gioberti, 535, 699.
Girondins, 437, **463**, ***474***.
Gladstone, 680, 683.
Gobineau, *589*, 667, 670, ***709***, 812, *842*.
Godwin, 416, *439*, ***449***.
Goebbels, 804, *847*.
Goerres, 700, *714*.
Gœthe, 436, *439*, 486, 487.
Gramsci (A.), ***767***, 773, **782**, 789.
Grande-Bretagne, **413-417**, ***440***, ***445-446***, 478 à 482 *passim*, **531-534**, **552-557**, ***585-586***, ***590***, ***594-595***, **680-684**, **701-705**, ***710***, ***714-715***, **754-757**, ***767***, 792, 800, ***846***.
Grave (Jean), 725, *758*.
Green (Thomas Hill), **683**, ***711***.
Griffuelhes (Victor), 731, 733, 734.
Grote, *586*.
Grün (Karl), 609.
Guesde (Jules), 653, 732, 744, 746, 747, 752, ***768***, 789, 793.
Guillaume (James), 722, *758*.
Guizot, 515, 516, 524, 527, *584*, *587*, *589*.
Gutzkow (Karl), 602, *616*.

Haller (Charles-Louis de), 485.
Hamilton, **454-455**, 456, ***472***, 529.
Hardie (Keir), 752, 756.
Haushofer, 701.
Hayek (F. A.), 824, *850*.
Hébert, *475*.
Hegel, 436, 438, 477, 478, 486, 487, 491, 492, **494-507**, ***510***, *584*, 600 à 665 *passim*, 683, 687, 700, *714*, 731, 736, 738, 739, *766*, 772, 773, *842*.
Heine (H.), 601, 602, 608, *616*.
Helvétius, 384, 386, 405, 408, **409-410**, ***444***.
Herder, 386, 401, 436, *439*, 487.
Herriot (Edouard), 466, 674, 675, 676, 677, *709*, 743.
Herwegh, 607.
Herzen, ***711***.
Hess (Moses), 609, 611, *616*.
Hilferding, 707, *712*.
Hitler, 790, **802-813**, 846, ***847-848***.
Hobbes, 388, 413, 414, 423, 424, 427, *586*, 705.
Hobhouse (Leonard), 683.
Hobson (J. A.), 702, 707, *712*.
Hodgskin (Thomas), *584*, *595*.
Holbach (baron d'), 405, 409, **410**, 419, ***444***.
Hölderlin, 488, 495.
Hugo, 402, 513, 514, 522, 566, 580, *587*, *597*, 720.
Hume, **414**, ***445***, *447*, 481.
Hyndman (Henry), 753.

Islam, **840-841**, ***854***.
Italie, ***441***, **535-536**, *586*, ***767***, 782-783, 789, **802-813** *passim*, 819, 820, ***846-848***, *849-850*, ***852***.

Jacobins, **463-466**, ***474***, 686, 688, 720, 721.
Jaurès, 383, 470, 735, **743-744**, 747, **752-753**, *758*, ***768***, 791, 793.
Jay, 455.
Jdanov, 773.
Jefferson, 453, 454, **455-456**, ***472***.

Jeune Allemagne, **601-603**, 608, *616*.
Joseph II, 385, 417, **419-420**, ***446***.
Jouhaux (Léon), 734, 747, 759.
Jouvenel (B. de), **825-826**, 832, ***851***.
Jovellanos (G.), *441*.

Kamenev, *763*, *764*.
Kant, 386, **434-435**, ***449***, 471, 485, 486, 487, **488-492**, 495, 496, 500, 505, ***509***, 533, 629, 683, 736, 738, 739.
Kautsky (Karl), 650, **737**, 738, 741, 744, 746, 749, 751, 752, 753, *760*, ***761-762***, *763*, 775, 788.
Kémalisme, 814, 839, 840, 841.
Ketteler, 547.
Keufer, 734.
Keynes, 416, *589*, **826-827**, ***851***.
Khrouchtchev, *765*, 773, 777.
Kidd (B.), *585*, 682, 704.
Kingsley, *595*.
Kipling, 512, 705.
Kropotkine, 723, **725-726**, ***758***.

Labriola (Antonio), **731**, **739**, ***760***.
Lacordaire, 550, *593*.
Lafargue, 653.
Laffitte, 524, 526, 527, 553.
Lamartine, 463, 470, 513, 514, 515, 525, 527, 574, 580, 583, ***587***, 677.
Lamennais, 485, 513, 514, 515, 527, 537, 541, 542, 546, 547, **548-550**, 552, 580, 581, *584*, ***593***, 609, 689.
La Mettrie, **410**, *444*.
Lassalle (Ferdinand), 607, **610-611**, 615, *616*, 625, 626, 659, 719, 745, 804.
La Tour du Pin, 546, 686.
Laurent (Raymond), 836.
Ledru-Rollin, 677.
Leibniz, 434, *439*, 486.
Lénine, léninisme, *595*, 650, 707, 708, *713*, 732, 741, **742-743**, **747-749**, **751**, 760, ***764-766***, **771-785**, 787, 846.
Léon XIII, 685.
Le Play, **685-686**, 698, *711*.
Leroux (Pierre), 550, 557, 567, 572, **574-575**, ***598***, 608.
Lessing, 386, *439*, 487, 488.
Liebknecht (Karl), 746, 749, 753.
Liebknecht (W.), 611, 738, 744, 746.
Linguet, 431, 433.
Liou-Chao-chi, 773, ***843***.
Lippmann (Walter), **824-825**, 850.
List (Fr.), 493, 535, 609, 610, 699, 700, 804.
Littré, 541, *709*.
Locke, 388, 391, 392, 413, 414, 424, *440*, 451, 453, 455, 461, 483, *586*.
Louis XIV, 404, 418, 434.
Lukacs (Georg), ***763***.
Luther, 493.
Luxembourg (Rosa), 731, **738-739**, 741, 742, 748, 749, **751**, 754, ***761-762***, *763*, 782.

Mably, 431, **432**, 433, ***448***, 551.
Mac Donald, 757, 788, 791, 792.
Machiavel, 418, 419, 491, 821.
Madison, 455.
Mahan (Alfred), 706.
Maine, *584*, *586*, 702.
Maine de Biran, ***588***.
Maistre (Joseph de), 467, *475*, 477, 478, 482, 483, **484**, 485, 488, *508*, 515, 539, 540, 541, **542-544**, 546, 552, 567, *584*, ***591-592***, 684, 695, 696, *709*.
Malenkov, 775.
Mallet du Pan, 467, *475*.
Malon (Benoît), 578.
Malraux (André), 538, 813, **818-819**, *849*.
Malthus, **415-416**, ***446***, 609.

MAN (Henri DE), 791, **795-798**, 801, 816, 833, ***845***.
MANDEVILLE, 388, 413, *442*, ***445***.
MAO TSÉ-TOUNG, 772, 774, **780-781**, 782, ***843-844***.
MARAT, *474*.
MARÉCHAL (Sylvain), **468-470**, *475*.
MARITAIN (Jacques), 835, **836-837**, ***852***.
MARTOV, 741, 747.
MARX (Karl), marxisme, 433, *444*, 466, 499, 503, 535, 561, 566, 567, 569, 571, 579, 581, 583, *584*, *594*, *595*, 602, 604, 605, 606, 607, 609, 610, **611-616**, *616*, **617-660**, ***660-665***, 667, 716 à 731 *passim*, 735 à 757 *passim*, *758*, *760*, *765*, *766*, 771 à 785 *passim*, 788, 795 à 800 *passim*, 805, *821*, 838, *843* à *845 passim*.
MASSIS (Henri), *713*.
MAULNIER (Thierry), 816, 832, 833, 834.
MAURIAC (François), 813, 836.
MAURRAS, 484, 538, 541, 545, *591*, *592*, 667, 670, 692, **695-699**, ***712-713***, 830.
MAZZINI, **535-536**, *591*, 654, 666, 691, 699, 720.
MÉLINE, 694.
MENDÈS-FRANCE (Pierre), 828, 831, 851.
MERCIER DE LA RIVIÈRE, 411, 412, 418, 432, *445*.
MERLEAU-PONTY (Maurice), *762*, 769, ***853-854***.
MERRHEIM, 731.
MESLIER (abbé), 431, 433.
MICHELET, 400, 401, 470, *473*, 513 à 516 *passim*, 526, 527, **536-537**, 577, 581, ***591***, *592*, 666, 691, 692, 695.
MICHELS (Robert), **821-822**, *843*, *850*.
MICKIEWICZ, 535.
MIGNET, 470, *473*, 515, 516.
MIKHAÏLOVSKY, *711*.
MILL (James), 417, ***445***, **532-533**, *586*, ***590***, 702.
MILL (Stuart), 415, ***445***, 518, **533-534**, 541, *584*, *586*, *589*, ***590***, 669, 687.
MIRABEAU (marquis DE), 411.
MISES (Ludwig VON), 823, *850*.
MOCH (Jules), 800, *846*.
MONTALEMBERT, 547, 550, ***593***.
MONTESQUIEU, 386, 388 à 391 *passim*, **392-400**, 401, 402, 405, 408, 427, 433, 436, 437, *439*, *440*, ***442***, 458, 461, 462, 465, *473*, 489, 495, 527, 531, 584, 672, 810, 825, 839.
MONTHERLANT (H. DE), 539, 540, 545, 806, 807.
MORE (Thomas), 431, 573.
MORELLY, **431-432**, 433, ***448***, 551.
MOSCA, **820**, 822, *843*, ***850***.
MOUNIER (Emmanuel), 801, 823, 832, 835, 837, 838, **853**.
MOUNIER (J.-J.), 467, *473*.
MÜLLER (Adam), 488.
MUN (Albert DE), 546, 686.
MUSSOLINI, *591*, 732, 789, **802-812**, 820, ***846-848***.

NADAUD (Martin), 526, 527, *578*, *599*.
NAPOLÉON Ier, 399, **470-471**, ***476***, 520, 525, 543, ***589***, *847*.
NASSER, 815, 841.
Nationalismes (au XIXe siècle), **534-537**, ***590***, **691-708**, ***711-714***.
Nationalismes (arabes, africains, sud-américains, asiatiques), **839-842**, ***854-855***.
National-socialisme, 790, **802-813**, 839, ***846-848***.
Néo-socialistes français (Déat, Marquet, Montagnon, Renaudel), 795, **798-799**, 832, ***846***.
NETCHAÏEV, 725.
NEWMAN (cardinal), *585*, 703.

NEWTON, 387, 403.
NIETZSCHE, 512, ***713***, 724, 770, *842*.

OLIVET (Fabre D'), 484, ***508***.
OLLIVIER (Emile), *709*.
OWEN (Robert), **553-556**, 573, *584*, ***594***, 608, 627.
OZANAM, 550, ***593***.

PAINE, 416, *439*, **453**.
PARETO, 799, **819-820**, 822, *842*, *843*, ***850***.
PECQUEUR (Constantin), *598*.
PÉGUY (Charles), 539, 540, 542, 545, 549, 566, 673, 692, **695**, 697, ***712***, 838.
PELLOUTIER (Fernand), 728, 731, 733, ***759***.
PERDIGUIER (Agricol), 526, 527, *578*, *599*.
PERON, 802, 815, 840, 841, *846*.
PETOEFI, 535.
PHILIP (André), 798, 800, 801, ***846***.
Physiocrates, 390, 402, 405, **411-413**, 418, 432, 433, ***444-445***, 458, 538.
PLÉKHANOV (Georges), *444*, 741, 747, 748, 751, *763*.
PONIATOWSKI (S. A.), *441*.
Poujadisme, 680.
PRÉLOT (Marcel), 836.
PRÉVOST-PARADOL, 396, **671-672**, ***709***.
PROUDHON, 551, 554, 557, 565, **566-572**, 575, 577, 578, *584*, *595*, ***597***, 608, 609, *612*, 614, 615, 654, 662, 717, 721, 722, 727, 731, 732, 734, 744, *760*.

QUESNAY, 405, 411, 412, ***445***.
QUINET, 515, 577, *584*, *591*.

RAMSAY, 386.
RANKE, *439*.
RASPAIL, *599*.
RATHENAU, *847*.
RATZEL, 701.
RAUSCHNING, 803, 808.
RAYNAL (abbé), **432-433**, ***448***.
RÉMUSAT, *589*.
RENAN, 396, 484, 493, 537, 539, 540, 541, 574, 581, *584*, 666, 670, 671, 684, 686, **689-691**, 692, 694, 698, ***712***.
RENNER (Karl), 745, 750, *761*.
RENOUVIER (Charles), 674, *709*.
Résistance (idées politiques de la), 839, *853*.
RICARDO, 506, 532, 552, 609.
RIVAROL, *476*, 477, **483-484**, 485, *508*, *591*.
ROBESPIERRE, 427, *440*, 457, 461, **463-466**, 467, 468, ***474***, 556, 572, 577, *598*, 623, 721, *846*.
RODBERTUS (J. K.), 609, 610, 611, 736, 804.
ROLAND (Mme), *474*, 540.
ROLLAND (Romain), *712*.
ROMAINS (Jules), 826, 832.
ROOSEVELT (Franklin), 824, 827, 828.
ROOSEVELT (Theodore), 706, 707, *713*.
ROSEBERY (lord), 684, 702.
ROSENBERG (A.), 803, 807, 808, 812, *847*.
ROUGIER (Louis), 824.
ROUSSEAU (J.-J.), 387 à 391 *passim*, 404, 405, 414, **421-431**, 432 à 437 *passim*, *439*, *440*, *444*, ***447-448***, 458, 462, 464, *475*, 478, 483, 484, 489, 490, 491, *508*, 537, 569, 825, 839.
ROUX (Jacques), 466, *476*.
ROYER-COLLARD, 523, 544, *584*, ***589***.
RUEFF (Jacques), 823.
RUGE (Arnold), 603, 605, 606, 607, 623, 625.
Russie, U.R.S.S., *441*, *710*, 724 à 729 *passim*, **740-743**, **747-749**, ***762-767***, **771-780**, **783-785**.

SAINTE-BEUVE, *584*, *592*, *596*, *597*, 685.
SAINT-EXUPÉRY, 538, 539.
SAINT-JUST, 388, 399, 430, **463-466**, ***474***, 484.
SAINT-MARC GIRARDIN, *709*.
SAINT-MARTIN (Claude DE), 484, 485, *508*, 552.
SAINT-PIERRE (abbé DE), 388, 429, **434**, ***449***.
SAINT-SIMON (duc DE), 392, 398.
SAINT-SIMON, saint-simonisme, 459, 484, 546, 551, 552, 555, 557, **558-562**, 563 à 569 *passim*, **572**, 573 à 581 *passim*, *584*, ***596***, 602, 608, 668, 685, *708*, 734, 736, 737, 830.
SALAZAR, 802, **814**, 817.
SAND (George), 526, 574, 578, ***597***.
SANGNIER (Marc), 548, 686, 836.
SANTAYANA, *591*.
SARTRE (J.-P.), 385, *846*, ***853***, *854-855*.
SAVIGNY (F. Carl VON), 488, 602, 609.
SAY (J.-B.), 506, 552, *589*.
SCHEIDEMANN, 746, 751, *761*.
SCHULZE-DELITZSCHE, 608, 610.
SCHUMPETER (J.), *713*, **799**, *850*.
SEELEY, 704.
SERGE (Victor), 728, *758*.
SHAW (Bernard), 750, 754.
SIDNEY (Algernon), *442*.
SIEYÈS, 436, **458-460**, ***473***, 647.
SIMON (Jules), *709*.
SISMONDI, 551, 552, *588*, ***594***.
SMITH (Adam), 390, 402, 411, **414-415**, 416, 479, 506, 532, 559.
SOMBART, *848*.
SOREL (Georges), *597*, *664*, 695, **731-732**, ***760***, 834.
SPAAK (P. H.), 791, 795.
SPENCER, *584*, *586*, 666, 680, **681-682**, 724.
SPENGLER, 804, 816, **817-818**, *847*, ***849***.
SPINOZA, 434, 492, 495.
STAËL (Mme DE), 468, 520, 540, *584*, ***588***.
STALINE, *763*, *764*, *765*, ***766-767***, 771 à 785 *passim*, 833.
STENDHAL, 522, 523, 527, *584*, ***588-589***.
STEIN (Lorenz VON), 608.
STIRNER (Max), **606**, 615, ***616***, 724.
STRAUSS (David), 603, **604**.
STURZO (Don), 835, 836.
SUE (Eugène), 514, 599.
SWIFT, 388.

TAINE, 470, *473*, 529, 531, 538, 539, 540, 541, *584*, 666, 670, 684, **686-689**, 692, 694, 695, 698, ***711***, ***712***, 825.
TARDIEU (André), 540, **828**, 836, ***851***.
Technocratie, **560-561**, **828-831**, ***851-852***.
THIERRY (Augustin), 515, 516, 587.
THIERS, 470, *473*, 515, 516, 527, 671.
TITO, ***844***.
TOCQUEVILLE (A. DE), 393, 396, 398, 452, 456, 470, *473*, 513, 524, **527-531**, 532, 533, 534, 540, 541, 566, 581, *584*, *587*, ***589***, 671, 688, *709*, 810, 825.
TOLSTOÏ (Léon), 723.
TORTELLIER, 731, **734**.
TOUSSENEL, 577, 692.
TOYNBEE, 816, **818**, ***849***.
TREITSCHKE, 667, **699-700**, 701, ***714***.
TRISTAN (Flora), *599*.
TROTSKY, **741-742**, 749, 751, ***763***, 782 à 785 *passim*.
TURGOT, 405, 411, 418, *441*, ***445***, 454, *596*.

VACHER DE LAPOUGE, 812.
VAILLANT (Edouard), 747, *768*.
VALÉRY, **816-817**, ***849***.

VAN DEN BRUCK (Moeller), 804, ***847-848***.
VANDERVELDE, 746, 788, 790, 791.
VEUILLOT, *593*, 684.
Vichy (gouvernement de), 834, **839**, *853*.
VICO, **400-402**, 438, *439*, ***443***.
VIGNY (A. DE), 513, ***587***.
VILLENEUVE-BARGEMONT (Alban DE), 546, 547, 550.
VOLNEY, ***476***.
VOLTAIRE, 383 à 391 *passim*, 399, **402-405**, 407, 409, 413, 418, 422, 434 à 437 *passim*, *440*, ***443***, 452, 458, 459, 483, 484, 536, 537, 569, 677, 839.

WAGNER (Richard), 700.
WASHINGTON, 386.
WEBB (Sidney et Beatrice), *595*, 754, **755-756**.
WEBER (Max), *510*, 808, **821**, 822, 835, *842*, *843*, ***849***.
WEITLING (Wilhelm), **608-609**, 614, *616*, 627.
WELLS (H. G.), 753.
WOLFF, 486, 487.

Yougoslavie socialiste, **776-777**, ***844-845***.

ZASSOULITCH (Vera), 657, **741**, 747.
ZOLA, 667, 670, 680, *710*.

TABLE DES MATIÈRES
DU TOME 2

Chapitre IX. — Le siècle des lumières 383

Section I. — Le libéralisme aristocratique 391
§ 1. Montesquieu 392
§ 2. Vico 400

Section II. — L'utilitarisme politique 402
§ 1. Voltaire 402
§ 2. Diderot et l'Encyclopédie 405
§ 3. Les physiocrates 411
§ 4. L'utilitarisme anglais, de Locke à Bentham 413
§ 5. Le despotisme éclairé 417

Section III. — Révoltes et utopies 420
§ 1. Jean-Jacques Rousseau 421
§ 2. Les idées sociales 431
§ 3. Le pacifisme au XVIIIe siècle 433

Une synthèse : l'œuvre de Condorcet 436

Bibliographie 438

Chapitre X. — La pensée révolutionnaire 450

Section I. — La Révolution américaine 450

Section II. — La Révolution française 456
§ 1. Les principes de Quatre-vingt-neuf 458
§ 2. Les idées de Quatre-vingt-treize 462
§ 3. Thermidoriens et révoltés 467
Les idées politiques de Napoléon 470

Bibliographie 471

CHAPITRE XI. — **Réflexions sur la Révolution** 477
Section I. — Le rejet des principes de la Révolution 478
§ 1. Burke 478
§ 2. La Contre-Révolution et les écrivains de langue française 483
Section II. — Philosophie et politique en Allemagne 485
§ 1. Le contexte idéologique 486
§ 2. Kant 488
§ 3. Fichte 492
Section III. — Hegel ou la tentative d'une philosophie de l'État 494
Bibliographie 508

CHAPITRE XII. — **Le mouvement des idées politiques jusqu'en 1848** .. 511
Le romantisme politique 513
Section I. — Le libéralisme 516
§ 1. Le libéralisme français 519
§ 2. Le libéralisme anglais 531
§ 3. Du nationalisme révolutionnaire au nationalisme libéral 534
Section II. — Traditionalisme et traditions 537
§ 1. Les grands thèmes du traditionalisme français 537
§ 2. Les doctrinaires de la Contre-Révolution : Maistre et Bonald 542
§ 3. La poésie de la tradition : Chateaubriand 544
§ 4. De la théocratie à la démocratie, les débuts du catholicisme social 546
Section III. — Le socialisme avant Marx 550
§ 1. L'évolution des idées sociales en Angleterre 552
§ 2. Les socialismes français 557
1) La réforme de la société (Saint-Simon, Fourier, Proudhon) 558
2) Socialisme et démocratie (Cabet, Buchez, Pierre Leroux, Louis Blanc, Blanqui) 572
3) Les sentiments populaires 578
Conclusion : l'esprit de 1848 580
Bibliographie 583

CHAPITRE XIII. — **La postérité de Hegel et la formation du marxisme (Allemagne, 1830-1870)** 600
Section I. — De la « Jeune Allemagne » à la Gauche hégélienne 600
Section II. — Les idées socialistes et communistes en Allemagne 608
Section III. — La formation de la pensée de Karl Marx 611
Bibliographie 616

CHAPITRE XIV. — **Le marxisme** 617

Section I. — La place de la politique dans la pensée de Marx.. 617

Section II. — Critique de la politique........ 620

§ 1. Critique de la « philosophie » de l'Etat 620
§ 2. Critique des réformes de l'Etat 622
§ 3. Critique du socialisme d'Etat 625
§ 4. Critique des utopies apolitiques et de l'anarchisme ... 627
§ 5. Critique du nationalisme 629

Section III. — L'anthropologie de Marx 630

§ 1. La méthode de Marx 630
§ 2. Le matérialisme et l'humanisme 631
§ 3. Le matérialisme historique 634
§ 4. L'aliénation économique et la lutte des classes 637
§ 5. Les révolutions et la Révolution 644
§ 6. Le communisme ou le règne de la liberté........ 646

Section IV. — Voies et moyens du passage à la société communiste 650

§ 1. La dictature transitoire du prolétariat........ 650
§ 2. La lutte du prolétariat dans la politique des Etats... 652

Bibliographie 660

CHAPITRE XV. — **Libéralisme, traditionalisme, impérialisme (1848-1914)** 666

Le positivisme politique 667

Section I. — Le libéralisme 670

§ 1. Le libéralisme français : de l'orléanisme au radicalisme 671
§ 2. Le libéralisme anglais........ 680

Section II. — Traditionalisme, nationalisme, impérialisme..... 684

§ 1. Néo-traditionalisme et nationalisme en France 684
A) Le catholicisme social 684
B) Les fondateurs du néo-traditionalisme : Taine et Renan 686
C) Le nationalisme français : Barrès, Péguy, Maurras 691

§ 2. Vers l'impérialisme 699

A) L'Allemagne : du nationalisme au pangermanisme 699
B) L'Angleterre : du conservatisme à l'impérialisme 701
C) La genèse de l'impérialisme américain........ 705
D) Le procès de l'impérialisme 707

Bibliographie 708

CHAPITRE XVI. — **Socialisme et mouvements révolutionnaires**... 716

Section I. — La Commune de Paris : un épilogue 719

Section II. — L'anarchisme à la fin du XIXe siècle : une révolte 724

Section III. — Le syndicalisme apolitique : un refus......... 729

Section IV. — Socialisme et marxisme (compléments, révisions, abandons) 735

§ 1. Interprétation générale du marxisme 736
§ 2. Les moyens d'action de la révolution et du socialisme 745
§ 3. L'unité du socialisme en face de la guerre et de la paix 749
§ 4. Le socialisme anglais : les Fabiens et le Labour Party 754

Bibliographie 757

CHAPITRE XVII. — Le XXe siècle 769

Section I. — Le marxisme-léninisme au XXe siècle (1917-1957) 771

§ 1. Interprétation générale du marxisme-léninisme..... 772
§ 2. Les moyens du socialisme 780

Section II. — Le socialisme non léniniste................... 786

§ 1. Jusqu'à la deuxième guerre mondiale.............. 787
§ 2. Depuis la deuxième guerre mondiale 799

Section III. — Fascisme et national-socialisme 802

Section IV. — Méditations sur la décadence et tentatives de renouvellement 815

§ 1. Méditations sur la décadence et réflexions sur les élites 816
§ 2. La crise du libéralisme 822
§ 3. Néo-traditionalisme et néo-conservatisme 831
§ 4. Christianisme et démocratie 835

Conclusion : un nouveau nationalisme 839

Bibliographie 842

INDEX DU TOME 2 857

Imprimé en France
par Qualibris France Quercy – Z.A. des Grands Camps
46090 Mercuès

Numéro d'impression : 20705/
Dépôt légal : mai 2012

Ouvrage imprimé sur papier écologique à base de pâte FSC
Pour plus d'informations, www.fsc.org